高等院校经济管理类专业应用型系列教材

财务会计理论与实务

Financial Accounting Theory and Practice

刘文丽　卿玲丽　主　编

中国财经出版传媒集团
经济科学出版社
Economic Science Press

图书在版编目（CIP）数据

财务会计理论与实务 / 刘文丽，卿玲丽主编．--北京：经济科学出版社，2020.12
高等院校经济管理类专业应用型系列教材
ISBN 978-7-5218-2143-7

Ⅰ．①财… Ⅱ．①刘… ②卿… Ⅲ．①财务会计-高等学校-教材 Ⅳ．①F234.4

中国版本图书馆 CIP 数据核字（2020）第 242632 号

责任编辑：杜　鹏　孙倩靖
责任校对：杨　海
责任印制：王世伟

财务会计理论与实务
刘文丽　卿玲丽　主　编
经济科学出版社出版、发行　新华书店经销
社址：北京市海淀区阜成路甲 28 号　邮编：100142
编辑部电话：010-88191441　发行部电话：010-88191522
网址：www.esp.com.cn
电子邮箱：esp_bj@163.com
天猫网店：经济科学出版社旗舰店
网址：http：//jjkxcbs.tmall.com
固安华明印业有限公司印装
710×1000　16 开　34.75 印张　750 000 字
2021 年 3 月第 1 版　2021 年 3 月第 1 次印刷
印数：0001-3000 册
ISBN 978-7-5218-2143-7　定价：78.00 元

前言

会计是一个信息系统，能够提供有助于商业决策的财务及相关信息；会计也是一种国际通用的商业语言，是资本市场中企业与投资者的交流媒介。学习财务会计理论与实务课程，养成会计思维，获得深入理解和熟练运用会计信息的能力，就会帮你揭开企业财务业绩的神秘面纱，发现商业世界的奥妙，在商业世界里自由穿梭。运用好会计这门商业语言，是成为国际化高端商务人才的必备技能。

本教材系统地阐述了财务会计的基本理论和基本方法，以我国最新企业会计准则为基础，介绍财务会计信息的生成过程、主要财务报表项目的账务处理方法以及财务报表的编制方法。内容包括：会计的定义和演变；由报告目标、信息质量要求、基本假设和原则以及报表要素等构成的财务报告概念框架；资产、负债、所有者权益、收入、费用和利润的账务处理方法；资产负债表、利润表、现金流量表和所有者权益变动表的基本编制方法以及合并报表的编制方法。

本教材按照《财务会计》的编写规律，本着有所为有所不为的原则，编写过程中突出体现以下特色。

第一，理解准则，突出应用。会计科目等基本按《企业会计准则——应用指南》的要求设计，会计确认计量与报告等符合《企业会计准则》精神，即只描述原理，不解释“准则”，力求言简意赅，突出应用。

第二，体系完整，体现创新。本教材重点介绍基本理论、基本方法、基本技能、基本常识，同时介绍本学科的最新动态、最新成果，在保证其传承性的基础上兼顾其前瞻性、科学性、合理性，确保结构完整、层次清楚、内容全新，开篇案例引入问题，使理论与实践结合。

第三，知行合一，强化练习。本教材在充分考虑其基本理论的前提下，同时兼顾了动手能力的训练与培养，如每章后均附有思考题与练习题，方便读者更快、更好地学习和掌握财务会计理论与实务。

本教材不仅适用于在校研究生和本专科生，也适用于企业管理者、资本市场投资者等关注和使用会计信息的广泛社会群体。作为会计学及相关专业核心课，本教材能够提供新商科教育的必备知识，为在校学生进一步学习会计学、金融学、经济学类相关专业课程奠定坚实基础。同时，本教材还能够助力经济管理工作人员提升专业技能，满足其他社会人士在日常生活中学习和应用会计知识的需求。

本教材由湖南农业大学刘文丽教授 、卿玲丽副教授任主编，北京农学院张宁副教授、国网能源研究院有限公司卿琛博士 、北京信息职业技术学院石玉梅副教授、湖南师范大学谭雪博士任副主编，青岛农业大学合作社学院高玉香副教授、塔里木大学马爱艳副教授、山东农业大学张建英副教授、山西农业大学王静副教授、河南农业大学贠鸿琬教授、山西农业大学张娇芳副教授、沈阳农业大学艾雪副教授、中南林业科技大学谭琼博士参编，教材编写人员及其具体分工如下：第一章和第二章由张宁、谭琼撰写；第三章由张建英撰写；第四章由石玉梅撰写；第五章由高玉香撰写；第六章由艾雪、卿玲丽撰写；第七章由刘文丽、谭雪撰写；第八章由卿玲丽、张娇芳撰写；第九章由马爱艳撰写；第十章由贠鸿琬、王静撰写；第十一章由石玉梅撰写；第十二章和第十三章由卿琛撰写。主编、副主编负责本教材编写大纲的拟定和组织工作，并对本教材全部进行最后总纂。

十分感谢湖南省教育厅研究生教材项目（2020jxpt025）的资助和经济科学出版社对教材出版所作出的努力，最后感谢所有参与编写的专家学者以及广大使用本教材的师生。恳请广大读者对教材不足之处不吝指正。

刘文丽

2021 年 3 月

目　录

第一章 总 论

【学习要点及目标】

本章主要介绍财务会计的基本概念框架。通过本章的学习，要求掌握财务会计目标、会计前提和会计信息质量要求、会计确认基础和计量属性，熟悉和掌握财务会计的基本规范。

第一节 财务会计的目标

一、财务会计目标概述

（一）财务会计目标概念及其层次

会计目标是财务会计理论框架中的一个基本概念，属于财务会计概念体系的最高层次，会计理论和会计实务均建立在这一基础之上。会计目标是指在一定的社会经济环境中，人们期望通过会计活动所要达到的目的和要求。会计目标向会计工作提出了其所应达到的要求，从而为会计实践活动指明了目的和方向。会计目标一般可以分为两个层次：基本目标和具体目标。

（二）财务会计的基本目标

会计的基本目标是指在会计工作中处于支配地位、起主导作用的目标。由于会计是整个经济管理的重要组成部分，因此，会计的目标应从属于经济管理的总目标，或者说会计目标是经济管理总目标下的子目标。在我国社会主义市场经济条件下，经济管理的总目标是提高经济效益。所谓提高经济效益，就是指在投入一定价值量的情况下，尽可能收回更多的价值量；或者是在收回的价值量一定的情况下，尽可能减少投入的价值量。因此，作为经济管理重要组成部分的会计工作，也应该以提高经济效益作为其基本目标。

（三）财务会计的具体目标

会计的具体目标是会计基本目标在财务会计工作中的具体化，也称为财务报告的目标。财务会计目标在整个财务会计系统和企业会计准则体系中居于十分重要的地位，是构建会计要素确认、计量和报告原则并制定各项准则的基本出发点。

会计产生和发展的历史表明，人们进行会计活动的主要目标是向会计信息使用者提供与决策相关的有用信息。因此，财务会计的目标应主要解决以下问题：第一，向谁提供会计信息；第二，提供什么样的会计信息。

财务会计的最初目标是向财产所有者如实反映财产经营者对受托资源的管理和使用情况，即反映企业管理层受托经济责任的履行情况，从而有助于合理评价企业管理层的经营管理责任和资源使用的有效性，这种观点被称为受托责任观。随着股份制经济的发展以及资本市场的完善，会计信息的使用者逐步扩大为包括投资者、债权人、政府及其有关部门和社会公众等在内的众多用户，其对会计信息的需求也发生了较大的变化。因此，财务会计的目标转变为强调向财务报告的使用者提供对其决策相关的有用信息，这种观点被称为决策有用观。有关财务会计目标的受托责任观与决策有用观不是对立的，财务会计的目标既可以满足会计信息使用者经济决策的需要，也可以反映企业管理层受托责任的履行情况。各个国家均根据本国的实际情况来确定其财务会计的目标，许多国家财务会计的目标同时兼顾了决策有用和受托责任，即实行双重目标，我国也是其中之一。

我国《企业会计准则——基本准则》中明确指出，我国财务会计的目标是向财务报告使用者提供与企业财务状况、经营成果和现金流量等有关的会计信息，反映企业管理层受托责任履行情况，有助于财务报告使用者做出经济决策。其主要包括以下两个方面的内容。

（1）向财务报告使用者提供与决策相关的有用信息。财务会计的主要目标是满足财务报告使用者的信息需要，有助于财务报告使用者作出经济决策。因此，向财务报告使用者提供与决策有用的信息是财务报告的基本目标。如果企业在财务报告中提供的会计信息与使用者的决策无关，没有使用价值，那么财务报告就失去了其编制的意义。

根据向财务报告使用者提供决策有用的信息这一目标的要求，财务报告所提供的会计信息应当如实反映企业所拥有或者控制的经济资源、对经济资源的要求权以及经济资源要求权的变化情况；如实反映企业的各项收入、费用、利得和损失的金额及其变动情况；如实反映企业各项经营活动、投资活动和筹资活动所形成的现金流入和现金流出情况等。这有助于现在的或者潜在的投资者、债权人以及其他使用者，正确、合理地评价企业的资产质量、偿债能力、盈利能力和营运效率等；有助于使用者根据相关会计信息作出理性的投资和信贷决策；有助于使用者评估与投资和信贷有关的未来现金流量的金额、时间和风险等。

（2）反映企业管理层受托责任的履行情况。现代企业制度强调企业所有权和经营权相分离，企业管理层是受委托人之托经营管理企业及其各项资产，负有受托责任，即企业管理层所经营管理的企业各项资产基本上均为投资者投入的资本（或者留存收益作为再投资）或者向债权人借入的资金。企业管理层有责任妥善保管并合理、有效地运用这些资产，尤其是企业投资者和债权人，需要及时或者经常性地了解企业管理层保管、使用资产的情况，以便于评价企业管理层受托责任的履行情况和业绩情况，并决定是否需要调整投资或者信贷政策，是否需要加强企业内部控制和其他制度建设，是否需要更换管理层等。因此，财务报告应当反映企业管理层受托责任的履行情况，以有助于评价企业的经营管理责任和资源使用的有效性。

二、会计信息的使用者

会计目标受社会经济环境的影响，社会经济环境不同，会计信息的使用者就不尽相同。但总体来说，会计信息的使用者按照与企业的关系不同分为会计信息的外部使用者和内部使用者两个方面。

（一）会计信息的外部使用者

会计信息的外部使用者是指与企业具有利益关系，但不参与企业的日常管理的个人和组织，如企业的所有者或股东、债权人、政府管理部门、供应商及客户等。

（1）所有者或股东。企业的所有者或股东是企业的出资者，对企业的经营情况最为关注，他们需要评价过去并预测企业未来的盈利能力与投资风险，据以作出是否向某一企业进行投资或是否保留对某一企业投资的相关决策。潜在的投资者同样需要有关会计信息为选择投资方向提供决策依据。季度财务报告、半年度财务报告，特别是年度财务报告是满足其需要的重要手段，也是管理部门向所有者或股东报告的重要形式。

（2）债权人。企业的债权人包括银行和供应商，他们向企业提供贷款或者赊销商品、提供劳务，必然会十分关心是否能如期收回相应的债权。因此，他们非常关注公司的信誉、偿债能力、现金流量以及企业的未来发展等信息。潜在的债权人同样需要有关会计信息为其是否向企业放贷或赊销提供决策依据。公司的财务报告是债权人获取这些信息的一个重要来源。

（3）政府管理部门。政府是国民经济的管理者，为了对宏观经济进行有效的管理和调控，政府各管理部门需要有关企业的信息。如税务部门需要有关企业利润和纳税义务履行情况的信息；社会保障部门需要有关企业交纳各项社会保障基金的信息；财政部门、工商管理部门、证券监管部门等也会出于管理的需要对企业的盈利能力、偿债能力及持续经营能力等相关会计信息予以关注。

（4）客户。企业的客户也会关注企业的相关信息，尤其当企业有可能成为客户重要的商品或劳务供应商时。客户关心企业的长期发展前景、有关产品的信息，如产品价格、性能、企业信誉、企业的商业信用政策、可得到的折扣额等。

除上述企业外部会计信息使用者外，还有许多其他外部会计信息使用者。他们包括：专门公布有关企业信用信息的信用代理人；需要利用企业会计信息进行行业管理的工商业协会；对于企业的价格政策和获利能力等感兴趣的竞争对手；企业组织所在的社区；向委托人提出投资建议的财务分析家等。

上述各类会计信息使用者与企业的利害关系程度不同，对企业会计信息的关注点也不尽相同，这就使企业很难满足如此众多的会计信息使用者的不同需求，因此，企业管理当局对外提供的财务报告主要面向两个财务信息外部使用者——投资者和债权人，包括当前的和潜在的投资者和债权人。通过提供满足投资者和债权人的财务信息需求，也向其他很多使用者提供了其所需的基本财务信息。需要注意的是，虽然企业管理当局须对其对外提供的会计信息的公允性和准确性负责，但其对外提供的财务报告并不是外部信息使用者获取会计信息的唯一渠道，某些财务信息的外部使用者，如政府部门等，能够通过其他途径得到公众通常无法取得的信息。

（二）会计信息的内部使用者

会计信息的内部使用者主要是指企业内部的各级管理人员，包括企业董事会成员、企业经理和企业计划、采购、市场等部门的管理人员以及生产线主管等。企业管理人员受企业所有者或股东的委托，对企业的各项资产负有妥善保管并合理、有效地加以运用的责任，为此，管理人员往往需要随时了解企业的相关会计信息，据以进行筹资、投资、生产及营销等决策，并加强日常经营管理，实现企业的各项经营目标。

与对外报送的通用会计信息相比，企业对内提供的会计信息通常较为多样化，需要根据企业管理的特定需要提供相关的会计信息，如用于内部管理人员进行判断、决策的产品成本报表等。因此，设计满足企业经营管理需要的会计信息系统，比设计外部报表更为复杂和困难。

三、有用会计信息的含义及其内容

在明确了会计信息的使用者以后，另一个需要明确的重要问题是：使用者究竟需要哪些会计信息，即哪些会计信息对使用者有用。所谓会计信息的有用性是指会计信息要对使用者进行的经济决策有用，如果一项信息对使用者没有帮助，该项信息就不值得提供。因此，有用性是会计信息的首要质量。但有用性是一个笼统的概念，必须结合会计信息的其他质量特征来具体评价会计信息的效用。

美国财务会计概念公告第 2 号中的“会计信息质量特征”认为，会计信息的各种特征具有一定的层次结构，其中最重要的特征是对总体质量的要求——决策有用性。相关性和可靠性是决策有用性的重要质量特征。相关性具体包括预测价值、反馈价值和及时性；可靠性是指会计信息值得使用者信赖，又分为真实性、可核性和中立性；可比性（包括一贯性）是决策有用的次要质量特征；可理解性是针对用户的质量。另外，效益大于成本是会计信息质量特征的重要约束条件。最后，公告提出了确认的起点要求，即重要性——只有符合重要性的项目才需考虑其质量特征。

四、经济环境对会计目标的影响

会计的目标不是一成不变的，它们要受到所处的社会经济环境的影响。在不同的社会经济环境下，会计的目标就有所不同。例如美国实行竞争性市场经济，公有化程度小，资源配置中政府发挥的作用较小，证券市场发达，股份公司是经济的基础，其会计目标强调多元化的会计信息使用者，但主要倾向于保护权益性资本投资者的利益。企业会计不以税收为导向，账务处理方法不受税法规定的约束，而按会计准则、要素确认和计量标准、报表编制要求进行。法国实行的是有计划的资本主义市场经济，公有化经济比重较高，政府决策的集中程度强，在资源配置上政府发挥的作用很大，证券市场不发达，股份公司相对其他国家地位较低。相应的，法国的企业会计以税收为导向，强调会计为宏观经济服务，重视社会责任目标。我国目前实行的是社会主义市场经济，一方面，随着近年来我国企业改革的持续深入，产权日益多元化，资本市场快速稳定发展，机构投资者及其他投资者队伍日益壮大，对会计信息的要求日益提高；另一方面，公有制经济仍在我国占主导地位，政府决策的集中程度高，在资源配置上政府的力量很强，现代企业制度的广泛建立凸显了企业管理层的受托责任。因而我国的会计目标必然体现上述要求，即向财务报告使用者提供与企业财务状况、经营成果和现金流量等有关的会计信息，反映企业管理层受托责任履行情况，有助于财务报告使用者作出经济决策。

由此可见，会计作为一个经济信息系统，总是随着社会经济环境的发展变化，服务于特定社会经济环境下的利益主体，通过会计核算反映和监督利益主体的经济活动，实现特定主体的会计目标。会计也只有适应其所处的社会经济环境，并为其所处的社会经济环境服务，才能得以生存和发展。

第二节　财务会计的前提

一、财务会计前提的概述

财务会计核算的基本前提又称会计假设，是指在会计核算时，对会计核算所处的时间、空间环境等所做的合理设定，它是企业会计确认、计量和报告的前提。

商品经济条件下，会计所处的社会经济环境极为复杂，面对变化不定的社会经济环境，会计人员首先必须解决摆在面前的一系列问题，如会计核算的范围有多大、会计主体能否持续不断地经营下去、会计应该在何时结算账目、采用何种计量手段等。这些问题如果不解决，会计工作就无法进行。因此，会计人员在核算过程中就不得不作出一些合理的假设或推论。会计假设并非毫无根据的虚构设想，而是人们通过长期的会计实践逐步认识和总结形成的，是对客观情况合乎情理的推断。会计核算对象的确定、会计方法的选择、会计数据的搜集等都要以这一系列的假设为前提，只有规定了这些基本前提条件，会计核算才能得以正常进行下去。所以，会计假设是财务会计的重要理论基础，是会计核算的基本依据，也是制定会计准则和会计核算制度的重要指导思想。

会计的基本假设通常包括会计主体假设、持续经营假设、会计分期假设和货币计量假设四项。

二、会计主体

会计主体，是指会计工作为其服务的特定单位或组织。它限定了企业会计确认、计量和报告的空间范围。在会计主体假设下，企业应当对其本身发生的交易或者事项进行会计确认、计量和报告，反映企业本身所从事的各项生产经营活动。明确界定会计主体是开展会计确认、计量和报告工作的重要前提。会计主体应明确以下几方面内容。

首先，明确会计主体，才能划定会计所要处理的各项交易或事项的范围。在会计工作中，只有那些影响企业本身经济利益的各项交易或事项才能加以确认、计量和报告，而那些不影响企业本身经济利益的各项交易或事项不能加以确认、计量和报告。会计核算中涉及的资产、负债的确认，收入的实现，费用的发生等，都是针对特定会计主体而言的。

其次，明确会计主体，才能将会计主体的交易或者事项与会计主体所有者的交易或者事项以及其他会计主体的交易或者事项区分开来。例如，企业所有者的经济交易或者事项是企业所有者主体所发生的，不应纳入企业会计核算的范围，但是企业所有者投入企业的资本或者企业向所有者分配的利润，则属于企业主体所发生的交易或者事项，应当纳入企业会计核算的范围。

此外，会计主体不同于法律主体。一般来说，法律主体必然是会计主体。例如，一个企业作为一个法律主体，应当建立财务会计系统，独立反映其财务状况、经营成果和现金流量。但是，会计主体不一定是法律主体。例如，在企业集团的情况下，一个母公司拥有若干子公司，母子公司虽然是不同的法律主体，但是母公司对子公司拥有控制权，为了全面反映企业集团的财务状况、经营成果和现金流量，就有必要将企业集团作为一个会计主体，编制合并财务报表。在这种情况下，企业集团虽然不是法律主体，但却可以成为一个会计主体。

“虚拟企业”的出现、企业对会计信息的多元化需求，使传统会计主体的概念大大延伸。

三、持续经营

持续经营，是指在可以预见的将来，企业将会按当前的规模和状态继续经营下去，不会停业，也不会大规模削减业务。在持续经营前提下，会计确认、计量和报告应当以企业持续、正常的生产经营活动为前提。

现实中的企业处于激烈的市场竞争中，其存续面临两种可能性：一种是在可预见的未来，能够持续经营下去；另一种是在近期内可能面临破产清算。不同的可能性决定了企业在会计原则、会计方法的选择上有很大差别。一般情况下，除非有足够的证据表明情况相反，否则，会计通常应当假定企业将会按照当前的规模和状态继续经营下去。明确这个基本假设，就意味着会计主体将按照既定用途使用资产，按照既定的合约条件清偿债务，会计人员就可以在此基础上选择会计原则和会计方法。会计核算中的许多会计处理方法均建立在持续经营假设之下，如资产以历史成本计价而非采用现行市价或清算价格，企业的资产和负债区分为流动和非流动的划分以及对收益性支出与资本性支出的划分等。

当然，如果一个企业不能持续经营时，就应当及时调整为以清算为基础的会计处理方法，如果仍按持续经营基本假设选择会计确认、计量和报告原则与方法，就不能客观地反映企业的财务状况、经营成果和现金流量，会误导会计信息使用者的经济决策。

网络“虚拟公司”为了完成一个目标，可在短时间内组建起来，而在完成目标之后便解体。

四、会计分期

会计分期，是指将企业持续不断的生产经营活动划分为一个个连续的、长短相同的期间，据以结算盈亏，按期编报财务报告，从而及时向财务报告使用者提供有关企业财务状况、经营成果和现金流量的信息。

持续经营假设，意味着企业将按当前的规模和状态持续不断地经营下去。但是，无论是企业的生产经营决策还是投资者、债权人等的决策都需要及时的信息，因而就需要将企业持续的生产经营活动划分为一个个连续的、长短相同的期间，分期确认、计量和报告企业的财务状况、经营成果和现金流量。会计期间通常分为年度和中期。中期，是指短于一个完整的会计年度的报告期间。

明确会计分期假设具有重要的意义，由于会计分期，才产生了当期与以前期间、以后期间的差别，才使不同类型的会计主体有了记账的基准，进而出现了折旧、摊销等会计处理方法。

互联网、云计算、大数据、人工智能技术的发展，可以及时采集、处理和分析数据，自动生成各类财务报告，不受会计期间的限制。

五、货币计量

货币计量，是指企业在财务会计确认、计量和报告时以货币为计量单位，反映企业的生产经营活动。

人们记录经济活动时，可以采用实物量度、劳动时间和货币量度等多种方式。在会计的确认、计量和报告过程中之所以选择以货币为基础进行计量，是由货币的自身属性决定的。货币是商品的一般等价物，是衡量一般商品价值的共同尺度，具有价值尺度、流通手段、贮藏手段和支付手段等特点。其他计量单位，如重量、长度、容积、台、件等，只能从一个侧面反映企业的生产经营情况，无法在量上进行汇总和比较，不便于会计计量和经营管理，只有选择货币尺度进行计量，才能充分反映企业的生产经营情况，所以基本准则规定，会计确认、计量和报告选择货币作为计量单位。

货币计量假设是建立在币值不变基础上的，因为对不同时点的货币金额进行汇总，必须以不同时点上的货币等值为前提，否则这种汇总就会失去意义。因此，在币值相对稳定的情况下，货币计量假设才能成为进行正确会计核算的前提。而在币值变化较大，出现通货膨胀或通货紧缩的情况下，单位货币所包含的价值随现行价格的波动很大，货币计量假设就不能反映出资产等的真实价值，采用这一假设进行核算就会影响会计信息的质量和决策的有用性。这时，就需要采用物价变动会计来处理有关的会计事项。

此外，在有些情况下，统一采用货币计量的一个缺陷是：某些影响企业财务状况和经营成果的因素，如企业经营战略、研发能力、市场竞争力等，往往难以用货币来计量，而这些信息对于使用者决策来讲也很重要。经济社会的一体化、数字化、网络化，电子货币的出现，会计职能由核算型向管理型的转变，使会计系统能够采集和提供货币与相关非货币形态的信息。

第三节　财务会计信息的质量要求

一、会计信息质量要求概述

会计信息质量要求是对企业财务报告中所提供会计信息质量的基本要求，是使财务报告中所提供会计信息对投资者等使用者决策有用应具备的基本特征，它主要包括可靠性、相关性、可理解性、可比性、实质重于形式、重要性、谨慎性和及时性等。

会计信息的上述质量特征，是国际会计准则与世界许多国家会计准则中基本一致的观点，也是我国企业会计准则对会计信息质量的基本要求。其中，可靠性、相关性、可理解性和可比性是会计信息的首要质量要求，是企业财务报告中所提供会计信息应具备的基本质量特征；实质重于形式、重要性、谨慎性和及时性是会计信息的次级质量要求，是对可靠性、相关性、可理解性和可比性等首要质量要求的补充和完善，尤其是在对某些特殊交易或者事项进行处理时，需要根据这些质量要求来把握其会计处理原则。另外，及时性还是会计信息相关性和可靠性的制约因素，企业需要在相关性和可靠性之间寻求一种平衡，以确定信息及时披露的时间。

二、会计信息的可靠性要求

可靠性是指企业应当以实际发生的交易或者事项为依据进行确认、计量和报告，如实反映符合确认和计量要求的各项会计要素及其他相关信息，保证会计信息真实可靠、内容完整。

会计信息要有用，必须以可靠为基础，如果财务报告所提供的会计信息是不可靠的，就会给投资者等使用者的决策产生误导。一项信息是否可靠取决于三个因素，即真实性、可核性和中立性。为了贯彻可靠性要求，企业应当做到以下几点。

(1) 以实际发生的交易或者事项为依据进行确认、计量，将符合会计要素定义及其确认条件的资产、负债、所有者权益、收入、费用和利润等如实反映在财务报表中，不得根据虚构的、没有发生的或者尚未发生的交易或者事项进行确认、计量和报告。

(2) 在符合重要性和成本效益原则的前提下，保证会计信息的完整性，其中包括应当编报的报表及其附注内容等应当保持完整，不能随意遗漏或者减少应予披露的信息，与使用者决策相关的有用信息都应当充分披露。

(3) 包括在财务报告中的会计信息应当是中立的、无偏的。如果企业在财务报告中为了达到事先设定的结果或效果，通过选择或列示有关会计信息来影响决策和判断，这样的财务报告信息就不是中立的。

三、会计信息的相关性要求

相关性是指企业提供的会计信息应当与投资者等财务报告使用者的经济决策需要相关，有助于投资者等财务报告使用者对企业过去、现在或者未来的情况作出评价或者预测。

相关性的核心是其决策有用性，即其与使用者的决策需要是否相关，是否有助于决策或者提高决策水平。会计信息的相关性取决于反馈价值和预测价值两个因素。

(1) 反馈价值。相关的会计信息应当能够有助于使用者评价企业过去的决策，证实或者修正过去的有关预测，因而具有反馈价值。

（2）预测价值。相关的会计信息还应当具有预测价值，有助于使用者根据财务报告所提供的会计信息预测企业未来的财务状况、经营成果和现金流量。例如区分收入、利得、费用和损失，区分流动资产和非流动资产、流动负债和非流动负债以及适度引入公允价值等，都可以提高会计信息的预测价值，进而提升会计信息的相关性。

会计信息质量的相关性要求，需要企业在确认、计量和报告会计信息的过程中，充分考虑使用者的决策模式和信息需要。但是，相关性是以可靠性为基础的，两者之间并不矛盾，不应将两者对立起来。会计信息应在可靠性前提下，尽可能地做到相关性，以满足投资者等财务报告使用者的决策需要。

四、会计信息的可理解性要求

可理解性是指企业提供的会计信息应当清晰明了，便于投资者等财务报告使用者理解和使用。

信息能否被使用者理解，取决于信息本身是否易懂，也取决于信息使用者理解信息的能力。这就要求财务报告所提供的会计信息应当清晰明了，易于理解。只有这样，才能提高会计信息的有用性，实现财务报告的目标，满足向投资者等财务报告使用者提供决策有用信息的要求。

会计信息毕竟是一种专业性较强的信息产品，在强调会计信息的可理解性要求的同时，还应假定使用者具有一定的有关企业经营活动和会计方面的知识，并且愿意付出努力去研究这些信息。对于某些复杂的信息，如交易本身较为复杂或者会计处理较为复杂，但其与使用者的经济决策相关的，企业就应当在财务报告中予以充分披露。

五、会计信息的可比性要求

可比性是指企业提供的会计信息应当相互可比。不同企业的会计信息和同一企业不同时期的会计信息如能相互可比，可以大大增强会计信息的有用性。可比性主要包括两层含义。

1. 同一企业不同时期可比。为了便于投资者等财务报告使用者了解企业财务状况、经营成果和现金流量的变化趋势，比较企业在不同时期的财务报告信息，全面、客观地评价过去和预测未来，从而作出决策。会计信息质量的可比性要求同一企业不同时期发生的相同或相似的交易或者事项，应当采用一致的会计政策，不得随意变更。但是，满足会计信息可比性要求，并非表明企业不得变更会计政策，如果按照规定或者在会计政策变更后可以提供更可靠、更相关的会计信息的，可以变更会计政策。有关会计政策变更的情况，应当在附注中予以说明。

2. 不同企业相同会计期间可比。为了便于投资者等财务报告使用者评价不同企业的财务状况、经营成果和现金流量及其变动情况，会计信息质量的可比性要求不同企业同一会计期间发生的相同或者相似的交易或者事项，应当采用规定的会计政策，确保会计信息口径一致、相互可比，以使不同企业按照一致的确认、计量和报告要求提供有关会计信息。

六、会计信息的实质重于形式要求

实质重于形式是指企业应当按照交易或者事项的经济实质进行会计确认、计量和报告，不仅仅以交易或者事项的法律形式为依据。

企业发生的交易或者事项在多数情况下，其经济实质和法律形式是一致的。但在有些情况下，会出现不一致。例如，以融资租赁方式租入的资产，虽然从法律形式来讲企业并不拥有其所有权，但是由于租赁合同中规定的租赁期相当长，接近于该资产的使用寿命，租赁期结束时承租企业有优先购买该资产的选择权，在租赁期内承租企业有权支配资产并从中受益等，因此，从其经济实质来看，企业能够控制融资租入资产所创造的未来经济利益，在会计确认、计量和报告时就应当将以融资租赁方式租入的资产视为企业的资产，列入企业的资产负债表。

又如，企业按照销售合同销售商品但又签订了售后回购协议，虽然从法律形式上实现了收入，但如果企业没有将商品所有权上的主要风险和报酬转移给购货方，没有满足收入确认的各项条件，即使签订了商品销售合同或者已将商品交付给购货方，也不应当确认销售收入。

由此可见，在会计职业判断中，遵循实质重于形式原则，才能保证会计确认、计量和报告的信息与客观经济事实相符。否则，如果仅仅按照交易的法律形式进行会计核算，而其法律形式又没有反映其经济实质，其结果必然会误导信息使用者的决策。

七、会计信息的重要性要求

重要性是指企业提供的会计信息应当反映与企业财务状况、经营成果和现金流量有关的所有重要交易或者事项。具体来说，对于对会计信息有较大影响并进而影响信息使用者据以作出合理判断的重要会计事项，必须按照规定的会计方法和程序进行处理，并在财务会计报告中予以充分、准确披露；对于次要的会计事项，在不影响会计信息真实性和不至于误导会计信息使用者做出正确判断的前提下，可以适当简化处理。强调重要性，在很大程度上体现了成本与效益原则。

在实务中，如果会计信息的省略或者错报会影响投资者等财务报告使用者据此作出决策的，该信息就具有重要性。重要性的应用需要依赖职业判断，企业应当根据其所处环境和实际情况，从项目的性质和金额大小两方面加以判断。例如，企业发生的某些支出，金额较小的，从支出受益期来看，可能需要在若干会计期间进行分摊，但根据重要性要求，可以一次计入当期损益。这种简化处理，无疑体现了会计信息质量的重要性要求。

八、会计信息的谨慎性要求

谨慎性是指企业对交易或者事项进行会计确认、计量和报告应当保持应有的谨慎，不应高估资产或者收益、低估负债或者费用。谨慎性要求体现于会计确认、计量和报告的全过程。从会计确认的角度来看，要求确认标准和方法建立在稳妥合理的基础之上；从会计计量的角度来看，要求不得高估资产和利润的数额；从会计报告的角度来看，要求会计报告向会计信息的使用者提供尽可能全面的会计信息，特别是应报告有关可能发生的风险损失。

这是因为，在市场经济环境下，企业的生产经营活动面临着许多风险和不确定性，如应收款项的可收回性、固定资产的使用寿命、无形资产的使用寿命、售出存货可能发生的退货或者返修等。这就需要企业在面临不确定性因素做出职业判断时，应当保持应有的谨慎，充分估计到各种风险和损失，既不高估资产或者收益，也不低估负债或者费用。例如，要求企业对可能发生的资产减值损失计提资产减值准备、对售出商品可能发生的保修义务等确认预计负债等，就体现了会计信息质量的谨慎性要求。

再如，对于企业发生的或有事项，通常不能确认或有资产，只有当相关经济利益基本确定能够流入企业时，才能作为资产予以确认；相反，相关经济利益很可能流出企业而且构成企业现时义务时，应当及时地确认为预计负债，这也体现了会计信息质量的谨慎性要求。

谨慎性的应用也不允许企业设置秘密准备，如果企业故意低估资产或者收益，或者故意高估负债或者费用，将不符合会计信息的可靠性和相关性要求，损害会计信息质量，扭曲企业实际的财务状况和经营成果，从而对使用者的决策产生误导，这是不符合会计准则要求的。

九、会计信息的及时性要求

及时性是指企业对于已经发生的交易或者事项，应当及时进行确认、计量和报告，不得提前或者延后。

会计信息的价值在于帮助所有者或者其他财务报告使用者作出经济决策，具有时效性。即使是可靠、相关的会计信息，如果不及时提供，就会失去时效性，对于使用者的效用就大大降低，甚至不再具有实际意义。及时性在会计确认、计量和报告过程中主要体现在以下三个方面：一是要求及时收集会计信息，即在经济交易或者事项发生后，及时收集整理各种原始单据或者凭证；二是要求及时处理会计信息，即按照会计准则的规定，及时对经济交易或者事项进行确认或者计量，并编制财务报告；三是要求及时传递会计信息，即按照国家规定的有关时限，及时地将编制的财务报告传递给财务报告使用者，便于其及时使用和决策。

在实务中，为了及时提供会计信息，可能需要在有关交易或者事项的信息全部获得之前就进行会计处理，这样就满足了会计信息的及时性要求，但可能会影响会计信息的可靠性；反之，如果企业等到与交易或者事项有关的全部信息获得之后再进行会计处理，这样的信息披露可能会由于时效问题，对于投资者等财务报告使用者决策的有用性大大降低，这就需要在及时性和可靠性之间作相应选择，以最好地满足投资者等财务报告使用者的经济决策需要为判断标准。

第四节 财务会计的规范

一、财务会计规范的概述

（一）财务会计规范的概念

财务会计工作应遵循一定的规范。所谓财务会计规范，是指财务会计工作所应遵循的各种法律、法规、条例、准则和制度等规范性文件的总称。财务会计规范是以一定的会计理论为基础，根据国家的财经方针和政策，对财务会计工作所作的一系列约束。它既是企业开展财务会计工作的行为标准和处理财务会计事项的把握尺度，也是分析和评价财务会计工作质量的客观依据。

（二）财务会计规范的层次

我国的财务会计规范按照权威性和法律效力可以分为三个层次，即会计法律规范、会计行政法规和会计规章制度。其中，会计法律是由国家最高权力机关——全国人民代表大会及其常务委员会制定的，如《中华人民共和国会计法》《中华人民共和国注册会计师法》等；会计行政法规是由我国最高行政机关——国务院颁布的，如《企业财务会计报告条例》等；会计规章制度主要是指国务院财政部门根据法律、法规的规定发布的指导会计工作的具体规定，如《企业会计准则》《企业会计制度》等。

二、会计法律规范

会计法律泛指所有对会计工作具有约束作用的法律。它由国家立法机构制定，并由国家强制力保证实施，因而对会计工作的规范作用最强。在我国，会计法律规范主要有《中华人民共和国会计法》《中华人民共和国注册会计师法》《中华人民共和国公司法》《中华人民共和国税法》等。

（一）《中华人民共和国会计法》

《中华人民共和国会计法》（以下简称《会计法》）于 1985 年由全国人民代

表大会常务委员会通过，并于同年5月1日起施行。为适应我国社会主义市场经济发展和深化会计改革的需要，1999年12月和2020年10月人大常委会对其进行了两次修订。《会计法》是我国会计工作的根本大法，它在我国的会计规范体系中处于最高层次，是其他会计规范制定的基本依据。

《会计法》共分6章60条，对我国会计工作的主要方面作出规定，涉及我国会计工作的各个领域。它用法律形式确定了会计工作的地位和作用，对我国会计管理的体制、会计核算和会计监督的对象及内容、会计机构、会计人员的职责和权限以及有关的法律责任作出了明确的规定。这些规定是我国进行会计工作的基本依据。

（二）其他经济、金融、税收法律

除了《会计法》这部会计的"宪法"外，在其他经济、金融、税收法律中，也包含很多与会计相关的法律条款，比如《中华人民共和国注册会计师法》《中华人民共和国公司法》《中华人民共和国证券法》《中华人民共和国破产法》《中华人民共和国票据法》《中华人民共和国企业所得税法》等。这些法律从不同角度对会计工作进行了规范，对《会计法》起着补充作用，使《会计法》更好地发挥其在会计实践中的主体作用。

三、会计行政法规

会计行政法规是由国家最高行政机关——国务院制定发布或者国务院有关部门拟订经国务院批准发布的、调整经济生活中某些方面会计关系的法律规范。它是根据《会计法》制定的，是对会计法律的具体化或某个方面的补充。我国现行的属于会计行政法规的主要有《企业财务会计报告条例》《总会计师条例》等。

（一）《企业财务会计报告条例》

《企业财务会计报告条例》是国务院于2000年6月21日发布的，自2001年1月1日起实施。它是继《会计法》之后我国又一重要会计法规，其核心在于确保企业提供的财务会计报告的真实和完整。《企业财务会计报告条例》共分6章46条，主要规定了企业财务会计报告的构成、编制和对外提供的要求、法律责任等，是对《会计法》中有关财务会计报告的规定的细化。该条例主要规定如下。

（1）企业应当按该条例的规定编制和对外提供财务会计报告，不得编制和对外提供虚假的或者隐瞒重要事实的财务会计报告，企业负责人对本企业财务会计报告的真实性、完整性负责。

（2）财务会计报告由会计报表、会计报表附注和财务情况说明书构成，分为年度、半年度、季度和月度财务会计报告。

(3) 财务会计报告应当根据真实的交易、事项以及完整、准确的账簿记录并按照国家统一规定编制，包括会计要素确认与计量以及结账日、财产清查等方面的规定。

(4) 财务会计报告应按规定的期限及时对外提供，须经注册会计师审计的，应将注册会计师及其会计师事务所出具的审计报告随同财务会计报告一并对外提供。

(5) 违反该条例规定，随意改变财务会计报告编制原则与方法、编制或对外提供虚假的财务会计报告的，要承担行政责任或刑事责任。

(二) 国务院颁布实施的其他经济、金融、税收行政法规

《总会计师条例》是国务院于1990年12月31日发布的，并自发布之日起施行。该条例共分为5章32条，主要对总会计师的职责、权限、任免与奖惩等做出规定。

此外，《中华人民共和国外汇管理条例》《中华人民共和国增值税暂行条例》《中华人民共和国企业所得税法实施条例》等国务院颁布实施的其他一些经济、金融、税收法律中，也包含很多涉及会计的内容。

四、会计规章制度

会计规章制度，是指由国务院主管全国会计工作的行政部门——财政部以及其他部委制定的会计方面的规范。会计规章制度的制定必须以会计法律和会计行政法规为依据。属于会计规章制度的相关规范有很多，如财政部发布的《会计从业资格管理办法》《会计基础工作规范》《会计电算化管理办法》《企业会计制度》《金融企业会计制度》《小企业会计制度》《民间非营利组织会计制度》《企业会计准则》《内部会计控制规范》以及财政部与国家档案局联合发布的《会计档案管理办法》等。在众多会计规章制度中，财政部于2006年发布并于2007年开始执行的《企业会计准则——基本准则》（2014年修订）和《企业会计准则第1号——存货》等42项具体准则在规范我国企业的会计确认、计量和报告以及促进我国企业会计的国际趋同等方面具有重要的意义。

(一)《企业会计准则——基本准则》概述

企业会计准则是规范企业会计确认、计量和报告的标准。我国的企业会计准则体系目前由基本准则、具体准则、会计准则应用指南和解释组成。

基本会计准则是进行会计核算工作必须遵循的基本规范和要求。我国现行的《企业会计准则——基本准则》是在1992年发布的基础上，经过重大修订和调整，由财政部于2006年2月15日发布，并自2007年1月1日起实施。该准则在2014年7月23日由财政部再次进行修改。我国《企业会计准则——基本准则》在整个企业会计准则体系中起着统驭作用。基本准则规范了包括财务报告目标、

会计基本假设、会计信息质量要求、会计要素的定义及其确认、计量原则、财务报告等在内的基本问题，是制定具体准则和应用指南等的基础和依据。基本准则主要内容如下。

（1）财务报告目标。基本准则规范了我国财务报告的目标是向财务报告使用者提供决策有用的信息，并反映企业管理层受托责任的履行情况。

（2）会计基本假设。基本准则强调了企业会计确认、计量和报告应当以会计主体、持续经营、会计分期和货币计量为会计基本假设。

（3）会计基础。基本准则坚持了企业会计确认、计量和报告应当以权责发生制为基础。

（4）会计信息质量要求。基本准则建立了企业会计信息质量要求体系，规定企业财务报告应当满足会计信息质量要求。

（5）会计要素分类及其确认、计量原则。基本准则将会计要素分为资产、负债、所有者权益、收入、费用和利润六个要素，同时对各项要素进行严格定义。会计要素在计量时以历史成本为基础，可供选择的计量属性包括历史成本、重置成本、可变现净值、现值和公允价值等。

（6）财务报告。基本准则为了实现财务报告目标，明确了财务报告的基本概念、应包括的主要内容和应反映信息的基本要求等。

（二）企业会计准则的具体准则概述

具体会计准则是以基本准则为依据制定的处理会计具体业务的规范。2006年2月15日财政部在发布《企业会计准则——基本准则》的同时，先后发布了存货、长期股权投资、投资性房地产、固定资产等42项具体准则。

从所规范的经济业务的内容来看，具体准则大体可分为一般业务准则、特殊行业和特殊业务准则、财务报告准则三大类。一般业务准则主要规范各类企业普遍适用的一般经济业务的确认和计量，如存货、固定资产、无形资产、收入、职工薪酬、所得税等准则。特殊行业的特定业务准则主要规范特殊行业中特定业务的确认和计量，如生物资产、金融资产转移、套期保值、原保险合同、石油天然气开采等准则。财务报告准则主要规范普遍适用于各类企业通用的报告类的准则，如财务报告的列报、现金流量表、合并财务报表、中期财务报告、资产负债表日后事项、分部报告、金融工具列报等准则。

企业会计准则应用指南主要对具体准则中的重点、难点和关键点作出解释性规定并附以会计科目和主要账务处理。

解释是对具体准则实施过程中出现的问题、具体准则条款规定不清楚或者尚未规定的问题作出补充说明。

中国企业会计准则列示如下：

（1）企业会计准则——基本准则（2014年）；

（2）企业会计准则第1号——存货；

（3）企业会计准则第2号——长期股权投资（2014年）；

（4）企业会计准则第3号——投资性房地产；
（5）企业会计准则第4号——固定资产；
（6）企业会计准则第5号——生物资产；
（7）企业会计准则第6号——无形资产；
（8）企业会计准则第7号——非货币性资产交换（2019年）；
（9）企业会计准则第8号——资产减值；
（10）企业会计准则第9号——职工薪酬（2014年）；
（11）企业会计准则第10号——企业年金基金；
（12）企业会计准则第11号——股份支付；
（13）企业会计准则第12号——债务重组（2019年）；
（14）企业会计准则第13号——或有事项；
（15）企业会计准则第14号——收入（2017年）；
（16）企业会计准则第15号——建造合同；
（17）企业会计准则第16号——政府补助（2017年）；
（18）企业会计准则第17号——借款费用；
（19）企业会计准则第18号——所得税；
（20）企业会计准则第19号——外币折算；
（21）企业会计准则第20号——企业合并；
（22）企业会计准则第21号——租赁（2018年）；
（23）企业会计准则第22号——金融工具确认和计量（2017年）；
（24）企业会计准则第23号——金融资产转移（2017年）；
（25）企业会计准则第24号——套期会计（2017年）；
（26）企业会计准则第25号——原保险合同；
（27）企业会计准则第26号——再保险合同；
（28）企业会计准则第27号——石油天然气开采；
（29）企业会计准则第28号——会计政策、会计估计变更和差错更正；
（30）企业会计准则第29号——资产负债表日后事项；
（31）企业会计准则第30号——财务报表列报（2014年）；
（32）企业会计准则第31号——现金流量表；
（33）企业会计准则第32号——中期财务报告；
（34）企业会计准则第33号——合并财务报表（2014年）；
（35）企业会计准则第34号——每股收益；
（36）企业会计准则第35号——分部报告；
（37）企业会计准则第36号——关联方披露；
（38）企业会计准则第37号——金融工具列报（2014年修订）（2017年）；
（39）企业会计准则第38号——首次执行企业会计准则；
（40）企业会计准则第39号——公允价值计量（2014年）；
（41）企业会计准则第40号——合营安排（2014年）；

（42）企业会计准则第 41 号——在其他主体中权益的披露（2014 年）；

（43）企业会计准则第 42 号——持有待售的非流动资产、处置组和终止经营（2017 年）。

第五节 财务会计的确认与计量

一、财务会计的确认基础

（一）权责发生制基础

企业应当以权责发生制为基础进行会计确认、计量和报告。权责发生制是指，凡是当期已经实现的收入和已经发生或应当负担的费用，无论款项是否收付，都应当作为当期的收入和费用；凡是不属于当期的收入和费用，即使款项已在当期收付，也不应当作为当期的收入和费用。权责发生制以权利的取得和责任的完成作为收入和费用发生的标志，有助于正确计算企业的经营成果。

在实务中，企业交易或者事项的发生时间与相关货币收支时间有时并不完全一致。例如，款项已经收到，但销售并未实现；或者款项已经支付，但并不是为本期生产经营活动而发生的。为了更加真实、公允地反映特定会计期间的财务状况和经营成果，基本准则明确规定，企业在会计确认、计量和报告中应当以权责发生制为基础。

我国会计实务中，还存在一种与权责发生制相对应的收入和费用的确认方法，称为收付实现制。它是以收到或支付的现金作为确认收入和费用的依据。目前，我国的政府预算会计采用收付实现制，政府财务会计采用权责发生制，而企业则一律以权责发生制为基础。

（二）财务会计的确认要求

会计确认是指将某一项目作为资产、负债、所有者权益、收入、费用等要素加以记录并最终纳入财务报表的过程。会计确认包括用文字和金额对某一事项进行描述并将其金额计入财务报表的合计数中。在会计实务中，会计确认通常分为初始确认和再确认两个环节。前者是对进入会计核算系统的原始经济数据进行的确认，解决的是会计的记录问题；后者是对会计核算系统输出的会计信息进行的确认，解决的是财务报表的披露问题。

会计的初始确认和再确认应当遵循会计确认标准。概括而言，会计确认必须同时满足以下四个条件。

（1）可定义性。即被确认的项目应符合财务报表要素的定义。如确认一项资产或一项债务必须符合资产或负债的定义，确认收入、费用也必须符合该要素的定义。

（2）可计量性。即被确认的项目应具有相关的计量属性，能够充分可靠地予以计量。具体来说就是被确认的会计要素必须能够用货币进行计量，凡是不能可靠地用货币计量的要素都不能加以确认。

（3）相关性。即会计信息的确认必须与会计信息使用者的决策相关联，在确认时应尽量排除不相关的会计信息，而对相关的会计信息予以确认。

（4）可靠性。即被确认的会计信息必须具备真实性、可核性和中立性的特征。不可靠的会计信息不能予以确认。

二、财务会计的计量属性

会计计量是为了将符合确认条件的会计要素登记入账并列报于财务报表而确定其金额的过程。企业应当按照规定的会计计量属性进行计量，确定相关金额。会计计量属性是指会计要素金额的确定基础，主要包括历史成本、重置成本、可变现净值、现值和公允价值等。

（一）历史成本

历史成本，又称为实际成本，就是取得或制造某项财产物资时所实际支付的现金或者其他等价物。在历史成本计量下，资产按照其购置时支付的现金或者现金等价物的金额，或者按照购置资产时所付出的对价的公允价值计量。负债按照其因承担现时义务而实际收到的款项或者资产的金额，或者承担现时义务的合同金额，或者按照日常活动中为偿还负债预期需要支付的现金或者现金等价物的金额计量。

（二）重置成本

重置成本又称现行成本，是指按照当前市场条件，重新取得同样一项资产所需支付的现金或现金等价物金额。在重置成本计量下，资产按照现在购买相同或者相似资产所需支付的现金或者现金等价物的金额计量。负债按照现在偿付该项债务所需支付的现金或者现金等价物的金额计量。

（三）可变现净值

可变现净值，是指在正常生产经营过程中，以资产预计售价减去进一步加工成本和预计销售费用以及相关税费后的净值。在可变现净值计量下，资产按照其正常对外销售所能收到现金或者现金等价物的金额扣减该资产至完工时估计将要发生的成本、估计的销售费用以及相关税金后的金额计量。可变现净值通常应用于存货资产减值情况下的后续计量。

（四）现值

现值是指对未来现金流量以恰当的折现率进行折现后的价值，是考虑货币时间价值的一种计量属性。在现值计量下，资产按照预计从其持续使用和最终处置中所产生的未来净现金流入量的折现金额计量。负债按照预计期限内需要偿还的未来净现金流出量的折现金额计量。

（五）公允价值

公允价值，是指市场参与者在计量日发生的有序交易中，出售一项资产所能收到或者转移一项负债所需支付的价格。

市场参与者，是指在相关资产或负债的主要市场（或最有利市场）中，同时具备下列特征的买方和卖方：一是市场参与者应当相互独立，不存在《企业会计准则第 36 号——关联方披露》所述的关联方关系；二是市场参与者应当熟悉情况，能够根据可取得的信息对相关资产或负债以及交易具备合理认知；三是市场参与者应当有能力并自愿进行相关资产或负债的交易。

有序交易，是指在计量日前一段时期内相关资产或负债具有惯常市场活动的交易。清算等被迫交易不属于有序交易。

企业以公允价值计量相关资产或负债，应当考虑该资产或负债的特征。相关资产或负债的特征，是指市场参与者在计量日对该资产或负债进行定价时考虑的特征，包括资产状况及所在位置、对资产出售或者使用的限制等。

企业以公允价值计量相关资产或负债，应当假定出售资产或者转移负债的有序交易在相关资产或负债的主要市场进行。不存在主要市场的，企业应当假定该交易在相关资产或负债的最有利市场进行。

主要市场，是指相关资产或负债交易量最大和交易活跃程度最高的市场。最有利市场，是指在考虑交易费用和运输费用后，能够以最高金额出售相关资产或者以最低金额转移相关负债的市场。其中，交易费用是指在相关资产或负债的主要市场（或最有利市场）中，发生的可直接归属于资产出售或者负债转移的费用。交易费用是直接由交易引起的、交易所必需的而且不出售资产或者不转移负债就不会发生的费用。

第六节　财务会计的基本要素

会计要素是根据交易或者事项的经济特征所确定的财务会计对象的基本分类。会计要素按照其性质分为资产、负债、所有者权益、收入、费用和利润，其中，资产、负债和所有者权益要素侧重反映企业的财务状况，收入、费用和利润要素侧重反映企业的经营成果。

一、资产及其分类

1. 资产特征。资产是指企业过去的交易或者事项形成的、由企业拥有或者控制的、预期会给企业带来经济利益的资源。根据资产的定义，资产具有以下三个方面的特征。

（1）资产是由企业过去的交易或者事项形成的。即资产必须是现实的资产，而不是预期的资产。资产是由于企业过去已经发生的交易或者事项所产生的结果，企业预期在未来发生的交易或者事项不形成资产。

（2）资产是企业拥有或者控制的资源。资产作为一项资源，应当由企业拥有或者控制。具体是指企业享有某项资源的所有权，能够从资产中获取经济利益；或者虽然不享有某项资源的所有权，但该资源能被企业实际控制，使得企业同样能够从资产中获取经济利益，如融资租入固定资产。

（3）资产预期会给企业带来经济利益。即资产直接或者间接导致现金和现金等价物流入企业的潜力。如果某项目不能给企业带来经济利益，那么该项目就不能作为企业的资产。资产导致经济利益流入企业的方式有多种。例如，单独或与其他资产结合起来为企业创造经济利益、换取其他资产、用于偿付债务。

2. 资产确认。符合上述资产定义的资源，在同时满足以下条件时，应确认为资产。

（1）与该资源有关的经济利益很可能流入企业。

（2）该资源的成本或者价值能够可靠地计量。

资产按其流动性分类，分为流动资产和非流动资产。流动资产是指预计能够在一个正常营业周期中变现、出售或耗用，或者主要为交易目的而持有的资产。流动资产主要包括货币资金、交易性金融资产、应收及预付款项、存货等。流动资产以外的资产应当归类为非流动资产，包括可供出售金融资产、持有至到期投资、长期股权投资、投资性房地产、固定资产、生产性生物资产、递延所得税资产、无形资产等。

二、负债及其构成

1. 负债特征。负债是指企业过去的交易或者事项形成的、预期会导致经济利益流出企业的现时义务。负债有如下基本特征。

（1）负债是企业过去的交易或者事项形成的现时义务。现时义务是指企业在现行条件下已承担的义务。如银行借款是因为企业接受了银行贷款形成的负债，如果没有接受贷款就不会发生银行借款这项负债。企业未来发生的交易或者事项形成的义务，不属于现时义务，不应当确认为负债，如企业与供货单位签订在将来可能形成负债的供货合同，在当前就不能将其作为一项负债。

（2）负债的清偿预期会导致经济利益流出企业。负债通常需要由企业在未来某个时日加以清偿，其清偿义务的履行预期均会导致企业经济利益的流出。具体表现为交付资产、提供劳务、将一部分股权转给债权人等。对此，企业不能或很少可以回避。从这个意义上讲，如果企业能够回避义务，则不能相应的确认为一项负债。

2. 负债确认。符合上述负债定义的义务，在同时满足以下条件时，确认为负债。

（1）与该义务有关的经济利益很可能流出企业。

（2）未来流出的经济利益的金额能够可靠地计量。

负债应按其流动性，分为流动负债和非流动负债。流动负债是指预计在一个正常营业周期中清偿或主要为交易目的而持有的债务。流动负债主要包括短期借款、应付及预收款项、应付职工薪酬、应交税费等。流动负债以外的负债应当归类为非流动负债，包括长期借款、应付债券、长期应付款、递延所得税负债等。

三、所有者权益及其构成

所有者权益是指企业资产扣除负债后由所有者享有的剩余权益。公司的所有者权益又称为股东权益。

所有者权益的来源包括所有者投入的资本、资本公积、直接计入所有者权益的利得和损失、盈余公积及未分配利润等。其中，盈余公积和未分配利润合称为留存收益。直接计入所有者权益的利得和损失，是指不应计入当期损益、会导致所有者权益发生增减变动的、与所有者投入资本或者向所有者分配利润无关的利得或者损失。利得是指由企业非日常活动所形成的、会导致所有者权益增加的、与所有者投入资本无关的经济利益的流入。损失是指由企业非日常活动所发生的、会导致所有者权益减少的、与向所有者分配利润无关的经济利益的流出。利得和损失分为直接计入所有者权益的利得和损失与计入当期损益的利得和损失。通常已实现的利得和损失计入当期损益，未实现的利得和损失计入所有者权益的其他综合收益。

所有者权益的确认和计量，主要取决于资产、负债、收入、费用等其他会计要素的确认和计量。

所有者权益和负债同属权益，都是对企业资产的要求权。但是，所有者权益和负债之间仍然存在着明显的区别，表现为以下三方面：第一，所有者权益不像负债那样需要偿还，除非发生减资、清算，企业不需要偿还其所有者；第二，企业清算时，负债往往优先清偿，而所有者权益只有在清偿所有的负债之后才返还给所有者；第三，所有者权益能够分享利润，而负债则不能参与利润的分配。

四、收入及其分类

1. 收入特征。收入是指企业在日常活动中形成的、会导致所有者权益增加的、与所有者投入资本无关的经济利益的总流入。收入具有如下基本特征。

（1）收入是从企业的日常活动中产生的，而不是从偶发的交易或者事项中产生的。所谓的“日常活动”，是指企业为完成其经营目标所从事的经常性活动以及与之相关的其他活动。明确界定日常活动有助于将收入与利得相区分。例如，工业企业制造并销售产品、商业企业销售商品、保险公司签发保单、咨询公司提供咨询服务、软件企业为客户开发软件、商业银行对外贷款、租赁公司出租资产等，均属于企业为完成其经营目标所从事的经常性活动，由此产生的经济利益的总流入构成收入；工业企业转让无形资产使用权、出售原材料、对外投资（收取的利息收入、股利收入）等，属于与经常性活动相关的其他活动，由此产生的经济利益的总流入也构成收入。但是，工业企业处置固定资产、无形资产等活动，不是企业为完成其经营目标所从事的经常性活动，不属于与经常性活动相关的其他活动，由此产生的经济利益的总流入不构成收入，应当确认为利得。

（2）收入的取得可能表现为企业资产的增加或负债的减少，或者资产增加和负债减少两者兼而有之，最终将导致企业所有者权益的增加。

（3）收入是与所有者投入资本无关的经济利益的总流入。

2. 收入确认。企业应当在履行了合同中的履约义务，即在客户取得相关商品控制权时确认收入。取得相关商品控制权，是指能够主导该商品的使用并从中获得几乎全部的经济利益。

收入通常只有在经济利益很可能流入从而导致企业资产增加或者负债减少且经济利益的流入额能够可靠计量时才能予以确认。

收入按其在企业经营业务中所占的比重分为主营业务收入和其他业务收入。主营业务收入是指企业所从事的主要经营活动所取得的收入，也称基本业务收入。如工业企业销售产成品、自制半成品等取得的收入，商业企业销售商品取得的收入等。其他业务收入是指企业主营业务以外的其他经营活动所取得的收入，也称附营业务收入。如工业企业销售多余原材料、出租固定资产、出租包装物等取得的收入。

五、费用及其分类

1. 费用特征。费用是指企业在日常活动中发生的、会导致所有者权益减少的、与向所有者分配利润无关的经济利益的总流出。与收入相对应，费用具有以下基本特征。

（1）费用是企业在销售商品、提供劳务等日常活动中发生的经济利益的流出。如固定资产清理损失因不属于日常活动的经济利益流出应归为损失。

（2）费用最终会减少企业的所有者权益。不会导致所有者权益减少的经济利益的流出不符合费用的定义，不应确认为费用。

（3）向所有者分配利润相关的经济利益流出不属于费用。

2. 费用确认。费用只有在经济利益很可能流出从而导致企业资产减少或者负债增加，且经济利益的流出额能够可靠计量时才能予以确认。

费用按照与产品和劳务的关系，划分为营业成本和期间费用。营业成本是为生产和销售商品、提供劳务而发生的各种耗费，营业成本与取得的营业收入直接相关。营业成本按在经营活动中的主次地位，分为主营业务成本和其他业务成本。期间费用是指企业在会计期间发生的销售费用、管理费用和财务费用。

六、利润及其构成

利润是指企业在一定会计期间的经营成果。

利润包括收入减去费用后的净额、直接计入当期利润的利得和损失等。具体分为营业利润、利润总额和净利润。其中直接计入当期利润的利得和损失，是指应当计入当期损益、会导致所有者权益发生增减变动的、与所有者投入资本或者向所有者分配利润无关的利得或者损失。如交易性金融资产公允价值变动损益、营业外收支等。

利润金额取决于收入和费用、直接计入当期利润的利得和损失金额的计量。

思考题

1. 会计的基本目标是什么？会计的具体目标是什么？
2. 会计信息的使用者有哪些？他们需要利用会计信息做哪些决策？
3. 会计有哪些基本前提？如何理解？
4. 会计信息质量要求有哪些？
5. 会计法规体系包括哪些内容？
6. 什么是会计计量属性？会计计量属性主要有哪几种？
7. 什么是会计要素？我国企业会计要素分为哪些？

第二章　货币资金与应收款项

【学习要点及目标】

本章主要介绍货币资金与应收款项的确认及其会计处理。通过对本章的学习，要求掌握库存现金和银行存款的使用与管理，应收账款、应收票据的确认和会计处理；重点掌握坏账损失的核算；熟悉和理解其他应收款的内容及其会计处理。

康得新上演“高存高贷”大片

2019年1月，康得新复合材料集团股份有限公司（以下简称康得新）因无力按期兑付15亿元短期融资券本息，业绩真实性存疑，引起市场的广泛关注和高度质疑。证监会迅速反应，果断出击，决定对康得新的涉嫌信息披露违法行为立案调查。

康得新与北京银行股份有限公司（以下简称北京银行）西单支行签订《现金管理业务合作协议》，康得新及其合并财务报表范围内3家子公司在北京银行西单支行尾号为3796、3863、4181、5278账户（以下简称北京银行账户组）的资金被实时、全额归集到康得新集团北京银行西单支行尾号为3258的账户，康得新北京银行账户组各年末实际余额为0。康得新2015年至2018年年度报告中披露的银行存款余额分别为9 571 053 025.20元（其中北京银行账户组余额为4 599 634 797.29元）、14 689 542 575.86元（其中北京银行账户组余额为6 160 090 359.52元）、17 781 374 628.03元（其中北京银行账户组余额为10 288 447 275.09元）、14 468 363 032.12元（其中北京银行账户组余额为12 209 443 476.52元）。康得新2015年至2018年年度报告中披露的银行存款余额存在虚假记载。2016年至2018年，康得新子公司张家港康得新光电材料有限公司（以下简称康得新光电）分别与厦门国际银行股份有限公司北京分行、中航信托股份有限公司签订了4份《存单质押合同》，约定以康得新光电大额专户资金存单为康得新集团提供担保，2016年至2018年担保债务本金分别为1 482 700 000.00元、1 463 050 000.00元、1 463 050 000.00元。康得新均未按规定及时披露上述重大事件，因此违反了《中华人民共和国证券法》的有关规定。中国证券监督管理委员会对康得新信息披露违法违规行为进行了立案调查、审理，并于2020年9月23日发布了《中国证监会行政处罚决定书（康得新、钟玉等13人）》，至此调查、审理结束。

一直以来，康得新始终保持着较好的企业形象，被认为是白马股，但是 * ST 康得发布的 122 亿存款无法使用的年报，令市场一片欷歔。康得新与“高存高贷”这一财务异象存有千丝万缕的联系。纵观 A 股，科迪乳业、东旭光电、供销大集等一众公司都曾因“高存高贷”收到证监会的问询函。

请思考：

1. “天若有情天亦老，看见双高马上跑”已成为股民的常规操作。“高存高贷”是否是公司舞弊的实锤?

2. 请谈谈应如何正确看透“高存高贷”?

（资料来源：中国证券监督管理委员会，《中国证监会行政处罚决定书（康得新、钟玉等 13 人）》《中国证监会对康得新等作出处罚及禁入告知书》）

第一节 货币资金

一、货币资金的概念与分类

货币资金是指企业生产经营过程中处于货币形态的那部分资金。货币资金是企业资产的重要组成部分，是企业进行生产经营活动必不可少的。企业在日常生产经营过程中会发生大量的、重复性的有关货币资金的收付业务，如销售产品、取得银行借款、采购材料、支付职工薪酬、支付各项生产费用和交纳税费等。可以说，持有货币资金是企业进行生产经营活动的基本条件。货币资金按照存放地点及用途的不同，分为库存现金、银行存款和其他货币资金三个部分。

二、库存现金的核算

（一）现金的管理与控制

现金是企业流动性最强的一项资产，可以随时用其购买所需的物资、支付有关费用、偿还债务等。现金的概念有广义和狭义之分。狭义的现金仅指企业为满足日常零星开支而存放在企业金库中的各种货币，即库存现金，包括库存的人民币现金和外币现金。我国会计实务中的现金通常为狭义的现金。广义的现金除了库存现金外，还包括银行存款和其他可以普遍接受的流通手段，如银行本票、银行汇票、旅行支票等。西方会计实务中的现金通常为广义的现金。

在货币资金中，现金的流动性最强，最易被挪用和侵占。此外，现金又是一种无法产生盈余的资产，故企业不能积压过多。因此，必须加强现金的管理和控制。

1. 现金的使用范围。按照我国《现金管理暂行条例》的规定，凡在银行和其他金融机构开立账户的各类单位，其各项经济往来除按条例规定的范围可以使用现金外，应当通过开户银行进行转账结算。在银行开立账户的单位使用现金结算的范围如下：(1) 职工工资、津贴；(2) 个人劳务报酬；(3) 根据国家规定颁发给个人的科学技术、文化艺术、体育等各种奖金；(4) 各种劳保、福利费用以及国家规定的对个人的其他支出；(5) 向个人收购农副产品和其他物资的价款；(6) 出差人员必须携带的差旅费；(7) 结算起点（1 000 元）以下的零星支出；(8) 中国人民银行确定需要支付现金的其他支出。

根据财政部2001 年发布的《内部会计控制规范——货币资金（试行）》的有关规定，企业必须根据《现金管理暂行条例》的规定，结合本企业的实际情况，确定本企业现金的使用范围。凡不属于现金结算范围的支出，企业应当通过银行进行转账结算。这样做的目的是为了保证企业货币资金的安全和完整，加强银行对企业的监督和控制。

2. 核定库存现金限额。库存现金限额是指为保证各单位日常零星支出按规定允许留存的现金的最高数额。为了既能满足企业日常零星开支的需要，又能减少闲置的库存现金，通常由企业的开户银行根据开户单位的实际需要和距离银行远近等情况，为企业核定库存现金的最高限额。按我国的现行规定，库存现金的限额一般按照企业 3 ~ 5 天的日常零星开支所需现金确定。远离银行或交通不便的企业，银行最多可以根据企业 15 天的正常开支需要量来核定库存现金的限额。正常开支需要量不包括企业每月发放工资和不定期差旅费等大额现金支出。库存限额一经核定，要求企业必须严格遵守，不能任意超过，超过部分应及时送存银行；库存现金低于限额时，可以签发现金支票从银行提取现金，补足限额。企业由于业务的发展变化需要调整库存现金限额的，可随时向开户银行提出申请，经批准后进行调整。

3. 不准坐支现金。企业在经营活动中经常会收入一些现金，如职工交回的差旅费剩余款、收取不足转账起点的小额销售收入、销售给不能转账的集体或个人的销货款等。企业的现金收入，应及时送存银行，不得直接用于支付自己的支出。用收到的现金直接支付支出的，叫作“坐支”。企业如因特殊情况需要坐支现金的，应当事先报经开户银行审查批准，由开户银行核定坐支范围和限额。企业应定期向开户银行报送坐支金额和使用情况。未经银行批准，企业不得擅自坐支现金。为了加强银行的监督，企业向银行送存现金时，应在送款簿上注明款项的来源。从开户银行提取现金时，应当在现金支票上写明用途，由本单位财会部门负责人签字盖章，经开户银行审核后，予以支付现金。

4. 现金日常收支管理。现金日常收支管理应遵守的规定归纳起来主要有以下三个方面。

(1) 企业现金收入应于当日送存开户银行。当日送存有困难的，由开户银行确定送存时间。

(2) 企业因采购地点不固定、交通不便以及其他特殊情况必须使用现金的，应向开户银行提出申请，经开户银行审核后，予以支付现金。

(3) 出纳人员对库存现金必须做到日清月结，账款相符；不得以“白条抵库”，即用不符合财务会计制度规定的凭证顶替库存现金；不准谎报用途套取现金；不准用银行账户代其他单位和个人存入或支取现金；不准用单位收入的现金以个人名义存储；不准保留账外公款，不得设置“小金库”等。

企业应定期对库存现金进行清查，以确保库存现金的合理使用和安全完整。

5. 建立和健全现金的内部控制制度。企业在严格遵守现金管理制度的同时，还要建立和健全现金的内部控制制度，以保护现金的安全完整，促进现金的合理使用。现金的内部控制制度主要包括以下内容。

（1）合理的职责分工。库存现金的管理与账务的记录工作应实行合理的职责分工，将出纳和会计记账工作进行分离。经管现金的出纳人员不得兼管收入、费用、债权、债务等账簿的登记工作以及会计稽核和会计档案保管工作。

（2）现金收付必须附有合法的原始凭证。现金的收入要有相应的原始凭证，以保证现金收入的合法性；现金的支付要按规定的授权批准程序进行，除小额零星支出可以用库存现金外，其他应通过转账结算，并附有确凿的原始凭证，以保证支付的合理性。

（3）轮岗。出纳人员应定期进行轮岗，不得一人长期从事出纳工作。出纳人员岗位的及时轮换，有利于及时发现隐藏在出纳工作中的问题和不足，强化会计监督职能，完善会计工作的自我约束机制。

（4）加强监督与检查。除了出纳人员应对企业的库存现金做到日清月结外，企业的内部审计部门以及会计部门负责人也应对现金的管理工作进行经常性与突击性的监督与检查，查明库存现金与账簿记录是否相符，严禁以“白条”抵充库存现金。对于发现的现金溢余与短缺，必须及时查明原因，并按规定要求进行处理。

（二）库存现金的总分类核算

1. 库存现金核算的原始凭证。企业一切库存现金的收支，都必须取得或填制原始凭证，作为收付款的书面证明。例如，企业从银行提取现金，要签发现金支票，以支票存根作为提取现金的证明；将现金存入银行，要填写现金送款簿，以银行盖章退回的送款回单作为存入现金的证明；收入小额销售款，应以销售部门开出的发货票副本作为收款证明；支付职工差旅费的借款，应以经有关领导批准的借款单作为付款的证明；等等。财会部门对证明收付款的原始凭证，要进行认真的审核。审核的内容主要包括：现金收支是否符合现金管理制度等的规定；现金的支付是否符合开支标准；原始凭证所列的项目内容是否填写齐全，数字是否正确，手续是否完备等。对违反国家有关政策、法令和制度的收支要加以抵制，对手续不完备的凭证，应要求有关人员补办手续。经过审核无误的原始凭证，可据以编制收款凭证或付款凭证，办理现金的收付。出纳人员在收付现金后，应在凭证上加盖“现金收讫”或“现金付讫”的戳记，表示款项已经收付。经过审核签章后的收款凭证和付款凭证可作为登记账簿的依据。

库存现金收支核算的步骤通常为：由出纳人员取得或填制原始凭证；由会计

人员对原始凭证进行审核，审核无误后编制记账凭证；由出纳人员办理现金收付，并根据原始凭证或记账凭证登记库存现金日记账；由会计人员登记库存现金总账；定期将库存现金和日记账、总账进行核对，以保证账款相符。

2. 库存现金收支的总分类核算。为了总括地核算和监督库存现金的收入、支出及结存情况，企业应设置“库存现金”总账账户。该账户属于资产类账户，借方登记库存现金的增加，贷方登记库存现金的减少，余额在借方，表示库存现金实有数额。

库存现金的总分类核算是通过设置“库存现金”总账账户进行的。库存现金总账账户由会计人员负责登记，可以根据收付款凭证逐笔登记，也可以定期汇总登记。

【例 2-1】 以甲制造业企业 2×20 年 3 月 1 日的库存现金收支业务为例说明日常库存现金收支业务的账务处理如下。

①签发现金支票一张，从银行提取库存现金 3 000 元备用。根据现金支票存根，编制会计分录如下：

借：库存现金	3 000	
贷：银行存款		3 000

②采购员李明出差预借差旅费 3 000 元。根据借款单，编制会计分录如下：

借：其他应收款——李明	3 000	
贷：库存现金		3 000

③企业行政管理部门购买办公用品 226 元，其中价款 200 元，增值税 26 元，以现金支付。根据发票，编制会计分录如下：

借：管理费用——办公费	200	
应交税费——应交增值税（进项税额）	26	
贷：库存现金		226

④企业零星销售产品收取现金 452 元（其中增值税税额 52 元）。根据销售部门开出的发票记账联，编制会计分录如下：

借：库存现金	452	
贷：主营业务收入		400
应交税费——应交增值税（销项税额）		52

⑤以库存现金支付零星材料采购款 339 元（其中增值税税额 39 元）。根据发票，编制会计分录如下：

借：材料采购	300	
应交税费——应交增值税（进项税额）	39	
贷：库存现金		339

（三）现金清查的核算

为了及时、准确地反映库存现金的余额，确保库存现金的安全、完整，防止各种非法行为的发生，应经常对库存现金进行清查，以保证账款相符。库存现金清查的基本方法是实地盘点法。实际工作中，库存现金的清查分为两种：(1) 日常工作中，现金出纳应每日清点库存现金实有数，并与现金日记账相核对。每日清查的目的是防止现金短缺及记账差错，保证账款相符。(2) 由专门的清查人员在出纳人员的配合下定期、不定期进行的清查。清查范围包括检查企业是否遵守现金管理制度的规定，库存现金是否超过限额，有无以借条、收据抵充现金的情况。清查的目的在于加强对出纳人员的监督，防止贪污、挪用现金等非法行为的发生。盘点后应将清查盘点结果填列在“库存现金盘点报告表”中。

在库存现金清查中发现的有待查明原因的现金短缺或溢余，应通过“待处理财产损溢”账户核算。属于现金短缺，应按实际短缺的金额，记入“待处理财产损溢——待处理流动资产损溢”账户的借方，同时记入“库存现金”账户的贷方；属于现金溢余，按实际溢余的金额，记入“库存现金”账户的借方，并记入“待处理财产损溢——待处理流动资产损溢”账户的贷方。待查明原因后作如下处理。

如果是现金短缺，属于应由责任人或保险公司赔偿的部分，借记“其他应收款——应收现金短缺款（个人名称）”或“其他应收款——应收保险赔款”等账户，贷记“待处理财产损溢——待处理流动资产损溢”账户；属于无法查明的其他原因，根据管理权限，经批准后作为盘亏损失处理，借记“管理费用”账户，贷记“待处理财产损溢——待处理流动资产损溢”账户。

如果是现金溢余，属于应支付给有关人员或单位的，借记“待处理财产损溢——待处理流动资产损溢”账户，贷记“其他应付款——应付现金溢余（个人或单位名称）”账户；属于无法查明原因的现金溢余，经批准后，借记“待处理财产损溢——待处理流动资产损溢”账户，贷记“营业外收入——盘盈利得”账户。

举例说明如下。

【例2-2】 甲企业2×20年5月31日进行库存现金清查，其清查结果及账务处理如下。

①库存现金清查中发现短款200元。编制会计分录如下：

借：待处理财产损溢——待处理流动资产损溢　　200

　　贷：库存现金　　200

②经查明，库存现金短缺是由于出纳人员的过失造成，应由其赔偿。编制会计分录如下：

借：其他应收款——应收现金短缺款（×××）　　200

　　贷：待处理财产损溢——待处理流动资产损溢　　200

③库存现金清查中发现长款170元。编制会计分录如下：

借：库存现金　　170

　　贷：待处理财产损溢——待处理流动资产损溢　　170

④经反复核查，上述多余现金的原因不明，经批准转作营业外收入。编制会

计分录如下：

借：待处理财产损溢——待处理流动资产损溢 170

　贷：营业外收入——盘盈利得 170

（四）库存现金的序时核算

为加强现金的管理，全面及时地了解和掌握企业每日库存现金的收付动态和库存余额，保证库存现金的安全，除总分类核算外，企业还应设置库存现金日记账进行序时核算。有外币现金的企业，应分别就人民币和各种外币设置库存现金日记账进行明细核算。库存现金日记账是核算和监督企业库存现金收支和结存情况的序时账簿，由出纳人员根据审核无误的收付款凭证，按业务发生的先后顺序，逐日逐笔顺序登记。每日终了，应结出当日的库存现金收入合计数、支出合计数和结余数，并将结余数与实际库存数核对，做到账款相符。每月终了，还应将库存现金日记账的余额和“库存现金”总账余额核对相符。

库存现金日记账的格式有三栏式和多栏式两种。三栏式日记账设有借方、贷方和余额三栏。其格式及登记方法如表 2－1 所示。

表 2－1　　库存现金日记账　　单位：元

2×19 年		凭证		摘　要	对方科目	借方	贷方	余额
月	日	种类	号数					
3	1			月初余额				1 700
	1	银付	001	提取现金	银行存款	3 000		
	1	现付	001	李明借支差旅费	其他应收款		3 000	
	1	现付	002	厂部购办公用品	管理费用		234	
	1	现收	001	零星销售收入	主营业务收入	468		
	1	现付	003	支付零星材料采购款	材料采购		351	
	1			本日合计及余额		3 468	3 585	1 583

多栏式库存现金日记账是按照库存现金收付的对应科目设专栏，逐笔进行序时登记。为防止账页过长，多栏式日记账还可按库存现金收入和支出分别设立库存现金收入日记账和库存现金支出日记账，逐笔进行序时登记。

三、银行存款的核算

（一）银行存款的管理与控制

银行存款是指企业存放在银行或其他金融机构的货币资金。

按照我国有关现金管理和结算办法的规定，凡是独立核算的单位都必须在所在地银行开设账户。企业在银行开设账户以后，除了按核定限额留存的库存现金外，超过限额的现金必须存入银行；企业在经营过程中所发生的一切货币收支业务，除了在规定的范围内可以用现金直接支付的款项外，其余的都必须通过银行存款账户办理转账结算。上述做法有利于加强银行对企业货币资金的监督，对加强结算纪律、加速资金周转、充分利用闲置多余的资金具有重要的作用。企业应依据《中华人民共和国票据法》和中国人民银行发布的《票据管理实施办法》以及《支付结算办法》等有关法律法规，正确办理结算业务。

按照《支付结算办法》的规定，企业应在银行开立账户，办理存款、取款和转账等结算。企业在银行开立人民币银行结算账户，必须遵守中国人民银行颁布的《人民币银行结算账户管理办法》的各项规定。银行结算账户分为基本存款账户、一般存款账户、临时存款账户和专用存款账户。

基本存款账户是企业因办理日常转账结算和现金收付需要开立的银行结算账户，企业日常经营活动的资金收付及其工资、奖金和现金的支取，均应通过该账户办理；一般存款账户是企业因借款或其他结算需要，在基本存款账户开户银行以外的银行营业机构开立的银行结算账户，企业可以通过该账户办理银行借款转存、借款归还和其他结算的资金收付以及现金缴存等业务，但不得办理现金支取；临时存款账户是企业因临时需要并在规定期限内使用而开立的银行结算账户，如设立临时机构、异地临时经营活动、注册验资等，企业可以通过该账户办理转账结算或按照国家现金管理的规定办理现金收付；专用存款账户是企业按照相关法律法规等的规定，对其特定用途资金进行专项管理和使用而开立的银行结算账户，如基本建设资金、更新改造资金、财政预算外资金、粮棉油收购资金、证券交易结算资金等，该账户用于办理各项专用资金的收付。一个企业只能选择一家银行的一个营业机构开立一个基本存款账户，不得在多家银行机构开立基本存款账户。

存款人申请开立基本存款账户时，应填制开户申请书，提供规定的证明文件如营业执照、税务登记证等；银行应对存款人的开户申请书填写的事项和证明文件的真实性、完整性、合规性进行认真审查，并将审查后的存款人提交的上述文件和审核意见等开户资料报送中国人民银行当地分支行，经其核准后办理开户手续。中国人民银行应于两个工作日内对银行报送的基本存款账户开户资料的合规性以及唯一性进行审核，符合开户条件的，予以核准；不符合开户条件的，应在开户申请书上签署意见，连同有关证明文件一并退回报送银行。企业申请开立一般存款账户、临时存款账户和专用存款账户，应填制开户申请书，提供规定的证明文件，经银行审核同意后开立账户。

企业在银行开立账户后，可到开户银行购买各种银行往来使用的凭证（如送款簿、进账单、现金支票、转账支票等），用以办理银行存款的收付款项。企业超过库存现金限额的所有货币资金都必须存入银行，企业与其他单位之间的一切收付款项，除制度规定可用现金支付的部分以外，都必须通过银行办理转账结算，也就是由银行按照事先规定的结算方式，将款项从付款单位的账户划出，转入收款单位的账户。因此，企业不仅要在银行开立账户，而且账户内必须要有可供支付的存款。

（二）银行存款的总分类核算

1. 银行存款核算的原始凭证。企业在日常的生产经营过程中，大部分经济业务都需要通过银行进行款项的收付，这些收付款项的经济业务必须严格按照国家有关银行支付结算办法的规定，办理各种凭证手续。通常发生了银行结算业务，都应根据接到的开户银行的进账单回单或收账通知或支票存根、银行票据申请书回单或接到的银行付账通知等有关原始凭证，进行相应的账务处理。

2. 银行存款收付的总分类核算。为了总括核算和监督银行存款的收入、支出及结存情况，企业应设置“银行存款”总账账户。该账户属于资产类账户，借方登记银行存款的增加，贷方登记银行存款的减少，期末余额在借方，表示银行存款的实有数额。

银行存款的总分类核算是通过设置“银行存款”总账账户进行的。银行存款总账账户由会计人员根据收付款凭证逐笔登记，也可以定期汇总登记。

【例2－3】 甲制造业企业2×20年8月5日的银行存款收支业务的账务处理如下。

①甲企业销售A产品收到销货款20 000元和增值税2 600元存入银行。根据销售部门开出的发票和进账单回单，编制会计分录如下：

借：银行存款　　22 600

　贷：主营业务收入　　20 000

　　　应交税费——应交增值税（销项税额）　　2 600

②签发现金支票一张，从银行提取现金3 000元备用。根据支票存根，编制会计分录如下：

借：库存现金　　3 000

　贷：银行存款　　3 000

③签发转账支票一张，支付企业行政管理部门购买的办公用品费452元，其中价款400元，增值税52元。根据发票和支票存根，编制会计分录如下：

借：管理费用——办公费　　400

　　应交税费——应交增值税（进项税额）　　52

　贷：银行存款　　452

④签发转账支票一张，支付材料价款10 000元和增值税1 300元。根据发票和支票存根，编制会计分录如下：

借：材料采购　　10 000

　　应交税费——应交增值税（进项税额）　　1 300

　贷：银行存款　　11 300

（三）银行存款的序时核算

为了加强对银行存款的管理，及时、系统地了解银行存款的收付动态和结存的余额，除总分类核算外，企业还应设置银行存款日记账进行序时核算。银行存款日记账是核算和监督企业银行存款收支和结存情况的序时账簿，应按开户银行和其他金融机构、存款种类等分别设置，由出纳人员根据审核无误的收付款凭证，按业务发生的先后顺序，逐日逐笔顺序登记。每日终了，应结出余额。银行存款日记账应定期与银行对账单核对，至少每月核对一次。企业银行存款日记账余额与银行对账单余额之间如有差额，必须逐笔查明原因，并按月编制“银行存款余额调节表”调节相符。月份终了，“银行存款日记账”的余额必须与“银行存款”总账账户的余额核对相符。

银行存款日记账的格式有三栏式和多栏式两种。三栏式日记账设有借方、贷方和余额三栏。其格式及登记方法如表2－2所示。

表2－2 银行存款日记账 单位：元

2×19年		凭证		摘　要	对方科目	结算凭证		借方	贷方	余额
月	日	种类	号数			种类	号码			
8	5			承前页						170 000
	5	银收	12	存入销货款	主营业务收入	转支	0474	23 400		193 400
	5	银付	20	提取现金	库存现金	现支	0329		3 000	190 400
	5	银付	21	厂部购办公用品	管理费用	转支	0532		468	189 932
	5	现付	003	支付零星材料采购款	材料采购	转支	0533		11 700	178 232

多栏式银行存款日记账是按照银行存款收付的对应科目设专栏，逐笔进行序时登记。为防止账页过长，多栏式日记账还可按银行存款收入和支出分别设立银行存款收入日记账和银行存款支出日记账，逐笔进行序时登记。

（四）银行结算方式

结算方式是指用一定的程序和方法实现企业间或企业与其他单位和个人间货币收付的方式，一般分为现金结算和转账结算两种。用现金直接支付、结清往来款项的结算业务，称为现金结算；收付双方通过银行以转账划拨方式进行的结算业务，称为银行转账结算，亦称非现金结算。企业除按规定范围使用现金外，大部分货币资金收付业务都应通过银行办理转账结算。根据中国人民银行有关支付结算办法规定，目前企业发生的货币资金收付业务，主要采用支票、银行本票、银行汇票、商业汇票、信用卡、托收承付、委托收款、汇兑及信用证九种结算方式，通过银行办理转账结算。

1. 支票。支票是单位或个人签发的，委托办理支票存款业务的银行在见票时无条件向收款人或者持票人支付确定金额的票据。支票由银行统一印制，一般按支付票款的方式分为现金支票、转账支票和普通支票。支票上印有“现金”字样的为现金支票，现金支票只能从银行提取现金。支票上印有“转账”字样的为转账支票，转账支票只能用于转账。支票上未印有“现金”或“转账”字样的为普通支票，普通支票可以用于支取现金，也可以用于转账。在普通支票左上角划两条平行线的，为划线支票，划线支票只能用于转账，不得支取现金。

支票结算方式是同城结算中应用最广泛的一种结算方式。单位和个人在同一票据交换区域的各种款项结算，均可以使用支票。支票的提示付款期限为自出票日起 10 日内，中国人民银行另有规定的除外。超过提示付款期限的，持票人开户银行不予受理。转账支票可以根据需要在票据交换区域内背书转让。

存款人领购支票，必须填写“票据和结算凭证领用单”并加盖预留银行印鉴。存款账户结清时，必须将剩余的空白支票全部交回银行注销。

企业使用支票需注意的事项有：（1）在签发支票之前，出纳人员应该认真查明银行存款的账面结余数额，防止签发超过存款余额的空头支票。签发空头支票，银行除退票外，还按票面金额处以 5% 但不低于 1 000 元的罚款，持票人有权要求出票人赔偿支票金额 2% 的赔偿金。对屡次签发的，银行应停止其签发支票的资格；（2）签发支票时，应使用碳素墨水或墨汁，将支票上的各要素填写齐全，并在支票上加盖其预留银行印鉴。出票人预留银行的印鉴是银行审核支票付款的依据。银行也可以与出票人约定使用支付密码，作为银行审核支付支票金额的条件。

采用支票结算方式时，对于收款的支票，企业应审查支票收款人是否是本人，支票是否在规定的有效期内，大小写金额是否相符，其他有关内容是否填写正确齐全，有无涂改，审核无误后，可填制进账单连同支票送交银行，根据银行盖章退回的进账单第一联和有关原始凭证编制收款凭证，进行账务处理，借记“银行存款”账户，贷记“主营业务收入”等有关账户；对于付款的支票，企业应根据支票存根和有关原始凭证编制付款凭证，进行账务处理，借记“材料采购”等有关账户，贷记“银行存款”账户。

采用支票结算方式，手续简便，收付款项及时。但银行无法进行事前控制，容易发生空头支票的现象，也容易发生遗失、被盗及冒领等现象。

2. 银行本票。银行本票是银行签发的承诺自己在见票时无条件支付确定的金额给收款人或者持票人的票据。银行本票分定额本票和不定额本票。定额本票面值分别为 1 000 元、5 000 元、10 000 元和 50 000 元。银行本票可以用于转账，也可以用于支取现金。申请人或收款人为单位的，不得申请签发现金银行本票。

银行本票适用于单位或个人在同一票据交换区域内各种款项的结算。银行本票的提示付款期限为自出票日起最长不超过 2 个月，在付款期内银行本票见票即付。银行本票可以背书转让给被背书人。

企业申请并取得银行签发的银行本票时，应根据“银行本票申请书”存根联编制付款凭证，进行账务处理，借记“其他货币资金”账户，贷记“银行存款”账户。用银行本票支付款项时，根据发票账单等借记“材料采购”等有关账户，贷记“其他货币资金”账户。企业因银行本票超过付款期或其他原因要求退款时，在交回本票和填制的进账单经银行审核盖章后，根据进账单第一联编制收款凭证，借记“银行存款”账户，贷记“其他货币资金”账户；收款单位取得银行本票并进账后，应根据银行盖章退回的进账单第一联和有关原始凭证编制收款凭证，进行账务处理，借记“银行存款”账户，贷记“应收账款”等账户。

银行本票由银行签发并保证兑付，具有信誉高、支付功能强等特点。用银行本票购买材料物资，销货方可以见票付货，购货方可以凭票提货；债权债务双方可以凭票清偿；收款人将本票交存银行，银行即可为其入账。因此，这种结算方式既便于购货方及时购进材料物资，又有利于销货方迅速收回货款，应用较为广泛。

3. 银行汇票。银行汇票是汇款人将款项交存当地出票银行，由出票银行签发的，由其在见票时，按照实际结算金额无条件支付给收款人或持票人的票据。

银行汇票适用于单位和个人用于异地的各种款项的结算，尤其适用于先收款后发货或钱货两清的商品交易。银行汇票可以用于转账，填明“现金”字样的银行汇票也可以用于支取现金。银行汇票的付款期限为自出票日起1个月内。银行汇票的收款人可以将银行汇票背书转让给他人。

企业申请并取得银行签发的银行汇票时，应根据“银行汇票申请书”存根联编制付款凭证，进行账务处理，借记“其他货币资金”账户，贷记“银行存款”账户。用银行汇票支付款项时，根据发票账单等借记“材料采购”等有关账户，贷记“其他货币资金”账户。如有多余款项或因汇票超过付款期等原因而退款时，应根据银行的多余款收账通知等编制收款凭证，借记“银行存款”账户，贷记“其他货币资金”账户。收款单位取得银行汇票并进账后，应根据银行盖章退回的进账单第一联和有关原始凭证编制收款凭证，进行账务处理，借记“银行存款”账户，贷记“应收账款”等账户。

银行汇票具有使用灵活、票随人到、兑现性强等特点，便于单位和个人的应急用款和及时采购。

4. 商业汇票。商业汇票是出票人签发的委托付款人在指定日期无条件支付确定的金额给收款人或者持票人的票据。在银行开立存款账户的法人以及其他组织之间须具有真实的交易关系或债权债务关系，方可使用商业汇票，且同城和异地均可使用。商业汇票的付款期限由交易双方商定，但最长不得超过6个月。商业汇票的提示付款期限自汇票到期日起10日内。商业汇票可以背书转让。符合条件的商业汇票的持票人可持未到期的商业汇票连同贴现凭证，向银行申请贴现。

商业汇票按承兑人不同分为商业承兑汇票和银行承兑汇票。商业承兑汇票是由银行以外的付款人承兑的票据。汇票到期时，如果购货企业的存款不足支付票款，开户银行应将汇票退还销货企业，银行不负责付款，由购销双方自行处理。银行承兑汇票是由在承兑银行开立存款账户的存款人签发并由银行予以承兑的票据。承兑银行按票面金额向出票人收取万分之五的手续费。承兑银行凭汇票将承兑款项无条件转给销货企业，如果购货企业于汇票到期日未能足额交存票款，承兑银行除凭票向持票人无条件付款外，对出票人尚未支付的汇票金额转作逾期贷款，并按照每天万分之五计收罚息。

采用商业汇票结算方式，可以使企业之间的债权债务关系表现为外在的票据。使商业信用票据化，加强约束力，有利于维护和发展社会主义市场经济。对于购货企业来说，可以延期付款，因而可以在资金暂时不足的情况下及时购进材料物资，保证生产经营顺利进行。对于销货企业来说，一方面，可以疏通商品渠道、扩大销量、促进生产；另一方面，汇票经过承兑，信用较高，可以按期收回货款，防止拖欠，在急需资金时，还可以向银行申请贴现，融通资金。销货企业可以根据购货企业的资金和信用情况不同，选用商业承兑汇票或银行承兑汇票；购货企业应加强资金的计划管理，调度好货币资金，在汇票到期前，将票款送存开户银行，保证按期承付。

5. 汇兑。汇兑是汇款人委托银行将其款项支付给收款人的结算方式。

汇兑按凭证传送方法不同分为信汇、电汇两种。信汇是指汇款人委托银行通过邮寄方式将款项划转给收款人。电汇是指汇款人委托银行通过电报将款项划给收款人。这两种汇兑方式可由汇款人根据对汇款快慢的需要选择使用。汇兑结算方式适用于异地单位和个人之间的各种款项的结算。

在汇兑结算方式下，付款单位应根据信汇或电汇凭证的第一联回单联编制付款凭证，进行账务处理，借记“应付账款”等账户，贷记“银行存款”账户；收款单位对于通过信汇或电汇方式汇入的款项，应在收到银行的收账通知时编制收款凭证，进行账务处理，借记“银行存款”账户，贷记“应收账款”等账户。

汇兑结算方式划拨款项手续简便，方法灵活，是应用较为广泛的一种结算方式。

6. 委托收款。委托收款是收款人委托银行向付款人收取款项的结算方式。无论单位还是个人都可凭已承兑商业汇票、债券、存单等付款人债务证明办理款项的结算，收取同城或异地款项。委托收款还适用于收取电费、电话费等付款人众多、分散的公用事业费等有关款项。其结算款项划回的方式分为邮寄和电报两种。

企业委托开户银行收款时，应填写银行印制的委托收款凭证，连同有关的债务证明送交银行办理委托收款手续。企业的开户银行受理委托收款后，将委托收款凭证寄交付款单位开户银行，由付款单位开户银行审核，并通知付款单位。付款单位应于接到通知的当日书面通知银行付款。按照规定，付款企业未在接到通知日的次日起 3 日内通知银行付款的，银行视同企业同意付款并在第 4 日上午开始营业时，将款项划给收款人。

7. 托收承付。托收承付是根据购销合同由收款人发货后委托银行向异地付款人收取款项，由付款人向银行承认付款的结算方式。办理托收承付结算的款项，必须是商品交易，以及由商品交易而产生的劳务供应的款项。代销、寄销、赊销商品的款项，不得办理托收承付结算。

根据规定，采用托收承付结算方式时，购销双方必须签有符合《中华人民共和国合同法》的购销合同，并在合同上写明使用托收承付结算方式。托收承付款项划回方式分为邮寄和电报两种，由收款人根据需要选择使用。收款单位办理托收承付，必须具有商品发出的证件或其他证明，如铁路、航运、公路等运输部门签发的运单、运单副本和邮局包裹回执等。托收承付结算每笔的金额起点为 10 000 元。新华书店系统每笔金额起点为 1 000 元。

销货企业按照购销合同发货后，应填制邮划或电划托收承付凭证，盖章后连同发运证件或其他符合托收承付结算的有关证明和交易单证送交开户银行办理托收手续。销货企业开户银行接受委托后，将托收结算凭证回单联退给企业，作为企业进行账务处理的依据，并将其他结算凭证寄往购货单位开户银行，由购货单位开户银行通知购货单位承认付款。

购货企业收到托收承付结算凭证和所附单据后，应立即审核是否符合订货合同的规定。按照《支付结算办法》的规定，承付货款分为验单付款与验货付款两种，由双方在签订合同时明确加以约定。验单付款是购货企业根据订货合同对银行转来的托收结算凭证、发票账单、托运单及代垫运杂费等单据进行审查无误后，即可承认付款。为了便于购货企业对凭证的审核和筹措资金，验单付款的承付期为3天，从付款人开户银行发出承付通知的次日算起（承付期内遇法定休假日顺延）。购货企业在承付期内，未向银行表示拒绝付款，银行即视作承付。验货付款是购货企业待货物运达企业，对其进行检验与合同完全相符后才承认付款。为了满足购货企业组织验货的需要，验货付款的承付期为10天，从运输部门向购货企业发出提货通知的次日算起。承付期内购货企业未表示拒绝付款的，银行视为同意承付。

对于下列情况，付款人可以在承付期内向银行提出全部或部分拒绝付款：(1) 没有签订购销合同或购销合同未写明托收承付结算方式的款项；(2) 未经双方事先达成协议，收款人提前交货或因逾期交货付款人不再需要该项货物的款项；(3) 未按合同规定的到货地址发货的款项；(4) 代销、寄销、赊销商品的款项；(5) 验单付款，发现所列货物的品种、规格、数量、价格与合同规定不符，或货物已到，经查验货物与合同规定或发货清单不符的款项；(6) 验货付款，经查验货物与合同规定或与发货清单不符的款项；(7) 货款已经支付或计算错误的款项。

不属于上述情况，购货企业不得提出拒付。购货企业提出拒绝付款时，必须填写“拒绝付款理由书”，注明拒绝付款理由，涉及合同的应引证合同上的有关条款。属于商品数量问题，需要提出数量问题的证明及其有关数量的记录；属于外贸部门进口商品，应当提出国家商品检验或运输等部门出具的证明，向开户银行办理拒付手续。对于付款人提出拒绝付款的手续不全、依据不足、理由不符合规定和不属于上述七种拒绝付款情况的，以及超过承付期拒付和应当部分拒付提为全部拒付的，银行均不得受理，应实行强制扣款。

8. 信用卡。信用卡是指商业银行向个人和单位发行的，凭以向特约单位购物、消费和向银行存取现金，且具有消费信用的特制载体卡片。信用卡按使用对象分为单位卡和个人卡；按信誉等级分为金卡和普通卡。

凡在中国境内金融机构开立基本存款账户的单位可申领单位卡。单位卡可申领若干张，持卡人资格由申领单位法定代表人或其委托的代理人书面指定和注销，持卡人不得出租或转借信用卡。单位卡账户的资金一律从其基本存款账户转账存入，在使用过程中，需要向其账户续存资金的，也一律从其基本存款账户转账存入，不得交存现金，不得将销货收入的款项存入其账户。单位卡一律不得用于10万元以上的商品交易、劳务供应款项的结算。为防止利用信用卡套取现金，单位卡不得支取现金。严禁将单位的款项存入个人卡账户中。

信用卡在规定的限额和期限内允许善意透支，透支额金卡最高不得超过10 000元，普通卡最高不得超过5 000元。透支期限最长不得超过60天。透支利息自签单日或银行记账日起15日内按日息万分之五计算，超过15日按日息万分之十计算，超过30日或透支金额超过规定限额的，按日息万分之十五计算。透支计算不分段，按最后期限或者最高透支额的最高利率档次计息。超过规定限额或规定期限，并且经发卡银行催收无效的透支行为称为恶意透支，持卡人使用信用卡不得发生恶意透支。

9. 信用证。信用证结算方式是国际结算的一种主要方式。信用证是指开证行依照申请人的申请，向出口人开出的一定金额的、在一定期限内凭出口人提交的符合信用证条款的单据支付的付款承诺，是一种有条件的银行付款凭证。信用证的种类很多，《国内信用证结算办法》明确规定我国国内企业之间商品交易可采用的信用证为不可撤销、不可转让的跟单信用证，而且只限于转账结算，不得支取现金。

上述各种结算方式的运用，需以加强结算纪律为保证。中国人民银行发布的《支付结算办法》中规定了银行结算纪律，即：不准签发没有资金保证的票据或远期支票，套取银行信用；不准签发、取得和转让没有真实交易和债权债务的票据，套取银行和他人资金；不准无理拒绝付款，任意占用他人资金；不准违反规定开立和使用账户等。

（五）银行存款的核对

为了确保银行存款的安全和核算的正确无误，防止各种非法行为的发生，企业应定期进行对账。银行存款的对账包括三个方面：一是银行存款日记账与收、付款凭证相互核对，做到账证相符；二是银行存款日记账与银行存款总账相互核对，做到账账相符；三是在账证、账账相符的基础上，将银行存款日记账与银行对账单相互核对，做到账单相符。核对后，银行存款日记账余额与银行对账单往往不符，除可能是记账错误外，主要是由于未达账项的影响。所谓未达账项是指企业与银行之间，对于同一项经济业务，由于凭证传递上的时间差，造成一方已经登记入账，而另一方尚未收到有关凭证，尚未登记入账的款项。具体来说有四种情况：（1）企业已经收款入账，而银行尚未入账的款项；（2）企业已经付款入账，而银行尚未入账的款项；（3）银行已经收款入账，而企业尚未入账的款项；（4）银行已经付款入账，而企业尚未入账的款项。

上述任何一种情况的发生，都会使企业和银行双方的账面余额不一致。在实际工作中，为了便于核对账目，对于未达账项，一般应编制银行存款余额调节表进行调节。通过调节，若双方银行存款余额一致，则一般说明双方记账无差错；如有不符，说明记账有差错，应立即查明原因，及时予以补记或更正。

银行存款余额调节表的计算公式如下：

企业银行存款日记账余额 + 银行已收企业未收款项 - 银行已付企业未付款项 = 银行对账单余额 + 企业已收银行未收款项 - 企业已付银行未付款项

下面举例说明银行存款余额调节表的编制方法。

【例2-4】甲企业2×20年5月31日收到其开户行转来的对账单一张，对账单上的余额为100 300元，企业的银行存款日记账账面余额为96 300元。经逐笔核对后，发现有以下未达账项：

①5月29日企业委托银行收款8 200元，银行已收款入账，企业尚未收到收账通知。

②5月30日银行代付水费500元，企业尚未收到付账通知。

③5月31日企业送存的转账支票一张金额7 000元，银行尚未入账。

④5月29日企业开出转账支票一张3 300元，持票人尚未到银行办理结算手续。

根据以上资料，编制银行存款余额调节表，详见表2-3。

表2-3　　银行存款余额调节表

2×20年5月31日

单位：元

项目	金额	项目	金额
企业银行存款日记账余额	96 300	银行对账单余额	100 300
加：5月29日银行代收款	8 200	加：5月31日企业送存支票	7 000
减：5月30日银行代付水费	500	减：5月29日企业开出支票	3 300
调节后的余额	104 000	调节后的余额	104 000

从表2-3中可以看出，经调整后双方余额一致，说明企业与银行的记账一般都没有错误。经过上述调整后的银行存款余额是企业可以动用的银行存款的实有数。需要注意的是，银行存款余额调节表是用来核对企业和银行的记账有无错误，不能作为记账的依据。对于银行已经入账而企业尚未入账的未达账项，要等到结算凭证到达后才能进行账务处理。

四、其他货币资金的核算

（一）其他货币资金的分类

其他货币资金是指企业所拥有的除现金、银行存款以外的其他各种货币资金。其他货币资金就其性质来看，与现金和银行存款一样，均属于货币资金，但是由于其存款地点和用途与库存现金和银行存款不同，因此在会计上作为其他货币资金单独进行核算。其他货币资金主要包括外埠存款、银行汇票存款、银行本票存款、信用证保证金存款、信用卡存款、存出投资款、支付宝等。

其他货币资金的核算包括总分类核算和明细核算。为了总括地反映和监督其他货币资金的收入、支出和结存情况，企业应设置“其他货币资金”总账账户。

该账户属于资产类账户，借方登记企业其他货币资金的增加额，贷方登记企业其他货币资金的减少额，期末余额在借方，表示企业实际持有的其他货币资金。为分别反映和监督各项其他货币资金的收入、支出和结存情况，企业还应按其他货币资金的种类分别设置“外埠存款”“银行汇票”“银行本票”“信用证保证金存款”“信用卡存款”“存出投资款”等明细账户，并按外埠存款的开户行、银行汇票或本票、信用证的收款单位等设置明细账，进行明细分类核算。有信用卡业务的企业应当在信用卡明细账户中按开出信用卡的银行和信用卡种类设置明细账。

（二）外埠存款的核算

外埠存款是指企业到外地进行临时或零星采购时，汇往采购地银行开立采购专户的款项。

企业汇出款项时，须填写汇款委托书，加盖“采购资金”字样。汇入银行对汇入的采购款项，以汇款单位名义开立采购账户。采购资金存款不计利息，除了采购员差旅费可以支取少量现金外，一律转账。采购专户只付不收，付完结束账户。

企业将款项委托当地银行汇往采购地开立专户时，根据汇出款项凭证，编制付款凭证，进行账务处理，借记“其他货币资金——外埠存款”账户，贷记“银行存款”账户。外出采购人员报销用外埠存款支付材料的采购货款等款项时，企业应根据采购员交来的供应单位发票账单等报销凭证，编制付款凭证，借记“材料采购”“应交税费——应交增值税（进项税额）”等账户，贷记“其他货币资金——外埠存款”账户。采购员完成采购任务，将多余的外埠存款转回当地银行时，应根据银行的收款通知，编制收款凭证，借记“银行存款”账户，贷记“其他货币资金——外埠存款”账户。

【例2-5】 甲企业发生如下有关外埠存款的经济业务。

①委托开户银行汇款60 000元给采购地银行开立采购专户。根据信汇或电汇凭证回单，编制会计分录如下：

借：其他货币资金——外埠存款	60 000	
贷：银行存款		60 000

②收到采购员交来的供应单位发票账单等报销凭证，其中货款50 000元，增值税额6 500元。编制会计分录如下：

借：材料采购	50 000	
应交税费——应交增值税（进项税额）	6 500	
贷：其他货币资金——外埠存款		56 500

③采购员完成采购任务，将多余的存款转回。根据银行的收款通知，编制会计分录如下：

借：银行存款	3 500	
贷：其他货币资金——外埠存款		3 500

（三）银行汇票存款的核算

银行汇票存款是指企业为取得银行汇票，按照规定存入银行的款项。

企业向银行提交“银行汇票委托书”并将款项交存开户银行，取得汇票后，根据银行盖章的委托书存根联，编制付款凭证，借记“其他货币资金——银行汇票”账户，贷记“银行存款”账户。企业使用银行汇票支付款项后，应根据发票账单及开户行转来的银行汇票有关副联等凭证，经核对无误后编制会计分录，借记“材料采购”“应交税费——应交增值税（进项税额）”等账户，贷记“其他货币资金——银行汇票”账户。银行汇票使用完毕，应转销“其他货币资金——银行汇票”账户。如实际采购支付后银行汇票有余额，多余款转回部分应借记“银行存款”账户，贷记“其他货币资金——银行汇票”账户。汇票因超过付款期限或其他原因未曾使用而退还款项时，应借记“银行存款”账户，贷记“其他货币资金——银行汇票”账户。

【例2-6】甲企业发生如下有关银行汇票存款的经济业务。

①企业填制“银行汇票申请书”连同款项30 000元交存开户银行，取得银行汇票。根据银行盖章退回的申请书存根联，编制会计分录如下：

借：其他货币资金——银行汇票　　30 000
　贷：银行存款　　30 000

②企业使用银行汇票采购材料后，根据发票账单及开户行转来的银行汇票有关副联等凭证上所记材料价款20 000元和增值税2 600元，编制会计分录如下：

借：材料采购　　20 000
　　应交税费——应交增值税（进项税额）　　2 600
　贷：其他货币资金——银行汇票　　22 600

③银行汇票使用完毕后，将多余款转回。根据收到的多余款收账通知，编制会计分录如下：

借：银行存款　　7 400
　贷：其他货币资金——银行汇票　　7 400

④若汇票因超过付款期或其他原因未曾使用而退还款项时，则编制会计分录如下：

借：银行存款　　30 000
　贷：其他货币资金——银行汇票　　30 000

（四）银行本票存款的核算

银行本票存款是指企业为取得银行本票，按照规定存入银行的款项。

企业向银行提交“银行本票申请书”并将款项交存银行，取得银行本票时，应根据银行盖章退回的申请书存根联编制付款凭证，借记“其他货币资金——银行本票”账户，贷记“银行存款”账户。企业用银行本票支付购货款等款项后，应根据发票账单等有关凭证，借记“材料采购”“应交税费——应交增值税（进项税额）”等账户，贷记“其他货币资金——银行本票”账户。如果企业因本票超过付款期等原因未曾使用而要求银行退款时，应填制进账单一式二联，连同本票一并交给银行，然后根据银行收回本票时盖章退回的进账单第一联，借记“银行存款”账户，贷记“其他货币资金——银行本票”账户。

【例2-7】甲企业发生如下有关银行本票存款的经济业务。

①企业填制“银行本票申请书”连同款项10 000元交存开户银行，取得银行本票。根据银行盖章退回的申请书存根联，编制会计分录如下：

借：其他货币资金——银行本票　　10 000

　贷：银行存款　　10 000

②企业使用银行本票采购材料后，根据发票账单等凭证上所记材料价款8 000元和增值税1 040元，以及销货方找回现金960元，编制会计分录如下：

借：材料采购　　8 000

　应交税费——应交增值税（进项税额）　　1 040

　库存现金　　960

　贷：其他货币资金——银行本票　　10 000

③若本票因超过付款期或其他原因未曾使用而退还款项时，则编制会计分录如下：

借：银行存款　　10 000

　贷：其他货币资金——银行本票　　10 000

（五）信用证保证金存款的核算

信用证保证金存款是指采用信用证结算方式的企业为开具信用证而存入银行信用证保证金专户的款项。

企业向银行申请开出信用证用于支付供货单位购货款项时，根据开户银行盖章退回的“信用证委托书”回单，借记“其他货币资金——信用证保证金”账户，贷记“银行存款”账户。企业收到供货单位信用证结算凭证及所附发票账单，经核对无误后进行账务处理，借记“材料采购”“应交税费——应交增值税（进项税额）”等账户，贷记“其他货币资金——信用证保证金”账户。如果企业收到未用完的信用证保证金余款，应借记“银行存款”账户，贷记“其他货币资金——信用证保证金”账户。

【例2-8】甲企业发生如下有关信用证保证金的经济业务。

①企业填制“信用证委托书”连同款项100 000元交存开户银行，委托开户银行对供货单位开出信用证。根据银行盖章退回的委托书回单，编制会计分录如下：

借：其他货币资金——信用证保证金　　100 000

　贷：银行存款　　100 000

②企业收到银行转来的供货单位信用证结算凭证及所附发票账单，根据发票账单等凭证上所记材料价款80 000元和增值税10 400元，编制会计分录如下：

借：材料采购　　80 000
　　应交税费——应交增值税（进项税额）　　10 400
　　贷：其他货币资金——信用证保证金　　90 400

③收到开户行的信用证多余款收账通知。编制会计分录如下：

借：银行存款　　9 600
　　贷：其他货币资金——信用证保证金　　9 600

（六）信用卡存款的核算

信用卡存款是指企业为取得信用卡而存入银行信用卡专户的款项。

企业申领信用卡，按有关规定填制申请表，并按银行要求交存备用金后，银行为企业开立信用卡存款账户，发给信用卡。企业根据银行盖章退回的交存备用金的进账单回单，借记"其他货币资金——信用卡"账户，贷记"银行存款"账户。企业收到开户银行转来的信用卡存款的付款凭证及所附发票账单，经核对无误后进行账务处理，借记"管理费用"等账户，贷记"其他货币资金——信用卡"账户。

【例2-9】甲企业发生如下有关信用卡存款的经济业务。

①企业填制"信用卡申请表"连同支票30 000元和其他有关资料送交发卡银行，银行经审核为企业开立信用卡存款账户，发给信用卡。企业根据银行盖章退回的交存备用金的进账单回单，编制会计分录如下：

借：其他货币资金——信用卡　　30 000
　　贷：银行存款　　30 000

②企业收到银行转来的信用卡的付款凭证及所附发票账单4 000元。编制会计分录如下：

借：管理费用　　4 000
　　贷：其他货币资金——信用卡　　4 000

③企业向其信用卡账户续存资金10 000元。编制会计分录如下：

借：其他货币资金——信用卡　　10 000
　　贷：银行存款　　10 000

④甲企业不需要继续使用信用卡时持卡到发卡银行办理销户。编制会计分录如下：

借：银行存款　　36 000
　　贷：其他货币资金——信用卡　　36 000

（七）存出投资款的核算

存出投资款是指企业已存入证券公司但尚未进行投资的货币资金。

企业在证券市场上进行股票、债券等投资时，应向证券公司申请资金账户并划转资金。企业向证券公司划出资金时，应按实际划出的金额，借记"其他货币资金——存出投资款"账户，贷记"银行存款"账户；购买股票、债券等时，根据持有金融资产的目的，按实际发生的金额，借记“交易性金融资产”或“可供出售金融资产”账户，贷记“其他货币资金——存出投资款”账户。

【例 2-10】甲企业发生如下有关存出投资款的经济业务。

①甲企业向 A 证券公司划出资金 30 000 元。编制会计分录如下：

借：其他货币资金——存出投资款　　30 000

　　贷：银行存款　　30 000

②甲企业购买了价值 4 000 元的交易性金融资产 B 股票。编制会计分录如下：

借：交易性金融资产——B 股票　　4 000

　　贷：其他货币资金——存出投资款　　4 000

五、货币资金在财务报表中的列示

资产负债表中的“货币资金”项目，反映企业期末持有的现金、银行存款和其他货币资金等的总额。根据《企业会计准则第 30 号——财务报表列报》等的规定，企业应披露的有关货币资金的事项包括以下方面。

1. 资产负债表中的列示。企业应在资产负债表中“货币资金”项目下列示现金、银行存款、其他货币资金的合计金额。

2. 财务报表附注中的列示。

（1）按现金、银行存款、其他货币资金分别列示货币资金情况；

（2）在有外币现金、银行存款的情况下，按币种列示货币资金情况；

（3）因抵押或冻结等对使用有限制、存放在境外、有潜在回收风险的款项应单独说明。

第二节　应收票据

一、应收票据的概述

（一）应收票据的概念

应收票据是指企业持有的、尚未到期兑现的商业票据。票据包括支票、本票和汇票，其中汇票又可以分为银行汇票和商业汇票。企业因销售产品、商品或提供劳务等而收到的支票、银行本票、银行汇票均属即期票据，可以即刻收款或存入银行成为货币资金，不需要通过应收票据核算。上述票据中，在我国目前只有商业汇票不是即期票据，而是一种可延期结清货款的具有债权性质的票据，因此，将商业汇票作为应收票据进行核算。

商业汇票按承兑人不同，分为商业承兑汇票和银行承兑汇票。商业承兑汇票是由收款人签发，经付款人承兑或由付款人签发并承兑的票据。银行承兑汇票是由在承兑银行开立存款账户的存款人签发，由开户银行承兑的票据。

商业汇票按是否带息，分为带息商业汇票和不带息商业汇票。带息商业汇票是指汇票到期时，承兑人按票面金额加上应计利息向收款人或被背书人支付票款的票据。不带息商业汇票是指汇票到期时，承兑人只按票面金额（面值），向收款人或被背书人支付款项的票据。

（二）应收票据的入账价值

应收票据应在企业取得商业汇票所有权时加以确认。应收票据的确认方法通常有现值法和面值法两种。我国商业汇票的期限一般较短，最长不超过6个月，用现值法记账不但计算麻烦而且折价还要逐期摊销，过于烦琐，工作量较大。因此，应收票据一般按其面值计价。即企业收到应收票据时，应按照票据的面值入账。但对于带息的应收票据，应于期末按应收票据的票面价值和确定的利率计提利息，计提的利息应增加应收票据的账面余额。

二、应收票据取得和到期收款的核算

为了总括地反映和监督应收票据的增减变动和结存情况，企业应在总账中设置“应收票据”账户。该账户可按开出、承兑商业汇票的单位进行明细核算。为了便于掌握应收票据的增减变动情况，加强应收票据的管理，企业应设置“应收票据备查簿”，逐笔登记商业汇票的种类、号数、出票日期、票面金额、交易合同号、到期日、利率、已贴现票据的贴现日、贴现率和贴现净额以及收款日和收回金额、退票情况等资料。待商业汇票到期结清票款或退票后，在备查簿中再逐笔注销。

不带息票据的到期价值等于应收票据的面值。企业销售商品、产品或提供劳务等收到开出、承兑的商业汇票时，按应收票据的面值，借记“应收票据”账户，贷记“主营业务收入”“应收账款”等账户。应收票据到期收回时，按票面金额，借记“银行存款”账户，贷记“应收票据”账户。商业承兑汇票到期，承兑人违约拒付或无力偿还票款，收款企业应将到期票据的票面金额转入“应收账款”账户。

【例2-11】 A企业发生如下经济业务。

①A企业于2×20年3月5日向B企业销售产品一批，价款为50 000元，增值税6 500元，已办妥托收手续，价税款尚未收到。会计分录如下：

借：应收账款——B企业	56 500	
贷：主营业务收入		50 000
应交税费——应交增值税（销项税额）		6 500

②3月15日，A企业收到B企业寄来一张3个月期的商业承兑汇票，票面金额56 500元，抵付上述产品价税款。会计分录如下：

借：应收票据　56 500

　　贷：应收账款——B企业　56 500

③3个月后，应收票据到期，A企业收回票面金额56 500元存入银行。会计分录如下：

借：银行存款　56 500

　　贷：应收票据　56 500

如果该票据到期，B企业无力偿还票款，A企业应将到期票据的票面金额转入“应收账款”账户。

借：应收账款——B企业　56 500

　　贷：应收票据　56 500

三、应收票据资产负债表日的计息

企业收到的带息应收票据，除应按照上述原则进行核算外，还应于期末按规定计提票据利息，并增加应收票据的账面余额，同时，冲减财务费用。到期不能收回的带息应收票据，转入“应收账款”账户核算后，期末不再计提利息，其所包含的利息，在有关备查簿中进行登记，待实际收到时再冲减收到当期的财务费用。

应收票据利息的计算公式如下：

应收票据利息＝应收票据票面金额×利率×期限

其中，利率一般以年利率表示；期限是签发日至到期日的时间间隔（有效期）。票据的期限则用月或日表示，在实际业务中，为了计算方便，常把一年定为360天。票据期限按月表示时，应以到期月份中与出票日相同的那一天为到期日。如5月16日签发的期限为2个月的票据，到期日应为7月16日。月末签发的票据，不论月份大小，以到期月份的月末那一天为到期日。与此同时，计算利息使用的利率换算成月利率（年利率÷12）。

票据期限按日表示时，应从出票日起按实际经历天数计算。通常出票日和到期日，只能计算其中的一天，即“算头不算尾”或“算尾不算头”。例如，5月15日签发的90天票据，其到期日应为8月13日［90天－5月份剩余天数－6月份实有天数－7月份实有天数＝90－（31－15）－30－31＝14］。同时，计算利息使用的利率，要换算成日利率（年利率÷360）。

带息应收票据到期收回款项时，应按收到的本息，借记“银行存款”账户，按账面余额，贷记“应收票据”账户，按其差额（未计提利息部分），贷记“财务费用”账户。

【例2－12】A企业2×20年10月1日销售一批产品给C公司，货已发出，发票上注明的销售收入为60 000元，增值税税额7 800元。收到C公司交来的商业承兑汇票一张，期限为6个月，票面利率为4%。会计分录如下。

①收到票据时：

借：应收票据　67 800

　贷：主营业务收入　60 000

　　应交税费——应交增值税（销项税额）　7 800

②年度终了（2×20年12月31日），计算票据利息：

票据利息=67 800×4%×3÷12=678（元）

借：应收票据　678

　贷：财务费用　678

③票据到期收回货款：

收款金额=67 800×（1+4%÷12×6）=69 156（元）

2×20年计提的票据利息=67 800×4%×3÷12=678（元）

借：银行存款　69 156

　贷：应收票据　68 478

　　财务费用　678

四、应收票据的贴现

企业持有的应收票据在到期前，如果出现资金短缺，可以持未到期的已承兑商业汇票到开户银行申请贴现。所谓贴现就是指票据持有人将未到期的票据背书后送交银行，银行按一定的贴现率从票据到期值中扣除自贴现日至票据到期日之间的利息，将余款付给贴现申请人的一种融资行为。其实质是票据持有人以票据作为抵押向银行取得短期贷款。其中，自贴现日到票据到期日的利息称为贴现息，计算贴现息的利率称为贴现率，贴现银行将票据到期值扣除贴现息后支付给企业的资金额称为贴现净额。按照中国人民银行发布的《支付结算办法》的规定，实付贴现净额按票面金额扣除贴现日至汇票到期前一日的利息计算。承兑人在异地的，贴现利息的计算应另加3天的划款日期。

（一）票据贴现额的计算

企业向银行办理应收票据贴现，要计算贴现息和贴现净额。其计算公式如下：

贴现息=票据到期值×贴现率×贴现期

贴现净额=票据到期值-贴现息

贴现期=票据期限-企业已持有票据期限

无息票据的到期值就是票据的面值。带息票据的到期值为：

票据到期值=票面金额×（1+利率×票据期限）

贴现期指从贴现日至票据到期日的间隔天数。

（二）应收票据贴现的账务处理

企业持未到期的应收票据向银行贴现，应按实际收到的金额（即减去贴现息后的净额），借记“银行存款”账户，按贴现息金额，借记“财务费用”等账户，按商业汇票的票面金额，贷记“应收票据”（适用满足金融资产转移准则规定的金融资产终止确认条件的情形）或“短期借款”账户（适用不满足金融资产转移准则规定的金融资产终止确认条件的情形）。

【例2-13】 M公司因急需资金，将持有的一张签发日期为4月5日、票面金额为25 000元的3个月到期的无息票据于5月6日向银行贴现，贴现率为9%，票据到期值为25 000元（应收票据贴现满足金融资产转移准则规定的金融资产终止确认条件的情形）。

贴现息＝25 000×9%×60÷360＝375（元）

贴现净额＝25 000－375＝24 625（元）

根据有关凭证作会计分录如下：

借：银行存款　　24 625
　　财务费用　　375
　　贷：应收票据　　25 000

【例2-14】 M公司于5月1日将一张4月1日签发的票面金额为30 000元、期限为90天的带息票据向银行贴现，票面利率为8%，银行贴现率为9%（应收票据贴现满足《企业会计准则第23号——金融资产转移》规定的金融资产终止确认条件的情形）。

票面到期值＝30 000×（1＋8%×90÷360）＝30 600（元）

贴现息＝30 600×9%×60÷360＝459（元）

贴现净额＝30 600－459＝30 141（元）

会计分录如下：

借：银行存款　　30 141
　　贷：应收票据　　30 000
　　　　财务费用　　141

【例2-15】 甲企业销售一批商品给乙企业，货已发出，增值税专用发票上注明的商品价款为100 000元，增值税销项税额为13 000元。当日收到乙企业签发的不带息商业承兑汇票一张，该票据的期限为3个月。相关销售商品收入符合收入确认条件。甲企业的账务处理如下。

①销售实现时：

借：应收票据　　113 000
　　贷：主营业务收入　　100 000
　　　　应交税费——应交增值税（销项税额）　　13 000

②3个月后，应收票据到期，甲企业收回款项113 000元，存入银行。

借：银行存款　　113 000

贷：应收票据　　　　113 000

③如果甲企业在该票据到期前向银行贴现，且银行拥有追索权，则表明甲企业的应收票据贴现不符合金融资产终止确认条件，应将贴现所得确认为一项金融负债（短期借款）。假定甲企业贴现获得现金净额 112 830 元，则甲企业相关账务处理如下：

借：银行存款　　　　112 830

　　短期借款——利息调整　　　　170

　　贷：短期借款——成本　　　　113 000

贴现息 170 元应在票据贴现期间采用实际利率法确认为利息费用。

如果贴现的商业承兑汇票到期，而承兑人的银行存款账户不足以支付，银行即将已贴现的票据退回申请贴现的企业，同时从贴现企业的账户中将票据款划回时（限适用于贴现企业没有终止确认原票据的情形），贴现企业应按商业汇票的票面金额，借记“短期借款”账户，贷记“银行存款”账户。同时，应按商业汇票的票面金额，借记“应收账款”账户，贷记“应收票据”账户。若申请贴现企业的银行存款账户余额不足，银行将作为逾期贷款处理，贴现企业应按商业汇票的票面金额，借记“应收账款”账户，贷记“应收票据”账户。

第三节　应收账款

一、应收账款的概述

（一）应收账款的概念

应收账款是指企业因销售产品、商品或提供劳务等应向购货方或接受劳务方收取的款项。主要包括企业出售产品、商品、材料或提供劳务等应收取的价款、增值税款及为购货方垫付的运杂费等。

营业收入的确认方式应当反映企业向客户转让商品或服务的模式。一般来说，企业可以在履行了合同中的履约义务并取得相关商品的控制权时确定营业收入，但是零售企业等的商品销售大多在客户付款后直接发货，可以直接确认营业收入。

（二）应收账款的入账价值

应收账款是由于企业销售商品或提供劳务等产生的债权，应当按照实际发生额计价入账。其入账价值包括：销售货物或提供劳务的价款、增值税，以及代购货方垫付的包装费、运杂费等。在具体确认应收账款的入账金额时，还需要考虑商业折扣和现金折扣等因素的影响。

1. 商业折扣。商业折扣通常是指企业为促进销售对于大批量或经常购买产品的客户等在价格上给予的优惠。例如，某企业每件产品原定价 100 元，假定购买 1 000 件以上产品即给予客户 5% 的折扣，则客户享受的优惠价为 95 元。由于商业折扣在销售发生时即已确认，仅仅是确定实际售价而已，不需要在买卖双方任何一方的账面上反映。因此，在存在商业折扣的情况下，企业只需按扣除商业折扣后的净额确认产品销售收入和应收账款的入账金额。

2. 现金折扣。现金折扣是指企业为鼓励客户在规定时期内早日偿还货款而向债务人提供的债务扣除。现金折扣通常用符号“折扣/付款期限”来表示。例如，用“2/10”表示客户如在 10 天内付款，销货企业将按商品售价给客户 2% 的折扣；“1/20”表示客户在 11 天至 20 天内付款，销货企业将给予客户 1% 的折扣；“N/30”表示客户在 21 天至 30 天内付款，则得不到现金折扣，应当全额付款，同时说明销货企业允许客户最长的付款期限为 30 天。

在存在现金折扣的情况下，销货企业应收账款的实际数额随客户的付款时间而异，因而会对会计核算产生影响。现金折扣实质上是企业为了尽早收到销货款而采取的一种激励手段，并随时间延迟而变化，属于交易价格中的可变对价，在会计上一般作为对销售收入的调整。具体方法是：附有现金折扣条件的商品赊销时，将应收账款总额扣除估计的极有可能发生的现金折扣后的余额记入“应收账款”账户，将不含增值税的交易总价格扣除估计的现金折扣后的余额记入“主营业务收入”账户，按照不扣除现金折扣的不含增值税的交易总价格和适用的增值税税率确定的增值税额记入“应交税费——应交增值税（销项税额）”账户。资产负债表日，重新估计可能收到的对价金额，如果实际收款时间晚于估计的收款时间，客户因此丧失的现金折扣额作为可变对价，调增应收账款和主营业务收入；如果实际收款时间早于估计的收款时间，客户享受了现金折扣，则按实际享受的现金折扣大于估计的现金折扣的金额减少应收账款和主营业务收入。

二、应收账款的核算

为了总括地反映和监督应收账款的结算情况，企业应设置“应收账款”账户。该账户属于资产类账户，发生应收账款时，记入其借方，收回应收账款时，记入其贷方，期末借方余额，表示尚未收回的应收账款数额。该账户应按不同的债务人设置明细账户，进行明细分类核算。

1. 企业发生的应收账款，在没有商业折扣的情况下，按应收的全部金额入账。

【例 2－16】 F 企业销售给 H 商场一批产品，价款 70 000 元，增值税 9 100 元，代购货单位垫付运杂费 2 000 元（假设不作为计税基数），已办妥委托收款手续。

①销售业务发生时，会计分录如下：

借：应收账款——H 商场　　　　81 100

贷：主营业务收入　　70 000
　　应交税费——应交增值税（销项税额）　　9 100
　　银行存款　　2 000

②收到货款时，会计分录如下：

借：银行存款　　81 100
　贷：应收账款——H商场　　81 100

2. 企业发生的应收账款，在有商业折扣的情况下，应按扣除商业折扣后的金额入账。

【例2-17】 F企业销售一批产品给E企业，按价目表标明的价格计算，为价款40 000元，由于是成批销售，销货方给购货方10%的商业折扣，按折扣后的价格计算，价款为36 000元，增值税为4 680元。

①销售业务发生时会计分录如下：

借：应收账款——E企业　　40 680
　贷：主营业务收入　　36 000
　　　应交税费——应交增值税（销项税额）　　4 680

注：如果当日未开此发票，则作“待转销项税额”处理。

②收到货款时，会计分录如下：

借：银行存款　　40 680
　贷：应收账款——E企业　　40 680

3. 企业发生的应收账款在有现金折扣情况下的会计处理。

【例2-18】 F企业赊销甲产品，合同规定的客户付款期为企业交付货物后30天内，付款条件为“2/20，N/30”，按含增值税的价款计算现金折扣。当日开出增值税专用发票，发票上注明的不含税价款为50 000元，增值税税额为6 500元，价税合计为56 500元，公司依客户以往付款情况的经验及客户现实经营状况，估计客户很可能在20天结清全部款项，并很有可能获得1 130元（56 500×2%）的现金折扣。

①销售业务发生时，会计分录如下：

借：应收账款　　55 370
　贷：主营业务收入　　48 870
　　　应交税费——应交增值税（销项税额）　　6 500

②如果客户于20天内付款，则获得1 130元的现金折扣，实际收到货款55 370元存入银行，会计分录如下：

借：银行存款　　55 370
　贷：应收账款　　55 370

③如果商品销售后20天内客户未能付款，则无法获得现金折扣，会计分录如下：

借：应收账款　　1 130
　贷：主营业务收入　　1 130

④如果30天内客户仍然未付款，则应将应收账款56 500元作逾期处理，并

按公司会计政策及坏账的会计处理方法估计可能的坏账。

需要说明的是，应收账款和合同资产都是企业拥有的有权收取对价的合同权利，都以同时满足资产和收入确认条件为前提。二者的区别是，应收账款代表的是无条件收取合同对价的权利，合同资产还有其他条件，例如，履行合同中的其他履约义务。因此，应收账款承担信用风险，而合同资产除承担信用风险外，还可能承担其他风险，如履约风险等。

第四节 其他应收款项

一、其他应收款项的内容

除应收票据、应收账款外，企业在日常经营活动过程中还存在一些其他种类的应收款项。其主要内容包括预付账款、应收股利、应收利润、应收利息以及其他应收款等。

二、预付账款的核算

（一）预付账款的内容

预付账款是指企业按照购货合同规定预先付给供货单位的货款。预付账款是企业暂时被供货单位占用的资金，属于企业短期债权。为了总括反映和监督企业预付账款的增减变动情况，企业应设置“预付账款”账户。该账户属于资产类账户，借方登记预付的款项和补付的款项，贷方登记收到采购货物时按发票金额冲销的预付账款数和因预付货款多余而退回的款项，期末余额一般在借方，反映企业实际预付的款项的结余额。同时，在“预付账款”账户下，还应按供货单位的名称设置明细账户，对其进行明细分类核算。

（二）预付账款的账务处理

企业向供货单位预付货款时，借记“预付账款”账户，贷记“银行存款”账户；收到预购的材料或商品时，借记“原材料”或“库存商品”“应交税费——应交增值税（进项税额）”等账户，贷记“预付账款”账户。如果所购货物的价款大于预付货款，在补付货款时，借记“预付账款”账户，贷记“银行存款”账户；如果预付的货款大于所购货物的价款，在供货方退回多付的预付货款时，借记“银行存款”账户，贷记“预付账款”账户。

【例 2－19】 A 企业预付给 T 公司材料价款 12 000 元。

①付款时，会计分录如下：

借：预付账款——T公司　　12 000
　　贷：银行存款　　12 000

②若A企业收到T公司发来的材料，已验收入库，价款15 000元，增值税1 950元，应补付价款4 950元。会计分录如下：

借：原材料　　15 000
　　应交税费——应交增值税（进项税额）　　1950
　　贷：预付账款——T公司　　16 950
借：预付账款——T公司　　4 950
　　贷：银行存款　　4 950

③若A企业收到T公司发来的材料，已验收入库，价款10 000元，增值税1 300元，供货方应退回货款700元。会计分录如下：

借：原材料　　10 000
　　应交税费——应交增值税（进项税额）　　1 300
　　贷：预付账款——T公司　　11 300
借：银行存款　　700
　　贷：预付账款——T公司　　700

预付货款情况不多的企业，也可以将预付的账款直接记入"应付账款"账户的借方，不再单独设立"预付账款"账户。企业预付账款时，借记"应付账款"账户，贷记"银行存款"账户；企业收到所购货物时，根据发票账单等列明的金额，借记"原材料"等账户，贷记"应付账款"账户。如果所购货物的实际价款大于预付账款，补付价款时，借记"应付账款"账户，贷记"银行存款"账户；如果所购货物价款小于预付货款，供货单位退回余款时，借记"银行存款"账户，贷记"应付账款"账户。

【例2-20】 承〖例2-19〗。

①若A企业不设立"预付账款"账户，企业预付货款时，会计分录如下：

借：应付账款——T公司　　12 000
　　贷：银行存款　　12 000

②若收到T公司发来的材料，价款15 000元，增值税1 950元，应补付价款4 950元。会计分录如下：

借：原材料　　15 000
　　应交税费——应交增值税（进项税额）　　1 950
　　贷：应付账款——T公司　　16 950
借：应付账款——T公司　　4 950
　　贷：银行存款　　4 950

③若收到T公司发来的材料价款，价款10 000元，增值税1 300元，供货方退回货款700元。会计分录如下：

借：原材料　　10 000
　　应交税费——应交增值税（进项税额）　　1 300

　　贷：应付账款——T 公司　　11 300

借：银行存款　　700

　　贷：应付账款——T 公司　　700

三、应收股利的核算

（一）应收股利的内容

应收股利是指企业因股权投资应收取的现金股利和应收取其他单位分配的利润。企业应设置“应收股利”账户进行总分类核算，该账户借方登记应收的股利，贷方登记实际收到的股利，期末借方余额反映企业尚未收回的现金股利或利润。该账户应按照被投资单位进行明细核算。

（二）应收股利的账务处理

（1）企业取得直接指定为以公允价值计量且其变动计入其他综合收益的非交易性权益工具投资时（权益工具），应按其公允价值与交易费用之和，借记“其他权益工具投资——成本”账户；按支付的价款中包含的已宣告但尚未发放的现金股利，借记“应收股利”账户；按实际支付的金额，贷记“银行存款”等账户。直接指定为以公允价值计量且其变动计入其他综合收益的金融资产（权益工具）持有期间被投资单位宣告发放的现金股利，应借记“应收股利”账户，贷记“投资收益”账户。

（2）取得长期股权投资时，根据《企业会计准则第 2 号——长期股权投资》（2019）确定的长期股权投资的成本，借记“长期股权投资——成本”账户，按实际支付的价款中包含的已宣告但尚未发放的现金股利或利润，借记“应收股利”账户，贷记“银行存款”等账户。

被投资单位宣告发放现金股利或利润的，按应享有的份额，借记“应收股利”账户，贷记“投资收益”账户（成本法）、“长期股权投资——损益调整”账户（权益法）。

（3）以公允价值计量且其变动计入当期损益的金融资产持有期间被投资单位宣告发放的现金股利（股票投资），借记“应收股利”账户，贷记“投资收益”等账户。

（4）实际收到现金股利或利润，借记“银行存款”等账户，贷记“应收股利”账户。

【例 2 -21】 2×20 年 8 月 13 日，A 公司支付价款 106 000 元，购买 B 公司发行的股票 10 000 股，每股价格 10.60 元（含已宣告但尚未发放的现金股利 0.60 元），另支付交易费用 100 元，占 B 公司有表决权股份的 0.5%。A 公司将其直接指定为以公允价值计量且其变动计入其他综合收益的非交易性权益工具投资。8 月 23 日，收到 B 公司发放的现金股利。

假定不考虑其他因素，A公司的账务处理如下。

①8月13日，购入B公司股票。会计分录如下：

借：其他权益工具投资——B公司股票（成本） 100 000
　　应收股利 6 000
　　投资收益 100
　　贷：银行存款 106 100

②8月23日，收到B公司发放的现金股利。会计分录如下：

借：银行存款 6 000
　　贷：应收股利 6 000

四、应收利息的核算

（一）应收利息的内容

应收利息是指企业以公允价值计量且其变动计入当期损益的金融资产（债券投资）、以公允价值计量且其变动计入其他综合收益的金融资产（债券投资）、摊余成本计量的金融资产（债权投资）等应收取的利息。企业应设置“应收利息”账户进行总分类核算，该账户借方登记应收的利息，贷方登记实际收到的利息，期末借方余额反映企业尚未收回的利息。该账户应按照借款人或被投资单位进行明细核算。

（二）应收利息的账务处理

1. 企业取得的以公允价值计量且其变动计入其他综合收益的金融资产为债券投资的，应按债券的面值，借记“其他债权投资——成本”账户；按支付的价款中包含的已到付息期但尚未领取的利息，借记“应收利息”账户；按实际支付的金额，贷记“银行存款”等账户；按差额，借记或贷记“其他债权投资——利息调整”账户。

以公允价值计量且其变动计入其他综合收益的金融资产持有期间取得的债券利息，如果为分期付息、一次还本债券的，应记入“应收利息”账户。

资产负债表日，债权投资为分期付息、一次还本债券投资的，应按票面利率计算确定的应收未收利息，借记“应收利息”账户；按债券的摊余成本和实际利息计算确定的利息收入，贷记“投资收益”账户；按其差额，借记或贷记“其他债权投资——利息调整”账户。

2. 企业对以摊余成本计量的金融资产（债权投资）的初始计量，应按该投资的面值，借记“债权投资——成本”账户；按支付的价款中包含的已到付息期但尚未领取的利息，借记“应收利息”账户；按实际支付的金额，贷记“银行存款”等账户；按其差额，借记或贷记“债权投资——利息调整”账户。债权投资如为分期付息、一次还本债券投资的，企业应于资产负债表日，按债券的面值与票面利率计算确定的应收未收利息，借记“应收利息”账户；按债权投资摊余成本和实际利率计算确定的利息收入，贷记“投资收益”账户；按其差额，借记或贷记“债权投资——利息调整”账户。

3. 以公允价值计量且其变动记入当期损益的金融资产持有期间被投资方宣告发放现金股利（债券投资），应借记“应收股利”账户，贷记“投资收益”等账户

4. 实际收到利息，借记“银行存款”等账户，贷记“应收利息”账户。

五、其他应收款的核算

（一）其他应收款的内容

其他应收款是指企业除应收票据、应收账款、预付账款、应收股利、应收利息等以外的其他各种应收、暂付款项。其主要内容包括：（1）应收的各种赔款、罚款；（2）应收的出租包装物租金；（3）应向职工收取的各种垫付款项；（4）存出保证金，如租入包装物支付的押金；（5）其他各种应收、暂付款项。为了总括地反映和监督其他应收款的发生、收回和结存情况，企业应设置“其他应收款”账户。该账户属资产类账户，借方登记发生的各种其他应收款，贷方登记实际收回的各种其他应收款，余额一般在借方，表示应收未收的其他应收款项。企业应在“其他应收款”账户下，按照有关债务人设置明细账户，对其进行明细分类核算。

（二）其他应收款的账务处理

企业发生各种其他应收款时，借记“其他应收款”账户，贷记“库存现金”“银行存款”等账户。收回其他应收款时，借记“库存现金”“银行存款”“管理费用”等账户，贷记“其他应收款”账户。

【例 2-22】 N 企业租用 G 单位包装物 100 件，以银行存款向出租方支付押金 2 000 元。

①租用时，会计分录如下：

借：其他应收款——G 单位　　2 000

　　贷：银行存款　　2 000

②租赁期满，收到出租方退回的押金时，会计分录如下：

借：银行存款　　2 000

　　贷：其他应收款——G 单位　　2 000

【例 2-23】 企业职工李华出差，预借差旅费 800 元。

①借款时，会计分录如下：

借：其他应收款——李华　　800

　　贷：库存现金　　800

②李华出差返回，持有关凭证报销各项费用600元，退回现金200元。会计分录如下：

借：管理费用　　600

　　库存现金　　200

　　贷：其他应收款——李华　　800

六、应收债权出售和融资

（一）应收债权出售、融资业务的核算原则

企业将其按照销售商品、提供劳务等的销售合同所产生的应收债权出售给银行等金融机构，据此进行会计核算时，应按照实质重于形式的会计原则，充分考虑交易的经济实质。对于有确凿证据表明有关交易事项符合销售确认条件，如与应收债权有关的风险和报酬实质上已经转移等，应按照出售应收债权进行会计处理，并确认相关损益。否则，应作为以应收债权为质押取得借款进行会计处理。

（二）以应收债权为质押取得借款的账务处理

企业将其按照销售商品、提供劳务等的销售合同所产生的应收债权质押给银行取得借款时，应将通过质押取得的款项确认为对银行等金融机构的一项负债并进行相应的会计核算。借款期间发生的借款利息及到期偿还本息的会计处理，应按照有关借款核算的相关规定进行处理。

会计期末，企业应根据有关债务单位的情况，按照企业会计准则的规定合理计提用于质押的应收债权的坏账准备。企业应设置相关备查簿，详细记录质押的应收债权的账面余额、质押期限及回款情况等。

【例2-24】2×20年3月10日，甲企业向A公司销售一批商品，开出的增值税专用发票上注明的价款为100 000元，增值税销项税额为13 000元，款项尚未收到。按照合同约定，A公司应于2×20年10月31日付款。2×20年6月1日，甲企业因流动资金紧张，经与工商银行协商，以应收A公司货款为质押取得5个月流动资金借款80 000元，年利率为6%，每月末偿付利息。假定不考虑其他因素，则甲企业的账务处理如下。

①2×20年3月10日，销售实现。会计分录如下：

借：应收账款——A公司　　113 000

　　贷：主营业务收入　　100 000

　　　　应交税费——应交增值税（销项税额）　　13 000

②2×20年6月1日，取得短期借款。会计分录如下：

借：银行存款　　80 000

　　贷：短期借款　　80 000

③2×20年6月30日，偿还短期借款利息。会计分录如下：

借：财务费用　　400

　贷：银行存款　　400

7月31日、8月31日、9月30日账务处理同上。

④2×20年10月31日，偿还短期借款本金及最后一期利息。会计分录如下：

借：财务费用　　400

　短期借款　　80 000

　贷：银行存款　　80 400

（三）应收债权出售的账务处理

1. 不附追索权的应收债权出售的账务处理。企业将其按照销售商品、提供劳务等的销售合同所产生的应收债权出售给银行等金融机构，根据企业、债务人及银行之间的协议，在所售应收债权到期无法收回时，银行等金融机构不能够向出售应收债权的企业进行追偿的，企业应将所售应收债权予以转销，并结转计提相关坏账准备，按协议约定预计将发生的销货退回、销货折让、现金折扣等确认出售应收债权的损益。

【例2－25】2×20年3月15日，甲公司销售一批商品给乙公司，开出的增值税专用发票上注明的销售价款为300 000元，增值税销项税额为39 000元，款项尚未收到。双方约定，乙公司应于2×20年10月31日付款。2×20年6月4日，经与中国银行协商后约定：甲公司将应收乙公司的货款出售给中国银行，价款为263 250元；在应收乙公司货款到期无法收回时，中国银行不能向甲公司追偿。甲公司据以往经验，预计该批商品将发生的销售退回金额为22 600元，其中，增值税销项税额为2 600元，成本为13 000元，实际发生的销售退回由甲公司承担。2×20年8月31日，甲公司收到乙公司退回的商品，价款为22 600元。

假定不考虑其他因素，甲公司与应收债权出售有关的账务处理如下。

①2×20年3月15日，销售实现时：

借：应收账款——乙公司　　339 000

　贷：主营业务收入　　300 000

　　应交税费——应交增值税（销项税额）　　39 000

②2×20年6月4日出售应收债权：

借：银行存款　　263 250

　其他应收款　　22 600

　财务费用　　53 150

　贷：应收账款——乙公司　　339 000

③2×20年8月3日收到退回的商品：

借：主营业务收入　　20 000

　应交税费——应交增值税（销项税额）　　2 600

贷：其他应收款　　22 600

借：库存商品　　13 000

贷：主营业务成本　　13 000

2. 附追索权的应收债权出售的账务处理。企业在出售应收债权的过程中如附有追索权，即在有关应收债权到期无法从债务人处收回时，银行等金融机构有权向出售应收债权的企业追偿，或按照协议的约定，企业有义务按照约定金额自银行等金融机构购回部分应收债权，应收债权的坏账风险由售出应收债权的企业负担，则企业应按照以应收债权为质押取得借款的核算原则进行相应的会计处理。

第五节　应收款项减值

一、应收款项减值概述

（一）应收款项减值损失的确认和计量

企业的各项应收款项，可能因债务人发生严重财务困难、破产、拒付等原因而无法收回。这类企业无法收回或收回的可能性极小的应收款项就是坏账。由于发生坏账而产生的损失，称为坏账损失或减值损失。

企业应当定期或者至少于每年年度终了，对应收款项进行减值测试，分析各项应收款项的可收回性，预计可能发生的减值损失。有客观证据表明应收款项发生减值的，应当确认减值损失，计提坏账准备。其中，对于单项金额重大的应收款项，应当单独进行减值测试。如有客观证据表明其发生了减值，应当根据其未来现金流量现值低于其账面价值的差额，确认减值损失，计提坏账准备。对于单项金额不重大的应收款项可以单独进行减值测试，也可以与经单独测试后未减值的应收款项一起按类似信用风险特征划分为若干组合，再按这些应收款项组合在资产负债表日余额的一定比例计算确定减值损失，计提坏账准备。在实务中，企业可以根据具体情况确定单项金额重大的标准。该项标准一经确定，应当一致运用，不得随意变更。对于短期应收款项的预计未来现金流量与其现值相差很小的，在确定相关减值损失时，可不对其预计未来现金流量进行折现。

企业应当根据以前年度具有类似信用风险特征的应收款项组合的实际损失率为基础，结合当前实际情况，合理确定本期各项组合计提坏账准备的比例，据此计算本期应计提的坏账准备。根据应收款项组合余额的一定比例计算确定的坏账准备，应当反映各项目实际发生的减值损失，即各项组合的账面价值超过其未来现金流量现值的金额。为了最大限度地消除预计的减值损失和实际发生的减值损失之间的差异，企业应当定期对各项组合计提坏账准备的比例等进行检查，并根据实际情况进行必要的调整。

需要明确的是，对已确认为坏账的应收款项，并不意味着企业放弃了追索权，一旦重新收回，应及时入账。

（二）应收款项减值损失的会计处理方法

应收款项减值损失的核算方法一般有两种：直接转销法和备抵法。我国企业会计准则规定，企业应当采用备抵法核算坏账损失。

1. 直接转销法。直接转销法是指在实际发生坏账时，将坏账损失直接计入当期损益，同时冲销该项应收款项。在这种方法下，确认坏账损失时，借记“信用减值损失”账户，贷记“应收账款”等账户。如果已冲销的应收款项以后又收回，借记“应收账款”等账户，贷记“信用减值损失”账户，同时，借记“银行存款”账户，贷记“应收账款”等账户。

【例2-26】 Y企业应收J公司的10 000元货款，经长期催收，仍不能收回，经董事会批准确认为坏账损失。

①冲销货款时，会计分录如下：

借：信用减值损失　　10 000

　　贷：应收账款——J公司　　10 000

②若上述已冲销的应收账款以后又收回。会计分录如下：

借：应收账款——J公司　　10 000

　　贷：信用减值损失　　10 000

同时：

借：银行存款　　10 000

　　贷：应收账款——J公司　　10 000

直接转销法的优点是账务处理简单，但这种方法忽视了坏账损失与赊销业务的联系，在转销坏账损失的前期，对于坏账的情况不作任何处理，显然不符合权责发生制及收入与费用相配比原则，也夸大了前期资产负债表中应收账款的可实现价值，在一定程度上歪曲了企业的财务状况。因此，除非企业发生的坏账极小，对企业财务状况和经营成果的影响极小，否则一般不采用直接转销法核算坏账损失。《小企业会计准则》规定，小企业坏账损失采用的是直接转销法。

2. 备抵法。备抵法是指按期估计坏账损失，提取坏账准备，计入当期损益，待实际发生坏账损失时，再冲减坏账准备，同时转销相应的应收款项金额的一种核算方法。采用备抵法处理坏账损失的企业，应设置“坏账准备”账户，借方反映实际发生的坏账损失，贷方反映各期提取的坏账准备或收回的已确认并转销的坏账损失，期末余额一般在贷方，反映企业已计提但尚未转销的坏账准备。该账户是各项应收款项账户的备抵账户，在资产负债表中列为各项应收款项的减项。各项应收款项账户的余额减去“坏账准备”账户余额后的差额，即为应收款项净额，表示将来可能收回的应收款项数额。

备抵法下，企业在资产负债表日根据《企业会计准则第22号——金融工具确认和计量》(2017) 确定应收款项发生减值的，按应减记的金额提取坏账准备金，借记“信用减值损失”账户，贷记“坏账准备”账户；发生坏账损失时，借记“坏账准备”账户，贷记“应收账款”“其他应收款”等账户。已确认并转销的坏账又收回时，借记“应收账款”“其他应收款”等账户，贷记“坏账准备”账户，同时，借记“银行存款”账户，贷记“应收账款”“其他应收款”等账户。

采用备抵法进行坏账核算时，需要按期估计坏账损失。估计坏账损失的常用方法主要有应收款项余额百分比法、账龄分析法、销货百分比法和个别认定法。

二、坏账准备的提取及其核算

(一) 应收款项余额百分比法

应收款项余额百分比法，是根据会计期末应收款项的余额乘以估计的坏账损失率，估计坏账损失，提取坏账准备的方法。理论上讲，这一比例应按坏账占应收款项的概率计算，企业发生的坏账多，比例相应就高些；反之则低些。会计期末，企业应提取的坏账准备大于账面余额的，按其差额补提坏账准备；应提取的坏账准备小于其账面余额的，按其差额冲回坏账准备。

【例2-27】 B企业2×20年“应收账款”账户期末余额为600 000元，“坏账准备”账户的期末贷方余额为600元，确定的坏账损失率为3‰。则：

应提坏账准备金数额 = 600 000 × 3‰ = 1 800（元）

实际提取坏账准备金数额 = 1 800 - 600 = 1 200（元）

会计分录如下：

借：信用减值损失　　1 200

　　贷：坏账准备　　1 200

〖例2-27〗中，如果“坏账准备”账户期末为借方余额600元，则本期实际提取坏账准备金数额为2 400元（1 800 + 600）。会计分录如下：

借：信用减值损失　　2 400

　　贷：坏账准备　　2 400

〖例2-27〗中，如果B企业2×20年“坏账准备”账户期末贷方余额为2 600元，则本期应冲销多提的坏账准备金数额为800元（2 600 - 1 800）。会计分录如下：

借：坏账准备　　800

　　贷：信用减值损失　　800

【例2-28】 2×20年，B企业对未收回的W公司货款进行了如下处理。

①B企业确认应收W公司货款1 400元为坏账。会计分录如下：

借：坏账准备　　1 400

贷：应收账款——W公司　　1 400

②如果上述已注销的应收W公司货款1 400元又收回，应先恢复注销的账面记录，然后再反映欠款收回情况。会计分录如下：

借：应收账款——W公司　　1 400

贷：坏账准备　　1 400

同时：

借：银行存款　　1 400

贷：应收账款——W公司　　1 400

（二）账龄分析法

账龄分析法是根据应收款项入账时间的长短来估计坏账损失的方法。应收款项能否收回以及能收回多少，与账款拖欠时间的长短有关。一般来说，账款拖欠的时间越长，发生坏账的可能性越大。

【例2-29】 C企业2×20年12月31日应收账款账龄及估计坏账损失如表2-4所示。

表2-4　坏账损失估计表

应收账款账龄	应收账款金额（元）	估计损失率（%）	估计损失金额（元）
未到期	600 000	0.5	3 000
过期1个月	200 000	1.0	2 000
过期2个月	150 000	2.0	3 000
过期3个月	100 000	3.0	3 000
过期3个月以上	50 000	5.0	2 500
合　计	1 100 000		13 500

表2-4中的资料显示，C企业2×20年12月31日估计的坏账损失为13 500元，因此，“坏账准备”账户的账面余额应为13 500元，企业应根据前期“坏账准备”账户的账面余额，计算本期应入账金额，编制调整分录，予以入账。由于调整分录的入账金额受调整前账面余额的影响，将会出现以下两种情况。

①若调整前“坏账准备”账户的账面余额为贷方4 000元，则本期调整分录的金额=13 500-4 000=9 500（元）。调整分录为：

借：信用减值损失　　9 500

贷：坏账准备　　9 500

②若调整前“坏账准备”账户的账面余额为借方1 000元，则本期调整分录的金额=13 500+1 000=14 500（元）。调整分录为：

借：信用减值损失　　14 500

贷：坏账准备　　14 500

（三）赊销额百分比法

销货百分比法，就是根据赊销金额的一定百分比估计坏账损失的方法。企业可以根据过去的经验和有关资料，估计坏账损失与赊销金额之间的比率，也可用其他更合理的方法进行估计。

【例2-30】H企业2×20年全年赊销金额为800 000元，根据以往资料和经验，估计坏账损失率为1.5%。

年末估计坏账损失为=800 000×1.5%=12 000（元）

会计分录如下：

借：信用减值损失　　12 000

　贷：坏账准备　　12 000

采用销货百分比法计提坏账准备，不需要考虑“坏账准备”账户的原有余额，期末直接按估计数计提相应的坏账准备并记入“坏账准备”账户。应该注意的是，采用销货百分比法，估计的坏账损失百分比可能由于企业生产经营情况的不断变化而不相适应，因此，需要经常检查百分比是否能足以反映企业坏账损失的实际情况，倘若发现过高或过低的情况，应及时调整百分比。

（四）个别认定法

个别认定法就是根据每一项应收账款的情况来估计坏账损失的方法。在采用账龄分析法、应收款项余额百分比法等方法时，如果某项应收款项的可收回性与其他各项应收款项存在明显的差别（例如债务单位所处的特定地区等），导致该应收款项如果按照与其他应收款项同样的方法计提坏账准备，将无法真实地反映其可收回金额的，可对该项应收款项采用个别认定法计提坏账准备。在同一会计期间内运用个别认定法的应收款项，应从用其他方法计提坏账准备的应收款项中剔除。

采用备抵法的优点：一是预计不能收回的应收账款作为坏账损失及时计入费用，避免企业虚增利润；二是在报表中列示应收款项净额，使报表使用者能了解企业真实的财务情况；三是使应收账款实际占用资金接近实际，消除了虚列的应收账款，有利于加快企业资金周转，提高企业经济效益。

思考题

1. 什么是货币资金？它包括哪些内容？
2. 企业库存现金管理的主要内容是什么？
3. 库存现金的清查盘点怎样进行？对盘点结果怎样进行会计处理？
4. 企业可在银行开立哪些存款账户？其用途各是什么？
5. 我国银行转账结算方式主要有哪些？并说明其适用范围。
6. 什么是未达账项？它有哪几种情况？如何编制银行存款余额调节表？
7. 其他货币资金包括哪些内容？怎样进行会计核算？
8. 什么是应收票据？如何确认应收票据的入账价值？
9. 什么是带息票据和不带息票据？两者在核算上有什么区别？

10. 什么是应收票据贴现？
11. 试述应收票据贴现额的计算及其账务处理方法。
12. 应收账款的核算包括哪些内容？
13. 在有现金折扣的情况下，如何确认应收账款的入账金额？
14. 什么是坏账损失？简述其核算方法。
15. 如何进行预付账款的核算？
16. 其他应收款包括哪些内容？如何进行其他应收款的核算？

第三章　存　货

【学习要点及目标】

本章主要介绍存货的概念、内容及其分类，存货的初始计量，存货发出的计价，期末存货计价等。通过对本章的学习，要求掌握存货的确认条件、存货初始取得成本的确定、发出存货的计价方法、原材料的核算、库存商品的核算、存货期末计量的核算；熟悉和理解周转材料的核算、委托加工物资的核算、存货清查、存货可变现净值的确认方法等。

从獐子岛“扇贝逃亡事件”看存货

獐子岛集团股份有限公司（以下简称“獐子岛”或“公司”）于2006年9月在深圳证券交易所中小板上市。公司主要从事水产品养殖、加工等业务，主要产品为底播虾夷扇贝、鲍鱼、海参等。2014年10月14日，獐子岛停牌，称正在核查与底播增值海域相关的重大事项，并在10月31日发布公告，称受北黄海冷水团异常变化的影响，部分海域底播虾夷扇贝发生重大损失，决定对大额存货进行核销处理及计提大额存货跌价准备，合计影响净利润7.63亿元。该信息披露后，市场出现大量质疑声音，獐子岛扇贝的集体大逃亡，成为2014年A股市场上最大的一起“黑天鹅事件”。

2018年1月31日獐子岛又发布《2017年度业绩预告修正公告》，公告称公司盘点时发现部分海域的底播虾夷扇贝存货异常，可能导致2017年度全年巨额亏损。该公告进一步引起市场高度关注，多人联名举报獐子岛扇贝事件并非因自然灾害，涉嫌信息披露造假。中国证监会快速反应，立即启动监管执法程序，对有关违法线索进行核查，结果发现獐子岛在2014年、2015年已连续两年亏损的情况下，客观上利用海底库存及采捕情况难发现、难调查、难核实的特点，不以实际采捕海域为依据进行成本结转，导致财务报告严重失真；2016年通过少记录成本、营业外支出的方法将利润由亏损披露为盈利；2017年将以前年度已采捕海域列入核销海域或减值海域，夸大亏损幅度。此外，公司还涉及《年终盘点报告》和《核销公告》披露不真实、秋测披露不真实、不及时披露业绩变化情况等多项违法事实。2020年6月15日，中国证监会下发行政处罚决定书（獐子岛集团股份有限公司、吴厚刚等16名责任人员）〔2020〕29号：獐子岛公司虚增资产减值损失1 110.52万元，其减值海域中2015年和2016年的底播虾夷扇贝分别有6.38万亩、0.13万亩已在以往年度采捕。

请思考：

1. 如何对存货进行盘存？

2. 如何验证存货的真实性？

3. 农业类公司的存货管理会有什么风险吗？

［资料来源：证监会对獐子岛“巨亏”事件的核查及处理情况，http：//www. csrc. gov. cn/pub/newsite/zjhxwfb/xwdd/201412/t20141205_ 264782. html；中国证监会行政处罚决定书（獐子岛集团股份有限公司、吴厚刚等 16 名责任人员），http：//www. csrc. gov. cn/pub/zjhpublic/G00306212/202006/t20200624_ 378771. htm］

第一节 存货的概述

一、存货的性质

（一）存货的概念

存货，是指企业在日常活动中持有以备出售的产成品或商品、处在生产过程中的在产品、在生产过程或提供劳务过程中耗用的材料和物料等。主要包括各类材料、在产品、半成品、产成品、商品、包装物及低值易耗品等。与其他资产相比，存货具有以下特征。

1. 存货属于流动资产。存货通常能在一年或超过一年的一个营业周期内不断地被销售和重置，或者耗用和重置，具有较强的流动性和变现能力。在很多企业，存货往往在流动资产中占有很大比重，是流动资产的重要组成部分。

2. 存货属于有形资产。存货是一项有实物形态的资产，不同于企业拥有的专利权、商标权等无形财产，通常可以采用盘点的方法确定其实际结存数额。

3. 存货具有时效性和发生潜在损失的可能性。在企业正常的生产经营活动中，存货处于不断周转中，能够有规律地转换为货币资产或其他形式资产，但是长期闲置不能耗用或不能销售的存货就有可能变为积压物资，过时或毁损，造成企业损失。

（二）存货的内容及分类

企业的行业性质不同，存货的分类和内容也有所不同。商业企业的存货主要是库存商品；服务性行业的存货主要是各种物料用品，如办公用品和家具等。

制造企业的存货构成内容最为复杂，为了有效地组织各项存货的会计核算，应对存货进行科学分类。存货有多种分类方法，最常见的是按其经济用途分类。

1. 按经济用途分类。存货按其经济用途不同主要分为各类原材料、在产品、半成品、产成品、包装物、低值易耗品及商品。

（1）原材料，指企业在生产过程中用于产品生产并构成产品主要实体的各种原料及主要材料、辅助材料、外购半成品、修理用备件、包装材料、燃料等。为建造固定资产等各项工程而储备的各种材料，不能作为企业的存货进行核算。

（2）在产品，指企业正在制造尚未完工的产品，包括正在各个生产工序加工的产品和已加工完毕但尚未检验或已检验但尚未办理入库手续的产品。

（3）半成品，指经过一定生产过程并已检验合格交付半成品仓库保管，但尚未制造完工成为产成品，仍需进一步加工的中间产品。

（4）产成品，指企业已经完成全部生产过程并验收入库后，可以按照合同规定的条件送交订货单位，或者可以作为商品对外销售的产品。

（5）包装物，指为了包装本企业产品而储备的和在销售过程中周转使用的各种包装容器，如桶、箱、袋、瓶、坛等。

（6）低值易耗品，指不能作为固定资产管理的劳动手段，如一般工具、管理用具、玻璃用品、劳动保护用品等。其特征是单位价值较低，容易损耗，在使用中形态不变。

（7）商品，指商品流通企业外购或委托加工完成验收入库用于销售的各种商品。

2. 按存放地点分类。存货按其存放地点一般可分为库存存货、在途存货、委托加工存货、委托代销存货四类。

（1）库存存货也称在库存货，是指已经运到企业，并已验收入库的各种材料、商品以及已验收入库的自制半成品和产成品等。

（2）在途存货包括运入在途存货和运出在途存货。运入在途存货是指货款已经支付、尚未验收入库、正在运输途中的各种存货。运出在途存货是指按合同规定已经发出或送出、尚未确认销售收入的存货。

（3）委托加工存货是指企业已经委托外单位加工，但尚未加工完成的各种存货。

（4）委托代销存货是指企业已经委托外单位代销，但按合同规定尚未办理代销货款结算的存货。

3. 按来源分类。存货按不同的来源，主要分为外购存货、自制存货和委托外单位加工存货三类。此外，企业的存货中还可能有投资者投入的存货、接受捐赠的存货、盘盈的存货等。

（1）外购存货是从企业外部购入的存货，如商业企业的外购商品、工业企业的外购材料、外购零部件等。

（2）自制存货是由企业制造的存货，如工业企业的自制材料、在产品、产成品等。

（3）委托外单位加工存货是指企业将外购或自制的某些存货通过支付加工费的方式委托外单位进行加工生产的存货，如工业企业的委托加工材料、商业企业的委托加工商品等。

（三）存货的范围

列为存货项目的，都是为了进行正常生产经营而储存的资产；不是为了此种目的而储存的资产，都不能列为企业的存货。例如，特种储备的资产以及按有关部门的指令专项储备的资产，只能列为其他资产；为购置和建造固定资产而储备的资产，只能列为有关的长期资产等。

企业应以所有权的归属而不以物品的存放地点为依据，来确定企业存货的范围。即在盘存日期，法定所有权归属企业的一切存货，无论其存放于何处，都应作为企业的存货。依所有权的归属确定存货范围时，应特别注意以下四点。

（1）凡是开出销售发票售出，所有权以及相应的风险和报酬已经转移的物品，即使暂时存放于本企业仓库，也不能将其作为本企业的存货，如已开票售出的待运商品等。

（2）凡是未转移所有权以及风险和报酬的发出物品，即使未存放于本企业，也应将其作为本企业的存货，如委托其他单位代销的存货、未出售的外出展销存货等。

（3）凡是所有权以及相应的风险和报酬已经归属于本企业的购入物品，即使未存放于本企业仓库，也应作为本企业的存货，如已经购入但尚未收到的运输途中的货品等。

（4）凡是不属于本企业所有以及相应的风险和报酬未转移到本企业的接受物品，即使存放于本企业的仓库，也不能作为本企业的存货，如受托代销的存货、受托加工的存货等。

二、存货的确认条件

存货确认应当同时满足以下两个条件：一是与该存货有关的经济利益很可能流入企业；二是该存货的成本能够可靠地计量。

（一）与该存货有关的经济利益很可能流入企业

资产最重要的特征就是预期会给企业带来经济效益。如果某一项目预期不能给企业带来经济利益，就不能确认为企业的资产。对存货的确认，关键是判断其是否很可能给企业带来经济利益或其所包含的经济利益是否很可能流入企业。通常，拥有存货的法定所有权是有关经济效益很可能流入企业的一个重要标志。

（二）该存货的成本能够可靠地计量

存货确认条件之一是成本或价值能够可靠地计量，否则不能确认为企业存货。存货的成本能够可靠地计量必须以取得的确凿证据为依据，并且具有可验证性。比如企业承诺的订货合同：对于约定未来购入的存货，由于企业并没有发生实际购买行为，不能可靠地确认成本，因此，不能确认为购买企业的存货，也不确认有关的负债和费用。

三、存货的计量

存货的价值在流动资产价值中占有较大比重。因此，对存货的正确计价直接关系到企业资产价值和利润的确定。

（一）存货的初始计量

1. 存货入账价值的基础。企业取得存货应当按照成本进行初始计量。存货成本包括采购成本、加工成本和其他成本。企业存货的取得主要是通过外购、自制和委托加工等途径。

2. 存货成本的构成和确定。

（1）外购存货的成本。企业外购存货主要包括原材料和商品。外购存货的成本即存货的采购成本，是指存货从采购到验收入库前所发生的全部支出，包括购买价款、相关税费、运输费、装卸费、保险费以及其他可归属于存货采购成本的费用。其中：存货的购买价款，是指企业购入存货的发票账单上列明的价款，但不包括按规定可以抵扣的增值税额。存货的相关税费，是指企业购买存货发生的消费税、资源税、进口关税和不能抵扣的增值税进项税额等应计入存货采购成本的各种税费。其他可以归属于存货采购成本的费用，即采购成本中除购买价款、相关税费、运输费、装卸费、保险费等以外的可归属于存货采购成本的费用，如运输途中的合理消耗、入库前的挑选整理费用等。这些费用能分清负担对象的，应直接计入存货的采购成本；不能分清负担对象的，应选择合理的分配方法（如所购存货的数量或价格比例等），分配计入有关存货的采购成本。

商品流通企业在采购商品过程中发生的运输费、装卸费、保险费以及其他归属于存货采购成本的费用等进货费用，应当计入所购商品的成本。在实务中，企业也可以将这些费用先进行归集，期末根据所购商品的存销情况进行分摊。对于已售商品的进货费用，计入当期主营业务成本；对于未售商品的进货费用，计入期末存货成本。如果采购商品的进货费用金额较小的，可以在发生时直接计入当期损益，即销售费用。

（2）加工存货的成本。企业通过进一步加工取得的存货主要包括产成品、半成品、委托加工物资等，其成本由采购成本和加工成本构成。某些存货还包括使存货达到目前场所和状态所发生的其他成本，如可直接认定的产品设计费用等。其中的采购成本是由所使用或消耗的原物资采购成本转移而来的，因此计量加工存货的成本，重点是要确定存货的加工成本。

存货加工成本是指企业在进一步加工存货（如材料）的过程中发生的追加费用，包括直接人工以及按照一定方法分配的制造费用。其中，直接人工是指企业在生产产品过程中直接从事产品生产的工人的职工薪酬；制造费用是指企业为生产产品和提供劳务而发生的各项间接费用，包括生产部门管理人员的职工薪酬、折旧费、办公费、水电费、机物料消耗、劳动保护费、季节性和修理期间的停工损失等。

为了正确确定产品的生产成本，企业在加工存货过程中发生的生产工人的职工薪酬和制造费用，如果能够直接计入有关的成本核算对象，则应直接计入该成本核算对象。否则，应按照合理方法分配进入有关成本核算对象。

企业所选择的制造费用分配方法，必须与制造费用的发生具有较密切的相关性，并且使分配到每种产品上的制造费用金额基本合理，同时还应适当考虑计算手续的简便。分配制造费用的标准，通常有生产工人工资、生产工人工时、机器工时、耗用原材料的数量或成本以及产成品产量等。

（3）其他方式取得的存货的成本。企业取得存货的其他方式主要包括接受投资者投资、非货币性资产交换、债务重组、企业合并等。企业取得的其他来源的存货也应当按成本入账，具体规定如下。

①投资者投入的存货。投资者投入存货的成本，应当按照投资合同或协议约定的价值确定，但合同或协议约定价值不公允的除外。在投资合同或协议不公允的情况下，应按照该项存货的公允价值作为入账价值。详见后续章节“实收资本”。

②通过非货币性资产交换、债务重组等取得的存货。通过非货币性资产交换、债务重组等取得的存货成本，应当分别按照“非货币性资产交换”“债务重组”等会计准则的规定处理。

③通过提供劳务取得的存货。通过提供劳务取得的存货，其成本按从事劳务提供人员的直接人工和其他直接费用以及可归属的间接费用确定。例如，A 公司承接了一个技术服务项目，期末劳务成本余额为 8 万元（相当于在产品），应作为存货反映在资产负债表中。

④盘盈的存货。盘盈的存货应按其重置成本作为入账价值，并通过“待处理财产损溢”账户进行会计处理，按管理权限报经批准后冲减当期管理费用。

⑤企业合并取得的存货。企业合并取得的存货，根据以下两种情况分别确定其成本：属于同一控制下企业合并取得的存货，应按照合并日被合并方该存货的账面价值计量；属于非同一控制下企业合并取得的存货，应按照能够可靠计量的公允价值确认。

【提示】下列费用应当在发生时确认为当期损益，不计入存货成本。

- 非正常消耗的直接材料、直接人工和制造费用。
- 存货在采购入库后领用前所发生的仓储费用，应计入当期损益（管理费用）。

存货在采购的过程中发生的仓储费用，应计入存货的采购成本；存货在生产过程中为达到下一个生产阶段所必需的仓储费用，应计入存货成本，例如，红酒的存储费用，是为了使存货达到目前场所和状态所必需的费用，计入存货成本。

- 不能归属于使存货达到目前场所和状态的其他支出。
- 企业采购用于广告营销活动的特定商品，向客户预付货款未取得商品时，应作为预付账款进行会计处理，待取得相关商品时计入当期损益（销售费用）。企业取得广告营销性质的服务比照该原则进行处理。

（二）发出存货的计价方法

在日常生产经营活动中，企业生产产品领用材料、销售产成品或商品都需要确定发出存货的成本。企业应当根据各类存货的实物流转方式、存货的性质、企业管理的要求等实际情况，合理地选择发出存货成本的计算方法，以合理确定当期发出存货的实际成本。

1. 先进先出法。先进先出法是假设先入库的存货先发出，并以这种假设的成本轮流次序对发出存货和期末存货计价的一种方法。这种方法的优点是能够随时计算每次发出存货的成本和结存存货的价值；缺点是常会出现几个不同的存货单价，核算工作量较大，在物价波动情况下，期末存货价值较接近市价，但发出存货价值往往会偏离市价，特别是物价上涨时，会导致高估当期损益和相对虚增存货价值，在物价下跌时，则与上述情况相反。

【例3-1】A公司采用先进先出法10月份收发材料与期末账面结存价值的计算方法（见表3-1）。

表3-1　　甲材料明细账（先进先出法）

类别：有色金属类　　编号：×××

品名或规格：甲种材料　　存放地点：1号库

储备定额：400　　计量单位：千克

××年		凭证		摘要	收入			发出			结存		
月	日	字	号		数量	单价	金额	数量	单价	金额	数量	单价	金额
10	1	略	略	期初结存							100	10	1 000
	3			购入	200	11	2 200				100 200	10 11	1 000 2 200
	8			发出				100 100	10 11	1 000 1 100	100	11	1 100
	15			购入	300	12	3 600				100 300	11 12	1 100 3 600
	19			发出				100 200	11 12	1 100 2 400	100	12	1 200
	23			购入	200	15	3000				100 200	12 15	1 200 3 000
	27			发出				100 100	12 15	1 200 1 500	100	15	1 500
	31			本期合计	700	—	8 800	700	—	8 300	100	15	1 500

本期发出存货成本 = (100×10) + (200×11) + (300×12) + (100×15)
= 8 300（元）

期末结存存货成本 = 100×15 = 1 500（元）

2. 加权平均法。加权平均法，又称为全月一次加权平均法，是指以期初结存存货和本期收入存货的总成本除以其总数量，求得加权平均单位成本，并据以计算存货的发出成本和期末结存成本的一种方法。其计算公式如下：

$$加权平均单位成本=\frac{期初库存存货实际成本+本月各批进货实际成本之和}{期初库存存货数量+本月各批进货数量之和}$$

本月发出存货成本 = 本月发出存货数量 × 存货加权平均单位成本

加权平均法的优点是计算方法简单，发出单价只在月末计算一次，在市场价格上涨或下跌时所计算的单位成本比较均匀，对存货成本的分摊比较折中；缺点是由于无法随时掌握存货发出与结存的成本，不利于存货的日常管理和控制。

【例 3-2】 A 公司采用加权平均法计算 10 月份收发材料与期末账面结存价值（见表 3-2）。

表 3-2 甲材料明细账（加权平均法）

类别：有色金属类　　编号：×××

品名或规格：甲种材料　　存放地点：1 号库

储备定额：400　　计量单位：千克

××年		凭证		摘要	收入			发出			结存		
月	日	字	号		数量	单价	金额	数量	单价	金额	数量	单价	金额
10	1	略	略	期初结存							100	10	1 000
	3			购入	200	11	2 200				300		
	8			发出				200			100		
	15			购入	300	12	3 600				400		
	19			发出				300			100		
	23			购入	200	15	3 000				300		
	27			发出				200			100		
	31			本期合计	700	—	8 800	700	12.25	8 575	100	12.25	1 225

加权平均单价 =（1000 + 8800）÷（100 + 700）= 12.25（元）

本期发出存货成本 = 700 × 12.25 = 8575（元）

期末结存存货成本 =（1000 + 8800）- 8575 = 1225（元）

3. 移动加权平均法。移动加权平均法，是指以每次进货的成本加上原有库存存货的成本除以每次进货数量与原有库存存货数量之和，据以计算加权平均单位成本，作为下次进货前计算各次发出存货成本的依据。其计算公式如下：

$$移动加权平均单位成本=\frac{以前结存存货实际成本+本批增加存货实际成本}{以前结存存货数量+本批增加存货数量}$$

本次发出存货成本 = 本次发出存货数量 × 移动加权平均单位成本

移动加权平均法的优点在于能使管理当局及时了解存货发出与结存的成本，有助于存货的日常管理和控制，计算的平均单位成本以及发出和结存存货成本比较客观；缺点是计算烦琐，核算工作量较大。

【例 3-3】 承〖例 3-2〗，A 公司采用移动加权平均法计算 10 月份收发材料与期末账面结存价值。

10 月 3 日进货后的加权平均价 = (1 000 + 2 200) ÷ (100 + 200) ≈10.67 (元)

10 月 8 日发出存货成本 = 10.67 × 200 = 2 133 (元)

10 月 15 日进货后的加权平均价 = (1 067 + 3 600) ÷ (100 + 300) ≈11.67 (元)

10 月 19 日发出存货成本 = 11.67 × 300 = 3 500 (元)

10 月 23 日进货后的加权平均价 = (1 167 + 3 000) ÷ (100 + 200) = 13.89 (元)

10 月 27 日发出存货成本 = 13.89 × 200 = 2 778 (元)

本期发出存货成本 = 2 133 + 3 500 + 2 778 = 8 411 (元)

期末结存存货成本 = 1 000 + 8 800 - 8 411 = 1 389 (元)

按照移动加权平均法，A 公司 10 月份收发材料与结存情况见表 3-3。

表 3-3　　甲材料明细账（移动加权平均法）

类别：有色金属类　　编号：×××

品名或规格：甲种材料　　存放地点：1 号库

储备定额：400　　计量单位：千克

××年		凭证		摘要	收入			发出			结存		
月	日	字	号		数量	单价	金额	数量	单价	金额	数量	单价	金额
10	1	略	略	期初结存							100	10	1 000
	3			购入	200	11	2 200				300	10.67	3 200
	8			发出				200	10.67	2 133*	100	10.67	1 067
	15			购入	300	12	3 600				400	11.67	4 667
	19			发出				300	11.67	3 500*	100	11.67	1 167
	23			购入	200	15	3 000				300	13.89	4 167
	27			发出				200	13.89	2 778	100	13.89	1 389
	31			本期合计	700	—	8 800	700	—	8 411	100	13.89	1 389

注：*均为尾数原因，对发出存货的金额进行调整，以保证结存的金额等于数量乘以单价。

4. 个别确认法。个别确认法，又称个别计价法、个别认定法、具体辨认法、分批认定法，是指按各种存货逐一辨认批次，并以收入时确定的单位成本作为计算确定各批发出存货和期末存货价值的一种方法。这种方法的优点是存货计价较准确，缺点是要对每一种存货保持详细登记，工作量很大。采用这种方法，要求确认发出存货和期末结存存货所属购进的批别。为此，必须按购进批别设置存货明细账，对其进行详细记录。因此，个别计价法通常只适用于品种和数量不多、单位价值较高且不能替代使用及为特定项目专门购入或制造的存货，如珠宝、名画、工艺品、轮船等。

发出存货价值 = 发出存货数量 × 该批存货实际单位成本

期末存货价值 = 期末存货数量 × 该批存货实际单位成本

【例 3-4】 承〖例 3-3〗，A 公司采用个别确认法计算 10 月份收发材料与期末账面结存价值。

假设经过具体辨认，本期发出存货的单位成本如下：10月8日发出的200千克材料中，100千克是期初结存，单位成本是10元，100千克系3日购入材料，单位成本是11元；10月19日发出的300千克材料，均系15日购入，单位成本是12元；10月27日发出的200千克材料中，100千克系10月3日购入，单位成本是11元，另100千克系23日购入，单位成本是15元。

根据上述资料，个别计价法计算如下：

本期发出存货成本 = (100×10+100×11) + (300×12) + (100×11+100×15)
　　　　　　　　 = 8 300（元）

期末结存存货成本 = 100×15 = 1 500（元）

按照个别确认法，A公司10月份收发材料与结存情况如表3-4所示。

表3-4　　甲材料明细账（个别确认法）

类别：有色金属类　　编号：×××

品名或规格：甲种材料　　存放地点：1号库

储备定额：400　　计量单位：千克

××年		凭证		摘要	收入			发出			结存		
月	日	字	号		数量	单价	金额	数量	单价	金额	数量	单价	金额
5	1	略	略	期初结存							100	10	1 000
	3			购入	200	11	2 200				100 200	10 11	1 000 2 200
	8			发出				100 100	10 11	1 000 1 100	100	11	1 100
	15			购入	300	12	3 600				100 300	11 12	1 100 3 600
	19			发出				300	12	3 600	100	11	1 100
	23			购入	200	15	3 000				100 200	11 15	1 100 3 000
	27			发出				100 100	11 15	1 100 1 500	100	15	1 500
	31			本期合计	700	—	8 800	700	—	8 300	100	15	1 500

发出存货的计价方法不同，会对企业的财务状况、经营成果产生不同的影响，主要表现在三个方面。

一是对企业损益的计算有直接影响。例如，发出存货的计价较低，当期的收益可能因此而增加；反之，发出存货计价如果过高，当期的收益可能因此而减少。

二是对资产负债表有关项目数额计算有直接影响。包括存货价值、流动资产金额、资产总额、所有者权益等项目数额会因存货计价方法的不同而有所不同。

三是对所得税的缴纳数额有一定影响。因为不同的存货计价方法，对结转当期已销成本的数额会有所不同，从而影响企业当期应纳税所得额的确定。

在实务中，企业可以自主决定采用哪种计价方法，但是，一经选定，必须遵循一致性原则，不能随意变更。若要改变计价方法，则应作为会计政策变更进行会计处理，并在会计报表附注中说明变更的理由及对企业利润的累计影响数等。

企业发出的存货，除可以按实际成本核算外，也可以按计划成本核算，其具体内容参见本章第二节的阐述，但资产负债表日均应调整为按实际成本核算。

（三）期末存货的计价方法

资产负债表日，存货应当按照成本与可变现净值孰低计量。

存货在取得时是以成本入账的，但存货购进后可能发生价格降低、毁损、陈旧等情况，因此，在会计期末，为了准确、客观地反映存货期末的实际价值，企业应按照成本与可变现净值孰低法计量存货的价值。

1. 成本与可变现净值孰低法的含义。“成本与可变现净值孰低法”是指对期末存货按照成本与可变现净值两者中较低者计价的方法，即：当存货的成本低于可变现净值时，存货按成本计价；当可变现净值低于成本时，存货按可变现净值计价。其中，“成本”是指期末存货的实际成本，也就是按照先进先出法、加权平均法、移动加权平均法、个别计价法等确定的实际成本。如果企业在存货的日常核算中采用计划成本法、售价金额核算法等简化核算方法，则成本应为调整后的实际成本。“可变现净值”是指在日常活动中，存货的估计售价减去至完工时估计将要发生的成本、估计的销售费用以及相关税费后的金额。

“成本与可变现净值孰低法”的理论基础主要是使存货符合资产的定义。当存货的可变现净值下跌至成本以下时，表明该存货给企业带来的未来经济利益低于其账面价值，因而应将这部分损失从资产价值中扣除，计入当期损益。否则，当存货的可变现净值低于成本时，如果仍然以其历史成本计量，就会出现虚增资产的现象。

2. 可变现净值的特征。可变现净值表现为存货的预计未来净现金流量，而不是存货的售价或合同价。企业预计的现金流量，并不完全等于存货的可变现净值。存货在销售过程中可能发生的销售费用和相关税费，以及达到预定可销售状态还可能发生的加工成本等相关支出，构成现金流入的抵减项目。企业预计的销售存货现金流量，扣除这些抵减项目后才能确定可变现净值。

3. 确定可变现净值应考虑的主要因素。企业确定存货的可变现净值，应当以取得的确凿证据为基础，并且考虑持有存货的目的、资产负债表日后事项的影响等因素。

（1）确定存货的可变现净值时应当以取得的确凿证据为基础。此处的“确凿证据”是指对确定存货的可变现净值有直接影响的确凿证明，如产品的市场营销价格、与企业产品相同或类似商品的市场营销价格、供货方提供的有关材料、销售方提供的有关材料、生产成本资料等。

（2）确定存货的可变现净值时应当考虑存货的持有目的。由于企业持有存货的目的不同，确定存货的可变现净值的计算方法也就不同。根据存货的用途不同，可变现净值有两种确定方法。

一是持有以备出售的存货，包括外售的库存商品、外售的材料等。

可变现净值 = 存货的估计售价 - 估计的销售费用及相关税费

二是将在生产过程或提供劳务过程中耗用或继续加工的存货，包括用于生产的材料、半成品、包装物、低值易耗品等。

可变现净值 = 存货的估计售价 - 至完工时估计将要发生的成本 - 估计的销售费用及相关税费

(3) 企业在确定可变现净值时还应考虑资产负债表日后事项等影响。即：在确定资产负债表日存货的可变现净值时，不仅要考虑资产负债表日发生的相关价格与成本波动，还应考虑资产负债表日以后至财务报告批准报出日之前这段时间发生的相关事项。例如，2×20 年 12 月 31 日，某种产品的市场销售单价为 65 元，但根据可靠资料，预计在 2×21 年 2 月该产品的市场营销单价可能会下跌至 60 元，则在编制 2×20 年 12 月 31 日的资产负债表时，企业确定该产品的可变现净值就应考虑 2×21 年 2 月该产品销售单价将下跌这一因素。

4. 估计售价的确定。从上述“可变现净值”的概念与计算方法可以看出，为了计算可变现净值，必须先确定估计售价。企业在确定存货的估计售价时，应以资产负债表日为基准，但是，如果当月存货价格变化较大，则应当以该存货平均销售价格或资产负债表日最近几次销售价格的平均数，作为其估计售价的基础。估计售价应当区分不同情况确定。

(1) 为执行销售合同或者劳务合同而持有的存货，应当以产品或商品的合同价作为其可变现净值的计量基础。如果企业与购买方签订了合同（或劳务合同，下同）并且销售合同订购的数量大于或等于企业持有的存货数量，在这种情况下，在确定与该项销售合同直接相关存货的可变现净值时，应当以销售合同价格作为其可变现净值的计量基础。即如果企业就其产成品或商品签订了销售合同，则该批产成品或商品的可变现净值应当以合同价格作为计量基础；如果企业销售合同所规定的标的物还没有生产出来，但持有专门用于该标的物生产的材料，其可变现净值也应当以合同价格作为计量基础。这里的“销售合同或劳务合同”是指企业签订的不可撤销合同。

【例 3-5】 2×20 年 10 月 25 日，A 公司与 B 公司签订了一份不可撤销的销售合同，双方约定，2×21 年 1 月 25 日，A 公司应按 45 万元/台的价格向 B 公司提供 M1 型号的机器 100 台。2×20 年 12 月 31 日，A 公司 M1 型号机器的账面价值（成本）为 3 200 万元，数量为 80 台，单位成本为 40 万元/台。2×20 年 12 月 31 日，M1 型号机器的市场销售价格为 44 万元/台。

确定 M1 型号机器估计售价的过程如下：根据 A 公司与 B 公司签订的销售合同，该批 M1 型号的销售价格 45 万元/台已约定，并且其库存数量 80 台小于销售合同约定的数量 100 台，因此，在这种情况下，计算该批 M1 型号的可变现净值应与合同约定的价格 3 600 万元（45×80）作为计量基础，即估计销售价为 3 600 万元。

【例 3-6】 2×19 年 9 月 25 日，A 公司与 C 公司签订了一份不可撤销的销售合同，双方约定，2×20 年 3 月 25 日，A 公司应按 50 万元/台的价格向 C 公司提供 M2 型号的机器 10 台。2×19 年 12 月 31 日，A 公司还没有生产该批 M2 型号机器，但持有库存原材料——甲材料，专门用于生产该批 M2 型号机器 10 台，其账面价值（成本）为 350 万元。2×19 年 12 月 31 日，甲材料的市场销售价格为 400 万元。

确定甲材料估计售价的过程如下：根据 A 公司与 C 公司签订的销售合同，该批 M2 型号机器销售价格 50 万元/台已约定，A 公司还没有生产，但持有库存原材料——甲材料专门用于生产该批 M2 型号机器，且可生产数量不大于销售合同订购的数量，因此，在这种情况下，计算该批甲材料的可变现净值时，应以销售合同约定的 M2 型号机器的销售价格 500 万元（50×10）作为计量基础。

（2）如果企业持有存货的数量多于销售合同订购数量，超出部分存货的可变现净值，应当以一般销售价格（即市场销售价格）作为计量基础。在这种情况下，销售合同约定数量的存货，应当以销售合同约定的价格作为可变现净值的计量基础；超出部分的存货的可变现净值应当以一般销售价格（即市场销售价格）作为计量基础。

【例 3-7】 2×20 年 10 月 15 日，A 公司与 D 公司签订了一份不可撤销的销售合同，双方约定，2×21 年 1 月 15 日，A 公司应按 9 万元/台的价格向 D 公司提供 M3 型号的机器 10 台。2×20 年 12 月 31 日，A 公司 M3 型号机器的账面价值（成本）为 120 万元，数量为 15 台，单位成本为 8 万元/台。2×20 年 12 月 31 日，M3 型号机器的市场销售价格为 10 万元/台。

确定 M3 型号机器估计售价的过程如下：根据 A 公司与 D 公司签订的销售合同，该批 M3 型号机器的销售价格 9 万元已约定，但其库存数量 15 台大于销售合同约定数量 10 台。因此，在这种情况下，对于销售合同约定数量（10 台）的 M3 型号机器的可变现净值应以合同约定的价格 90 万元（9×10）作为计量基础；而对于超出部分（5 台）的 M3 型号机器的可变现净值应以一般销售价格 50 万元（10×5）作为计量基础。所以，该批 M3 型号机器的估计售价为 140 万元（9×10+10×5）。

（3）没有销售合同或劳务合同的存货，其估计售价应当以产品或商品的一般销售价格（即市场销售价格）或原材料的市场价格作为计量基础。

【例 3-8】 2×20 年 12 月 31 日，A 公司 M4 型号机器的账面价值（成本）为 300 万元，数量为 25 台，单位成本为 12 万元/台。2×20 年 12 月 31 日，M4 型号机器的市场销售价格为 15 万元/台。A 公司没有签订有关 M4 型号机器的销售合同。

确定 M4 型号机器估计售价的过程如下：由于 A 公司没有签订有关 M4 型号机器的销售合同，因此，在这种情况下，M4 型号机器的可变现净值应以一般销售价格 375 万元（15×25）作为计量基础，即估计售价 375 万元。

5. 材料存货可变现净值的确定。会计期末，企业运用“成本与可变现净值孰低法”对材料存货进行计量时，需要考虑材料的用途：对于用于生产而持有的材料等应当将其与所生产的产成品的期末价值减损情况联系起来；对于用于销售的材料等，则只需要将材料的成本与根据材料本身的估计售价、估计销售费用及相关税费确定的可变现净值相比即可。

具体来说，材料存货可变现净值的确定按以下原则处理。

(1) 对用于生产而持有的材料等，如果用其生产的产成品的可变现净值预计高于产成品的生产成本，则该材料应当按照材料成本计量。

【例 3-9】 2×20 年 12 月 31 日，A 公司库存原材料——乙材料的账面价值（成本）为 2 000 万元，该批材料的市场价格总额为 1 800 万元，无其他购买费用；用乙材料生产的 M5 型机器的可变现净值高于成本。

确定乙材料期末价值的过程如下：根据上述材料可知，2×20 年 12 月 31 日，乙材料的账面价值高于市场价格，但是，由于用其生产的 M5 型机器的可变现净值高于成本，即用该材料生产的最终产品此时并没有发生价值减损。在这种情况下，虽然乙材料的账面价值已高于其市场价格，但并不应计提存货跌价准备，仍应当按照 2 000 万元列示在 2×20 年 12 月 31 日资产负债表的“存货”项目中。

(2) 如果材料价格的下降表明产成品的可变现净值低于产成品的生产成本，则该材料应当按材料的可变现净值计量，即需要计提存货跌价准备。应特别注意的是，材料的可变现净值应通过用其生产的产成品的估计售价和产成品的预计销售费用及相关税费来计算：

$$\text{材料的可变现净值}=\text{产成品的估计售价}-\text{将材料加工成产成品尚需投入的成本}-\text{产成品估计销售费用及相关税费}$$

【例 3-10】 2×20 年 12 月 31 日，A 公司库存甲材料账面价值（成本）为 1 400 万元，该批材料的市场销售价格为 1 360 万元，无其他购买费用。由于甲材料市场销售价格下降，市场上用甲材料生产的 M6 型号机器的市场营销价格也相应从 1 500 万元降至 1 450 万元。M6 型号机器的生产成本为 1 480 万元，将甲材料加工成 M6 型号机器尚需发生加工成本 95 万元，估计销售费用及相关税费为 5 万元。

A 公司确定甲材料的期末计量过程如下。

① 确定 M6 型号机器是否发生了减值。

M6 型号机器的可变现净值 = 1 450 - 5 = 1 445（万元）

将 M6 型号机器的可变现净值 1 445 万元与其成本 1 480 万元进行比较可知，其可变现净值低于其成本，即甲材料价格的下降导致其产品 M6 型号机器的可变现净值低于成本，因此，甲材料应当按可变现净值计量。

② 计算甲材料的可变现净值，并确定其期末价值。

甲材料的可变现净值 = 1 450 - 95 - 5 = 1 350（万元）

将 M6 型号机器的可变现净值 1 350 万元与其成本 1 400 万元比较可知，其可变现净值低于其成本，因此，甲材料的期末价值应为其可变现净值 1 350 万元，即甲材料应计提跌价准备 50 万元，并按 1 350 万元列示在 2×20 年 12 月 31 日的资产负债表的“存货”项目中。

(3) 用于出售的材料，通常以市场价格作为其可变现净值计量的基础。这里的市场价格是指材料的市场销售价格。如果用于出售的材料存在销售合同约定，则应按合同价格作为其可变现净值的计算基础。

【例3-11】2×20年12月31日，A公司根据市场需求的变化，决定停止M7型号机器生产。为了减少不必要的损失，决定将原材料中专门用于生产该批M7型号机器的库存原材料——甲材料全部出售。2×20年12月31日，甲材料账面价值（成本）为80万元，数量为10吨。据市场调查，甲材料的市场销售价格为8.5万元/吨，同时可能发生的销售费用及相关税费0.9万元。

确定甲材料可变现净值的过程如下：由于A公司已决定停止生产M7型号机器，因此，甲材料的可变现净值不能再以M7型号机器的销售价格作为其计量基础，而应按甲材料本身出售的市场价格作为计量基础。即该批甲材料的估计售价是85万元（8.5×10），其可变现净值是84.1万元（8.5×10-0.9）。

第二节 材料的核算

一、材料核算的概述

（一）材料核算的凭证和手续

材料收发的会计核算主要是依据与物资采购及领用有关的各种原始凭证（如合同、发票、入库单和出库单等）进行。财务部门根据物资部门提供的资料来确认供货情况，这些资料包括采购合同、验收证明和卖方发票等。入库单是企业收到材料的证明，出库单和退库单则是企业进行成本核算的主要依据。

（二）材料核算的内容和方法

原材料是指企业库存的各种材料，包括原材料及主要材料、辅助材料、外购半成品（外购件）、修理用备件（备品备件）、包装材料、燃料等。

按照企业会计准则的规定，原材料日常收发的核算，可以按实际成本核算，也可以按计划成本核算，具体采用哪一种方法，应由企业根据规模大小、材料品种多少、收发业务的繁简等具体情况自行决定。一般来说，材料品种繁多、收发频繁的企业，可以采用计划成本进行日常核算。对于企业规模较小、材料品种简单、采购业务不多的企业，一般采用实际成本进行原材料的日常收发核算。企业一旦确定材料核算方法后，应遵循一致性原则，不得随意变更，如需变更，应按变更会计政策的原则进行处理。

二、材料的实际成本核算法

材料按实际成本计价方法进行核算，是指对原材料的收入、发出、结存等日常业务均按其实际成本进行核算。

（一）账户的设置

在按实际成本计价核算时，应设置以下账户。

1.“原材料”账户。该账户用来核算企业库存的各种材料的实际成本。该账户属于资产类盘存账户，借方登记已验收入库材料的实际成本，贷方登记发出材料的实际成本，余额在借方，表示库存材料实际成本。该账户下可按材料类别、品种和规格等进行明细核算。

2.“在途物资”账户。企业采用实际成本（或进价）进行材料、商品等物资的日常核算时，应设置该账户，用来核算企业货款已付但尚未验收入库的在途物资的采购成本。借方登记采购物资的实际成本，贷方登记验收入库物资的实际成本，余额在借方，表示已经付款或已开出商业汇票的在途物资。该账户可按供应单位和物资品种进行明细核算。

（二）账务处理

1. 外购原材料的账务处理。企业外购材料的采购成本，应包括购买价款、相关税费、运输费、装卸费、保险费、运输途中的合理损耗、入库前的整理挑选费用以及其他可以归属于采购成本的费用。企业可以从本地购进材料，也可以从外埠购进材料，而且可以根据购货业务的不同特点分别采用不同的款项结算方式，如支票、银行本票、委托收款、托收承付、银行汇票、商业汇票等。因此，企业购进材料时，可能会使款项结算和材料验收入库在时间上产生以下三种情况。

（1）结算凭证到达，同时材料验收入库。这是指在办理有关结算的同时，收到材料并验收入库的情况。发生此类业务时，应根据入库材料的实际成本借记“原材料”账户，根据入库材料的增值税借记“应交税费”账户，根据实际付款金额贷记“银行存款”或根据已承兑的商业汇票贷记“应付票据”等账户。

需要指出的是，根据我国《增值税暂行条例》的有关规定，一般纳税人外购货物（固定资产除外）或销售货物所支付的运输费用，小规模纳税人根据有关运费结算单据（普通发票）所列运费金额依3%扣除率计算的进项税额准予抵扣销项税，一般纳税人根据有关运费结算单据（增值税专用发票）所列运费金额依9%的税率计算进项税额，但随同运费支付的装卸费、保险费等其他杂费不得计算扣除进项税额。

【例3-12】A公司从本地B工厂购进甲材料一批，收到的增值税专用发票上注明材料价款是200 000元，增值税税额是26 000元。价税合计226 000元以银行存款付讫，材料已验收入库。财务处理如下。

①收到材料入库时：

借：原材料——甲材料	200 000
应交税费——应交增值税（进项税额）	26 000

贷：银行存款　　226 000

②如果企业采用的是商业汇票结算方式，在签发承兑商业汇票时：

借：原材料——甲材料　　200 000
　　应交税费——应交增值税（进项税额）　　26 000
　　贷：应付票据——B工厂　　226 000

（2）结算凭证到达，但材料尚未到达验收入库。这是指在办理有关结算时即获得材料的所有权，但材料尚未到达企业，待办妥有关收货手续后，材料才验收入库的情况。发生此类业务时，应根据有关结算凭证中记载的已付款材料的价款借记"在途材料"账户，根据已付材料的增值税借记"应交税费"账户，根据实际付款金额贷记"银行存款"账户，或根据已承兑的商业汇票贷记"应付票据"等账户。待收到材料验收入库时，借记"原材料"账户，贷记"在途物资"账户。

【例3-13】 A公司从本地C工厂购进乙材料100 000元，增值税13 000元，运费1 000元（开出增值税专用票），装卸费300元，发票账单已到。

①若乙材料尚未到达企业，则A公司的账务处理如下：

材料的采购成本 = 100 000 + 1 000 + 300 = 101 300（元）

进项税额 = 13 000 + 90 = 13 090（元）

借：在途物资——乙材料　　101 300
　　应交税费——应交增值税（进项税额）　　13 090
　　贷：应付账款——C工厂　　113 090
　　　　银行存款　　1 300

②收到材料入库时：

借：原材料——乙材料　　101 300
　　贷：在途物资——乙材料　　101 300

（3）材料已到并验收入库，但结算凭证未收到。这种情况是指企业已收到材料并验收入库，但由于尚未收到有关结算凭证，企业在材料验收入库时无法准确计算其实际成本。因此，在收到材料验收入库时，可以暂不做账务处理，只将有关的入库单等凭证单独保管，等结算凭证到达后，根据结算凭证标明金额确定材料实际成本，按结算凭证到达并验收入库材料的情况进行账务处理。但如果到会计期末仍未收到相关结算凭证，为了真实反映企业资产负债情况，应将所购材料估价入账，并确认有关负债，下月初再以红字冲回。

【例3-14】 A公司从外地D工厂采用委托收款方式购进丙材料，已于5月25日收到并验收入库。5月28日结算凭证到达，增值税专用发票注明的价款是50 000元，增值税税额6 500元，另外，供应商代垫运费10 900元（按规定可抵扣增值税进项税额900元），代垫装卸费500元。验单后以银行存款支付全部款项。

A公司5月25日收到材料时暂不入账，5月28日收到结算凭证后账务处理如下：

材料的采购成本 = 50 000 + 10 000 + 500 = 60 500（元）

进项税额 = 6 500 + 900 = 7 400（元）

借：原材料——丙材料　　60 500

　　应交税费——应交增值税（进项税额）　　7 400

　　贷：银行存款　　67 900

【例 3 - 15】根据〖例 3 - 14〗中的资料，假设到月末结算凭证仍未收到，其他资料不变，A 公司暂估材料价值是 50 000 元。

①A 公司月末按暂估价将材料入账：

借：原材料——丙材料　　50 000

　　贷：应付账款——暂估应付款　　50 000

②下月初红字冲回：

借：原材料——丙材料　　50 000

　　贷：应付账款——暂估应付款　　50 000

下月结算凭证到达时，进行料单同时到达的账务处理，处理方法与〖例 3 - 14〗相同。

2. 发出原材料的账务处理。企业购入的原材料主要是用于产品生产，此外，也有少量的原材料被其他部门领用、对外销售或投资等。企业发出材料时，应按发出材料的不同用途和实际成本，借记有关账户，贷记"原材料"账户。其中，直接用于产品生产的，借记"生产成本"账户；用于车间一般耗用的，借记"制造费用"账户；用于企业管理方面的，借记"管理费用"账户；为销售产品而消耗的，借记"销售费用"账户等。

【例 3 - 16】A 公司本月发出材料情况如表 3 - 5 所示。

表 3 - 5　　发出材料汇总表

项目	甲材料		乙材料		丙材料		合计
	数量（千克）	金额（元）	数量（千克）	金额（元）	数量（千克）	金额（元）	金额（元）
生产 A 产品	2 500	20 400	2 000	12 240	50	20 000	52 640
生产 B 产品	2 000	16 320	3 000	18 360	50	20 000	54 680
车间一般耗用	600	4 896	500	3 060			7 956
管理部门耗用			500	3 060			3 060
销售部门耗用			200	1 224			1 224
合计	5 100	41 616	6 200	37 944	100	40 000	119 560

A 公司账务处理如下：

借：生产成本——基本生产成本（A 产品）　　52 640

　　　　　　——基本生产成本（B 产品）　　54 680

　　制造费用　　7 956

　　管理费用　　3 060

　　销售费用　　1 224

贷：原材料——甲材料		41 616
——乙材料		37 944
——丙材料		40 000

三、材料的计划成本核算法

原材料按计划成本计价方法进行日常收发核算的特点是：原材料的收入、发出及结存都按其计划成本计价。会计核算上，一般应设置“材料采购”“原材料”“材料成本差异”等账户对原材料的日常收发业务进行核算。原材料的实际成本与计划成本的差异通过“材料成本差异”账户核算。

（一）账户的设置

1.“原材料”账户。该账户用来核算计划成本法下的各种材料的计划成本。借方登记已验收入库材料的计划成本，贷方登记发出材料的计划成本，余额在借方，反映入库后未发出的原材料的计划成本。该账户下可按材料类别、品种和规格等进行明细核算。

2.“材料采购”账户。该账户用来核算计划成本法下企业材料的采购成本。借方登记采购材料的实际成本和实际成本小于计划成本的差异数；贷方登记验收入库材料的计划成本和实际成本大于计划成本的差异数；余额在借方，表示企业在途材料的实际采购成本。该账户可按供应单位和材料品种进行明细核算。

3.“材料成本差异”账户。该账户用来核算计划成本法下企业采购材料的实际成本与计划成本的差额。借方登记验收入库材料的实际成本大于计划成本的超支差异数，贷方登记验收入库材料的实际成本小于计划成本的节约差异数及月末结转材料应负担的差异数额（超支差异用蓝字结转，节约差异用红字结转）。该账户余额若在借方，表示企业库存材料等的实际成本大于计划成本的超支差异数；余额若在贷方，表示库存材料等的实际成本小于计划成本的节约差异数。该账户可以分别“原材料”“周转材料”等，按照类别或品种进行明细核算。在编制资产负债表时，应将“材料采购”“原材料”账户的借方余额合计再加上“材料成本差异”账户的借方余额或减去“材料成本差异”账户的贷方余额后的数额作为存货项目的组成内容予以反映。

（二）账务处理

1. 外购原材料的账务处理。企业外购原材料时，按材料实际成本，借记“材料采购”账户，按增值税进项税额借记“应交税费——应交增值税（进项税额）”账户，按实际结算的金额和结算方式贷记“银行存款”或“应付账款”“应付票据”等账户。

【例3－17】A公司为增值税一般纳税人，对甲材料采用计划成本法核算，甲材料计划单价是9.80元。2×20年5月发生购买甲材料业务如下。

①3 日，购入甲材料，取得的增值税专用发票上注明：购入数量 10 000 千克，价款 100 000 元，增值税进项税额 13 000 元。全部款项已通过银行转账支付，材料已验收入库。A 公司的账务处理如下：

借：材料采购——甲材料　　100 000
　　应交税费——应交增值税（进项税额）　　13 000
　　贷：银行存款　　113 000

②10 日，购入甲材料，取得的增值税专用发票上注明：购入数量 5 000 千克，价款为 48 000 元，增值税进项税额 6 240 元。公司开出一张面值为 54 240 元、期限为 3 个月的商业汇票，材料已验收入库。A 公司的账务处理如下：

借：材料采购——甲材料　　48 000
　　应交税费——应交增值税（进项税额）　　6 240
　　贷：应付票据　　54 240

③18 日，购入甲材料，取得的增值税专用发票上注明：购入数量 4 000 千克，价款为 39 600 元，增值税进项税额 5 148 元。全部款项已用银行存款支付。材料尚未验收入库。A 公司的账务处理如下：

借：材料采购——甲材料　　39 600
　　应交税费——应交增值税（进项税额）　　5 148
　　贷：银行存款　　44 748

④31 日，汇总本月已购进并入库的甲材料计划成本，同时进行相应的账务处理。

入库甲材料的实际总成本 = 100 000 + 48 000 = 148 000（元）

入库甲材料的计划总成本 = 9.80 ×（10 000 + 5 000）= 147 000（元）

材料成本差异 = 148 000 − 147 000 = 1 000（元）

A 公司的财务处理如下：

借：原材料——甲材料　　147 000
　　材料成本差异　　1 000
　　贷：材料采购——甲材料　　148 000

2. 发出原材料的账务处理。企业平时发出材料时，应按发出材料的计划成本和用途，借记“生产成本”“制造费用”“管理费用”等账户，贷记“原材料”账户。月末，计算本月发出材料应负担的材料成本差异，将发出原材料计划成本调整为实际成本。借记“生产成本”“制造费用”“管理费用”等账户，贷记“材料成本差异”账户（其中，实际成本大于计划成本的超支差异用蓝字登记，实际成本小于计划成本的节约差异用红字登记）。

企业发出材料应负担的成本差异，除委托外部加工发出材料可按期初成本差异率计算外，一般应使用当期的实际差异率，若上月与本月差异相差不大，可按上月差异率计算。计算方法一经确定，不得随意变更。

期末发出原材料应分摊的材料成本差异的计算公式如下：

$$本期材料成本差异率=\frac{期初结存材料的成本差异+本期验收入库材料的成本差异}{期初结存材料的计划成本+本期验收入库材料的计划成本}\times 100\%$$

本期发出材料应负担的成本差异 = 发出材料的计划成本 × 材料成本差异率

发出材料的实际成本 = 发出材料的计划成本 + 发出材料应负担的成本差异

结存材料应负担的成本差异 = 结存材料的计划成本 × 材料成本差异率

结存材料的实际成本 = 结存材料的计划成本 + 结存材料应负担的成本差异

【例 3 – 18】 假定 A 公司 5 月初"原材料——甲材料"账户借方余额是 20 000元，"材料成本差异"账户贷方余额是 200 元。根据上列资料，本月验收入库甲材料计划成本 147 000 元，本月材料成本超支差异 1 000 元。按照发出材料凭证汇总表，本月发出材料计划总成本是 128 000 元，其中：生产 M 产品领用 90 000 元，车间一般消耗领用 20 000 元，行政管理部门领用 18 000 元。

A 公司根据上述资料计算如下：

$$本期材料成本差异率=\frac{期初结存材料的成本差异+本期验收入库材料的成本差异}{期初结存材料的计划成本+本期验收入库材料的计划成本}\times 100\%$$

$$=\frac{(-200)\ \ +1\ 000}{20\ 000+147\ 000}\times 100\%\approx 0.479\%\ （超支差异）$$

本月发出材料应负担的成本差异 = 128 000 × 0.479% = 613.12（元）（超支差异）

发出材料的实际成本 = 128 000 + 613.12 = 128 613.12（元）

①根据发出材料的计划成本，会计分录如下：

借：生产成本——基本生产成本（M 产品）　　90 000

　　制造费用　　20 000

　　管理费用　　18 000

　　贷：原材料——甲材料　　128 000

②根据发出材料负担的成本差异金额，会计分录如下：

借：生产成本——基本生产成本（M 产品）　　431.10

　　制造费用　　95.80

　　管理费用　　86.22

　　贷：材料成本差异　　613.12

第三节　库存商品的核算

一、商品性存货概述

商品是指企业为销售或加工后销售而储存的各种库存商品，商品性存货是企业存货的主要内容之一，主要包括库存的外购商品、自制的商品产品、存放在仓库、门市部准备出售的商品、委托其他单位代管代销的商品、陈列展览的商品以及寄存在外库或存放在仓库的商品等。

二、产成品的核算

工业企业的产成品是指企业已经完成全部生产过程并已验收入库合乎标准规格和技术条件，可以按照合同规定条件送交订货单位，或者可以作为商品对外销售的产品。企业接受的外单位来料加工制造的代制品和为外单位加工修理的代修品，在制造和修理完成验收入库后，视同企业的产成品。

（一）账户设置

为了核算企业产成品，应设置“库存商品”账户。该账户属于资产盘存类账户，借方登记已经完成生产过程并已验收入库的或盘盈的产成品的成本，贷方登记发出或盘亏毁损等原因减少的产成品的成本，余额在借方，表示库存产成品的成本。该账户可按产成品品种、规格或型号等进行明细核算。

（二）产成品的计价

企业的产成品一般采用实际成本法进行核算。在这种情况下，产成品的收入、发出和结存在平时可以只记数量不记金额，而在月末时根据产品成本计算单等凭证计算入库产成品的实际成本，并对发出的产成品采用先进先出法、加权平均法或个别计价法等方法确定其实际成本。

产成品种类比较多的企业，也可以采用计划成本法进行核算。在这种情况下，“库存商品”账户反映收入、发出产成品的计划成本，其实际成本与计划成本之间的差异可单独设置“产品成本差异”账户进行核算。月末将产品成本差异在发出与结存产成品之间进行分配，将发出产成品的计划成本调整为实际成本。

【例3-19】A公司采用实际成本法核算产品成本，月末根据产成品入库单及产成品成本计算表编制“产成品入库汇总表”如表3-6所示。

表3-6　　产成品入库汇总表

2×19年5月

产品名称	计量单位	数量	单位成本（元）	总成本（元）
M产品	件	1 000	20	20 000
N产品	台	500	100	50 000
合　计	—	—	—	70 000

A公司根据表3-6进行的账务处理如下：

借：库存商品——M产品　　　　20 000

——N产品　　50 000

贷：生产成本——基本生产成本（M产品）　　20 000

——基本生产成本（N产品）　　50 000

三、库存商品的核算

商品流通企业的库存商品主要是指外购或委托加工完成验收入库用于销售的各种商品。

商品流通企业的商品一般用“库存商品”账户核算。在实务中，批发商品库存的核算一般采用数量、金额双重核算的方法；零售商品库存的核算一般采用金额核算方法。衡量商品价值量的指标有两个：一是商品的进价；二是商品的售价。因此，商品的核算方法可以分为四种具体方法：数量进价金额核算法、数量售价金额核算法、进价金额核算法和售价金额核算法。

（一）数量进价金额核算法

数量进价金额核算法，也称为数量成本金额核算法，是指同时以数量和进价金额反映商品增减变动及结存情况的方法。主要内容有：“库存商品”总分类账以商品进价反映商品的增减变动及结存情况；一般按照商品种类、品名、规格及存放地点等设置明细分类账，并以数量和进价金额双重反映商品的增减变动及结存情况；设置商品类目账，按商品大类分户，控制明细分类账；根据商品的不同特点，采用不同方法，定期计算和结转已销商品的进价成本。数量进价金额核算法一般使用于从事批发商品经营的大中型企业。

（二）数量售价金额核算法

数量售价金额核算法，是指同时以数量和售价金额反映商品增减变动及结存情况的核算方法。与数量成本金额核算法相比，主要有两点不同。

（1）库存商品总账、二级账及明细账中所记录的商品增减变动及结存金额均以售价反映。

（2）为了将商品售价调整为商品成本，并反映商品售价与成本的差额，需要设置“商品进销差价”调整账户。商品进销差价明细账一般按商品类别设置。

数量售价金额核算法一般适用于会计部门、业务部门及仓库设在同一办公地点，商品进销价格相对稳定的小型批发企业的批发商品及零售企业的贵重商品等。

（三）进价金额核算法

进价金额核算法，是指以成本金额反映商品增减变化及结存情况的核算方法。这种方法又称为“成本记账，盘存计销”核算法。其主要内容包括以下方面。

（1）库存商品明细账按实物负责人（或柜组）设置，库存商品总账及其明细账一律以商品成本记账。

（2）商品销售时，不记录库存商品的减少，在经营过程中除发生重大损失需要按规定相应的账务处理外，平时发生损益、商品等级变化及售价变动等情况，一般也不进行账务处理。

（3）月末通过实地盘点，按当月最后进货的商品单价，计算月末结存商品的成本金额，再采用倒挤方法计算已销售商品的成本，并进行结转。

已销商品成本的计算公式为：

$$\text{本月已销商品成本}=\text{月初结存商品的成本}+\text{本月购进商品的成本}-\text{月末结存商品的成本}$$

成本金额核算法一般适用于零售企业经营的质量易变、价格需要随时调整的鲜（蔬菜、水果等）、活（活鱼、活虾等）商品等。

（四）售价金额核算法

售价金额核算法，又称“拨货计价、实物负责制”，是一种以售价金额记账与实物负责制相结合的核算方法。主要包括以下方面内容。

（1）建立实物负责制。根据岗位负责制的要求，按商品经营的品种和地点，划分为若干柜组，确定实物负责人，对其经营的商品承担全部责任。

（2）售价记账，金额控制。商品的购进、销售及结存一律在“库存商品”总分类账和明细分类账户中按商品售价记账，不记数量。

（3）设置“商品进销差价”账户。用于核算售价金额和进价金额之间的差额，并定期分摊进销差价，计算已销商品和结存商品的进价成本。

（4）建立健全商品的购进、销售、定价、盘点、损耗及差错等管理制度和方法。

售价金额核算法的计算公式为：

$$\text{商品进销差价率（含税）}=\frac{\text{期初库存商品进销差价}+\text{本期购进商品进销差价}}{\text{期初库存商品售价}+\text{本期购进商品售价}}\times 100\%$$

本期已销商品应分摊的进销差价 = 本期商品销售收入 × 进销差价率

本期销售商品成本 = 本期销售收入 − 本期已销售商品应分摊的进销差价

期末结存商品成本 = 期初库存商品成本 + 本期购进商品成本 − 本期销售商品成本

对于从事商业零售业务的企业（如百货商场、超市等），由于经营的商品种类、品质、规格等繁多，而且要求按商品零售价格标价，采用其他成本计算方法比较困难，因而广泛采用这一方法。这种核算方法，优点是可以简化核算手续，减少工作量；缺点是只记金额，不记数量，不能提供数量指标来控制商品进、销、存情况，一旦发生差错，难以查明原因。

第四节　其他存货的核算

一、周转性材料的核算

周转材料是指企业生产和经营中所需要的不符合固定资产标准的物品和用品。如包装物和生产工具及办公家具等低值易耗品。企业的周转材料应当采用一次转销法或五五摊销法进行摊销。

（一）包装物的核算

1. 包装物的概念及其内容。包装物是指为包装本企业商品而储备的各种包装容器，如桶、箱、瓶、坛、袋等。它包括以下四类：生产经营过程中用于包装商品、产品并作为商品、产品组成部分的包装物；随同商品、产品出售而不单独收取价款（以下称不单独计价）的包装物；随同商品、产品出售而单独收取价款（以下称单独计价）的包装物；出租或出借给购买单位使用的包装物。

但是，下列各项在会计上不作为包装物进行核算：一是各种包装材料，如纸、绳、铁丝、铁皮等，这类一次性使用的包装材料，应作为原材料进行核算；二是用于储存和保管产品、材料而不对外出售的包装物，这类包装物应按其价值的大小和使用年限的长短，分别作为固定资产或低值易耗品进行核算；三是单独列作企业商品的自制包装物，这类自制包装物应作为库存商品进行核算。

2. 包装物的计价。企业购入、自制、委托外单位加工完成等验收入库的包装物，应按成本作为包装物的入账价值。发出的包装物，应当采用一次转销法或五五摊销法进行摊销，计入相关资产的成本或当期损益。如果对相关包装物计提了存货跌价准备，还应结转已计提的存货跌价准备，冲减相关资产的成本或当期损益。

一次转销法是企业在领用包装物时将其成本一次全部摊销的方法。该方法会计核算手续简单，但容易造成包装物实际价值和账面价值的不一致，而且各期包装物的领用或报废不均衡，会影响到各期损益。因此，该方法一般适用于价值量较小、使用期限较短且各期领用比较均衡的包装物。

五五摊销法是在领用包装物时摊销其成本的50%，在包装物报废时再摊销其成本的另外50%的方法。采用这种方法避免了一次转销法的缺点。但当企业领用的包装物价值较大、使用时间较长且各期领用包装物不均衡时，会影响各会计期间的损益。所以这种方法一般适用于经常领用且使用较均衡的包装物的摊销。

3. 包装物的账务处理。企业收入、发出包装物的实际成本或计划成本可通过“周转材料”账户核算，也可以单独设置“包装物”账户进行核算，下面以单独设置“包装物”账户为例进行核算说明。

企业购入、自制、委托外单位加工完成等验收入库包装物的核算方法可比照原材料取得的账务处理进行，这里不再赘述。

企业发出包装物的成本，应按发出包装物的不同用途分别进行处理。

（1）生产领用的包装物。生产过程中领用的包装物，用于包装产品，成为产品的组成部分，其实际价值应记入“生产成本”账户，构成产品生产成本的一部分。

【例3-20】 A公司的基本生产车间为包装M1产品领用包装物一批，计划成本为1 000元，材料成本差异率为3%。

A公司的账务处理如下：

该批包装物应负担的材料成本差异=1 000×3%=30（元）

借：生产成本——基本生产成本（M产品） 1 030

  贷：包装物——库存未用包装物 1 000

    材料成本差异——包装物 30

（2）随同商品出售的包装物。企业在销售过程中领用并随同商品出售的包装物，有的单独计价，有的不单独计价，故核算方法不同。

①随同商品出售但不单独计价的包装物。企业在销售过程中领用，随商品出售但不单独计价的包装物成本，应作为企业产品销售费用的一部分，计入当期损益。

【例3-21】 A公司在销售过程中领用一批不单独计价的包装物，用于包装待售产品，其实际成本为2 000元。

A公司的账务处理如下：

借：销售费用 2 000

  贷：包装物——库存未用包装物 2 000

②随同商品出售、单独计价的包装物。企业在销售过程中领用、随商品出售并单独计价的包装物，应作为对外销售处理。其价款应作为其他业务收入入账，发出包装物的成本应记入“其他业务成本”账户。

【例3-22】 A公司在销售过程中领用一批单独计价的包装物，用于包装待售产品，增值税专用发票上注明的包装物价款为5 000元，增值税销项税额为650元，款项已存入银行。该批包装物的实际成本为4 000元。

A公司的账务处理如下：

借：银行存款 5 650

  贷：其他业务收入 5 000

    应交税费——应交增值税（销项税额） 650

同时结转包装物的实际成本：

借：其他业务成本 4 000

  贷：包装物——库存未用包装物 4 000

（3）出租、出借包装物。上述各类包装物都属于一次性包装物，而实际上有许多包装物可以多次重复使用，这类包装物就是通常所说的周转包装物。为了确保其在使用中安全完整，一般采用出租或出借方式向购买方提供。出租包装物时，要求客户支付包装物租金，企业将收取的租金一般作为其他业务收入核算；出借时则不收取租金，只要求客户将包装物如期归还。但无论是出租还是出借包装物，一般都会向客户收取一定金额的押金，作为客户按规定归还包装物的资金保证，收取的押金一般作为企业的其他应付款核算。

出租和出借的包装物可以长期周转使用，但在其使用过程中由于磨损，价值会逐渐丧失，因此，需要采用一次转销法或五五摊销法计算其磨损的价值。

①一次转销法。

【例3－23】 A公司发出包装物48件出租给B公司使用，该批包装物的实际单位成本100元，同时收取租金6 000元，已存入银行，公司采用一次转销法核算发出包装物的成本。

收到租金时：

借：银行存款　　6 000

　　贷：其他业务收入　　6 000

同时摊销包装物价值：

借：其他业务成本　　4 800

　　贷：包装物　　4 800

【例3－24】 A公司发出包装物48件出借给B公司使用，该批包装物的实际单位成本100元。同时收取押金6 000元，已存入银行，公司采用一次转销法核算发出包装物的成本。

收到押金时：

借：银行存款　　6 000

　　贷：其他应付款　　6 000

同时摊销包装物价值：

借：销售费用　　4 800

　　贷：包装物　　4 800

②五五摊销法。采用这种方法，应在“包装物”账户下设置“库存未用包装物”“库存已用包装物”“出租包装物”“出借包装物”“周转使用包装物”“包装物摊销”等明细账户。出租、出借包装物时，借记“包装物——出租（出借）包装物”账户，贷记“包装物——库存未用包装物”账户；同时按出租、出借包装物成本的50%，借记“其他业务成本”或“销售费用”等账户，贷记“包装物——包装物摊销”账户。包装物报废时，将该包装物成本的另外50%摊销，借记“其他业务成本”或“销售费用”等账户，贷记“包装物——包装物摊销”账户；同时注销包装物成本及其已摊销价值，借记“包装物——包装物摊销”账户，贷记“包装物——出租（出借）包装物（或库存已用包装物）”账户。

【例3－25】 A公司发出全新包装物48件出借给B公司使用，该批包装物的实际单位成本为100元。公司采用五五摊销法摊销发出包装物的成本。

发出包装物时：

借：包装物——出借包装物 4 800

贷：包装物——库存未用包装物 4 800

同时摊销其成本的50%：

借：销售费用 2 400

贷：包装物——包装物摊销 2 400

上例中，A公司收回全部出借包装物时：

借：包装物——库存已用包装物 4 800

贷：包装物——出借包装物 4 800

【例3-26】 承〖例3-25〗，48件包装物经多次使用后，认定已不能再使用，报经有关部门批准予以报废，报废时残料作价200元。

借：原材料 200

贷：销售费用 200

同时摊销其成本的另外50%：

借：销售费用 2 400

贷：包装物——包装物摊销 2 400

注销包装物：

借：包装物——包装物摊销 4 800

贷：包装物——库存已用包装物 4 800

企业若采用计划成本法对包装物进行核算，应在月末结转发出包装物应分摊的材料成本差异，其会计处理与原材料的核算基本类似。

（二）低值易耗品的核算

1. 低值易耗品的概念及其内容。低值易耗品是指不符合固定资产条件的各种用具物品，如加工工具、管理用具、玻璃器皿，以及在经营过程中周转使用的包装容器等。这些物资设备在经营过程中可以多次使用，其价值随其磨损程度逐渐转移到有关成本费用中去。就其性质来看，低值易耗品是可以多次使用且不改变原有物质形态的劳动材料，但由于其单位价值较低或使用年限较短，所以一般不将其作为固定资产管理，而是作为存货项目管理。

2. 低值易耗品的计价。企业购入、自制、委托外单位加工完成等入库的低值易耗品，应按成本作为低值易耗品的入账价值。发出的低值易耗品，应当采用一次转销法或五五摊销法进行摊销，计入相关资产的成本或当期损益。如果对相关低值易耗品计提了存货跌价准备，还应结转已计提的存货跌价准备，冲减相关资产的成本或当期损益。

3. 低值易耗品的账务处理。企业收入、发出低值易耗品的实际成本或计划成本可通过“周转材料”账户核算，也可以单独设置“低值易耗品”账户进行核算，下面以单独设置“低值易耗品”账户进行核算说明。

企业购入、自制、委托外单位加工完成等验收入库低值易耗品的核算方法可比照原材料的账务处理进行，这里不再赘述。

低值易耗品同可长期周转使用的包装物一样，在使用过程中由于不断磨损，其价值逐渐减少，因此，需要采用一定的方法计算其损失的价值，常用的方法有一次转销法和五五摊销法。

（1）一次转销法。采用一次转销法时，一般是将领用低值易耗品的账面价值全部作为摊销价值，一次性全部计入有关的成本费用。报废低值易耗品的残料价值作为当月低值易耗品摊销额的减少，冲减有关成本费用。

【例3－27】A公司生产车间本月领用易于破碎的玻璃器皿一批，实际成本5 000元，一次转入成本。

A公司的账务处理如下：

借：制造费用　　5 000

　　贷：低值易耗品　　5 000

（2）五五摊销法。五五摊销法是在领用低值易耗品时摊销其成本的50%，在低值易耗品报废时再摊销其成本的另外50%。采用这种方法，应在“低值易耗品”账户下设置“在库低值易耗品”“在用低值易耗品”“低值易耗品摊销”三个明细账户。领用低值易耗品时，借记“低值易耗品——在用低值易耗品”账户，贷记“低值易耗品——在库低值易耗品”账户；同时按领用低值易耗品的50%，借记“制造费用”“管理费用”等账户，贷记“低值易耗品——低值易耗品摊销”账户。报废时，将该低值易耗品成本的另外50%摊销，借记“制造费用”“管理费用”等账户，贷记“低值易耗品——低值易耗品摊销”账户；同时注销低值易耗品成本及其已摊销价值，借记“低值易耗品——低值易耗品摊销”账户，贷记“低值易耗品——在用低值易耗品”账户。

【例3－28】A公司管理部门领用乙低值易耗品一批，实际成本500元，采用五五摊销法核算。若报废可收回残料价值20元。

领用低值易耗品时：

借：低值易耗品——在用低值易耗品　　500

　　贷：低值易耗品——在库低值易耗品　　500

同时摊销其成本的50%：

借：管理费用　　250

　　贷：低值易耗品——低值易耗品摊销　　250

报废低值易耗品时：

借：原材料　　20

　　贷：管理费用　　20

同时摊销其成本的另外50%：

借：管理费用　　250

　　贷：低值易耗品——低值易耗品摊销　　250

注销低值易耗品：

借：低值易耗品——低值易耗品摊销　　500

　　贷：低值易耗品——在用低值易耗品　　500

企业若采用计划成本法对低值易耗品进行核算，应在月末结转发出低值易耗品应分摊的材料成本差异，其会计处理与原材料的核算基本类似。

二、委托加工物资的核算

委托加工物资指企业提供原料及主要材料，通过支付加工费的方式，委托加工单位按合同要求进一步将其加工为企业所需要的原材料、包装物、低值易耗品等。委托加工物资的所有权仍属于企业，但由加工单位负责保管。

委托加工物资的成本由实际耗用原料的实际成本、加工费用、往返运杂费以及按规定应计入成本的税金等组成。委托加工的应税消费品，对于受托方代收代缴的消费税，委托方应区别不同情况进行处理：如果委托加工的应税消费品收回后直接用于销售的，委托方应将消费税计入委托加工物资的成本之中；如果委托加工的应税消费品收回后用于连续生产应税消费品而不是直接对外销售的，则已纳消费税准予按规定抵扣，将消费税记入“应交税费——应交消费税”账户借方。

为了核算企业委托外单位加工的各种材料的实际成本，一般应单独设置“委托加工物资”账户。该账户属于资产盘存类账户，借方登记发出待加工物资的实际成本、支付加工费用和运杂费等，贷方登记收回的委托加工物资的实际成本，余额在借方反映企业委托外单位加工尚未完成的实际成本。企业应按加工合同和受托加工单位设置明细账，进行明细分类核算。

【例3－29】 A公司根据加工合同，委托外单位加工材料一批，完工并验收入库。发出甲材料的实际成本为50 000元，用银行存款支付加工费及增值税额22 600元（其中增值税税额2 600元），支付运杂费300元。

①发出材料时：

借：委托加工物资　　50 000

　　贷：原材料——甲材料　　50 000

②支付加工费用与增值税、运杂费：

借：委托加工物资　　20 300

　　应交税费——应交增值税（进项税额）　　2 600

　　贷：银行存款　　22 900

③完工收回材料并验收入库：

借：原材料——甲材料　　70 300

　　贷：委托加工物资　　70 300

【例3－30】 假设〖例3－29〗中所加工材料为应纳消费税的产品，受托方代收代缴的消费税额为6 000元，企业完工收回后直接对外销售，其他条件不变。

①发出材料时：

借：委托加工物资	50 000	
贷：原材料——甲材料		50 000

②支付加工费用与增值税、消费税、运杂费：

借：委托加工物资	26 300	
应交税费——应交增值税（进项税额）	2 600	
贷：银行存款		28 900

③完工收回材料并验收入库：

借：原材料	76 300	
贷：委托加工物资		76 300

【例3－31】假设〖例3－29〗中所加工材料为应纳消费税的产品，受托方代收代缴的消费税额为6 000元，企业完工收回后不直接对外销售，而是用于连续生产应税消费品，其他条件不变。

①发出材料时：

借：委托加工物资	50 000	
贷：原材料——甲材料		50 000

②支付加工费用与增值税、消费税、运杂费：

借：委托加工物资	20 300	
应交税费——应交增值税（进项税额）	2 600	
——应交消费税	6 000	
贷：银行存款		28 900

③完工收回材料并验收入库：

借：原材料——甲材料	70 300	
贷：委托加工物资		70 300

第五节　存货核算的其他内容

一、存货的清查

在存货的日常收发与保管过程中，可能会因收发计量不准、保管不善、自然损耗、自然灾害等各种原因造成存货实际结存数额与账面结存数额不符。因此，企业应定期或不定期地进行存货清查，以做到账实相符，保证财产的安全完整。

（一）存货清查的种类

1. 按清查的时间划分。

（1）定期清查，指在规定的时间对存货进行的例行清查，如月度、季度、年度结账前的清查。

(2) 不定期清查，指根据需要进行的临时性清查。

2. 按清查范围划分。

(1) 全面清查，指对各类存货进行全面性的盘点、核对。全面清查一般属于定期清查。

(2) 局部清查，指仅对某一部分存货进行的清查。局部清查一般属于不定期清查。

(二) 存货清查方法

存货清查通常采用实地盘点的方法。某些确实无法实施盘点的存货，如大堆存放的煤炭、沙石等可以采用技术推算法等方法进行清查。

(三) 存货清查的会计处理

1. 账户的设置。企业在财产清查中查明的各项存货的盘盈、盘亏和毁损，应设置“待处理财产损溢——待处理流动资产损溢”账户核算。该账户的借方登记发生的存货盘亏金额和经批准转销的盘盈金额；贷方登记发生的存货盘盈金额和经批准转销的盘亏金额。按照企业会计准则的规定，企业的财产损溢，应查明原因，在期末结账前处理完毕，处理后本账户应无余额。

2. 存货盘盈的核算。对于盘盈的存货，在批准处理以前，一般应按照存货的重置成本，借记相关存货账户，贷记“待处理财产损溢——待处理流动资产损溢”账户，查明原因后，应按不同原因及批准意见分别入账，借记“待处理财产损溢——待处理流动资产损溢”账户，贷记相关账户。

【例3-32】A公司在年末财产清查中，盘盈甲材料一批，按市场价格确定其成本为500元。

①盘盈材料时：

借：原材料——甲材料　　500

　　贷：待处理财产损溢——待处理流动资产损溢　　500

②查明原因，盘盈的材料是由于计量误差造成的，经批准冲减企业的管理费用：

借：待处理财产损溢——待处理流动资产损溢　　500

　　贷：管理费用　　500

3. 存货盘亏和毁损的核算。对于盘亏和毁损的存货，在批准处理以前，一般应按照存货的实际成本（按计划成本核算的，应将计划成本调整为实际成本），借记“待处理财产损溢——待处理流动资产损溢”账户，贷记相关存货账户。对于盘亏和毁损的存货价值中包含的不得从销项增值税中抵扣的增值税进项税额也应同时转出。

查明盘亏和毁损原因后，应按不同原因及批准意见分别入账，借记相关账户，贷记“待处理财产损溢——待处理流动资产损溢”账户。其中，属于收发计量差错、自然损耗造成的定额内盘亏，应作为管理费用列支；属于一般经营性损失的，在扣除残料价值以及保险公司、过失人赔偿后的净损失，经批准也可以作为管理费用列支；属于自然灾害等非正常损失的，扣除可以收回的残料价值以及保险赔偿后的净损失，作为企业的营业外支出处理。

【例3-33】 S公司为增值税一般纳税人。在年末财产清查中，发现短缺甲材料20千克，实际成本为每千克100元。购进该批材料时支付的进项增值税为260元。

①盘亏材料时：

借：待处理财产损溢——待处理流动资产损溢　　2 260

　贷：原材料——甲材料　　2 000

　　　应交税费——应交增值税（进项税额转出）　　260

②经查，盘亏的甲材料中，属于定额内合理损耗的有10千克，经批准计入管理费用；属于非常损失的有10千克，保险公司同意给予赔偿1 000元，其余损失经批准转为营业外支出。

计入管理费用的金额 = 1 000 ×（1 + 13%）= 1 130（元）

借：管理费用　　1 130

　　其他应收款——保险公司　　1 000

　　营业外支出——非常损失　　130

　贷：待处理财产损溢——待处理流动资产损溢　　2 260

二、存货的减值

会计期末，企业运用成本与可变现净值孰低法计量存货时，对于存货成本高于可变现净值的差额，应计提存货跌价准备，并计入当期损益；存货成本低于可变现净值时，则不需要计提存货跌价准备。

1. 计提存货跌价准备的方法。

（1）存货跌价准备应按单个存货项目的成本与可变现净值比较后计提。即将每个存货项目的成本与其可变现净值逐一进行比较，按较低者计量存货，并且按照成本高于可变现净值的差额，计提存货跌价准备。

（2）如果某些存货与具有类似用途并在同一地区生产和销售的存货系列相关，且实际上难以与该存货系列的其他项目区别开来进行估价，可以合并计提跌价准备。

（3）对于数量繁多、单价较低的存货，可以按存货类别计算成本与可变现净值，比较后计提存货跌价准备。

2. 判断存货减值的主要迹象。

（1）存货存在下列情形之一的，通常表明存货的可变现净值低于成本。

①该存货的市场价格持续下跌，并且在可预见的未来无回升的希望。

②企业使用该项原材料生产的产品的成本大于产品的销售价格。

③企业因产品更新换代，原有库存材料已不适应新产品的需要，而该材料的市场价格又低于其账面成本。

④因企业所提供的商品或劳务过时或消费者偏好改变而市场的需求发生变化，导致市场价格逐渐下跌。

⑤其他足以证明该项存货实质上已经发生减值的情形。

（2）存货存在下列情形之一的，通常表明存货的可变现净值为零。

①已霉烂变质的存货。

②已过期且无转让价值的存货。

③生产中已不再需要，并且无使用价值和转让价值的存货。

④其他足以证明已无使用价值和转让价值的存货。

需要注意的是，资产负债表日，同一项存货中一部分有合同价格约定、其他部分不存在合同价格的，应当分别确定其可变现净值，并与其相对应的成本进行比较，分别确定存货跌价准备的计提或转回的金额，由此计提的存货跌价准备不得相互抵销。

3. 存货跌价准备的账务处理。企业应设置“存货跌价准备”账户核算存货的跌价准备，贷方登记计提的存货跌价准备金额，借方登记已提跌价准备的恢复金额或结转金额，期末余额在贷方，反映企业已计提但尚未转销的存货跌价准备。该账户可按存货项目或类别进行明细核算。

资产负债表日，存货发生减值的，按存货可变现净值低于成本的差额，借记“资产减值损失”账户，贷记“存货跌价准备”账户。

若以前减记存货价值的影响因素已经消失，使得已计提跌价准备的存货的价值以后又得以恢复的，则减记的金额应当予以恢复，其减记的跌价准备金额，应以存货跌价准备账户的余额冲减至零为限。企业按恢复金额，借记“存货跌价准备”账户，贷记“资产减值损失”账户。

计提了存货跌价准备的存货，因销售、债务重组、非货币性资产交换等而结转存货成本时，应同时结转与其对应的存货跌价准备，其中，销售结转的存货跌价准备结转至主营业务成本、生产成本或其他业务成本，而债务重组、非货币性资产交换结转存货跌价准备按相关规定处理。

【例3-34】A公司按照成本与可变现净值孰低法对期末存货进行计价。假设2×19年12月31日某库存材料的账面价值为1 000万元，由于市场价格下跌，预计可变现净值为950万元。该批库存材料以前未计提跌价准备。

①A公司的相关账务处理如下：

2×19年12月31日应计提存货跌价准备=1 000-950=50（万元）

借：资产减值损失——存货减值损失　　500 000

　　贷：存货跌价准备　　500 000

②假设2×20年1月31日该批库存材料的预计可变现净值为980万元，则应冲减计提的存货跌价准备为30万元（980-950）。即：

借：存货跌价准备　　300 000

贷：资产减值损失——存货减值损失　　300 000

③假设2×20年3月31日该批库存材料的可变现净值进一步恢复，预计可变现净值为1 020万元。应冲减存货跌价准备40万元（1 020 - 980），但是该批材料原计提的存货跌价准备只有20万元（1 000 - 950 - 30），因此，当期应冲减的存货跌价准备为20万元（即以将对该材料已计提的“存货跌价准备”账户余额冲减至零为限）。即：

借：存货跌价准备　　200 000

　　贷：资产减值损失——存货减值损失　　200 000

思考题

1. 什么是存货？在实际成本计价情况下确定发出存货成本的方法有哪些？
2. 什么是材料成本差异？如何计算材料成本差异率？
3. 在计划成本计价情况下如何进行存货收发的核算？
4. 什么是库存商品？什么是包装物？什么是低值易耗品？
5. 简述存货成本包括的内容。
6. 如何确定存货的可变现净值？

练习题

1. A公司为增值税一般纳税企业，原材料采用实际成本核算。2×20年2月从外地C工厂购进乙材料一批，收到的增值税专用发票上注明材料价款是100 000元，增值税税额是13 000元，价税合计113 000元尚未支付，用银行存款支付运费1 000元，且其增值税进项税额是90元、装卸费300元。材料已运达并验收入库。

要求：根据上述业务编制有关会计分录。

2. 某工业企业为增值税一般纳税企业，原材料采用实际成本核算。2×20年4月购入A材料1 000千克，增值税专用发票上注明的买价为20 000元，增值税税额为2 600元。运输发票注明运费1 000元，该批A材料在运输过程中发生1%的合理消耗，实际验收入库990千克，在入库前发生挑选整理费用300元。上述费用均以银行存款支付。

要求：根据上述业务编制有关会计分录。

3. 某公司为增值税一般纳税企业，原材料采用计划成本核算。2×20年5月购入煤炭500吨，收到的增值税专用发票上注明的买价为每吨1 200元，不含税的价款为600 000元，增值税税额为78 000元，货款尚未支付。另发生运杂费15 000元，途中保险费5 000元，已用银行存款支付。煤炭运抵企业后，验收入库450吨，运输途中因意外事故发生损失50吨。损失部分价税款由保险公司负责赔偿80%，另外20%由企业报损。煤炭每吨计划成本1 250元。

要求：根据上述业务编制有关会计分录。

4. 某批发公司 2×20 年 6 月初结存荣事达洗衣机 2 000 件，平均成本 1 100 元，本月 12 日购进 1 000 件，单位成本 1 000 元；22 日购进 1 500 件，单位成本 1 200 元。本月共销售荣事达洗衣机 2 500 件。该批发公司月末按一次加权平均法计算销售商品成本。

要求：计算该批发公司本期荣事达洗衣机的销售成本和月末库存成本。

5. 某超市采用售价金额核算法核算存货。2×20 年 9 月该超市的期初“库存商品”账户售价总额为 360 000 元（含增值税，下同），“商品进销差价”账户余额为 96 000 元。当月购货成本为 900 000 元，售价总额为 1 250 000 元；当期已销商品含税价格 1 287 000 元。

要求：计算月末存货成本和当月销售成本。

6. 某股份有限公司存货按实际成本核算。2×20 年 10 月行政管理部门领用办公家具一批，实际成本 5 000 元，采用五五摊销法摊销；生产车间领用包装木箱 20 个，单位成本 30 元，用于包装产品。

要求：根据上述业务编制有关会计分录。

7. 2×20 年 12 月 31 日，A 公司有库存硬质合金 100 吨，单位成本 1.25 万元，账面总成本 125 万元，可用于生产 W 产品 50 件，每件 W 产品需耗用硬质合金 2 吨。生产 W 产品每台加工成本 1 万元，估计的销售税费 0.2 万元，A 公司与 B 公司签订了一份不可撤销合同，双方约定第二年 2 月 1 日 A 公司应按每件 3.9 万元提供 W 产品 20 件。此外，目前硬质合金市场价格已下跌为每吨 1 万元，导致同行业 W 产品销售价格也已下降为 3.65 万元。

要求：根据上述业务编制有关会计分录。

第四章　金融资产

【学习要点及目标】

本章主要介绍金融性资产的内涵、确认和计量，以及以摊余成本计量的金融资产、以公允价值计量且其变动计入其他综合收益的金融资产、以公允价值计量且其变动计入当期损益的金融资产的会计处理。通过对本章的学习，要求掌握金融资产初始计量的会计处理、采用实际利率确定金融资产摊余成本的方法，以及各类金融资产后续计量的会计处理。

从中新药业上市公司新金融工具准则应用看金融资产分类

财政部于2017年3月31日修订发布了《企业会计准则第22号——金融工具确认和计量》《企业会计准则第23号——金融资产转移》和《企业会计准则第24号——套期会计》，于2017年5月2日修订发布了《企业会计准则第37号——金融工具列报》，这四个金融工具会计准则，（以下简称金融工具会计准则）要求在境内外同时上市的企业以及在境外上市并采用国际财务报告准则或企业会计准则编制财务报告的企业，自2018年1月1日起施行。该新金融工具会计准则是以“三分类法”（“以摊余成本计量的金融资产”“以公允价值计量且其变动计入其他综合收益的金融资产”“以公允价值计量且其变动计入当期损益的金融资产”）为核心。从上市公司2018年的年报来看，其中天津中新药业集团股份有限公司（600329）发布了《关于执行新修订的相关会计准则的公告》，在它的2018年年报中按照财政部的要求时间开始执行前述会计准则。中新药业的审计机构瑞华会计师事务所表示：这次执行新金融工具准则过程中，经测算，首次执行金融工具会计准则将对公司2018年年报年产生的影响数为1 937.86万元，按照衔接规定，调整期初留存收益及财务报表相关项目，对可比期间信息不予调整，不会对公司财务报告产生重大影响。

中新药业本次执行新金融工具准则，亮点之一是给原“可供出售金融资产”在新准则中的去向指明了方向——即从管理层（或者说是会计师认可）的角度指定为非交易性权益工具，计入其他权益工具投资。新金融工具准则颁布以来，上市公司普遍有这样的担心：原可供出售金融资产账面浮盈带来的其他综合收益，本可在处置时转入当期损益，美化当期净利润，但一旦被划分到以公允价值计量且其变动计入其他综合收益的金融资产（FVTOCI），其作为权益工具，就无法再影响损益了。相信很多企业私下在征询审计机构建议，是否可以考虑划分至以公允价值计量且其变动计入当期损益的金融资产（FVTPL），作为类似交易性金融资产项目处理。但起码我们看到由瑞华会计师事务所担任审计师的中新药业，在本次新准则执行中，坚定地将原可供出售金融资产核算的股权投资，指定为以公允价值计量且其变动计入其他综合收益的金融资产（FVTOCI）。

虽然我们都知道“业务模式+合同现金流量特征”是三分类判断的核心依据，但在新准则颁布后，下面的问题困惑了大部分财务与审计从业人员。

请思考以下问题：

1. 金融资产重分类的依据是什么？

2. 金融资产后续计量方式的转换对企业财务数据有何影响？

（资料来源：天津中新药业集团股份有限公司 2018 年度年度报告）

第一节　金融资产概述

一、金融资产的定义

金融资产，是指企业持有的现金、其他方的权益工具以及符合下列条件之一的资产。

1. 从其他地方收取现金或其他金融资产的合同权利。例如，企业的银行存款、应收账款、应收票据和贷款等均属于金融资产。

2. 在潜在有利条件下，与其他方交换金融资产的合同权利。例如，企业持有的看涨期权或看跌期权等。

3. 将来须用或可用企业自身权益工具进行结算的非衍生工具合同，且企业根据该合同将收到可变数量的自身权益工具。

4. 将来须用或可用企业自身权益工具进行结算的衍生工具合同，但以固定数量的自身权益工具交换固定金额的现金或其他金融资产的衍生工具合同除外。其中，企业自身权益工具不包括应当按照《企业会计准则第 37 号——金融工具列报》分类为权益工具的可回售工具或发行方仅在清算时才有义务向另一方按比例交付其净资产的金融工具，也不包括本身就要求在未来收取或交付企业自身权益工具的合同。

二、金融资产的分类

（一）关于企业管理金融资产的业务模式

1. 业务模式评估。企业管理金融资产的业务模式，是指企业如何管理其金融资产以产生现金流量。业务模式决定企业所管理金融资产现金流量的来源是收取合同现金流量、出售金融资产还是两者兼有。例如，企业持有一组以收取合同现金流量为目标的投资组合，同时还持有另一组既以收取合同现金流量为目标又以出售该金融资产为目标的投资组合。企业管理金融资产的业务模式，应当以企业关键管理人员决定的对金融资产进行管理的特定业务目标为基础确定，应当以客观事实为依据，不得以按照合理预期不会发生的情形为基础确定。

2. 以收取合同现金流量为目标的业务模式。在以收取合同现金流量为目标的业务模式下，企业管理金融资产旨在通过在金融资产存续期内收取合同付款来实现现金流量，而不是通过持有并出售金融资产产生整体回报。即使企业在金融资产的信用风险增加时为减少信用损失而将其出售，金融资产的业务模式仍然可能是以收取合同金流量为目标的业务模式。如果企业能够解释出售的原因并且证明出售并不反映业务模式的改变，出售频率或者出售价值在特定时期内增加不一定与以收取合同现金流量为目标的业务模式相矛盾。

【例4-1】甲企业购买了一个贷款组合，且该组合中有包含已发生信用减值的贷款。如果贷款不能按时偿付，甲企业将通过各类方式尽可能实现合同现金流量，例如通过邮件、电话或其他方法与借款人联系催收。同时，甲企业签订了一项利率互换合同，将贷款组合的利率由浮动利率转换为固定利率。

本例中，甲企业管理该贷款组合的业务模式是以收取合同现金流量为目标。即使甲企业预期无法收取全部合同现金流量（部分贷款已发生信用减值），但并不影响其业务模式。此外，该公司签订利率互换合同也不影响贷款组合的业务模式。

3. 以收取合同现金流量和出售金融资产为目标的业务模式。在以收取合同现金流量和出售金融资产为目标的业务模式下，企业的关键管理人员认为收取合同现金流量和出售金融资产对于实现其管理目标而言都是不可或缺的。例如，企业的目标是管理日常流动性需求同时维持特定的收益率，或将金融资产的存续期与相关负债的存续期进行匹配。

【例4-2】甲银行持有金融资产组合以满足其每日流动性需求。甲银行为了降低其管理流动性需求的成本，高度关注该金融资产组合的回报。包括收取的合同付款和出售金融资产的利得或损失。

本例中，甲银行管理该金融资产组合的业务模式以收取合同现金流量和出售金融资产为目标。

4. 其他业务模式。如果企业管理金融资产的业务模式，不是以收取合同现金流量为目标，也不是既以收取合同现金流量又出售金融资产来实现其目标，该金融资产应当分类为以公允价值计量且其变动计入当期损益的金融资产。

（二）关于企业管理金融资产的合同现金流量特征

金融资产的合同现金流量特征，是指金融工具合同约定的、反映相关金融资产经济特征的现金流量属性，企业分类为以摊余成本计量的金融资产和以公允价值计量且其变动计入其他综合收益的金融资产，其合同现金流量特征应当与基本借贷安排相一致。即相关金融资产在特定日期产生的合同现金流量仅为对本金和以未偿付本金金额为基础的利息的支付（本金加利息的合同现金流量的特征）。

本金是指金融资产在初始确认时的公允价值，本金金额可能因提前还款等原因在金融资产的存续期内发生变动；利息包括对货币时间价值、与特定时期未偿付本金金额相关的信用风险以及其他基本借贷风险、成本和利润的对价。

（三）金融资产的具体分类

金融资产的分类是确认和计量的基础。企业应当根据其管理金融资产的业务模式和金融资产的合同现金流量特征，对金融资产进行合理的分类。金融资产一般划分为以下三类：

（1）以摊余成本计量的金融资产；

（2）以公允价值计量且其变动计入其他综合收益的金融资产；

（3）以公允价值计量且其变动计入当期损益的金融资产。

上述分类一经确定，不得随意变更。

1. 以摊余成本计量的金融资产（债权投资）。金融资产同时符合以下条件的，应当分类为以摊余成本计量的金融资产。

（1）企业管理该金融资产的业务模式是以收取合同现金流量为目标。

（2）该金融资产的合同条款规定，在特定日期产生的现金流量，仅为对本金和以未偿付本金金额为基础的利息的支付。

例如，银行向企业客户发放的固定利率贷款，在没有其他特殊安排的情况下，贷款通常符合本金加利息的合同现金流量特征。如果银行管理该贷款的业务模式是以收取合同现金流量为目标，则该贷款可以分类为以摊余成本计量的金融资产。又如，企业正常商业往来形成的具有一定信用期限的应收账款，如果企业拟根据应收账款的合同现金流量收取现金，且不打算提前处置应收账款，则该应收账款可以分类为以摊余成本计量的金融资产。

企业一般应当设置“贷款”“债权投资”等账户核算分类为以摊余成本计量的金融资产。

2. 以公允价值计量且其变动计入其他综合收益的金融资产。金融资产同时符合下列条件的，应当分类为以公允价值计量且其变动计入其他综合收益的金融资产。

（1）企业管理该金融资产的业务模式既以收取合同现金流量为目标又以出售该金融资产为目标。

（2）该金融资产的合同条款规定，在特定日期产生的现金流量，仅为对本金和以未偿付本金金额为基础的利息的支付。

例如，甲企业在销售中通常会给予客户一定期间的信用期。为了盘活存量资产，提高资金使用效率，甲企业与银行签订应收账款无追索权保理总协议，银行向甲企业一次性授信 10 亿元人民币，甲企业可以在需要时随时向银行出售应收账款。历史上甲企业频繁向银行出售应收账款，且出售金额重大，上述出售满足终止确认的规定。在本例中，应收账款的业务模式符合“既以收取合同现金流量为目标又以出售该金融资产为目标”，且该应收账款符合本金加利息的合同现金流量特征，因此，应当分类为公允价值计量且其变动计入其他综合收益的金融资产。

企业应当设置“其他债权投资”账户核算分类为以公允价值计量且其变动计入其他综合收益的金融资产。

3. 以公允价值计量且其变动计入当期损益的金融资产。按照上述分类为以摊余成本计量的金融资产和以公允价值计量且其变动计入其他综合收益的金融资产之外的金融资产，企业应当将其分类为以公允价值计量且其变动计入当期损益的金融资产。例如，企业持有的下列投资产品通常应当分类为以公允价值计量且其变动计入当期损益的金融资产。

（1）股票。股票的合同现金流量源自收取被投资企业未来股利分配以及其清算时获得剩余收益的权利。由于该股利及获得剩余收益的权利均不符合本章关于本金和利息的定义，因此，股票不符合本金加利息的合同现金流量特征。在不考虑指定的情况下，企业持有的股票应当分类为以公允价值计量且其变动计入当期损益的金融资产。

（2）基金。常见的股票型基金、债券型基金、货币基金或混合基金，一般情况下不符合本金加利息的合同现金流量特征。企业持有的基金份额通常应当分类为以公允价值计量且其变动计入当期损益的金融资产。

（3）可转换债券。可转换债券除按一般债券类投资的特性到期收回本金、获取约定利息或收益外，还嵌入了一项转股权。通过嵌入衍生工具，企业获得的收益在基本借贷安排的基础上，会产生基于其他因素变动的不确定性。可转换债券作为一个整体进行评估，由于其不符合本金加利息的合同现金流量特征，企业持有的可转换债券投资应当分类为以公允价值计量且其变动计入当期损益的金融资产。

此外，在初始确认时，如果能够消除或显著减少会计错配，企业可以将金融资产指定为以公允价值计量且其变动计入当期损益的金融资产。该指定一经作出，不得撤销。

企业应当设置“交易性金融资产”账户核算以公允价值计量且其变动计入当期损益的金融资产。企业持有的直接指定为以公允价值计量且其变动计入当期损益的金融资产，也在本账户核算。

（四）金融资产分类的特殊规定

权益工具投资的合同现金流量评估一般不符合基本借贷安排，因此，只能分类为以公允价值计量且其变动计入当期损益的金融资产。然而，在初始确认时，企业可以将非交易性权益工具投资指定为以公允价值计量且其变动计入其他综合收益的金融资产，并按规定确认股利收入。该指定一经做出，不得撤销。企业投资其他上市公司股票或者非上市公司股权的，都可能属于这种情形。

金融资产满足下列条件之一的，表明企业持有该金融资产的目的是交易性的。

1. 取得相关金融资产的目的主要是近期出售或回购。例如，企业以赚取差价为目的从二级市场购入的股票、债券和基金等。

2. 相关金融资产在初始确认时属于集中管理的可辨认金融资产组合的一部分，且有客观证据表明近期实际存在短期获利模式。在这种情况下，即使组合中有某个组成项目持有的期限稍长也不受影响。

3. 相关金融资产属于衍生工具，但符合财务担保合同定义的衍生工具以及被指定为有效套期工具的衍生工具除外。例如，未作为套期工具的利率互换或外汇期权。

只有不符合上述条件的非交易性权益工具投资才可以进行该指定。

需要注意的是，初始确认时，企业可基于单项非交易性权益工具投资，将其指定为以公允价值计量且其变动计入其他综合收益的金融资产，其公允价值的后续变动计入其他综合收益，不需计提减值准备。除了获得的股利（明确代表投资成本部分收回的股利除外）计入当期损益外，其他相关的利得和损失（包括汇兑损益）均应当计入其他综合收益，且后续不得转入当期损益。当金融资产终止确认时，之前计入其他综合收益的累计利得或损失应当从其他综合收益中转出，计入留存收益。

与此同时，企业在非同一控制下的企业合并中确认的或有对价构成金融资产的，该金融资产应当分类为以公允价值计量且其变动计入当期损益的金融资产，不得指定为以公允价值计量且其变动计入其他综合收益的金融资产。

金融资产分类与计量决策树见图 4 -1。

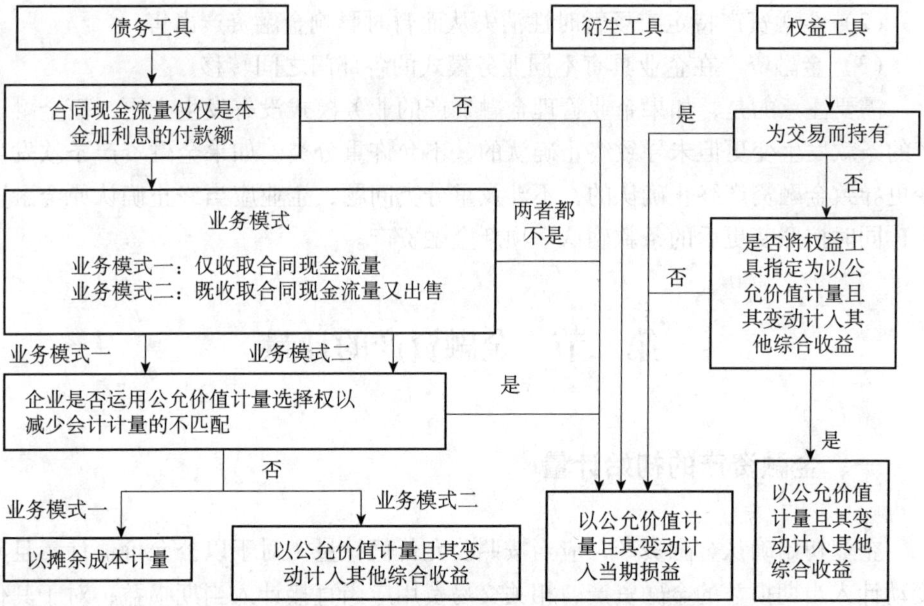

图 4 -1　金融资产分类与计量决策树

（五）不同类金融资产之间的重分类

企业改变其管理金融资产的业务模式时，应当按照本章相关内容对所有受影响的相关金融资产进行重分类。企业对金融资产进行重分类，应当自重分类日起采用未来适用法进行相关会计处理，不得对以前已经确认的利得、损失（包括减值损失或利得）或利息进行追溯调整。重分类日是指导致企业对金融资产进行重分类的业务模式发生变更后的首个报告期间的第一天。例如，甲上市公司决定于2×19年3月22日改变其管理某金融资产的业务模式，则重分类日为2×19年4月1日（即下一个季度会计期间的期初）；乙上市公司决定于2×19年10月15日改变其管理某金融资产的业务模式，则重分类日为2×20年1月1日。

企业管理金融资产业务模式的变更是一种极其少见的情形。该变更源自外部或内部的变化，必须由企业的高级管理层进行决策，且其必须对企业的经营非常重要，并能够向外部各方证实。因此，只有当企业开始或终止某项对其经营影响重大的活动时（例如企业收购、处置或终止某一业务线时），其管理金融资产的业务模式才会发生变更。例如，某银行决定终止其零售抵押贷款业务，该业务线不再接受新业务，并且该银行正在积极寻求出售其抵押贷款组合，则该银行管理其零售抵押贷款的业务模式发生了变更。

但是，以下情形不属于业务模式变更。

（1）企业持有特定金融资产的意图改变。企业即使在市场状况发生重大变化的情况下改变对特定资产的持有意图，也不属于业务模式变更。

（2）金融资产特定市场暂时性消失从而暂时影响金融资产出售。

（3）金融资产在企业具有不同业务模式的各部门之间转移。

需要注意的是，如果企业管理金融资产的业务模式没有发生变更，而金融资产的条款发生变更但未导致终止确认的，不允许重分类。如果金融资产条款发生变更导致金融资产终止确认的，不涉及重分类问题，企业应当终止确认原金融资产，同时按照变更后的条款确认一项新金融资产。

第二节　金融资产的计量

一、金融资产的初始计量

企业初始确认金融资产，应当按照公允价值计量。对于以公允价值计量且其变动计入当期损益的金融资产，相关交易费用应当直接计入当期损益；对于其他类别的金融资产，相关交易费用应当计入初始确认金额。其中，金融资产的公允价值应当以市场交易价格为基础确定。但是企业初始确认的应收账款未包含《企业会计准则第 14 号——收入》（2017）所定义的重大融资成分或根据《企业会计准则第 14 号——收入》（2017）规定不考虑不超过一年的合同中的融资成分的，应当按照该准则定义的交易价格进行初始计量。

交易费用，是指可直接归属于购买、发行或处置金融工具的增量费用。增量费用是指企业没有发生购买、发行或处置相关金融工具的情形就不会发生的费用，包括支付给代理机构、咨询机构、券商、证券交易所、政府有关部门等的手续费、佣金、相关税费以及其他必要支出，不包括债券溢价、折价、融资费用、内部管理成本和持有成本等与交易不直接相关的费用。

企业取得金融资产所支付的价款中包含的已宣告但尚未发放的利息或现金股利，应当单独确认为应收项目处理。

二、实际利率法及摊余成本

1. 实际利率法。实际利率法，是指计算金融资产的摊余成本以及将利息收入或利息费用分摊计入各会计期间的方法。

实际利率，是指将金融资产在预计存续期的估计未来现金流量折现为该金融资产账面余额（不考虑减值）所使用的利率。确定实际利率时，应当在考虑金融资产所有合同条款（如提前还款、展期、看涨期权或其他类似期权等）的基础上估计预期现金流量，但不应当考虑预期信用损失。

经信用调整的实际利率，是指将购入或源生的已发生信用减值的金融资产在预计存续期的估计未来现金流量折现为该金融资产摊余成本的利率。

合同各方之间支付或收取的、属于实际利率组成部分的各项费用、交易费用以及溢价或折价等，应当在确定实际利率时予以考虑。

2. 摊余成本。金融资产的摊余成本，应当以该金融资产的初始确认金额经下列调整后的结果确定：

（1）扣除已偿还的本金；

（2）加上或减去采用实际利率法将该初始确认金额与到期日金额之间的差额进行摊销形成的累计摊销额；

（3）扣除计提的累积信用减值准备。

企业与交易对手方修改或重新议定合同，未导致金融资产终止确认，但导致合同现金流量发生变化的，或者企业修正了对合同现金流量估计的，应当重新计算该金融资产的账面余额，并将相关利得或损失计入当期损益。重新计算的该金融资产的账面余额，应当根据将重新议定或修改的合同现金流量按金融资产的原实际利率（或者购买或源生的已发生信用减值的金融资产应按经信用调整的实际利率）折现的现值确定。对于修改或重新议定合同所产生的所有成本或费用，企业应当调整修改后的金融资产账面价值并在修改后金融资产的剩余期限内摊销。

三、金融资产的后续计量

（一）金融资产后续计量的原则

金融资产的后续计量与金融资产的分类密切相关。企业应当对不同类别的金融资产，分别以摊余成本、以公允价值计量且其变动计入其他综合收益或以公允价值计量且其变动计入当期损益进行后续计量。

企业在对金融资产进行后续计量时，需要注意的是，如果一项金融工具以前被确认为一项金融资产并以公允价值计量，而现在它的公允价值低于零，企业应将其确认为一项负债。但对于主合同为资产的混合合同，即使整体公允价值可能低于零，企业应当始终将混合合同整体作为一项金融资产进行分类和计量。

（二）以摊余成本计量的金融资产的会计处理

以摊余成本计量的金融资产的会计处理，主要包括该金融资产的实际利率计算、摊余成本的确定、持有期间的收益确认等。以摊余成本计量的金融资产所产生的利得或损失，应当在终止确认、按照规定重分类、按照实际利率法摊销或确认减值时，计入当期损益。

企业应当设置“债权投资”账户，核算以摊余成本计量的金融资产，并按照债权投资的类别品种，分别“成本”“利息调整”“应计利息”等进行明细核算。以摊余成本计量的金融资产相关账务处理如下。

1. 企业取得的以摊余成本计量的金融资产（债权投资），应按该投资的面值，借记“债权投资——成本”账户（面值）；按支付的价款中包含的已宣告但尚未领取的利息，借记“应收利息”账户（实际支付的款项中包含的已宣告但尚未领取的利息）；按实际支付的金额，贷记“银行存款”等账户，按其差额，借记或贷记“债权投资——利息调整”账户。

2. 资产负债表日，以摊余成本计量的金融资产（债权投资）分为分期付息、一次还本债券投资的，应按票面利率计算确定的应收未收利息，借记“应收利息”账户；按该金融资产期初账面余额或期初摊余成本乘以实际利率或经信用调整的实际利率计算确定的利息收入，贷记“投资收益”账户，按其差额，借记或贷记“债权投资——利息调整”账户。

以摊余成本计量的金融资产（债权投资）为一次还本付息债券投资的，应按票面利率计算确定的应收未收利息，借记“债权投资——应付利息”账户；按该金融资产期初账面余额或期初摊余成本乘以实际利率或经信用调整的实际利率计算确定的利息收入，贷记“投资收益”账户；按其差额，借记或贷记“债权投资——利息调整”账户。

3. 出售以摊余成本计量的债权投资，应按实际收到的金额，借记“银行存款”等账户；按其账面余额，贷记“债权投资——成本、应计利息”账户，贷记或借记“债权投资——利息调整”账户；按其差额，贷记或借记“投资收益”账户。已计提信用减值准备的，还应同时结转信用减值准备，借记“债权投资减值准备”账户。

企业持有的以摊余成本计量的应收款项、贷款等的账务处理原则，与债权投资大致相同，企业可使用“应收账款”“贷款”等账户进行核算。

【例4-3】 2×18年1月1日，甲公司支付价款1000万元（含交易费用）从公开市场购入乙公司同日发行的5年期公司债券12 500份，债券票面价值总额为1 250万元，票面年利率为4.72%，于年末支付年度债券利息（即每年利息为59万元），本金在债券到期时一次性偿还。合同规定，该债券的发行方在遇到特定情况时可以将债券赎回，且不需要为提前赎回支付额外款项。甲公司在购买该债券时，预计发行方不会提前赎回。甲公司根据其管理该债券的业务模式和该债券的合同现金流量特征，将该债券分类为以摊余成本计量的金融资产。

假定不考虑所得税、减值损失等因素，计算该债券的实际利率r：

$59\times(1+r)^{-1}+59\times(1+r)^{-2}+59\times(1+r)^{-3}+59\times(1+r)^{-4}+(59+1\,250)\times(1+r)^{-5}=1000$（万元）

采用插值法，计算得出r=10%。

情形1：

根据表4-1中的数据，甲公司的有关账务处理如下。

表4-1　　基础数据表　　单位：万元

年份	期初摊余成本（A）	实际利息收入（B=A×10%）	现金流入（C）	期末摊余成本（D=A+B-C）
2×18	1 000	100	59	1 041
2×19	1 041	104	59	1 086
2×20	1 086	109	59	1 136
2×21	1 136	114	59	1 191
2×22	1 191	118*	1 309	0

注：*尾数调整1 250+59-1191=118（万元）。

①2×18年1月1日，购入乙公司债券时：

借：债权投资——成本　　12 500 000

　贷：银行存款　　10 000 000

　　债权投资——利息调整　　2 500 000

②2×18年12月31日，确认乙公司债券实际利息收入、收到债券利息时：

借：应收利息　　590 000

　债权投资——利息调整　　410 000

　贷：投资收益　　1 000 000

借：银行存款　　590 000

　贷：应收利息　　590 000

③2×19年12月31日，确认乙公司债券实际利息收入、收到债券利息时：

借：应收利息　590 000
　　债权投资——利息调整　450 000
　　贷：投资收益　1 040 000
借：银行存款　590 000
　　贷：应收利息　590 000

④2×20 年 12 月 31 日，确认乙公司债券实际利息收入、收到债券利息时：

借：应收利息　590 000
　　债权投资——利息调整　500 000
　　贷：投资收益　1 090 000
借：银行存款　590 000
　　贷：应收利息　590 000

⑤2×21 年 12 月 31 日，确认乙公司债券实际利息收入、收到债券利息时：

借：应收利息　590 000
　　债权投资——利息调整　550 000
　　贷：投资收益　1 140 000
借：银行存款　590 000
　　贷：应收利息　590 000

⑥2×22 年 12 月 31 日，确认乙公司债券实际利息收入、收到债券利息和本金时：

借：应收利息　590 000
　　债权投资——利息调整　590 000
　　贷：投资收益　1 180 000
借：银行存款　590 000
　　贷：应收利息　590 000
借：银行存款　1 250 000
　　贷：债券投资——成本　1 250 000

情形 2：

假定在 2×20 年 1 月 1 日甲公司预计本金的 1/2（即 625 万元）将会在该年末收回，而其余的 1/2 本金将于 2×22 年末付清。则甲公司应当调整 2×20 年初的摊余成本，计入当期损益；调整时采用最初确定的实际利率。据此，调整上述表中相关数据后如表 4－2 所示。

表 4－2　调整后的基础数据表　单位：万元

年份	期初摊余成本（A）	实际利息收入（B＝A×10%）	现金流入（C）	期末摊余成本（D＝A＋B－C）
2×18 年	1 000	100	59	1 041
2×19 年	1 041	104	59	1 086
2×20 年	1 139*	114	684	569

续表

年份	期初摊余成本（A）	实际利息收入（B = A×10%）	现金流入（C）	期末摊余成本（D = A + B − C）
2×21 年	569	57	30 **	596
2×22 年	596	59 ***	655	0

注：* （625 +59）×（1 + 10%）$^{-1}$ + 30 ×（1 + 10%）$^{-2}$ +（625 + 30）×（1 + 10%）$^{-3}$ = 1 139（万元）（四舍五入）；

** 625 ×4.72% =30（万元）（四舍五入）；

*** 625 +30 − 596 = 59（万元）（尾数调整）。

根据上述调整，甲公司的账务处理如下（金额单位：元）。

2018 年、2019 年的账务处理与情形一相同。

①2×20 年 1 月 1 日，调整期初账面余额：

借：债权投资——利息调整　530 000

　贷：投资收益　530 000

②2×20 年 12 月 31 日，确认实际利息、收回本金等：

借：应收利息　590 000

　债权投资——利息调整　550 000

　贷：投资收益　1 140 000

借：银行存款　590 000

　贷：应收利息　590 000

借：银行存款　6 250 000

　贷：债权投资——成本　6 250 000

③2×21 年 12 月 31 日，确认实际利息等：

借：应收利息　300 000

　债权投资——利息调整　270 000

　贷：投资收益　570 000

借：银行存款　300 000

　贷：应收利息　300 000

④2×22 年 12 月 31 日，确认实际利息、收回本金等：

借：应收利息　300 000

　债权投资——利息调整（2 500 000 − 410 000 − 450 000 − 530 000 − 550 000 − 270 000）

　290 000

　贷：投资收益　590 000

借：银行存款　300 000

　贷：应收利息　300 000

借：银行存款　6 250 000

　贷：债权投资——成本　6 250 000

（三）以公允价值计量且其变动计入其他综合收益的金融资产的会计处理

以公允价值计量且其变动计入其他综合收益的金融资产的会计处理，均按照公允价值进行后续计量。以公允价值计量且其变动计入其他综合收益的金融资产所产生的利得或损失，除减值损失或利得和汇兑损益外，均应当计入其他综合收益，直至该金融资产终止确认或被重分类。但是，采用实际利率法计算的该金融资产的利息应当计入当期损益。终止确认时，之前计入其他综合收益的累计利得和损失应当从其他综合收益中转出，计入当期损益。

企业应当设置“其他债权投资”账户核算以公允价值计量且其变动计入其他综合收益的金融资产，并按其类别和品种，分别“成本”“利息调整”“应计利息”“公允价值变动”等进行明细核算。其相关的账务处理如下。

1. 企业取得以公允价值计量且其变动计入其他综合收益的金融资产，应按该金融资产投资的面值，借记“其他债权投资——成本”账户，按支付的价款中包含的已宣告但尚未领取的利息，借记“应收利息”账户，按实际支付的金额，贷记“银行存款”等账户，按其差额，借记或贷记“其他债权投资——利息调整”账户。

2. 资产负债表日，以公允价值计量且其变动计入其他综合收益的金融资产，若为分期付息、一次还本债券投资的，应按票面利率计算确定的应收未收利息，借记“应收利息”账户，按债券的期初账面余额或摊余成本乘以实际利率计算确定的利息收入，贷记“投资收益”账户，按其差额，借记或贷记“其他债权投资——利息调整”账户。

以公允价值计量且其变动计入其他综合收益的金融资产，若为一次还本付息债券投资的，应按票面利率计算确定的应收未收利息，借记“其他债权投资——应计利息”账户，按债券的期初账面余额或摊余成本乘以实际利率计算确定的利息收入，贷记“投资收益”账户，按其差额，借记或贷记“其他债权投资——利息调整”账户。

3. 资产负债表日，以公允价值计量且其变动计入其他综合收益的金融资产，若其公允价值高于其账面余额的差额，借记“其他债权投资——公允价值变动”账户，贷记“其他综合收益——其他债权投资公允价值变动”账户；若公允价值低于账面余额的差额，则作相反的会计分录。

确定以公允价值计量且其变动计入其他综合收益的金融资产发生减值的，应按减记的金额，借记“信用减值损失”账户，按从其他综合收益中转出的累计损失金额，贷记“其他综合收益——信用减值准备”账户。

4. 出售以公允价值计量且其变动计入其他综合收益的金融资产，应按实际收到的金额，借记“银行存款”等账户，按其账面余额，贷记“其他债权投资——成本、应计利息”账户，贷记或借记“其他债权投资——公允价值变动、利息调整”账户；按应从其他综合收益中转出的公允价值累计变动额，借记或贷记“其他综合收益——其他债权投资公允价值变动”账户；按应从其他综合收益转出的信用减值准备累计金额，贷记或借记“其他综合收益——信用减值准备”账户，按其差额，贷记或借记“投资收益”账户。

【例4-4】 2×18年1月1日，甲公司支付价款1 000万元（含交易费用）

从公开市场购入乙公司同日发行的5年期公司债券12 500份，债券票面价值总额为1 250万元，票面年利率为4.72%，于年末支付本年度债券利息（即每年利息为59万元），本金在债券到期时一次性偿还。合同约定，该债券的发行方在遇到特定情况时可以将债券赎回，且不需要为提前赎回支付额外款项。甲公司在购买该债券时，预计发行方不会提前赎回，甲公司根据其管理该债券的业务模式和该债券的合同现金流量特征，将该债券分类为以公允价值计量且其变动计入其他综合收益的金融资产。

其他资料如下：

①2×18年12月31日，乙公司债券的公允价值为1 200万元（不含利息）。

②2×19年12月31日，乙公司债券的公允价值为1 300万元（不含利息）。

③2×20年12月31日，乙公司债券的公允价值为1 250万元（不含利息）。

④2×21年12月31日，乙公司债券的公允价值为1 200万元（不含利息）。

⑤2×22年1月20日，通过上海证券交易所出售了乙公司债券12 500份，取得价款1 260万元。

假定不考虑所得税、减值等因素，甲公司有关的账务处理如下。

计算该债券的实际利率r：

$59\times(1+r)^{-1}+59\times(1+r)^{-2}+59\times(1+r)^{-3}+59\times(1+r)^{-4}+(59+1\,250)\times(1+r)^{-5}=1000$（万元）

采用插值法，计算得出r=10%。

具体计算见表4-3。

表4-3 利息收入、摊余成本与公允价值变动计算表 单位：万元

时间	现金流入(A)	实际利息收入(B=期初D×10%)	已收回的本金(C=A-B)	摊余成本余额(D=期初D-C)	公允价值(E)	公允价值变动额(F=E-D-期初G)	公允价值变动累计金额(G=期初G+F)
2×18-01-01				1 000	1 000	0	0
2×18-12-31	59	100	-41	1 041	1 200	159	159
2×19-12-31	59	104	-45	1 086	1 300	55	214
2×20-12-31	59	109	-50	1 136	1 250	-100	114
2×21-12-31	59	113	-54	1 190	1 200	-104	10

①2×18年1月1日，购入乙公司债券时：

借：其他债权投资——成本 12 500 000

　　贷：银行存款 10 000 000

　　　　其他债权投资——利息调整 2 500 000

②2×18年12月31日，确认乙公司债券实际利息收入、公允价值变动、收到债券利息时：

借：应收利息 590 000

　　其他债权投资——利息调整 410 000

贷：投资收益　　1 000 000

借：银行存款　　590 000

贷：应收利息　　590 000

借：其他债权投资——公允价值变动　　1 590 000

贷：其他综合收益——其他债权投资公允价值变动　　1 590 000

③2×19年12月31日，确认乙公司债券实际利息收入、公允价值变动、收到债券利息时：

借：应收利息　　590 000

其他债权投资——利息调整　　450 000

贷：投资收益　　1 040 000

借：银行存款　　590 000

贷：应收利息　　590 000

借：其他债权投资——公允价值变动　　550 000

贷：其他综合收益——其他债权投资公允价值变动　　550 000

④2×20年12月31日，确认乙公司债券实际利息收入、公允价值变动、收到债券利息时：

借：应收利息　　590 000

其他债权投资——利息调整　　500 000

贷：投资收益　　1 090 000

借：银行存款　　590 000

贷：应收利息　　590 000

借：其他综合收益——其他债权投资公允价值变动　　1 000 000

贷：其他债权投资——公允价值变动　　1 000 000

⑤2×21年12月31日，确认乙公司债券实际利息收入、公允价值变动、收到债券利息时：

借：应收利息　　590 000

其他债权投资——利息调整　　540 000

贷：投资收益　　1 130 000

借：银行存款　　590 000

贷：应收利息　　590 000

借：其他综合收益——其他债权投资公允价值变动　　1 040 000

贷：其他债权投资——公允价值变动　　1 040 000

⑥2×22年1月20日，确认出售乙公司债券实现的损益时：

借：银行存款　　12 600 000

其他债权投资——利息调整（2 500 000 - 410 000 - 450 000 - 500 000 - 540 000）　　600 000

贷：其他债权投资——成本　　12 500 000

——公允价值变动　　100 000

投资收益　　600 000

借：其他综合收益——其他债权投资公允价值变动　　100 000

　贷：投资收益　　100 000

（四）以公允价值计量且其变动计入当期损益的金融资产的会计处理

以公允价值计量且其变动计入当期损益的金融资产的会计处理，着重于反映该类金融资产公允价值的变化以及对企业财务状况和经营成果的影响。企业应设置“交易性金融资产”账户核算以公允价值计量且其变动计入当期损益的金融资产，并按其类别和品种分别“成本”“公允价值变动”进行明细核算，其相关的账务处理如下。

1. 企业取得以公允价值计量且其变动计入当期损益的金融资产，按其公允价值，借记“交易性金融资产——成本”账户，按发生的交易费用，借记“投资收益”账户，按已到付息期但尚未领取的利息或已宣告但尚未发放的现金股利，借记“应收利息”或“应收股利”账户，按实际支付的金额，贷记“银行存款”等账户。

2. 以公允价值计量且其变动计入当期损益的金融资产持有期间收到被投资单位发放的现金股利，或在资产负债表日按分期付息、一次还本债券投资的票面利率计算的利息，或上述股利或利息已宣告但未发放，借记“库存现金”“银行存款”“应收股利”“应收利息”等账户，贷记“投资收益”账户。

3. 资产负债表日，以公允价值计量且其变动计入当期损益的金融资产的公允价值高于其账面余额的差额，借记“交易性金融资产——公允价值变动”账户，贷记“公允价值变动损益”账户；若公允价值低于其账面余额的差额，则作相反的会计分录。

4. 出售以公允价值计量且其变动计入当期损益的金融资产，应按实际收到的金额，借记“银行存款”等账户，按该金融资产的账面余额，贷记“交易性金融资产——成本”账户，贷记或借记“交易性金融资产——公允价值变动”等账户，按其差额，贷记或借记“投资收益”账户。

【例4-5】 2×19年1月1日，甲公司从二级市场购入丙公司债券，支付价款合计1 020 000元（含已宣告但尚未领取的利息20 000元），另发生交易费用20 000元。该债券面值1 000 000元，剩余期限为2年，票面年利率为4%，每半年末付息一次，其合同现金流量特征满足仅为对本金和以未偿付本金金额为基础的利息的支付。甲公司根据其管理该债券的业务模式和该债券的合同现金流量特征，将该债券分类为以公允价值计量且其变动计入当期损益的金融资产。其他资料如下：

①2×19年1月5日，收到丙公司债券2×18年下半年利息20 000元。

②2×19年6月30日，丙公司债券的公允价值为1 150 000元（不含利息）。

③2×19年7月5日，收到丙公司债券2×19年上半年利息。

④2×19年12月31日，丙公司债券的公允价值为1 100 000元（不含利

息)。

⑤2×20年1月5日，收到丙公司债券2×19年下半年利息。

⑥2×20年6月20日，通过二级市场出售丙公司债券，取得价款1 180 000元（含1季度利息10 000元）。

假定不考虑其他因素，甲公司账务处理如下。

①2×19年1月1日，从二级市场购入丙公司债券时：

借：交易性金融资产——成本　　1 000 000
　　应收利息　　20 000
　　投资收益　　20 000
　　贷：银行存款　　1 040 000

②2×19年1月5日，收到丙公司债券2×18年下半年利息20 000元时：

借：银行存款　　20 000
　　贷：应收利息　　20 000

③2×19年6月30日，确认丙公司债券公允价值变动和投资收益：

借：交易性金融资产——公允价值变动　　150 000
　　贷：公允价值变动损益　　150 000
借：应收利息　　20 000
　　贷：投资收益　　20 000

④2×19年7月5日，收到丙公司债券2×19年上半年利息时：

借：银行存款　　20 000
　　贷：应收利息　　20 000

⑤2×19年12月31日，确认丙公司债券公允价值变动和投资收益：

借：公允价值变动损益　　50 000
　　贷：交易性金融资产——公允价值变动　　50 000
借：应收利息　　20 000
　　贷：投资收益　　20 000

⑥2×20年1月5日，收到丙公司债券2×19年下半年利息时：

借：银行存款　　20 000
　　贷：应收利息　　20 000

⑦2×20年6月20日，通过二级市场出售丙公司债券：

借：银行存款　　1 180 000
　　贷：交易性金融资产——成本　　1 000 000
　　　　　　　　　　——公允价值变动　　100 000
　　　　投资收益　　80 000

（五）指定为以公允价值计量且其变动计入其他综合收益的非交易性权益工具投资的会计处理

指定为以公允价值计量且其变动计入其他综合收益的非交易性权益工具投资

的会计处理，它与分类为以公允价值计量且其变动计入其他综合收益的金融资产的会计处理有相同之处，但也有明显不同。相同之处在于：公允价值的后续变动计入其他综合收益。不同之处在于：指定为以公允价值计量且其变动计入其他综合收益的非交易性权益工具投资不需要计提减值准备，除了获得的股利收入（作为投资成本部分收回的股利收入除外）计入当期损益外，其他相关的利得和损失（包括汇兑损益）均应计入其他综合收益，且后续不得转入损益；当终止确认时，之前计入其他综合收益的累计利得或损失应当从其他综合收益中转出，计入留存收益。

企业应当设置“其他权益工具投资”账户核算持有的指定为以公允价值计量且其变动计入其他综合收益的非交易性权益工具投资，并按其类别和品种分别“成本”“公允价值变动”等进行明细核算。其相关的账务处理如下。

1. 企业取得指定为以公允价值计量且其变动计入其他综合收益的非交易性权益工具投资，应按该投资的公允价值与交易费用之和，借记“其他权益工具投资——成本”账户，按支付的价款中包含的已宣告但尚未发放的现金股利，借记“应收股利”账户，按实际支付的金额，贷记“银行存款”等账户。

2. 资产负债表日，指定为以公允价值计量且其变动计入其他综合收益的非交易性权益工具投资的公允价值高于其账面余额的差额，借记“其他权益工具投资——公允价值变动”账户，贷记“其他综合收益——其他权益工具投资公允价值变动”账户；若公允价值低于其账面余额的差额，则作相反的会计分录。

3. 出售指定为以公允价值计量且其变动计入其他综合收益的非交易性权益工具投资，应按实际收到的金额，借记“银行存款”等账户，按其账面，贷记“其他权益工具投资——成本、公允价值变动”账户，按应从其他综合收益中转出的公允价值累计变动额，借记或贷记“其他综合收益——其他权益工具投资公允价值变动”账户，按其差额，贷记或借记“盈余公积”“利润分配——未分配利润”等账户。

【例4-6】 2×19年5月6日，甲公司支付价款1 016万元（含交易费用1万元和已宣告发放现金股利15万元），购入乙公司发行的股票200万股，占乙公司有表决权股份的0.5%。甲公司将其指定为以公允价值计量且其变动计入其他综合收益的非交易性权益工具投资。其他资料如下：

①2×19年5月10日，甲公司收到乙公司发放的现金股利15万元。

②2×19年6月30日，该股票市价为每股5.2元。

③2×19年12月31日，甲公司仍持有该股票；当日，该股票市价为每股5元。

④2×20年5月9日，乙公司宣告发放股利4 000万元。

⑤2×20年5月13日，甲公司收到乙公司发放的现金股利。

⑥2×20年5月20日，甲公司由于某特殊原因，以每股4.9元的价格将股票全部转让。

假定不考虑其他因素，甲公司的账务处理如下。

①2×19年5月6日，购入股票时：

借：应收股利　　150 000

　　其他权益工具投资——成本　　10 010 000

　　贷：银行存款　　10 160 000

股票单位成本＝10 010 000÷2 000 000＝5.005（元/股）

②2×19年5月10日，收到现金股利时：

借：银行存款　　150 000

　　贷：应收股利　　150 000

③2×19年6月30日，确认股票价格变动：

借：其他权益工具投资——公允价值变动　　390 000

　　贷：其他综合收益——其他权益工具投资公允价值变动　　390 000

④2×19年12月31日，确认股票价格变动：

借：其他综合收益——其他权益工具投资公允价值变动　　400 000

　　贷：其他权益工具投资——公允价值变动　　400 000

⑤2×20年5月9日，确认应收现金股利：

借：应收股利　　200 000

　　贷：投资收益　　200 000

⑥2×20年5月13日，收到现金股利：

借：银行存款　　200 000

　　贷：应收股利　　200 000

⑦2×20年5月20日，出售股票：

借：盈余公积——法定盈余公积　　1 000

　　利润分配——未分配利润　　9 000

　　贷：其他综合收益——其他权益工具投资公允价值变动　　10 000

借：银行存款　　9 800 000

　　其他权益工具投资——公允价值变动　　10 000

　　盈余公积——法定盈余公积　　20 000

　　利润分配——未分配利润　　180 000

　　贷：其他权益工具投资——成本　　10 010 000

（六）金融资产之间重分类的会计处理

1. 以摊余成本计量的金融资产的重分类。

（1）企业将一项以摊余成本计量的金融资产重分类为以公允价值计量且其变动计入当期损益的金融资产的，应当按照该金融资产在重分类日的公允价值进行计量。原账面价值与公允价值之间的差额计入当期损益。

（2）企业将一项以摊余成本计量的金融资产重分类为以公允价值计量且其变动计入其他综合收益的金融资产的，应当按照该金融资产在重分类日的公允价值进行计量。原账面价值与公允价值之间的差额计入其他综合收益。该金融资产重分类不影响其实际利率和预期信用损失的计量。

【例4-7】 2×19年10月15日，甲公司以公允价值500 000元购入一项债券投资，并按规定将其分类为以摊余成本计量的金融资产，该债券的账面余额为500 000元。2×20年10月15日，甲公司变更了其管理债券投资组合的业务模式，其变更符合重分类的要求，因此，甲公司于2×21年1月1日将该债券从以摊余成本计量重分类为公允价值计量且其变动计入当期损益。2×21年1月1日，该债券的公允价值为490 000元，已确认的信用减值准备为6 000元。假定不考虑该债券的利息收入。

甲公司的账务处理如下：

借：交易性金融资产　　490 000
　　债权投资减值准备　　6 000
　　公允价值变动损益　　4 000
　　贷：债权投资　　500 000

【例4-8】 A银行于2×20年1月1日以公允价值500 000元购入一项债券投资组合，将其分类为以摊余成本计量的金融资产。2×21年1月1日，将其重分类为以公允价值计量且其变动计入其他综合收益的金融资产。重分类日，该债券组合的公允价值为490 000元，已确认的损失准备为6 000元（反映了自初始确认后信用风险显著增加，因此，以整个存续期预期信用损失计量）。假定不考虑利息收入的会计处理。

2×21年1月1日，A银行会计处理如下：

借：其他债权投资　　490 000
　　其他综合收益——其他债权投资公允价值变动　　10 000
　　贷：债权投资　　500 000
借：债权投资减值准备　　6 000
　　贷：其他综合收益——信用减值准备　　6 000

2. 以公允价值计量且其变动计入其他综合收益的金融资产的重分类。

（1）企业将一项公允价值计量且其变动计入其他综合收益的金融资产重分类为以摊余成本计量的金融资产的，应当将之前计入其他综合收益的累计利得或损失转出，调整该金融资产在重分类日的公允价值，并以调整后的金额作为新的账面价值，即视同该金融资产一直以摊余成本计量。该金融资产重分类不影响其实际利率和预期信用损失的计量。

（2）企业将一项以公允价值计量且其变动计入其他综合收益的金融资产重分类为以公允价值计量且其变动计入当期损益的金融资产的，应当继续以公允价值计量该金融资产。同时，企业应当将之前计入其他综合收益的累计利得或损失从其他综合收益转入当期损益。

【例4-9】 2×19年9月15日，甲公司以公允价值500 000元购入一项债券投资，并按规定将其分类为以公允价值计量且其变动计入其他综合收益的金融资产，该债券的账面余额为500 000元。2×20年10月15日，甲公司变更了其管理债券投资组合的业务模式，其变更符合重分类的要求，因此，甲公司于2×21年1月1日将该债券从以公允价值计量且其变动计入其他综合收益的金融资产重分类为以摊余成本计量的金融资产。2×21年1月1日，该债券的公允价值为490 000元，已确认的信用减值准备为6 000元。假定不考虑该债券的利息收入。

甲公司的账务处理如下：

借：债权投资　　500 000
　　其他债权投资——公允价值变动　　10 000
　　其他综合收益——信用减值准备　　6 000
　　贷：其他债权投资——成本　　500 000
　　　　其他综合收益——其他债权投资公允价值变动　　10 000
　　　　债权投资减值准备　　6 000

【例4-10】A银行于2×20年1月1日以公允价值500 000元购入一项债券投资组合，将其分类为以公允价值计量且其变动计入其他综合收益的金融资产。2×21年1月1日，将其重分类为以公允价值计量且其变动计入当期损益的金融资产。重分类日，该债券组合的公允价值为490 000元，已确认的损失准备为6 000元（反映了自初始确认后信用风险显著增加，因此以整个存续期预期信用损失计量）。假定不考虑利息收入的会计处理。

2×21年1月1日，A银行会计处理如下：

借：交易性金融资产　　490 000
　　贷：其他债权投资　　490 000
借：投资收益　　4 000
　　其他综合收益——信用减值准备　　6 000
　　贷：其他综合收益——其他债权投资公允价值变动　　10 000

3. 以公允价值计量且其变动计入当期损益的金融资产的重分类。

（1）企业将一项以公允价值计量且其变动计入当期损益的金融资产重分类为以摊余成本计量的金融资产的，应当以其在重分类日的公允价值作为新的账面余额。

【例4-11】A银行于2×20年1月1日以公允价值500 000元购入一项债券投资组合，将其分类为以公允价值计量且其变动计入当期损益的金融资产。2×21年1月1日，将其重分类为以摊余成本计量的金融资产。重分类日，该债券组合的公允价值为490 000元，12个月预期信用损失为4 000元。假定不考虑利息收入的会计处理。

2×21年1月1日，A银行会计处理如下：

借：债权投资　　490 000
　　贷：交易性金融资产　　490 000
借：信用减值损失　　4 000
　　贷：债权投资减值准备　　4 000

（2）企业将一项以公允价值计量且其变动计入当期损益的金融资产重分类

为以公允价值计量且其变动计入其他综合收益的金融资产的，应当继续以公允价值计量该金融资产。

【例4-12】A银行于2×20年1月1日以公允价值500 000元购入一项债券投资组合，将其分类为以公允价值计量且其变动计入当期损益的金融资产。2×21年1月1日，将其重分类为以公允价值计量且其变动计入其他综合收益的金融资产。重分类日，该债券组合的公允价值为490 000元，12个月预期信用损失为4 000元。假定不考虑利息收入的会计处理。

2×21年1月1日，A银行会计处理如下：

借：其他债权投资	490 000	
贷：交易性金融资产		490 000
借：信用减值损失	4 000	
贷：其他综合收益——信用减值准备		4 000

对以公允价值计量且其变动计入当期损益的金融资产进行重分类的，企业应当根据该金融资产在重分类日的公允机制确定其实际利率，同时，企业应当自重分类日起对该金融资产适用金融工具减值的相关规定，并将重分类日视为初始确认日。

第三节 金融资产转移

一、金融资产转移概述

（一）金融资产转移的含义

金融资产（包括单项或一组类似金融资产）转移，是指企业（转出方）将金融资产（或其现金流量）让与或交付给该金融资产发行方之外的另一方（转入方）。例如，企业将持有未到期商业票据向银行贴现，就属于金融资产转移。

（二）金融资产转移的情形

企业金融资产转移，包括下列两种情形。

1. 企业将收取金融资产现金流量的合同权利转移给其他方。这种情形的转移表明该项金融资产发生了转移，通常表现为金融资产的合法出售或金融资产现金流量权利的合法转移。例如，实务中常见的票据背书转让、商业票据贴现等，均属于这一种金融资产转移的情形。在这种情形下，转入方拥有了获取被转移金融资产所有未来现金流量的权利，转出方应进一步判断金融资产风险和报酬转移情况来确定是否应当终止确认被转移金融资产。

2. 企业保留了收取金融资产现金流量的合同权利，并承担了将收取的该现金流量支付给一个或多个最终收款方的合同义务。

这种金融资产转移的情形通常被称为“过手安排”，在某些金融资产转移交易中，转出方在出售金融资产后，会继续作为收款服务方或收款代理人等收取金融资产的现金流量，再转交给转入方或最终收款方。这种金融资产转移情形常见于资产证券化业务。例如，在某些情况下，银行可能负责收取所转移贷款的本金和利息并最终支付给收益权持有者，同时收取相应服务费。

（三）金融资产转移需满足的条件

当企业保留了收取金融资产现金流量的合同权利，但承担了将收取的该现金流量支付给一个或多个最终收款方的合同义务时，当且仅当同时符合以下三个条件时，转出方才能按照金融资产转移的情形进行后续分析及处理，否则，被转移金融资产应予以继续确认。

1. 企业（转出方）只有从该金融资产收到对等的现金流量时，才有义务将其支付给最终收款方。企业提供短期垫付款，但有权全额收回该垫付款并按照市场利率计收利息的，视同满足本条件。

2. 转让合同规定禁止企业出售或抵押该金融资产，但企业可以将其作为向最终收款方支付现金流量义务的保证。

3. 企业有义务将代表最终收款方收取的所有现金流量及时划转给最终收款方，且无重大延误。企业无权将该现金流量进行再投资，但在收款日和最终收款方要求的划转日之间的短暂结算期内，将所收到的现金流量进行现金或现金等价物投资，并且按照合同约定将此类投资的收益支付给最终收款方的，视同满足本条件。

二、金融资产转移的确认和计量

金融资产转移涉及的会计处理，核心是金融资产转移是否符合终止确认条件。

（一）金融资产终止确认的一般原则

金融资产终止确认，是指企业将之前确认的金融资产从其资产负债表予以转出。判断金融资产转移是否符合金融资产终止条件前着重关注两个方面。

1. 金融资产转移的转出方能否对转入方实施控制。如果能够实施控制，则表明转入方是转出方的子公司，从而应纳入转出方的合并财务报表。从合并财务报表的意义上，这种情况下的金融资产转移属于内部交易，不存在终止确认问题。因此，在判断金融资产转移是否符合终止确认条件时，应先判断转入方是否是转出方的子公司。

2. 终止确认适用于金融资产一部分还是金融资产整体。金融资产的一部分满足下列条件之一的，企业应当将终止确认的规定适用于该金融资产部分，除此之外，企业应当将终止确认的规定适用于该金融资产整体。

（1）该金融资产部分仅包括金融资产所产生的特定可辨认现金流量。如企业就某债务工具与转入方签订一项利息剥离合同，合同规定转入方有权获得该债务工具利息现金流量，但无权获取该债务工具本金现金流量，终止确认的规定适用于该债务工具的利息现金流量。

（2）该金融资产部分仅包括与该金融资产所产生的全部现金流量完全成比例的现金流量部分。如企业就某债务工具与转入方签订转让合同，合同规定转入方拥有获得该债务工具全部现金流量一定比例的权利，终止确认的规定适用于该债务工具全部现金流量一定比例的部分。

（3）该金融资产部分仅包括与该金融资产所产生的特定可辨认现金流量完全成比例的现金流量部分。如企业就某债务工具与转入方签订转让合同，合同规定转入方拥有获得该债务工具利息现金流量一定比例的权利，终止确认的规定适用于该债务工具利息现金流量一定比例的部分。

企业发生满足上述（2）或（3）条件的金融资产转移，且存在一个以上转入方的，只要企业转移的份额与金融资产全部现金流量或特定可辨认现金流量完全成比例即可，不要求每个转入方均持有成比例的份额。

（二）金融资产符合终止确认条件的情形

企业收取金融资产现金流量的合同权利终止的，应当终止确认该金融资产。此外，企业已将金融资产所有权上几乎所有的风险和报酬转移给转入方的，也应当终止确认该金融资产。

下列情况就表明已将金融资产所有权上几乎所有风险和报酬转移给了转入方，因而应当终止确认相关金融资产。

（1）企业无条件出售金融资产，如不附任何追索权方式出售金融资产。企业出售金融资产时，如果根据与购买方之间的协议约定，在所出售金融资产的现金流量无法收回时，购买方不能够向企业进行追偿，企业也不承担任何未来损失。此时，企业可以认定几乎所有的风险和报酬已经转移，应当终止确认该金融资产。

（2）企业出售金融资产，同时约定按回购日该金融资产的公允价值回购。

（3）企业出售金融资产，同时与转入方签订看跌期权合同（即转入方有权将该金融资产返售给企业）或看涨期权合同（即转出方有权回购该金融资产），且根据合同条款判断，该看跌期权或看涨期权为一项重大价外期权（即期权合约的条款设计，使金融资产的转入方或转出方极小可能会行权）。

（三）符合终止确认条件时的计量

1. 金融资产整体转移满足终止条件时，相关金融资产转移损益应按如下公式计算：

$$\text{金融资产整体转移损益}=\text{因转移收到的对价}-\text{所转移金融资产的账面价值}+\text{原直接计入其他综合收益的公允价值变动累计利得}$$

（如为累计损失，应为减项）

2. 企业转移了金融资产的一部分，且该被转移部分整体满足终止确认条件的，应当将转移前金融资产整体的账面价值，在终止确认部分和继续确认部分之间，按照转移日各自的相对公允价值进行分摊，并将下列两项金额的差额计入当期损益。

（1）终止确认部分在终止确认日的账面价值。

（2）终止确认部分收到的对价，与原计入其他综合收益的公允价值变动累计额中对应终止确认部分的金额之和。对价包括获得的所有新资产减去承担的所有新负债后的金额。

原计入其他综合收益的公允价值变动累计额中对应终止确认部分的金额，应当按照金融资产终止确认部分和继续确认部分的相对公允价值，对该累计额进行分摊后确定。

思考题

1. 预付账款是否是金融资产？

2. 企业持有的普通债券的合同现金流量是到期收回本金及按约定利率在合同期间按时收取固定或浮动利息的权利，该债券能否分类为以公允价值计量且其变动计入其他综合收益的金融资产。

3. 乙上市公司决定于2×19年10月15日改变某金融资产的业务模式，则重分类日为何时？

4. 如何利用实际利率法确认投资收益和利息调整摊销？

5. 金融资产是如何进行分类的？

6. 金融资产的重分类有什么要求？

7. 金融资产终止确认的一般原则是什么？

练习题

1. 2×19年6月9日甲公司支付价款855万元（含交易费用5万元）购入乙公司股票100万股，占乙公司有表决权股份的1.5%，指定为以公允价值计量且其变动计入其他综合收益的金融资产核算。其他资料如下：

2×19年12月31日，该股票市场价格为每股9元。

2×20年2月5日，乙公司宣告发放现金股利1 000万元。

2×20年8月21日，甲公司以每股8元的价格将乙公司股票全部转让。

要求：编制甲公司与上述经济业务相关的会计分录。

2. 2×19年1月1日甲公司购入面值为2 000万元、票面年利率为5%的A债券，取得时支付价款2 120万元（含已到付息期但尚未领取的利息100万元），另支付交易费用10万元，甲公司根据管理该资产的业务模式将其划分为以公允价值计量且其变动计入当期损益的金融资产。2×19年1月5日，收到购买时价款中所含的利息100万元。2×19年12月31日，A债券的公允价值为2 100万元（不含利息）。2×20年1月5日，收到A债券2×19年度的利息100万元。2×20年4月20日，甲公司出售A债券，售价为2 160万元。不考虑其他因素。

要求：

（1）编制甲公司与上述经济业务相关的会计分录。

（2）计算2×20年4月20日甲公司出售A债券时应确认的处置损益。

3. 甲公司2×19年至2×20年进行了以下投资处理。

（1）2×19年1月1日，购入乙公司于当日发行且可上市交易的债券200万张，支付价款19 000万元，另支付手续费180.24万元。该债券期限为5年，每张面值为100元，票面年利率为6%，于每年12月31日支付当年利息。甲公司管理该金融资产的业务模式是以收取合同现金流量为目标，该金融资产的合同条款规定，在特定日期产生的现金流量，仅为对本金和以未偿付本金金额为基础的利息的支付。

2×19年12月31日，甲公司收到2×19年度利息1 200万元。该金融工具的信用风险自初始确认后显著增加，甲公司按整个存续期确认预期信用损失准备50万元。当日市场年利率为5%。

2×20年12月31日，甲公司收到2×19年度利息1 200万元，甲公司按整个存续期确认预期信用损失准备余额150万元（未实际发生信用减值）。当日市场年利率为6%。

（2）2×19年4月1日，甲公司购买丙公司的股票400万股，共支付价款1 700万元。甲公司取得丙公司股票时将其指定为以公允价值计量且其变动计入其他综合收益的金融资产。

2×19年12月31日，丙公司股票公允价值为每股5元。

2×20年5月31日，甲公司将持有的丙公司股票全部出售，售价为每股6元。

相关年金现值系数如下：

（P/A，5%，5）=4.3295；（P/A，6%，5）=4.2124；（P/A，7%，5）=4.1002；

（P/A，5%，4）=3.5460；（P/A，6%，4）=3.4651；（P/A，7%，4）=3.3872。

相关复利现值系数如下：

（P/F，5%，5）=0.7835；（P/F，6%，5）=0.7473；（P/F，7%，5）=0.7130；

（P/F，5%，4）=0.8227；（P/F，6%，4）=0.7921；（P/F，7%，4）=0.7629。

假定本题利息收入根据金融资产账面余额乘以实际利率确定，甲公司按净利润的10%提取法定盈余公积，不考虑中期财务报告、所得税及其他因素影响。

要求：

（1）判断甲公司取得乙公司债券时应划分的金融资产类别，说明理由，并编制甲公司取得乙公司债券时的会计分录。

（2）计算甲公司2×19年度因持有乙公司债券应确认的利息收入及预期信用损失，并编制相关会计分录。

（3）计算甲公司2×20年度因持有乙公司债券应确认的利息收入及预期信用损失，并编制相关会计分录。

（4）编制甲公司取得、持有及出售丙公司股票的会计分录。

第五章　长期股权投资的核算

【学习要点及目标】

本章主要介绍长期股权投资的会计处理。通过对本章的学习，要求了解长期股权投资的概念及分类；掌握企业合并形成的长期股权投资初始投资成本的确定方法，以非企业合并方式取得的长期股权投资初始投资成本的确定方法，长期股权投资成本法会计处理，长期股权投资权益法会计处理；熟悉和理解长期股权投资处置的会计处理及成本法与权益法的转换。

卖衣不如炒股：雅戈尔变出93亿元的会计“套路”

雅戈尔集团创建于1979年，总部位于东海之滨的浙江省宁波市，是全国纺织服装行业龙头企业。旗下雅戈尔集团股份有限公司于1998年11月19日在上海证券交易所挂牌上市，股票代码：600177；股票简称：雅戈尔。经过42年的发展，雅戈尔集团下设服装控股、服装制造科技、纺织控股、置业控股、康旅控股、金融投资和中基集团七个板块，逐渐转变为纺织服装、地产开发及金融投资三驾“马车”并驾齐驱。从2007年开始，雅戈尔借助“牛市”，在股市中大展拳脚，持有百联股份、中信证券、宁波银行和交通银行等上市公司股票，2007～2015年期间，股权投资收益逐渐成为雅戈尔利润的重要构成部分，所占份额高达39.94%。然而股票市场的动荡性强，股权投资易受市场因素的影响，随着市场行情持续低迷，其业绩出现快速缩水。雅戈尔为维持股价，不得不通过系列会计伎俩操控业绩。就在2018年4月10日，雅戈尔施展了一招定乾坤的“会计戏法”，在上交所官网发布了《关于变更对中国中信股份有限公司会计核算方法的公告》，称自2018年3月29日起对中国中信股份有限公司（以下简称“中信股份”）的会计核算方法由可供出售金融资产变更为长期股权投资，并以权益法确认损益。雅戈尔公司是于2015年通过新股认购和二级市场买入的方式投资中信股份，作为可供出售金融资产核算。截至2018年3月29日，公司持有中信股份145 451 400股，投资成本折合人民币1 636 309.31万元；期末账面值折合人民币1 283 234.80万元；所持股份对应的净资产可辨认公允价值折合人民币2 213 445.64万元，与账面值的差额为930 210.84万元。其本次会计核算方法变更，根据《企业会计准则第2号——长期股权投资》的规定，公司所持中信股份对应的净资产可辨认公允价值与账面价值的差额930 210.84万元，将计入2018年第一季度营业外收入；且公司在持有中信股份期间，将随着中信股份所有者权益的变动相应调整增加或减少对中信股份投资的账面价值，同时确认当期损益、其他综合收益以及资本公积等。

雅戈尔对中信股份的投资从可供出售金融资产“摇身一变”，转变为长期股权投资。受此影响，雅戈尔 2018 年一季度业绩预增公告称，其净利润增加 86.8 亿元，同比增长了 6 倍。雅戈尔仅通过多买 1 000 股股票，实现业绩预计增加约 868 046 万元，同比由接近腰斩的下滑 49.27% 转为暴增 687.95%。

请思考：

1. 雅戈尔通过会计核算方法的转变来创造巨额利润的前提是什么？

2. 业绩影响的可持续性如何？

3. 可供出售金融资产会计处理规则的最新变化，能够抑制雅戈尔的此类行为吗？

（资料来源：上海证券交易所，《雅戈尔集团股份有限公司关于变更对中国中信股份有限公司会计核算方法的公告》，2018－04－10，http：//www.sse.com.cn/disclosure/listedinfo/announcement/c/2018－04－10/600177_ 20180410_ 2.pdf）

第一节　长期股权投资的概述

一、长期股权投资的概念

长期股权投资是指投资方对被投资单位实施控制、重大影响的权益性投资，以及对其合营企业的权益性投资。投资企业作为被投资单位的股东，按所持股份比例享有权益并承担责任。其特点是，投资金额大，投资期限长，投资风险大，能为企业带来较大的利益等。

二、长期股权投资的分类

1. 按投资对象分类。长期股权投资按投资对象不同可分为长期股票投资和其他长期股权投资。

（1）长期股票投资是指企业通过购买其他公司股票，并准备长期持有的投资。因购买股票要通过证券公司等中介机构，所以该种投资也叫间接投资。

（2）其他长期股权投资是企业通过联营、合营及合资等方式，以现金、存货、固定资产和无形资产等进行的权益性投资。该种投资不通过中介机构，所以也叫直接投资。

2. 按对被投资企业的影响程度分类。长期股权投资按对被投资企业的影响程度，可分为三类。

（1）企业持有的能够对被投资单位实施控制的权益性投资，即对子公司投资。

（2）企业持有的能够与其他合营方一同对被投资单位实施共同控制的权益性投资，即对合营企业投资。

（3）企业持有的能够对被投资单位施加重大影响的权益性投资，即对联营企业投资。重大影响是指投资方对被投资单位的财务和生产经营决策有参与决策的权力，但并不能控制或与其他方一起共同控制这些政策的制定。例如，在被投资单位的董事会中派有代表；参与被投资单位财务和经营政策制定过程；与被投资单位之间发生重要交易；向被投资单位派出管理人员；向被投资单位提供关键技术资料。

第二节　长期股权投资的取得

企业长期股权投资的取得方式有两种：一类是形成控股合并的长期股权投资；另一类是未形成控股合并的长期股权投资。

一、长期股权投资的取得方式

1. 形成控股合并的长期股权投资。控股合并是指一家公司通过股权投资取得对另一家公司控制权的行为。形成控股合并的长期股权投资，又分为同一控制下控股合并和非同一控制下控股合并的长期股权投资。

（1）同一控制下的控股合并，是指参与合并的企业在合并前后均受同一方或相同的多方最终控制，而且该控制并非暂时性的。例如A公司为B公司和C公司的母公司，A公司将其持有C公司60%的股权转让给B公司，转让股权后，B公司持有C公司60%的股权，但是B公司和C公司仍由A公司所控制。其中，同一控制下的控股合并，合并方是指在合并日取得对其他参与合并企业控制权的一方；被合并方是指参与合并的其他企业；合并日是指合并方实际取得对被合并方控制权的日期。

（2）非同一控制下的控股合并，是指参与合并的各方在合并前后不受同一方或相同的多方最终控制，即参与合并的企业之间不存在关联方关系的合并。其中，非同一控制下的控股合并，购买方是指在购买日取得对其他参与合并企业控制权的一方，被购买方是指参与合并的其他企业。购买日是指购买方实际取得对被购买方控制权的日期，通常以法律手续办妥日或者款项结清日为准。

2. 未形成控股合并的长期股权投资。未形成控股合并的长期股权投资，包括对合营企业和联营企业的长期股权投资。

二、长期股权投资的初始计量

1. 企业形成控股合并的长期股权投资。企业形成控股合并的长期股权投资，其初始投资成本应当按照同一控制下的控股合并与非同一控制下的控股合并情形分别确定。

(1) 同一控制下的控股合并的长期股权投资。同一控制下的控股合并，由于合并双方的合并行为不完全是自愿进行和完成的，这种控股合并不属于交易行为，而是参与合并各方资产和负债的重新组合，因此，合并方应当以合并日被合并方所有者权益的账面价值为基础，对长期股权投资进行初始计量。

合并方以支付货币资金、转让非现金资产或承担债务方式作为合并对价的，合并方应当在合并日按照取得被合并方所有者权益在最终控制方合并财务报表中的账面价值的份额作为长期股权投资的初始投资成本。借记“长期股权投资——投资成本”科目，按照支付的货币资金或转让非现金资产、承担债务的账面价值，贷记“银行存款”以及相应的资产或负债科目。长期股权投资初始投资成本大于支付的现金、转让的非现金资产以及所承担债务账面价值之间的差额，调增资本公积，即贷记“资本公积——资本溢价或股本溢价”科目；长期股权投资初始投资成本小于支付的现金、转让的非现金资产以及所承担债务账面价值之间的差额，应当调减资本公积，即借记“资本公积——资本溢价或股本溢价”科目；资本公积（资本溢价或股本溢价）不足冲减的，调整留存收益。对于投资企业支付的价款中如果含有已宣告发放但尚未支付的现金股利，应作为债权处理，不计入长期股权投资成本，借记“应收股利”科目。

合并方以发行权益性证券作为合并对价的，合并方应当在合并日按照取得被合并方所有者权益在最终控制方合并财务报表中的账面价值的份额作为长期股权投资的初始投资成本，借记“长期股权投资——投资成本”科目；按照发行股份的面值总额作为股本，贷记“股本”科目；长期股权投资初始投资成本与所发行股份面值总额之间的差额，应当调整资本公积，借记或贷记“资本公积——资本溢价或股本溢价”科目；资本公积（资本溢价或股本溢价）不足冲减的，调整留存收益。

在企业合并中，合并方发生的各项直接相关费用，包括支付的审计、法律服务、评估咨询等中介费用以及其他相关管理费用，应当于发生时直接计入当期损益。根据直接相关费用的价款，借记“管理费用”科目，根据可以抵扣的增值税进项税额，借记“应交税费——应交增值税（进项税额）”等科目，根据支付的全部款项贷记“银行存款”等科目。

企业合并中，合并方发行债券或承担其他债务支付的手续费、佣金等，应当计入所发行债券及其债务的初始成本。

企业合并中，发行权益性证券发生的手续费、佣金等，应当抵减权益性证券溢价收入，溢价收入不足冲减的，冲减留存收益（盈余公积与未分配利润）。

【例5－1】 A公司和B公司同为M集团的子公司，2×20年6月1日，A公司以银行存款1 500万元取得B公司80%的股权，同时支付1.06万元的评估咨询等中介费用（其中含可以抵扣的增值税）。同日B公司所有者权益在最终控制方合并财务报表中的账面价值为2 000万元，A公司账面资本公积为80万元，盈余公积 50 万元，未分配利润 80 万元。

①A 公司账务处理如下（金额单位：万元）：

借：长期股权投资——投资成本（2 000 × 80%）　　1 600

　　贷：银行存款　　1 500

　　　　资本公积——资本溢价　　100

借：管理费用　　1

　　应交税费——应交增值税（进项税额）　　0.06

　　贷：银行存款　　1.06

②若 A 公司是以银行存款 1 700 万元取得该投资的，其账务处理如下（金额单位：万元）：

借：长期股权投资　　1 600

　　资本公积——资本溢价　　80

　　盈余公积　　20

　　贷：银行存款　　1 700

借：管理费用　　1

　　应交税费——应交增值税（进项税额）　　0.06

　　贷：银行存款　　1.06

【例 5 - 2】甲公司、乙公司和丙公司属于同一集团公司，2 × 20 年 3 月 1 日，甲公司以账面价值为 1 000 万元、公允价值为 1 500 万元的一块土地使用权为对价，从丙公司取得乙公司 55% 的股权。假设没有相关税费。合并日，乙公司账面所有者权益总额为 1 600 万元，甲公司账面资本公积为 75 万元，盈余公积 15 万元，未分配利润 80 万元。

甲公司的账务处理如下（金额单位：万元）：

借：长期股权投资——投资成本（1 600 × 55%）　　880

　　资本公积——资本溢价　　75

　　盈余公积　　15

　　利润分配——未分配利润　　30

　　贷：无形资产——土地使用权　　1 000

【例 5 - 3】甲公司和乙公司同为丙集团的子公司。2 × 20 年 6 月 1 日，甲公司以一批库存商品为合并对价，取得丙公司控制的乙公司 75% 的股权。合并日，该库存商品的账面余额为 800 万元，公允价值为 1 000 万元，增值税税率 13%，消费税税率 5%，乙公司净资产的账面价值 980 万元，公允价值 1 200 万元。甲公司投资当日的资本公积为 70 万元，盈余公积 120 万元，未分配利润 200 万元。

甲公司的账务处理如下（金额单位：万元）：

借：长期股权投资——投资成本（980 × 75%）　　735

　　资本公积——资本溢价　　70

　　盈余公积　　120

　　利润分配——未分配利润　　55

贷：库存商品　800

应交税费——应交增值税（销项税额）　130

——应交消费税　50

【例5-4】甲公司、乙公司和丙公司同属一个企业集团。甲公司用机器设备为对价，取得乙公司拥有的丙公司90%的股权。假设该机器设备原价1 000万元，已提折旧300万元，公允价值900万元，增值税税率13%。丙公司账面净资产700万元，甲公司投资当日的资本公积为75万元，盈余公积25万元，未分配利润200万元。

甲公司的账务处理如下（金额单位：万元）：

借：长期股权投资——投资成本（700×90%）　630

累计折旧　300

资本公积——资本溢价　75

盈余公积　25

利润分配——未分配利润　87

贷：固定资产　1 000

应交税费——应交增值税（销项税额）　117

【例5-5】A公司以承担B公司所欠的M公司债务为对价，从B公司处取得C公司100%股权。合并当日，C公司净资产的账面价值为2 000万元，B公司所欠的M公司债务账面价值1 800万元。

A公司的账务处理如下（金额单位：万元）：

借：长期股权投资——C公司（2 000×100%）　2 000

贷：应付账款——M公司　1 800

资本公积——资本溢价　200

【例5-6】甲公司和乙公司同为丙集团的子公司，2×20年6月30日，甲公司向乙公司的原股东定向增发3 000万股普通股（每股面值为1元，市价为10元），取得乙公司100%的股权。合并日，乙公司的账面所有者权益总额为3 500万元。

①合并日甲公司账务处理为（金额单位：万元）：

借：长期股权投资　3 500

贷：股本　3 000

资本公积——股本溢价　500

②如果有另外支付的发行费10万元，则冲减股本溢价：

借：资本公积——股本溢价　10

贷：银行存款　10

③股本溢价不够冲减时，在冲减留存收益。

需要注意的是，如果企业合并前，合并方与被合并方适用的会计政策不同，那么在以被合并方的账面价值为基础确定形成的长期股权投资成本时，应先统一合并方与被合并方的会计政策。在按照合并方的会计政策对被合并方资产和负债的账面价值进行调整的基础上，计算长期股权投资的成本；确定了长期股权投资的成本以后，对于被合并方在企业合并前实现的留存收益中归属于合并方的部分，应自资本公积转入留存收益。

(2) 非同一控制下的控股合并的长期股权投资。相对于同一控制下的控股合并而言，非同一控制下的控股合并是合并各方自愿进行的交易行为，作为一种公平的交易，应当以公允价值为基础进行计量。如购买方为了取得对被购买方的控制权而放弃的资产、发生或承担的负债、发行的权益性证券等均应按其在购买日的公允价值计量。

购买方应当按照确定的企业合并成本作为长期股权投资的初始投资成本。企业合并成本包括购买方为进行企业合并支付的现金或非现金资产、发行或承担的债务、发行的权益性证券等在购买日的公允价值。购买方在购买日对作为企业合并对价付出的资产、发生或承担的负债公允价值与账面价值的差额计入当期损益(或留存收益)。

形成非同一控制下的控股合并，作为对价投出的资产为非货币性资产时，投出资产公允价值与其账面价值的差额应分别以不同资产进行会计处理（与出售资产影响损益的会计处理相同)：

①投出资产为固定资产或无形资产，其差额计入资产处置损益；

②投出资产为存货，按其公允价值确认主营业务收入或其他业务收入，按其账面价值结转主营业务成本或其他业务成本，若存货计提跌价准备的，应将存货跌价准备一并结转；

③投出资产为以公允价值计量且其变动计入其他综合收益的债权性金融资产，其公允价值与账面价值的差额计入投资收益，原持有期间以公允价值变动形成的其他综合收益应一并转入投资收益。

购买方为进行长期股权投资发生的审计、法律服务、评估咨询等中介费用以及其他相关费用，应当于发生时计入当期损益。根据直接相关费用的价款，借记“管理费用”账户，根据可抵扣的增值税，借记“应交税费——应交增值税（进行税额)”等账户，根据支付的全部款项，贷记“银行存款”等账户。

【例5-7】 承〖例5-2〗，如果甲公司、乙公司和丙公司不属于同一集团公司。

①甲公司的账务处理如下（金额单位：万元)：

借：长期股权投资——投资成本	1 500	
贷：无形资产——土地使用权		1 000
资产处置损益		500

②如果发生相关费用5.3万元，则：

借：管理费用	5	
应交税费——应交增值税（进项税额)	0.3	
贷：银行存款		5.3

【例5-8】 承〖例5-3〗，如果甲公司和乙公司不是丙公司的子公司。

甲公司的账务处理如下（金额单位：万元）：

借：长期股权投资——投资成本　　1 130

　　贷：主营业务收入　　1 000

　　　　应交税费——应交增值税（销项税额）　　130

借：主营业务成本　　800

　　贷：库存商品　　800

借：税金及附加　　50

　　贷：应交税费——应交消费税　　50

【例5-9】 承〖例5-4〗，假设甲公司、乙公司和丙公司不属于同一集团公司。

甲公司的账务处理如下（金额单位：万元）：

借：固定资产清理　　700

　　累计折旧　　300

　　贷：固定资产　　1 000

借：长期股权投资　　900

　　贷：固定资产清理　　900

借：固定资产清理　　200

　　贷：资产处置损益　　200

【例5-10】 承〖例5-6〗，如果合并各方是非同一控制下的公司。

①合并日甲公司账务处理为（金额单位：万元）：

借：长期股权投资　　30 000

　　贷：股本　　3 000

　　　　资本公积——股本溢价　　27 000

②如果有另外支付的发行费，则冲减股本溢价：

借：资本公积——股本溢价　　10

　　贷：银行存款　　10

2. 未形成控股合并的长期股权投资。未形成控股合并的长期股权投资，其初始投资成本的确定与形成非同一控制下控股合并的长期股权投资成本的确定方法基本相同。但是发生的审计、法律服务、评估咨询等中介费用以及其他相关费用，应计入长期股权投资成本。

（1）以支付现金取得的长期股权投资，应当按照实际支付的购买价款作为初始投资成本。初始投资成本包括与取得长期股权投资直接相关的费用、税金及其他必要支出。企业取得长期股权投资时，如果支付的价款中包含已宣告发放但尚未领取的现金股利或利润，应作为应收项目在"应收股利"账户中单独反映。

【例5-11】 2×20年6月1日，甲公司自证券市场上购入A公司发行在外600万股股票作为长期股权投资，每股8元（含已宣告但尚未发放的现金股利0.5元），实际支付价款4 000万元，另支付相关税费30万元。

甲公司的账务处理如下（金额单位：万元）：

借：长期股权投资——投资成本　　3 730

应收股利 300

贷：银行存款 4 030

（2）以发行权益性证券取得的长期股权投资，应当按照发行权益性证券的公允价值作为初始投资成本。为发行权益性证券支付的手续费、佣金等发行费用，在溢价发行前提下冲抵溢价，溢价不足冲减的，应冲减盈余公积和未分配利润。

【例5-12】2×20年4月1日，甲公司发行股票2 000万股作为对价向乙公司投资，每股面值为1元。实际发行价为每股2元。为发行股票，甲公司支付了100万元的佣金和手续费。

甲公司的账务处理如下（金额单位：万元）：

借：长期股权投资——投资成本 4 000

贷：股本 2 000

资本公积——股本溢价 2 000

借：资本公积——股本溢价 100

贷：银行存款 100

（3）投资者投入的长期股权投资，即投资者以持有的对第三方的投资作为出资投入企业，应当按照投资合同或协议约定的价值作为初始投资成本，但合同或协议约定价值不公允的除外。

【例5-13】2×20年3月1日，甲公司接受丙公司投资，丙公司将持有的对丁公司的长期股权投资投入到甲公司。丙公司持有的对丁公司的长期股权投资的账面余额为1 800万元，未计提减值准备。甲公司和丙公司投资合同约定的价值为2 000万元，甲公司的注册资本为5 000万元，丙公司投资持股比例为20%。

甲公司的账务处理如下（金额单位：万元）：

借：长期股权投资——丁公司 2 000

贷：实收资本——丙公司 1 000

资本公积——资本溢价 1 000

第三节 长期股权投资的后续计量

一、长期股权投资核算的成本法

（一）成本法的适用范围

成本法是指长期股权投资按投资成本计价的方法。采用成本法核算的长期股权投资应当按照初始投资成本计价。追加或收回投资应当调整长期股权投资的账面价值。控制，是指投资方拥有对被投资方的权力，通过参与被投资方的相关活动而享有可变回报，并且有能力运用对被投资方的权力影响其回报金额。投资企业能够对被投资单位实施控制的长期股权投资，即对子公司的投资，投资企业应当采用成本法核算，编制合并财务报表时按照权益法进行调整。

控制一般存在于下列情况：

（1）投资企业直接或间接拥有被投资单位50%以上的表决权资本。

（2）投资企业虽然仅拥有被投资企业50%或以下的表决权资本，但具有实质控制权。

（二）成本法下长期股权投资的后续计量

采用成本法核算长期股权投资，除取得投资时实际支付的价款包含已经宣告发放但尚未发放的利润或现金股利外，投资企业应当按照享有的被投资单位宣告发放的利润或现金股利确认投资收益，借记“应收股利”账户，贷记“投资收益”账户。投资企业收到利润或现金股利时，借记“银行存款”账户，贷记“应收股利”账户。收到股票股利时，应调整持股数量，降低单位持股成本，不进行账务处理。

投资企业确认从被投资单位取得利润或现金股利后，应考虑长期股权投资是否减值。在判断该投资是否存在减值迹象时，应当关注长期股权投资的账面价值是否大于享有被投资单位的净资产（包括商誉）账面价值的份额等相关情况。出现类似情况时，投资企业应当对长期股权投资进行减值测试，可收回金额低于长期股权投资账面价值的，应计提减值准备。

【例5－14】某企业根据发生的有关长期股权投资业务，编制会计分录如下：

①2×20年1月10日，购入A公司普通股股票10 000股，占A公司普通股股本的80%，准备长期持有，形成非同一控制下的企业合并，用银行实际支付买价100 000元（包括已宣告但尚未发放的现金股利10 000元），采用成本法进行核算。

借：长期股权投资——投资成本　　90 000
　　应收股利　　10 000
　　贷：银行存款　　100 000

②2×20年5月15日，A公司宣告发放现金股利，每股0.6元。

借：应收股利　　6 000
　　贷：投资收益　　6 000

③2×20年5月25日，收到A公司发放的现金股利6 000元，存入银行。

借：银行存款　　6 000
　　贷：应收股利　　6 000

二、长期股权投资的权益法

（一）权益法的适用范围

权益法，是指长期股权投资以初始成本计量后，在投资持有期间根据投资企业享有被投资单位所有者权益的份额的变动对投资的账面价值进行调整的方法。

按照企业会计准则的规定，企业对被投资单位具有共同控制或重大影响时，长期股权投资应当采用权益法核算。

需要说明的是，投资企业对联营企业的权益性投资，其中一部分通过风险投资机构、共同基金、信托公司或包括投连险基金在内的类似主体间接持有的，无论以上主体是否对这部分投资具有重大影响，投资企业都可以对间接持有的该部分投资确认为以公允价值计量且其变动计入当期损益的金融资产，并对其余部分确认为长期股权投资，采用权益法核算。

（二）权益法核算的科目设置

长期股权投资采用权益法核算时，“长期股权投资”账户应当分别记入“投资成本”“损益调整”“其他综合收益”“其他权益变动”明细账户进行明细核算。

（三）初始投资成本的调整

企业以支付现金、非现金资产等其他方式取得的长期股权投资，借记“长期股权投资——投资成本”账户，按应自被投资单位收取的已宣告但尚未发放的现金股利或利润，借记“应收股利”账户，贷记“银行存款”等账户。

长期股权投资的初始投资成本大于取得投资时应享有被投资单位可辨认净资产公允价值份额的差额，实际上是投资企业在取得投资过程中通过购买作价体现出的与所取得股权份额相对应的商誉及被投资单位不符合确认条件的资产价值。该差额不调整长期股权投资的初始投资成本。

长期股权投资的初始投资成本小于取得投资时应享有被投资单位可辨认净资产公允价值份额的，其差额应作为当期收益，计入营业外收入，同时调整增加长期股权投资的账面价值，借记“长期股权投资——成本”账户，贷记“营业外收入”账户。

【例5-15】 2×20年1月1日，甲公司以银行存款按协议收购价810万元购买乙公司的股票，甲公司占乙公司可辨认净资产的公允价值的20%，取得投资时乙公司可辨认净资产的公允价值为4000万元。甲公司对乙公司有重大影响。

①2×20年1月1日，甲公司应做的账务处理如下（金额单位：万元）：

借：长期股权投资——投资成本　　810

　贷：银行存款　　810

注：商誉10万元（810-4 000×20%）体现在长期股权投资成本中。

②如果乙公司可辨认净资产的公允价值为4500万元，甲公司应做的账务处理如下：

借：长期股权投资——投资成本　　900

贷：银行存款　810

营业外收入　90

（四）权益法下投资损益的确认

在权益法下，投资损益并不是实际收到的现金股利，而是被投资单位当期损益中投资方所拥有的份额。

1. 被投资单位实现盈余时的账务处理。权益法下，投资企业在取得投资时，是以被投资单位有关资产、负债的公允价值为基础确认投资成本的，长期股权投资的投资收益所代表的是被投资单位资产、负债的公允价值计量情况下在未来期间通过经营产生的损益中归属于投资企业的部分。由于被投资单位的利润表中净利润是以其持有的资产、负债账面价值为基础的，所以需要调整被投资单位利润表中的净利润。

在确认应享有或应分担的被投资单位净利润或净亏损时，在被投资单位账面净利润的基础上应考虑以下因素的影响并进行适当调整。

（1）被投资单位采用的会计政策及会计期间与投资企业不一致的，应当按照投资企业的会计政策及会计期间对被投资单位的财务报表进行调整，并据以确认投资收益。

（2）投资企业在确认应享有被投资单位净损益的份额时，应当以取得投资时被投资单位各项可辨认资产等的公允价值为基础，对被投资单位的净利润进行调整后确认。例如以取得投资时被投资单位固定资产、无形资产的公允价值为基础计提的折旧额或摊销额，以及以投资企业取得投资时的公允价值为基础计算确定的资产减值准备金额等对被投资单位净利润的影响。即被投资方实现盈余时，投资方首先应将此盈余口径调整为公允口径，其次根据公允口径后的净利润乘以投资方的持股比例确认投资损益，并调整长期股权投资的账面价值，借记“长期股权投资——损益调整”账户，贷记“投资收益”账户。若公允口径无法获取或公允口径与账面口径相差无几时，也可以具备投资方账面口径测算投资方的盈余归属，但需要在会计报表附注中加以说明。

【例5-16】承〖例5-15〗，乙公司2×20年实现的净利润为400万元，假设乙公司各项可辨认资产、负债的公允价值与其账面价值相等，甲公司与乙公司的会计年度及会计政策一致。

甲公司应享有的权益份额 = 400 × 20% = 80（万元）

会计分录如下：

借：长期股权投资——损益调整　800 000

贷：投资收益　800 000

【例5-17】甲公司于2×20年1月1日购入乙公司40%的股份，购买价款为4 000万元，并自取得投资之日起派人参与乙公司的生产经营决策。取得投资当日，乙公司可辨认净资产公允价值为9 000万元，除表5-1所列项目外，乙公司其他资产、负债的公允价值与账面价值相同。

表 5-1　　公司相关资产项目资料

项目	账面原值（万元）	已提折旧或摊销（万元）	公允价值（万元）	各资产预计使用年限（年）	各资产剩余使用年限（年）
存货	800		1 000		
固定资产	1 600	480	2 100	20	14
无形资产	1 000	400	1 200	10	6
合计	3 400	880	4 300		

假定乙公司于 2×20 年实现净利润 1 100 万元，其中在甲公司取得投资时的账面存货有 80% 对外出售。甲公司与乙公司的会计年度及采用的会计政策相同。固定资产、无形资产均按直线法提取折旧或摊销，预计净残值均为 0。

甲公司在确定其应享有的投资收益时，应在乙公司实现净利润的基础上，根据取得投资时乙公司有关资产的账面价值与其公允价值差额的影响进行调整（假定不考虑所得税影响）。

存货公允价值与账面价值的差额应调减的利润 =（1 000 - 800）×80%
= 160（万元）

固定资产公允价值与账面价值差额应调整增加的折旧额 = 2 100 ÷ 14 - 1 600 ÷ 20
= 70（万元）

无形资产公允价值与账面价值差额应调整增加的摊销额 = 1 200 ÷ 6 - 1 000 ÷ 10
= 100（万元）

调整后的净利润 = 1100 - 160 - 70 - 100 = 770（万元）

甲公司应享有份额 = 770 × 40% = 308（万元）

确认投资收益的账务处理为（金额单位：万元）：

借：长期股权投资——乙公司（损益调整）　　308
　　贷：投资收益　　308

2. 被投资单位发生净亏损时的账务处理。投资企业确认被投资单位发生的净亏损，应当以长期股权投资的账面价值以及其他实质上构成对被投资单位净投资的长期权益减计至零为限，投资企业负有承担额外损失义务的除外。其他实质上构成对被投资单位净投资的长期权益，通常是指长期应收项目。例如，企业对被投资单位的长期债权，该债权没有明确的清收计划且在可预见的未来期间不准备收回，实质上构成对被投资单位的净投资，但不包括投资企业与被投资单位之间因销售商品、提供劳务等日常活动所产生的长期债权。

在确认应分担被投资单位发生的亏损时，应当按照以下顺序进行处理。

（1）冲减长期股权投资的账面价值。

（2）长期股权投资的账面价值不足以冲减的，应当以其他实质上构成对被投资单位净投资的长期权益账面价值为限继续确认投资损失，冲减长期应收项目等的账面价值。

（3）在经过上述处理后，按照投资合同或协议约定企业仍承担额外义务的，应按预计承担的义务确认预计负债，计入当期投资损失。

企业在发生损失时，借记“投资收益”账户，贷记“长期股权投资——损益调整”账户。在长期股权投资减计至零以后，考虑其他实质上构成对被投资单位净投资的长期权益，继续确认投资损失，借记“投资收益”账户，贷记“长期应收款”账户；因投资合同或协议约定导致投资企业需要承担额外义务的，应确认为当期损失，同时确认预计负债，借记“投资收益”账户，贷记“预计负债”账户。除上述情况仍未确认的应分担被投资单位的损失，应在账外备查登记。

被投资单位以后实现净利润的，投资企业在其收益分享额扣除未确认的亏损分担额后，应按与上述相反的顺序处理，减计已确认预计负债的账面余额、恢复其他实质上构成对被投资单位净投资的长期权益及长期股权投资的账面价值，同时确认投资收益。即被投资单位以后实现净利润时，按顺序分别借记“预计负债”“长期应收款”“长期股权投资——损益调整”账户，贷记“投资收益”账户。

【例5-18】甲企业持有乙企业40%的股权，能够对乙企业施加重大影响。2×19年12月31日，该项长期股权投资的账面价值为5 000万元。2×20年乙企业亏损6 000万元。假定甲企业在取得该投资时，乙企业各项可辨认资产、负债的公允价值与其账面价值相等。双方所采用的会计政策及会计期间也相同。则甲企业当年度应确认的投资损失为2 400万元。

甲企业应做的账务处理如下（金额单位：万元）：

借：投资收益　　2 400

　　贷：长期股权投资——损益调整　　2 400

确认上述投资损失后，长期股权投资的账面价值变为2 600万元。

如果乙企业当年度的亏损额为16 000万元，则甲企业按其持股比例确认应分担的损失为6 400万元，但长期股权投资的账面价值仅为5 000万元，如果没有其他实质上构成对被投资单位净投资的长期权益项目，则甲企业应确认的投资损失仅为5 000万元，超额损失在账外进行备查登记；在确认了5 000万元的投资损失，长期股权投资的账面价值减计至零以后，如果甲企业账上仍有应收乙企业的长期应收款1 000万元，该款项从目前情况看，没有明确的清偿计划（并非产生于商品购销等日常活动），则应以长期应收款的账面价值为限进一步确认投资损失1 000万元。

甲企业应进行的账务处理如下（金额单位：万元）：

借：投资收益　　5 000

　　贷：长期股权投资——乙公司（损益调整）　　5 000

借：投资收益　　1 000

　　贷：长期应收款　　1 000

如果甲企业不需承担额外义务，则应在备查簿中登记超额损失400万元。

如果合同约定甲企业还需要承担额外义务，则应确认预计负债：

借：投资收益　　400

　　贷：预计负债　　400

除上述情况仍未确认的应分担被投资单位的损失，应在账外备查簿登记。将来实现盈余后，先冲减备查簿中的亏损额，然后再做反调分录。

投资企业在确认应享有被投资单位净损益的份额时，均应当以取得投资时被投资单位各项可辨认资产等的公允价值为基础，对被投资单位的净利润进行调整后确认。

（五）权益法下被投资单位分配股利的调整

1. 被投资单位分派现金股利。权益法下，被投资单位分派现金股利时，直接根据总的分红额乘以持股比例确定投资方享有的现金股利额。投资企业按照被投资单位宣告分派的利润或现金股利计算应分得的部分，相应减少长期股权投资的账面价值，借记“应收股利”账户，贷记“长期股权投资——损益调整”账户。投资企业收到发放的现金股利时，借记“银行存款”账户，贷记“应收股利”账户。

【例5-19】 承〖例5-15〗，乙公司2×20年实现的净利润为400万元，宣告从中支付320万元现金股利。

① 甲企业应收的现金股利＝320×20%＝64（万元）

借：应收股利　　64

　　贷：长期股权投资——损益调整　　64

② 收到股利时：

借：银行存款　　64

　　贷：应收股利　　64

2. 被投资单位分派股票股利。

股票股利仅仅是被投资单位的未分配利润转化为股本或资本公积，实质上是对现有所有者权益的结构进行调整，该业务不会增加企业的资产、负债和所有者权益。因此，作为投资方，无论采用的是成本法还是权益法，都不能将其确定为投资收益，收到被投资单位发放的股票股利，不进行账务处理，但应在备查簿中登记由此而增加的股份额。

（六）权益法下其他综合收益的处理

在权益法核算下，被投资单位确认的其他综合收益及其变动，也会影响被投资单位所有者权益总额，进而影响投资企业应享有被投资单位所有者权益的份额。因此，当被投资单位其他综合收益发生变动时，投资企业应当按照归属于本企业的部分，相应调整长期股权投资的账面价值，同时增加或减少其他综合收益。即借记或贷记“长期股权投资——其他综合收益”账户，贷记或借记“其他综合收益”账户。

【例5-20】 甲公司持有乙公司25%的股份，能够对乙公司施加重大影响。当期乙公司因持有的可供出售金融资产公允价值的变动计入其他综合收益的金额为1 000万元，不考虑其他因素，甲公司当期按照权益法核算应确认的其他综合收益的会计处理如下（金额单位：万元）：

权益法核算甲公司应确认的其他综合收益＝1 000×25%＝250（万元）

借：长期股权投资——其他综合收益　　250
　贷：其他综合收益　　250

（七）权益法下被投资单位所有者权益其他变动的调整

被投资单位除了净损益、其他综合收益以及利润分配引起所有者权益变动外，还有其他因素也会引起所有者权益发生变动，主要包括：被投资单位接受其他股东的资本性投入、被投资单位发行可分离交易的可转换公司债券中包含的权益成分和以权益结算的股份支付等。在持股比例不变的情况下，被投资单位除净损益、其他综合收益以及利润分配以外所有者权益的其他变动，企业按持股比例计算应享有的份额，调整长期股权投资的账面价值，同时增加或减少资本公积，即借记或贷记“长期股权投资——其他权益变动”账户，贷记或借记“资本公积——其他资本公积”账户。

【例5－21】A企业持有B企业40%的股份，当期B企业的母公司给予B企业捐赠50万元，该捐赠实质上属于资本性投入，B公司将其计入资本公积（股本溢价）。除该事项外，B企业当期实现的净损益为1 000万元，假定A企业与B企业适用的会计政策、会计期间相同，投资时B企业有关资产、负债的公允价值与其账面价值亦相同。A企业在确认应享有被投资单位所有者权益的变动时，应进行的账务处理为（金额单位：万元）：

借：长期股权投资——损益调整　　400
　贷：投资收益　　400
借：长期股权投资——其他权益变动　　20
　贷：资本公积——其他资本公积　　20

三、未实现的内部交易损益的抵销

在确认投资收益时，除了考虑公允价值的调整外，对于投资企业与其联营企业及合营企业之间发生的未实现的内部交易损益按照持股比例计算归属于投资企业的部分应当予以抵销，并在此基础上确认投资收益。

投资企业与被投资单位发生的内部交易损失，按照《企业会计准则第8号——资产减值》等规定属于资产减值损失的应当全额确认损失。投资企业对纳入合并范围的子公司与其联营企业及合营企业之间发生的内部交易之间发生的损益，也应当按照上述原则进行抵销，在此基础上确认投资损益。

未实现的内部交易损益的抵销包括以下三种情况。

（1）顺流交易。顺流交易是指投资企业向其联营企业或合营企业出售资产。在该交易存在未实现的内部交易损益情况下（即投资企业向其联营企业或合营企业出售资产，该联营企业或合营企业尚未将有关资产出售给外部独立的第三方），投资企业采用权益法计算确认应享有联营企业或合营企业的投资损益时，应抵销该未实现的内部交易损益的影响，同时调整对联营企业或合营企业长期股权投资的账面价值。当投资企业向联营企业或合营企业出资或是将资产出售给联营企业或合营企业，同时有关资产由联营企业或合营企业持有时，投资方应投出或出售资产已确认的损益仅限于与联营企业或合营企业其他投资者交易的部分。即在顺流交易中，投资方投出资产或出售资产给其联营企业或合营企业产生的损益中，按照持股比例计算确定归属于本企业的部分不予确认。

【例5-22】 A公司持有B公司30%有表决权资本。2×20年，A公司将其账面价值为20万元的商品以30万元的价格出售给B公司。至2×20年资产负债表日，该批商品尚未对外部第三方出售。假定A公司在取得该投资时，B公司各项可辨认资产、负债的公允价值与其账面价值相等，两家公司在以前期间没有发生过内部交易。B公司2×20年净利润100万元。假定不考虑所得税因素，丙公司的账务处理如下（金额单位：万元）：

A公司应确认的投资收益 = ［100 - （30 - 20）］ ×30% = 27（万元）

借：长期股权投资——损益调整　　27

　　贷：投资收益　　27

A公司如需编制合并财务报表，在合并财务报表中对该未实现的内部交易损益应在个别报表已确认投资损益的基础上进行以下调整：

借：营业收入（30×30%）　　9

　　贷：营业成本（20×30%）　　6

　　　　投资收益　　3

如果第二年B公司实现了对外部第三方的销售，那么A公司在确认第二年的投资收益时，应调整B公司的净利润。

（2）逆流交易。逆流交易是指联营企业或合营企业向投资企业出售资产。在该交易存在未实现的内部交易损益情况下（即有关资产未对外部独立第三方出售），投资企业采用权益法计算确认应享有联营企业或合营企业的投资损益时，应抵销该未实现的内部交易损益的影响。当投资企业自其联营企业或合营企业购买资产时，在将该资产出售给外部独立的第三方之前，不应确认联营企业或合营企业因该交易产生的损益中本企业应享有的部分。

因逆流交易产生的未实现的内部交易损益，在未对外部独立第三方出售之前，体现在投资企业持有资产的账面价值中。投资企业对外编制合并财务报表的，应在合并财务报表中对长期股权投资及包含未实现的内部交易损益的资产账面价值进行调整，抵销有关资产账面价值中包含的未实现的内部交易损益，并相应调整对联营企业或合营企业的长期股权投资。

【例5-23】 丙公司持有丁公司20%有表决权资本，能够对丁公司生产经营决策施加重大影响。2×20年9月1日，丁公司将其账面价值为20万元的商品以30万元的价格出售给丙公司。丙公司将其取得的商品作为存货进行管理。截至2×20年资产负债表日，丙公司尚未对外部第三方出售该批商品。假定丙公司在取得该投资时，丁公司各项可辨认资产、负债的公允价值与其账面价值相等。丁公司2×20年净利润100万元。假定不考虑所得税因素，丙公司的账务处理如下

(金额单位：万元)：

丙公司应确认的投资收益 = [100 - (30 - 20)] × 20% = 18（万元）

借：长期股权投资——损益调整　　18

　贷：投资收益　　18

丙企业如需对外编制合并财务报表，应在合并财务报表中对长期股权投资及包含未实现的内部交易损益的资产账面价值进行调整，抵销有关资产账面价值中包含的未实现的内部交易损益，并调整对丁公司的长期股权投资。

借：长期股权投资——损益调整　　2

　贷：存货　　2

如果在2×21年丙公司该商品以30万元的价格对外部独立第三方出售，因该部分内部交易损益已经实现，丙公司在确认应享有丁公司2×20年净损益时，应考虑将原确认的部分内部交易损益计入投资收益，即应在考虑其他因素计算确定的投资损益基础上调整增加2万元。

对于投资企业与其联营企业及合营企业之间发生的未实现内部交易的损失，不管是顺流交易还是逆流交易，属于转让资产发生减值损失的，有关的未实现内部交易不应予以抵销。

(3) 合营方向合营企业投出非货币性资产产生损益的处理。合营方向合营企业投出或出售非货币性资产的相关损益，符合下列情况之一的，合营方不应确认该类交易的损益：①与投出非货币性资产所有权有关的重大风险和报酬没有转移给合营企业；②投出非货币性资产的损益无法可靠计量；③投出非货币性资产交易不具有商业实质。

合营方转移了与投出非货币性资产所有权有关的重大风险和报酬并且投出资产留给合营企业使用的，应在该项交易中确认属于合营企业其他合营方的利得和损失。交易表明投出或出售非货币性资产发生减值损失的，合营方应当全额确认该部分损失。在投出非货币性资产的过程中，合营方除了取得合营企业的长期股权投资外还取得了其他货币性或非货币性资产的，应当确认该项交易中与所取得其他货币性、非货币性资产相关的损益。

四、长期股权投资的减值

企业计提长期股权投资减值准备，应当设置“长期股权投资减值准备”账户核算，企业按应减值金额，借记“资产减值损失——计提的长期股权投资减值准备”账户，贷记“长期股权投资减值准备”账户。

【例5-24】 A公司对B公司的一项长期股权投资，采用权益法核算，上年末“长期股权投资”账户余额1 000万元（成本），已计提减值准备30万元，本年末核实B公司发生亏损300万元，A公司按持股比例40%享有120万元。根据发生减值迹象，确定这一投资的可收回金额为800万元。

则A公司投资账面价值为850万元（1 000 - 30 - 120），而这一投资的可收回金额为800万元，减值50万元（850－800），A公司本期计提减值准备的账务处理为（金额单位：万元）：

借：资产减值损失——计提的长期股权投资减值准备　　50

　贷：长期股权投资减值准备——B公司　　50

长期股权投资减值损失一经确认，在以后会计期间不得转回。

五、长期股权投资的处置

企业处置长期股权投资时，按实际收到的金额，借记"银行存款"等账户，按原已计提的减值准备，借记"长期股权投资减值准备"账户，按该项长期股权投资的账面余额，贷记"长期股权投资——成本""长期股权投资——损益调整"账户，按尚未领取的现金股利或利润，贷记"应收股利"账户，按其差额，贷记或借记"投资收益"账户。按处置长期股权投资的比例结转原记入"其他综合收益""资本公积——其他资本公积"账户的金额，借记或贷记"其他综合收益""资本公积——其他资本公积"账户，贷记或借记"投资收益"账户。

【例5－25】 A公司原持有B企业40%的股权，A公司决定出售其中的10%，出售时A公司账面上对B企业长期股权投资的构成为：投资成本180万元，损益调整50万元，可转入损益的其他综合收益10万元，其他权益变化22万元。出售取得价款70万元。

A公司确认处置损益的账务处理（金额单位：万元）：

借：银行存款　　70

　贷：长期股权投资——成本（180/40%×10%）　　45

　　　　　　　　——损益调整（50/40%×10%）　　12.5

　　　　　　　　——其他综合收益（10/40%×10%）　　2.5

　　　　　　　　——其他权益变动（22/40%×10%）　　5.5

　　　投资收益（70－45－12.5－8）　　4.5

同时将原计入资本公积的部分按比例转入当期损益（金额单位：万元）：

借：其他综合收益　　2.5

　贷：投资收益　　2.5

借：资本公积——其他资本公积　　4.5

　贷：投资收益　　4.5

第四节　长期股权投资核算方法的相互转换

一、成本法转权益法

因持股比例下降由成本法改为权益法时，应按处置或收回投资的比例结转应终止确认的长期股权投资成本。在此基础上，将剩余的长期股权投资转为权益法核算，比较剩余的长期股权投资成本与按照剩余持股比例计算原投资时应享有被投资单位可辨认净资产公允价值的份额，属于投资作价中体现商誉的部分，不调整长期股权投资的账面价值；属于投资成本小于应享有被投资单位可辨认净资产公允价值份额的，在调整长期股权投资账面价值的同时，应调整留存收益。

对于原取得投资后至转变为权益法核算之间被投资单位实现净损益中按照持股比例计算应享有份额，应调整长期股权投资的账面价值，同时，对于原取得投资时至处置投资当期期初被投资单位实现的净损益（扣除已宣告发放的现金股利和利润）中应享有的份额，调整留存收益，对于处置投资当期期初至处置投资之日被投资单位实现的净损益中享有的份额，调整当期损益；对于被投资单位其他综合收益变动中应享有的份额，在调整长期股权投资账面价值的同时，应当记入“其他综合收益”账户；除净损益、其他综合收益和利润分配外的其他原因导致被投资单位其他所有者权益变动中应享有的份额，在调整长期股权投资的账面价值的同时，记入“资本公积——其他资本公积”账户。

【例5-26】 A公司原持有B公司60%的股权，其账面余额为5 400万元，未计提减值准备。2×20年12月10日，A公司将其持有的对B公司20%的股权出售给某企业，出售取得价款3 200万元，当日被投资单位可辨认净资产公允价值总额为12 000万元。A公司原取得对B公司60%股权时，B公司可辨认净资产公允价值总额为8 750万元（假定可辨认净资产的公允价值与账面价值相同），自取得对B公司长期股权投资后至处置投资前，B公司实现净利润2 600万元。假定B公司一直未进行利润分配。除所实现净损益外，B公司未发生其他计入资本公积的交易或事项。A公司按净利润的10%提取盈余公积。

A公司应作的账务处理为（金额单位：万元）：

借：银行存款	3 200	
贷：长期股权投资（5 400/60%×20%）		1 800
投资收益（3 200-1 800）		1 400
借：长期股权投资——损益调整（2 600×40%）	1 040	
贷：盈余公积（1 040×10%）		104
利润分配——未分配利润（1 040-104）		936

二、公允价值计量或权益法转成本法

1. 因增资形成的金融资产转换为长期股权投资成本法的核算。因追加投资等原因导致持有比例上升，对被投资单位由无重大影响转为控制的，应由金融资产转为长期股权投资的成本法进行核算。改按成本法核算初始投资成本，应当按照原持股权投资账面价值加上新增投资成本之和。购买日之前持有的原计入其他综合收益的累计公允价值变动，应当在改成成本法核算时转入当期损益。

2. 因增资造成的权益法改成本法的核算。因追加投资等原因导致持股比例上升，对被投资单位由共同控制或重大影响转为控制的，长期股权投资的后续计量应由权益法核算转为成本法核算。当形成同一控制下企业合并时，应当以持股比例计算的合并日应享有被合并方账面所有者权益的份额作为该项投资的初始投资成本。初始投资成本与其原长期股权账面价值加上合并日为取得新的股份所支付对价的公允价值之和的差额，调整资本公积，资本公积不足冲减的，冲减留存收益。当形成非同一控制下企业合并时，应当以购买日之前所持被购买方的股权投资的账面价值与购买日新增投资成本之和，作为该项投资的初始成本。即长期股权投资在购买日的初始投资成本为原权益法下的账面价值加上购买日为取得新的股份所支付对价的公允价值之和。购买日之前持有的股权投资因采用权益法核算而确认的其他综合收益，应当在处置该项投资时采用与被投资单位直接处置相关资产相同的基础进行会计处理。

三、公允价值计量转为权益法

投资企业对原持有的被投资单位的股权不具有控制、共同控制或重大影响，按照金融工具确认和计量准则进行会计处理的，因追加投资等原因导致持股比例增加，使其能够对被投资单位实施共同控制或重大影响而转按权益法核算的，应在转换日，按照原股权的公允价值加上为取得新增投资而应支付对价的公允价值，作为改按权益法核算的初始投资成本；原股权投资于转换日的公允价值与账面价值之间的差额，以及原计入其他综合收益的累计公允价值变动转入改按权益法核算的当期损益，如原投资属于分类为公允价值计量且其变动计入其他综合收益的非交易性权益工具投资，与其相关的原计入其他综合收益的累计公允价值变动转入改按权益法核算当期的留存收益。在此基础上，比较初始投资成本与获得被投资单位共同控制或重大影响时应享有被投资单位可辨认净资产公允价值份额之间的差额，前者大于后者的，不调整长期股权投资的账面价值；前者小于后者的，差额调整长期股权投资的账面价值，并计入当期营业外收入。

【例 5 –27】甲公司于 2 ×20 年 1 月取得乙公司 10% 股权，对乙公司不具有控制、共同控制和重大影响，甲公司将其分类为以公允价值计量且其变动计入其他综合收益的金融资产，投资成本为 1 000 万元，取得时乙公司可辨认净资产公允价值总额为 9 200 万元（假定公允价值与账面价值相同）。2 ×20 年 1 月甲公司又以 2 500 万元取得乙公司 20% 的股权，当日乙公司可辨认净资产公允价值总额为 10 000 万元，甲公司对乙公司投资原 10% 股权的公允价值为 1 100 万元，原计入其他综合收益的累计公允价值变动收益为 20 万元。

甲公司应作的账务处理如下（金额单位：万元）：

借：长期股权投资——投资成本	3 600	
贷：银行存款		2 500
投资收益		80

其他债权投资——成本　　　　　　　　　　　　　　　　1 000
　　　　　　——其他综合收益　　　　　　　　　　　　　　20

借：其他综合收益　　　　　　　　　　　　　　　20
　贷：投资收益　　　　　　　　　　　　　　　　　　　20

四、权益法转公允价值计量

原持有的对被投资单位具有共同控制或重大影响的长期股权投资，因部分处置等原因导致持股比例下降，不能再对被投资单位实施共同控制或重大影响的，应改按金融工具确认和计量准则对剩余股权投资进行会计处理。即对剩余股权在改按公允价值计量时，其在丧失共同控制或重大影响之日的公允价值与账面价值之间的差额计入当期损益。原采用权益法核算的相关其他综合收益应当在终止采用权益法核算时，相应的其他综合收益转入当期损益；因被投资方除净损益、其他综合收益和利润分配以外的其他所有者权益变动而确认的所有者权益，应当在终止采用权益法核算时全部转入当期损益。

【例5-28】 甲公司持有乙公司20%的股份，能够对乙公司施加重大影响。2020年6月，甲公司将该项投资中的50%出售给非关联方，取得价款1 000万元。相关股权手续当日完成。甲公司持有乙公司剩余10 %的股权，无法对乙公司施加重大影响，将其划为以公允价值计量且其变动计入其他综合收益。股权出售日，剩余股权的公允价值为1 000万元。出售该股权时，长期股权投资的账面价值为1 600万元，其中投资成本1 200万元，损益调整为200万元，因被投资单位的以公允价值计量且其变动计入其他综合收益的累计公允价值变动享有部分为100万元，除净损益、其他综合收益和利润分配外的其他所有者权益变动为100万元。不考虑相关税费及其他因素影响。

甲公司应作的账务处理如下（金额单位：万元）：

①确认有关股权投资的处置损益。

借：银行存款　　　　　　　　　　　　　　　　1 000
　贷：长期股权投资——投资成本　　　　　　　　　　600
　　　　　　　　——损益调整　　　　　　　　　　　100
　　　　　　　　——其他综合收益　　　　　　　　　 50
　　　　　　　　——其他权益变动　　　　　　　　　 50
　　投资收益　　　　　　　　　　　　　　　　　　　200

②由于终止采用权益法核算，将原确认的相关其他综合收益全部转入当期损益。

借：其他综合收益　　　　　　　　　　　　　　　100
　贷：投资收益　　　　　　　　　　　　　　　　　　100

③由于终止采用权益法核算，将原计入资本公积的其他所有者权益变动全部转入当期损益。

借：资本公积——其他资本公积　　　　　　　　　100

　　贷：投资收益　　100

④剩余股权投资转为其他权益工具投资，当天公允价值为1 000万元，账面价值为800万元，两者差异计入当期投资收益。

借：其他权益工具投资　　1 000

　　贷：长期股权投资——投资成本　　600

　　　　——损益调整　　100

　　　　——其他综合收益　　50

　　　　——其他权益变动　　50

　　　　投资收益　　200

五、成本法转公允价值计量

投资企业原持有被投资单位的股份达到控制，其后因部分处置等原因导致持股比例下降，不能再对被投资单位实施控制的，应将剩余股权按照《企业会计准则第22号——金融工具确认和计量》的要求进行会计处理，并于丧失控制权日将剩余股权按公允价值重新计量，公允价值与其账面价值的差额计入当期损益。转换日，企业应当根据剩余股权的公允价值，借记"交易性金融资产"账户；根据剩余股权的账面价值，贷记"长期股权投资"账户；根据其差额，贷记或借记"投资收益"账户。

【例5-29】甲公司持有乙公司70%股权并能控制乙公司，投资成本为1 400万元，按成本法核算。2020年3月5日，甲公司出售所持乙公司股权的90%给非关联方，所得价款为1 800万元，剩余6%股权于丧失控制权日的公允价值为200万元，甲公司将其分类为以公允价值计量且其变动计入当期损益的交易性金融资产。假如不考虑其他因素。

甲公司应作的账务处理如下（金额单位：万元）：

①甲公司出售股权。

借：银行存款　　1 800

　　贷：长期股权投资——投资成本　　1 260

　　　　投资收益　　540

②甲公司剩余股权的处理。

借：交易性金融资产　　200

　　贷：长期股权投资　　140

　　　　投资收益　　60

思考题

1. 如何对以摊余成本计量的金融资产进行初始计量？
2. 如何处理以摊余成本计量的金融资产的利息？

3. 以摊余成本计量的金融资产减值时如何处理?

4. 如何确认企业以合并以外方式取得的长期股权投资的成本?

练习题

1. 甲公司2×19年1月1日支付价款1 373万元（含交易费用）从活跃市场上购入乙公司当日发行的5年期债券，次年1月6日付息，本金最后一次支付。债券面值1 500万元，票面利率4%，乙公司尚未支付上年利息。甲公司将购入的该公司债权划分为债权投资，且不考虑所得税、减值损失等因素。经计算，购入该债券时的实际利率为6%。

要求：编制有关会计分录。

2. 甲公司2×19年1月1日从证券市场上购入丁公司于当日发行的债券，该债券期限三年、票面年利率为4%，到期一次归还本金和利息。甲公司购入债券的面值为50万元，实际支付价款为47万元，另支付相关费用1万元。甲公司购入后将其划分为债权投资。2×19年末债务人发生损失，估计该项债券的未来现金流量的现值为40万元，购入债券的实际利率为5%。在2×20年12月31日减值因素消失了，未来现金流量的现值为51万元。2×22年1月1日，债券到期收回本金和利息。假定按年计提利息，利息不以复利计算。

要求：编制A公司从2×19年1月1日至2×22年1月1日上述有关业务的会计分录。

3. A公司和B公司均为股份有限公司，2×19～2×20年A公司对B公司投资业务的有关资料如下。

（1）2×19年1月1日，A公司以银行存款2 500万元购入B公司30%的股份，另支付相关税费10万元。A公司对B公司的财务和经营决策具有重大影响，并准备长期持有该股份。2×19年1月1日，B公司的可辨认净资产的公允价值为9 600万元。

（2）2×19年5月5日，B公司宣告分派2014年度利润500万元。

（3）2×19年6月15日，A公司收到B公司分派的现金股利。

（4）2×19年初，B公司一台营销部门用的设备公允价值为800万元，账面价值为600万元，截至2×19年初，固定资产的预计使用年限为10年，净残值为零，按照直线法计提折旧。

（5）2×19年度，B公司实现净利润900万元。

（6）2×20年5月5日，B公司召开股东大会，审议通过2×19年度的利润分配方案：按净利润的10%提取法定盈余公积；不分配现金股利。该利润分配方案于当日对外公布。

（7）2×20年，B公司发生净亏损600万元。

要求：编制A公司对B公司长期股权投资的会计分录。

第六章 固定资产

【学习要点及目标】

本章主要介绍固定资产的确认、计量、后续支出及处置等的会计处理。通过对本章的学习，要求了解固定资产的性质、分类和基本特征；熟悉和理解固定资产的概念、内容及确认条件；掌握固定资产的价值构成，不同来源取得的固定资产入账价值的确定及其会计处理；重点掌握固定资产计提折旧的范围及计提方法，固定资产后续支出的会计处理，固定资产清理、清查的会计处理。

固定资产折旧年限调整：净利润新增4 000万元

2018年3月5日，湖北新洋丰肥业股份有限公司发布了《关于调整部分固定资产折旧年限的公告》：根据《企业会计准则》的相关规定及湖北新洋丰肥业股份有限公司（以下简称"公司"或"新洋丰"）固定资产的实际使用情况，为了更加客观真实地反映公司的财务状况和经营成果，公司第七届董事会第二次会议审议通过了《关于调整部分固定资产折旧年限的议案》。现将相关情况公告如下。

（一）固定资产折旧年限变更情况说明

1. 变更原因。根据《企业会计准则第4号——固定资产》相关规定及公司固定资产的实际使用情况，为了更加客观真实地反映公司的财务状况和经营成果，也为了使公司会计估计更加符合实际使用情况，在遵循会计核算谨慎性原则的基础上，拟调整公司及合并报表范围内子公司房屋及建筑物、机器设备、运输设备的折旧年限。

2. 固定资产折旧年限变更情况如表6-1所示。

表6-1　　固定资产折旧年限变更情况表

资产类别	折旧年限（年）		预计残值率（%）		年折旧率（%）	
	变更前	变更后	变更前	变更后	变更前	变更后
房屋及建筑物	10~35	12~35	5	5	9.5~2.714	7.917~2.714
机器设备	7~10	7~20	5	5	13.5~9.5	13.5~4.75
运输设备	5	5~10	5	5	19	19~9.5

折旧方法和残值率不变，仍采用年限平均法计提折旧。

3. 变更执行时间。本次会计估计变更自2018年1月1日起开始执行。

（二）本次会计估计变更对公司的影响

根据《企业会计准则第28号——会计政策、会计估计变更和差错更正》的规定，对上述会计估计的变更采用未来适用法，无须对已披露的财务报告进行追溯调整，不会对公司以前各年度的财务状况和经营成果产生影响。

根据变更后的折旧年限，经公司财务部门测算，本次会计估计变更将会使2018年度归属于上市公司股东的净利润增加约4 000余万元，对2018年度归属于上市公司股东的净利润将产生正面影响。

（三）董事会关于本次会计估计变更合理性的说明

董事会认为：公司对部分固定资产折旧年限进行调整，符合公司实际情况和相关规定，能够更真实、完整地反映公司的财务状况和经营成果，使财务会计信息更加客观、真实和公允。部分固定资产折旧年限的调整符合《企业会计准则》等相关规定。

（四）独立董事意见与监事会意见

公司对部分固定资产折旧年限进行调整，符合《企业会计准则》的相关规定和公司的实际情况，执行变更后更利于客观、公允地反映公司的财务状况和经营成果。会计估计变更的相关决策程序符合有关法律法规和《公司章程》的规定，不存在损害公司及股东利益的情形。同意本次调整部分固定资产折旧年限的事项。

通过调整固定资产折旧年限增利，此前也被多行业多家企业所使用，特别是一些钢铁企业，如武钢股份、新钢股份、南钢股份、华菱钢铁、韶钢松山等通过延长折旧年限增加利润。

请思考：如何防范企业利用固定资产折旧政策的变更操纵利润？

（资料来源：深圳证券交易所，湖北新洋丰肥业股份有限公司关于调整部分固定资产折旧年限的公告，http：//www. szse. cn/disclosure/listed/bulletinDetail/index. html？0e7934f6 - 1991 - 4c8f - a838 - 0c73ebfc742c）

第一节　固定资产概述

一、固定资产的概念

（一）固定资产的定义

我国《企业会计准则第4号——固定资产》指出，“固定资产”是指同时具有下列两个特征的有形资产：（1）为生产商品、提供劳务、出租或经营管理而持有的；（2）使用寿命超过一个会计年度。使用寿命是指企业使用固定资产的预计期间，或者该固定资产所能生产产品或提供劳务的数量。

另外，实务中，对不属于生产经营主要设备的物品，如果单位价值在2 000元以上，并且使用年限超过2年的，也作为固定资产进行处理。

（二）固定资产的特征

固定资产一般包括房屋、建筑物、机器、机械、运输工具以及其他与生产经营有关的设备、器具、工具等。这些固定资产在生产经营中所起的作用也是不同的。有些固定资产直接参加劳动过程，如机器设备、生产工具等；有些固定资产起到辅助生产的作用，如动力设备、传导设备、运输工具等；还有一些固定资产是生产经营存在的必要条件，如房屋、建筑物等。无论固定资产的作用如何，都具备如下主要特征。

1. 为生产商品、提供劳务、出租或经营管理而持有。企业持有固定资产的目的是生产商品、提供劳务、出租或经营管理，即企业持有的固定资产是企业的劳动工具或手段，而不是用于出售的产品。其中，“出租”的固定资产是指企业以经营租赁方式出租的机器设备类固定资产，不包括以经营租赁方式出租的建筑物，后者属于企业的投资性房地产，不属于固定资产。

2. 使用寿命超过一个会计年度。固定资产的使用寿命，是指企业使用固定资产的预计期间，或者该固定资产所能生产产品或提供劳务的数量。通常情况下，固定资产的使用寿命是指使用固定资产的预计期间，比如自用房屋建筑物的使用寿命表现为企业对该建筑物的预计使用年限。对于某些机器设备或运输设备等固定资产，其使用寿命表现为以该固定资产所能生产产品或提供劳务的数量，例如汽车或飞机等，按其预计行驶或飞行里程估计使用寿命。

3. 固定资产是有形资产。固定资产具有实物特征，这一特征将固定资产与无形资产区别开来。有些无形资产可能同时符合固定资产的其他特征，如无形资产为生产商品、提供劳务而持有，使用寿命超过一个会计年度，但是由于其没有实物形态，所以不属于固定资产。

二、固定资产的分类

企业的固定资产根据不同的管理需要和核算要求以及不同的分类标准，可以进行不同的分类，主要有以下几种分类方法。

（一）按固定资产的经济用途分类

按固定资产的经济用途分类，可分为生产经营用固定资产和非生产经营用固定资产。

1. 生产经营用固定资产。是指直接服务于企业生产、经营过程的各种固定资产，如生产经营用的房屋、建筑物、机器、设备、器具、工具等。

2. 非生产经营用固定资产。是指不直接服务于生产、经营过程的各种固定资产，如职工宿舍、食堂、浴室、理发室等使用的房屋、设备和其他固定资产等。

（二）按固定资产使用情况分类

按固定资产使用情况分类，可分为使用中固定资产、未使用固定资产和不需用固定资产。

1. 使用中固定资产。是指正在使用中的经营性和非经营性固定资产。由于季节性经营或大修理等原因，暂时停止使用的固定资产仍属于企业使用中的固定资产，企业出租（经营性租赁）给其他单位使用的固定资产和内部替换使用的固定资产也属于使用中的固定资产。

2. 未使用固定资产。是指已完工或已购建的尚未正式使用的新增固定资产以及因进行改建、扩建等原因暂停使用的固定资产，如企业购建的尚未正式使用的固定资产、经营任务变更停止使用的固定资产及主要的备用设备等。

3. 不需用固定资产。是指企业多余的或不适用的各种固定资产。

（三）按固定资产的所有权分类

按固定资产的所有权分类，可分为自有固定资产和租入固定资产。

1. 自有固定资产。是指企业拥有的可供企业自由地支配使用的固定资产。

2. 租入固定资产。是指企业采用租赁的方式从其他单位租入的固定资产。租入固定资产可分为经营性租入固定资产和融资租入固定资产。

三、固定资产的确认条件

固定资产在符合定义的前提下，应当同时满足以下两个条件，才能加以确认。

（一）与该固定资产有关的经济利益很可能流入企业

资产最重要的特征是预期会给企业带来经济利益。企业在确认固定资产时，需要判断与该项固定资产有关的经济利益是否很可能流入企业。如果与该项固定资产有关的经济利益很可能流入企业，并同时满足固定资产确认的其他条件，那么企业应将其确认为固定资产；否则不应将其确认为固定资产。

（二）该固定资产的成本能够可靠地计量

成本能够可靠地计量是资产确认的一项基本条件，企业在确定固定资产成本时必须取得确凿的证据，但是，有时需要根据所获得的最新资料对固定资产的成本进行合理的估计。例如，企业对于已达到预定可使用状态但尚未办理竣工决算的固定资产，需要根据工程预算、工程造价或者工程实际发生的成本等资料，按估计价值确定其成本，办理竣工决算后，再按照实际成本调整原来的暂估价值。

四、固定资产核算的账户设置

1. “固定资产”账户。该账户核算企业所有固定资产的原价。借方登记企业增加的固定资产的原价。贷方登记企业减少的固定资产的原价。期末借方余额反映固定资产的原价。

2.“累计折旧”账户。该账户是“固定资产”的调整账户，核算企业固定资产的累计折旧数额。贷方登记企业计提的固定资产折旧。借方登记处置固定资产转出的累计折旧。期末贷方余额反映企业固定资产折旧的累计数。

3.“在建工程”账户。该账户核算企业基建、技改等在建工程发生的价值。企业与固定资产有关的后续支出，包括固定资产发生的日常修理费、大修理费用、更新改造支出、房屋的装修费用等，满足固定资产准则规定的固定资产确认条件的，也在本科目核算。

该账户借方登记企业各项在建工程的实际支出。贷方登记完工工程转出的实际支出。期末借方余额，反映尚未完工的工程实际成本。

4.“工程物资”账户。该账户核算企业为在建工程准备的各种物资的价值，包括工程用材料、尚未安装的设备以及为生产准备的工器具等。借方登记购入工程物资的实际成本。贷方登记领出工程物资的实际成本。期末借方余额反映企业库存工程物资的实际成本。

5.“固定资产清理”账户。该账户核算企业因出售、报废和毁损、对外投资、非货币性资产交换、债务重组等原因转出的固定资产价值及其在清理过程中所发生的清理税费和清理收入等。

借方登记转出的固定资产、清理过程中支付的相关税费及其他费用。贷方登记清理固定资产的变价收入和应由保险公司或过失人承担的损失等。期末借方余额反映企业尚未清理完毕的固定资产清理净损失。

6.“固定资产减值准备”账户。该账户核算企业固定资产发生减值时计提的减值准备。贷方登记资产负债表日，企业根据资产减值准则确定固定资产发生的减值。借方登记处置固定资产时，结转的已计提固定资产减值准备。期末贷方余额，反映企业已计提但尚未转销的固定资产减值准备。

第二节　固定资产的初始计量

固定资产的初始计量是指固定资产的取得成本。取得成本包括企业为购建某项固定资产达到预定可使用状态前所发生的一切合理、必要的支出。

一、固定资产成本的构成

在实务中，企业取得固定资产的方式是多种多样的，包括外购、自行建造、投资者投入以及非货币性资产交换、债务重组、企业合并和融资租赁等，取得的方式不同，其成本的具体构成内容及确定方法也不尽相同。

（一）外购固定资产的成本构成

外购固定资产的成本，包括购买价款、相关税费、使固定资产达到预定可使用状态前所发生的可归属于该项资产的运输费、装卸费、安装费和专业人员服务费等。以一笔款项购入多项没有单独标价的固定资产，应当按照各项固定资产公允价值所占的比例对总成本进行分配，分别确定各项固定资产的初始成本。

（二）自行建造固定资产的成本构成

自行建造固定资产的成本，由建造该项资产达到预定可使用状态前所发生的必要支出构成。

（三）投资者投入固定资产的成本构成

投资者投入固定资产的成本，应当按照投资合同或协议约定的价值确定，但合同或协议约定价值不公允的除外。

（四）融资租入固定资产的成本构成

我国《企业会计准则21号——租赁》规定，融资租入的固定资产按租赁开始日租赁资产的公允价值与最低租赁付款额的现值两者中较低者作为入账价值。

最低租赁付款额是指在租赁期内，承租企业应支付或可能被要求支付的各种款项（不包括或有租金和履约成本），加上由承租企业或与其有关的第三方担保的资产余值。如果承租企业有购买租赁资产的选择权，所订立的购价预计将远低于行使选择权时租赁资产的公允价值，因而在租赁开始日就可以合理确定承租企业将会行使这种选择权，则购买价格也应包括在最低租赁付款额内。资产余值是指租赁开始日估计的租赁期届满时租赁资产的公允价值。

承租企业在计算最低租赁付款额的现值时，如果知悉出租人的租赁内含利率，应以出租人的租赁内含利率作为折现率；如果无法知悉出租人的租赁内含利率，应以租赁合同规定的利率作为折现率；如果两者均无法知悉，应以同期银行贷款利率作为折现率。

如果融资租赁资产占企业资产总额的比例等于或小于30%的，在租赁开始日，也可按最低租赁付款额作为固定资产的入账价值。

（五）其他途径取得固定资产的成本构成

企业取得固定资产的其他方式与存货类似，也主要包括非货币性资产交换、债务重组、企业合并等。

1. 债务重组取得的固定资产，其入账价值应当按照受让固定资产的公允价值确定。

2. 通过非货币性资产交换取得的固定资产，如果换入固定资产和换出固定资产的公允价值能够可靠计量，应当以换出固定资产的公允价值作为换入固定资产成本的基础。

3. 盘盈固定资产的成本。盘盈的固定资产，作为前期差错处理，在按管理权限报经批准处理前，应先通过“以前年度损益调整”科目核算。

二、固定资产的初始计量

企业取得的固定资产，主要包括外购的固定资产和自行建造的固定资产等。

（一）外购固定资产的初始计量

企业外购的固定资产可分为不需要安装的固定资产和需要安装的固定资产两种情形。企业外购固定资产增值税专用发票所列应交增值税税额一般不能计入固定资产价值，而作为进项税额单独核算。

1. 购入不需要安装的固定资产。企业购入不需安装的固定资产，原始价值应根据实际支付的买价和包装运输杂费计算，借记“固定资产”账户，根据可抵扣的增值税进项税额，借记“应交税费——应交增值税（进项税额）”账户，根据支付的全部价款，贷记“银行存款”“应付账款”等账户。

企业如果一揽子买进若干项可独立使用的固定资产，支付的全部价款应按合理的分配标准在各项固定资产之间进行分配。

取得成本为企业实际支付的购买价款、包装费、运杂费、保险费、专业人员服务费和相关税费（不含可抵扣的增值税进项税额）等，其会计处理如下。

【例6-1】 A企业购入一台不需要安装的设备，发票上注明设备价款30 000元，应交增值税3 900元，支付的场地整理费、运输费、装卸费等合计1 200元。假设不考虑其他相关税费，上述款项企业已用银行存款支付。其账务处理如下：

借：固定资产	31 200	
应交税费——应交增值税（进项税额）	3 900	
贷：银行存款		35 100

2. 购入需要安装的固定资产。如果企业购入的是需要安装的固定资产，由于从固定资产运抵企业到交付使用，尚需经过安装和调试过程，并会发生安装调试成本。取得成本是在前者取得成本的基础上，加上安装调试成本等。因此，应先通过“在建工程”账户核算购置固定资产所支付的价款、运输费和安装成本等，待固定资产安装完毕并达到预定可使用状态后，再将“在建工程”账户归集的固定资产成本一次转入“固定资产”账户。

企业购入需要安装的固定资产，应根据实际支付的买价、包装运杂费，借记“在建工程”账户，根据可抵扣的增值税进项税额，借记“应交税费——应交增值税（进项税额）”账户，根据实际支付的价款，贷记“银行存款”“应付账款”等账户。

企业发生的安装费，应计入安装工程成本，借记“在建工程”“应交税费——应交增值税（进项税额）”等账户，贷记“工程物资”“原材料”“应付职工薪酬”“银行存款”等账户。

安装工程完工，固定资产交付使用后，根据其全部安装工程成本，借记“固定资产”账户，贷记“在建工程”账户。

【例 6 - 2】 A 企业购入一台需要安装的生产用机器设备，取得的增值税专用发票上注明的设备价款为 50 万元，增值税进项税额为 65 000 元，支付的运输费为 2 500 元（不含增值税），运输费适用的增值税税率为 9%，款项已通过银行支付；安装设备时，领用本公司原材料一批，价值 3 万元，购进该批原材料时支付的增值税进项税额为 3 900 元；支付安装工人的工资为 4 900 元。假定不考虑其他相关税费，其账务处理如下：

①支付设备价款、增值税、运输费合计为 567 725 元。

借：在建工程　　502 500

　　应交税费——应交增值税（进项税额）（65 000 + 2 500 × 9%）

　　　　65 225

　贷：银行存款　　567 725

②领用本公司原材料、支付安装工人工资等费用合计为 34 900 元。

借：在建工程　　34 900

　贷：原材料　　30 000

　　　应付职工薪酬　　4 900

③设备安装完毕达到预定可使用状态。

借：固定资产　　537 400

　贷：在建工程　　537 400

3. 融资购入固定资产。企业购买固定资产通常在正常信用条件期限内付款，但也发生超过正常信用条件购买固定资产的经济业务，如采用分期付款方式购买资产，且在合同中规定的付款期限比较长，超过了正常信用条件。在这种情况下，该项购货合同实质上具有融资性质，购入固定资产的成本不能以各期付款额之和确定，而应以各期付款额的现值之和确定。固定资产购买价款的现值，应当按照各期支付的价款选择恰当的折现率进行折现后金额加以确定。折现率是反映当前市场货币时间价值和延期付款债务特点风险的利率。该折现率实质上是供货企业的必要报酬率。各期实际支付的价款之和与其现值之间的差额，在达到预定可使用状态之前符合《企业会计准则第 17 号——借款费用》规定的资本化条件的，应当通过在建工程计入固定资产成本，其余部分应当在信用期间内确认为财务费用，计入当期损益。其账务处理如下：

借：固定资产或在建工程（按购买价款的现值）

　贷：长期应付款（按应支付的金额）

　　　未确认融资费用（按其差额）

【例 6 - 3】 2 × 18 年 1 月 1 日，甲公司与乙公司签订一项购货合同，甲公司从乙公司购入一台需要安装的特大型设备。合同约定，甲公司采用分期付款方式支付价款。该设备价款共计 900 万元（不考虑增值税），2 × 18 年至 2 × 22 年的 5

年内每半年支付90万元，每年的付款日期分别为当年6月30日和12月31日。

2×18年1月1日，设备如期运抵甲公司并开始安装。2×18年12月31日，设备达到预定可使用状态，发生安装费398 530.60元，已用银行存款付讫。假定甲公司适用的6个月的折现率为10%。

①购买价款的现值 = 900 000 ×（P/A，10%，10）= 900 000 × 6.1446 = 5 530 140（元）

2×18年1月1日，甲公司的账务处理如下：

借：在建工程——××设备　　5 530 140
　　未确认融资费用　　3 469 860
　　贷：长期应付款——乙公司　　9 000 000

②确定信用期间未确认融资费用的分摊额，如表6－2所示。

表6－2　　未确认融资费用分摊表　　单位：元

日期	分期付款额	确认的融资费用	应付本金减少额	应付本金余额
	A	B = 期初 D × 10%	C = A − B	期末 D = 期初 D − C
2018.01.01				5 530 140
2018.06.30	900 000	553 014	346 986	5 183 154
2018.12.31	900 000	518 315.40	381 684.60	4 801 469.40
2019.06.30	900 000	480 146.94	419 853.06	4 381 616.34
2019.12.31	900 000	438 161.63	461 838.37	3 919 777.97
2020.06.30	900 000	391 977.80	508 022.20	3 411 755.77
2020.12.31	900 000	341 175.58	558 824.42	2 852 931.35
2021.06.30	900 000	285 293.14	614 706.86	2 238 224.49
2021.12.31	900 000	223 822.45	676 177.55	1 562 046.94
2022.06.30	900 000	156 204.69	743 795.31	818 251.63
2022.12.31	900 000	81 748.37 *	818 251.63	0
合　计	9000 000	3 469 860	5 530 140	0

注：*尾数调整，81 748.37 = 900 000 − 818 251.63，818 251.63为最后一期应付本金余额。

③2×18年1月1日~2×18年12月31日为设备的安装期间，未确认融资费用的分摊金额符合资本化条件，计入固定资产成本。2×18年6月30日甲公司的账务处理如下：

借：在建工程——××设备　　553 014
　　贷：未确认融资费用　　553 014
借：长期应付款——乙公司　　900 000
　　贷：银行存款　　900 000

2×18年12月31日甲公司的账务处理如下：

借：在建工程——××设备　　518 315.40
　　贷：未确认融资费用　　518 315.40
借：长期应付款——乙公司　　900 000
　　贷：银行存款　　900 000

借：在建工程——××设备　　398 530.60
　　贷：银行存款　　398 530.60
借：固定资产——××设备　　7 000 000
　　贷：在建工程——××设备　　7 000 000
固定资产成本=5 530 140+553 014+518 315.40+398 530.60
　　=7 000 000（元）

④2×19年1月1日~2×19年12月31日，该设备已经达到预定可使用状态，未确认融资费用的分摊金额不再符合资本化条件，应计入当期损益。

2×19年6月30日甲公司的账务处理如下：

借：财务费用　　480 146.94
　　贷：未确认融资费用　　480 146.94
借：长期应付款——乙公司　　900 000
　　贷：银行存款　　900 000

以后期间的账务处理与2×19年6月30日相同，此处略。

（二）自行建造固定资产的初始计量

企业自行建造的固定资产成本包括工程物资成本、人工成本、交纳的相关税费、应予以资本化的借款费用以及应分摊的间接费用等。企业自行建造的固定资产按营建方式的不同，可分为自营建造和出包建造两种方式。

1. 自营方式建造固定资产。企业以自营方式建造固定资产，意味着企业自行组织工程物资采购，自行组织施工人员从事工程施工。实务中，企业较少采用自营方式建造固定资产，多数情况下采用出包方式。企业如有以自营方式建造固定资产，其成本应当按照直接材料、直接人工、直接机械施工费等计量。具体内容如下。

（1）企业为建造固定资产准备的各种物资应当按照实际支付的买价、运输费、保险费等相关税费作为实际成本。用于生产设备的工程物资，其进项税额可以抵扣。

（2）建设期间发生的工程物资盘亏、报废及毁损，减去残料价值以及保险公司、过失人等赔款后的净损失，计入所建工程项目的成本；盘盈的工程物资或处置净收益，冲减所建工程项目的成本。工程完工后发生的工程物资盘盈、盘亏、报废、毁损，计入当期损益。

（3）建造固定资产领用工程物资、原材料或库存商品，应按其实际成本转入所建工程成本。自营方式建造固定资产应负担职工薪酬和辅助生产部门为之提供的水、电、修理、运输等劳务，以及其他必要支出等也计入所建工程项目的成本。

（4）符合资本化条件，应计入所建造固定资产成本的借款费用，按照《企业会计准则第17号——借款费用》的有关规定处理。

（5）所建造的固定资产已达到预定可使用状态，但尚未办理竣工决算的，应当自达到预定可使用状态之日起，根据工程预算、造价或者工程实际成本等，按暂估价值转入固定资产，并按有关计提固定资产折旧的规定，计提固定资产折旧。待办理了竣工决算手续后再调整原来的暂估价值，但不需要调整原来的折旧额。

(6) 企业以自营方式建造固定资产，发生的工程成本应通过"在建工程"账户核算，工程完工达到预定可使用状态时，从"在建工程"账户转入"固定资产"账户。

【例6-4】A企业利用剩余生产能力自行制造一台设备。在建造过程中主要发生下列支出：

2×20年3月6日用银行存款购入工程物资113 000元，其中，价款100 000元，应交增值税13 000元，工程物资验收入库。

2×20年3月20日工程开始，当日实际领用工程物资100 000元；领用库存材料一批，实际成本6 000元；领用库存产成品若干件，实际成本8 100元，计税价格12 000元，计算应交的增值税销项税额1 560元；辅助生产部门为工程提供水、电等劳务支出共计5 000元，工程应负担直接人工费10 200元。

2×20年4月30日工程完工，并达到预定可使用状态。

其账务处理如下：

①2×20年3月6日，购入工程物资、验收入库。

借：工程物资　　100 000
　　应交税费——应交增值税（待抵扣进项税额）　　13 000
　　贷：银行存款　　113 000

②2×20年3月20日，领用工程物资，投入自营工程。

借：在建工程　　100 000
　　贷：工程物资　　100 000

③2×20年3月20日，领用库存材料。

借：在建工程　　6 000
　　贷：原材料　　6 000

④2×20年3月20日，领用库存产成品。

借：在建工程　　8 100
　　贷：库存商品　　8 100

⑤结转应由工程负担的水电费。

借：在建工程　　5 000
　　贷：生产成本　　5 000

⑥结转应由工程负担的直接人工费。

借：在建工程　　10 200
　　贷：应付职工薪酬　　10 200

⑦2×20年4月30日，工程完工并达到预定可使用状态时，计算并结转工程成本。

设备制造成本 = 100 000 + 6 000 + 8 100 + 5 000 + 10 200 = 129 300（元）

借：固定资产　　129 300

　　贷：在建工程　　129 300

2. 出包方式建造固定资产。在出包方式下，企业采用招标等方式将工程项目发包给建造商，由建造商组织施工建筑工程和安装工程。以出包方式建造固定资产，其成本由建造该项固定资产达到预定可使用状态前所发生的必要支出构成，包括发生的建筑工程支出、安装工程支出以及需分摊计入各固定资产价值的待摊支出。

（1）建筑工程和安装工程支出。由于建筑工程、安装工程采用出包方式发包给建造承包商承建，因此，工程的具体支出，如人工费、材料费、机械使用费等由建造承包商核算。发包企业按照合同规定的结算方式和工程进度定期与建造承包商办理工程价款结算，结算的工程价款计入在建工程成本。

（2）待摊支出。待摊支出是指在建设期间发生的不能直接计入某项固定资产价值，而应由所建造固定资产共同负担的相关费用，包括为建造工程发生的管理费、征地费、可行性研究费、临时设施费、公证费、监理费、应负担的税金、符合资本化条件的借款费用和建设期间发生的工程物资盘亏、报废及毁损净损失，以及负荷联合试车费等。企业为建造固定资产通过出让方式取得土地使用权而支付的土地出让金不计入在建工程成本，应确认为无形资产（土地使用权）。

【例6-5】 2×20年4月12日，甲公司将一幢新建厂房的工程出包给丙公司承建，按规定先向丙公司预付工程款300 000元。2×20年10月22日工程完工，并达到预定可使用状态。甲公司收到丙公司有关工程结算单据，工程价款总额为650 000元，甲公司补付工程价款350 000元。其账务处理如下：

①预付工程价款。

借：预付账款　　300 000

　　贷：银行存款　　300 000

②进行工程款结算，并补付工程价款。

借：在建工程　　650 000

　　贷：预付账款　　300 000

　　　　银行存款　　350 000

③工程达到预定可使用状态。

借：固定资产　　650 000

　　贷：在建工程　　650 000

（三）投资者投入固定资产的初始计量

投资者投入固定资产的成本，应当按照投资合同或协议约定的价值确定，但合同或协议约定价值不公允的除外。在投资合同或协议约定价值不公允的情况下，按照该项固定资产的公允价值作为入账价值。固定资产的入账价值与实收资本或股本的差额记入“资本公积”账户。

【例6-6】某企业根据投资各方达成的协议，按资产评估确认的价值作为投资各方投入资本价值确认的标准。其中A股东以一座厂房作为投资投入该公司，该厂房经评估确认价值为1 200 000元，按协议可折换成每股面值为1元、数量为1 000 000股股票的股权。假设不存在相关税费。其账务处理如下：

借：固定资产 1 200 000

  贷：股本——A股东 1 000 000

    资本公积 200 000

（四）存在弃置费用固定资产的初始计量

固定资产的弃置费用通常是指根据国家法律和行政法规、国际公约等规定，企业承担的环境保护和生态恢复等义务所规定的支出，如核电站、油气资产等的弃置和恢复环境义务等，预计发生的大额支出即为弃置费用。该固定资产预计发生的弃置费用应计入固定资产的原始价值，通过折旧方式予以补偿，但是，由于弃置费用的数额一般较大，且支出的时间也较久远，因此，弃置费用应按照取得固定资产时的实际利率进行折现，将其现值计入固定资产的原始价值，借记“固定资产”“在建工程”等账户，贷记“预计负债”账户。

预计未来发生的弃置费用与其现值之间的差额，应在固定资产使用期间内，分期确认为财务费用。企业应根据预计负债的账面价值和取得固定资产时的实际利率，确认各期应负担的财务费用，借记“财务费用”账户，贷记“预计负债”账户。

注意：一般工商企业的固定资产发生的报废清理费用不属于弃置费用，应当在发生时作为固定资产处置费用处理。

【例6-7】A企业经国家批准于2×20年1月1日建造完成核电站核反应堆并交付使用，建造成本为2 500 000万元，预计使用寿命40年。根据法律规定，该核反应堆将会对当地的生态环境产生一定的影响，根据法律规定，企业应在该项设施使用期满后将其拆除，并对其造成的污染进行整治，预计发生弃置费用250 000万元。假定适用的折现率为10%。

核反应堆属于特殊行业的特殊固定资产，确定其成本时应考虑弃置费用。有关的账务处理如下（金额单位：万元）：

①2×20年1月1日：

弃置费用现值＝250 000×（P/F，10%，40）＝250 000×0.0221

＝5 525（万元）

固定资产成本＝2 500 000＋5 525＝2 505 525（万元）

借：固定资产——××核反应堆 2 505 525

  贷：在建工程——××核反应堆 2 500 000

    预计负债——××核反应堆——弃置费用 5 525

②第1年应负担的利息费用＝5 525×10%＝552.5（万元）

借：财务费用 552.5

贷：预计负债——××核反应堆——弃置费用　552.5

以后年度，企业应当按照实际利率法计算确定每年财务费用。

第2年增加的利息计入财务费用和预计负债：

(5 525 + 552.5) × 10% = 607.75（万元）

第2年该项预计负债余额 = 5 525 + 552.5 + 607.75 = 6 685.25（万元）

以后年度依此类推。

第三节　固定资产的后续计量

固定资产的后续计量是指固定资产在其后期存续过程中变化的价值金额以及最终价值额的确定。固定资产后续计量主要包括固定资产折旧的计提、减值损失的确定以及后续支出的计量三项业务。其中，固定资产的减值应当按照《企业会计准则第8号——资产减值》的规定处理。

一、固定资产折旧

（一）固定资产折旧的含义

我国《企业会计准则第4号——固定资产》对固定资产折旧定义为：固定资产折旧是指在固定资产使用寿命内，按照确定的方法对应计折旧额进行系统分摊。应计折旧额是指应当计提折旧的固定资产的原价扣除其预计净残值后的金额。如果已对固定资产计提减值准备，还应当扣除已计提的固定资产减值准备累计金额。

（二）影响固定资产折旧的因素

影响固定资产折旧计算的因素主要有四个，即原始价值、预计净残值、固定资产减值准备和固定资产的使用寿命。

1. 原始价值。原始价值是指固定资产的实际取得成本。

2. 预计净残值。预计净残值是指假定固定资产预计使用寿命已满并处于使用寿命终了时的预期状态，企业目前从该项资产处置中获得的扣除预计处置费用后的金额。

3. 固定资产减值准备。固定资产减值准备是指固定资产已经计提的固定资产减值准备累计金额。固定资产计提固定资产减值准备后，应当在剩余使用寿命内根据调整后的固定资产账面价值（固定资产账面金额扣减累计折旧和累计减值准备后的金额）和预计净残值重新计算确定折旧率和折旧额。

4. 固定资产的使用寿命。固定资产的使用寿命是指企业使用固定资产的预计期间，或者该固定资产所能生产产品或提供劳务的数量。企业确定固定资产使用寿命时，应当考虑下列因素。

（1）该项资产预计生产能力或实物产量。

（2）该项资产预计有形损耗，指固定资产在使用过程中，由于正常使用和自然力的作用而引起的使用价值和价值的损失，如设备使用中发生磨损、房屋建筑物受到自然侵蚀等。

（3）该项资产预计无形损耗，指由于科学技术的进步和劳动生产率的提高而带来的固定资产价值上的损失，如因新技术的出现而使现有的资产技术水平相对陈旧、市场需求变化使产品过时等。

（4）法律或者类似规定对该项资产使用的限制。某些固定资产的使用寿命可能受法律或类似规定的约束，例如，对于融资租赁的固定资产，根据《企业会计准则第 21 号——租赁》的规定，能够合理确定租赁期届满时将会取得租赁资产所有权的，应当在租赁资产使用寿命内计提折旧；如果无法合理确定租赁期届满时能够取得租赁资产所有权的，应当在租赁期与租赁资产使用寿命两者中较短的期间内计提折旧。

（三）固定资产折旧的范围

企业应当对所有的固定资产计提折旧，但是已提足折旧仍继续使用的固定资产和单独计价入账的土地除外。在确定计提折旧的范围时还应注意以下三点。

（1）固定资产应当按月计提折旧，并根据用途计入相关资产的成本或者当期损益。固定资产应自达到预定可使用状态时开始计提折旧，终止确认时或划分为持有待售非流动资产时停止计提折旧。为了简化核算，当月增加的固定资产，当月不计提折旧，从下月起计提折旧；当月减少的固定资产，当月仍计提折旧，从下月起不计提折旧。

（2）固定资产提足折旧后，不论能否继续使用，均不再计提折旧，提前报废的固定资产也不再补提折旧。所谓提足折旧是指已经提足该项固定资产的应计折旧额。

（3）已达到预定可使用状态但尚未办理竣工决算的固定资产，应当按照估计价值确定其成本，并计提折旧；待办理竣工决算后再按实际成本调整原来的暂估价值，但不需要调整原已计提的折旧额。

（四）固定资产折旧方法

企业应当根据与固定资产有关的经济利益的预期消耗方式，合理选择折旧方法。可选用的折旧方法包括使用年限法、工作量（小时）法、双倍余额递减法和使用年数总和法等。企业选用不同的固定资产折旧方法，将影响固定资产使用寿命期间内不同时期的折旧费用，因此，固定资产的折旧方法一经确定，不得随意变更。如需变更应当按规定程序报经批准后备案，并在会计报表附注中进行说明。

1. 使用年限法。使用年限法又叫作年限平均法、直线法，是指将固定资产的应计折旧额均衡地分摊到固定资产预计使用寿命内的一种方法。采用这种方法计算的每期折旧额均相等。其计算公式如下：

$$年折旧率=\frac{1-预计净残值率}{预计使用年限}\times 100\%$$

$$预计净残值率=\frac{预计净残值}{原始价值}\times 100\%$$

年折旧额 = 固定资产原价 × 年折旧率

月折旧率 = 年折旧率 ÷ 12

月折旧额 = 固定资产原价 × 月折旧率

【例6－8】A企业的一座厂房原始价值为500 000元，预计可使用20年，按照有关规定，该厂房报废时的净残值率为4%，按照使用年限法计提折旧。见表6－3。

$$年折旧率=\frac{1-预计净残值率}{预计使用年限}\times 100\%=\frac{1-4\%}{20}\times 100\%=4.8\%$$

年折旧额 = 固定资产原价 × 年折旧率 = 500 000 × 4.8% = 24 000（元）

月折旧率 = 年折旧率 ÷ 12 = 4.8% ÷ 12 = 0.4%

月折旧额 = 固定资产原价 × 月折旧率 = 500 000 × 0.4% = 2 000（元）

表6－3　使用年限法下各年折旧额计算表　单位：元

使用年次	年折旧额	累计折旧额	账面净值
购置时			500 000
1	24 000	24 000	476 000
2	24 000	48 000	452 000
……	24 000	……	……
19	24 000		
20	24 000	480 000	20 000
合　计	480 000	—	—

2. 工作量法。工作量法是以固定资产预计可完成的工作总量为分摊标准，根据各年实际完成的工作量计算折旧的一种方法。采用这种折旧方法，各年折旧额的大小随工作量的变动而变动，因而也称为变动费用法。采用工作量法计算折旧的原理和年限平均法相同，只是将分配折旧额的标准由使用年限改成了工作量，因此，工作量法实际上是年限平均法的一种演变。所以，工作量法也被归类为直线法。工作量法计算折旧的过程是分两个步骤来完成的，首先要计算固定资产单位工作量的折旧额，在此基础上再根据每期实际工作量的多少计算当期的折旧额。其计算公式如下：

$$单位工作量折旧额=\frac{原始价值\times(1-预计净残值率)}{预计工作量总额}$$

年折旧额 = 某年实际完成的工作量 × 单位工作量折旧额

【例6－9】A企业的一台机器设备原价为800 000元，预计生产产品产量为

4 000 000 个，预计净残值率为5%，本月生产产品40 000 个。假设该公司没有对该机器设备计提减值准备，则该台机器设备本月折旧额计算如下：

$$单位工作量折旧额=\frac{原始价值\times(1-预计净残值率)}{预计工作量总额}=\frac{800\ 000\times(1-5\%)}{4\ 000\ 000}$$

$$=0.19（元/个）$$

本月折旧额 = 本月实际完成的工作量 × 单位工作量折旧额 = 40 000 × 0.19

= 7 600（元）

3. 双倍余额递减法。双倍余额递减法是以双倍的直线折旧率作为加速折旧率，乘以各年年初固定资产账面净值计算各年折旧额的一种方法。双倍余额递减法折旧额的计算用公式表示如下：

$$年折旧率=\frac{1}{预计使用年限}\times 2\times 100\%$$

某年的折旧额 = 该年年初固定资产账面价值 × 年折旧率

【例6-10】 A企业的一台设备采用双倍余额递减法计算各年折旧额。该设备原始价值为100 000元，预计使用5年，预计净残值3 100元。见表6-4。

$$年折旧率=\frac{1}{预计使用年限}\times 2\times 100\%=\frac{1}{5}\times 2\times 100\%=40\%$$

表6-4　双倍余额递减法各年折旧额计算表　单位：元

使用年次	折旧率（%）	年折旧额	累计折旧额	账面净值
购置时				100 000
1	40	40 000	40 000	60 000
2	40	24 000	64 000	36 000
3	40	14 400	78 400	21 600
4	—	9 250	87 650	12 350
5	—	9 250	96 900	3 100
合　计		96 900	—	—

第4年、第5年的折旧额均为9 250元。这是双倍余额递减法转换为直线法的处理。这种转换所需条件如下：

$$\frac{固定资产账面净值-预计净残值}{剩余使用年限}>该年继续使用双倍余额递减法计算的折旧金额$$

根据本例中的资料，$\frac{21\ 600-3\ 100}{2}$（9 250）> 21 600 × 40%（8 640）

为简化折旧的计算，我国现行会计准则规定，在固定资产预计使用年限到期前两年，就要就进行双倍余额递减法到直线法的转换。

4. 使用年数总和法。使用年数总和法也叫年限积数法，是以计算折旧当年年初固定资产尚可使用年数作分子，以各年年初固定资产尚可使用年数的总和作分母，分别确定各年折旧率，然后用各年折旧率乘以应提折旧额计算每年折旧额的一种方法。其计算公式如下：

$$年折旧率 = \frac{期初尚可使用年限}{各期期初尚可使用年限总和} \times 100\%$$

月折旧率 = 年折旧率 ÷ 12

月折旧额 = （原始价值 - 预计净残值） × 月折旧率

【例 6 - 11】 承〖例 6 - 10〗，采用年数总和法计算各年折旧额。各年折旧额见表 6 - 5。

表 6 - 5　　年数总和法各年折旧额计算表　　单位：元

使用年次	折旧率	年折旧额	累计折旧额	账面净值
购置时				100 000
1	$\frac{5}{15}$	32 300	32 300	67 700
2	$\frac{4}{15}$	25 840	58 140	41 860
3	$\frac{3}{15}$	19 380	77 520	22 480
4	$\frac{2}{15}$	12 920	90 440	9 560
5	$\frac{1}{15}$	6 460	96 900	3 100
合　计		96 900	—	—

（五）固定资产折旧的会计处理

固定资产应当按月计提折旧，计提的折旧应通过“累计折旧”账户核算，并根据用途计入相关资产的成本或者当期损益。

（1）企业基本生产车间所使用的固定资产，其计提折旧应计入制造费用。

（2）企业管理部门使用的固定资产，其计提的折旧应计入管理费用。

（3）销售部门所使用的固定资产，其计提的折旧应计入销售费用。

（4）自行建造固定资产过程中使用的固定资产，其计提的折旧应计入在建工程。

（5）经营性出租的固定资产，其计提的折旧应计入其他业务成本。

（6）未使用的固定资产，其计提的折旧应计入管理费用。

【例 6 - 12】 2×20 年 8 月 31 日，某公司编制的固定资产折旧计算表见表 6 - 6。

表 6 - 6　　固定资产累计折旧表　　单位：元

使用部门	固定资产项目	上月折旧额	上月增加固定资产		上月减少固定资产		本月折旧额	费用分配
			原价	月折旧额	原价	月折旧额		
一车间	厂房	60 000					60 000	制造费用
	机器设备	180 000	90 000	8 500	70 000	5 900	182 600	
	其他设备	20 000					20 000	
	小计	260 000	90 000	8 500	70 000	5 900	262 600	

续表

使用部门	固定资产项目	上月折旧额	上月增加固定资产		上月减少固定资产		本月折旧额	费用分配
			原价	月折旧额	原价	月折旧额		
二车间	厂房	40 000	80 000	7 600			47 600	制造费用
	机器设备	70 000			20 000	1 800	68 200	
	小计	110 000	80 000	7 600	20 000	1 800	115 800	
厂部	办公楼	30 000					30 000	管理费用
	办公设备	23 000			30 000	2 400	20 600	
	运输工具	8 000					8 000	
	小计	61 000			30 000	2 400	58 600	
销售部门	办公室	4 000					4 000	销售费用
	办公设备	2 000					2 000	
	运输工具	4 000					4 000	
	小计	10 000					10 000	
其他	经营出租	3 000					3 000	其他业务成本
合计		444 000	170 000	16 100	120 000	10 100	450 000	

根据上述固定资产折旧计算表，折旧费用分配的会计分录如下：

借：制造费用——一车间　　262 600

　　　　　　——二车间　　115 800

　　管理费用　　58 600

　　销售费用　　10 000

　　其他业务成本　　3 000

　　贷：累计折旧　　450 000

（六）固定资产的使用寿命、预计净残值和折旧方法的复核

由于固定资产的使用寿命长于一年，属于企业的非流动资产，企业至少应当于每年年度终了对固定资产的使用寿命、预计净残值和折旧方法进行复核。

（1）固定资产的使用寿命预计数与原先估计数有差异，应当调整固定资产使用寿命。

（2）固定资产预计净残值预计数与原先估计数有差异，应当调整预计净残值。

（3）与固定资产有关的经济利益的预期消耗方式发生重大改变，应当改变固定资产折旧方法。

（4）固定资产的使用寿命、预计净残值和折旧方法的改变应作为会计估计变更。

二、固定资产的后续支出

固定资产的后续支出是指固定资产使用过程中发生的更新改造支出、修理费

用等。

会计上对固定资产的后续支出有两种处理方法：一是资本化，即后续支出计入相关资产的成本；二是费用化，即后续支出计入当期费用。固定资产后续支出的处理原则为：符合固定资产确认条件的，应当计入固定资产成本，同时将被替换部分的账面价值扣除；不符合固定资产确认条件的，应当计入当期损益。

（一）资本化的后续支出

固定资产发生可资本化的后续支出时，企业一般应将该固定资产的原价、已计提的累计折旧和减值准备转销，将固定资产的账面价值转入在建工程，并在此基础上重新确定固定资产原价。因已转入在建工程，所以停止计提折旧。在固定资产发生的后续支出完工并达到预定可使用状态时，再从在建工程转为固定资产，并按重新确定的固定资产原价、使用寿命、预计净残值和折旧方法计提折旧。固定资产发生的可资本化的后续支出，通过"在建工程"账户核算。

【例6-13】 A企业有关固定资产更新改造的资料如下。

①2×17年12月30日，该公司自行建成了一条生产线，建造成本为1 136 000元；采用使用年限法计提折旧；预计净残值率为3%，预计使用寿命为6年。

②2×20年1月1日，由于生产的产品适销对路，现有生产线的生产能力已难以满足公司生产发展的需要，但若新建生产线则建设周期过长。A企业决定对现有生产线进行改扩建，以提高其生产能力。假定该生产线未发生减值。

③2×20年1月1日至3月31日，经过三个月的改扩建，完成了对这条生产线的改扩建工程，共发生支出537 800元，全部以银行存款支付。

④该生产线改扩建工程达到预定可使用状态后，大大提高了生产能力，预计将其使用寿命延长4年，即为10年。假定改扩建后的生产线的预计净残值率为改扩建后固定资产账面价值的3%，折旧方法仍为使用年限法。

⑤为简化计算过程，整个过程不考虑其他相关税费；公司按年度计提固定资产折旧。

本例中，生产线改扩建后，生产能力将大大提高，能够为企业带来更多经济利益，改扩建的支出金额也能可靠计量，因此，该后续支出符合固定资产的确认条件，应计入固定资产的成本。有关的账务处理如下。

①2×17年1月1日至2×19年12月31日，即固定资产后续支出发生前：

该条生产线的应计折旧额=1 136 000×（1-3%）=1 101 920（元）

年折旧额=1 101 920÷6≈183 653.33（元）

这两年计提固定资产折旧的账务处理为：

借：制造费用	183 653.33	
贷：累计折旧		183 653.33

②2×20年1月1日，固定资产的账面价值=1 136 000-（183 653.33×2）=768 693.34（元）。固定资产转入改扩建：

借：在建工程——××生产线 768 693.34

累计折旧 367 306.66

贷：固定资产 1 136 000

③2×20年1月1日至3月31日，发生改扩建工程支出：

借：在建工程——××生产线 537 800

贷：银行存款 537 800

④2×20年3月31日，生产线改扩建工程达到预定可使用状态，固定资产的入账价值＝768 693.34＋537 800＝1 306 493.34（元），账务处理为：

借：固定资产——××生产线 1 306 493.34

贷：在建工程——××生产线 1 306 493.34

⑤2×20年3月31日，转为固定资产后，按重新确定的使用寿命、预计净残值和折旧方法计提折旧。

应计折旧额＝1 306 493.34×（1－3%）＝1 267 298.54（元）

月折旧额＝1 267 298.54/（7×12＋9）＝13 626.87（元）

年折旧额＝13 626.87×12＝163 522.44（元）

2×20年应计提的折旧额＝13 626.87×9＝122 641.83（元）

账务处理为：

借：制造费用 122 641.83

贷：累计折旧 122 641.83

（二）固定资产后续支出的费用化

与固定资产有关的修理费用等后续支出，不符合固定资产确认条件的，应当根据不同情况分别在发生时计入当期管理费用或销售费用。一般情况下，固定资产投入使用之后，由于固定资产磨损、各组成部分耐用程度不同，可能导致固定资产的局部损坏。为了维护固定资产的正常运转和使用，充分发挥其使用效能，企业将对固定资产进行必要的维护。固定资产的日常修理费用等支出只是确保固定资产的正常工作状况，一般不产生未来的经济利益。因此，通常不符合固定资产的确认条件，在发生时应直接计入当期损益。

除与存货的生产加工相关的固定资产的修理费用按照存货成本确认原则进行处理外，行政管理部门、企业专设的销售机构等发生的固定资产修理费用等后续支出计入管理费用或者销售费用。对于处于修理、更新改造过程而停止使用的固定资产，如果其修理、更新改造支出不满足固定资产的确认条件，在发生时也应直接计入当期损益。

【例6－14】2×20年1月3日，A企业对现有的一台生产用机器设备进行日常维护，维护过程中领用本企业原材料一批，价值为94 000元，应支付维护人员工资为28 000元。不考虑相关税费。

本例中，对机器设备的维护，仅出于维护固定资产的正常使用而发生的，不产生未来的经济利益，因此应在其发生时确认为费用。该公司的账务处理为：

借：管理费用　　122 000
　　贷：原材料　　94 000
　　　　应付职工薪酬　　28 000

第四节　固定资产的减值

企业应当在资产负债表日判断固定资产是否存在减值迹象，有确凿证据表明固定资产存在减值迹象的，应当进行减值测试，估计其可收回的金额。可收回的金额，是指资产的公允价值减去处置费用后的净额与资产预计未来现金流量的现值两者之中的较高者。如果固定资产的可收回金额低于账面价值，则表明固定资产发生了减值，应当计提减值准备，并计入当期损益（资产减值损失）。

（一）固定资产减值的判断

企业应当在资产负债表日对固定资产进行检查，若存在下列可能发生减值的迹象，应当估计固定资产的可收回金额。

（1）固定资产市价在当期大幅度下跌，其跌幅明显高于因时间推移或正常使用而预计的下跌，并且预计在近期内不可能恢复；

（2）企业所处经营环境（如技术、市场、经济或法律环境）或者资产所处的市场在当期或者将在近期发生重大变化，从而对企业产生不利影响；

（3）同期市场利率或者其他市场投资报酬率在当期已经大幅度提高，从而影响企业计算固定资产预计未来现金流量现值的折现率，导致固定资产可收回金额大幅度降低；

（4）有证据表明固定资产已经陈旧过时或发生实体损坏等；

（5）固定资产已经或者将被闲置、终止使用或者计划提前处置；

（6）企业内部报告的证据表明固定资产的经济绩效已经低于或者将低于预期，如固定资产所创造的净现金流量或者实现的营业利润远远低于原来的预算或者预计金额；

（7）其他有可能表明资产已发生减值的迹象。

（二）固定资产减值的会计处理

有确凿证据表明固定资产存在减值迹象的，应当在资产负债表日进行减值测试，估计固定资产的可收回金额。如果固定资产的可收回金额低于其账面价值，企业应当按固定资产可收回金额低于其账面价值的差额计提减值准备。账务处理如下：

借：资产减值损失——固定资产减值损失
　　贷：固定资产减值准备

固定资产减值损失一经确认，在以后会计期间不得转回。

【例6-15】某企业于资产负债表日对固定资产进行减值测试，同时结合各种因素进行分析，得知A设备和B设备已发生减值，其计算结果如表6-6所示。

表6-6　　固定资产减值准备计算表　　单位：元

固定资产名称	原值	已提折旧	账面净值	可收回金额	差额
A设备	200 000	40 000	160 000	150 000	-10 000
B设备	600 000	100 000	500 000	420 000	-80 000
合计	800 000	140 000	660 000	570 000	-90 000

根据上述资料，该企业的账务处理如下：

借：资产减值损失——固定资产减值损失　　90 000

　　贷：固定资产减值准备　　90 000

已计提减值准备的固定资产，应当按照该固定资产的账面价值（该项固定资产的原值扣除其累计折旧和减值准备后的净额）以及尚可使用年限重新计算确定折旧率和折旧额。

有确凿证据表明在建工程存在减值迹象的，应当在资产负债表日进行减值测试，估计其可收回金额。如果在建工程的可收回金额低于其账面价值，企业应当按其差额计提减值准备。

借：资产减值损失——在建工程减值损失

　　贷：在建工程减值准备

该减值损失一经确认，在以后会计期间不得转回。

第五节　固定资产的处置和清查

一、固定资产的处置

（一）固定资产终止的确认条件

固定资产满足下列条件之一的，应当予以终止确认。

1. 该固定资产处于处置状态。固定资产处置包括固定资产的出售、转让、报废或毁损、对外投资、非货币性资产交换、债务重组等。处于处置状态的固定资产不再用于生产商品、提供劳务、出租或经营管理，因此，不再符合固定资产的定义，应予以终止确认。

2. 该固定资产预期通过使用或处置不能产生经济利益。固定资产的确认条件之一是“与该固定资产有关的经济利益很可能流入企业”，如果一项固定资产预期通过使用或处置不能产生经济利益，那么它就不再符合固定资产的定义和确认条件，应予以终止确认。

（二）固定资产处置的账务处理

企业因出售、转让、报废或毁损等原因减少的固定资产，应当将处置收入扣除账面价值和相关税费后的金额计入当期损益。固定资产处置一般通过“固定资产清理”账户进行核算。企业因出售、转让、报废或毁损、对外投资、非货币性资产交换、债务重组等处置固定资产，其账务处理一般经过以下步骤。

（1）固定资产转入清理。其会计处理如下：

借：固定资产清理（固定资产账面价值）

　　累计折旧（已计提的累计折旧）

　　固定资产减值准备（已计提的减值准备）

　　贷：固定资产（固定资产原值）

（2）发生清理费用。其会计处理如下：

借：固定资产清理（固定资产清理过程中发生的有关费用及应支付的相关税费）

　　贷：银行存款、应交税费等

（3）出售收入和残料等的处理。企业收回出售固定资产的价款、残料价值和变价收入等，应冲减清理支出。其会计处理如下：

借：银行存款、原材料等（按实际收到的出售价款以及残料变价收入）

　　贷：固定资产清理

　　　　应交税费——应交增值税（销项税额）

（4）保险赔偿的处理。企业计算或收到的应由保险公司或过失人赔偿的损失，应冲减清理支出。其会计处理如下：

借：其他应收款、银行存款等

　　贷：固定资产清理

（5）清理净损益的处理。固定资产处置完成后的净损失，其会计处理如下：

①属于正常出售、转让所产生的损失：

借：资产处置损益

　　贷：固定资产清理

若为利得，则作相反的分录。

②属于生产经营期间由于自然灾害等非正常原因造成的损失：

借：营业外支出——非常损失

　　贷：固定资产清理

若产生利得，则：

借：固定资产清理

　　贷：营业外支出——非常损失

③属于已丧失使用正常报废所产生的利得：

借：固定资产清理

　　贷：营业外收入——非流动资产报废

若产生损失，则会计分录为：

借：营业外支出——非流动资产报废

　　贷：固定资产清理

【例6-16】某企业某项固定资产的原值为30 000元，累计折旧为13 000元，因自然灾害造成毁损。清理过程中残料出售，收取价款1 500元，增值税195元；用银行存款支付清理费用500元，增值税30元，应收保险公司赔偿款14 000元。

根据以上资料，编制会计分录如下。

①注销固定资产原值和累计折旧：

借：固定资产清理	17 000	
累计折旧	13 000	
贷：固定资产		30 000

②支付清理费用：

借：固定资产清理	500	
应交税费——应交增值税（进项税额）	30	
贷：银行存款		530

③收取残料价款：

借：银行存款	1 695	
贷：固定资产清理		1 500
应交税费——应交增值税（销项税额）		195

④应收保险公司赔款：

借：其他应收款——××保险公司	14 000	
贷：固定资产清理		14 000

⑤结转固定资产清理净损益：

固定资产清理净损失 =（17 000 + 500）-（1 500 + 14 000）= 2 000（元）

借：营业外支出——非常损失	2 000	
贷：固定资产清理		2 000

二、持有待售的固定资产

同时满足下列条件的非流动资产（包括固定资产）应当划分为持有待售固定资产：一是企业已经就处置该固定资产作出决议；二是企业已经与受让方签订了不可撤销的转让协议：三是该项转让将在一年内完成。

企业对于持有待售的固定资产，应当调整该项固定资产的预计净残值，使该项固定资产的预计净残值能够反映其公允价值减去处理费用后的金额，但不得超过符合持有待售条件时该项固定资产的原账面价值，原账面价值高于预计净残值的差额，应作为资产减值损失计入当期损益。企业应当在报表附注中披露持有待售固定资产的名称、账面价值、公允价值、预计处置费用和预计处置时间等。持有待售的固定资产不计提折旧，按照账面价值与公允价值减去处置费用后的净额孰低进行计量。

持有待售的固定资产在销售确立日的会计处理，应按照固定资产出售的规定处理。将处置收入扣除账面价值和相关税费后的金额计入当期资产处置损益，通过“固定资产清理”账户进行核算。固定资产的账面价值是固定资产成本扣减累计折旧和累计减值准备后的金额。

【例 6 - 17】 A 企业于 2×18 年 12 月底购入一台生产设备，账面原值 2 150 000 元，预计净残值 150 000 元，预计使用寿命 5 年，按使用年限法计提折旧。2×19 年底，甲公司对该设备计提了 200 000 元减值准备，预计净残值和折旧年限不变。2×20 年 7 月 20 日，甲公司就此设备与乙公司签订不可撤销销售协议，约定在 2×20 年 11 月 1 日将此设备转售给乙公司。7 月 20 日买方出价为 1 200 000 元。预计处置费用 50 000 元，假定不考虑相关税费。

①转化日。

该设备 2×19 年计提折旧 =（2 150 000 − 150 000）÷5 = 400 000（元）

2×20 年 1 ~6 月计提折旧 =（2 150 000 − 400 000 − 200 000 − 150 000）÷4 ÷2 = 175 000（元）

转化日该设备的账面价值 = 2 150 000 − 400 000 − 175 000 − 200 000 = 1 375 000（元）

净残值 = 1 200 000 − 50 000 = 1 150 000（元）

计提减值 = 1375 000 − 115 000 = 225 000（元）

借：资产减值损失　　225 000
　　贷：固定资产减值准备　　225 000

②2×20 年 7 月 20 日至 2×20 年 11 月 1 日期间停止计提折旧和减值测试。

③销售成立日（2×20 年 11 月 1 日）。

a. 将固定资产转入清理：

借：固定资产清理　　1 150 000
　　累计折旧　　575 000
　　固定资产减值准备　　425 000
　　贷：固定资产　　2 150 000

b. 支付处置费用：

借：固定资产清理　　50 000
　　贷：银行存款　　50 000

c. 收到价款：

借：银行存款　　1 200 000
　　贷：固定资产清理　　1 200 000

如果买方出价为 1 500 000 元，则转化日净残值为 1 450 000 元，账面价值低于净残值，不作调整。则在出售日进行如下账务处理。

a. 将固定资产转入清理：

借：固定资产清理　　1 375 000
　　累计折旧　　575 000

固定资产减值准备　　200 000
贷：固定资产　　2 150 000

b. 支付处置费用：

借：固定资产清理　　50 000
贷：银行存款　　50 000

c. 收到价款：

借：银行存款　　1 500 000
贷：固定资产清理　　1 425 000
资产处置损益　　75 000

三、固定资产的清查

固定资产是一种价值较高、使用期限较长的有形资产，因此，对于管理规范的企业而言，盘盈、盘亏的固定资产较为少见。企业应当健全制度，加强管理，定期或者至少于每年年末对固定资产进行清查盘点，以保证固定资产核算的真实性和完整性。如果清查过程中发现固定资产损益的应及时查明原因，在期末结账前处理完毕。

（一）固定资产的盘亏

固定资产盘亏是指在清查中发现账面上记载的某项固定资产其实物已不存在。固定资产盘亏造成的损失，应计入当期损益。其会计处理如下。

在报经批准处理前：

借：待处理财产损溢——待处理固定资产损溢（盘亏固定资产的账面价值）
累计折旧（已计提的累计折旧）
固定资产减值准备（已计提的减值准备）
贷：固定资产（固定资产的原价）

在报经批准后：

借：其他应收款（可收回的保险赔偿或过失人赔偿）
原材料（残料入库）
营业外支出——盘亏损失（应计入营业外支出的金额）
贷：待处理财产损溢——待处理固定资产损溢

【例6－18】A企业在清查中盘亏设备一台，其账面原值为80 000元，已提折旧为30 000元，对该设备已计提的减值准备为10 000元。报经批准后，将盘亏设备的净值转作营业外支出。

根据以上资料，A企业应作账务处理如下。

①报经批准前，注销盘亏设备。

借：待处理财产损溢——待处理固定资产损溢　　40 000
累计折旧　　30 000

　　固定资产减值准备　　　　　　　　　　　　　　　10 000
　　贷：固定资产　　　　　　　　　　　　　　　　　　　80 000

②报经批准后，盘亏设备净值转入营业外支出。

借：营业外支出——盘亏损失　　　　　　　　　　　40 000
　　贷：待处理财产损溢——待处理固定资产损溢　　　　40 000

（二）固定资产的盘盈

盘盈的固定资产，作为前期差错处理，在按管理权限报经批准前，应通过“以前年度损益调整”账户核算。对盘盈的固定资产，应按同类或类似固定资产的市场价格减去按该项资产的新旧程度估计的价值损耗后的余额，或该项固定资产的预计未来现金流量现值，借记“固定资产”账户，贷记“以前年度损益调整”账户；并结转“以前年度损益调整”账户，借记“以前年度损益调整”账户，贷记“盈余分配”“利润分配——未分配利润”等账户。

【例6-19】 2×20年1月15日，A企业在固定资产清查中，发现一台机床未入账，同类机床的市场价格为30 000元，估计该机床八成新，尚可使用年限为5年。假定该公司按10%提取法定盈余公积，所得税税率为25%，未进行其他利润分配。

根据以上资料，A企业应作账务处理如下。

①盘盈的机床登记入账：

固定资产净值 = 30 000 × 0.8 = 24 000（元）

借：固定资产　　　　　　　　　　　　　　　　　　24 000
　　贷：以前年度损益调整　　　　　　　　　　　　　　24 000

②计算应交所得税：

借：以前年度损益调整　　　　　　　　　　　　　　6 000
　　贷：应交税费——应交所得税　　　　　　　　　　　6 000

③结转“以前年度损益调整”账户：

借：以前年度损益调整　　　　　　　　　　　　　　18 000
　　贷：利润分配——未分配利润　　　　　　　　　　　18 000

④补提盈余公积：

借：利润分配——未分配利润　　　　　　　　　　　1 800
　　贷：盈余公积——法定盈余公积　　　　　　　　　　1 800

思考题

1. 什么是固定资产？它有何特征？
2. 固定资产的分类标准有哪些？按不同的标准可将固定资产分为哪些类别？
3. 如何进行固定资产取得的核算？
4. 什么是固定资产折旧？其影响因素和计算方法有哪些？

5. 如何界定固定资产的折旧范围？
6. 划分资本性支出与费用化支出对固定资产核算有什么影响？
7. 何时要对固定资产进行减值测试？如何确定固定资产减值损失？
8. 固定资产处置包括哪些方面？这些方面如何核算？

练习题

1. A 企业 2×20 年发生有关固定资产业务如下。

（1）1 月 2 日，购入不需要安装的设备，发票上注明设备价款 50 000 元，应交增值税 6 500 元，支付运输费、保险费、包装费等合计 2 300 元。

（2）1 月 8 日，购入需要安装的设备，增值税专用发票上注明设备价款 70 000 元，应交增值税 9 100 元，发生运输费、保险费、包装费等合计 1600 元，已通过银行支付。另外，安装时支付安装成本 950 元。

（3）1 月 11 日，因业务发展的需要与星海公司和兴华公司达成了投资协议。按投资协议的规定星海公司以一座厂房作为投资投入本公司，该厂房经评估确认价值为 2 600 000 元，按协议可折换成每股面值为 1 元、数量为 2 000 000 股股票的股权。兴华公司以设备作为投资投入本公司，经评估确认设备的价值为 130 000 元，按协议可折换成每股面值为 1 元、数量为 100 000 股股票的股权。设备需要安装，安装时支付安装成本 4 200 元。

（4）1 月 26 日，A 企业对车间使用的固定资产进行日常修理，用银行存款支付修理费用 4800 元。

（5）1 月 28 日，A 企业对固定资产进行清查，结果是：盘盈一台仪器，市场价格为 8 000 元，估计折旧 3 000 元；盘亏一台设备，原始价值为 5 000 元，已计提折旧 2 000 元。

要求：编制相关业务的会计分录。

2. A 企业 2×20 年因扩大生产规模，用自有资金进行了两项固定资产改造工程。其中生产车间改造采用自营方式进行，时间从 2×20 年 1 月 1 日开始，当月结束；建筑物改造委托石通公司进行，双方于 2×20 年 1 月 20 日签订了建造合同，合同规定工程应于 2 月末交付使用。有关生产车间工程成本支出的资料如下。

（1）2×20 年 1 月 5 日，用银行存款购入工程物资 1 356 000 元，其中价款为 1 200 000 元，工程物资验收入库。

（2）2×20 年 1 月 6 日工程开始，当日领用工程物资 1 100 000 元。

（3）2×20 年 1 月 12 日，因工程需要领用生产产品用库存材料一批，实际成本为 80 000 元，计税价格为 100 000 元。

（4）2×20 年 1 月 18 日，因工程需要领用库存商品 100 件，实际单位成本为 540 元，计税价格总额为 79 000 元。

建筑物改造工程成本支出资料如下。

（1）2×20 年 1 月 20 日与石通公司签订了工程承包合同，合同工程款为

300 000 元。按合同的规定预付工程款 200 000 元。

（2）2×20 年 2 月 27 日，石通公司如期完成工程建造，并交付 A 企业，该工程达到预定可使用状态。A 企业按照合同规定，开出转账支票一张，结算剩余工程款 100 000 元。

要求：

（1）计算自行建造固定资产成本。

（2）编制相关业务的会计分录。

3. A 企业的一台设备原始价值为 160 000 元，预计使用年限 5 年，预计净残值率 4%。

要求：

（1）根据上述资料采用使用年限法计算固定资产的年折旧率、月折旧率、年折旧额、月折旧额。

（2）根据上述资料分别采用双倍余额递减法和使用年数总和法计算固定资产的年折旧率和年折旧额。

4. A 企业的一台大型精密仪器按工作量法计算折旧。原始价值为 260 000 元，预计净残值率为 4%，预计可工作 31 200 小时。这台精密仪器共使用了 6 年，各年的实际工作小时数为：第一年 6 900 小时；第二年 6 500 小时；第三年 6 300 小时；第四年 5 600 小时；第五年 1 900 小时。

要求：根据上述资料计算固定资产各年的折旧额。

5. A 企业的一台设备报废。该设备的原始价值为 200 000 元，累计折旧为 145 000 元，支付清理费用 1 200 元，残料作价 500 元，已验收入库。

要求：

（1）计算该设备报废产生的净收益。

（2）作出有关设备报废的全部账务处理。

6. A 企业以出包方式建造一座办公楼，办公楼于 2×14 年 6 月 12 日完工，建造成本为 960 万元。A 企业预计其使用寿命为 20 年，预计净残值为 0，采取年限平均法计提折旧。由于当地气候的原因该办公楼的屋顶损失严重，2×20 年 3 月 31 日 A 企业更换了新的屋顶，其成本为 92 000 元。新屋顶的材质不同于旧屋顶，旧屋顶成本估计为 65 000 元，A 企业在办公楼建成时预计旧屋顶的使用寿命也是 20 年。更换新屋顶后，A 企业认为办公楼的使用寿命会增加 4 年，即预计使用寿命为 24 年。

要求：

（1）更换新屋顶支出应当予以资本化还是费用化？

（2）计算 2×20 年 3 月末 A 企业更换新屋顶后办公楼的账面价值。

（3）计算更换新屋顶后该办公楼的月折旧额（金额保留到元）。

（4）假设 2×20 年 3 月 10 日 A 企业没有更换新屋顶，而是对屋顶进行维修，维修成本为 8 400 元，且此次维修不会对办公楼使用寿命有明显的影响。分析 A 企业维修屋顶与更换屋顶在会计处理上的区别。

第七章　无形资产与投资性房地产

【学习要点及目标】

本章主要介绍无形资产的会计处理。通过对本章的学习，要求了解无形资产的性质、分类和基本特征；熟悉和理解无形资产的内容及确认条件；掌握无形资产的初始计量与后续计量的会计处理，取得无形资产的成本所包括的具体项目，企业内部开发无形资产成本的构成内容，无形资产研究阶段与开发阶段的判断条件，以及其他长期资产的相关会计处理。

案例1：文化类无形资产可融资，明星可作抵押品贷款了

当前，票房动辄超10亿元的国产大片，是中国文化产业强势前进的剪影，美轮美奂的舞蹈、曼妙无比的音乐、令人赏心悦目的文化饕餮背后，始终离不开金融活水的支持。由于无形资产评估难、变现难的老大难问题，使得长期以来我国以著作权、人力资源等无形资产为主的文化企业面临融资极其艰难的尴尬局面。2016年4月14日，中国资产评估协会发布《文化企业无形资产评估指导意见》（以下简称《意见》），从7月1日起实施。新政策的出台给文化企业盘活手中的无形资产提供了支撑，并立即引发各方广泛关注。市场普遍认为，《意见》体现了文化企业相对其他行业在无形资产评估方法上的特殊性，明确细分各文化行业评估需要考虑的各方面因素，是健全现代文化市场体系的重要标志，为文化资源和金融资本对接打通了任督二脉，是文化产业盼望已久的重要政策。《意见》指出，"影视企业与著名导演、演员等签署的经纪服务合同，该类合同权益属于可辨认无形资产。"但是也有些人将认为，从此文化企业可把其拥有的明星纳入无形资产评估，作为抵押品向金融机构贷款。

请思考：人力资源等无形资产怎么确认和计量？

（资料来源：中国资产评估协会，http：//www. cas. org. cn/）

案例2：蓝色光标的商誉可以重新"辨认"为无形资产

2013年8月，北京蓝色光标数据科技股份有限公司分两步完成了对西藏博杰的合并，6倍的并购溢价，使得当年的合并报表中形成了18.53亿元的合并商誉。2014年6月，蓝色光标对此次合并无形资产进行重新"辨认"，在合并报表中增加了12.478亿元无形资产，"调变"之后的商誉为7.91亿元。公司2018年收到针对无形资产与商誉的年报问询函后，于2019年5月24日又一次收到深圳证券交易所创业板公司管理部下发的2018年年报问询函，同样是关于商誉与无形资产。

请思考：无形资产的确认和计量与商誉的确认和计量的差别在哪里？

（资料来源：中国专业学位案例中心，https：//case. cdgdc. edu. cn/case/readCaseSummary. do？caseId = 53c46396b1274abea6c1a9f7d354c0b9）

第一节　无形资产

一、无形资产的概念及特征

无形资产是指企业拥有或控制的没有实物形态的可辨认非货币性资产。一般来说，只有同时具有以下特征的经济资源才能确认为无形资产。

（一）无形资产不具有实物形态

无形资产通常表现为某种权利、某项技术或是某种获取超额利润的综合能力，它们不具有实物形态，看不见，摸不着。无形资产为企业带来经济利益的方式与固定资产不同，固定资产是通过实物价值的磨损和转移来为企业带来未来经济利益，而无形资产很大程度上是通过自身所具有的技术等优势为企业带来未来经济利益，不具有实物形态是无形资产区别于其他资产的特征之一，但是，没有实物形态并不是无形资产独有的特性，还有很多资产也不具有实物形态，如应收账款、对外投资等。

（二）无形资产具有可辨认性

要作为无形资产进行核算，该资产必须是能够区别于其他资产可单独辨认的。可辨认性是指该资产能从企业中分离或划分出来，单独用于出售或转让等，而不需要同时处置在同一获利活动中的其他资产。这一特征，主要是与商誉等不可辨认经济资源相对而言的。

（三）无形资产属于非货币性资产

无形资产一般不容易转化成现金，在持有过程中为企业带来未来经济利益的情况有较大的不确定性，不属于以固定或可确定的金额收取的资产，属于非货币性资产。非货币性资产，是指企业持有的货币资金和将以固定或可确定的金额收取的资产以外的其他资产。这一特征，主要是与既没有实物形态又能在较长时期内供企业使用的资产相对而言的。

二、无形资产的内容

无形资产按其反映的经济内容，可以分为专利权、非专利技术、商标权、著作权、土地使用权和特许权等。

（一）专利权

专利权，是指经国家专利管理机关审定并授予发明者在一定年限内对其成果的制造、使用和出售的专门权利。专利权一般包括发明专利权、实用新型专利权和外观设计专利权等。专利权受法律保护，在某项专利权的有效期间内，该项专利权的非持有者如需使用与之相同的原理、结构和技术用于生产经营，应向该专利权的持有者支付专利使用费，否则就视为侵犯了专利权。

（二）非专利技术

非专利技术，也称专有技术，是指发明者未申请专利或不够申请专利的条件而未经公开的先进技术，包括先进的生产经验、先进的技术设计资料以及先进的原料配方等。非专利技术不需到有关管理机关注册登记，只靠少数技术持有者采用保密方式维持其独占性。只要非专利技术不泄露于外界，就可以由其持有者长期享用，因而非专利技术没有固定的有效期。

非专利技术并不是专利法的保护对象，非专利技术用自我保密的方式维持其独占性，具有经济性、机密性和动态性等特点。

（三）商标权

商标是用来辨认特定的商品或劳务的标记。商标权是指企业拥有的在某类指定的商品上使用特定名称或图案的权利。商标经商标管理机关核准后，成为注册商标，受法律保护。

（四）著作权

著作权也称为版权，是指著作者或文艺作品创作者以及出版商依法享有的在一定年限内发表、制作、出版和发行其作品的专有权利。著作权受法律保护，未经著作权所有者许可或转让，他人不得占有和行使。

（五）土地使用权

土地使用权是指企业经国家土地管理机关批准享有的在一定期间内对国有土地开发、利用和经营的权利。在我国，根据土地管理法的规定，我国土地实行公有制，即土地归国家所有，任何单位和个人不得侵占、买卖或者以其他形式非法转让。

企业取得的土地使用权通常应按取得价款和相关税费确认为无形资产。土地使用权用于自行开发建造厂房等地上建筑物时，土地使用权与地上建筑物分别进行摊销和计提折旧。但下列情况除外。

1. 房地产开发企业取得的土地使用权用于建造对外出售的房屋建筑物，相关的土地使用权应当计入所建设的房屋建筑物成本。

2. 企业外购房屋建筑物所支付的价款应按照合理的方法在地上建筑物与土地使用权之间进行分配；难以合理分配的，应当全部作为固定资产处理。

企业改变土地使用权的用途，停止自用并将土地使用权用于赚取租金或资本增值时，将其转为投资性房地产。

【提示】土地使用权可能作为固定资产核算，可能作为无形资产核算，也可能作为投资性房地产核算，房地产开发企业还可能将其计入所建造的房屋建筑物成本，作为存货核算。

（六）特许权

特许权，又称经营特许权、专营权，是指企业经批准在一定区域内以一定的形式生产经营某种特定商品的权利或是一家企业接受另一家企业使用其商标、商号、技术秘密等的权利。特许权可以是政府授予的，也可以是某单位或个人授予的。

三、无形资产的取得

（一）外购无形资产的确认与计量

外购的无形资产，其成本包括购买价款、相关税费以及直接归属于使该项资产达到预定用途所发生的其他支出。但是，为引入新产品进行宣传发生的广告费、管理费用及其他间接费用、无形资产已经达到预定用途以后发生的费用不包括在无形资产的初始成本中。外购的无形资产，应按其取得的实际成本进行初始计量，借记"无形资产"账户，根据支付的增值税额，借记"应交税费——应交增值税（进项税额）"账户，根据支付的全部价款，贷记"银行存款"等账户。如果购入无形资产超过正常信用条件延期支付价款，实质上具有融资性质的，应按所购无形资产购买价款的现值计量其成本，现值与应付价款之间的差额作为未确认融资费用。

【例7-1】某企业购入一项专利权，双方协商确认的不含增值税的价值为500 000元，增值税为30 000元，以银行存款支付。根据以上资料，编制会计分录如下：

借：无形资产——专利权	500 000	
应交税费——应交增值税（进项税额）	30 000	
贷：银行存款		530 000

（二）自行开发无形资产的确认与计量

企业自行开发的无形资产项目，在实务工作中，具体划分了研究阶段与开发阶段两个部分，因此，研究企业自行研究开发项目的支出，应当区分研究阶段支出与开发阶段支出。

研究阶段，是指为获取新的技术和知识等进行的有计划的调查。由于其研究是否能在未来形成无形资产具有很大的不确定性，因此，企业研究阶段发生的支出，应予以费用化计入当期损益。企业应根据自行研究开发项目在研究阶段发生的支出，借记“研发支出——费用化支出”“应交税费——应交增值税（进项税额）”账户，贷记有关账户；期末应根据发生的全部研究支出，借记“管理费用”账户，贷记“研发支出——费用化支出”账户。

开发阶段，是指进行商业性生产或使用前，将研究成果或其他知识应用于某项计划或设计，以生产出新的或具有实质性改进的材料、装置、产品等。相对于研究阶段而言，开发阶段很大程度上形成一项新产品或新技术的基本条件已经具备，因此，企业在开发阶段发生的直接用于新产品、新技术、新工艺的原材料和职工薪酬等支出，可资本化并确认为无形资产的成本。企业开发阶段发生的资本化支出，借记“研发支出——资本化支出”“应交税费——应交增值税（进项税额）”账户，贷记有关账户；在确认无形资产时，应根据发生的全部开发支出，借记“无形资产”账户，贷记“研发支出——资本化支出”账户。但是，发生的用于管理、培训等方面的支出，不应资本化，而应予以费用化，其核算方法与研究阶段发生支出的核算方法相同。如果无法区分研究阶段支出和开发阶段支出的，应当将其所发生的研发支出全部费用化。

【例7-2】2×20年1月1日，某企业自行研发某项专利技术，该公司在研究和开发阶段中发生材料费5 000万元、人工工资1 000万元，以及其他费用4 000万元，总计10 000万元，增值税为600万元，其中，符合资本化条件的支出为6 000万元，所有费用均以银行存款支付。2×20年12月31日，该专利技术已经达到预定用途。根据以上资料，编制会计分录如下。

①发生各项支出：

借：研发支出——费用化支出　　40 000 000
　　　　　　——资本化支出　　60 000 000
　　应交税费——应交增值税（进项税额）　　6 000 000
　贷：银行存款　　46 000 000
　　　原材料　　50 000 000
　　　应付职工薪酬　　10 000 000

②2×20年12月31日，该专利技术已经达到预定用途：

借：管理费用　　40 000 000
　　无形资产——专利权　　60 000 000
　贷：研发支出——费用化支出　　40 000 000
　　　　　　　——资本化支出　　60 000 000

（三）投资人投入无形资产的确认与计量

投资者投入的无形资产的成本，应当按照投资合同或协议约定的价值确定，借记“无形资产”“应交税费——应交增值税（进项税额）”等账户，贷记“实收资本”账户，若是初始成本与实收资本或股本之间有差额，则调整为“资本公积”账户。

【例7-3】某企业接受投资者商标权投资，经评估，该商标权为3 000 000元，增值税为180 000元。根据以上资料，编制会计分录如下：

借：无形资产	3 000 000	
应交税费——应交增值税（进项税额）	180 000	
贷：实收资本		3 180 000

（四）其他途径取得无形资产的确认与计量

除了以上三种常见的无形资产取得途径外，还可以通过非货币性资产交换取得无形资产。非货币性资产交换具有商业实质且公允价值能够可靠计量的，在发生补价的情况下，支付补价方应当以换出资产的公允价值加上支付的补价和应支付的相关税费，作为换入无形资产的成本；收到补价方，应当以换入无形资产的公允价值和应支付的相关税费，作为换入无形资产的成本。

通过债务重组取得的无形资产，即企业作为债权人取得的债务人用于偿还债务的非现金资产，且企业将其作为无形资产管理的资产。通过债务重组取得的无形资产成本，应当以其公允价值入账。

通过政府补助取得的无形资产，无形资产应当按照公允价值计量，当公允价值不能可靠取得时，应当按照名义金额计量。

四、无形资产的摊销

（一）无形资产摊销期

无形资产的摊销期是指自其可供使用时起至终止确认时止，因此，企业应当于取得无形资产时分析判断其使用寿命。

如果无形资产的使用寿命是有限的，则应估计该使用寿命的年限或构成使用寿命的产量等类似计量单位数量；无法预见无形资产为企业带来经济利益期限的，应当看成使用寿命不确定的无形资产，使用寿命不确定的无形资产不应摊销。使用寿命有限的无形资产，其应当摊销金额应当在使用寿命内系统合理摊销。如果预计使用寿命超过了相关合同规定的受益年限或法律规定的有效年限，则无形资产的摊销期限一般按下列原则确定。

（1）合同规定了受益年限，而法律未规定有效年限，摊销年限以合同规定的受益期限为上限；

（2）合同未规定受益年限，而法律规定了有效年限，摊销年限以法定有效年限为上限；

（3）合同规定了受益年限，而法律也规定了有效年限，摊销年限以受益年限与有效年限中较短者为上限。

（二）无形资产摊销方法的确定

在无形资产的使用寿命内系统地分摊其应摊销金额，存在多种方法，企业选择的无形资产摊销方法，应当能够反映与该项无形资产有关的经济利益的预期消耗方式，并一致地运用于不同会计期间。通常，可以可靠反映预期实现方式的无形资产的摊销方法，应当采用平均年限法、工作量法、双倍余额递减法和年数总和法等；无法可靠确定预期消耗方式的，应当采用直线法摊销。

企业在选择无形资产摊销方法时，应根据与无形资产有关的经济利益的预期消耗方式作出决定。由于收入可能受到投入、生产过程和销售等因素的影响，这些因素与无形资产有关经济利益的预期消耗方式无关，因此，企业通常不应以包括使用无形资产在内的经济活动所产生的收入为基础进行摊销。但是，下列极其有限的情况除外。

（1）企业根据合同约定确定无形资产固有的根本性限制条款（如无形资产的使用时间、使用无形资产生产产品的数量或因使用无形资产而应取得固定的收入总额）的，当该条款为因使用无形资产而应取得的固定的收入总额时，取得的收入可以成为摊销的合理基础，如企业获得勘探开采黄金的特许权，且合同明确规定该特许权在销售黄金的收入总额达到某固定的金额时失效。

（2）有确凿的证据表明收入的金额和无形资产经济利益的消耗是高度相关的。企业采用车流量法对高速公路经营权进行摊销的，不属于以包括使用无形资产在内的经济活动产生的收入为基础的摊销方法。

无形资产的应摊销金额为其成本扣除预计残值后的金额。已计提减值准备的无形资产，还应扣除已计提的无形资产减值准备累计金额。使用寿命有限的无形资产，如果有第三方承诺在无形资产使用寿命结束时购买该无形资产，或可以根据活跃市场得到预计残值信息，并且该市场在无形资产使用寿命结束时很可能存在，则可以预计其净残值；否则，其残值应当视为零。为了分别反映无形资产的原始价值和累计摊销额，应设置“累计摊销”这一备抵账户。摊销无形资产价值时，借记“管理费用”“制造费用”“其他业务成本”等账户，贷记“累计摊销”账户。

【例7-4】某企业从外单位购入一项非专利技术，支付价款为5 000万元，增值税税额为300万元，款项已支付，估计该项非专利技术的使用寿命为10年，该项非专利技术用于产品生产；同时，购入一项商标权，支付价款3 000万元，增值税税额为180万元，款项已支付，估计该商标权的使用寿命为15年。假定这两项无形资产的净残值为零，并按直线法摊销。根据以上资料，编制会计分录如下。

①取得无形资产时：

借：无形资产——非专利技术	50 000 000
——商标权	30 000 000
应交税费——应交增值税（进项税额）	4 800 000

贷：银行存款　　84 800 000

②按年摊销时：

借：制造费用——非专利技术　　5 000 000

　　管理费用——商标权　　2 000 000

　　贷：累计摊销　　7 000 000

五、无形资产的处置

（一）无形资产的出售

企业出售某项无形资产，表明企业放弃无形资产的所有权，应将所取得的价款与该无形资产账面价值的差额计入当期损益。但是，企业出售无形资产确认其利得的时点，应按照收入确认中的有关原则进行确定。

出售无形资产时，应按实际收到的金额，借记"银行存款"等账户，按已计提的累计摊销，借记"累计摊销"账户，原已计提减值准备的，借记"无形资产减值准备"账户，按应支付的相关税费，贷记"应交税费——应交增值税（销项税额）"等账户，按其账面余额，贷记"无形资产"账户，按其差额，借记或者贷记"资产处置损益"账户。

【例7-5】某企业出售一项无形资产，收取价款100 000元，应交增值税6 000元，用银行存款支付律师费2 500元，增值税150元，该项无形资产的原始价值为150 000元，累计摊销额为40 000元，计提减值准备20 000元。编制会计分录如下：

借：银行存款　　100 000

　　无形资产减值准备　　20 000

　　累计摊销　　40 000

　　应交税费——应交增值税（进项税额）　　150

　　贷：应交税费——应交增值税（销项税额）　　6 000

　　　　无形资产　　150 000

　　　　银行存款　　2 500

　　　　资产处置损益　　1 650

（二）无形资产的出租

企业将所拥有的无形资产的使用权让渡给他人，并收取租金，属于与企业日常活动相关的其他经营活动取得的收入，在满足收入确认条件的情况下，应确认相关的收入及成本，并通过其他业务收支科目进行核算。让渡无形资产使用权而取得的租金收入，借记"银行存款"等账户，贷记"其他业务收入"等账户；摊销出租无形资产的成本并发生与出租相关的各种费用支出时，借记"其他业务成本"账户，贷记"累计摊销"账户。

（三）无形资产的报废

如果无形资产预期不能为企业带来未来经济利益，则不再符合无形资产的定义，应将其报废并予以转销，其账面价值转作当期损益。转销时，应按已计提的累计摊销，借记“累计摊销”账户；按其账面余额，贷记“无形资产”账户；按其差额，借记“营业外支出”账户。已计提减值准备的，还应同时结转“无形资产减值准备”账户余额。

六、无形资产的期末计价与报表列示

（一）无形资产的期末计价

期末对无形资产进行摊销之后，还应对其进行减值测试。如果无形资产已经发生减值，应对其计提减值准备。衡量无形资产是否发生减值的标准是其可收回金额。

1. 无形资产可收回金额。每年年末，企业应对无形资产的账面价值进行检查。如果出现减值迹象，应对无形资产的可收回金额进行估计。可收回金额应当根据无形资产的公允价值减去处置费用后的净额与无形资产预计未来现金流量的现值两者之间较高者确定。

2. 无形资产的减值损失。无形资产可收回金额的计量结果表明，资产的可收回金额低于其账面价值的，应当将资产的账面价值减至可收回金额，借记“资产减值损失”账户，贷记“无形资产减值准备”账户。无形资产减值损失确认后，减值无形资产的摊销费应当在未来期间作相应调整，以使该无形资产在剩余使用寿命内，系统地分摊调整后的无形资产账面价值。无形资产减值损失确认后，则在以后的会计期间不得转回。

【例7－6】某企业2×17年1月5日购入一项专利权，实际支付价款300 000元，预计使用年限为10年。2×20年12月31日，该项专利权发生减值，预计未来现金流量的现值为120 000元，无公允价值。该项专利权发生减值后，预计剩余使用年限为5年。根据以上资料，编制会计分录如下：

①该项专利权在计提减值准备前的账面余额＝180 000（元）

②计提减值准备：

借：资产减值损失　　60 000

　　贷：无形资产减值准备　　60 000

③剩余使用年限内年摊销额＝24 000（元）

（二）无形资产的报表列示

在资产负债表中，“无形资产”项目反映企业无形资产在期末的实际价值，应当以扣减累计摊销和无形资产减值准备余额后的金额列示。“研发支出”项目反映全部处于开发阶段的无形资产符合资本化条件的支出，可以按照“研发支出”账户的余额直接列示。

第二节　投资性房地产

一、投资性房地产的概念与范围

（一）投资性房地产的概念

投资性房地产，是指为赚取租金或资本增值，或者两者兼有而持有的房地产。其主要包括已出租的土地使用权、持有并准备增值后转让的土地使用权、已出租的建筑物等。投资性房地产主要有以下特征。

（1）投资性房地产是一种经营性活动。投资性房地产的主要形式是出租建筑物、出租土地使用权，其实质是一种让渡资产使用权行为。

（2）投资性房地产在用途、状态、目的等方面区别于作为生产经营场所的房地产和用于销售的房地产，从而能更加清晰地反映企业所持有房地产的构成情况和盈利能力。

（3）投资性房地产有两种后续计量模式。企业通常应当采用成本模式对投资性房地产进行后续计量，当有确凿证据表明其所有投资性房地产的公允价值能够持续可靠取得的，可以采用公允价值模式进行后续计量。

（二）投资性房地产的范围

1. 已出租的土地使用权。已出租的土地使用权，是指企业通过出让或转让方式取得的、以经营租赁方式出租的土地使用权，企业取得的土地使用权既包括在一级市场上以交纳土地出让金的方式取得土地使用权，也包括在二级市场上接受其他单位转让的土地使用权。企业计划用于出租但尚未出租的土地使用权不属于此类。但是，对于以经营租赁方式租入土地使用权再转租给其他单位的，不能确认为投资性房地产。租赁期届满，因暂时空置但继续用于出租的，仍作为投资性房地产。

2. 持有并准备增值后转让的土地使用权。持有并准备增值后转让的土地使用权，是指企业取得的、准备增值后转让的土地使用权。例如，企业发生转产或搬迁，部分土地使用权停止自用，企业管理当局作出书面决议明确继续持有这部分土地使用权，待其增值后转让以赚取增值收益。但是，按照国家有关规定认定的闲置土地，不属于持有并准备增值后转让的土地使用权，也就不属于投资性房地产。

3. 企业拥有并已出租的建筑物。已出租的建筑物是指企业拥有产权的、以经营租赁方式出租的建筑物，包括自行建造或开发活动完成后用于出租的建筑物。例如，企业将其拥有的旅馆饭店部分或全部出租，且出租的部分能够单独计量和出售的，出租的部分应当作为投资性房地产。但是，自用房地产，如出租给本企业职工居住的宿舍，和作为存货的房地产项目，不属于投资性房地产。

企业将建筑物出租，按租赁协议向承租人提供的相关辅助服务在整个协议中不重大的，应当将该建筑物确认为投资性房地产。例如企业将其办公楼出租，同时向承租人提供维护、保安等日常辅助服务，企业应当将其确认为投资性房地产。

二、投资性房地产的取得

企业取得的投资性房地产，无论是外购还是自行建造或开发，均应按照取得成本进行初始计量，其取得成本的确认和计量方法与取得固定资产或无形资产的方法相同。投资性房地产有两种计量模式：成本模式和公允价值模式。一个企业的投资性房地产只能采用一种计量模式，计量模式一经确定，不得随意变更。如采用公允价值模式计量，需要在“投资性房地产”账户下设置“成本”和“公允价值变动”两个明细账户，其中，“投资性房地产——成本”账户反映外购的土地使用权和建筑物发生的实际成本。

成本模式计量下的初始取得：

借：投资性房地产

　　应交税费——应交增值税（进项税额）

　　贷：银行存款等

公允价值模式计量下的初始取得：

借：投资性房地产——成本

　　应交税费——应交增值税（进项税额）

　　贷：银行存款等

三、投资性房地产的出租

投资性房地产对外出租取得的出租收入，属于其他业务收入，应根据确认的收入金额，借记“银行存款”等账户，贷记“其他业务收入”账户；根据收取的增值税税额等，贷记“应交税费——应交增值税（销项税额）”账户。

四、投资性房地产的后续计量

投资性房地产的后续计量模式有成本模式和公允价值模式，一个企业的投资性房地产只能采用一种模式，计量模式一经确定，不得随意变更。

（一）投资性房地产的成本模式计量

设置“投资性房地产”“投资性房地产累计折旧（摊销）”“投资性房地产减值准备”明细账户进行核算。

企业在通常情况下应当采用成本模式对投资性房地产进行计量。在成本模式下，对投资性房地产计提折旧或摊销，设置“投资性房地产累计折旧（摊销）”账户。企业计提已出租的建筑物折旧或摊销已出租土地使用权时，借记“其他业务成本”账户，贷记“投资性房地产累计折旧（摊销）”账户。如果投资性房地产存在减值迹象，应当进行减值测试，计提相应的减值准备，借记“资产减值损失”账户，贷记“投资性房地产减值准备”账户。如果已经计提减值准备的投资性房地产的价值又得以恢复，不得转回。

（二）投资性房地产的公允价值模式计量

采用公允价值模式计量的投资性房地产，应当同时满足以下条件：

（1）投资性房地产所在地有活跃的房地产交易市场，投资性房地产可以在房地产交易市场中直接交易。

（2）企业能够从房地产交易市场上取得同类或类似房地产的市场价格及其相关信息，从而对投资性房地产的公允价值作出科学合理的估计。

设置“投资性房地产——成本”“投资性房地产——公允价值变动”两个明细账户进行明细核算。采用公允价值模式计量的投资性房地产，不计提折旧或摊销。资产负债表日，应以投资性房地产的期末公允价值为基础，对其账面价值进行调整，公允价值与原账面价值的差额计入当期损益，借记或贷记“投资性房地产——公允价值变动”账户，贷记或借记“公允价值变动损益”账户。

五、投资性房地产的转换

（一）房地产的转换形式和转换日的确定

1. 房地产的转换形式。房地产的转换，实质上是因房地产用途发生改变而对房地产进行的重新分类。房地产转换形式主要包括以下五种。

（1）投资性房地产开始自用，相应地由投资性房地产转换为固定资产或无形资产。

（2）作为存货的房地产，改为出租，相应地由存货转换为投资性房地产。

（3）自用土地使用权停止自用，用于赚取租金或资本增值，相应地由无形资产转换为投资性房地产。

（4）自用建筑物停止自用，改为出租，相应地由固定资产转换为投资性房地产。

（5）房地产企业将用于经营出租的房地产重新开发用于对外销售，从投资性房地产转为存货。

2. 房地产转换日的确定。

（1）投资性房地产开始自用，转换日是指房地产达到自用状态，企业开始将房地产用于生产商品、提供劳务或者经营管理的日期。

（2）作为存货的房地产改为出租，或者自用建筑物或土地使用权停止自用改为出租，转换日应当为租赁期开始日。

（3）自用土地使用权停止自用，改为资本增值，转换日是指已停止将该项土地使用权用于生产商品、提供服务或经营管理，且该土地使用权能够单独计量和转让的日期。

（4）投资性房地产改为存货，转换日为租赁期届满、企业董事会或类似机构作出书面决议明确表明其重新开发用于对外销售的日期。

（二）房地产转换的会计处理

1. 其他资产转换为投资性房地产。

（1）在成本模式计量下，将其他资产转换前的账面价值作为投资性房地产转换后的入账价值，其中，原始价值、累计折旧、累计摊销应分别进行结转。按其账面余额，借记"投资性房地产"账户，贷记"固定资产"或"无形资产"账户，按已经计提的折旧或者摊销，借记"累计摊销"或"累计折旧"账户，贷记"投资性房地产累计折旧（摊销）"账户，原已计提减值准备的，借记"固定资产减值准备"或"无形资产减值准备"账户，贷记"投资性房地产减值准备"账户。

（2）在公允价值模式计量下，自用房地产转换为投资性房地产时，以转换日公允价值作为投资性房地产的账面价值入账。当转换当日的公允价值小于原账面价值的，其差额计入当期损益（"公允价值变动损益"账户），借记"投资性房地产——成本""累计折旧""累计摊销""公允价值变动损益"等账户，贷记"固定资产""无形资产""库存商品"等账户；当转换日的公允价值大于原账面价值的，其差额计入其他综合收益，借记"投资性房地产——成本""累计折旧""累计摊销"等账户，贷记"固定资产""无形资产""库存商品""其他综合收益"等账户。如果其他资产发生减值，计提的减值准备也应一并结转。

2. 投资性房地产转换为其他资产。

（1）在成本模式计量下，企业应将投资性房地产转换前的账面价值作为转换后其他资产的入账价值，其中，原始价值、累计折旧、累计摊销应分别进行结转，账务处理与其他资产转换为投资性房地产相反。

（2）在公允价值模式计量下，应当以其转换日的公允价值作为自用房地产的入账价值，公允价值与原账面价值的差额计入当期损益，借记"固定资产""无形资产"等账户，按该项投资性房地产的成本，贷记"投资性房地产——成本"账户，按该项投资性房地产的累计公允价值变动，借记或者贷记"投资性房地产——公允价值变动”账户，按其差额，借记或贷记“公允价值变动损益”账户。

六、投资性房地产的处置

（一）成本模式计量的投资性房地产的处置

采用成本模式计量的投资性房地产处置时，应根据实际收到的价款，借记“银行存款”等账户，贷记“其他业务收入”账户；根据收取的增值税税额，贷记“应交税费——应交增值税（销项税额）”账户。结转投资性房地产成本，根据累计折旧或累计摊销额，借记“投资性房地产累计折旧（摊销）”账户；根据投资性房地产的成本，贷记“投资性房地产”账户；根据已计提的减值准备，借记“投资性房地产减值准备”账户；根据其差额，借记“其他业务成本”账户。

（二）公允价值模式计量的投资性房地产的处置

采用公允价值模式计量的投资性房地产处置时，应根据实际收到的价款，借记“银行存款”等账户，贷记“其他业务收入”账户；根据收取的增值税税额，贷记“应交税费——应交增值税（销项税额）”账户。结转投资性房地产成本，根据公允价值，借记或贷记“投资性房地产——公允价值变动”账户；根据投资性房地产的成本贷记“投资性房地产——成本”账户，根据投资性房地产账面价值借记“其他业务成本”账户。同时，还要按投资性房地产公允价值变动额，借记或贷记“公允价值变动损益”账户，贷记或借记“其他业务成本”账户。如果其他资产转为投资性房地产时有计入其他综合收益的金额，也应一并结转，借记“其他综合收益”账户，贷记“其他业务成本”账户。

【例7-7】某企业2×18年12月31日以银行存款3 270 000元（含税）购入一栋房屋，作为管理用房使用，预计使用年限为50年，预计净残值为0。2×19年12月31日，该企业将房屋的用途改为出租，并以公允价值模式计量，当日的公允价值为3 200 000元。2×20年该企业收取房屋租金163 500元（含税），12月31日该房屋的公允价值为3 300 000元。2×21年1月10日该企业将房屋出售，收取价款3 240 000元，增值税为291 600元，存入银行。根据以上资料，编制有关会计分录如下：

①2×18年12月31日购入房屋。

借：固定资产	3 000 000	
应交税费——应交增值税（进项税额）	270 000	
贷：银行存款		3 270 000

②2×19年计提房屋折旧60 000元。

借：管理费用	60 000	

贷：累计折旧 60 000

③2×19 年 12 月 31 日将固定资产转换为投资性房地产。

公允价值大于账面价值的差额 =3 200 000 − （3 000 000 − 60 000）

=260 000（元）

借：投资性房地产——成本 3 200 000

累计折旧 60 000

贷：固定资产 3 000 000

其他综合收益 260 000

④2×20 年收取租金。

借：银行存款 163 500

贷：其他业务收入 150 000

应交税费——应交增值税（销项税额） 13 500

⑤2×20 年 12 月 31 日调整投资性房地产公允价值。

公允价值变动 =3 300 000 − 3 200 000 = 100 000（元）

借：投资性房地产——公允价值变动 100 000

贷：公允价值变动损益 100 000

⑥2×21 年 1 月出售投资性房地产。

a. 取得出售收入。

借：银行存款 3 531 600

贷：其他业务收入 3 240 000

应交税费——应交增值税（销项税额） 291 600

b. 结转出售成本。

借：其他业务成本 3 300 000

贷：投资性房地产——成本 3 200 000

——公允价值变动 100 000

c. 结转公允价值变动损益。

借：公允价值变动损益 100 000

贷：其他业务成本 100 000

d. 结转原计入其他综合收益的金额。

借：其他综合收益 260 000

贷：其他业务成本 260 000

七、投资性房地产的报表列示

在资产负债表中，“投资性房地产”项目反映全部投资性房地产的账面价值。

以成本模式计量的投资性房地产，该项目以原始价值扣除累计折旧（或摊销）和投资性房地产减值准备后的净额列示。

以公允价值模式计量的投资性房地产，该项目可以根据“投资性房地产”

账户的余额直接列示。

思考题

1. 无形资产有哪些特征?
2. 如何确定自行开发无形资产的成本?
3. 无形资产出租与出售的核算有哪些区别?
4. 投资性房地产的后续计量有哪几种模式?

练习题

1. 2×20 年 1 月 1 日，A 企业将一项专利技术出租给 B 企业使用，该专利技术账面余额为 500 万元，摊销期限为 10 年，出租合同规定，承租方每销售一件用该专利生产的产品，必须付给出租方 10 万元专利技术使用费。假定承租方当年销售该产品 10 万件，增值税税率为 6%。

要求：根据以上资料，编制有关会计分录。

2. 2×20 年 1 月 1 日，B 公司拥有某项专利技术的成本为 1 000 万元，已摊销金额为 500 万元，已计提的减值准备为 20 万元。该公司于 2×20 年将该项专利技术出售给 C 公司，取得出售收入 600 万元，增值税税额为 36 万元。

要求：根据以上资料，编制有关会计分录。

3. 甲为一家房地产开发企业，2×19 年 3 月 10 日，甲企业与乙企业签订了租赁协议，将其开发的一栋写字楼出租给乙企业使用，租赁期开始日为 2×19 年 4 月 15 日。2×19 年 4 月 15 日，该写字楼的账面余额为 45 000 万元，公允价值为 47 000 万元，增值税税率为 9%。2×19 年 12 月 31 日，该项投资性房地产的公允价值为 48 000 万元。2×20 年 6 月租赁期满，企业收回该项投资性房地产，并以 55 000 万元出售，增值税税额为 4 950 万元，全部价款已收讫。甲企业采用公允价值模式计量。

要求：根据以上资料，编制有关会计分录。

第八章　流动负债

【学习要点及目标】

本章主要介绍流动负债的含义、内容、计量和相关项目的会计处理。通过对本章的学习，要求熟悉流动负债的含义及包括的具体内容；理解并掌握短期借款、应付票据、应付账款、应付职工薪酬、应交税费以及预收账款的确认和计量方法；掌握各种流动负债的会计处理。

预收账款：一种“美丽”的负债

2019 年 4 月 16 日，上海元祖梦果子股份有限公司发布《关于将部分预收账款转为收入的会计政策变更的公告》，称公司从 2019 年 1 月 1 日起对预付储值卡的会计处理的会计政策进行变更：对于预付储值卡，在消费者未来行使提领权利的可能性极低时，公司将极可能最终不会被提领的相关预收账款部分由预收账款转入营业收入。

上海元祖梦果子股份有限公司（以下简称“公司”）自 2010 年起发行元祖卡（单用途预付费卡），元祖卡共分为喜通卡及储值卡两种。喜通卡主要为 2015 年 6 月前发放的单用途预付卡，之后发行的预付卡，由于更换了发卡的供应商及发卡平台，统称为储值卡。公司发售卡券（节令券、非节令券及元祖卡等）并在门店提货时回收，是食品连锁经营企业普遍采用的销售模式，是公司商业模式的重要组成部分。消费者购买公司产品时可以现款现货，也可以选择先购置卡券，再用卡券到门店提货。通过发售卡券并回收，消费者的支付方式更多、更灵活，提货时更为方便，一定程度上也刺激了公司产品的销售。公司关于预付卡的账务处理：公司在经营过程中对外发售预付卡券，在收到客户卡券款项时，公司计入预收账款；待消费者实际从门店提货时公司确认为收入。但是，公司结合历史提领率，发现有部分睡眠卡消费者前来消费即行使提领权利的可能性极低，从而不能真实反映公司的财务状况和经营成果。发行至今，公司已经积累更多的数据支持评估元祖卡的消费者的使用趋势，总结消费规律，从而预估其未来消费趋势，以确定元祖卡余额中因客户不会行使提领权利而形成的折损收入，以长期未使用的元祖卡按照历史消费统计数据为基础将部分预收账款转为收入。截至 2018 年 12 月 31 日，预收账款中的储值卡余额为人民币 5.17 亿元。2019 年 1~3 月净利润增加人民币 22 258 957.23 元。由此可见，预收账款，虽然看起来是一项账面负债，但确能够瞬间转变为收入，以提供利润。

请思考：你认为预收账款比例越高越好吗?

（资料来源：上海证券交易所，《上海元祖梦果子股份有限公司关于将部分预收账款转为收入的会计政策变更的公告》，2019－04－26，https：/q. stock. sohu. com/newpdf/201935369545. pdf）

第一节　流动负债概述

一、流动负债的含义

我国《企业会计准则——基本准则》第二十三条指出：负债是指企业过去的交易或者事项形成的、预期会导致经济利益流出企业的现时义务。

流动负债是指将在1年或超过1年的一个营业周期内偿还的债务，主要包括短期借款、应付账款、应付票据、预收账款、应付职工薪酬、应交税费、应付利息、应付股利、其他应付款等。

确认流动负债的目的，主要是将其与流动资产进行比较，反映企业的短期偿债能力。需要注意的是，长期负债中将于1年或一个营业周期内到期的项目也应归属流动负债，在资产负债表中的流动负债部分反映。

二、流动负债的分类

流动负债可按不同的标准进行分类，以满足不同的需要。

（一）按照应付金额可确定的程度分类

流动负债按其金额是否确定可分为三类。

1. 应付金额确定的流动负债。应付金额确定的流动负债是指有确切的债权人和偿付日期并有确切的偿付金额的流动负债，如短期借款、应付票据、已经取得结算凭证的应付账款、预收账款、应付职工薪酬、其他应付款等。

2. 应付金额视经营情况而定的流动负债。应付金额视经营情况而定的流动负债是指需待企业在一定的经营期末才能确定负债金额的流动负债，如应交税金、应付股利等。

3. 应付金额需估计的流动负债。应付金额需估计的流动负债是指没有确切的债权人和偿付日期，或虽有确切的债权人和偿付日期但其偿付金额需要估计的流动负债。包括没有取得结算凭证的应付账款、产品质量担保债务等。

（二）按照流动负债的形成方式分类

流动负债按其形成方式可分为两类。

1. 融资活动形成的流动负债。融资活动形成的流动负债主要指企业从银行和其他金融机构筹集资金形成的流动负债，主要包括短期借款和预提的借款利息。

2. 营业活动形成的流动负债。营业活动形成的流动负债是指企业在正常的生产经营活动中由于种种原因形成的应付及预收款项，可分为外部业务结算形成的流动负债和内部往来形成的流动负债。外部业务结算形成的流动负债主要包括应付票据、应付账款、预收账款、应交税费、其他应付款中应付外单位的款项等；内部往来形成的流动负债主要包括应付职工薪酬和其他应付款中应付企业内部单位或职工的款项。

（三）按照流动负债的偿付手段分类

流动负债按其偿付手段可分为两类。

1. 货币性流动负债。货币性流动负债是指需要以货币资金来偿还的流动负债，主要包括短期借款、应付票据、应付账款、应付职工薪酬、应付股利、应交税费和其他应付款。

2. 非货币性流动负债。非货币性流动负债是指不需要用货币资金来偿还的流动负债，主要为预收账款。

三、流动负债的特征

流动负债的特征可以概括为以下四个方面。

第一，偿还期限较短，需要在 1 年或超过 1 年的一个营业周期内偿还。

第二，到期应用流动资产或以新的流动负债偿还。

第三，周转较快，数额较小。

第四，除短期借款、应付票据等，一般不需要支付利息。

第二节　短期借款

一、短期借款概述

（一）短期借款的含义

短期借款是指企业向银行或其他金融机构借入的期限在 1 年以下的各种借款。短期借款一般是企业为筹措维持正常生产经营所需资金而借入的，或者为抵偿某项债务而借入的款项。相对于购置固定资产等长期资产而借入的专门借款而言，短期借款通常称为一般借款。企业借入短期借款，无论用于哪个方面，只要借入这项资金，就构成一项负债。归还借款时，除了归还借入本金外，还应支付相应的利息。

（二）短期借款利息的计算

短期借款的利息支出是企业理财活动中为筹集资金而发生的耗费，应当作为一项财务费用计入当期损益。由于短期借款利息的支付情况不尽相同，因而应分别进行会计处理：如果银行对企业的短期借款按月计收利息，或者虽在借款到期收回本金时一并计收利息，但利息数额不大，那么，企业可以在收到银行的计息通知或实际支付利息时，直接计入当期损益；如果银行对企业的短期借款按季（或按本年）计收利息，或者是在借款到期收回本金时一并计收利息，但利息数额较大，则通常采用预提的办法，按月预提借款利息，计入当期损益。利息的计算公式如下：

借款利息 = 本金 × 利率 × 计息时间

二、短期借款的会计处理

短期借款业务的处理包括借入本金的处理和利息的处理两部分内容，而利息的处理又因利息支付方式的差异而不同。

（一）短期借款本金的会计处理

为了核算短期借款本金业务，企业应当设置“短期借款”账户。该账户属于负债类账户，专门用来核算企业借入其期限在1年或一个营业周期以内的各种借款。

企业从银行或其他金融机构取得短期借款时，应根据收到的实际金额，借记“银行存款”账户，贷记“短期借款”账户。“短期借款”账户可以按照债权人以及借款种类、还款时间设置明细账。

【例8-1】某企业4月1日从银行取得偿还期为6个月的借款40 000元，年利率为6%，每季度结息一次。根据以上资料，编制会计分录如下：

借：银行存款　　40 000

　　贷：短期借款　　40 000

（二）短期借款利息的会计处理

在实际工作中，银行或其他金融机构一般按季度在季末收取借款利息，短期借款的利息属于筹资费用，应记入“财务费用”账户。按照权责发生制原则，当月应负担的利息费用，即使在当月没有支付，也应作为当月的利息费用处理，应在月末估计当月的利息费用数额，进行预提。其会计处理为：

借：财务费用

　　贷：应付利息

（1）实际支付利息时，其会计处理为：

借：应付利息（按已预提的利息）

　　财务费用（按实际支付的利息大于预提数的差额）

贷：银行存款（按实际支付的利息）

(2) 实际支付利息的月份，也可以根据实际支付的利息：

借：应付利息

贷：银行存款

月末再调整应付利息的差额：

借：财务费用

贷：应付利息

采用月末调整应付利息差额的方法，能够在应付利息明细账中全面反映借款利息的预提和支出数额。

【例8-2】 承〖例8-1〗，该企业采用预提法进行利息费用的核算，编制会计分录如下：

①4、5月份预提利息费用时：

借：财务费用	200	
贷：应付利息		200

②6月份实际支付借款利息：

借：应付利息	400	
财务费用	200	
贷：银行存款		600

6月份也可以在实际支付借款利息时：

借：应付利息	600	
贷：银行存款		600

6月末：

借：财务费用	200	
贷：应付利息		200

（三）短期借款的偿还

企业短期借款到期偿还本金时：借记“短期借款”账户，贷记“银行存款”账户。

【例8-3】 承〖例8-1〗，该企业偿还短期借款40 000元，编制会计分录如下：

借：短期借款	40 000	
贷：银行存款		40 000

第三节 交易性金融负债

一、交易性金融负债概述

满足以下条件之一的金融负债，应当划分为交易性金融负债。

(1) 取得该金融负债的目的主要是近期内出售或回购。

(2) 属于进行集中管理的可辨认金融工具组合的一部分，且有客观证据表明企业近期采取短期获利方式对该组合进行管理。

(3) 属于衍生工具。但是，被指定且为有效套期工具的衍生工具、属于财务担保合同的衍生工具、与在活跃市场中没有报价且公允价值不能可靠计量的权益工具投资挂钩并须通过交付该权益工具结算的衍生工具除外。

二、交易性金融负债的会计处理

对于交易性金融负债，应当按照公允价值进行初始计量和后续计量，相关交易费用应当在发生时直接计入当期损益。其公允价值应当以市场交易价格为基础确定，公允价值的变动形成的利得或损失，除与套期保值有关外，应当计入当期损益。

为核算交易性金融负债，企业应当设置“交易性金融负债”账户，按其负债类别分别“成本”“公允价值变动”进行明细核算。

(一) 确认与终止确认

企业成为金融工具合同的一方并承担相应义务时确认金融负债。根据此确认条件，对于由衍生工具合同形成的义务，企业应当将其确认为金融负债。但是，如果衍生工具涉及金融资产转移且导致金融资产转移不符合终止确认条件的则不再确认该项义务为金融负债，以避免企业重复确认负债。企业应当在金融负债的现时义务已经全部或部分解除时，终止确认该金融负债或其一部分。

(二) 初始计量与后续计量

对于公允价值计量且其变动计入当期损益的交易性金融负债，应当按照其公允价值进行初始计量和后续计量，相关交易费用应当在发生时直接计入当期损益。

1. 初始计量。公允价值一般应当以市场交易价格为基础确定，其初始计量时的公允价值通常以实际交易价格，即所受到或支付对价的公允价值为基础确定。交易费用是指可直接归属于购买、发行或处置金融工具新增的外部费用。新增的外部费用是指企业不购买、发行或处置金融工具就不会发生的费用，包括支付给代理机制、咨询公司、券商等的手续费和佣金及其他必要支出，不包括债券溢价、折价、融资费用、内部管理成本及其他与交易不直接相关的费用。其会计处理为：

借：银行存款
　　投资收益（交易费用）
　　贷：交易性金融负债——成本

2. 后续计量。在资产负债表日，企业应当按照公允价值进行后续计量，其公允价值变动形成的利得或损失，除与套期保值有关外，应计入当期损益（公允价值变动损益）。其会计处理为：

（1）资产负债表日，按交易性金融负债的票面利率确认利息费用。

借：投资收益

　　贷：应付利息

（2）资产负债表日，确认公允价值变动。

借：交易性金融负债——公允价值变动

　　贷：公允价值变动损益

或：

借：公允价值变动损益

　　贷：交易性金融负债——公允价值变动

（3）处置（偿还）时：

借：交易性金融负债——成本

　　　　　　　　　——公允价值变动

　　贷：银行存款

　　　　投资收益（或借方）

同时：

借：公允价值变动损益

　　贷：投资收益

或

借：投资收益

　　贷：公允价值变动损益

【例8-4】2019年10月1日，A公司经批准在全国银行间债券市场按面值公开发行100亿元人民币短期融资券，期限为1年，票面年利率为8%，每张面值为100元，到期一次性还本付息。所募集资金主要用于A公司购买生产经营所需的原材料及配套件等。A公司将该短期融资券指定为以公允价值计量且其变动计入当期损益的交易性金融负债。假定发行短期融资券相关的交易费用为1 000万元。2019年12月31日，该短期融资券市场价格每张为108元（不含利息）；2020年3月31日，该短期融资券市场价格每张为105元（不含利息）；2020年6月30日，该短期融资券市场价格每张为103元（不含利息）；2020年9月30日，该短期融资券到期兑付完成。假定不考虑其他相关因素，且A公司按季度提供财务报告。甲公司从发行该短期融资券至其到期的会计处理如下（单位：万元）：

①2019年10月1日，发行短期融资券。

借：银行存款	999 000	
投资收益	1 000	
贷：交易性金融负债——成本		1 000 000

②2019年12月31日，确认公允价值变动和利息费用。

借：投资收益	20 000	

贷：应付利息　20 000
借：公允价值变动损益　80 000
贷：交易性金融负债——公允价值变动　80 000
③2020 年 3 月 31 日，确认公允价值变动和利息费用。
借：投资收益　20 000
贷：应付利息　20 000
借：交易性金融负债——公允价值变动　30 000
贷：公允价值变动损益　30 000
④2020 年 6 月 30 日，确认公允价值变动和利息费用。
借：投资收益　20 000
贷：应付利息　20 000
借：交易性金融负债——公允价值变动　20 000
贷：公允价值变动损益　20 000
⑤2020 年 9 月 30 日，短期融资券到期。
借：投资收益　20 000
贷：应付利息　20 000
借：交易性金融负债——成本　1 000 000
——公允价值变动　30 000
应付利息　80 000
贷：银行存款　1 080 000
投资收益　30 000
借：投资收益　30 000
贷：公允价值变动损益　30 000

第四节　应付及预收款项

一、应付账款

（一）应付账款的确认

应付账款是指因购买材料、商品或者接受劳务等发生的债务。这是买卖双方在购销活动中由于取得物资或劳务与支付货款在时间上不一致而产生的负债。

从理论上讲，应付账款的入账时间应为结算凭证所取得的时间。因为在赊购情况下企业取得结算凭证的同时可以取得货物，也意味着取得了该项货物的产权，应在确认资产的同时确认负债。在实际工作中，由于应付账款的偿付期限较短，往往在月内能够付款，为了简化核算工作，一般在取得结算凭证时不作账务处理，而在实际支付货款时作为资产入账。但是，结算凭证已到而月末仍未支付货款，则应确认资产和负债。

如果购进的货物已验收入库，而结算凭证在月末仍未到达，企业应对其进行估价，同时确认资产和负债。但是，为了规范实际支付货款时的核算方法，应在下月1日编制红字会计凭证冲销。

（二）应付账款的会计处理

企业应设置“应付账款”账户，核算企业因购买材料、商品和接受劳务供应等经营活动应支付的款项，“应付账款”账户应按债权人设置明细账户进行明细分类核算。

一般来说，应付账款不单独计算利息，业务发生时的金额即未来应付的金额，延期付款期间的利息已经隐含在业务发生时的金额之内，按照重要性原则，应付账款的入账价值一般按照业务发生时的金额即未来应付的金额确定，而不按到期应付金额的现值入账。企业因购买材料、商品和接受劳务供应等经营活动应支付的款项，借记有关账户，贷记“应付账款”账户，偿付应付账款时，借记“应付账款”账户，贷记“银行存款”等账户。

【例8-5】 某企业4月3日赊购了原材料一批，发票中注明的买价为10 000元，增值税为1 300元，共计11 300元，原材料已验收入库。5月5日实际支付价款11 300元。

①4月3日，购入原材料时：

借：原材料	10 000	
应交税费——应交增值税（进项税额）	1 300	
贷：应付账款		11 300

②5月5日，支付全部价款时：

借：应付账款	11 300	
贷：银行存款		11 300

二、应付票据

（一）应付票据的概念

应付票据是由出票人出票，付款人在指定日期无条件支付特定的金额给收款人或者持票人的票据。在我国，应付票据通常是指企业购买材料、商品和接受劳务供应等开出、承兑的商业汇票。应付票据按照票据承兑人的不同分为银行承兑汇票和商业承兑汇票，我国商业票据的付款期限一般不超过6个月；按照票据持有期间是否计息可以分为带息票据和不带息票据。

（二）应付票据的核算

企业应通过“应付票据”账户，核算应付票据的发生、偿付等情况。由于应付票据的期限较短，无论其是否带息，发生时均按面值记入该账户的贷方；对带息票据应于年度终了计算应付利息，记入该账户的贷方；到期付款或因其他原因注销票据时，按票据的账面价值记入借方；余额在贷方，表示尚未到期的应付票据本金和利息之和。

开出并承兑的商业承兑汇票，如果不能如期支付，应在票据到期时，将“应付票据”账面价值转入“应付账款”账户，待协商后再行处理；如果重新签发新的票据以清偿原应付票据的，再从“应付账款”账户转入“应付票据”账户。

银行承兑汇票如果票据到期企业无力支付到期票款，承兑银行除凭票向持票人无条件付款外，对出票人尚未支付的汇票金额转作逾期贷款处理。企业无力支付到期银行承兑汇票，在接到银行转来的“××号汇票无款支付转入逾期贷款户”等有关凭证时：

借：应付票据

　　贷：短期借款

同时，对计收的利息，按短期借款利息的处理办法处理。

1. 不带息应付票据的核算。不带息应付票据是指在票面上不注明利息率，其面值就是票据到期时的应付金额的票据。企业因购买材料、商品和接受劳务供应等开出、承兑的商业汇票，其会计处理为：

借：在途物资、库存商品（按照有关发票金额）

　　应交税费——应交增值税（进项税额）

　　贷：应付票据（按商业汇票的票面金额）

因抵付货款、应付账款而开出、承兑的商业汇票，应当按照商业汇票的票面金额：

借：应付账款

　　贷：应付票据

【例8-6】某企业于9月1日从A公司购进材料一批，其采购的原材料采用商业汇票方式结算货款。根据有关发票账单，购入材料的不含税价款为40 000元，增值税专用发票上注明的增值税税额为5 200元。该企业开出并承兑一张面值为45 200元、期限为5个月的不带息商业汇票。材料尚未运到。

①该企业开出并承兑该商业汇票时：

借：材料采购	40 000	
应交税费——应交增值税（进项税额）	5 200	
贷：应付票据——A公司		45 200

②票据到期付款时：

借：应付票据——A公司	45 200	
贷：银行存款		45 200

③票据到期企业无力支付的，应将“应付票据”转入“应付账款”账户核算：

借：应付票据——A 公司　　45 200

　　贷：应付账款——A 公司　　45 200

2. 带息应付票据的核算。由于我国的商业汇票期限较短，在期末，通常对尚未支付的应付票据计提利息，计入当期财务费用；票据到期支付票款时，尚未计提的利息部分直接计入当期财务费用。其会计处理如下。

（1）计提应付的票据利息时：

借：财务费用

　　贷：应付票据

（2）票据到期支付本息时：

借：应付票据（按票据账面余额）

　　财务费用（按未计提的利息）

　　贷：银行存款（按实际支付的金额）

【例 8-7】某企业于 2×20 年 9 月 1 日从 A 公司购进材料一批，根据有关发票账单，购入材料的不含税价款为 400 000 元，增值税专用发票上注明的增值税税额为 52 000 元。该企业开出并承兑一张面值为 452 000 元，期限为 9 个月，票面利率为年利 10% 的带息商业承兑汇票。材料已验收入库。

①2×20 年 9 月 1 日，该企业开出并承兑该商业汇票时：

借：原材料　　400 000

　　应交税费——应交增值税（进项税额）　　52 000

　　贷：应付票据——A 公司　　452 000

②2×20 年 12 月 31 日，计提票据利息时：

票据利息 = 452 000 × 10% × 4 ÷ 12 = 15 066.67（元）

借：财务费用　　15 066.67

　　贷：应付票据——A 公司　　15 066.67

③票据到期支付本息时：

借：应付票据——A 公司　　467 066.67

　　财务费用　　18 833.33

　　贷：银行存款　　485 900

④票据到期企业无力支付的，应将“应付票据”转入“应付账款”账户核算：

借：应付票据——A 公司　　467 066.67

　　财务费用　　18 833.33

　　贷：应付账款——A 公司　　485 900

三、预收账款

预收账款是买卖双方协议商定，由购货单位预先支付一部分货款而形成的一项负债。与应付账款不同，预收账款所形成的负债不是以货币偿付，而是以货物偿付。预收账款的核算应视企业的具体情况而定：如果预收账款比较多，可以设置“预收账款”账户；预收账款不多的，也可以不设置“预收账款”账户，直接记入“应收账款”账户的贷方。单独设置“预收账款”账户进行核算的，其“预收账款”账户的贷方，反映预收的货款和补付的货款；借方反映应收的货款和退回多收的货款；期末贷方余额反映尚未结清的预收账款，借方余额反映应收的货款。其会计处理如下。

（1）企业收到购货单位预付的款项时，借记“银行存款”账户，贷记“预收账款”账户。

（2）当销售实现时，借记“预收账款”账户，贷记“主营业务收入”“应交税费——应交增值税（销项税额）”等账户。

（3）退还多收的货款时，借记“预收账款”账户，贷记“银行存款”账户。

（4）收到购买方补付的货款时，借记“银行存款”账户，贷记“预收账款”账户。

若采用这种方式，在销货的全部价款大于预收账款而尚未收到购买方补付的账款时，“预收账款”账户所属的明细账户会有借方余额，月末，“预收账款”所属明细账户的借方余额，在资产负债表中应列入“应收款项”项目。在企业预收账款业务不多的情况下，为了简化核算工作，也可以不设“预收账款”账户，预收的账款记入“应收账款”账户的贷方，采用这种方式时，“应收账款”账户所属的明细账户可能会有贷方余额，月末，“应收账款”账户所属明细账户的贷方余额，在资产负债表中应列入“预收款项”项目。

【例8-8】A企业于2×20年6月5日与B企业签订购销合同，规定4个月后A企业向B企业销售一批货物，不含税价款60 000元，应缴纳增值税7 800元，A企业预收货款40 000元，余款交货后付清。

①2×20年6月5日，A企业预收货款时：

借：银行存款	40 000	
贷：预收账款——B企业		40 000

②4个月后，发出商品时：

借：预收账款——B企业	67 800	
贷：主营业务收入		60 000
应交税费——应交增值税（销项税额）		7 800

③结清余款时：

借：银行存款	27 800	
贷：预收账款——B企业		27 800

第五节　应付职工薪酬

一、职工薪酬及其内容

职工薪酬是指企业为获得职工提供的服务或解除劳动关系而给予的各种形式的报酬或补偿。

1. 职工的范围。职工薪酬中的职工是指下列人员：

（1）与企业订立劳动合同的所有人员，含全职、兼职和临时职工；

（2）未与企业订立正式劳动合同但由企业正式任命的人员（如董事会、监事会成员和内部审计委员会成员等）；

（3）未与企业订立劳动合同或未由其正式任命，但向企业所提供的服务与职工所提供服务类似的人员，也属于职工的范畴，包括通过企业与劳务中介公司签订用工合同而向企业提供服务的人员。

2. 职工薪酬的内容。职工薪酬包括短期薪酬、离职后的福利、辞退福利和其他长期职工福利等。企业提供给职工配偶、子女、受赡养人、已故员工遗属及其他受益人等的福利，也属于职工薪酬。

（1）短期薪酬。短期薪酬是指企业在职工提供相关服务的年度报告期间结束后12个月内需要全部予以支付的职工薪酬，因解除与职工的劳动关系给予的补偿除外。短期薪酬具体包括以下内容。

①职工工资、奖金、津贴和补贴，指按照国家规定构成工资总额的计时工资、计件工资、奖金（支付给职工的超额劳动报酬和增收节支的劳动报酬）、为了补偿职工特殊或额外的劳动消耗和因其他特殊原因支付给职工的津贴，以及为了保证职工工资水平不受物价影响支付给职工的物价补贴等。其中，企业按照短期奖金计划向职工发放的奖金属于短期薪酬，按照长期奖金计划向职工发放的奖金属于其他长期职工福利。

②职工福利费，指企业为职工提供的福利，如生活困难补助、丧葬补助、抚恤费、职工异地安家费、防暑降温费等支出。

③社会保险费，指企业按照国家规定的基准和比例计算，向社会保险经办机构缴纳的医疗保险费、工伤保险费和生育保险费等。

④住房公积金，指企业按照国家规定的基准和比例计算，向住房公积金管理机构缴存的住房公积金。

⑤工会经费和职工教育经费，指企业为了改善职工文化生活、提高职工业务素质用于开展工会活动和职工教育及职业技能培训，根据国家规定的基准和比例从成本费用中提取的金额。

⑥短期带薪缺勤，指职工虽然缺勤但企业仍向其支付报酬的安排，包括年休

假、病假、婚假、产假、丧假、探亲假等。长期带薪缺勤属于其他长期职工福利。

⑦短期利润分享计划，指企业因职工提供服务而与职工达成的基于利润或其他经营成果提供薪酬的协议。长期利润分析计划属于其他长期职工福利。

⑧非货币性福利，指企业以自产的产品或外购商品发放给职工作为福利，企业将自己拥有的资产无偿提供给职工使用或租赁住房等资产供职工无偿使用及向职工提供企业支付了一定补贴的商品或服务等。

⑨其他短期薪酬，指除上述薪酬以外的其他为获得职工提供的服务而给予的短期薪酬。

（2）离职后的福利，指企业为获得职工提供的服务而在职工退休或企业解除劳动关系后提供的各种形式的报酬和福利，属于短期薪酬和辞退福利的除外。

离职后福利计划是指企业与职工就离职后福利达成的协议，或者企业为向职工提供离职后的福利制定的规章或办法等。离职后福利计划按照企业承担的风险和义务情况，可以分为设定提存计划和设定受益计划。其中，设定提存计划是指企业向独立的基金缴存固定费用后，不再承担进一步支付义务的离职后福利计划；设定受益计划是指除设定提存计划以外的离职后福利计划。

（3）辞退福利，指企业在职工劳动合同到期之前解除与职工的劳动关系或者为鼓励职工自愿接受裁减而给予职工的补偿。辞退福利主要包括在职工劳动合同尚未到期之前，不论职工本人是否愿意，企业决定解除与职工的劳动关系而给予的补偿；在职工劳动合同尚未到期前，为鼓励职工自愿接受裁减而给予的补偿，职工有权利选择继续在职或接受补偿离职。辞退福利通常采取解除劳动关系时一次性支付补偿的方式，也采取在职工不再为企业带来经济利益后，将职工工资支付到辞退后未来某一期间的方式。

（4）其他长期职工福利，指除短期薪酬、离职后福利、辞退福利之外的所有的职工薪酬，包括长期带薪缺勤、长期残疾福利、长期利润分享计划等。

二、短期薪酬的核算

（一）一般短期薪酬的核算

企业应当在职工为其提供服务的会计期间，将实际发生的短期薪酬确认为负债，并计入当期损益，其他相关会计准则要求或允许计入资产成本的除外。

1. 一般短期薪酬的确认。企业应根据职工提供服务的受益对象，分别按下列情况处理。

（1）应由生产产品、提供劳务负担的短期薪酬，应计入产品成本或劳务成本。其中，生产产品、提供劳务中的直接生产人员和直接提供劳务人员发生的短期薪酬，应直接计入生产成本；车间管理人员等发生的短期薪酬，应计入制造费用。

(2) 应由在建工程、无形资产负担的短期薪酬，计入固定资产或无形资产成本。自行建造固定资产发生的短期薪酬应计入固定资产成本（在建工程）；自行研究开发无形资产过程中发生的短期薪酬，其中，研究阶段发生的短期薪酬不能计入自行开发无形资产的成本，应计入当期损益（先记入“研发支出——费用化支出”账户，期末再转入“管理费用”账户），开发阶段发生的短期薪酬，符合资本化条件的，应当计入自行开发无形资产的成本（研发支出——资本化支出）。

(3) 除直接生产人员、直接提供劳务人员、建造固定资产人员、开发无形资产人员以外的职工，包括公司总部管理人员、董事会成员、监事会成员等人员相关的短期薪酬，因难以确定直接对应的受益对象，均应当在发生时计入当期损益（管理费用）；销售人员的短期薪酬，计入销售费用。

2. 一般短期薪酬的计量及会计处理。

(1) 货币性薪酬的计量及其会计处理。企业发生的职工工资、津贴和补贴等短期薪酬，应当根据职工提供服务情况和工资标准等计算并应计入职工薪酬的工资总额，并按照受益对象计入相关资产的成本或当期损益。

企业为职工缴纳的医疗保险费、工伤保险费、生育保险费等社会保险费和住房公积金，以及按规定提取的工会经费和职工教育经费，应当在职工为其提供服务的会计期间，根据规定的计提基础和计提比例计算确定相应的职工薪酬金额。

企业发生的职工福利费，应当在实际发生时根据实际发生额计入当期损益或相关资产成本。

企业应按照劳动工资制度的规定，根据考勤制度、工时记录、产量记录、工资标准、工资级别等，编制工资单，计算应支付给职工的各种薪酬，并将“工资单”进行汇总，编制工资汇总表。

企业应当设置“应付职工薪酬”账户，用来核算根据有关规定应付给职工的各种薪酬，并按职工薪酬的组成内容设置明细账，进行明细核算。

企业分配职工薪酬时，应作如下会计分录：

借：生产成本（直接生产人员的职工薪酬）
　　制造费用（车间管理人员的职工薪酬）
　　管理费用（行政管理人员的职工薪酬）
　　销售费用（销售人员的职工薪酬）
　　在建工程（在建工程人员的职工薪酬）
　　研发支出（研究开发人员的职工薪酬）
　　贷：应付职工薪酬

支付货币性薪酬时，应作如下会计分录：

借：应付职工薪酬
　　贷：银行存款或库存现金（实际支付的金额）
　　　　其他应收款或其他应付款（代扣代垫的房租、家属医药费等款项）
　　　　应交税费——应交个人所得税（代扣的个人所得税）

【例8-9】A企业本月应付工资总额621 000元，工资费用分配汇总表中列示的产品生产人员工资为320 000元，车间管理人员工资为150 000元，企业行政管理人员工资为90 000元，销售人员工资为50 400元，在建工程人员工资为10 600元，则A企业的有关会计分录如下：

借：生产成本	320 000	
制造费用	150 000	
管理费用	90 000	
销售费用	50 400	
在建工程	10 600	
贷：应付职工薪酬——工资		621 000

【例8-10】A企业根据国家规定的计提标准，本期应向社会保险经办机构缴纳职工基本养老保险费共计78 500元，其中，应计入基本生产车间生产成本的金额为48 200元，应计入制造费用的金额为13 500元，应计入管理费用的金额为10 500元，应计入销售费用的金额为6 300元，A企业有关会计处理如下：

借：生产成本	48 200	
制造费用	13 500	
管理费用	10 500	
销售费用	6 300	
贷：应付职工薪酬——社会保险费		78 500

【例8-11】A企业下设一所职工食堂，每月根据在岗职工数量及岗位情况、相关历史经验数据等计算需要补贴食堂的金额，从而确定企业每期因职工食堂而需要承担的福利费金额。2×20年9月，A企业在岗职工共计180人，其中，管理部门35人，生产车间145人，根据历史经验数据，每个职工每月需补贴食堂160元。A企业的有关会计分录如下：

借：生产成本	23 200	
管理费用	5 600	
贷：应付职工薪酬——职工福利		28 800

（2）非货币性薪酬的计量及其会计处理。企业向职工提供非货币性福利的，应当按照公允价值计量。

①企业以自产的产品作为非货币性福利提供给职工的，应当按照该产品的公允价值和相关税费确定职工薪酬金额，并计入当期损益或相关资产成本。相关收入的确认、销售成本的结转以及相关税费的处理，与企业正常商品销售的会计处理相同。企业以外购的商品作为非货币性福利提供给职工的，应当按照该商品的公允价值和相关税费确定职工薪酬的金额。

②企业将其拥有的房屋、汽车等资产无偿提供给职工使用的，应当根据受益对象，将该房屋、汽车等资产每期应计提的折旧计入相关资产成本或当期损益，同时确认应付职工薪酬。

③企业租赁住房等资产供职工无偿使用的，应当根据受益对象，将每期应付

的租金计入相关资产成本或当期损益，并确认应付职工薪酬，难以认定受益对象的，直接计入当期损益，并确认应付职工薪酬。

企业在对非货币性薪酬进行会计处理时，均应先通过“应付职工薪酬”账户核算，以确定完整准确的企业人工成本金额。

【例8-12】A企业为一家电生产企业，共有职工180人，其中，145人为直接参加生产的职工，35人为总部管理人员。2×20年11月，该企业以其生产的电冰箱作为福利发放给公司每名员工。该型号冰箱的单位成本为3 000元，市场售价为每台5 000元，该企业适用的增值税税率为13%。A企业的有关会计处理如下：

应计入生产成本的金额 = 145×5 000×（1+13%）= 819 250

应计入管理费用的金额 = 35×5 000×（1+13%）= 197 750

借：生产成本	819 250	
管理费用	197 750	
贷：应付职工薪酬——非货币性福利		1 017 000

A企业向职工发放电冰箱作为福利，同时要根据相关税收规定，视同销售计算增值税销项税额。会计分录如下：

借：应付职工薪酬——非货币性福利	1 017 000	
贷：主营业务收入		900 000
应交税费——应交增值税（销项税额）		117 000
借：主营业务成本	540 000	
贷：库存商品		540 000

④向职工提供企业支付了补贴的商品或服务。企业有时以低于企业取得资产或服务成本的价格向职工提供资产或服务，例如以低于成本的价格向职工出售住房、以低于企业支付的价格向职工提供医疗保健服务。以提供包含补贴的住房为例，企业在出售住房等资产时，应当将出售价款与成本的差额（即相当于企业补贴的金额）分别按以下情况处理。

第一，如果出售住房的合同或协议中规定了职工在购得住房后至少应当提供服务的年限，企业应当将该项差额作为长期待摊费用处理，并在合同或协议规定的服务年限内平均摊销，根据受益对象分别计入相关资产成本或当期损益。

第二，如果出售住房的合同或协议中未规定职工在购得住房后必须服务的年限，企业应当将该项差额直接计入出售住房当期损益，因为在这种情况下，该项差额相当于是对职工过去提供服务成本的一种补偿，不以职工的未来服务为前提，因此，应当立即确认为当期损益。

应当注意的是：企业应将以补贴后价格向职工提供商品或服务的非货币性福利，与企业直接向职工提供购房补贴、购车补贴等区分开来，后者属于货币性补贴，与其他货币性薪酬如工资一样，应当在职工提供服务的会计期间，按照企业各期预计补贴金额，确认企业应承担的薪酬义务，并根据受益对象计入相关资产的成本或当期损益。

【例8-13】 A企业为总部各部门经理级别以上职工提供汽车免费使用，同时为副总裁以上高级管理人员每人租赁一套住房。A企业总部共有部门经理以上职工25名，每人提供一辆现代汽车免费使用，假定每辆现代汽车每月计提折旧1 000元；该企业共有副总裁以上高级管理人员6人，企业为其每人租赁一套公寓，月租金为每套7 000元。

企业的有关会计处理如下：

借：管理费用　67 000
　贷：应付职工薪酬——非货币性福利——现代汽车　67 000
借：应付职工薪酬——非货币性福利——现代汽车　25 000
　贷：累计折旧　25 000
借：应付职工薪酬——非货币性福利——租赁公寓　42 000
　贷：其他应收款　42 000

【例8-14】 甲公司购买了100套全新的公寓拟以优惠价格向职工出售，该公司共有100名职工，其中，80名为直接生产人员，20名为公司总部管理人员。甲公司拟向直接生产人员出售的住房平均每套购买价为100万元，向职工出售的价格为每套80万元；拟向管理人员出售的住房平均每套购买价为180万元，向职工出售的价格为每套150万元。假定该100名职工均在该年度中陆续购买了公司出售的住房，售房协议规定，职工在取得住房后必须在公司服务10年，假定不考虑相关税费。

①甲公司出售住房给职工时，会计分录如下：

借：银行存款　94 000 000
　　长期待摊费用　22 000 000
　贷：固定资产　116 000 000

②出售住房后的每年，按直线法在10年内摊销长期待摊费用时，会计分录如下：

借：生产成本　1 600 000
　　管理费用　600 000
　贷：应付职工薪酬——非货币性福利　2 200 000
借：应付职工薪酬——非货币性福利　2 200 000
　贷：长期待摊费用　2 200 000

（二）短期带薪缺勤的核算

带薪缺勤根据其性质及其职工享有的权利，分为累积带薪缺勤和非累积带薪缺勤两类。

1. 累积带薪缺勤及其会计处理。累积带薪缺勤是指带薪权利可以结转下期的带薪缺勤，本期尚未用完的带薪缺勤权利可以在未来期间使用。企业应当在职工提供了服务从而增加了其未来享有的带薪缺勤权利时，确认与累积带薪缺勤相关的职工薪酬，并以累积未行使权利而增加的预期支付金额计量。

有些累积带薪缺勤在职工离开企业时，对于未行使的权利，职工有权获得现金支付。职工在离开企业时能够获得现金支付的，企业应当确认企业必须支付的、职工全部累积未使用权利的金额。企业应当根据资产负债表日因累积未使用权利而导致的预期支付的追加金额，作为累积带薪缺勤费用进行预计。

【例8-15】A企业共有100名职工，从2×19年1月1日起，该企业实行累积带薪缺勤制度，该制度规定，每个职工每年可享受5个工作日带薪年休假，未使用的年休假只能向后结转一个日历年度，超过1年未使用的权利作废，职工休年休假时，首先使用当年可享受的权利，不足部分再从上年结转的带薪年休假中扣除，职工离开公司时，对未使用的累积带薪年休假无权获得现金支付。

2×19年12月31日，每个职工当年平均未使用带薪年休假为2天。A企业预计2×20年有90名职工将享受不超过5天的带薪年休假，剩余10名职工每人将平均享受7天年休假。假定这10名职工全部为总部管理人员。该公司平均每名总部管理人员每个工作日工资为500元。

根据上述资料，A企业有90名职工2×19年已休带薪年休假，由于休假期间照发工资，因此，相应的薪酬已经计入公司每月确认的薪酬金额中，不需要另作会计处理。

A企业在2×20年12月31日预计由于10名职工累积未使用的带薪年休假权利而导致预期将支付的薪酬负债即为20天（10×2天）的年休假工资金额10 000元（20×500），作会计分录如下：

借：管理费用　　10 000

　　贷：应付职工薪酬——累积带薪缺勤　　10 000

2. 非累积带薪缺勤及其会计处理。非累积带薪缺勤是指带薪权利不能结转下期的带薪缺勤，本期尚未用完的带薪缺勤权利将予以取消，并且职工离开企业时也无权获得现金支付。我国企业职工休婚假、产假、丧假、探亲假、病假期间的工资通常属于非累积带薪缺勤。

企业应当在职工实际发生缺勤的会计期间确认与非累积带薪缺勤相关的职工薪酬。企业确认职工享有的与非累积带薪缺勤权利相关的薪酬，视同职工出勤确认的当期损益或相关资产成本。由于与非累积带薪缺勤相关的职工薪酬已经包括在企业每期向职工发放的工资等薪酬中，因此，企业不必额外作相应的会计处理。

（三）短期利润分享计划的核算

企业制订的短期利润分享计划同时满足下列条件的，应当确认相关的应付职工薪酬，并计入当期损益或相关资产成本。

（1）企业因过去事项导致现在具有支付职工薪酬的法定义务或特定义务。

（2）因利润分享计划所产生的应付职工薪酬义务能够可靠估计。

如果企业预期在职工为其提供相关服务的年度报告期间结束后12个月内，不需要全部支付利润分享计划产生的应付职工薪酬，该利润分享计划应当按照其他长期职工福利的有关规定处理。

企业根据经营业绩或职工贡献等情况提取的奖金，属于奖金计划，应当比照短期利润分享计划进行处理。

【例8－16】2×20年初，A企业制订和实施了一项短期利润分享计划，以对公司管理层进行激励。该计划规定，公司全年的净利润指标为5 000万元，如果净利润超过5 000万元，则公司管理层将可以分享超过5 000万元净利润部分的10%作为额外报酬。假定至2×20年12月31日，A企业全年实际完成净利润5 600万元。

假定不考虑离职等其他因素，则A企业管理层按照利润分享计划可以分享利润60万元［(5 600－5 000)×10%］作为其额外的薪酬。2×20年12月31日，A企业应作的会计分录如下：

借：管理费用　　600 000

　　贷：应付职工薪酬——利润分享计划　　600 000

三、离职后福利的薪酬核算

离职后福利包括退休福利（如养老金）及其他离职后福利（如离职后人寿保险和离职后医疗保障等）。

职工正常退休时获得的养老金等离职后福利是职工与企业签订的劳动合同到期或者职工达到国家规定的退休年龄时，获得的离职后生活补偿金额。企业给予补偿的事项是职工在职时提供的服务而不是退休本身，因此，企业应当在职工提供服务的会计期间对离职后福利进行确认和计量。

（一）设定提存计划的薪酬核算

设定提存计划是指企业向单独主体（如基金）等缴存固定费用后，不再承担进一步支付义务的离职后福利计划。

对于设定提存计划，企业应当将在资产负债表日为换取职工在会计期间提供的服务而应向单独主体缴存的提存金确认为职工薪酬负债，并计入当期损益或相关资产成本。

【例8－17】2×20年6月，A企业经过计算本月应发放职工工资总额为150 000元，其中，车间生产工人工资为60 000元，车间管理人员工资为10 000元，企业行政管理部门管理人员工资为30 000元，专设销售机构人员工资为30 000元，研发人员（研究阶段）工资为20 000元。假设A企业根据所在地政府规定，按照职工工资总额的12%计提基本养老保险费，缴存当地社会保险经办机构。A企业2×20年6月的有关会计处理如下：

借：生产成本　　7 200

　　制造费用　　1 200

　　管理费用　　3 600

　　销售费用　　3 600

研发支出——费用化支出 2 400

贷：应付职工薪酬——设定提存计划 18 000

（二）设定受益计划的薪酬核算

设定受益计划是指除设定提存计划以外的离职后福利计划。设定提存计划和设定受益计划的区分，取决于离职后福利计划的主要条款和条件所包含的经济实质。在设定提存计划下，企业的义务以企业应向独立主体缴存的提存金额为限，职工未来所能取得的离职后福利金额取决于向独立主体支付的提存金金额，以及提存金所产生的投资回报，从而精算风险和投资风险实质上要由职工来承担。在设定受益计划下，企业的义务是为现在及以前的职工提供约定的福利，并且精算风险和投资风险实质上由企业来承担。

当企业负有下列义务时，该计划是一项设定受益计划：计划福利公式不仅仅与提存金金额相关，还要求企业在资产不足以满足该公式的福利时提供进一步的提存金；通过计划间接地或直接地对提存金的特定回报作出担保。

设定受益计划可能是不注入资金的，或者可能全部或部分地由企业（有时由其职工）向独立主体以缴存提存金形式注入资金，并由该独立主体向职工支付福利。到期时已注资福利的支付不仅取决于独立主体的财务状况和投资业绩，而且取决于企业补偿独立主体资产不足的意愿和能力。企业实质上承担着与计划相关的精算风险和投资风险。因此，设定受益计划所确认的费用并不一定是本期应付的提存金金额。

企业对设定受益计划的会计处理通常包括四个步骤。

1. 确定设定受益计划义务的现值和当期服务成本。企业应当采用预期累计福利单位法和适当的精算假设，根据设定受益计划确定的公式将产生的福利义务归属于职工提供服务的期间，并计入当期损益。

设定受益计划义务的现值是指企业在不扣除任何计划资产的情况下，为履行获得当期和以前期间职工服务产生的最终义务，所需支付的预期未来金额的现值。企业在折现时，即使预期有部分义务在报告期间结束后的12个月内结算，企业仍应对整项义务进行折现。折现率应当根据资产负债表日与设定受益计划义务期限和币种相匹配的国债或活跃市场上的高质量公司债券的市场收益率确定。

精算假设是指企业对影响离职后福利最终义务的各种变量的最佳估计。精算假设包括人口统计假设和财务假设。人口统计假设包括死亡率、职工的离职率、伤残率、提前退休率等。财务假设包括折现率、福利水平和未来薪酬等。

企业应当通过预期累计福利单位法确定其设定受益计划义务的现值、当期服务成本和过去服务成本。根据预期累计福利单位法，职工每提供一个期间的服务，就会增加一个单位的福利权利，企业应当对每一单位的福利权利进行单独计量，并将所有单位的福利权利累计形成最终义务。企业应当将福利归属于提供设定受益计划的义务发生的期间，这一期间是指从职工提供服务以获取企业在未来报告期间预计支付的设定受益计划福利开始，至职工的继续服务不会导致这一福利金额显著增加之日为止。

企业在确定设定受益计划义务的现值、当期服务成本以及过去服务成本时，应当根据计划的福利公司将设定受益计划产生的福利义务归属于职工提供服务的期间，并计入当期损益或相关资产成本。

当职工后续年度的服务将导致其享有的设定受益计划福利水平显著高于以前年度时，企业应当按照直线法将累计设定受益计划义务分摊确认于职工提供服务而导致企业第一次产生设定受益计划福利义务至职工提供服务不再导致该福利义务显著增加的期间，在确定后续年度服务是否将导致职工享有的设定受益福利水平显著高于以前年度时，不应考虑仅因未来工资水平提高而导致设定受益计划义务显著增加的情况。

【例8－18】 2×20年1月1日，A企业设立了一项设定受益计划，并于当日开始实施。该设定受益计划规定：A企业向企业管理人员提供统筹外补充退休金，这些职工在退休后每年可以额外获得12万元退休金，直至去世。职工获得该额外退休金基于自该计划开始日起为公司提供服务，而且应当自该设定受益计划开始日起一直为公司服务至退休。假定符合计划的职工为100人，当前平均年龄为40岁，退休年龄为60岁，还可以为公司服务20年。假定在退休前无人离职，退休后平均剩余寿命为15年，假定适用的折现率为10%，并且假定不考虑未来通货膨胀影响等其他因素。

解析：A企业有关设定受益计划的具体会计处理如下。

A企业在职工退休后的15年每年将支付的金额＝12×100＝1 200（万元）

①计算设定受益计划义务及其现值（见表8－1）。

表8－1　　设定受益计划义务及其现值计算表

项目	退休后第1年	退休后第2年	退休后第3年	退休后第4年	……	退休后第14年	退休后第15年
当年支付（万元）	1 200	1 200	1 200	1 200	……	1 200	1 200
折现率（%）	10	10	10	10	……	10	10
复利现值系数	0.909 1	0.826 4	0.751 3	0.683 0	……	0.263 3	0.239 4
退休时点现值（万元）	1 091	992	902	820	……	316	287
退休时点现值合计（万元）	9 127				……		

②计算职工服务期间每期服务成本（见表8－2）。

表8－2　　职工服务期间每期服务成本计算表　　单位：万元

服务年份	服务第1年	服务第2年	……	服务第19年	服务第20年
福利归属			……		
——以前年度	0	456.35	……	8 214.3	8 670.65
——当年	456.35*	456.35	……	456.35	456.35

续表

服务年份	服务第1年	服务第2年	……	服务第19年	服务第20年
以前年度+当年	456.35	912.7	……	8 670.65	9 127
期初义务	0	74.62	……	6 788.68	7 882.41
利息	0	7.46	……	678.87	788.24
当期服务成本	74.62 *	82.08 **	……	414.86 ***	456.35
期末义务	74.62	164.16	……	7 882.41	9 217 ****

说明：456.35 * = 9127/20；74.62 * = 456.35/（1 + 10%）^{19}；82.08 ** = 456.35/（1 + 10%）^{18}；414.86 *** = 456.35/（1 + 10%）。**** 含尾数调整。

③各年的会计处理。

服务第1年末，A企业的有关会计处理如下：

借：管理费用　　746 200

　　贷：应付职工薪酬——设定受益计划义务　　746 200

服务第2年末，A企业的有关会计处理如下：

借：管理费用　　820 800

　　贷：应付职工薪酬——设定受益计划义务　　820 800

借：财务费用　　74 600

　　贷：应付职工薪酬——设定受益计划义务　　74 600

服务第3年末至第20年末，以此类推处理。

2. 确定设定受益计划净资产或净负债。设定受益计划存在资产的，企业应当将设定受益计划义务的现值减去设定受益计划资产公允价值所形成的赤字或盈余确认为一项设定受益计划净负债或净资产。

其中，计划资产包括长期职工福利基金持有的资产、符合条件的保险单等，但不包括企业应付但未付给独立主体的提存金、由企业发行并由独立主体持有的任何不可转换的金融工具。

设定受益计划存在盈余的，企业应当以设定受益计划的盈余和资产上限两项孰低者计量设定受益计划净资产。其中，资产上限是指企业可从设定受益计划退款或减少未来向独立主体缴存提存金而获得的经济利益的现值。

3. 确定应当计入当期损益的金额。报告期末，企业应当在损益中确认的设定受益计划产生的职工薪酬成本包括服务成本、设定受益净负债或净资产的利息净额，其中，服务成本包括当期服务成本、过去服务成本和计算利得或损失；设定受益净负债或净资产的利息净额包括计划资产的利息收益、设定受益计划义务的利息费用以及资产上限影响的利息。除非其他相关会计准则要求或允许职工福利成本计入资产成本，企业应当将服务成本和设定受益净负债或净资产的利息净额计入当期损益。

（1）当期服务成本。当期服务成本是指因职工当期提供服务所导致的设定受益计划义务现值的增加额。

（2）过去服务成本。过去服务成本是指设定受益计划修改所导致的与以前期间职工服务相关的设定受益计划义务现值的增加或减少。当企业设立或取消一项设定受益计划或是改变现有设定受益计划下的应付福利时，设定受益计划就发生了修改。过去服务成本可以是正数，如设立或改变设定受益计划从而导致设定受益计划义务的现值增加；也可以是负数，如取消或改变设定受益计划从而导致设定受益计划义务的现值的减少。

（3）结算利得和损失。企业应当在设定受益计划结算时，确认一项结算利得或损失。设定受益计划结算是指企业为了消除设定受益计划所产生的部分或所有未来义务进行的交易，而不是根据计划条款和所包含的精算假设向职工支付福利。设定受益计划结算利得或损失是下列两项的差额：一是在结算日确定的设定受益计划义务的现状；二是结算价格，包括转移的计划资产的公允价值以及企业直接发生的与结算相关的支付。

（4）设定受益计划净负债或净资产的利息净额。设定受益计划净负债或净资产的利息净额是指设定受益净负债或净资产在职工提供服务期间由于时间变化而产生的变动，包括计划资产的利息收益、设定受益计划义务的利息费用以及资产上限影响的利息。

企业应当通过将设定受益计划净负债或净资产乘以适当的折现率来确定设定受益计划净负债或净资产的利息净额。企业应当通过将计划资产公允价值乘以折现率来确定计划资产的利息收益，作为计划资产回报的组成部分。企业应当将计划资产的利息收益和计划资产回报之间的差额包括在设定受益计划净负债或净资产的重新计量中。

企业计算设定受益计划净负债或净资产的利息净额时，应当考虑资产上限的影响。企业应当通过将资产上限的影响乘以折现率来确定资产上限影响的利息，作为资产上限影响总变动的一部分。企业应当将资产上限影响的利息金额与资产上限影响总变动之间的差额包括在设定受益计划净负债或净资产的重新计量中。

4. 确定应当计入其他综合收益的金额。企业应当将重新计量设定受益计划净负债或净资产所产生的变动计入其他综合收益，并且在后续会计期间不允许转回至损益，但企业可以在权益范围内转移这些在其他综合收益中确认的金额（即企业可以在原设定受益计划终止时，部分或全部结转至未分配利润）。

重新计量设定受益计划净负债或净资产所产生的变动包括下列内容。

（1）精算利得或损失。即由于精算假设和经验调整导致之前所计量的设定受益计划义务现值的增加或减少。企业未能预计的过高或过低的职工离职率、提前退休率、死亡率和过高或过低的薪酬、福利的增长以及折现率变化等因素，将导致设定受益计划产生精算利得或损失。

（2）计划资产回报。计划资产的回报是指计划资产产生的利息、股利和其他收入，以及计划资产已实现和未实现的利得或损失。

（3）资产上限影响的变动。扣除包括在设定受益计划净负债或净资产的利息净额中的金额。

企业重新计量设定受益计划净负债或净资产所产生的变动时，应作如下会计分录：

借：其他综合收益——设定受益计划净负债或净资产重新计量——精算损失

　　贷：应付职工薪酬——设定受益计划义务

四、辞退福利的薪酬核算

（一）辞退福利的含义

辞退福利是企业在合同到期之前解除合同关系或者职工自愿接受裁减时给予职工的补偿。由于导致义务产生的事项是终止雇佣而不是为获得职工的服务，企业应当将辞退福利作为单独一类职工薪酬进行会计处理。

（二）辞退福利的确认

企业向职工提供辞退福利的，应当在企业不能单方面撤回因解除劳动关系计划或裁减建议所提供的辞退福利时和企业确认涉及支付辞退福利的重组相关的成本或费用时的两者孰早日确认辞退福利产生的职工薪酬负债，并计入当期损益。企业有详细、正式的重组计划并且该重组计划已对外公告时，表明已经承担了重组义务。重组计划包括重组涉及的业务、主要地点、需要补偿的职工人数及其岗位性质、预计重组支出、计划实施时间等。

（三）辞退福利的计量及其会计处理

企业应当按照辞退计划条款的规定，合理预计并确认辞退福利产生的职工薪酬负债，并具体考虑下列情况。

（1）对于职工没有选择权的辞退计划，企业应当根据计划条款的规定拟解除劳动关系的职工数量、每一职位的辞退补偿等确认职工薪酬负债。

（2）对于自愿接受裁减建议的辞退计划，由于接受裁减的职工数量不确定，企业应当根据《企业会计准则第 13 号——或有事项》的规定，预计将会接受裁减建议的职工数量，根据预计的职工数量和每一职位的辞退补偿等确认职工薪酬负债。

企业确认辞退福利时，应根据确定的金额作如下会计处理：

借：管理费用

　　贷：应付职工薪酬——辞退福利

（3）对于预期在其确认的年度报告期间期末后 12 个月内完全支付的辞退福利，企业应当适用短期薪酬的相关规定。

【例 8－19】 A 企业为了能够在下一年度实施转产，管理层制定了一项辞退计划，该辞退计划已经董事会正式批准，辞退计划规定共支付被辞退人员补偿金 200 000 元，A 企业的有关会计处理如下。

①辞退计划批准时：

借：管理费用　　　　200 000

　　贷：应付职工薪酬——辞退福利　　　　200 000

②支付补偿金时：

借：应付职工薪酬——辞退福利　　　　200 000

　　贷：银行存款　　　　200 000

（4）对于预期在年度报告期间期末后12个月内不能完全支付的辞退福利，企业应当适用《企业会计准则第9号——职工薪酬》中关于其他长期职工福利的相关规定，即实质性辞退工作在1年内实施完毕但补偿款超过1年支付的辞退计划，企业应当选择恰当的折现率，以折现后的金额计量应当计入当期损益（管理费用）的辞退福利金额。该项金额与实际应支付的辞退福利之间的差额作为未确认的融资费用，在以后各期实际支付辞退福利款项时分期摊销计入财务费用。有关账务处理如下。

①确认辞退福利时：

借：管理费用

　　未确认融资费用

　　贷：应付职工薪酬——辞退福利

②分期支付时：

借：应付职工薪酬——辞退福利

　　贷：银行存款

同时：

借：财务费用

　　贷：未确认融资费用

对于职工虽然没有与企业解除劳动合同，但未来不再为企业提供服务，不能为企业带来经济利益，企业承诺提供实质上具有辞退福利性质的经济补偿的，如发生“内退”的情况，在其正式退休日期之前应当比照辞退福利处理，在其正式退休日期之后，应当按照离职后福利处理。

五、其他长期职工福利的核算

（一）其他长期职工福利及其内容

其他长期职工福利是指除短期薪酬、离职后福利和辞退独立以外的其他所有职工福利。其他长期职工福利包括长期带薪缺勤、其他长期服务福利、长期残疾福利、长期利润分享计划和长期奖金计划等。

（二）其他长期职工福利的确认与计量

1. 企业向职工提供的其他长期职工福利，符合设定提存计划条件的，应当按照设定提存计划的有关规定进行会计处理。

2. 企业向职工提供的其他长期职工福利，符合设定受益计划条件的，企业应当按照设定受益计划的有关规定确认和计量其他长期职工福利净负债或净资产。在报告期末，企业应当将其他长期职工福利产生的职工薪酬成本确认为下列组成部分：（1）服务成本；（2）其他长期职工福利净负债或净资产的利息净额；（3）重新计量其他长期职工福利净负债或净资产所产生的变动。上述项目的总净额应计入当期损益或相关资产成本。

（三）长期残疾福利的确认与计量

1. 长期残疾福利水平与职工提供服务期间长短有关的，企业应当在职工提供服务的期间确认应付长期残疾福利义务，计量时应当考虑长期残疾福利支付的可能性和预期支付的期限。

2. 长期残疾福利与职工提供服务期间长短无关的，企业应当在导致职工长期残疾的事件发生的当期确认应付长期残疾福利义务。

第六节　应交税费

一、应交税费的概述

应交税费是指企业在生产经营过程中产生的要按规定向国家缴纳的各种税费。目前，企业依法缴纳的各种税金主要有增值税、消费税、城市维护建设税、所得税、资源税、土地增值税、土地使用税、房产税、车船税、教育费附加、印花税、耕地占用税以及代扣代缴的个人所得税等。企业缴纳的税金，应按照权责发生制的原则确认。这些税金有些有可能在尚未缴纳之前形成企业的负债，通过“应交税费”账户进行核算核实。但印花税、耕地占用税以及其他不需要预计应交数的税金，不通过“应交税费”账户核算。需要注意的是，有些代扣代缴的税金，如企业以代理人身份代理国家而向个人征收的个人所得税，在上交给国家之前，也作为负债处理。

二、应交增值税

（一）增值税的概述

1. 增值税的定义。增值税是指对我国境内销售货物、提供修理修配劳务、销售服务（包括交通运输服务、邮政服务、电信服务、建筑服务、金融服务、现代服务、生活服务）、销售无形资产或不动产等各项活动的增值额作为征税对象的一种流转税。在我国境内从事上述活动以及进口货物的单位和个人为增值税的纳税义务人。

2. 增值税的税率。一般纳税人适用的增值税税率，按照业务内容分为以下几档。

（1）13%。销售或者进口货物以及提供加工修理修配劳务、租赁有形动产，适用的税率为13%。

（2）9%。销售或者进口下列货物、提供服务，适用的税率为9%：①农产品（含粮食）、食用植物油、食用盐；②自来水、暖气、冷气、热水、煤气、石油液化气、天然气、沼气、居民用煤炭制品；③图书、报纸、杂志、音像制品、电子出版物；④饲料、化肥、农药、农机、农膜、二甲醚；⑤提供交通运输、邮政、基础电信、建筑、不动产租赁服务；⑥销售不动产、转让土地使用权等。

（3）6%。提供上述（1）、（2）项以外的服务，适用的税率为6%，主要包括现代服务业（租赁服务除外）、金融保险业、转让无形资产（土地使用权除外）、提供增值电信服务等。

（4）3%。采用简易计税方法的项目征收率为3%。

注意，以下业务内容适用5%的增值税税率。

①一般纳税人销售其2016年4月30日前取得的不动产选择简易计税方法计税的，适用5%的征收率。

②房地产开发企业的一般纳税人销售自行开发的房地产老项目，选择适用简易计税方法的，适用5%的征收率。

③一般纳税人出租其2016年4月30日前取得的不动产，选择适用简易计税方法计税的，适用5%的征收率。

④纳税人提供劳务派遣服务，选择差额纳税的，征收率为5%。

⑤纳税人提供安全保护服务，选择差额纳税的，征收率为5%。

⑥一般纳税人提供人力资源外包服务，选择简易计税方式计税的，征收率为5%。

【总结】5%主要与不动产租售、差额计税的劳务派遣、人力资源外包服务有关。

（5）零税率。出口货物的适用税率为0。

进项税额是指企业在购进商品或者接受应税劳务时支付的增值税税额。根据《中华人民共和国增值税暂行条例》的规定，准予从销项税额中抵扣的进项税额必须从销售方取得符合规定的增值税专用发票或其他完税凭证，具体包括以下内容。

（1）增值税专用发票。实行增值税以后，一般纳税企业销售货物或者提供应税劳务均应开具增值税专用发票，增值税专用发票记载了销售货物的售价、税率以及税额等，购货方以增值税专用发票上记载的购入货物已支付的税额，作为扣税和记账的依据。

（2）完税凭证。企业进口货物必须缴纳增值税，其缴纳的增值税在完税凭证上注明，进口货物缴纳的增值税根据从海关取得的完税凭证上注明的增值税税额，作为扣税和记账依据。

（3）购进免税农产品。购进免税农产品准予按照买价的9%的扣除率，作为进项税额抵扣。但是纳税人从农业生产者购进的免税棉花和从国有粮食购销企业购进的免税粮食，应当分别按照收购凭证、销售发票所列金额和9%的扣除率计算进项税额。

（4）购进货物和销售货物所付运输费。可以按照规定的比例计算作为进项税额准予抵扣（免税货物除外）。

企业购入货物或者接受应税劳务，没有按照规定取得并保存增值税扣税凭证，或者增值税扣税凭证上未按照规定注明增值税税额及其他有关事项的，其进项税额不能从销项税额中抵扣。会计核算中，如果企业不能取得有关的扣税证明，则购进货物或接受应税劳务支付的增值税额不能作为进项税额扣税，其已支付的增值税只能记入购入货物或接受劳务的成本。

销项税额是指纳税人销售货物或者应税劳务，按照销售额和规定的税率计算并向购买方收取的增值税额。

3. 增值税纳税人。我国《增值税暂行条例》将纳税人按其经营规模及会计核算健全与否分为一般纳税人和小规模纳税人。小规模纳税人是指年销售额在规定标准以下，并且会计核算制度不健全，不能按规定报送有关税务资料的增值税纳税人。一般纳税人是指年应征增值税销售额超过《增值税暂行条例规定实施细则》规定的小规模纳税人标准的企业和企业性单位。

（二）科目设置

为了核算企业应交增值税的发生、抵扣、交纳、退税及转出等情况，一般纳税企业应在“应交税费”账户下设置“应交增值税”“未交增值税”“预交增值税”“待抵扣进项税额”“待认证进项税额”“待转销项税额”“增值税留抵税额”“简易计税”“转让金融商品应交增值税”“代扣代缴增值税”等明细账户。在“应交增值税”明细账户内分别设置“进项税额”“销项税额抵减”“已交税金”“销项税额”“出口退税”“进项税额转出”“转出未交增值税”“转出多交增值税额”“减免税款”“出口抵减内销产品应纳税额”等专栏。

小规模纳税企业只需设置“应交税费——应交增值税”明细账户，不需要在“应交增值税”明细账户内设置专栏。

（三）一般纳税企业增值税的会计处理

一般纳税企业增值税的会计处理具有以下两个特点。一是购进阶段，会计处理时实行价与税的分离，价与税分离的依据为增值税专用发票上注明的价款和增值税，属于价款部分，计入购入货物的成本；属于增值税税额部分，计入进项税额。二是销售阶段，销售价格中不再含税，如果在定价时含税，应当还原为不含税的价格作为销售收入，向购买方收取的增值税作为销项税额。

企业将含税价格还原为不含税价格时，可按下列公式计算：

不含税的销售额 = 含税的销售额/（1 + 增值税税率）

一般纳税企业有关增值税的具体账务处理如下。

1. 购进业务的账务处理。增值税进项税额是指一般纳税人购进货物、加工修理修配劳务、服务、无形资产或不动产而支付或负担的且经过税务机关认证可以在当月抵扣的增值税税额。企业支付的增值税进项税额能否在销项税额中抵扣，应视具体情况而定。

（1）可以抵扣的进项税额。一般来说，凡是未明确不得抵扣的进项税额都可以抵扣。可以抵扣的进项税额又分为两种情况：取得增值税扣税凭证和未取得增值税扣税凭证。

①取得增值税扣税凭证。企业购进的一般货物、加工修理修配劳务、服务、无形资产或不动产，必须取得增值税扣税凭证，并经税务机关认证，才能从销项税额中抵扣。这部分可以抵扣的增值税额不计入购进货物、加工修理修配劳务、服务、无形资产的成本。

企业购进货物、加工修理修配劳务、服务和无形资产时，应根据增值税专用发票中货物、加工修理修配劳务、服务和无形资产的价款，借记“原材料”“库存商品”“生产成本”“无形资产”“固定资产”“管理费用”等账户，根据经税务机关认证的增值税专用发票中的增值税税额，借记“应交税费——应交增值税（进项税额）”账户，根据全部价款，贷记“银行存款”等账户。

需要说明的是，按照增值税相关规定，企业从依照3%征收率计算缴纳增值税的小规模纳税人处取得农产品增值税专用发票的，以增值税专用发票上注明的金额和9%的扣除率计算进项税额。

当企业从小规模纳税人处购入农产品，应根据增值税专用发票注明的买价和9%扣除率确定的进项税额，借记“应交税费——应交增值税（进项税额）”等账户，根据全部价款减去进项税额的差额，借记“原材料”等账户，根据全部价款，贷记“银行存款”等账户。

②未取得增值税扣税凭证。企业购进的货物或服务，在下列情况下未取得增值税专用发票的，其进项税额可以抵扣。

企业购进的货物如为免税的农产品，由于销售方无须缴纳增值税，因而购买方无法取得增值税专用发票。但是按照增值税相关规定，企业可以根据农产品销售发票或收购发票，以免税农产品买价的9%作为进项税额抵扣。企业购进农产品时，按买价的91%的价款，借记“原材料”等账户，按买价的9%，借记“应交税费——应交增值税（进项税额）”账户，按买价贷记“银行存款”等账户。

企业取得注明旅客身份信息的航空运输电子客票行程单的，按照下列公式计算进项税额：

航空旅客运输进项税额 = ［（票价 + 燃油附加费）/（1 + 9%）］×9%

企业取得注明旅客身份信息的铁路车票的，按照下列公式计算进项税额：

铁路旅客运输进项税额 = ［票面金额/（1 + 9%）］×9%

企业取得注明旅客身份信息的公路、水路等其他客票的，按照下列公式计算进项税额：

公路、水路等其他旅客运输进项税额 = ［票面金额/（1+3%）］×3%

注意：发生退货的，如原增值税专用发票已作认证，应根据税务机关开具的红字增值税专用发票做相反的会计分录；如原增值税专用发票未作认证，应将发票退回并做相反的会计分录。

【例8-20】A公司为增值税的一般纳税人，8月份根据发生的有关增值税进项税额的业务编制会计分录如下。

①购进原材料一批，买价2 000 000元，增值税260 000元，运费1 000元，运费增值税90元，共计2 261 090元，原材料入库，货款用银行存款支付。已收到增值税专用发票，经税务机关认证可以抵扣。

进项税额 = 260 000 + 90 = 260 090（元）

原材料成本 = 2 000 000 + 1 000 = 2 001 000（元）

借：原材料	2 001 000	
应交税费——应交增值税（进项税额）	260 090	
贷：银行存款		2 261 090

②从小规模纳税人处购入农产品一批，作为原材料入库，增值税专用发票注明的买价为200 000元，增值税为6 000元，用银行存款支付，增值税经税务机关认证可以抵扣。

进项税额 = 200 000 × 9% = 18 000（元）

原材料成本 = 200 000 + 6 000 - 18 000 = 188 000（元）

借：原材料	188 000	
应交税费——应交增值税（进项税额）	18 000	
贷：银行存款		206 000

③购入免税农产品一批，作为原材料入库，收购发票注明的价款为400 000元，用银行存款支付，增值税经税务机关认证可以抵扣。

进项税额 = 400 000 × 9% = 36 000（元）

原材料成本 = 400 000 - 36 000 = 364 000（元）

借：原材料	364 000	
应交税费——应交增值税（进项税额）	36 000	
贷：银行存款		400 000

④购入精装修房屋一栋，买价3 000 000元，增值税270 000元，共计3 270 000元，用银行存款支付，已收到增值税专用发票，经税务机关认证可抵扣。

借：固定资产	3 000 000	
应交税费——应交增值税（进项税额）	270 000	
贷：银行存款		3 270 000

⑤企业管理人员张某报销出差机票，票款1 060元，机场建设费50元，燃

油附加费 30 元，合计 1 140 元，以银行存款转账支付。

进项税额 =［（1 060 + 30）/（1 + 9%）］×9% = 90（元）

差旅费机票 = 1 060 + 30 + 50 − 90 = 1 050（元）

借：管理费用	1 050
应交税费——应交增值税（进项税额）	90
贷：银行存款	1 140

（2）不得抵扣的进项税额。按照我国税法的规定，下列项目的进项税额不得从销项税额中抵扣。

①用于简易计税项目、免征增值税项目、集体福利或个人消费等购进货物、加工修理修配劳务、服务、无形资产或不动产。

②非正常损失的购进货物，以及相关的加工修理修配劳务和交通运输服务。

③非正常损失的在产品、产成品所耗用的购进货物（不包括固定资产）、加工修理修配劳务和交通运输服务。

④非正常损失的不动产，以及该不动产所耗用的购进货物、设计服务和建筑服务。

⑤非正常损失的不动产、在建工程所耗用的购进货物、设计服务和建筑服务。新建、改建、扩建、修缮、装饰不动产，均属于不动产在建工程。

⑥购进的旅客运输服务、贷款服务、餐饮服务、居民日常服务和娱乐服务。

⑦财政部和国家税务总局规定的其他情形。

需要说明的是，非正常损失是指因管理不善造成货物被盗、丢失、霉烂变质以及因违反法律法规造成货物或者不动产被依法没收、销毁、拆除的情形。

非正常损失的不动产以及在建工程所耗用的购进货物，是指构成不动产实体的材料和设备，包括建筑装饰材料和给排水、采暖、卫生、通风、照明、通信、煤气、消防、中央空调、电梯、电气、智能化楼宇设备及配套设施。

企业如果兼营简易计税方法计税项目、免征增值税项目而无法划分不得抵扣的进项税额，按照下列公式计算不得抵扣的进项税额：

不得抵扣的进项税额 = 当期无法划分的全部进项税额 ×（当期简易计税方法计税项目销售额 + 免征增值税项目销售额）/当期全部销售额

（3）增值税进项税税额转出。企业在购进货物、固定资产、无形资产或者不动产时，如果不能直接认证进项税额能否抵扣，支付的进项税额可以先予以抵扣，待以后用于不得抵扣进项税额的项目或发生非正常损失时，再将其进项税额转出，抵减当期进项税额，计入不得抵扣项目或相关资产成本。

企业的固定资产、无形资产或者不动产改变用途用于不得抵扣进项税额的项目或发生非正常损失时，其不得抵扣的进项税额计算方法如下：

不得抵扣的进项税额 = 固定资产、无形资产或不动产净值 × 适用税率

进项税额转出时，应借记有关账户，贷记“应交税费——应交增值税（进项税额转出）”账户。

【例8-21】甲公司8月份根据发生的增值税进项税额转出业务，编制会计分录如下。

①由于管理不善，毁损产成品一批，实际成本200 000元，所耗购进货物的进项税额为26 000元。

借：待处理财产损溢 226 000

贷：库存商品 200 000

应交税费——应交增值税（进项税额转出） 26 000

②一栋生产用房用于集体福利，原值为2 000 000元（增值税进项税额已经全部抵扣），累计折旧为130 000元，净值为1 870 000元。

不得抵扣的进项税额 = 1 870 000 × 9% = 168 300（元）

借：固定资产 168 300

贷：应交税费——应交增值税（进项税额转出） 168 300

【例8-22】A企业将外购准备用于销售的商品用于本企业基建工程，该批商品市价20 000元，成本16 000元，增值税税率13%。工程领用商品时：

借：在建工程 18 600

贷：库存商品 16 000

应交税费——应交增值税（进项税额转出） 2 600

（4）增值税待认证进项税额。待认证进项税额是指已经取得增值税专用发票但尚未经过税务机关认证而不得从当期销项税额中抵扣的增值税税额。

企业购进货物、加工修理修配劳务、服务、无形资产、不动产及不动产在建工程时，应根据增值税专用发票中货物、加工修理修配劳务、服务、无形资产、不动产及不动产在建工程的价款，借记“原材料”“库存商品”“固定资产”“工程物资”“在建工程”“无形资产”“管理费用”“销售费用”等账户，根据未经税务机关认证的可抵扣增值税额，借记“应交税费——待认证进项税额”账户，根据全部价款，贷记“银行存款”等账户。

待税务机关认证以后，应根据认证的增值税税额，借记“应交税费——应交增值税（进项税额）”“应交税费——待抵扣进项税额”账户，贷记“应交税费——待认证进项税额”账户。

【例8-23】甲公司8月份根据发生的有关增值税待认证进项税额的业务，编制会计分录如下：

①赊购原材料一批，买价300 000元，增值税39 000元，共计339 000元，原材料入库，货款用银行存款支付；已收到增值税专用发票，尚未经税务机关认证。

借：原材料 300 000

应交税费——待认证进项税额 39 000

贷：银行存款 339 000

②购入免税农产品一批，作为原材料入库，收购价100 000元，用银行存款支付，增值税尚未经税务机关认证。

借：原材料　　91 000
　　应交税费——待认证进项税额　　9 000
　　贷：银行存款　　10 000

2. 销售业务的账务处理。增值税销项税额是指一般纳税人销售货物、加工修理修配劳务、服务、无形资产或不动产收取价款中所包含的增值税税额。

计征增值税的销售额是指企业销售货物、加工修理修配劳务、服务、无形资产或不动产向购买方收取的除销项税额、代扣代缴的消费税以及代垫运杂费以外的全部价款和价外费用。价外费用主要包括手续费、包装费、违约金（延期付款利息）和自营运杂费等。

企业如果采用不含税定价的方法，销项税额可以直接根据不含税的销售额乘以增值税税率计算。如果采用合并定价的方法，销项税额应根据下列公式计算：

不含税销售额 = 含税销售额/（1 + 增值税税率）

销项税额 = 不含税销售额 × 增值税税率

（1）企业销售货物、加工修理修配劳务、服务、无形资产或不动产。当销售实现时，应根据全部价款，借记“银行存款”等账户，根据销项税额，贷记“应交税费——应交增值税（销项税额）”账户，根据其他价款和价外费用，贷记“主营业务收入”“固定资产清理”等账户。

发生退货时，如原增值税专用发票已作认证，应根据税务机关的销售退回证明单开具红字增值税专用发票；如原增值税专用发票未作认证，应将发票退回。发生销售折让的，应根据税务的销售折让证明单开具红字增值税专用发票。企业应根据冲减的销售额，借记“主营业务收入”等账户，根据冲减的销项税额，借记“应交税费——应交增值税（销项税额）”账户，根据退回的全部价款，贷记“银行存款”等账户。

【例 8 - 24】 长江公司 8 月份销售的甲产品 2 件外观存在质量问题。经销商给予买方 10% 的销售折让，以银行存款退回买价 10 000 元，增值税 1 300 元，合计 11 300 元；已收到税务机关的销售折让证明单，并开具红字增值税专用发票。

借：主营业务收入　　10 000
　　应交税费——应交增值税（销项税额）　　1 300
　　贷：银行存款　　11 300

（2）视同销售行为。视同销售行为是指企业在会计核算中未作销售处理而税法中要求按照销售缴纳增值税的行为。主要包括以下内容。

①将自产或委托加工的货物用于免征增值税项目；

②将自产或委托加工的货物用于集体福利或个人消费；

③将自产、委托加工或购买的货物以及无形资产、不动产用于投资、提供给其他单位或个体经营者；

④将自产、委托加工或购买的货物分配给股东或投资者；

⑤将自产、委托加工或购买的货物以及无形资产、不动产无偿赠送他人；

⑥向其他单位或者个人无偿提供服务。

上述视同销售行为中，企业均应按照资产处置的方法进行核算。

【例8－25】 A企业为增值税一般纳税人，以库存商品对B企业进行投资，该产品的公允价值300 000元，账面价值250 000元，增值税税率13%，该企业有关会计分录如下：

对外投资库存商品计算的销项税额＝300 000×13%＝39 000（元）

借：长期股权投资　　339 000
　　贷：主营业务收入　　300 000
　　　　应交税费——应交增值税（销项税额）　　39 000
借：主营业务成本　　250 000
　　贷：库存商品　　250 000

（3）增值税待转销项税额。待转销项税额是指企业销售货物、加工修理修配劳务、服务、无形资产或不动产，已确认相关收入（或利得）但尚未发生增值税纳税以外而需在以后期间确认为销项税额的增值税额。

企业确认收入或利得的时点早于按照增值税制度确认增值税纳税义务发生时点的，应将相关销项税额记入“应交税费——待转销项税额”账户，待实际发生纳税义务时再转入“应交税费——应交增值税（销项税额）”账户。

【例8－26】 B公司8月10日采用分期收款方式销售丙产品200件，不含税的价款为10 000 000元，增值税税率为13%，合同约定于9月10日和10月10日分别收取价款5 650 000元，增值税条例规定，增值税纳税义务的发生时点为合同约定的收款日期，确认待转销项税额1 300 000元，该批产品成本为7 000 000元。9月10日和10月10日，均收到销售丙产品价款及增值税共计5 650 000元，款项均已存入银行。

①8月10日，销售丙产品时：

借：应收账款　　11 300 000
　　贷：主营业务收入　　10 000 000
　　　　应交税费——待转销项税额　　1 300 000
借：主营业务成本　　7 000 000
　　贷：库存商品　　7 000 000

②9月10日，收到销售丙产品价款时：

借：银行存款　　5 650 000
　　贷：应收账款　　5 650 000
借：应交税费——待转销项税额　　650 000
　　贷：应交税费——应交增值税（销项税额）　　650 000

③10月10日，收到销售丙产品价款时：

借：银行存款　　5 650 000
　　贷：应收账款　　5 650 000
借：应交税费——待转销项税额　　650 000
　　贷：应交税费——应交增值税（销项税额）　　650 000

3. 出口退税的账务处理。为核算纳税人出口货物应收取的出口退税款，企业应设置“应收出口退税款”账户。

（1）未实行“免、抵、退”办法的一般纳税人出口货物按规定办理退税时，应做如下会计分录：

借：应收出口退税款（按规定计算的应收出口退税额）

　　贷：应交税费——应交增值税（出口退税）

收到出口退税时，做如下会计分录：

借：银行存款

　　贷：应收出口退税款

结转退税额低于购进时取得的增值税专用发票上的增值税税额的差额，应做如下会计分录：

借：主营业务成本

　　贷：应交税费——应交增值税（进项税额转出）

（2）实行“免、抵、退”办法的一般纳税人出口货物，在货物出口销售后结转产品销售成本时，按规定计算的退税额低于购进时取得的增值税专用发票上的增值税税额的差额，应转入主营业务成本，做如下会计分录：

借：主营业务成本

　　贷：应交税费——应交增值税（进项税额转出）

按规定计算的当期出口货物的进项税抵减内销产品的应纳税额，应做如下会计分录：

借：应交税费——应交增值税（出口抵减内销产品应纳税额）

　　贷：应交税费——应交增值税（出口退税）

在规定期限内，内销产品的应纳税额不足以抵减出口货物的进项税额，不足部分按有关税法规定给予退税的，应在实际收到退税款时，做如下会计分录：

借：银行存款

　　贷：应交税费——应交增值税（出口退税）

【例8－27】 A公司8月份根据发生的有关出口退税义务（该公司实行“免、抵、退”办法），编制会计分录如下：

①出口丙产品2件，价款折合人民币2 700 000元，尚未收到；成本为2 300 000元。

借：应收账款　　2 700 000

　　贷：主营业务收入　　2 700 000

借：主营业务成本　　2 300 000

　　贷：库存商品　　2 300 000

②出口丙产品2件的进项税额为255 000元，申报退税后，应退回税款195 000元，允许企业抵减内销产品销项税额。

借：应交税费——应交增值税（出口抵减内销产品应纳税额）　　195 000

　　贷：应交税费——应交增值税（出口退税）　　195 000

③出口丙产品所耗原材料未退回的进项税额60 000元（255 000－195 000），计入销售成本。

借：主营业务成本　　60 000

　贷：应交税费——应交增值税（进项税额转出）　　60 000

4. 增值税减免税款的账务处理。增值税减免税款是指按照增值税的有关规定，当期直接减免的增值税税额。企业应当根据税务机关批准的当期直接减免的增值税额，借记“应交税费——应交增值税（减免税款）”账户，贷记“营业外收入”等账户。

【例8－28】长江公司8月份提供技术服务，收取价款100 000元，增值税6 000元，共计106 000元，款项存入银行。后来经税务机关批准，可以全额抵减当期销项税额。

①8月提供技术服务收取价款时：

借：银行存款　　106 000

　贷：主营业务收入　　100 000

　　应交税费——应交增值税（销项税额）　　6 000

②经税务机关批准，全额抵减当期销项税额时：

借：应交税费——应交增值税（减免税款）　　6 000

　贷：营业外收入　　6 000

5. 当月应交增值税与实交增值税的账务处理。企业应当根据“应交税费——应交增值税”账户的借方、贷方发生额，计算当月应交增值税税额，其计算公式为：

应交增值税＝销项税额－（进项税额－进项税额转出－出口退税）

－减免税款－出口抵减内销产品应纳税额

企业应交的增值税税额，应根据具体情况按日缴纳或按月预交。缴纳当月应交增值税时，借记“应交税费——应交增值税（已交税金）”账户，贷记“银行存款”账户。

企业补交以前期间未交增值税时，借记“应交税费——未交增值税”账户，贷记“银行存款”账户。

【例8－29】甲公司8月份补交7月末未交增值税200 000元，并预交8月份增值税300 000元，合计500 000元。

借：应交税费——未交增值税　　200 000

　　——应交增值税（已交税金）　　300 000

　贷：银行存款　　500 000

6. 预交增值税的账务处理。预交增值税是指转让不动产、提供不动产经营租赁服务、提供建筑服务、采用预收款方式销售自行开发的房地产项目等，以及其他按现行增值税制度规定应预交的增值税税额（如预售报纸杂志预交的增值税）。

企业预交增值税时，借记“应交税费——预交增值税”账户，贷记“银行存款”账户。月末，企业应将“预交增值税”明细账户余额转入“未交增值税”明细账户，借记“应交税费——未交增值税”账户，贷记“应交税费——预交增值税”账户。但是，转让不动产、提供不动产经营租赁服务、提供建筑服务、采用预收款方式自行开发的房地产项目在预交增值税后，应直至纳税义务发生时方可从“应交税费——预交增值税”账户结转至“应交税费——未交增值税”账户。因此，该明细账户月末如有余额，应为借方余额，即转让不动产、提供不动产经营租赁服务、提供建筑服务、采用预收款方式销售自行开发的房地产项目已经预交但尚未发生纳税义务的增值税。

【例8-30】 甲公司8月31日收到预售商品房款1 500 000元，预交增值税45 000元。

借：银行存款　　1 455 000
　　应交税费——预交增值税　　45 000
　　贷：预收账款　　1 500 000

需要说明的是，“预交增值税”明细账户月末通常没有余额，因为其月末余额会转到“未交增值税”明细账户，但是存在特殊情况，即转让不动产、提供不动产经营租赁服务、提供建筑服务、采用预收款方式销售自行开发的房地产项目预交的增值税，是在纳税义务发生时才转到“未交增值税”明细账户的，所以月末有可能存在余额，如〖例8-30〗中的“应交税费——预交增值税”账户借方余额45 000元即为预售商品房预交的增值税。

7. 月末转出多交增值税和未交增值税的账务处理。月末，企业应当将当月应交未交或多交的增值税自“应交增值税”明细账户转入“未交增值税”明细账户。

结转当月应交未交的增值税时，应做如下会计分录：

借：应交税费——应交增值税（转出未交增值税）
　　贷：应交税费——未交增值税

结转当月多交的增值税，应做如下会计分录：

借：应交税费——未交增值税
　　贷：应交税费——应交增值税（转出多交增值税）

【例8-31】 甲公司8月31日转出未交增值税159 740元。

借：应交税费——应交增值税（转出未交增值税）　　159 740
　　贷：应交税费——未交增值税　　159 740

8. 简易计税的账务处理。企业提供教育辅助服务等，经税务机构批准，可以选择简易计税方法计算缴纳增值税，不得抵扣进项税额，应纳税额计算公式为：

应纳税额 = 销售额 × 征收率

企业取得采用简易计税方法的收入时，应根据收到的全部价款，借记“银行存款”等账户；根据应交增值税，贷记“应交税费——简易计税”账户；根据确认的收入，贷记“其他业务收入”等账户。实际缴纳增值税时，借记“应交税费——简易计税”账户，贷记“银行存款”账户。

【例8-32】 丙公司8月份收取业务培训费412 000元，经税务机构批准采用简易计税方法计算缴纳增值税。

应交增值税 = 412 000 ÷ (1 + 3%) × 3% = 12 000（元）

确认收入 = 412 000 - 12 000 = 400 000（元）

借：银行存款　　412 000

　贷：其他业务收入　　400 000

　　　应交税费——简易计税　　12 000

【例8-33】 承〖例8-32〗，丙公司补交7月未交简易计税增值税9 000元。

借：应交税费——简易计税　　9 000

　贷：银行存款　　9 000

（四）小规模纳税企业增值税的会计处理

小规模纳税企业按照国家规定由税务机关认定。与一般纳税企业相比，小规模纳税企业具有以下特点：一是小规模纳税企业销售货物或提供应税劳务，实行简易办法计算应纳增值税税额，按照销售额的一定比例计算；二是小规模纳税企业的销售额不包括其应纳增值税税额。采用销售额与应纳增值税合并定价的，应将含税销售额还原为不含税销售额后，再计算应纳税额。

不含税销售额 = 含税销售额 ÷ (1 + 征收率)

应纳税额 = 不含税销售额 × 征收率

从会计核算角度看，小规模纳税企业购入货物无论是否具有增值税专用发票，其支付的增值税税额均不计入进项税额，不得由进项税额抵扣，应计入购入货物的成本；其他企业从小规模纳税企业购入货物或接受劳务支付的增值税税额，如果不能取得增值税专用发票，也不能作为进项税额抵扣，而应计入购入货物或应税劳务的成本。小规模纳税人的征收率一般按3%计算。会计处理为：

借：原材料等

　贷：银行存款（或应付账款）等

借：应收账款等

　贷：主营业务收入（不含税收入）

　　　应交税费——应交增值税

【例8-34】 某小规模纳税企业销售产品一批，所开出的普通发票中注明货款（含税）为18 540元，增值税征收率为3%，款项已存入银行。该企业有关会计分录如下：

不含税销售额 = 含税销售额 ÷ (1 + 征收率) = 18 540 ÷ (1 + 3%)
= 18 000（元）

借：银行存款　　18 540

　贷：主营业务收入　　18 000

　　　应交税费——应交增值税　　540

小规模纳税企业期末“应交增值税”明细账户的贷方余额，即为本月应交增值税。按规定上交时：

借：应交税费——应交增值税

　贷：银行存款

“应交税费”账户下的“应交增值税”“未交增值税”“待认证进项税额”“预交增值税”“转让金融商品应交增值税”等明细账户期末借方余额，应根据其流动性在资产负债表中“其他流动资产”项目或“其他非流动资产”项目列示；“应交税费——待转销项税额”等账户期末贷方余额应根据情况，在资产负债表中“其他流动负债”项目或“其他非流动负债”项目列示；“应交税费”账户下的“未交增值税”“简易计税”“转让金融商品应交增值税”等明细账户期末贷方余额，应在资产负债表中“应交税费”项目列示。

三、应交消费税

消费税是指对我国境内生产、委托加工和进口应税消费品征收的一种价内税。为了正确引导消费方向，国家在普遍征收增值税的基础上，选择部分消费品，再征收一道消费税。

（一）征收方法

消费税的征收方法采取从价定率和从量定额两种方法。

1. 实行从价定率办法计征的应纳税额的税基为销售额，如果企业应税消费品的销售额中未扣除增值税税款，或者因不能开具增值税专用发票而发生价款和增值税税款合并收取的，在计算消费税时，按公式“应税消费品的销售额 = 含增值税的销售额 ÷（1 + 增值税税率或征收率）”换算为不含增值税的税款的销售额。因此，从价定率下的应纳消费税税额 = 不含税销售额 × 税率。

2. 实行从量定额办法计征的应纳税额的销售数量是指应税消费品的数量；属于销售应税消费品的，为应税消费品的销售数量；属于自产自用应税消费品的，为应税消费品的移送使用数量；属于委托加工应税消费品的，为纳税人收回的应税消费品数量；进口的应税消费品，为海关核定的应税消费品进口征税数量。因此，从量定额下的应纳消费税税额 = 销售数量 × 单位税额。

（二）科目设置

企业按规定应交的消费税，应在“应交税费”账户下设置“应交消费税”明细账户核算，核算应交消费税的发生、交纳情况。“应交消费税”明细账户的借方发生额，反映企业实际交纳的消费税和待扣的消费税；贷方发生额，反映按规定应交纳的消费税；期末一般为贷方余额，反映尚未交纳的消费税，期末借方余额，反映多交或待扣的消费税。

（三）销售应税消费品的账务处理

企业销售产品时应交纳的消费税，应分别情况进行处理。

（1）企业将生产的产品直接对外销售的，对外销售产品应交纳的消费税，通过“税金及附加”账户核算。企业按规定计算出应交的消费税：

借：税金及附加

　　贷：应交税费——应交消费税

（2）企业用应税消费品用于在建工程、非生产机构等其他方面，按规定应交纳的消费税，应计入相关成本。例如，企业以应税消费品用于在建工程项目，应交的消费税计入在建工程成本。

【例8-35】 某企业销售所生产的应税消费品一批，价款为400 000元（不含增值税），适用的消费税税率为30%，该企业有关会计分录如下：

借：税金及附加　　120 000

　　贷：应交税费——应交消费税　　120 000

（四）委托加工应税消费品的账务处理

按照税法规定，企业委托加工的应税消费品，由受托方在向委托方交货时代扣代缴消费税（加工金银首饰除外），消费税由委托方负担。委托方对于委托加工应税消费品应支付的消费税应分别按以下两种情况处理。

（1）委托加工应税消费品收回后，直接用于销售的。委托方应将代收代缴的消费税计入委托加工的应税消费品成本，会计处理为：

借：委托加工物资、生产成本等

　　贷：应付账款、银行存款等

待委托加工应税消费品销售时，不需要再交纳消费税。

（2）委托加工的应税消费品收回后用于连续生产应税消费品，按规定准予抵扣的，受托方应按代收代缴的消费税款作如下会计处理：

借：应交税费——应交消费税

　　贷：应付账款、银行存款等

待用委托加工的应税消费品生产出应纳消费税的产品销售时，再交纳消费税。

【例8-36】 A企业委托B企业加工材料，原材料的实际成本为200 000元，加工费用为50 000元，由受托方代收代缴的消费税为5 000元，材料已经加工完毕并验收入库，加工费尚未支付。A企业对材料采用实际成本进行日常核算。该企业有关会计分录如下：

①若A企业收回加工后的材料直接用于出售：

借：委托加工物资　　200 000

　　贷：原材料　　200 000

借：委托加工物资　　55 000

贷：应付账款　55 000

借：原材料　255 000

贷：委托加工物资　255 000

②若A企业收回加工后的材料用于继续生产应税消费品：

借：委托加工物资　200 000

贷：原材料　200 000

借：委托加工物资　50 000

应交税费——应交消费税　5 000

贷：应付账款　55 000

借：原材料　250 000

贷：委托加工物资　250 000

（五）进出口应税消费品的会计处理

1. 需要交纳消费税的进口消费品，其交纳的消费税应计入该进口消费品的成本。

借：固定资产、材料采购等

贷：银行存款等

2. 免征消费税的出口应税消费品分别不同情况进行账务处理。

（1）属于生产企业直接出口应税消费品或通过外贸企业出口应税消费品，按规定直接予以免税的，可以不计算应交消费税。

（2）属于委托外贸企业代理出口应税消费品的生产企业，应在计算消费税时，按应交消费税税额进行如下处理：

借：应收账款

贷：应交税费——应交消费税

（3）应税消费品出口收到外贸企业退回的税金时：

借：银行存款

贷：应收账款

发生退关、退货而补交已退的消费税，做相反的会计分录。

四、其他应交税费

（一）应交城市维护建设税与教育费附加的账务处理

为了加强城市的维护建设，扩大和稳定城市维护建设资金的来源，国家开征了城市维护建设税。税率按纳税人所在地的不同分别为1%、5%和7%。

教育费附加是国家为了发展我国教育事业、提高人民的文化素质而征收的一项费用，按照企业交纳流转税的一定比例计征，并与流转税一起交纳。其会计处理如下。

(1) 企业按规定计算出应交纳城市维护建设税和教育费附加时：

借：税金及附加

　贷：应交税费——应交教育费附加

　　　　　　——应交城市维护建设税

(2) 实际交纳时，应按实际支付的金额做如下会计分录：

借：应交税费——应交教育费附加

　　　　　　——应交城市维护建设税

　贷：银行存款

【例 8-37】 A 企业本期实际应上交增值税 300 000 元、消费税 140 000 元。该企业适用的城市维护建设税税率为7%，适用的教育费附加费率为5%。则有关的会计处理如下。

①计算应交纳的城市维护建设税：

应交的城市维护建设税 = (300 000 + 140 000) ×7% = 30 800 (元)

应交的教育费附加 = (300 000 + 140 000) ×5% = 22 000 (元)

借：税金及附加	52 800	
贷：应交税费——应交城市维护建设税		30 800
——应交教育费附加		22 000

②实际交纳时：

借：应交税费——应交城市维护建设税	30 800	
——应交教育费附加	22 000	
贷：银行存款		52 800

(二) 应交房产税、土地使用税、车船税和印花税的账务处理

房产税是以房产为征税对象，依据房产价格或房产租金收入向房产所有人或经营人征收的一种税。土地使用税是以城镇土地为征税对象，对拥有土地使用权的单位或个人征收的一种税。车船税是指国家对行使于境内公共道路的车辆和航行于境内河流、湖泊或者领海的船舶依法征收的一种税。印花税是指对书立、领受购销合同等凭证行为征收的税款。

1. 企业按照规定计算应当交纳的房产税、土地使用税、车船税时，借记“税金及附加”账户，贷记“应交税费——应交房产税”“应交税费——应交土地使用税”“应交税费——应交车船税”账户。

2. 企业实际交纳房产税、土地使用税、车船税时，按实际支付的金额，借记“应交税费——应交房产税”“应交税费——应交土地使用税”“应交税费——应交车船税”账户，贷记“银行存款”账户。

3. 企业一般预先购买一定的印花税票，在发生应税行为时，根据凭证的性质和规定的比例税率或者按照件数计算应纳税额，将印花税票粘贴在应税凭证上并在其缝中盖章注销或划销。企业在购买印花税票时，应按实际支付的金额，借记“税金及附加”账户，贷记“银行存款”账户。

（三）资源税的账务处理

资源税是国家对在我国境内开采矿产品或者生产盐的单位和个人征收的税种。资源税按照应税产品的课税数量和规定的单位税额计算，其计算公式为：

应纳税额 = 课税数量 × 单位税额

其中，开采或者生产应税产品销售的，以销售数量为课税数量；开采或者生产应税产品自用的，以自用数量为课税数量。

1. 销售产品或自产自用产品相关的资源税的会计处理。在会计核算时，企业按规定计算出销售应税产品应缴纳的资源税，借记“税金及附加”账户，贷记“应交税费——应交资源税”账户，企业计算出自产自用的应税产品应缴纳的资源税，借记“生产成本”“制造费用”等账户，贷记“应交税费——应交资源税”账户。

2. 收购未税矿产品相关资源税的会计处理。按照《资源税暂行条例》的规定，收购未税矿产品的单位为资源税的扣缴义务人。企业应按收购未税矿产品实际支付的收购款以及代扣代缴的资源税，作为收购矿产品的成本，借记“原材料”账户，按照实际支付的收购款，贷记“银行存款”账户，代扣代缴的资源税，贷记“应交税费——应交资源税”账户。

3. 外购液体盐加工固体盐相关资源税的会计处理。按规定企业外购液体盐加工固体盐的，按照所购入液体盐交纳的资源税可以抵扣部分，借记“应交税费——应交资源税”账户；按外购价款扣除允许抵扣资源税后的数额，贷记“原材料”账户。

（四）土地增值税的账务处理

国家从1994年起开征了土地增值税，转让国有土地使用权、地上建筑物及其附着物并取得收入的单位和个人，均应交纳土地增值税。土地增值税按照转让房地产所取得的增值额和规定的税率计算征收。这里的增值额是指转让房地产所取得的收入减去规定扣除项目金额后的余额。企业转让房地产所取得的收入，包括货币收入、实物收入和其他收入。计算土地增值税额的主要扣除项目有：取得土地使用权所支付的金额；开发土地的成本、费用；新建房屋及配套设施的成本、费用，或者旧房及建筑物的评估价格；与转让房地产有关的税金。

为了核算土地增值税，企业应在“应交税费”账户下设“应交土地增值税”明细账户，其具体的会计处理如下。

1. 主营或兼营房地产开发业务的企业，应当由当期收入负担的土地增值税，借记“税金及附加”账户，贷记“应交税费——应交土地增值税”账户。

2. 转让的国有土地使用权与其地上建筑物及附着物，在“固定资产”或“在建工程”账户核算的，转让时应交纳的土地增值税，借记“固定资产清理”“在建工程”账户，贷记“应交税费——应交土地增值税”账户。

3. 企业在项目全部竣工结算前转让房地产取得的收入，按税法规定预交的土地增值税，借记“应交税费——应交土地增值税”账户，贷记“银行存款”等账户。该项房地产销售收入实现时，再按销售业务处理方法进行处理。

4. 该项目全部竣工、办理结算后进行清算，收到退回多交的土地增值税，借记“银行存款”等账户，贷记“应交税费——应交土地增值税”账户。若补交土地增值税时，作相反的会计分录。

【例8-38】某企业对外转让一栋自用房屋，按税法规定计算的应交土地增值税为28 000元，则有关的会计处理如下。

①计算应交纳的土地增值税：

借：固定资产清理	28 000	
贷：应交税费——应交土地增值税		28 000

②实际交纳土地增值税：

借：应交税费——应交土地增值税	28 000	
贷：银行存款		28 000

（五）耕地占用税的账务处理

耕地占用税是国家为了利用土地资源，加强土地管理，保护家用耕地而征收的一种税。耕地占用税以实际占用的耕地面积计税，按照规定税额一次征收。企业交纳的耕地占用税，不需要通过“应交税费”账户核算。企业按规定计算交纳耕地占用税时，借记“在建工程”账户，贷记“银行存款”账户。

第七节 其他流动负债

一、应付股利

应付股利是指企业根据股东大会或类似机构审议批准的利润分配方案确定分配给投资者的现金股利或利润。

股利是企业在获得净利润后，按股份比例或事先约定分配给股东的投资报酬。在我国，股利的支付通常有两种基本形式，即现金股利和股票股利。现金股利是企业以现金形式向股东派发的股利；而股票股利则是企业用增发股票的形式向股东派发的股利。企业采取何种形式分派股利，由企业董事会或股东大会决定。企业派发股利通常需经过两个步骤，即股利宣告和支付。企业在决定分派股利后，先由企业董事会或股东大会向股东宣告股利分配方案，然后再支付股利。股利宣告日和支付日一般不在同一天。因此，如果企业决定发放现金股利，则股利一经宣告，其所有权就属于股东，应于宣告的当天成为企业的一项流动负债；如果企业决定发放股票股利，则其并不构成企业的负债，因为它只是从未分配利润转增股本，是企业权益内部的一种变化，不会引起任何含有经济利益的资源外流。因此，在正式办理增资手续以前，对股票股利只需在备查簿中作相应登记，而无须作账务处理。

企业通过“应付股利”账户核算企业宣告发放的现金股利或利润。企业根据股东大会或类似机构审议批准的利润分配方案，确认应付给投资者的现金股利或利润时，借记“利润分配——应付现金股利或利润”账户，贷记“应付股利”账户；向投资者实际支付现金股利或利润时，借记“应付股利”账户，贷记“银行存款”账户。

【例8－39】 A企业2×20年度的净利润为6 000 000元，经过董事会批准，A企业决定2×20年度分配股利3 000 000元。股利已经用银行存款支付，有关的会计处理如下。

①股利宣告日：

借：利润分配——应付现金股利或利润　　3 000 000

　　贷：应付股利　　3 000 000

②股利支付日：

借：应付股利　　3 000 000

　　贷：银行存款　　3 000 000

二、应付利息

应付利息是指企业按照合同约定应支付的利息，包括吸收存款、分期付息到期还本的长期借款、企业债券等应支付的利息。

企业应设置“应付利息”账户核算企业按照合同约定应支付的利息。资产负债表日，其会计处理为：

借：利息支出、在建工程、财务费用、研发支出等（按摊余成本和实际利率确定的利息费用）

　　贷：应付利息（按合同利率计算确定的应付未付利息）

借或贷：长期借款——利息调整（按借贷双方之间的差额）

注意：合同利率与实际利率差异较小的，也可以采用合同利率计算确定利息费用。实际支付利息时：

借：应付利息

　　贷：银行存款

三、其他应付款

其他应付款是指除应付账款、应付票据、预收账款、应付职工薪酬、应交税费、应付利息、应付股利、长期应付款等经营活动以外的其他应付、暂收款项，其主要内容包括应付租入包装物的租金、经营租入固定资产应付的租金、存入保证金等。企业应设置“其他应付款”账户，核算其他应付款的增减变动情况。

（1）企业采用售后回购方式融入资金的，通过“其他应付款”核算。其会计处理为：

借：银行存款（按实际收到的金额）

　　贷：其他应付款、应交税费等

回购价格与原销售价格之间的差额，应在售后回购期间内按期计提利息费用：

借：财务费用

　　贷：其他应付款

按合同约定购回该项商品时：

借：其他应付款（实际支付的金额）、应交税费等

　　贷：银行存款

（2）企业发生的其他各种应付、暂收款项，其会计处理为：

借：管理费用

　　贷：其他应付款

支付或退回其他各种应付款项时：

借：其他应付款

　　贷：银行存款

【例8-40】 A企业2×20年1月1日起以经营租赁方式租入生产用设备一台，每月租金4 000元，按季支付。3月31日，该企业以银行存款支付应付租金。相关的会计处理如下。

①1月31日，计提应付经营租入固定资产租金时：

借：制造费用	4 000	
贷：其他应付款		4 000

2月末做相同的会计分录。

②3月31日支付租金：

借：其他应付款	8 000	
制造费用	4 000	
贷：银行存款		12 000

思考题

1. 什么是流动负债？流动负债主要包括哪些内容？
2. 应付票据如何核算？附有现金折扣的应付账款如何核算？
3. 职工薪酬包括哪些内容？职工薪酬如何进行核算？
4. 一般纳税人的哪些业务应视同销售？
5. 企业收回哪些应税消费品支付的消费税应计入应税消费品成本？

练习题

1. 某企业购入材料一批，增值税专用发票上注明的原材料价款为 60 000 元，增值税款为 7 800 元，合同约定付款条件为货到后按“2/10，n/30”进行付款，货物已验收入库。

要求：根据以上资料，按下列条件采用总价法进行有关会计处理。

（1）货到后第 9 天付款。

（2）货到后第 27 天付款。

2. 某企业 2 ×20 年 11 月应付工资总额为 583 000 元，工资费用分配汇总表中列示的用于生产人员的工资为 310 000 元，车间管理人员的工资为 63 000 元，行政管理人员的工资为 120 000 元，销售人员的工资为 90 000 元。

要求：编制该企业相关会计分录。

3. 资料：某企业为一家电生产企业，共有职工 190 名，其中，直接参加生产的职工 160 名，管理人员 30 名。2 ×20 年 11 月，该企业以其生产的每台成本为 3 000 元的电冰箱作为福利发放给每名职工。该型号的电冰箱市场售价为每台 4 000 元，该企业适用的增值税税率为 13%。

要求：编制该企业上述与职工薪酬有关业务的会计分录。

4. 甲企业为增值税一般纳税人，适用的增值税税率为 13%，存货收发采用实际成本核算。该企业 2 ×20 年 11 月发生下列经济业务。

（1）6 日，购入原材料一批，增值税专用发票上注明的原材料价款为 400 000 元，增值税 52 000 元，货款已经支付，材料已经到达并验收入库。

（2）10 日，将一批原材料用于工程项目（非增值税应税项目），材料成本为 30 000 元。

（3）13 日，用原材料对外投资，该批原材料成本为 500 000 元，双方协议价格为 600 000 元。

（4）15 日，销售产品一批，销售价格为 452 000 元（含增值税），实际成本为 360 000 元，提货单和增值税发票已交购货方，货款尚未收到。该销售符合收入确认条件。

（5）19 日，在建工程（非增值税应税项目）领用库存商品一批，实际成本为 30 000 元，计税价格为 40 000 元。

（6）月末，用银行存款缴纳本月增值税 70 000 元。

（7）月末将本月应交未交增值税转入“应交税费——未交增值税”明细账户。

要求：根据上述业务编制有关会计分录。

5. 甲企业是增值税一般纳税人，增值税税率为 13%，消费税税率为 10%。材料按照实际成本进行核算，2 ×20 年 11 月发生了下列经济业务。

（1）委托加工原材料一批（属于应税消费品），发出原材料成本为 280 000

元，支付加工费20 000元，增值税为2 600元；受托方代扣代缴消费税。委托加工的原材料已全部收回，将直接出售，加工费和税金已用银行存款支付。

（2）收回的委托加工原材料全部出售，收取价款320 000元，增值税41 600元，存入银行。

要求：根据上述业务编制有关会计分录。

第九章　非流动负债

【学习要点及目标】

本章主要介绍非流动负债的含义、内容、计量和相关项目的会计处理。通过对本章的学习，要求熟悉非流动负债的内容；理解借款费用的概念和范围；掌握借款费用确认的原则以及借款费用资本化的条件、计量和会计处理，长期借款、应付债券、长期应付款和专项应付款的会计处理，可转换债券转换为资本的条件、价格和会计处理。

王者海康，手握两百多亿现金为何还要借债

杭州海康威视数字技术股份有限公司（以下简称海康威视），是以视频为核心的智能物联网解决方案和大数据服务提供商，业务聚焦于综合安防、大数据服务和智慧业务，构建开放合作生态，为公共服务领域用户、企事业用户和中小企业用户提供服务，致力于构筑云边融合、物信融合、数智融合的智慧城市和数字化企业。公司全球员工超40 000人，技术创新是公司持续发展的主要经营手段。2010年5月，海康威视在深圳证券交易所中小企业板上市，股票代码：002415，海康威视自上市以来，可以说给股东带来了一次又一次的惊喜。上市每股发行价68.00元，时总市值34.00亿元，后来一路高歌猛进，市值暴涨至2019年11月21日的3 125.00亿元，二级市场股价为687.47元/股（后复权），成功上演了十年翻十倍的神话，是投资者心中当之无愧的“科技大白马股”，可谓王者归来。

通过研究海康威视2019年年度报告的资产负债表发现，其长期借款大幅上升，2019年初长期借款4.40亿元，占总资产比重的0.69%；2019年末长期借款达到46.04亿元，占总资产比重的6.11%，增幅翻了10倍以上。报告显示是项目借款增加，但是其账上的货币资金数目也很庞大，达到了270.72亿元。

请思考：

1. 有大量货币资金的同时有大额长期贷款，需要提高警惕吗？

2. 海康威视与康美药业、康得新、辅仁药业等企业因货币资金有账无钱而需要大量借款是一码事吗？

（资料来源：海康威视官网：https：//www.hikvision.com/cn/；2019年年度报告，https：//pdf.dfcfw.com/pdf/H2_AN202004241378621186_1.pdf）

第一节 非流动负债概述

一、非流动负债的含义

非流动负债，是指流动负债以外的负债，通常指偿还期限在一年以上或者超过一年的一个营业周期以上的债务。它是企业向债权人筹集的可供长期使用的资金。一般来说，企业为了满足生产经营的需要，特别是为了拓展企业的经营规模，有必要购建大型机械设备、地产，增建或扩建厂房等。这些都需要企业投入大量的需长期占用的资金，而企业所拥有的生产经营资金是无法满足这些需要，因此，需要筹集长期资金。筹集长期资金的方式有两种：一是由投资者投入新的资本（或由股东追加投资，增发新股）；二是举借非流动负债，即通常所说的“举债经营”，主要有签发长期应付票据、发行企业债券以及向银行或其他金融机构举借长期借款。举借非流动负债与增发股票相比，具有以下优点。

第一，保持股东的控股权。举借非流动负债不影响企业原有的股权结构，有利于保持原有股东控制企业的权利。作为股份公司，举借非流动负债一般不会影响股票价格。而增发股票将会稀释每股收益，从而导致股票价格下降。

第二，融资成本低。一般情况下，债务的风险低于股权的风险，因此，债权人获得的回报应低于投资者获得的回报。这样企业在债务融资上承担较低的融资成本。

第三，所得税抵税效应。非流动负债上的利息支出属于企业的正常经营项目，可以在企业计算所得税时扣除，而股利只能从税后利润中支付，不能作为纳税抵减项目。在经营收益既定的前提下，举债经营可以使企业少交所得税。

第四，在通货膨胀条件下，若实际通货膨胀率高于借款的名义利率，则意味着举债人能用较便宜的货币偿还借款，举债较为有利。

第五，举债经营，能使企业获得财务杠杆收益。由于提供长期资金的债权人只能按固定利率获得利息，若企业运用资金产生的投资报酬率高于非流动性负债的利率，则举债经营所获得收益在支付利息以后，剩余的净收益全部归股东所有，从而提高了股东的投资报酬率，使企业获得了财务杠杆收益。

举借非流动性负债也有不足之处，主要表现为具有一定的财务风险。因为企业承担的非流动负债的利息费用具有刚性，并且需要安排足够的资金偿还本金和利息。一旦企业经营状况不好，不能及时支付本金和利息，则债权人有权向法院提出申请，迫使债务人破产。可以说，举债经营是一把“双刃剑”，企业应根据具体情况，认真分析是否举债经营，确定举债规模大小；再则，举债经营会制约企业筹资与经营的灵活性。资金借用过程中需要签订条件较为苛刻的各种保护债权人的条款，使企业未来在筹资方式，资金调度等方面都受到一定的约束，降低企业经营的灵活性。

二、非流动负债的内容

根据负债的内容来看，非流动负债主要包括长期借款、应付债券、长期应付款、专项应付款等。

（1）长期借款是指企业从银行或其他金融机构借入的期限在一年以上（不含一年）的或者超过一年的一个营业周期以上的各种借款。

（2）应付债券是指企业发行的期限在一年以上（不含一年）的长期债券。

（3）长期应付款是指企业除长期借款和应付债券以外的其他各种长期应付款项。如采用补偿贸易方式引进国外设备款、应付融资租入设备的租赁费等。

（4）专项应付款核算企业接受国家拨入的具有专门用途的拨款，如专项用于改造、技术研究等以及从其他来源取得的款项。

第二节　借款费用

一、借款费用的概述

市场经济条件下，资金是企业生存和发展的血液，其需求大量增加，来源日益多元化，固定资产的购建、对外投资、材料或者商品的采购等都需要资金。企业除了利用权益性资金解决部分资金来源外，通常会采取借款方式筹措生产经营所需资金。《企业会计准则第17号——借款费用》（以下简称借款费用准则）规范了借款费用的确认、计量和相关信息的披露要求，有助于如实反映企业资金成本，评估企业的财务状况和经营成果。

二、借款费用的分类和处理原则

（一）借款费用的分类

借款费用是企业因借款发生的利息及其相关成本，对于企业发生的权益性融资费用，不应包括在借款费用中。它包括以下部分。

1. 借款利息。因借款发生的利息，包括企业向银行或其他金融机构等借入资金发生的利息、发行债券发生的利息，以及为购建固定资产发生的带息债务应当承担的利息等。

2. 折价或者溢价的摊销。因借款而发生的溢价或折价，主要是指发行公司债券所发生的折价或溢价，企业在每期摊销折价或溢价时，实质上是对债券利息费用的调整。因此，因借款而发生的折价或溢价的摊销属于借款费用的范畴。

3. 安排借款时发生的辅助费用。因借款发生的辅助费用，是指企业在借款过程中发生的诸如手续费、佣金、印刷费等费用。

4. 因外币借款而发生的汇兑差额。因外币借款而发生的汇兑差额，是指由于汇率变动导致市场汇率与账面汇率出现差异，从而对外币借款本金及其利息的记账本位币金额所产生的影响金额。由于汇率的变化往往和利率的变化相联动，它是企业外币借款所需要承担的风险。

注意：本章所指的借款费用包括与融资租赁有关的融资费用，与融资租赁有关的融资费用适用《企业会计准则第 21 号——租赁》即承租人根据租赁会计准则的规定确认的融资租赁发生的融资费用属于借款费用。

例如，企业发生了借款手续费 8 万元，发行公司债券佣金 1 500 万元，发行公司股票佣金 2 500 万元，借款利息 200 万元，其中，借款手续费 8 万元、发行公司债券佣金 1 500 万元和借款利息 200 万元，均属于借款费用。但是，发行公司股票属于公司股权性融资性质，不属于借款范畴，相应的所发生的佣金也不属于借款费用的范畴。

（二）借款费用的处理原则

借款费用的处理有两种方法可供选择：一是在发生时直接确认为当期费用；二是予以资本化。按照借款费用准则的规定，借款费用可以直接归属符合资本化条件的资产购建或者生产的，应当予以资本化，计入相关资产成本。符合资本化条件的资产，是指需要经过相当长时间的购建或者生产活动才能达到预定可使用状态的固定资产、投资性房地产和存货等资产。确认的原则如下。

（1）为购建固定资产的专门借款所发生的借款费用，按借款费用资本化的原则处理。

（2）属于流动负债性质的借款费用，或者虽然是长期借款性质但不是用于购建固定资产的专门借款所发生的借款费用，直接或分期摊销计入当期损益。

（3）符合借款费用资本化条件的存货（特殊存货），主要包括房地产开发企业开发的用于对外出售的房地产开发产品、企业制造的用于对外出售的大型机器设备等。这类存货通常需要经过相当长时间的建造或者生产过程，才能达到预定可销售状态。其中，“相当长时间”是指为资产的购建或者生产所必需的时间，通常为一年以上（含一年）。如房地产开发企业为开发房地产而借入的资金所发生的利息等借款费用，在开发产品完工之前，计入开发产品成本。

（4）如果是为投资而发生的借款费用，不予以资本化，应直接计入当期财务费用。

（5）虽属于购建固定资产的专门借款，但不符合资本化条件的借款费用，也应直接计入当期财务费用。

（6）筹建期间发生的借款费用（除为购建固定资产的专门借款所发生的借款费用外），计入长期待摊费用。

（7）在清算期间发生的长期借款费用，计入清算损益。

（8）企业发行债券，如果发行费用小于发行期间冻结资金所产生的利息收入，按发行期间冻结资金所产生的利息收入减去发行费用后的差额，视同发行债券的溢价收入，在债券存续期间于计提利息时摊销，并冲减当期债券的应计利息。

三、借款费用的资本化

（一）借款费用资本化的时点

借款费用资本化需要直接归属于资产的购建或者生产，即必须是在资本化期间内的有关费用，才允许资本化，因而资本化期间的确定是借款费用确认和计量的重要前提。借款费用资本化期间，是指从借款费用开始资本化到停止资本化时点的期间，但不包括借款费用暂停资本化的期间。借款费用同时满足下列条件的，才能开始资本化：资产支出已经发生；借款费用已经发生；为使资产达到预定可使用或者可销售状态所必要的购建或者生产活动已经开始。

企业只有在上述三个条件同时满足的情况下，有关借款费用才可开始资本化，只要其中有一个条件没有满足，借款费用就不能开始资本化。

1. “资产支出已经发生”的界定。“资产支出已经发生”，是指企业已经发生了支付现金、转移非现金资产或者承担带息债务形式所发生的支出。

（1）支付现金是指用货币资金支付符合资本化条件的资产的购建或者生产支出。例如，某企业用现金或者银行存款购买为建造或者生产符合资本化条件的资产所需用材料，支付有关职工薪酬，向工程承包商支付工程进度款等，这些支出均属于资产支出。

（2）转移非现金资产是指企业将自己的非现金资产直接用于符合资本化条件的资产的购建或者生产。例如，某企业将自己生产的产品，包括自己生产的水泥、钢材等，用于符合资本化条件的资产的建造或者生产，企业同时还将自己生产的产品向其他企业换取用于符合资本化条件的资产的建造或者生产所需用工程物资的，这些产品成本均属于资产支出。

（3）承担带息债务是指企业为了购建或者生产符合资本化条件的资产所需用物资等而承担的带息应付款项（如带息应付票据）。企业以赊购方式购买这些物资所产生的债务可能带息，也可能不带息。如果企业赊购这些物资承担的是不带息债务，就不应当将购买价款计入资产支出，因为该债务在偿付前不需要承担利息，也没有占用借款资金。企业只有等到实际偿付债务，发生了资源流出时，才能将其作为资产支出。如果企业赊购物资承担的是带息债务，则企业要为这笔债务付出代价，支付利息，与企业向银行借入款项用以支付资产支出在性质上是一致的。所以，企业为购建或者生产符合资本化条件的资产而承担的带息债务应当作为资产支出，当该带息债务发生时，视同资产支出已经发生。

2.“借款费用已经发生”的界定。“借款费用已经发生”，是指企业已经发生了因购建或者生产符合资本化条件的资产而专门借入款项的借款费用或者所占用的一般借款的借款费用。例如，企业于2020年1月1日为建造一条建设期为2年的生产线，从银行专门借入款项10 000万元，当日开始计息，在2020年1月1日即应当认为借款费用已经发生。又如，企业用发行债券的方式筹集资金来建造一项固定资产，在债券本身可能还没有计息时，就为发行债券向承销机构支付了一笔承销费，即发生了专门借款的辅助费用。此时，应当认为借款费用已经发生。

3.“为使资产达到预定可使用或者可销售状态所必要的购建生产活动已经开始”的界定。“为使资产达到预定可使用或者可销售状态所必要的购建或者生产活动已经开始”，是指符合资本化条件的资产的实体建造或者生产工作已经开始，例如主体设备的安装、厂房的实际开工建造等。它不包括仅仅持有资产，但没有发生为改变资产形态而进行的实质上的建造或者生产活动。例如，某企业为了建设写字楼购置了建筑用地，但是尚未开工兴建房屋，有关房屋实体建造活动也没有开始，在这种情况下即使企业为了购置建筑用地已经发生了支出，也不应当将其认为为使资产达到预定可使用状态所必要的购建活动已经开始。

企业只有在上述三个条件同时满足的情况下，有关借款费用才可以开始资本化，只要其中一个条件没有满足，就不能开始资本化。例如，企业为购建某项固定资产借入的专门借款已经划入企业账户，即借款费用已经发生，固定资产的实体建造工作已经开始，但由于为购建固定资产所购买的工程物资款项未支付，而且这些应付款项都是不带息债务。另外，也没有发生其他与购建固定资产有关的支出，因而已发生的专门借款的借款费用，尽管是为建造该项固定资产而专门借入的款项所发生的，也不能计入该项资产的成本，只能确认为当期费用，因为不符合开始资本化的第一个条件。

（二）借款费用暂停资本化的时间

符合资本化条件的资产在购建或者生产过程中发生了非正常中断，且中断时间连续超过3个月的，应当暂停借款费用的资本化。在中断期间所发生的借款费用，应当计入当期损益，直至购建或者生产活动的重新开始。但是，如果中断是所购建或者生产符合资本化条件的资产达到可使用或者可销售状态的必要程序，中断期间所发生的借款费用应当继续资本化。

非正常中断和正常中断有显著的不同。非正常中断是由于企业管理决策上的原因或者其他不可预见方面的原因等所导致的中断。例如，企业因与施工方发生了质量纠纷，或者工程生产用料没有及时供应，或者资金周转发生了困难，或者施工方发生了安全事故，或者发生了与资产购建或者生产有关的劳动纠纷等原因，导致资产购建或者生产活动发生中断，均属于非正常中断。正常中断仅限于因购建或生产符合资本化条件的资产达到预定可使用或者可销售状态所必要的程序，或者事先可预见的不可抗力因素所导致的中断。例如，某些工程建造到一定阶段必须暂停下来进行质量或者安全检查，检查通过后方可继续下一步的建造工作，这类中断在施工前可以预见，而且是工程建造必须经过的程序，即属于正常中断。某些地区的工程在建造过程中，由于可预见的不可抗力因素导致施工出现停顿，也属于正常中断。例如，某企业在北方某地建造某工程期间，正遇上冰冻季节，工程施工不得不中断，待冰冻季节过后才能进行施工。由于该地区在施工期间出现较长时间的冰冻是正常现象，因此而导致的施工中断属于因可预见的不可抗力因素导致的中断，是正常中断，借款费用的资本化可继续进行，不必暂停。

（三）借款费用停止资本化的时点

当所购建或者生产的符合资本化的资产达到预定可使用或者可销售状态时，应当认为再发生的借款费用与符合资本化条件的资产的购建或者生产活动无关，因此，在所购建或者生产的符合资本化条件的资产达到预定可使用或者可销售状态时，借款费用应当停止资本化，以后发生的借款费用应当在发生时根据其发生额确认为费用，计入当期损益。

所谓“达到预定可使用或者可销售状态”是指资产已经达到建造方或者生产方预先设想的可以使用或可销售状态。确定借款费用停止资本化的时点需要较多的职业判断，为了便于实际操作，通常所购建或者生产的符合资本化条件的资产满足以下条件之一，即应当认为资产已达到预定可使用或者可销售状态，借款费用应停止资本化。

（1）符合资本化条件的资产的实体建造（包括安装）或者生产工作已经全部完成或者实质上已经完成。

（2）所购建或者生产的符合资本化条件的资产与设计要求、合同规定或者生产要求相符合或者基本符合，即使有个别与设计、合同或者生产要求不相符的地方，也不影响其正常使用或销售。

（3）继续发生在所购建或生产的符合资本化条件的资产上的支出金额很少或者几乎不再发生。

（4）购建或者生产符合资本化条件的资产需要试生产或者需要试运行的，在试生产结果表明资产能够正常生产出合格产品、试运行结果表明资产能够正常运转或者营业时，应当认为该资产已经达到预定可使用状态或者可销售状态。

（5）在固定资产的实际购建过程中，还会出现所购建的固定资产分别建造、分别完工的情况，在这种情况下，企业应遵循实质重于形式的原则，区别以下不同情况，来界定借款费用停止资本化的时点：购建或者生产的符合资本化条件的资产的各部分分别完工，且每部分在其他部分继续建造过程中可供使用或者可对外销售，且为使该部分资产达到预定可使用或者可销售状态所必要的购建或者生产活动实质上已经完成的，应当停止与该部分资产相关的借款费用的资本化。例如，由若干生产线组成的生产车间，每条生产线在其他生产线继续建造期间均可单独使用，那么，当其中一条生产线完工并达到预定可使用状态时，应停止该生产线借款费用的资本化。购建或者生产的资产的各部分分别完工，但必须等到整体完工后才可使用或者对外销售的，应当在给资产整体完工时停止借款费用的资本化。例如，由几项工程组成的发电厂，只有每项工程建造完成后整个发电厂才能正常运转，因而每个单项工程完工后不停止资本化，须等到整个发电厂完工，达到预定可使用状态时才停止资本化。

四、借款费用资本化的计量

企业每期应予以资本化的借款费用金额，包括当前应予以资本化的利息、借款折价或溢价的摊销、辅助费用和汇兑差额。

（一）借款利息资本化金额的确定

借款利息是指按照实际利率法计算的各期实际利率，既包括安装合同利率计算的应付利息，也包括因实际利率与合同利率不同而产生的折价或溢价的摊销额。

1. 专门借款利息费用的资本化金额。专门借款，是指为购建或者生产符合资本化条件的资产而专门借入的款项。专门借款的使用目的明确，而且其使用受与银行签订的合同的限制。借款费用准则第六条规定，为购建或者生产符合资本化条件的资产而借入专门借款的，应当以专门借款当期实际发生的利息费用，减去将尚未动用的借款金额存入银行取得的利息收入或者进行暂时性投资取得的投资收益后的金额确定。需注意的是，专门借款与资产支出不挂钩。

专门借款发生的利息费用，减去将尚未动用的借款金额存入银行取得的利息收入或者进行暂时性投资取得的投资收益后的金额，在资本化期间内，应当全部计入符合资本化条件的资产成本，不计算借款资本化率。

2. 一般借款利息费用的资本化金额。一般借款是指除专门借款以外的借款。相对专门借款而言，一般借款在借入时，其用途通常没有特指用于符合资本化条件的资产的购建或者生产。借款费用准则第六条规定，在借款费用资本化期间内，为购建或者生产符合资本化条件的资产占用了一般借款的，应当根据累计资产支出超过专门借款部分的资产支出加权平均数乘以所占用一般借款的资本化率，计算确定一般借款应予资本化的利息金额。一般借款是指除专门借款以外的其他借款。

$$\begin{matrix}\text{一般借款利息费用}\\\text{资本化金额}\end{matrix}=\begin{matrix}\text{累计资产支出超过专门借款}\\\text{部分的资产支出加权平均数}\end{matrix}\times\begin{matrix}\text{所占用一般借款}\\\text{的资本化率}\end{matrix}$$

$$\begin{matrix}\text{累计资产支出}\\\text{加权平均数}\end{matrix}=\sum\left(\begin{matrix}\text{每笔资产}\\\text{支出金额}\end{matrix}\times\begin{matrix}\text{该笔资产支出在当期}\\\text{实际占用的天数}\end{matrix}\div\text{当期天数}\right)$$

$$\begin{matrix}\text{所占用一般借}\\\text{款的资本化率}\end{matrix}=\begin{matrix}\text{所占用一般借款}\\\text{加权平均利率}\end{matrix}=\begin{matrix}\text{所占用一般借款当期}\\\text{实际发生的利息之和}\end{matrix}\div\begin{matrix}\text{所占用一般借款}\\\text{本金加权平均数}\end{matrix}$$

$$\begin{matrix}\text{所占用一般借款本}\\\text{金加权平均数}\end{matrix}=\sum\left(\begin{matrix}\text{所占用每笔}\\\text{一般借款本金}\end{matrix}\times\begin{matrix}\text{每笔一般借款在}\\\text{当期所占用的天数}\end{matrix}\div\text{当期天数}\right)$$

在资本化期间，每一会计期间的利息资本化金额，不应当超过当期相关借款实际发生的利息金额。

3. 借款溢价或者折价的摊销采用实际利率法。借款费用准则第七条规定，借款存在折价或者溢价的应当按照实际利率法确定每一会计期间应摊销的折价或溢价金额，调整每期利息金额。在资本化期间，每一个会计期间的利息资本化金额，不应当超过当期相关借款实际发生的利息金额。

在实际利率法下，企业应当按照期初借款余额乘以实际利率计算确定每期借款利息费用。实际利率是企业在借款期限内未来应支付的利息和本金折现为借款当前账面价值的利率。

除公司债券外，其他借款也应当按照上述实际利率法确定每期利息费用。如果按照名义（合同）利率和实际利率计算的每期利息费用相差不大的，可以按照名义利率计算确定每期借款利息。

（二）借款辅助费用资本化金额的确定

专门借款发生的辅助费用，在所购建或生产的符合资本化条件的资产达到预定可使用或者可销售状态之前发生的，应当在发生时根据其发生额予以资本化，计入符合资本化条件的资产的成本；在所购建或者生产的符合资本化条件的资产达到预定可使用或者可销售状态之后发生的，应当按照在发生时根据其发生额确认为费用，计入当前损益。上述资本化或计入当前损益的辅助费用的发生额，是根据《企业会计准则第 22 号——金融工具确认和计量》的规定，按照实际利率法所确定的金融负债交易费用对每期利息费用的调整额。借款实际利率与合同利率差异较小的，也可以采用合同利率计算确定利息费用。

一般借款发生的辅助费用，应当在发生时根据其发生额确认为费用，计入当期损益。

（三）外币专门借款汇兑差额资本化金额的确定

当企业购建或生产符合资本化条件的资产所借入的专门借款是外币借款时，由于企业取得外币借款日、使用外币借款日和会计结算日往往不一致，而外汇汇率又在随时发生变化，因此，外币借款会产生汇兑差额。在借款费用允许资本化的期间内，为购建固定资产而专门借入的外币借款所产生的汇兑差额，是购建固定资产的一项代价，应当予以资本化，计入固定资产成本。出于简化核算的考虑，借款费用准则规定，在资本化期间，外币专门借款本金及利息的汇兑金额，应当予以资本化，计入符合资本化条件的资产成本。而除外币专门借款的其他外币借款及其利息所产生的汇兑金额应当作为财务费用，计入当前损益。

五、借款费用的披露

借款费用准则第十五条规定，企业应当在附注中披露与借款费用有关的下列信息。

（一）本期已经资本化的借款费用金额

当期资本化的借款费用金额是指按规定计算的、当期已计入资产成本中的各项借款费用之和，包括当期资本化的借款利息、折价或溢价的摊销、汇兑差额和辅助费用。如果企业当期有两项或者两项以上处于购建或者生产中的资产，应当披露这些资产当期资本化的借款费用总额，并将应予以资本化的借款费用都记入“在建工程——借款费用”账户。

（二）当期确定资本化金额的资本化率

1. 当期有两项或两项以上的购建固定资产且资本化率不同时，应分别披露；如果各项资产在确定资本化金额时使用的资本化率相同，则可以合并披露。

2. 若对外提供财务报告的期间大于计算借款费用资本化金额的期间，且各期资本化率不同时，应分别披露；如果各期计算资本化金额时使用的资本化率相同，则可以合并披露。例如，企业按照季度计算应予资本化的借款费用金额，对外提供的是年度财务报告，对于某项资产而言，如果在各季确定借款费用资本化金额时所使用的资本化率不同，则在年度财务报告中，应分别各季披露资本化率；如果各季所使用的资本化率相同，则可以合并披露。

六、借款费用应用的举例

【例9-1】某公司于2×20年1月1日动工兴建一幢营业楼，施工期为1年，工程采用出包方式，分别于2×20年1月1日、7月1日和10月1日支付工程进度款750万元、1 500万元和500万元。营业楼于2×20年12月31日完工，达到预定可使用状态。

（1）借款情况

①公司为构建营业楼发生了两笔专门款项：

a. 2×19年1月1日专门借款1 000万元，借款期限为3年，年利率为8%，利息按年支付；

b. 2×19年7月1日专门借款1 000万元，借款期限为5年，年利率为10%，利息按年支付。

闲置专门借款资金均用于有固定收益的债券短期投资，该短期投资月收益率为0.5%。

②占用一般借款有两笔：

a. 向建设银行长期借款1 000万元，期限为2×17年12月1日至2×20年12月1日，年利率为6%，按年支付利息；

b. 发行公司债券5 000万元，于2×20年1月1日发行，期限为5年，年利率为8%，按年支付利息。

要求根据上述条件，计算公司建造营业楼应予资本化的利息费用。

(2) 案例分析

某公司为建造营业楼支出总额 2 750 万元，其中专门借款总额 2 000 万元，占用了一般借款 750 万元。采用“分期付息，一次还清”的方式计算付款利息。

(3) 分析与计算

①计算专门借款利息费用资本化金额。

某公司专门借款利息资本化金额 = 专门借款当期实际发生的利息费用 − 将闲置借款金额短期投资取得的投资收益 = 1 000 × 8% + 1 000 × 10% × 180 ÷ 360 − 250 × 0.5% × 6 = 122.5（万元）

②计算一般借款利息费用资本化金额。

a. 累计资产支出超过专门借款部分的资产支出加权平均数 = (2250 − 2000) × 180 ÷ 360 + 500 × 90 ÷ 360 = 250（万元）

b. 一般借款资本化率 = (1 000 × 6% + 5 000 × 8%) ÷ (1 000 + 5 000)
= 7.67%

c. 某公司一般借款利息费用资本化的利息费用金额 = 250 × 7.67%
= 19.18（万元）

③某公司建造营业楼应予资本化的利息费用金额 = 122.5 + 19.18
= 141.68（万元）

【例 9 − 2】 某公司于 2 × 16 年 1 月 1 日折价发行了面值为 1 250 万元的 5 年期公司债券，发行价格为 1 000 万元，票面利率为 4.72%，每年末支付利息。假定公司发行公司债券的资金专门用于建造一条生产线，生产线从 2 × 16 年 1 月 1 日开始建设，截至 2 × 18 年底完工，达到预定可使用状态。

分析：借款费用准则第七条规定：借款存在折价或溢价的，应当按照实际利率法确定每一会计期间应摊销的折价或者溢价金额计算确定每期借款利息费用。实际利率是企业在借款期限内未来应支付的利息和本金折现为借款当前账面价值的利率。见表 9 − 1。

表 9 − 1　　实际利息计算表　　单位：万元

年份	期初账面价值 ① = 上期期初账面价值 + ④	实际利息 ② = ① × 10%	票面利息 ③ = 1250 × 4.72%	折价摊销额 ④ = ② − ③	累计摊销额 ⑤
2 × 16	1 000	100	59	41	41
2 × 17	1 041	104	59	45	86
2 × 18	1 086	109	59	50	136
2 × 19	1 136	113	59	54	190
2 × 20	1 190	119	59	60	250

因为工程于 2 × 18 年底完工，2 × 16 年、2 × 17 年、2 × 18 年的利息应予以资本化。2 × 19 年、2 × 20 年的利息费用应计入当期费用（设债券的实际利率为 r，经过计算为 10%）。

【例 9 − 3】 公司于 2 × 20 年 10 月 1 日，为建造某工程项目借入 500 万元，年利率为8%，期限为4年，工程于2×20年1月1日开始实体建造，2×20年10月1日，支出80万美元；当日美元对人民币的汇率为1美元=6.20元人民币，1月31日汇率为1美元=6.25元人民币，2月28日汇率为1美元=6.27元人民币，企业按月计算应予资本化的借款费用金额，对外币账户采用业务发生时的汇率作为折算汇率。

由于10月份的利息费用是在10月31日才计算的，因此，10月31日没有产生利息上的汇兑差额。

10月31日，10月份应予以资本化的金额计算如下：

外币专门借款本金及利息的汇兑差额=500×（6.25-6.20）+0=25（万元）

本期外币专门借款汇兑差额的资本化金额为25万元，做会计分录如下：

借：在建工程——借款费用　　250 000

　　贷：长期借款——美元户　　250 000

11月28日，11月份应予以资本化的汇兑差额计算如下：

外币专门借款本金及利息的汇兑差额=500×（6.27-6.25）+500×8%÷12×（6.27-6.25）+0=10.0667（万元）

本期外币专门借款汇兑差额的资本化金额为10.0667万元，做会计分录如下：

借：在建工程——借款费用　　100 667

　　贷：长期借款——美元户　　100 667

第三节　长期借款

一、长期借款的概念

长期借款一般用于固定资产购置和固定资产建造工程，以及流动资产的正常需要等方面。长期借款均有借款数额大、借款期限长的特点。因此，企业取得借款时，必须符合金融部门申请借款的条件和履行必要的程序。企业需要向金融部门借入款项时，必须先提出申请，说明借款的原因、借款的用途、使用时间、使用计划和归还期限等，然后签订合同，取得银行或其他金融机构的借款。

企业的长期借款可以按照不同的标志进行分类。其主要的分类标志及种类如下。

（1）按借款的条件划分，长期借款可分为抵押借款、信用借款和担保借款。抵押借款是指企业以动产或不动产作为抵押，以保证按期还款而取得借款；信用借款是指不以特定的抵押财产作保证，仅凭借企业良好的信誉而取得的借款；担保借款是指企业通过其他具有法人资格的单位的担保而取得的借款。

（2）按借款的用途来划分，长期借款可以分为基本建设借款、技术改造借款和生产经营借款。基本建设借款是指企业用于新建、扩建、改建或者购买固定资产等有关支出的借款；技术改造借款是指用于固定资产更新或者技术改造的借款；生产经营借款是指企业用于生产经营中正常周转的借款。

（3）按借款的币种来划分，长期借款可以分为人民币借款和外币借款。

（4）按借款的偿还方式划分，长期借款可以分为定期偿还借款和分期偿还借款。

二、长期借款的核算

（一）账户设置

为了反映企业长期借款的增减变动情况，应设置“长期借款”账户。该账户贷方登记借入长期借款的本金和按期计提的利息；借方登记偿还的本息；期末贷方余额反映尚未偿还的长期借款本息。该账户可按贷款单位和贷款种类，分别按“本金”“利息调整”“应付利息”账户进行明细核算，对于1年内到期的长期借款仍在“长期借款”账户核算，但期末填列资产负债表有关项目时应在流动负债中单设“1年内到期的长期负债”项目加以反映，而“长期借款”项目中则要将其扣除后再反映。

（二）借入款项的核算

企业借入长期借款，按照实际收到的现金净额，借记“银行存款”账户，贷记“长期借款——本金”账户，按其差额，借记“长期借款——利息调整”账户。

（三）资产负债表日的计息

资产负债表日，应按摊余成本和实际利率计算确定的长期借款的利息费用，借记“在建工程”“制造费用”“财务费用”“研发支出”账户，按合同约定的名义利率计算确定的应付利息金额，贷记“长期借款——应计利息”账户或者“应付利息”账户，按其差额，贷记“长期借款——利息调整”账户。实际利率与合同约定的名义利率差异不大的，也可以采用合同约定的名义利率计算确定的利息费用。在最后一期应把利息调整摊销完毕。

（四）借入款项的偿还

归还长期借款本金和利息时，借记“长期借款——本金”“长期借款——应计利息”账户，贷记“银行存款”账户。

企业与贷款人进行债务重组时，应按照债务重组的相关规定进行；企业解散清算或者破产清算时，长期借款清偿的会计处理属于企业非持续经营下的会计，应按《公司法》和《破产法》的相关规定和清算会计的办法处理。

在具体进行核算时，还需要注意以下几点。

1. 长期借款发生的利息支出。长期借款发生的利息支出，应按照权责发生制的原则按期预提计入在建项目的成本或者计入当期财务费用。也就是说，如果长期借款所发生的利息费用符合资本化的条件，就应当按照《企业会计准则第17号——借款费用》的规定计入相关资产的价值，否则，就应当计入当期收益。对于长期外币借款也用同样的原则进行处理。

2. 长期借款的利息计算。长期借款的利息计算方法有单利和复利两种方法。

（1）单利计算法。单利是指只按本金计算利息，其所发生的利息不再计入本金重复计算利息。其计算公式为：

利息＝本金×利率×期数

本利和＝本金＋利息＝本金（1＋利率×期数）

（2）复利计算法。复利是指根据本金和前期利息之和计算本期本金，也就是考虑货币的时间价值，不仅要计算本金的利息，还要计算利息的利息。其计算公式为：

本利和＝本金×（1＋利率）^{期数}

【例9－4】 某企业为建造一幢厂房，2×19年1月1日借入期限为2年的长期专门借款1 000 000元，款项已存入银行。借款利率为9%，每年付息一次，期满后一次还清本金。2×19年初，以银行存款支付工程价款共计600 000元，2×20年初又以银行存款支付工程费用400 000元。该厂房于2×20年8月底完工，达到预定可使用状态。假定不考虑闲置专门借款资金存款的利息收入或者投资收益。根据上述业务编制有关会计分录如下。

①2×19年1月1日，取得借款时：

借：银行存款	1 000 000	
贷：长期借款		1 000 000

②2×19年初，支付工程款时：

借：在建工程	600 000	
贷：银行存款		600 000

③2×19年12月31日，计算应计入工程成本的利息时：

借款利息＝1 000 000×9%＝90 000（元）

借：在建工程	90 000	
贷：应付利息		90 000

④2×19年12月31日支付借款利息时：

借：应付利息	90 000	
贷：银行存款		90 000

⑤2×20年初支付工程款时：

借：在建工程	400 000	
贷：银行存款		400 000

⑥2×20年8月底，达到预定可使用状态：

该期应计入工程成本的利息＝（1 000 000×9%÷12）×8＝60 000（元）

借：在建工程　　　　　　　　　　　　　　　　60 000
　　贷：应付利息　　　　　　　　　　　　　　　　60 000

同时：

借：固定资产　　　　　　　　　　　　　　　1 150 000
　　贷：在建工程　　　　　　　　　　　　　　　1 150 000

⑦2×20 年 12 月 31 日：

计算 2×20 年 9～12 月应计入财务费用的利息：（1 000 000×9%÷12）×4 =30 000（元）

借：财务费用　　　　　　　　　　　　　　　　30 000
　　贷：应付利息　　　　　　　　　　　　　　　　30 000

⑧2×20 年 12 月 31 日支付利息时：

借：应付利息　　　　　　　　　　　　　　　　90 000
　　贷：银行存款　　　　　　　　　　　　　　　　90 000

⑨2×21 年 1 月 1 日到期还本时：

借：长期借款　　　　　　　　　　　　　　　1 000 000
　　贷：银行存款　　　　　　　　　　　　　　　1 000 000

【例 9－5】 某公司于 2×18 年 1 月 1 日实际从某投资公司取得一笔 3 年期借款 950 000 元，借款合同载明借款本金 1 000 000 元，年利率为 8%，按单利计算，每年年初付息一次，2×20 年 12 月 31 日归还本金。该借款用于扩建厂房，扩建工程于 2×18 年 12 月 31 日完工，验收并交付使用，并以银行存款支付各项工程费用 1 500 000 元。

由于公司实际收到的借款不等于借款本金，说明借款实际利率与名义利率差别较大，因此，应计算实际利率。分期付息、到期还本付息的长期借款，实际利率可用如下公式计算：

$$\text{实际取得的借款金额} = \text{本金} \times \text{按实际利率和付息期数计算的复利现值系数} + \sum \text{各期支付的利息} \times \text{按实际利率和各期数计算的复利现值系数}$$

$$950\,000 = 80\,000 \times (1+r)^{-1} + 80\,000 \times (1+r)^{-2} + (80\,000 + 1\,000\,000) \times (1+r)^{-3}$$

用插值法可求得：$r = 10\%$。

根据以上资料，该公司作如下会计处理。

①2×18 年 1 月 1 日取得长期借款时：

借：银行存款　　　　　　　　　　　　　　　　950 000
　　长期借款——利息调整　　　　　　　　　　　50 000
　　贷：长期借款——本金　　　　　　　　　　　1 000 000

② 以银行存款支付各项工程费用时：

借：在建工程　　　　　　　　　　　　　　　1 500 000
　　贷：银行贷款　　　　　　　　　　　　　　　1 500 000

③2×18 年底计息时：

借：在建工程　　95 000
　　贷：应付利息　　80 000
　　　　长期借款——利息调整　　15 000

其中，计入在建工程的实际利息费用 = 长期借款期初账面价值 950 000 × 实际利率 10% = 95 000（元），如果利息不是分期付息，而是借款到期一次性付清，就应贷记"长期借款——应计利息"账户。

④厂房完工并交付使用时：

借：固定资产　　1 595 000
　　贷：在建工程　　1 595 000

⑤2 × 19 年初支付 2 × 17 年利息时：

借：应付利息　　80 000
　　贷：银行存款　　80 000

⑥2 × 19 年底计息时：

借：财务费用　　96 500
　　贷：应付利息　　80 000
　　　　长期借款——利息调整　　16 500

⑦2 × 20 年初支付 2 × 19 年利息时：

借：应付利息　　80 000
　　贷：银行存款　　80 000

⑧2 × 20 年底计息时：

借：财务费用　　98 500
　　贷：应付利息　　80 000
　　　　长期借款——利息调整　　18 500

由于实际利率 $r = 10\%$ 是一个近似值，所以在最后一期应把利息调整摊销完。

⑨2 × 21 年归还本金并支付最后一期利息时：

借：长期借款——本金　　1 000 000
　　应付利息　　80 000
　　贷：银行存款　　1 080 000

第四节　应付债券

一、应付债券概述

（一）应付债券的概念

应付债券是指企业为筹集长期资金而实际发行的债券及应付的利息。它是企业筹集长期资金的一种重要方式。应付债券核算企业发行的期限在一年以上的债券，构成企业的一项非流动负债。为了进行应付债券的核算，必须要弄清楚现值与终值的概念。由于企业发行债券后，都要到若干年后按照债券的面值偿还债券本金。因此债券面值就是债券的到期值，也叫终值。由于利息等因素，一定量的货币若干年后的价值并不等于其目前的价值。例如，以100元存入银行，按年利率10%计算，一年后的本利和为110元，即目前的100元在一年后的终值为110元；反过来说，一年后的110元的现值就是100元。由于债券偿还期限长，因此，它的终值和现值相差很大，不能不加以考虑。

（二）应付债券的发行价格

1. 理论发行价格的确定。从理论上讲，债券的发行价格应等于债券的票面价值，但实际上债券的发行金额和债券票面价值并不总是相等的，原因如下。

（1）资金时间价值的存在。债券是在若干年后按照债券面值偿还本金，由于资金具有不同的时间价值，同样数量的资金在不同时间具有不同的价值。

（2）债券的票面利率和发行债券的市场利率不一致。由于债券的发行价格需要经过很长一段时间的准备过程，即使预先确定的发行价格与市场利率相同，但是，随着时间的推移，市场利率随时发生着变化，就会出现两者不一致的情况。

因此，应付债券的发行价格应取决于以下四个因素：第一，债券面值，即公司在债券到期时应偿还的本金；第二，债券利息，它等于债券面值乘以票面利率，其中票面利率又称名义利率，是指债券契约中所记录的利率；第三，付息日和到期日，付息日是指支付债券利息的时间，到期日是指偿还债券本金的时间；第四，市场利率，又称实际利率，是指在债券发行时投资者愿意接受的市场上通行的利率。

发行债券的企业，在债券的有效持续期内需要付出的代价包括：债券到期时按面值偿还给投资者的本金；在有效期内按票面利率计算支付的利息。债券的发行价格是将债券发行企业未来应偿还的面值和应支付的利息两大部分按发行债券时通用的市场利率折算成现值来决定的，也就是考虑了资金的时间价值。

债券发行价格的计算公式为：

$$债券发行的价格 = 债券面值的现值 + 应计利息的现值$$
$$= 票面价值 \div (1 + 市场利率)^n + 票面价值 \times 票面利率 \div (1 + 市场利率)^t$$

其中，n表示债券期限；t表示付息期数。

【例9-6】 某股份有限公司2×20年1月1日发行面值100元的债券1 000份，金额100 000元，票面利率是8%，5年期，利息每半年支付一次，债券发行时的市场利率为6%。计算单份债券的发行价格。

分析：分两个部分计算，计算时注意，该债券每半年支付一次利息，因此，无论票面利率还是市场利率，均需按一半计算。

①到期应偿付的债券面值按市场利率折现的现值 $=100\div(1+3\%)^{10}$

$=100\times0.7441=74.41$（元）

②债券票面利率计算的利息按市场利率折现的现值 $=\sum 100\times4\%\div(1+3\%)^{t}$

$=4\times8.5282=34.11$（元）

两者相加，债券的发行价格为108.52元。

2. 发行价格的形式。从上面计算发行价格的例子中可以看出，债券在按低于债券票面利率的市场利率发行时，发行价格高于债券的面值，称为溢价发行。溢价发行是指在债券整个存续期间内，对举债企业多付利息的一种补偿，又是对票面利息的一种调整。债券溢价发行时债券发行企业预收投资者的一笔款项，将在以后各付息期，通过债券溢价的摊销，陆续冲减举债企业的利息费用，在本金偿还日摊销完毕。反之，若按高于债券票面利率的市场利率发行时，发行价格就会低于债券面值，这称为折价发行。其中发行价格低于债券面值的差额为债券折价。债券折价是举债企业未弥补投资者少得利息的损失而给予的一种补偿。也就是说，债券折价是债券发行企业少收债券投资者的一笔款项，将在以后各付息期，通过债券折价摊销，陆续增加举债企业的利息费用，在本金偿还日摊销完毕。当然，若两个利率相等，则债券的发行价格就等于债券的面值，这称为平价发行。

二、应付债券的会计处理

（一）账户设置

企业应设置“应付债券”账户核算企业未筹集长期资金而发行的债券本金和利息，发行1年期及1年期以内的短期债券，在“交易性金融负债”账户核算，不在该账户核算。“应付债券”账户应当设置“面值”“利息调整”“应计利息”等明细账户进行核算。企业发行的可转换公司债券，应在设置“可转换公司债券”明细账户进行核算。企业应当设置“企业债券备查簿”，详细登记每一企业债券的票面金额、债券票面利率、还本付息期限与方式、发行总额、发行日期和编号、委托代售单位、转换股份等资料。企业债券到期结清时，应当在备查簿内逐笔注销。

（二）应付债券发行的账务处理

企业发行债券，无论是面值发行、溢价发行或是折价发行，均应按实际收到的金额，借记“银行存款”“库存现金”等账户，按债券票面金额，贷记“应付债券（面值）”账户。

1. 平价发行债券的会计核算。企业平价发行债券时，债券的票面金额等于发行价格，应按照实际收到的金额，借记“银行存款”账户，贷记“应付债券——面值”账户。

2. 溢价发行债券的会计核算。企业溢价发行债券时，债券发行的价格高于票面金额，应按照发行债券实际收到的金额，借记“银行存款”账户，按照发行债券的面值，贷记“应付债券——面值”账户，按照发行超过债券面值的债券溢价，贷记“应付债券——利息调整”账户。

3. 折价发行债券的会计核算。企业折价发行债券时，债券的发行价格低于票面价格，应按照发行债券实际收到的金额，借记“银行存款”账户，按照发行债券的面值，贷记“应付债券——面值”账户，按照发行低于债券面值的债券折价，借记“应付债券——利息调整”账户。

（三）资产负债表日的计息及利息调整

发行债券票面所规定的是固定不变的“名义利率”，也称“票面利率”，通常以年利率表示，年利率乘以债券的面值，即为债券发行单位每年应付的利息。如债券利息每半年支付一次，那就按年息折半计算。但利息费用应当在债券的存续期内按实际利率进行摊销。债券发行单位实际负担的利率，或债券持有人实际获得的年利率则称为“实际利率”。实际利率是指将应付债券在债券的存续期内的未来现金流量折现为该债券当前账面价值所使用的利率。在资产负债表日，企业应当按照企业发行债券面值和票面利率计算当期的名义利息，同时，按照应付债券的摊余成本和实际利率计算当期的实际利息。资产负债表日，对于到期一次还本付息的长期债券，应按摊余成本和实际利率确定长期债券的利息费用。

1. 平价发行债券利息的确认。企业平价发行债券时，资产负债表日计算的名义利息与实际利息相等。企业应按照这个相等的金额，借记“财务费用”“在建工程”账户，贷记“应付利息”账户（对于分期付息的债券）或者贷记“应付债券——应付利息”账户（对于到期一次付息的债券）。

2. 溢价发行债券利息的确认。企业溢价发行债券时，在资产负债表日计算的名义利息大于实际利息，应当按照实际利息金额借记“财务费用”“在建工程”账户，按照名义利息的金额贷记“应付利息”账户或者“应付债券——应付利息”账户，将两者的差额（即债券溢价的摊销）借记“应付债券——利息调整”账户。

【例9-7】 2019年1月1日，公司发行5年期一次还本、分期付息的债券20 000 000元。债券利息于每年12月31日支付，票面利率是6%，市场利率是5%。假设公司发行债券筹集资金全部用于基础设施建设，所有债券利息都符合资本化条件。

债券的发行价格 = 20 000 000 × (P/F, 5%, 5) + 20 000 000 × 6% × (P/A, 5%, 5)
= 20 000 000 × 0.7835 + 1 200 000 × 4.3295
= 20 865 400（元）

①2019 年 1 月 1 日，公司发行债券时应编制如下会计分录：

借：银行存款　　20 865 400

　　贷：应付债券——面值　　20 000 000

　　　　——利息调整　　865400

在债券发行期间，公司应采用实际利率法计算每期的实际利息。实际利息的计算过程见表 9－2：

表 9－2　　实际利息计算表　　单位：元

日期	应付利息	利息费用	溢价摊销	未摊销溢价	期末摊余成本
2019－01－01				865 400	20 865 400
2019－12－31	1 200 000	1 043 270	156 730	708 670	20 708 670
2020－12－31	1 200 000	1 035 434	164 566	544 104	20 544 104
2021－12－31	1 200 000	1 027 205	172 795	371 309	20 371 309
2022－12－31	1 200 000	1 018 565	181 435	189 875	20 189 875
2023－12－31	1 200 000	1 010 125 *	189 875 *	0	20 000 000
合计	6 000 000	5 133 969	865 400	—	—

注：* 系尾数调整。

②根据实际利息计算表，公司在每个资产负债表日计提利息的会计分录见表 9－3。

表 9－3　　各资产负债表日计提利息的会计分录表　　单位：元

项目	2019 年 12 月 31 日	2020 年 12 月 31 日	2021 年 12 月 31 日	2022 年 12 月 31 日	2023 年 12 月 31 日
借：在建工程	1 043 270	1 035 434	1 027 205	1 018 565	1 010 125
应付债券——利息调整	156 730	164 566	172 795	181 435	189 875
贷：应付利息	1 200 000	1 200 000	1 200 000	1 200 000	1 200 000

③公司在每个付息日支付利息时，应编制会计分录：

借：应付利息　　1 200 000

　　贷：银行存款　　1 200 000

④2024 年 1 月 1 日，债务到期时，公司还应偿还债券本金，应编制会计分录：

借：应付债券——面值　　20 000 000

　　贷：银行存款　　20 000 000

3. 折价发行债券利息的确认。企业折价发行债券时，在资产负债表日计算的名义利息小于实际利息，应当按照实际利息金额借记“财务费用”“在建工程”账户，按照名义利息的金额贷记“应付利息”账户或者“应付债券——应付利息”账户，将两者的差额（即债券折价的摊销）贷记“应付债券——利息调整”账户。

【例 9－8】 2×19 年 1 月 1 日，公司发行面值为 800 000 元、期限为 4 年的债券。该债券的票面利率为6%，于每年6月30日和12月31日支付利息。该债券于2×22年12月31日到期偿还。债券发行时的市场利率是8%。假设所有债券利息均不符合资本化条件。

债券的发行价格＝800 000×（P/F，8%/2，8）＋800 000×6%/2×（P/A，8%/2，8）

＝800 000×0.7307＋24 000×6.7327

＝746 145（元）

①2×19年1月1日，公司发行债券时应编制的会计分录：

借：银行存款　　746 145

　应付债券——利息调整　　53 855

　贷：应付债券——面值　　800 000

在债券发行期间，公司应采用实际利率法计算每期的实际利息。实际利息的计算过程见表9－4。

表9－4　**实际利息计算表**　单位：元

日期	应付利息	利息费用	折价摊销	未摊销折价	期末摊余成本
2×19－01－01				53 855	746 145
2×19－06－30	24 000	29 846	5 846	48 009	751 991
2×19－12－31	24 000	30 080	6 080	41 929	758 071
2×20－06－30	24 000	30 323	6 323	35 606	764 394
2×20－12－31	24 000	30 576	6 576	29 030	770 970
2×21－06－30	24000	30 839	6 839	22 191	777 809
2×21－12－31	24 000	31 112	7 112	15 079	784 921
2×22－06－30	24 000	31 397	7 397	7 682	792 318
2×22－12－31	24 000	31 682*	7 682*	0	800 000
合计	192 000	245 866	53 855	—	—

注：*系尾数调整。

②根据实际利息计算表，公司在每个资产负债表日计提利息的会计分录见表9－5。

表9－5　**各资产负债表日计提利息的会计分录表**　单位：元

项目	2×19－06－30	2×19－12－31	2×20－06－30	2×20－12－31	2×21－06－30	2×21－12－31	2×22－06－30	2×22－12－31
借：财务费用	29 846	30 080	30 323	30 576	30 839	31 112	31 397	31 682
贷：应付利息	24 000	24 000	24 000	24 000	24 000	24 000	24 000	24 000
应付债券——利息调整	5 846	6 080	6 323	6 576	6 839	7 112	7 397	7 682

③公司在每个付息日支付利息时，应编制会计分录：

借：应付利息　　24 000

　贷：银行存款　　24 000

④2×23年1月1日，债务到期时，公司还应偿还债券本金，应编制会计分录：

借：应付债券——面值　　800 000

　贷：银行存款　　800 000

4. 分期付息债券支付的会计核算。对于分期付息，到期一次还本的长期债券，在资产负债表日，应按摊余成本和实际利率计算确定的长期债券的利息费用，借记“在建工程”“制造费用”“财务费用”“研发支出”账户，应按票面利率计算确定的应付未付利息金额，贷记“应付利息”账户。按其差额，借记或贷记“应付债券——利息调整”账户。

（四）应付债券到期偿还的账务处理

企业偿还应付债券时，首先应计提债券的利息，按照资产负债表日确认利息的原则进行核算；其次再偿还本金和尚未支付的利息（需要考虑债券的付息方式）。

1. 分期付息债券的偿还。对于分期付息的债券，企业在到期日一般需要偿还债券本金和最后一期的利息。在计提债券利息之后，企业应当按照偿还债券本金的金额借记“应付债券——面值”账户，按照偿还债券最后一期利息的金额借记“应付利息”账户，按照实际支付的本金与最后一期利息的金额之和贷记“银行存款”账户。

2. 到期一次付息债券的偿还。对于到期一次付息的债券，企业在到期日需要偿还债券的本金和全部利息。在计提债券利息之后，企业应当按照偿还本金的金额借记“应付债券——面值”账户，按照偿还债券全部利息的金额借记“应付债券——应计利息”账户，按照实际支付的本金与全部利息的金额之和贷记“银行存款”账户。

（五）可转换公司债券

可转换公司债券，是指企业依照法定程序发行、在一定期限内依据规定的转换比率或转换价格换成企业股票的公司债券。可转换债券具有债权性证券与权益性证券的双重性质，因而可以称为混合性债券。可转换债券通常具有以下特征：一是可转换债券的利率一般低于普通债券的利率；二是在可转换债券发行时，所规定的转换价格高于当时的股票市价；三是大多数债券合同中包含赎回条款。从理论上讲，可转换债券的发行价格由两部分构成：一是债券面值及票面利息按市场利率折算的现值；二是转换权的价值。转换权之所以有价值，是因为当股价上涨时，债权人可按原定转换比率换成股票，从而获得股票增值的利益。理论上，转换权价值等于可转换债券的市价减去不含转换权的该债券的市价。我国发行的可转换公司债券采取记名式无纸化发行方式。债券最短期限为3年，最长期限为5年。企业发行的可转换公司债券在“应付债券”账户下设置“可转换公司债券”明细账户核算。

1. 可转换公司债券的发行。企业发行的可转换公司债券，应当在初始确认时将其包含的负债成分和权益成分进行分拆，将负债成分确认为应付债券，将权益成分确认为资本公积。在进行分拆时，应当先对负债成分的未来现金流量进行折现确定负债成分的初始确认金额，再按发行价格总额扣除负债成分初始确认金额后的差额确认权益成分的初始确认金额。发行可转换公司债券发生的交易费用，应当在负债成分和权益成分之间按照各自的相对公允价值进行分摊。企业应按照实际收到的款项，借记“银行存款”等账户，按可转换公司债券包含的负债成分面值，贷记“应付债券——可转换公司债券（面值）”账户，按权益成分的公允价值，贷记“其他权益工具”账户，按借贷双方之间的差额，借记或者贷记“应付债券——可转换公司债券（利息调整）”账户。

【例9-9】京龙公司于2×20年1月1日发行面值为300 000元、票面利率为4%、5年期的可转换债券，用于企业经营周转。规定每年12月31日支付利息，发行2年后，可按每1 000元面值转换为该企业每股面值为1元的普通股600股。实际发行价格为287 013元，市场利率为5%。已知不附转换权时该债券的发行价格为274 726元，市场利率为6%。假定没有发生交易费用。该公司采用实际利率法确定债券的摊余成本。

根据以上资料，进行如下会计处理：

转换权价值＝287 013－274 726＝12 287（元）

利息调整借差＝300 000－274 726＝25 274（元）

①2×20年1月1日发行债券时：

借：银行存款	287 013	
应付债券——可转换公司债券——利息调整	25 274	
贷：应付债券——可转换公司债券——面值		300 000
其他权益工具		12 287

②2×20年12月31日支付利息时：

实付利息＝300 000×4%＝12 000（元）

利息费用＝274 726×6%＝16 484（元）

借：财务费用	16 484	
贷：应付债券——可转换公司债券——利息调整		4 484
银行存款		12 000

2. 可转换公司债券的转换。

（1）分离的交易，因而无损益可言。对于可转换公司债券的负债成分，在转换为股份前，其会计处理与一般公司债券相同，即按照实际利率和摊余成本确认利息费用，按照面值和票面利率确认应付债券，其差额作为利息调整。可转换公司债券持有者在当债券持有者按规定将可转换债券转换为普通股股票时，企业一方面要注销这部分债券的账面价值，另一方面要反映所有者权益的增加。问题的关键是，企业应否确认转换损益。对此，有账面价值法与市价法两种会计处理方法。我国现行会计准则要求采取账面价值法。账面价值法的特点是将被转换债券的账面价值作为换入股票的价值不确认转换损益。

（2）企业发行证券的交易不能产生损益，如有损益也应计入资本公积或冲减留存收益。企业发行可转换债券时就已准备接受债券的转换，现在发生的债券转换是按照预定条款办理的，由此发生的债券收回与股票发行是一笔不可债券存续期间内行使的转换权利，将可转换公司债券转换为股份时，对于债券面值不足转换1股股份的部分，企业应当以现金偿还。

可转换公司债券持有人行使转换权利，将其持有的债券转换为股票，按照可转换公司债券的余额，借记“应付债券——可转换公司债券（面值、利息调整）”账户，按其权益成分的金额，借记“其他权益工具”账户，按股票面值和转换的股数计算的股票面值总额，贷记“股本”账户，按其差额，贷记“资本公积——股本溢价”账户。如用现金支付不可转换股票的部分，还应贷记“库存现金”“银行存款”等账户。

【例9-10】 承〖例9-9〗，假定京龙公司可转换债券的持有者于2×21年1月1日行使转换权，将该公司于2×19年1月1日发行的可转换债券的80%转换为普通股股票。

确定转换日债券的账面价值与未摊销利息调整借差，计算结果详见表9-6。

表9-6　利息调整借差摊销表实际利率法　　单位：元

期次（年）	实付利息	利息费用	利息调整借差摊销	未摊销利息调整借差	账面价值
	①=面值×4%	②=期初⑤×6%	③=②-①	④=期初④-③	⑤=面值-④
0				25 274	274 726
1	12 000	16 484	4 484	20 790	279 210
2	12 000	16 753	4 753	16 037	283 963

2×20年12月31日，全部债券的账面价值为283 963元，未摊销利息调整借差总额为16 037元。因此，转换日（2×21年1月1日）的账务处理如下：

已转换债券的账面价值=283 963×80%=227 170（元）

已转换债券的未摊销利息调整借差=16 037×80%=12 830（元）

转换普通股的股数=300 000/1 000×80%×600=144 000（股）

应贷记“股本”的金额=144 000×1=144 000（元）

应借记“其他权益工具”的金额=12 287×80%=9 830（元）

应贷记“资本公积”的金额=227 170+9 830-144 000=93 000（元）

因此，转换日应编制会计分录如下：

借：应付债券——可转换公司债券——面值　　240 000

　　其他权益工具　　9 830

　　贷：应付债券——可转换公司债券——利息调整　　12 830

　　　　股本　　144 000

　　　　资本公积——股本溢价　　93 000

第五节 长期应付款

一、长期应付款

长期应付款，是指企业除长期借款和应付债券以外的其他各种长期应付款项，包括应付融资租入固定资产的租赁费以及采用补偿贸易方式引进的国外设备价款等。企业应设置“长期应付款”账户，期末贷方余额，反映企业尚未支付的各种长期应付款。该账户应当按照长期应付款的种类和债权人进行明细核算。

1. 应付融资租入固定资产的租赁费。融资租赁，是指实质上转移了与资产所有权有关的全部风险和报酬的租赁。其所有权最终可能转移，也可能不转移。融资租赁的认定标准：第一，租赁期满时，租赁资产的所有权转移给承租人；第二，承租人有购买租赁资产的选择权，所订立的购买价款预计将远低于行使选择权时租赁资产的公允价值，因而在租赁开始日就可以合理确定承租人将会行使这种选择权；第三，即使资产的所有权不转移，但租赁期占租赁资产使用寿命的大部分；第四，承租人在租赁开始日的最低租赁付款额现值，几乎相当于租赁开始日租赁资产的公允价值，出租人在租赁开始日的最低租赁收款额现值，几乎相当于租赁开始日租赁资产的公允价值；第五，租赁资产性质特殊，如果不作较大改造，只有承租人才能使用。

企业采用融资租赁方式租入的固定资产，应当在租赁期开始日，将租赁资产的公允价值与最低租赁付款额现值较低者，加上初始直接费用后的金额，作为租入资产的入账价值，借记“在建工程”或“固定资产”账户，按照最低租赁付款额贷记“长期应付款”账户，按发生的初始直接费用贷记“银行存款”等账户，按其差额借记“未确认融资费用”账户。企业在按照合同约定的付款日支付租金时，借记“长期应付款”账户，贷记“银行存款”等账户。

企业在计算最低租赁付款额的现值时，能够取得出租人租赁内含利率的，应当采用租赁内含利率作为折现率；否则，应当采用租赁合同规定的利率作为折现率，租赁合同没有规定利率的，应当采用同期银行贷款利率作为折现率。租赁内含利率，是指在租赁开始日，使最低租赁收款额的现值与未担保余值的现值之和等于租赁资产公允价值与租赁人的初始直接费用之和的折现率。未确认融资费用应当在租赁期内各个期间进行分摊。企业应当采用实际利率法计算确认当期融资费用。

2. 以分期付款方式购买资产的应付款项。如果在购买固定资产、无形资产或者存货过程中，企业延期支付的购买价款超过正常信用的条件，实质上就具有了融资性质。企业应按照未来分期付款的现值，借记“固定资产”“无形资产”“原材料”等账户，按照未来分期付款的总额贷记“长期应付款”账户，按其差额借记“未确认融资费用”账户。企业在按照合同约定的付款日分期支付价款时，借记“长期应付款”账户，贷记“银行存款”等账户（例题见固定资产章节）。

思考题

1. 借款费用资本化的条件有哪些？
2. 借款利息资本化的金额如何计算？
3. 如何确认借款费用资本化期间？如何确定何时停止资本化？
4. 应付债券各期的利息费用如何计算？如何确认？
5. 债券的发行金额和债券票面价值为什么会不相等？
6. 债券折价和溢价的性质是什么？应如何摊销？摊销带来什么影响？

练习题

1. 华盛有限责任公司2×19年1月1日为建厂房，从银行取得3年期借款200万元，实际收到200万元，年利率7.2%，每年年末付息，到期一次归还本金。2×19年1月1日，以银行存款180万元向工程承包单位支付工程价款。工程于2×20年12月31日竣工交付使用。

2. 某公司于2×18年1月1日动工兴建一幢办公楼，工程采用出包方式，每半年支付一次工程进度款。工程于2×20年6月30日完工，达到预定可使用状态。其他资料如下。

（1）建造工程资产支出如下：

2×18年1月1日，支出1 500万元；

2×18年7月1日，支出2 500万元，累计支出4 000万元；

2×19年1月1日，支出1 500万元，累计支出5 500万元。

（2）公司为建造办公楼于2×18年1月1日专门借款2 000万元，借款期限为3年，年利率为8%。除此之外，无其他专门借款。

（3）办公楼的建造还占用两笔一般借款：A银行长期贷款2 000万元，期限为2×17年12月1日至2×20年12月1日，年利率为6%，按年支付利息；发行公司债券1亿元，发行日为2×17年1月1日，期限为5年，年利率为8%，按年支付利息。

（4）闲置专门借款资金用于固定收益债券投资，假定投资月收益率为0.5%。

要求：根据以上资料，计算该公司的利息费用资本化金额，并进行会计处理。

3. 某有限责任公司2×19年1月1日发行3年期债券，面值总额100万元，发行价格105.17万元，票面年利率10%，实际利率8%，每年末付息一次，到期一次还本。该债券筹资与固定资产建设工程无关。

要求：根据以上资料，编制每个资产负债表日计提利息实际利息计算表，并进行会计处理。

4. 某有限责任公司2×19年1月1日发行5年期债券，面值总额500万元，票面利率10%，实际利率11.66%，发行价格470万元已全部收到。每年末付息一次，到期一次还本。该债券筹资与固定资产建设工程无关。

要求：根据以上资料，编制每个资产负债表日计提利息和实际利息计算表，并进行会计处理。

第十章 所有者权益

【学习要点及目标】

本章主要介绍所有者权益的概念、内容及其会计处理。通过对本章的学习，要求了解企业的组织形式和所有者权益的构成；掌握实收资本（股本）、资本公积、其他综合收益和留存收益的会计处理方法。

遇上“中国好同学”的＊ST 博元案

2015 年，已经暂停上市并面临终止上市风险的“不死鸟”＊ST 博元（珠海市博元投资股份有限公司）突然出名，遇上了“天上掉馅饼”的好事，原因是碰上“中国好同学”，郑伟斌将其持有的福建旷宇建设工程有限公司 95% 的股权，对应评估值高达 8.59 亿元的资产要捐赠给该公司，理由很简单：不忍看到老同学的公司退市。一时间，各种“毕业了也要和老同学常联系”“赶紧打电话和老同学叙叙旧”的评论瞬间遍布网络，各种段子层出不穷。这是 A 股史上罕见的小股东赠与上市公司资产的案例，不仅引起小股东的普遍关注，更引起了监管部门的注意。

2015 年 3 月 26 日，＊ST 博元因涉嫌违规披露、不披露重要信息罪和伪造、变造金融票证罪，被证监会依法移送公安机关。上海证券交易所于 2015 年 5 月 29 日发布了《上交所顺利完成＊ST 博元的退市处置工作》，并于 2016 年 3 月 21 日发布了《上交所就＊ST 博元股票终止上市答记者问》，根据相关规定，上交所自 3 月 31 日起对公司股票实施了退市风险警示，并在 5 月 22 日决定自 5 月 28 日起暂停＊ST 博元股票上市。由此，＊ST 博元成为证券市场首家因重大违法行为移送公安机关，被实施暂停上市的公司。对＊ST 博元实施暂停上市，对净化市场环境、树立市场信心有标杆意义。

＊ST 博元 2015 年 3 月 31 日被实施退市风险警示以来，公司股价波动幅度较大，公开信息显示持股市值 100 万元以下的投资者持续增持，而持股市值 100 万元以上的个人投资者以及专业机构、一般法人则持续减持。如公司第一大股东庄春虹违规减持行为，庄丹明控制“庄某虹”账户作为持有珠海市博元投资股份有限公司股份达 5% 以上的股东，于 2015 年 5 月 6 日通过上海证券交易所交易系统减持“＊ST 博元”5 934 304 股，占＊ST 博元总股本的 3.12%；2015 年 5 月 8 日，庄丹明控制“庄某虹”账户减持“＊ST 博元”9 043 766 股，累计减持达＊ST 博元总股本的 7.87%。庄丹明控制“庄某虹”账户减持＊ST 博元已发行股

份累计达到5%时，没有在履行报告和披露义务前停止卖出“＊ST博元”，而是继续违反法律规定超比例减持累计达5 460 886股，占＊ST博元总股本的2.87%，超比例减持金额为29 436 952.33元。中国证监会对其下达了行政处罚决定书（庄丹明），也及时采取了交易限制措施，予以通报批评。

请思考：

吸取＊ST博元案经验，若上市公司被作出终止上市决定后，其股票将进入退市整理期交易，投资者（所有者权益）参与需注意哪些事项？

（资料来源：上海证券交易所和中国证券监督管理委员会网站）

第一节　所有者权益概述

一、所有者权益的性质

所有者权益是指企业所有者对企业净资产的要求权，是所有者在企业资产中享有的经济利益，其在数量上等于资产减负债后的余额。

企业资金的来源包括负债和所有者权益。负债和所有者权益统称为权益，均对企业资产具有要求权，但是两者在性质上有着明显的区别。

（一）投资的期限不同

所有者权益是投资者对企业的一项无期限的投资，这种投资在企业持续经营的情况下，除了可以依法被转让外，不得任意抽回；而债权人权益仅是债权人对企业的一项有期限的投资，其表现为企业的负债，企业必须按照约定的期限和条件向债权人归还本金并支付利息。

（二）在企业享有的权利不同

所有者权益是投资者的所有权，其赋予投资者直接经营管理企业或委托他人经营管理企业的权利；而债权人权益仅对企业所欠的债务有索偿权，债权人与企业只有债权债务关系，而没有参与企业经营管理的权利，也无权分享企业的利润。

（三）与企业经营业绩的联系程度不同

投资者拥有的所有者权益与企业的经营业绩密切相关，在企业经营业绩良好时，可以从其盈利中获取丰厚的投资收益；而在企业经营失利出现亏损时，要承担投资损失。而债权人拥有的权益与企业的经营业绩无关，除企业破产清算外，债权人有权按事先约定的日期和利率收取利息。

（四）对企业资产的要求权在顺序上不同

所有者权益是所有者对企业剩余资产的要求权，其在顺序上处于债权人权益对企业资产的要求权之后。当企业终止或破产清算时，企业的资产在支付了清算费用后，必须先偿付企业所欠债权人的债务，在付清全部债务后，如有剩余资产才能还给投资者。

二、所有者权益的构成

所有者权益是指企业资产扣除负债后，由所有者享有的剩余权益。它的来源构成包括所有者投入的资本（实收资本和资本公积）、其他权益工具、资产增值而形成的资本（其他综合收益）和由利润转化而来的资本（盈余公积和未分配利润）。

（一）实收资本

实收资本是指企业的投资者按照公司章程，或者合同、协议的约定，实际投入企业的资本。它是所有者权益的主体和基础。在股份有限公司，投入资本表现为实际发行的股票的面值总额，实收资本又称为股本。实收资本或股本的构成比例，是企业进行利润分配或股利分配的依据，也是企业清算时向所有者分配剩余净资产的依据。实收资本按其出资形式不同，可分为货币投资、实物投资和无形资产投资等；按其投资主体不同，又可分为国家投资、法人投资、个人投资和外商投资等。

（二）其他权益工具

其他权益工具是反映企业发行的除普通股（作为实收资本或股本）以外，按照金融负债和权益工具区分原则分类为权益工具的其他权益工具在资产负债表日的余额，主要包括归类为权益工具的优先股、永续债（如长期限含权中期票据）、认股权证、可转换公司债券等金融工具。

（三）资本公积

资本公积是指所有者共有的、非利润转化而形成的资本，其不构成企业的法定注册资本，也不代表投资者在企业所有者权益中享有的份额，与企业历年实现的利润无关。资本公积主要包括资本溢价（或股本溢价）、发行可转换债券、认股权证及实行股权激励等形式的归属于所有者的资本。

（四）留存收益

留存收益是指归所有者所共有的、由利润转化而形成的所有者权益，主要包括法定盈余公积、任意盈余公积和未分配利润。

（五）其他综合收益

其他综合收益是指直接计入所有者权益的利得或损失，主要包括其他债权投资和其他权益工具投资公允价值变动、权益法下被投资单位其他综合收益调整、债权投资重分类为其他债权投资公允价值变动以及非投资性房地产转换为投资性房地产转换日公允价值高于账面余额差额等形成的利得或损失。

三、企业组织形式对所有者权益会计处理的影响

企业的组织形式有个人独资企业、合伙企业和公司制企业。企业的组织形式不同，所有者权益会计处理也不同。法律法规一般没有要求独资企业和合伙企业将资本和盈利区分开来，因此，独资企业和合伙企业的所有者权益会计核算一般不需要划分投入资本和留存收益。但对于公司制企业而言，公司必须严格将股东投入的资本和经营利润区分开来，会计核算时需要将所有者权益划分为投入资本、其他综合收益和留存收益。

根据我国《公司法》的规定，目前我国公司制企业主要有国有独资公司、有限责任公司和股份有限公司。国有独资公司是由国家授权投资的机构或国家授权部门投资设立的公司，属于投资主体单一的特殊的有限责任公司，因此，国有独资公司投资主体单一，在组建时国家投入的资本全部作为实收资本入账，不发行股票，不存在资本溢价。有限责任公司是由每个股东以其认缴的出资额对公司承担有限责任，公司以其全部资产对其债务承担责任的企业法人，公司不能公开募股，不能发行股票，公司向投资者签发出资证明。股份有限公司是指全部资本由等额股份构成，并通过发行股票筹集资金，每股金额与股份数的乘积即为股本总额。股东以其所持股份对公司承担有限责任，公司以全部资产对公司债务承担责任的企业法人。

第二节　实收资本（或股本）与其他权益工具

一、注册资本制度

2014 年 2 月 7 日，国务院以国发〔2014〕7 号印发《注册资本登记制度改革方案》，实行注册资本认缴登记制。公司股东认缴的出资总额或发起人认购的股本总额（即公司注册资本）应当在工商行政管理机关登记。公司股东（发起人）应当对其认缴出资额、出资方式、出资期限等自主约定，并记载于公司章程。有限责任公司的股东以其认缴的出资额为限对公司承担责任，股份有限公司的股东以其认购的股份为限对公司承担责任。公司应当将股东认缴出资额或者发起人认购股份、出资方式、出资期限、缴纳情况通过市场主体信用信息公示系统向社会公示。公司股东（发起人）对缴纳出资情况的真实性、合法性负责。除法律、

行政法规以及国务院决定对特定行业注册资本最低限额另有规定的以外，取消有限责任公司最低注册资本 3 万元、一人有限责任公司最低注册资本 10 万元、股份有限公司最低注册资本 500 万元的限制。不再限制公司设立时全体股东（发起人）的首次出资比例，不再限制公司全体股东（发起人）的货币出资金额占注册资本的比例，不再规定公司股东（发起人）缴足出资的期限。公司实收资本不再作为工商登记事项。公司登记时，无需提交验资报告。

二、有限责任公司的投入资本

有限责任公司是由 50 个以下的股东出资设立，每个股东以其所认缴的出资额对公司承担有限责任，公司以其全部资产对公司承担责任的企业法人。有限责任公司创建时，投资者投入企业的资本全部作为实收资本入账，如果股东以实物资产或无形资产出资的，企业应对接收的实物资产或无形资产进行评估，以评估或双方确认的价值及相关税金作为实收资本入账。企业的实收资本应等于企业的注册资本总额，通过“实收资本”账户核算，如出资者投入资本大于其在注册资本中应享有份额，记入“资本公积”账户。

【例 10 – 1】 A 公司由甲、乙、丙三个投资者共同出资设立，注册资本 1 000 万元人民币。其中甲投资者投入货币资金 600 万元，占 A 公司股份的 60%；乙投资者投入原材料一批，增值税专用发票上注明的价款为 200 万元，增值税税额为 26 万元，乙投资者的投资额占 A 公司股份的 20%；丙投资者投入专利权一项，投资各方确认价值为 200 万元，丙投资者的投资额占 A 公司股份的 20%。A 公司的会计处理如下：

借：银行存款	6 000 000	
原材料	2 000 000	
应交税费——应交增值税（进项税额）	260 000	
无形资产	2 000 000	
贷：实收资本——甲		6 000 000
——乙		2 000 000
——丙		2 000 000
资本公积——资本溢价		260 000

三、股份有限公司的投入资本

股份有限公司将企业的全部资本划分为等额股份，并通过发行股票的方式来筹集资本。股东以其所认购的股份对企业承担有限责任，公司以其全部资产对所负债务承担责任。股份公司的实收资本称为股本，即股票的面值与股份总数的乘积，股本总额应等于企业的注册资本。股票一般分为两大类：普通股和优先股。

股份有限公司可以采用发起设立和募集设立两种方式：发起设立，即发起人认购公司所有要发行的股份，且发起人为2～200人；筹集设立，即由发起人认购公司应发行股份的一部分，剩余股份向社会公众公开募集，其中发起人认购的公司股份不得低于发行股份总额的35%。

股份有限公司发行股票，可以按面值发行，也可以溢价发行，但我国不允许企业折价发行股票。公司发行股票时，应按发行股票的面值总额记入“股本”账户，该账户主要用以核算股东按照公司章程规定投入企业的股本，借方登记企业按照规定程序经批准减少注册资本的有关情况，贷方登记股东投入和增加企业资本的有关情况，在金额上等于股票面值总额。贷方余额反映期末企业实有的股本数额。当溢价发行股票时，超过面值发行取得的收入，作为股本溢价，记入“资本公积——股本溢价”账户。

公司在发行股票过程中，发生的手续费、佣金等发行费用，应抵减股票溢价收入，如果溢价收入不足抵减或股票按面值发行的，应先后冲减盈余公积和未分配利润。基于重要性原则，如果公司发行费用金额较小，可以直接计入管理费用。

【例10－2】 B股份有限公司委托某证券公司代理发行普通股股票10 000万股，每股面值为1元，发行价为5元每股，证券公司按发行收入的1%收取手续费。

公司实收金额＝10 000×5－10 000×5×1%＝49 500（万元）

股本＝10 000×1＝10 000（万元）

股本溢价＝49 500－10 000＝39 500（万元）

借：银行存款	495 000 000	
贷：股本		100 000 000
资本公积——股本溢价		395 000 000

四、实收资本的会计处理

（一）接受投资人投入资本

接受投资人投入资本包括企业原投资者追加投入资本和新投资者投入资本。投资者投入的资本为现金时，应当以实际收到或者存入企业开户银行的金额，借记“银行存款”等账户，贷记“实收资本”或“股本”账户。实际收到或者存入企业开户银行的金额超过其在该企业注册资本中所占份额的部分，贷记“资本公积”账户。投资者投入的资本为非现金资产时，应按投资合同或协议约定的价值作为实收资本入账，但合同或协议约定价值不公允的除外。

（二）分配股票股利

分配股票股利属于企业的利润分配。企业分配股票股利时，留存收益中的未分配利润减少，投入资本中的股本增加，不影响企业的所有者权益总额，只改变企业所有者权益的组成结构。企业发放股票股利后，股东在所有者权益中所占的份额不发生变化，但每股净资产的金额降低。股份有限公司在办妥相关手续后发放股票股利时，借记“利润分配——转作股本的股利”账户，贷记“股本”账户。

（三）可转换公司债券持有人行使转换权利

发行可转换公司债券的股份有限公司，应当按照规定的转换条件向债券持有人换发股票。可转换债券在转换为股票时，企业的负债减少，股本增加，即企业以发行股票的方式偿还应付债券负债。将可转换债券转换为股票时，按可转换公司债券的余额，借记“应付债券——可转换公司债券（面值、利息调整）”账户，按照其权益成分的金额，借记“其他权益工具”账户，按股票面值与转换的股数计算的股票面值总额，贷记“股本”账户，按其差额，贷记“资本公积——股本溢价”账户。

（四）以权益结算的股份支付的行权

以权益结算的股份支付换取职工或其他方提供服务的，应在行权日按根据实际行权情况确定的金额，借记“资本公积——其他资本公积”账户，按应计入实收资本或股本的金额，贷记“实收资本（或股本）”账户。

（五）减资

减资是企业由于资本过剩或者发生重大亏损而减少实收资本的行为。

有限责任公司因资本过剩而减资，一般要发还股款。按发还投资的数额，借记“实收资本”账户，贷记“银行存款”等账户。企业因亏损严重而减资，须经股东会决议，并履行减资手续后，用实收资本来弥补亏损，因此，借记“实收资本”账户，贷记“利润分配——未分配利润”账户。

股份有限公司采用回购股票的方式减少注册资本，回购的股票应通过“库存股”账户进行核算，库存股是指公司已发行但由于各种原因回到公司的手中、为公司所持有的股票，根据我国《公司法》的规定，公司回购的股票，必须在10天之内注销。当股份有限公司减少注册资本时，应按股票面值和注销股数计算的股票面值总额，借记“股本”账户，按注销库存股的账面余额，贷记“库存股”账户。如果回购公司的股票实际支付的金额大于回购股票面值，其差额依次冲减股票发行时原计入资本公积的溢价，溢价不足以冲减的部分再冲减盈余公积，还不足以冲减的部分冲减未分配利润。如果回购公司的股票实际支付的金额小于回购股票面值，其差额计入资本公积。

【例10－3】C股份有限公司以回购股票的方式减少注册资本1 000万元。股票面值为每股1元，共回购普通股股票1 000万股，回购价格为每股6元。C公司原发行股票时产生的股本溢价金额为10 000万元。回购的股票已按规定注销。

①回购本公司股票时：

借：库存股　60 000 000

　贷：银行存款　60 000 000

②注销库存股时：

借：股本　10 000 000

　资本公积——股本溢价　50 000 000

　贷：库存股　60 000 000

五、其他权益工具

（一）其他权益工具会计处理的基本原则

其他权益工具，主要是指企业发行的除普通股以外的归类为权益工具的各种金融工具，如企业发行的优先股。

企业发行其他权益工具时，应设置“其他权益工具”账户，按发行权益工具的种类等进行明细核算，并按照《企业会计准则第22号——金融工具确认和计量》和相关规定进行初始确认和计量。当其发生利息支出或股利分配时，都应当作为发行企业的利润分配处理；当发生权益工具赎回、注销时，应作为权益的变动处理；当发行时所产生的手续费、佣金等交易费用，应当从权益中扣除。

（二）主要账务处理

1. 发行方发行的金融工具归类为权益工具。

发行时：

借：银行存款（实际收到的金额）

　贷：其他权益工具——优先股、永续债

发放股利时：

借：利润分配——应付优先股股利、应付永续债利息等

　贷：应付股利——应付优先股股利、应付永续债利息等

2. 发行方发行的金融工具为复合金融工具。

借：银行存款

借（或贷）：应付债券——优先股、永续债（利息调整）（负债成分公允价值与其面值之间的差额）

　贷：应付债券——优先股、永续债（面值）

　　其他权益工具——优先股、永续债（实际收到的金额扣除负债成分的公允价值后的金额）

3. 原归类为权益工具的金融工具重分类为金融负债。

借：其他权益工具——优先股、永续债（账面价值）

借（或贷）：应付债券——优先股、永续债（利息调整）（公允价值与其面

值的差额）

贷：应付债券——优先股、永续债（面值）

贷（或借）：资本公积——股本溢价或资本溢价（公允价值与其账面价值的差额）

资本公积不够冲减的，依次冲减盈余公积和未分配利润。

4. 原归类为金融负债的金融工具重分类为权益工具。

借：应付债券——优先股、永续债（面值）

借（或贷）：应付债券——优先股、永续债（利息调整）

贷：其他权益工具——优先股、永续债（账面价值）

5. 其他权益工具赎回。

借：库存股——其他权益工具（赎回价格）

贷：银行存款

6. 其他权益工具注销。

借：其他权益工具——优先股、永续债（其他权益工具的账面价值）

贷：库存股——其他权益工具（赎回价格）

贷（或借）：资本公积——资本溢价或股本溢价（差额）

7. 其他权益工具转换为普通股。

借：应付债券或其他权益工具——优先股、永续债（账面价值）等科目

贷：股本或实收资本

资本公积——股本溢价或资本公积（差额）

银行存款

【例 10－4】某公司发行归类为权益工具的可转换优先股 100 000 股，扣除相关交易费用后实收价款 140 000 元。后来将其全部转换为普通股股票 20 000 股，每股面值 1 元。

①发行时：

借：银行存款	140 000	
贷：其他权益工具——优先股		140 000

②转换为普通股股票时：

借：其他权益工具——优先股	140 000	
贷：股本		20 000
资本公积——股本溢价		120 000

第三节 资本公积与其他综合收益

一、资本公积的内容

资本公积是企业收到投资者的超出其在企业的注册资本（或股本）中所占

份额的投资等。资本公积包括资本溢价（或股本溢价）和其他资本公积。

（一）资本溢价（或股本溢价）

资本溢价（或股本溢价），是投资者支付的超出其在企业注册资本（股本）中所占份额而产生的差额。其形成原因主要有溢价发行股票、投资者超额缴入资本等（通过“资本溢价”或“股本溢价”明细账户核算）。

（二）其他资本公积

其他资本公积是指除资本溢价（股本溢价）、接受捐赠非现金资产准备、股权投资准备、拨款转入、外币资本折算差额、关联交易差价等各项来源形成的资本公积以外，因其他来源或原因形成的资本公积，其中主要是计入所有者权益的利得和损失。它是由特定资产的计价变动而形成的，当特定资产处置时，其他资本公积也应一并处置。

二、资本公积的会计处理

（一）资本溢价（或股本溢价）的会计处理

1. 接受投资产生的资本溢价。

（1）资本溢价。对于投资者经营的企业（不含股份有限公司），投资者以其出资份额对企业经营决策享有表决权，以其所认缴的出资额对企业承担有限责任。

企业在创立时，出资者认缴的出资额全部作为实收资本入账，不会产生资本溢价。企业经过一段时间的经营以后，盈利能力显著提高，为了增资扩股而吸引新的投资者进入企业，新加入的投资者要求享有与原投资者相同的权益时，必然要付出更高的代价，因此，新的投资者支付的出资额通常要大于其在注册资本中所占的份额，从而企业在接收新的投资者投资时产生了资本溢价。投资者投入的资本中按其投资比例计算的出资额部分，应记入“实收资本”账户，投资者缴纳的出资额大于其按约定比例计算的在注册资本中的份额部分记入“资本公积——资本溢价”账户。

【例 10 - 5】D 公司由甲、乙、丙三位股东各投资 800 000 元人民币成立，设立时实收资本为 2 400 000 元。经过几年的经营，该公司留存收益 1 200 000 元，现有投资者丁要加入该公司，并表示愿意出资 1 000 000 元，享有甲、乙、丙三位股东同等权利，三位股东表示同意。丁投资者投资时：

借：银行存款	1 000 000	
贷：实收资本		800 000
资本公积——资本溢价		200 000

（2）股本溢价。股份有限公司按面值发行股票取得的收入，应全部记入

“股本”账户，该账户反映的是股票发行的面值总额，不会产生股本溢价。股份有限公司溢价发行股票取得的收入，相当于股票的面值部分记入“股本”账户，超过股票面值的溢价部分在扣除委托证券商发行股票而支付的手续费、佣金等发行费用后，记入“资本公积——股本溢价”账户。

2. 同一控制下的企业合并形成的资本溢价。同一控制下企业合并是指参与合并的企业在合并前后均受同一方或相同的多方最终控制且该控制并非暂时性的企业合并。同一控制下的企业合并，本质上是两个或多个会计主体权益的整合，合并方在企业合并中取得的净资产的入账价值相对于为进行企业合并支付的对价账面价值之间存在的差额，应调整所有者权益。在根据合并差额调整合并方的所有者权益时，应先调整资本公积（资本溢价或股本溢价），资本公积不足冲减的，再先后冲减盈余公积和未分配利润。

【例10－6】A、B两家公司同属C公司的子公司。A公司于2×20年11月1日以发行股票的方式从B公司的股东手中取得B公司60%的股份。A公司发行2 000万股普通股股票，该股票每股面值为1元。B公司2×20年11月1日所有者权益为2 000万元。A公司2×20年11月1日资本公积为180万元，盈余公积为100万元，未分配利润为800万元。

投资的初始成本＝2 000×60%＝1 200（万元）

入账价值与对价账面价值之间的差额＝2 000－1 200＝800（万元）

借：长期股权投资	1 2000 000	
资本公积——资本溢价	1 800 000	
盈余公积	1 000 000	
利润分配——未分配利润	5 200 000	
贷：股本		20 000 000

3. 收购本公司股票减资形成的资本溢价。股份有限公司通过收购股票的方式减资，按实际支付的金额，借记“库存股”账户，贷记“银行存款”等账户；同时按股票面值和注销股数计算的股票面值总额，借记“股本”账户，按注销库存股的账面余额，贷记“库存股”账户。如果收购的股票的发行价格高于股票的面值，即股票溢价发行，则溢价的部分应先冲销溢价收入“资本公积——股本溢价”，不足的部分再冲销盈余公积和未分配利润，反之亦然。

（1）收购本公司股票时：

借：库存股（实际支付的金额）

　　贷：银行存款

（2）注销库存股时，收购价格高于收购股票的面值总额：

借：股本（注销股票的面值总额）

　　资本公积——股本溢价

　　盈余公积

　　利润分配——未分配利润

　　贷：库存股（注销库存股的账面余额）

(3) 注销库存股时，收购价格低于收购股票的面值总额：

借：股本（注销股票的面值总额）

　　贷：库存股（注销库存股的账面余额）

　　　　资本公积——股本溢价（差额）

【例10-7】 股份有限公司截至2×20年12月31日共发行股票30 000 000股，股票面值为1元，资本公积（股本溢价）6 000 000元，盈余公积4 000 000元。经股东大会批准，公司以现金收购本公司股票3 000 000股并注销。假定公司按照每股4元回购股票，不考虑其他因素，公司的账务处理如下：

库存股的成本 =3 000 000×4 =12 000 000（元）

借：库存股	12 000 000	
贷：银行存款		12 000 000
借：股本	3 000 000	
资本公积——股本溢价	6 000 000	
盈余公积	3 000 000	
贷：库存股		12 000 000

（二）其他资本公积的会计处理

其他资本公积的形成主要是除资本溢价或股本溢价项目以外的交易或事项所产生的资本公积。其他资本公积不得用于转增资本或股本。

股份支付形成的其他资本公积。以权益结算的股份支付换取职工或其他方提供服务的，应在每个资产负债表日，按计算确定的金额增加成本费用，同时增加“资本公积——其他资本公积”；在行权日，根据行权情况，确认股本和股本溢价，同时结转等待期内确认的资本公积。

资产负债表日：

借：管理费用（生产成本、销售费用等）

　　贷：资本公积——其他资本公积（预计可行权的权益工具数量×授予日的公允价值）

行权日：

借：资本公积——其他资本公积（实际行权的权益工具数量计算确定的金额）

　　贷：实收资本或股本

借或贷：资本公积——股本溢价或资本溢价（差额）

三、资本公积转增资本的会计处理

按照我国《公司法》的规定，法定公积金（资本公积和盈余公积）转为资本时，所留存的该项公积金不得少于转增前公司注册资本的25%，经股东大会或类似机构的决议，用资本公积转增资本时，应冲减资本公积，借记“资本公积”账户，同时，按照转增前的实收资本或股本的结构或比例，贷记“实收资本（股本）”账户。但是，“资本公积——其他资本公积”原则上不能转增资本。

四、其他综合收益的会计处理

其他综合收益是指企业根据其他会计准则规定未在当期损益中确认的各项利得和损失，包括以后会计期间不能重分类进损益的其他综合收益和以后会计期间满足规定条件时将重分类进损益的其他综合收益两类。

（一）不能重分类进损益的其他综合收益项目

《企业会计准则第9号——职工薪酬》规定，重新计量设定收益计划净负债或净资产导致的变动计入其他综合收益，并且在后续会计期间不允许转回至损益。在原设定受益计划终止时应当在权益范围内将原计入其他综合收益的部分全部结转至未分配利润。按照权益法核算因被投资单位重新计量设定受益计划净负债或净资产变动导致的权益变动，投资企业按持股比例计算确认的该部分其他综合收益。

投资单位在确定应享有或应分担的被投资单位其他综合收益的份额时，该份额的性质取决于被投资单位的其他综合收益的性质，即如果被投资单位的其他综合收益属于“以后会计期间不能重分类进损益”类别，则投资方确认的份额也属于该类别。

借（或贷）：长期股权投资——其他综合收益

　　贷（或借）：其他综合收益

（二）可以重分类进损益的其他综合收益项目

以后会计期间满足规定条件时将重分类进损益的其他综合收益项目主要包括：可供出售金融资产公允价值变动形成的利得；可供出售外币非货币性项目的汇兑差额；金融资产重分类；采用权益法核算的长期股权投资；存货或自用房地产转为公允价值模式下的投资性房地产；现金流量套期工具产生的利得或损失中属于有效套期的部分；外币财务报表折算差额。以下着重介绍其中四个项目。

1. 其他债权投资公允价值变动形成的利得。由其他债权投资公允价值变动形成的利得，应当计入其他综合收益。资产负债表日，其他债权投资公允价值发生变动时，一方面调整其他债权投资的账面价值计入“其他债权投资——公允价值变动”，另一方面按其公允价值变动的金额计入“其他综合收益”。在该其他债权投资发生减值或终止确认时转出，计入当期损益。

2. 金融资产重分类。企业将债权投资重分类为其他债权投资时，以公允价值进行后续计量。重分类日，企业应按照其他债权投资的公允价值借记“其他债权投资”账户，按持有至到期投资的账面价值贷记“债权投资”账户，原债权投资的账面余额与重分类的其他债权投资公允价值的差额计入其他综合收益。在该其他债权投资发生减值或终止确认时转出，计入当期损益。

3. 采用权益法核算的长期股权投资。长期股权投资采用权益法核算的，在持股比例不变的情况下，被投资单位除净损益以外所有者权益的其他变动，企业按持股比例计算应享有的份额，如果是利得，应当增加长期股权投资的账面价值，借记“长期股权投资”账户，同时增加其他综合收益，贷记“其他综合收益”账户；如果是损失，应当作相反的分录。当处置采用权益法核算的长期股权投资时，应当将原计入其他综合收益的相关金额转入当期损益。

4. 存货或自用房地产转为公允价值模式下的投资性房地产。企业将存货或自用房地产转换为采用公允价值模式进行后续计量的投资性房地产时，转换当日房地产的公允价值大于其账面价值的差额，应计入其他综合收益。当该项投资性房地产处置时，应将该项其他综合收益转入当期损益（其他业务成本）。

企业将存货的房地产转为采用公允价值模式计量的投资性房地产，其公允价值大于账面价值的，作如下会计处理：

借：投资性房地产——成本（转换日的公允价值）
　　存货跌价准备（原已计提的跌价准备）
　　贷：库存商品等（账面余额）
　　　　其他综合收益（差额）

企业将自用的房地产转为采用公允价值模式计量的投资性房地产，其公允价值大于账面价值的，作如下会计处理：

借：投资性房地产（成本）（转换日的公允价值）
　　固定资产减值准备（原已计提的减值准备）
　　累计折旧（已计提的累计折旧）
　　贷：固定资产（账面余额）
　　　　其他综合收益（差额）

第四节　留存收益

一、留存收益的概述

（一）留存收益的概念

留存收益是指企业从历年实现的净利润中提取或形成的留存于企业内部的积累，它来源于企业的生产经营活动所实现的净利润，包括盈余公积和未分配利润。

（二）留存收益的内容

1. 盈余公积。盈余公积是指企业按照规定从净利润中提取的各种积累资金，其性质是对企业利润用途的指定，保证企业留有一定的积累，限制企业过量分配，以维护债权人的利益，促进企业的经营和发展。盈余公积分为以国家的法律和行政规章为依据计提的法定盈余公积和由企业自行决定提取的任意盈余公积。

2. 未分配利润。未分配利润是公司留待以后年度进行分配的结存利润，是企业所有者权益的重要组成部分。相对于企业所有者权益的其他部分来说，公司对未分配利润的使用分配有较大的自主权和灵活性。从数量上看，未分配利润等于期初未分配利润加上本年实现的净利润，减去提取的各种盈余公积和利润分配之后的余额。

二、盈余公积的核算

（一）盈余公积的提取

法定盈余公积是指企业按照法律规定从净利润中提取的盈余公积。根据我国《公司法》的规定，企业应按照税后利润10%的比例提取法定盈余公积，当公司法定公积金累计额为公司注册资本的50%以上时，可以不再提取法定公积金。但是，在计算法定盈余公积金的基数时，不包括企业年初未分配利润，并且，公司的法定盈余公积不足以弥补以前年度亏损的，在提取法定盈余公积之前，应当先用当年利润弥补亏损。

任意盈余公积是指公司从税后利润中提取法定盈余公积后，经股东大会决议，可以从税后利润中提取任意盈余公积。非公司制企业经类似权力机构批准，也可提取任意盈余公积。

法定盈余公积和任意盈余公积都通过“盈余公积”科目核算。提取盈余公积时，其金额应按照当期实现的净利润扣除未弥补的亏损后的金额，乘以盈余公积提取比例。外商投资企业按规定提取的储备基金、企业发展基金也应通过“盈余公积”账户核算：

借：利润分配——提取储备基金
　　　　　　——提取企业发展基金
　贷：盈余公积——储备基金
　　　　　　　——企业发展基金

【例10－8】 公司2×20年实现净利润100万元，没有未弥补亏损，分别按10%和5%的比例提取法定盈余公积和任意盈余公积。

法定盈余公积＝100×10%＝10（万元）

任意盈余公积＝100×5%＝5（万元）

借：利润分配——提取法定盈余公积	100 000	
——提取任意盈余公积	50 000	
贷：盈余公积——法定盈余公积		100 000
——任意盈余公积		50 000

（二）盈余公积的使用

根据《公司法》的规定，企业提取的盈余公积无论何种用途，均属于所有者权益内部组成成分的转换，不会导致所有者权益总额的变动。盈余公积主要用于以下三个方面。

1. 弥补亏损。企业发生亏损时，应由企业自行弥补。弥补亏损的措施主要有三种：一是用以后年度税前利润弥补，按照税法的规定，企业发生亏损时，可以用以后五年内实现的税前利润弥补，即税前利润弥补亏损的期间为五年；二是用以后年度税后利润弥补，企业发生的亏损经过五年期间未足额弥补的，尚未弥补的亏损应用所得税后的利润弥补；三是盈余公积弥补亏损，企业以提取的盈余公积弥补亏损时，应当由公司董事会提议，并经股东大会批准。

盈余公积弥补亏损时：

借：盈余公积——法定盈余公积

　　　　　　——任意盈余公积

　　贷：利润分配——盈余公积补亏

借：利润分配——盈余公积补亏

　　贷：利润分配——未分配利润

2. 转增资本。企业将盈余公积转增资本时，必须经股东大会决议批准。在实际盈余公积转增资本时，要按股东原有持股比例结转。盈余公积转增资本时，转增后留存的盈余公积的数额不得少于注册资本的25%。

盈余公积转增资本时：

借：盈余公积——法定盈余公积

　　　　　　——任意盈余公积

　　贷：实收资本（股本）

3. 任意盈余公积分配。股份有限公司经股东大会决议，可用盈余公积分派现金股利或派送新股。分配现金股利时，借记“盈余公积”账户，贷记“应付股利”账户。用盈余公积派送新股时，借记“盈余公积”账户，贷记“股本”账户。

三、未分配利润的会计处理

在年末，企业将本年度实现的净利润，从“本年利润”账户全部转入“利润分配——未分配利润”账户，同时，将“利润分配”的其他二级账户，即“提取法定盈余公积”“提取任意盈余公积”“应付现金股利”等账户的余额转入“利润分配——未分配利润”账户。经过结转，如果“利润分配——未分配利润”账户余额在贷方，则表示为未分配利润；如果余额在借方，则表示为未弥补亏损。

年末如果企业发生亏损，应由企业自行弥补。当企业以当年实现的利润弥补以前年度亏损时，不需要进行专门的会计处理。税前利润与税后利润弥补亏损的区别只是所计算的应交所得税不同，两者的会计处理方法相同。

“利润分配——未分配利润”账户结转的会计处理如下。

第一步，将“本年利润”账户余额全部结转至“利润分配——未分配利润”账户，借记“本年利润”账户，贷记“利润分配——未分配利润”账户。

第二步，对企业实现的利润进行分配。借记“利润分配——提取法定盈余公积”“利润分配——提取任意盈余公积”“利润分配——应付现金股利”“利润分配——转作股本的股利”等账户，贷记“盈余公积”“应付股利”“股本”等账户。

第三步，将“利润分配”账户其他各个明细账户转入“利润分配——未分配利润”账户。借记“利润分配——未分配利润”账户，贷记“利润分配——提取法定盈余公积”“利润分配——提取任意盈余公积”“利润分配——应付现金股利”“利润分配——转作股本的股利”等账户。

【例 10-9】 股份有限公司的股本为 100 000 000 元，每股面值 1 元。2×18 年初未分配利润为贷方 80 000 000 元，2×19 年实现净利润 50 000 000 元。假定公司按照 2×19 年实现净利润的 10% 提取法定盈余公积，5% 提取任意盈余公积，同时向股东按每股 0.2 元派发现金股利，按每 10 股送 3 股的比例派发股票股利。2×20 年 3 月 15 日，公司以银行存款支付了全部现金股利，新增股本也已经办理完股权登记和相关增资手续。公司的账务处理如下。

①2×19 年度终了时，企业结转本年实现的净利润：

借：本年利润　　50 000 000
　　贷：利润分配——未分配利润　　50 000 000

②提取法定盈余公积和任意盈余公积：

借：利润分配——提取法定盈余公积　　5 000 000
　　　　　　——提取任意盈余公积　　2 500 000
　　贷：盈余公积——法定盈余公积　　5 000 000
　　　　　　　　——任意盈余公积　　2 500 000

③结转“利润分配”账户的明细账户：

借：利润分配——未分配利润　　7 500 000
　　贷：利润分配——法定盈余公积　　5 000 000
　　　　　　　　——任意盈余公积　　2 500 000

④批准发放现金股利：

现金股利 = 100 000 000 × 0.2 = 20 000 000（元）

借：利润分配——应付现金股利　　20 000 000
　　贷：应付股利　　20 000 000

2×20 年 3 月 15 日，实际发放现金股利：

借：应付股利　　20 000 000
　　贷：银行存款　　20 000 000

⑤2×20 年 3 月 15 日，发放股票股利：

股票股利 = 100 000 000 × 1 × 30% = 30 000 000（元）

借：利润分配——转作股本的股利　　30 000 000

　贷：股本　　30 000 000

⑥结转“利润分配”账户的明细账户：

借：利润分配——未分配利润　　50 000 000

　贷：利润分配——应付现金股利　　20 000 000

　　　　　　——转作股本的股利　　30 000 000

思考题

1. 简述所有者权益的构成，以及所有者权益和负债的区别。

2. 简述公司回购股票减少股本的会计处理。

3. 其他综合收益主要由哪些交易或事项形成？

练习题

1. 某公司委托证券公司代理发行普通股 2 000 000 股，每股面值 1 元，按每股 1.2 元的价格发行。公司与受委托单位约定，按发行收入的 3% 收取手续费，从发行收入中扣除。假定收到的股款已存入银行。

要求：根据上述资料，编制该公司有关会计分录。

2. 某股份有限公司截至 2×20 年 9 月 30 日共发行普通股股票 20 000 000 股，每股面值 1 元，股本合计 20 000 000 元，资本公积中的股本溢价为 15 000 000 元，盈余公积为 9000000 元。经股东大会决议通过，公司决定进行减资，以银行存款 18 000 000 元回购本公司股票 2 000 000 股，并办理了减资登记手续。

要求：根据上述资料，编制该公司有关会计分录。

3. 某公司股本为 100 000 000 元，每股面值为 1 元。2×19 年初未分配利润为 5 000 万元，2×19 年实现净利润 2 000 万元。经股东大会批准的利润分配方案为：分别按照 10% 和 5% 的比例计提法定盈余公积和任意盈余公积，向投资者分配现金股利 800 万元，同时按每 10 股送 3 股的比例派发股票股利。2×20 年 3 月 15 日，公司以银行存款支付了全部现金股利，新增股本也已经办理完股权登记和相关增资手续。

要求：根据上述资料，编制该公司有关会计分录。

第十一章　收入、费用和利润

【学习要点及目标】

本章主要介绍收入、费用和利润三个动态会计要素的相关内容。通过对本章的学习，理解收入确认时点的判断标准——控制权转移；掌握收入确认计量的“五步法”模型；掌握包含多重交易安排合同的会计处理；掌握特定交易（或事项）的收入确认和计量；掌握合同成本的确认与计量；掌握费用构成及其会计处理方法；掌握利润的构成及其会计核算；资产、负债计税基础的确定；递延所得税资产和递延所得税负债的确定；所得税费用的计算与核算。

瑞幸咖啡22亿财务谎言背后的套路是什么?

瑞幸咖啡（luckin coffee），由原神州优车集团COO钱治亚于2017年6月创建的国内新兴咖啡品牌，总部位于福建厦门，注册地在开曼群岛，2019年5月17日经境外监管机构注册发行证券并在美国纳斯达克股票市场挂牌上市。

2020年4月2日，瑞幸咖啡发布公告称从2019年第二季度到第四季度期间存在伪造交易行为，涉及销售总金额约为22亿元。其中，某些成本和费用也因虚假交易大幅膨胀。公告一经发布，震惊整个行业，股市当天开盘后触发6次熔断，收盘股价跌幅为75.57%。4月3日，中国证监会高度关注瑞幸咖啡（Luckin Coffee Inc.）财务造假事件，对该公司财务造假行为表示强烈的谴责。4月27日，证监会调查组已入驻瑞幸咖啡，经检查发现，自2019年4月起至2019年末，瑞幸咖啡公司通过虚构商品券业务增加交易额22.46亿元，虚增收入21.19亿元（占对外披露收入51.5亿元的41.16%），虚增成本费用12.11亿元，虚增利润9.08亿元。5月19日，瑞幸咖啡被要求从纳斯达克退市，申请举行听证会。6月29日，瑞幸咖啡正式停牌，并进行退市备案。

回顾瑞幸咖啡的发展史，从创立到IPO（公开发行股票），瑞幸咖啡只花了17个月时间，是全球最快IPO的公司。但瑞幸的2018年和2019年年度报告显示，其财务状况并不好，2018年全年该公司净亏损逾16亿元，2019年前三季度净亏损亦超17亿元。但是瑞幸确切地知道投资者在寻找什么，如何将自己定位成一个有精彩故事的成长型股票，以及操纵哪些关键指标来使投资者信心最大化。

请思考：瑞幸咖啡通过虚增收入进而增加利润的行为给我们带来了哪些方面的启示?

[资料来源：中国证监会网站（http：//www. csrc. gov. cn/pub/newsite/zjhxwfb/xwdd/202004/t20200403_ 373199. html）和瑞幸咖啡官方发文公告、瑞幸咖啡 MBA 智库百科（https：//wiki. mbalib. com/wiki/%E7%91%9E%E5%B9%B8%E5%92%96%E5%95%A1）]

第一节 收入

一、收入的概述

（一）收入的概念

我国《企业会计准则第 14 号——收入》（2017）规定，收入是指企业在日常活动中形成的、会导致所有者权益增加的、与所有者投入资本无关的经济利益的总流入。该准则适用于除了金融工具及其他合同权利和义务、租赁合同和保险合同之外所有与客户之间的合同。其中，所称的客户，是指与企业订立合同以向该企业购买其日常活动产出的商品或服务，并支付对价的一方。

（二）收入确认的准则

企业应当在履行了合同中的履约义务即在客户取得相关商品控制权时确认收入。

取得相关商品控制权，是指能够主导该商品的使用并从中获得几乎全部的经济利益，取得商品控制权同时包括下列三项要素。

（1）能力。企业只有在客户拥有现时权利，能够主导该商品的使用并从中获得几乎全部经济利益时，才能确认收入。如果客户只能在未来的某一期间主导该商品的使用并从中获益，则表明其尚未取得该商品的控制权。

（2）主导该商品的使用。客户有能力主导该商品的使用，是指客户在其活动中有权使用该商品，或者能够允许或阻止其他方使用该商品。

（3）能够获得几乎全部的经济利益。客户必须拥有获得商品几乎全部经济利益的能力，才能被视为获得了对该商品的控制。商品的经济利益，是指该商品的潜在现金流量，既包括现金流入的增加，也包括现金流出的减少。客户可以通过使用、消耗、出售、处置、交换、抵押或持有等多种方式直接或间接地获得商品的经济利益。

二、收入的确认与计量

收入确认与计量应当采用五步法，即识别与客户订立的合同、识别合同中的单项履约义务、确定交易价格、将交易价格分摊至各单项履约义务、履行各单项履约义务时确认收入。其中，识别与客户订立的合同、识别合同中的单项履约义务、履行各单项履约义务时确认收入主要与收入的确认有关，确定交易价格、将交易价格分摊至各单项履约义务主要与收入的计量有关。

（一）识别与客户订立的合同

客户，是指与企业订立合同以向该企业购买其日常活动产生的商品或服务并支付对价的一方。

1. 合同的识别。

（1）合同的含义。合同，是指双方或多方之间订立有法律约束力的权利义务的协议，包括书面形式、口头形式以及其他可验证的形式（如隐含于商业惯例或企业以往的习惯做法中等）。当企业与客户之间的合同同时满足下列五个条件时，企业应当在客户取得相关商品控制权时确认收入。

①合同各方已批准该合同并承诺将履行各自义务；

②该合同明确了合同各方与所转让商品或提供劳务（以下简称“转让商品”）相关的权利和义务；

③该合同有明确的与所转让商品相关的支付条款；

④该合同具有商业实质，即履行该合同将改变企业未来现金流量的风险、时间分布或金额；

⑤企业因向客户转让商品而有权取得的对价很可能收回。

与客户之间的合同存在是收入确认的前提条件，不存在与客户合同的情况下，生产商品或提供服务仅是生产过程。

企业在评估与客户之间的合同是否满足上列条件时，需要注意下列三点。

一是合同约定的权利和义务是否具有法律约束力，需要根据企业所处的法律环境和实务操作进行判断；

二是合同具有商业实质，是指履行该合同将改变企业未来现金流量的风险、时间分布或金额；

三是企业在评估其因向客户转让商品而有权取得的对价是否很可能收回时，仅应考虑客户到期时支付对价的能力和意图（即客户的信用风险）。企业预期很可能无法收回全部合同对价时，应当判断其原因是由于客户的信用风险还是企业向客户提供了价格折让所致，提供价格折让的，应当在估计交易价格时进行考虑。

【例11-1】甲房地产开发公司与乙公司签订合同，向其销售一栋建筑物，合同价款为100万元。该建筑物的成本为60万元，乙公司在合同开始日即取得了该建筑物的控制权。根据合同约定，乙公司在合同开始日支付了5%的保证金5万元，并就剩余95%的价款与甲公司签订了不附追索权的长期融资协议，如果乙公司违约，甲公司可重新拥有该建筑物，即使收回的建筑物不能涵盖所欠款项的总额，甲公司也不能向乙公司索取进一步的赔偿。乙公司计划在该建筑物内开设一家餐馆。在该建筑物所在的地区，餐饮行业面临激烈的竞争，但乙公司缺乏餐饮行业的经营经验。

【解析】本例中，乙公司计划以该餐馆产生的收益偿还甲公司的欠款，除此之外并无其他的经济来源，乙公司也未对该笔欠款设定任何担保。如果乙公司违约，甲公司虽然可重新拥有该建筑物，但即使收回的建筑物不能涵盖所欠款项的总额，甲公司也不能向乙公司索取进一步的赔偿。因此，甲公司对乙公司还款的能力和意图存在疑虑，认为该合同不满足合同价款很可能收回的条件。甲公司应当将收到的5万元确认为一项负债。

对于不能同时满足上述收入确认的五个条件的合同，企业只有在不再负有向客户转让商品的剩余义务（例如，合同已完成或取消），且已向客户收取的对价（包括全部或部分对价）无须退回时，才能将已收取的对价确认为收入；否则，应当将已收取的对价作为负债进行会计处理。

需要说明的是，没有商业实质的非货币性资产交换，无论何时，均不应确认收入。从事相同业务经营的企业之间，为便于向客户或潜在客户销售商品而进行的非货币性资产交换（如两家石油公司之间相互交换石油，以便及时满足各自不同地点客户的需求），不应当确认收入。

（2）合同的持续评估。企业与客户之间的合同，在合同开始日即满足上述收入确认条件的，企业在后续期间无须对其进行重新评估，除非有迹象表明相关事实和情况发生重大变化。对于不满足上述收入确认条件的合同，企业应当在后续期间对其进行持续评估，以判断其能否满足这些条件。企业如果在合同满足相关条件之前已经向客户转移了部分商品，当该合同在后续期间满足相关条件时，企业应当将在此之前已经转移的商品所分摊的交易价格确认为收入。通常情况下，合同开始日，是指合同开始赋予合同各方具有法律约束力的权利和义务的日期，即合同生效日。

【例11-2】甲公司与乙公司签订合同，将一项专利技术授权给乙公司使用，并按其使用情况收取特许权使用费。甲公司评估认为，该合同在合同开始日满足合同确认收入的五个条件。该专利技术在合同开始日即授权给乙公司使用。在合同开始日后的第1年内，乙公司每季度向甲公司提供该专利技术的使用情况报告，并在约定的期间内支付特许权使用费。在合同开始日后的第2年内，乙公司继续使用该专利技术，但是乙公司的财务状况下滑，融资能力下降，可用现金不足，因此，乙公司仅按合同支付了当年第1季度的特许权使用费，而后3个季度仅按名义金额付款。在合同开始日后的第3年内，乙公司继续使用甲公司的专利技术，但是，甲公司得知，乙公司已经完全丧失了融资能力，且流失了大部分客户，因此，乙公司的付款能力进一步恶化，信用风险显著升高。

【解析】本例中，该合同在合同开始日满足收入确认的前提条件，因此，甲公司在乙公司使用该专利技术的行为发生时，按照约定的特许权使用费确认收入。合同开始日后的第2年，由于乙公司的信用风险升高，甲公司在确认收入的同时，按照金融资产减值的要求对乙公司的应收款项进行减值测试。合同开始日后的第3年，由于乙公司的财务状况恶化，信用风险显著升高，甲公司对该合同进行了重新评估，认为"企业因向客户转让商品而有权取得的对价很可能收回"这一条件不再满足，因此，甲公司不再确认特许权使用费收入，同时对现有应收款项是否发生减值继续进行评估。

2. 合同合并。企业与同一客户（或该客户的关联方）同时订立或在相近时间内先后订立的两份或多份合同，在满足下列条件之一时，应当合并为一份合同进行会计处理。

（1）该两份或多份合同基于同一商业目的而订立并构成一揽子交易，如一份合同在不考虑另一份合同的对价的情况下将会发生亏损。

（2）该两份或多份合同中的一份合同的对价金额取决于其他合同的定价或履行情况，如一份合同如果发生违约，将会影响另一份合同的对价金额。

（3）该两份或多份合同中所承诺的商品（或每份合同中所承诺的部分商品）构成单项履约义务。两份或多份合同合并为一份合同进行会计处理的，仍然需要区分该一份合同中包含的各单项履约义务。

3. 合同变更。合同变更，是指经合同各方同意对原合同范围或价格（或两者）作出的变更。企业应当区分下列三种情形对合同变更分别进行会计处理。

（1）合同变更部分作为单独合同。合同变更增加了可明确区分的商品及合同价款，且新增合同价款反映了新增商品单独售价的，应当将该合同变更作为一份单独的合同（即一项新的合同）进行会计处理。

判断新增合同价款是否反映了新增商品的单独售价时，应当考虑为反映该特定合同的具体情况而对新增商品价格所作的适当调整。

【例 11-3】甲公司与客户乙公司签订销售合同，向客户出售 120 件产品，每件合同价格产品 100 元，共计 12 000（120 件×100 元）元，这些产品在 6 个月内移交。在企业将 60 件产品移交之后，合同进行了修订，要求企业额外向客户再支付 30 件产品，额外 30 件产品按照每件 90 元价格，共计 2 700 元（30 件×90 元），该价格反映了这些产品当时的市场价格并且可以与原产品区别开来。如何确认收入？

【解析】本例中，该 30 件额外产品进行的合同修订，事实上构成了一项关于未来产品的单独的合同，且该合同并不影响对现有合同的会计处理。企业应对原合同中的 120 件产品，每件确认 100 元的销售收入；对新合同中的 30 件产品，每件确认 90 元的销售收入。

（2）合同变更作为原合同终止及新合同订立。合同变更不属于上述第（1）种情形，且在合同变更日已转让商品与未转让商品之间可明确区分的，应当视为原合同终止，同时，将原合同未履约部分与合同变更部分合并为新合同进行会计处理。新合同的交易价格应当为下列两项金额之和：一是原合同交易价格中尚未确认为收入的部分（包括已从客户收取的金额）；二是合同变更中客户已承诺的对价金额。

【例 11-4】A 公司与客户签订合同，每周为客户的办公楼提供保洁服务，合同期为三年，客户每年向 A 公司支付服务费 10 万元（假定该价格反映了合同开始日该项服务的单独售价)。在第二年末，合同双方对合同进行了变更，将第三年的服务费调整为 8 万元（假定该价格反映了合同变更日该项服务的单独售价)，同时以 20 万元的价格将合同期限延长三年（假定该价格不反映合同变更日该三年服务的单独售价)，即每年的服务费为 6.67 万元（20 万元/3 年)，于每年初支付。上述价格均不包含增值税。

【解析】本例中，在合同开始日，A 公司认为其每周为客户提供的保洁服务是可明确区分的，但由于 A 公司向客户转让的是一系列实质相同且转让模式相同、可明确区分的服务，因此将其作为单项履约义务。在合同开始的前两年，即合同变更之前，A 公司每年确认收入 10 万元。在合同变更日，由于新增的三年保洁服务的价格不能反映该项服务在合同变更时的单独售价，因此，该合同变更不能作为单独的合同进行会计处理。由于在剩余合同期间需提供的服务与已提供的服务是可明确区分的，A 公司应当将该合同变更作为原合同终止，同时，将原合同中未履约的部分与合同变更合并为一份新合同进行会计处理。

该新合同的合同期限为四年，对价为 28 万元，即原合同下尚未确认收入的对价 8 万元与新增的三年服务相应的对价 20 万元之和，新合同中 A 公司每年确认的收入为 7 万元（28 万元/4 年)。

(3) 合同变更部分作为原合同的组成部分进行会计处理的情形。合同变更不属于上述第（1）种情形，且在合同变更日已转让商品与未转让商品之间不可明确区分的，应当将该合同变更部分作为原合同的组成部分，在合同变更日重新计算履约进度，并调整当期收入和相应成本等（不需要追溯调整)。

【例 11-5】2×20 年 1 月 15 日，乙建筑公司和客户签订了一项总金额为 1 000 万元的固定造价合同，在客户自有土地上建造一幢办公楼，预计合同总成本为 700 万元。假定该建造服务属于在某一时段内履行的履约义务，并根据累计发生的合同成本占合同预计成本的比例确定履约进度。截至 2×20 年末，乙公司累计已发生成本 420 万元，履约进度为 60%（420 万元/700 万元)。因此，乙公司在 2×20 年确认收入 600 万元（1 000 万元×60%)。2×21 年初，合同双方同意更改该办公楼屋顶的设计，合同价格和预计总成本因此而分别增加 200 万元和 120 万元。

【解析】在本例中，由于合同变更后拟提供的剩余服务与在合同变更日或之前已提供的服务不可明确区分（即该合同仍为单项履约义务)，因此，乙公司应当将合同变更作为原合同的组成部分进行会计处理。合同变更后的交易价格为 1 200 万元（1 000 万元+200 万元)，乙公司重新估计的履约进度为 51.2% [420 万元/（700 万元+120 万元)]，乙公司在合同变更日应额外确认收入 14.4 万元（51.2%×1200 万元-600 万元)。

如果在合同变更日未转让商品为上述第（2）和第（3）种情形的组合，企业应当按照上述第（2）或第（3）种情形中更为恰当的一种方式对合同变更后尚未转让（或部分未转让）商品进行会计处理。

（二）识别合同中的单项履约义务

履约义务，是指合同中企业向客户转让可明确区分商品的承诺。履约义务既包括合同中明确的承诺，也包括由于企业已公开宣布的政策、特定声明或以往的习惯做法等导致合同订立时客户合理预期企业将履行的承诺。企业为履行合同而应开展的初始活动，通常不构成履约义务，除非该活动向客户转让了承诺的商品。

合同开始日，企业应当对合同进行评估，识别该合同包含的各单项履约义务。企业应当将下列向客户转让商品的承诺作为单项履约义务。

1. 企业向客户转让可明确区分商品（或者商品或服务的组合）的承诺。可明确区分商品，是指企业向客户承诺的商品同时满足下列条件。

（1）客户能够从该商品本身或从该商品与其他易于获得资源一起使用中受益。

（2）企业向客户转让该商品的承诺与合同中其他承诺可单独区分。下列情形通常表明企业向客户转让该商品的承诺与合同中其他承诺不可单独区分。

①企业需提供重大的服务以将该商品与合同中承诺的其他商品整合成合同约定的组合产出转让给客户。

【例11－6】沿用〖例11－5〗，不涉及合同变更。乙公司向客户提供的单项商品可能包括砖头、水泥、人工等，虽然这些单项商品本身都能够使客户获益（如客户可将这些建筑材料以高于残值的价格出售，也可以将其与其他建筑商提供的材料或人工等资源一起使用），但是，在该合同下，乙公司向客户承诺的是为其建造一栋办公楼，而并非提供这些砖头、水泥和人工等，乙公司需提供重大的服务将这些单项商品进行整合，以形成合同约定的一项组合产出（即写字楼）转让给客户。因此，在该合同中，砖头、水泥和人工等商品彼此之间不能单独区分。

②该商品将对合同中承诺的其他商品予以重大修改或定制。

【例11－7】乙公司与客户签订合同，向客户出售一台其生产的设备并提供安装服务。该设备可以不经任何定制或改装而直接使用，不需要复杂安装，除乙公司外，市场上还有其他供应商也能提供此项安装服务。

【解析】客户可以使用该设备或将其以高于残值的价格转售，能够从该设备与市场上其他供应商提供的此项安装服务的一起使用中获益，也可从安装服务与客户已经获得的其他资源（例如设备）的一起使用中获益，表明该设备和安装服务能够明确区分。此外，在该合同中，乙公司对客户的承诺是交付设备之后再提供安装服务，而非两者的组合产出，该设备仅需简单安装即可使用，乙公司并未对设备和安装提供重大整合服务，安装服务没有对该设备作出重大修改或定制，虽然客户只有获得设备的控制权之后才能从安装服务中获益，但是企业履行其向客户转让设备的承诺能够独立于其提供安装服务的承诺，因此安装服务并不会对设备产生重大影响。该设备与安装服务彼此之间不会产生重大的影响，也不具有高度关联性，表明两者在合同中彼此之间可明确区分。因此，该项合同包含两项履约义务，即销售设备和提供安装服务。

假定其他条件不变，但是，按照合同规定只能由乙公司向客户提供安装服务。在这种情况下，合同限制并没有改变相关商品本身的特征，也没有改变企业对客户的承诺。虽然根据合同约定，客户只能选择由乙公司提供安装服务，但是设备和安装服务本身仍然符合可明确区分的条件，仍然是两项履约义务。

此外，如果乙公司提供的安装服务很复杂，该安装服务可能对其销售的设备进行定制化的重大修改，即使市场上有其他的供应商也可以提供此项安装服务，乙公司也不能将该安装服务作为单项履约义务，而是应当将设备和安装服务合并作为单项履约义务。

③该商品与合同中承诺的其他商品具有高度关联性。

【例 11-8】 丙公司与客户签订合同，向客户销售一台其生产的可直接使用的医疗设备，并且在未来 3 年内向该客户提供用于该设备的专用耗材。该耗材只有丙公司能够生产，因此，客户只能从丙公司购买该耗材。该耗材既可与设备一起销售，也可单独对外销售。

【解析】 丙公司在合同中对客户的承诺包括销售设备和专用耗材，虽然客户同时购买了设备和专用耗材，但是，由于耗材可以单独出售，客户可以从将设备与单独购买的耗材一起使用中获益，表明设备和专用耗材能够明确区分。此外，丙公司未对设备和耗材提供重大的整合服务以将两者形成组合产出，设备和耗材并未对彼此作出重大修改或定制，也不具有高度关联性（这是因为，尽管没有耗材，设备无法使用，耗材也只有用于设备才有用，但是丙公司能够单独履行其在合同中的每一项承诺，也就是说，即使客户没有购买任何耗材，丙公司也可以履行其转让设备的承诺；即使客户单独购买设备，丙公司也可以履行其提供耗材的承诺），表明设备和耗材在合同中彼此之间可明确区分。因此，该项合同包含两项履约义务，即销售设备和提供专用耗材。

2. 企业向客户转让一系列实质相同且转让模式相同的、可明确区分商品的承诺。转让模式相同，是指每一项可明确区分商品均满足在某一段时间内履行履约义务的条件，且采用相同方法确定其履约进度。

【例 11-9】 甲公司与客户签订为期一年的保洁服务合同，承诺每天为客户提供保洁服务。本例中，甲公司每天所提供的服务都是可明确区分且实质相同的，而且，根据控制权转移的判断标准，每天的服务都属于在某一时段内履行的履约义务。因此，甲公司应当将每天提供的保洁服务合并在一起作为单项履约义务进行会计处理。

【例 11-10】 甲公司与客户签订了一份合同，以 50 000 元销售某设备一台，同时，客户可以选择在未来一年内再以原价格（即 50 000 元）的 10% 折扣价格购买同型号设备一台，甲公司的这款产品通常每年提价 10%，并预计下一个月进行调价。

问题：合同中有多少个履约义务？

【解析】 2 个履约义务。

若选择权向客户提供了一项不订立这一合同就无法取得的重大权利，则客户购买了两项：(1) 原本购买的商品或服务；(2) 未来可免费或以折扣价格获取商品或服务的权利。

提示：企业向客户转让一系列实质相同且转让模式相同的、可明确区分商品的承诺，也应当作为单项履约义务。这里的转让模式相同是指每一项可明确区分商品均满足在某一时段内履行履约义务的条件，且采用相同方法确定其履约进度。

【例 11－11】 甲物业管理公司为客户提供保洁服务的长期劳务合同等，满足企业向客户转让一系列实质相同且转让模式相同的、可明确区分商品的承诺。2×19 年甲物业管理公司与客户签订一个服务合同，合同期限为一年，打包价格为 120 万元，合同内容包括保洁服务、保安服务和设备维修服务。请问有多少项履约义务？

【解析】 本例中，有 1 项履约义务。每一个都可以作为一项单独履约义务，因为每一项属于明确区分的商品均满足某一时段内履行履约义务的条件，采用相同的方法确定履约进度，所以在这种情况下应当合并为一项义务。

(三) 确定交易价格

交易价格，是指企业因向客户转让商品而预期有权收取的对价金额。企业代第三方收取的款项（例如增值税）以及企业预期将退还给客户的款项，应当作为负债进行会计处理，不计入交易价格。合同标价并不一定代表交易价格，企业应当根据合同条款并结合以往的习惯做法等确定交易价格。企业在确定交易价格时，应当假定将按照现有合同的约定向客户转让商品，且该合同不会被取消、续约或变更。

1. 可变对价。企业与客户的合同中约定的对价金额可能会因折扣、价格折让、返利、退款、奖励积分、激励措施、业绩奖金、索赔等因素而变化。此外，根据一项或多项或有事项的发生而收取不同对价金额的合同，也属于可变对价的情形。

(1) 可变对价最佳估计数的确定。企业应当按照期望值或最可能发生金额确定可变对价的最佳估计数。

期望值是按照各种可能发生的对价金额及相关概率计算确定的金额。如果企业拥有大量具有类似特征的合同，并估计可能产生多个结果时，通常按照期望值估计可变对价金额。

【例 11－12】 甲公司与乙公司于 2×20 年 1 月 1 日签订了产品生产合同，生产产品数量为 50 000 件，完成日为 2×20 年 6 月 30 日，价格为 10 万元，如果 6 月 30 日前完工，每提前一天承诺对价将增加 1 万元。如何计算交易价格？

【解析】交易价格的计算如表 11－1 所示。

表 11－1　　交易价格计算表

可能的结果	金额（元）	概率（%）	期望值（元）
提前 10 天	100 000	15	15 000
提前 8 天	80 000	30	24 000
提前 6 天	60 000	30	18 000
提前 4 天	40 000	10	4 000
按时	——	15	——
合计			61 000

（2）计入交易价格的可变对价金额的限制。计入交易价格的可变对价金额还应该满足限制条件，即包含可变对价的交易价格，应当不超过在相关不确定性消除时，累计已确认的收入极可能不会发生重大转回的金额。企业在评估是否极可能不会发生重大转回时，应当同时考虑收入转回的可能性及其比重。其中，“极可能”发生的概率应远高于“很可能（即可能性超过 50%）”，但不要求达到“基本确定（即可能性超过 95%）”。

企业应当将满足上述限制条件的可变对价的金额计入交易价格。每一资产负债表日，企业应当重新估计应计入交易价格的可变对价金额，包括重新评估将估计的可变对价计入交易价格是否受到限制，以如实反映报告期末存在的情况以及报告期内发生的情况变化。

【例 11－13】2×20 年 1 月 1 日，甲公司签订合同，为一只股票型基金提供资产管理服务，合同期限为 3 年。甲公司所能获得的报酬包括两部分：一是每季度按照季度末该基金净值的 1% 收取管理费，该管理费不会因基金净值的后续变化而调整或被要求退回；二是该基金在三年内的累计回报如果超过 10%，则乙公司可以获得超额回报部分的 20% 作为业绩奖励。2×20 年 12 月 31 日，该基金的净值为 50 000 万元。假定不考虑相关税费影响。

【解析】本例中，甲公司在该项合同中收取的管理费和业绩奖励均为可变对价，其金额极易受到股票价格波动的影响，因此，在合同开始日，甲公司无法对其能够收取的管理费和业绩奖励进行估计，不满足累计已确认的收入金额极可能不会发生重大转回的条件。2×19 年 12 月 31 日，甲公司重新估计该合同的交易价格时，影响该季度管理费收入金额的不确定性已经消除，甲公司确认管理费收入 500 万元（50 000×1%）。甲公司不能确认业绩奖励收入，这是因为该业绩奖励仍然会受到基金未来累计回报的影响，有关将可变对价计入交易价格的限制条件仍然没有得到满足。甲公司应当在后续的每一资产负债表日，估计业绩奖励是否满足上述条件，以确定其收入金额。

2. 合同中存在的重大融资成分。合同中存在重大融资成分的，企业应当按照假定客户在取得商品控制权时即以现金支付的应付金额（即现销价格）确定交易价格。企业在确定该重大融资成分的金额时，应使用将合同对价的名义金额折现为商品的现销价格的折现率。该折现率一经确定，不得因后续市场利率或客户信用风险等情况的变化而变更。企业确定的交易价格与合同承诺的对价金额之间的差额，应当在合同期间内采用实际利率法摊销。

为简化实务操作，如果在合同开始日，企业预计客户取得商品控制权与客户支付价款间隔不超过一年的，可以不考虑合同中存在的重大融资成分（即不需要折现）。

【例 11 - 14】 2×21 年 1 月，甲公司与乙公司签订了一项施工总承包合同。合同约定的工期为 30 个月，工程造价为 8 亿元（不含税价）。甲乙双方每季度进行一次工程结算，并于完工时进行竣工结算，每次工程结算额（除质保金及相应的增值税外）由客户于工程结算后 5 个工作日内支付；除质保金外的工程尾款于竣工结算后 10 个工作日内支付；合同金额的 3% 作为质保金，用以保证项目在竣工后 2 年内正常运行，在质保期满后 5 个工作日内支付。

【解析】 本例中，乙公司保留了 3% 的质保金直到项目竣工 2 年后支付，虽然服务完成时间与乙公司付款的时间间隔较长，但是，该质保金旨在为乙公司提供工程质量保证，以防甲公司未能完成其合同义务，而并非向乙公司提供融资。因此，甲公司认为该合同中不包含重大融资成分，无需就延期支付质保金的影响调整交易价格。

需要说明的是，企业应当在单个合同层面考虑融资成分是否重大，而不应在合同组合层面考虑这些合同中融资成分的汇总影响对企业整体而言是否重大。

3. 非现金对价。当企业因转让商品而有权向客户收取的对价是非现金形式时，例如实物资产、无形资产、股权、客户提供的广告服务等。企业通常应当按照非现金对价在合同开始日的公允价值确定交易价格。非现金对价公允价值不能合理估计的，企业应当参照其承诺向客户转让商品的单独售价间接确定交易价格。非现金对价的公允价值因对价形式以外的原因而发生变动的，应当作为可变对价进行会计处理。

【例 11 - 15】 甲企业为客户生产一台专用设备，双方协定，如果甲企业能够在 30 天内交货，则可以额外获得 100 股客户的股票作为奖励。合同开始日，该股票的价格为每股 5 元；由于缺乏执行类似合同的经验，当日甲企业估计，该 100 股股票的公允价值计入交易价格将不满足累计已确认的收入极可能不会发生重大转回的限制条件。合同开始日之后的第 25 天，企业将该设备交付给客户，从而获得了 100 股股票，该股票在此时的价格为每股 6 元，假定企业将该股票作为以公允价值计量且其变动计入当期损益的金融资产。

【解析】 本例中，合同开始日，该股票的价格为每股 5 元，由于缺乏执行类似合同的经验，当日，甲企业估计，该 100 股股票的公允价值计入交易价格将不满足累计已确认的收入极可能不会发生重大转回的限制条件，因此，甲企业不应将该 100 股股票的公允价值 500 元计入交易价格。合同开始日之后的第 25 天，甲企业获得了 100 股股票，该股票在此时的价格为每股 6 元。甲企业应将股票（非现金对价）的公允价值因其对价形式以外的原因而发生的变动，即 500 元（5×100）确认为收入，因对价形式原因而发生的变动即 100 元（600 - 500）计入公允价值变动损益。

4. 应付客户对价。应付客户对价的常见例子：货位费（交易价格减少）；合作广告安排（需要分析）；价格保护（交易价格减少）；优惠券和折扣（交易价格减少）；收费服务安排（交易价格减少）。当企业存在应付客户对价时，应当将该应付对价冲减交易价格，但应付客户对价是为了自客户取得其他可明确区分商品的除外。企业应付客户对价是为了向客户取得其他可明确区分商品的，应当采用与企业其他采购相一致的方式确认所购买的商品。企业应付客户对价超过向客户取得可明确区分商品公允价值的，超过金额应当冲减交易价格。向客户取得的可明确区分商品公允价值不能合理估计的，企业应当将应付客户对价全额冲减交易价格。在将应付客户对价冲减交易价格处理时，企业应当在确认相关收入与支付（或承诺支付）客户对价两者孰晚的时点冲减当期收入。

【例 11-16】 某消费品制造商甲公司签订了一项合同，向一家全球大型连锁零售店客户销售商品，合同期限为 1 年。该零售商承诺，在合同期限内以约定价格购买至少价值 1 500 万元的产品。合同同时约定：甲公司需在合同开始时向该零售商支付 150 万元的不可退回款项。该款项旨在就零售商需更改货架以使其适合放置甲公司产品而作出补偿。第 1 个月该企业销售货物开具发票的金额为 200 万元。

问题：甲公司第 1 个月如何确认收入?

【解析】 首先，分析应付客户款项的性质。该款项并非为获取单独可区分的商品或服务，因为甲公司并不享有改造货架的任何控制权，因此，应将向零售商支付的 150 万元款项作为后续销售商品收入的抵减项。其次，根据合同约定，零售商承诺购货总价为 1 500 万元，因此，所支付 150 万元相当是给予每项商品 10% 的折扣，甲公司在确认每项商品销售收入时，按 10% 的折扣确认收入金额。因此，在企业向客户转移商品的第 1 个月中，企业确认收入 180 万元（发票金额 200 万元减去应付客户对价 20 万元）。

（四）将交易价格分摊至各单项履约义务

当合同中包含两项或多项履约义务时，为了使企业分摊至每一单项履约义务的交易价格能够反映其因向客户转让已承诺的相关商品（或提供已承诺的相关服务）而预期有权收取的对价金额。企业应当在合同开始日，按照各单项履约义务所承诺商品的单独售价的相对比例，将交易价格分摊至各单项履约义务。

1. 确定单独售价。单独售价，是指企业向客户单独销售商品的价格。单独售价无法直接观察的，企业应当综合考虑其能够合理取得的全部相关信息，采用市场调整法、成本加成法、余值法等方法合理估计单独售价。

（1）市场调整法，是指企业根据某商品或类似商品的市场售价，考虑本企业的成本和毛利等进行适当调整后，确定其单独售价的方法。

（2）成本加成法，是指企业根据某商品的预计成本加上其合理毛利后的价格，确定其单独售价的方法。

（3）余值法，是指企业根据合同交易价格减去合同中其他商品可观察的单独售价后的余值，确定某商品单独售价的方法。企业在商品近期售价波动幅度巨大，或者因未定价且未曾单独销售而使售价无法可靠确定时，可采用余值法估计其单独售价。

企业应当最大限度地采用可观察的输入值，并对类似的情况采用一致的估计方法。

2. 分摊合同折扣。合同折扣，是指合同中各单项履约义务所承诺商品的单独售价之和高于合同交易价格的金额。

对于合同折扣，企业应当在各单项履约义务之间按比例分摊。有确凿证据表明合同折扣仅与合同中一项或多项（而非全部）履约义务相关的，企业应当将该合同折扣分摊至相关一项或多项履约义务。

同时满足下列条件时，企业应当将合同折扣全部分摊至合同中的一项或多项（而非全部）履约义务。

（1）企业经常将该合同中的各项可明确区分的商品单独销售或者以组合的方式单独销售；

（2）企业也经常将其中部分可明确区分的商品以组合的方式按折扣价格单独销售；

（3）上述第（2）项中的折扣与该合同中的折扣基本相同，且针对每一组合中的商品的分析为将该合同的全部折扣归属于某一项或多项履约义务提供了可观察的证据。有确凿证据表明合同折扣仅与合同中的一项或多项（而非全部）履约义务相关，且企业采用余值法估计单独售价的，企业应当首先在该一项或多项（而非全部）履约义务之间分摊合同折扣，然后再采用余值法估计单独售价。

【例 11－17】 2×20 年 3 月 1 日，甲公司与客户签订合同，向其销售 A、B 两项商品，A 商品的单独售价为 6 000 元，B 商品的单独售价为 24 000 元，合同价款为 25 000 元。合同约定，A 商品于合同开始日交付，B 商品在一个月之后交付，只有当两项商品全部交付之后，甲公司才有权收取 25 000 元的合同对价。假定 A 商品和 B 商品分别构成单项履约义务，其控制权在交付时转移给客户。上述价格均不包含增值税，且假定不考虑相关税费影响。

【解析】 本例中，根据交易价格分摊原则，将合同价款分摊至 A、B 两商品。

分摊至 A 商品的合同价款 = 25 000 × 6 000/（6 000 + 24 000）= 5 000（元）

分摊至 B 商品的合同价款 = 25 000 × 24 000/（6 000 + 24 000）= 20 000（元）

甲公司将 A 商品交付给客户后，与该商品相关的履约义务已经履行，但是需要等到后续交付 B 商品时，才具有无条件收取合同对价的权利，因此，甲公司应当将因交付 A 商品而有权收取的对价 5 000 元确认为合同资产，而不是应收账款。

合同资产，是指企业已向客户转让商品而有权收取对价的权利，且该权利取决于时间流逝之外的其他因素。应收款项是企业无条件收取合同对价的权利，该权利应当作为应收款项单独列示。两者的区别在于，应收款项代表的是无条件收取合同对价的权利，即企业仅仅随着时间的流逝即可收款，而合同资产并不是一项无条件收款权，该权利除了时间流逝之外，还取决于其他条件（例如，履行合同中的其他履约义务）才能收取相应的合同对价。因此，与合同资产和应收款项相关的风险是不同的，应收款项仅承担信用风险，而合同资产除信用风险之外，还可能承担其他风险，如履约风险等。合同资产的减值的计量、列报和披露应当按照相关金融工具准则的要求进行会计处理。

3. 分摊可变对价。合同中包含可变对价的，该可变对价可能与整个合同相关，也可能仅与合同中的某一特定组成部分有关，后者包括两种情形：一是可变对价可能与合同中的一项或多项（而非全部）履约义务有关；二是可变对价可能与企业向客户转让的构成单项履约义务的一系列可明确区分商品中的一项或多项（而非全部）商品有关。

同时满足下列条件的，企业应当将可变对价及可变对价的后续变动额全部分摊至与之相关的某项履约义务，或者构成单项履约义务的一系列可明确区分商品中的某项商品：一是可变对价的条款专门针对企业为履行该项履约义务或转让该项可明确区分商品所作的努力（或者是履行该项履约义务或转让该项可明确区分商品所导致的特定结果）；二是企业在考虑了合同中的全部履约义务及支付条款后，将合同对价中的可变金额全部分摊至该项履约义务或该项可明确区分商品符合分摊交易价格的目标。

对于不满足上述条件的可变对价及可变对价的后续变动额，以及可变对价及其后续变动额中未满足上述条件的剩余部分，企业应当按照分摊交易价格的一般原则，将其分摊至合同中的各单项履约义务。对于已履行的履约义务，其分摊的可变对价后续变动额应当调整变动当期的收入。

【例11－18】甲公司与乙公司签订合同，将其拥有的两项专利技术X和Y授权给乙公司使用。假定两项授权均分别构成单项履约义务，且都属于在某一时点履行的履约义务。合同约定，授权使用专利技术X的价格为80万元，授权使用专利技术Y的价格为乙公司使用该专利技术所生产的产品销售额的3%。专利技术X和Y的单独售价分别为80万元和100万元。甲公司估计其就授权使用专利技术Y而有权收取的特许权使用费为100万元。上述价格均不包含增值税。

【解析】本例中，该合同中包含固定对价和可变对价，其中，授权使用专利技术X的价格为固定对价，且与其单独售价一致，授权使用专利技术Y的价格为乙公司使用该专利技术所生产的产品销售额的3%，属于可变对价，该可变对价全部与授权使用专利技术Y能够收取的对价有关，且甲公司基于实际销售情况估计收取的特许权使用费的金额接近Y的单独售价。因此，甲公司将可变对价部分的特许权使用费金额全部由Y承担符合交易价格的分摊目标。

4. 交易价格的后续变动。交易价格发生后续变动的，企业应当按照在合同开始日所采用的基础将该后续变动金额分摊至合同中的履约义务。企业不得因合同开始日之后单独售价的变动而重新分摊交易价格。对于合同变更导致的交易价格后续变动，应当按照本节有关合同变更的要求进行会计处理。合同变更之后发生可变对价后续变动的，企业应当区分下列三种情形分别进行会计处理。

（1）合同变更属于本节合同变更第（1）情形“合同变更部分作为单独合同”规定的，企业应当判断可变对价后续变动与哪一项合同相关，并按照分摊可变对价的相关规定进行会计处理。

（2）合同变更属于本节合同变更第（2）情形“合同变更作为原合同终止及新合同订立，且可变对价后续变动与合同变更前已承诺可变对价相关”规定的，企业应当首先将该可变对价后续变动额以原合同开始日确定的单独售价为基础进行分摊，然后再将分摊至合同变更日尚未履行履约义务的该可变对价后续变动额以新合同开始日确定的基础进行二次分摊。

（3）合同变更之后发生除上述第（1）和第（2）种情形以外的可变对价后续变动的，企业应当将该可变对价后续变动额分摊至合同变更日尚未履行（或部分未履行）的履约义务。

【例 11－19】 2×19 年 9 月 1 日，甲公司与乙公司签订合同，向其销售 A 产品和 B 产品。A 产品和 B 产品均为可明确区分商品且两种产品单独售价相同，也均属于在某一时点履行的履约义务。合同约定，A 产品和 B 产品分别于 2×19 年 11 月 1 日和 2×20 年 3 月 31 日交付给乙公司。合同约定的对价包括 1 000 元的固定对价和估计金额为 200 元的可变对价。假定甲公司将 200 元的可变对价计入交易价格，满足本准则有关将可变对价金额计入交易价格的限制条件。因此，该合同的交易价格为 1 200 元。上述价格均不包含增值税。

2×19 年 12 月 1 日，双方对合同范围进行了变更，乙公司向甲公司额外采购 C 产品，合同价格增加 300 元，C 产品与 A、B 两种产品可明确区分，但该增加的价格不反映 C 产品的单独售价。C 产品的单独售价与 A 产品和 B 产品相同。C 产品将于 2×20 年 6 月 3 日交付给乙公司。

2×19 年 12 月 31 日，企业预计有权收取的可变对价的估计金额由 200 元变更为 240 元，该金额符合将可变对价金额计入交易价格的限制条件。因此，合同的交易价格增加了 40 元，且甲公司认为该增加额与合同变更前已承诺的可变对价相关。

假定上述三种产品的控制权均随产品交付而转移给乙公司。

【解析】 本例中，在合同开始日，该合同包含两项履约义务，甲公司应当将估计的交易价格分摊至这两项履约义务。由于两种产品的单独售价相同，且可变对价不符合分摊至其中一项履约义务的条件，因此，甲公司将交易价格 1 200 元平均分摊至 A 产品和 B 产品，即 A 产品和 B 产品各自分摊的交易价格均为 600 元。

2×19 年 11 月 1 日，当 A 产品交付给客户时，甲公司相应确认收入 600 元。

2×19 年 12 月 1 日，双方进行了合同变更。该合同变更属于《企业会计准则第 14 号——收入》第八条规定的第（二）种情形，因此，该合同变更应当作为原合同终止，并将原合同的未履约部分与合同变更部分合并为新合同进行会计处理。在该新合同下，合同的交易价格为 900 元（600＋300），由于 B 产品和 C 产品的单独售价相同，分摊至 B 产品和 C 产品的交易价格的金额均为 450 元。

2×19 年 12 月 31 日，甲公司重新估计可变对价，增加了交易价格 40 元。由于该增加额与合同变更前已承诺的可变对价相关，因此应首先将该增加额分摊给 A 产品和 B 产品，之后再将分摊给 B 产品的部分在 B 产品和 C 产品形成的新合同中进行二次分摊。在本例中，由于 A 产品、B 产品和 C 产品的单独售价相同，在将40元的可变对价后续变动分摊至A产品和B产品时，各自分摊的金额为20元。由于甲公司已经转让了A产品，在交易价格发生变动的当期即应将分摊至A产品的20元确认为收入。之后，甲公司将分摊至B产品的20元平均分摊至B产品和C产品，即各自分摊的金额为10元，经过上述分摊后，B产品和C产品的交易价格金额均为460元（450+10）。因此，甲公司分别在B产品和C产品控制权转移时确认收入460元。

（五）履行每一单项履约义务时确认收入

企业应当在履行了合同中的履约义务，即客户取得相关商品控制权时确认收入。企业应当根据实际情况，判断履约义务是否满足在某一时段内履行的条件，如不满足，则该履约义务属于在某一时点履行的履约义务。对于在某一时段内履行的履约义务，企业应当选取恰当的方法来确定履约进度；对于在某一时点履行的履约义务，企业应当综合分析控制权转移的迹象，判断其转移时点。如图11-1所示。

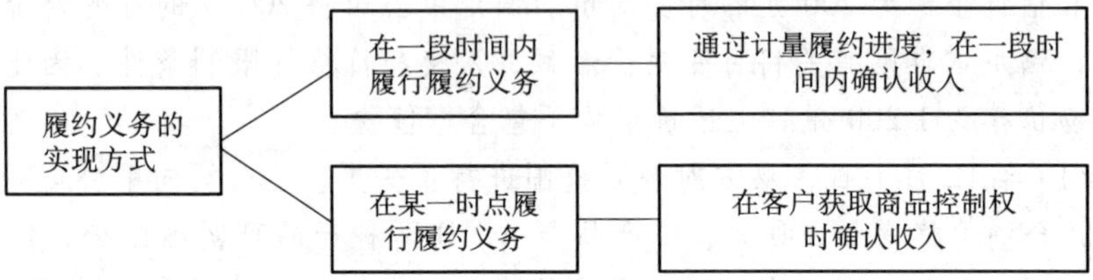

图11-1　履约义务的实现方式

通过计量履约进度在一段时间内收入，如提供劳务、建造合同等；满足下列条件之一的，属于在某一时段内履行的履约义务，相关收入应当在该履约义务履行的期间内确认，否则，属于在某一时点履行的履约义务。

（1）客户在企业履约的同时即取得并消耗企业履约所带来的经济利益。企业在履约过程中是持续地向客户转移该服务的控制权的，该履约义务属于在某一时段内履行的履约义务，企业应当在提供该服务的期间内确认收入。如常规或经常性服务：保洁、保安和原会计准则提供的劳务、建造合同等。

（2）客户能够控制企业履约过程中在建的商品。企业在履约过程中创建的商品包括在产品、在建工程、尚未完成的研发项目、正在进行的服务等，如果客户在企业创建该商品的过程中就能够控制这些商品，应当认为企业提供该商品的履约义务属于在某一时段内履行的履约义务。

【例11-20】 企业与客户签订合同，在客户拥有的土地上按照客户的设计要求为其建造厂房。在建造过程中客户有权修改厂房设计，并与企业重新协商设计变更后的合同价款。客户每月末按当月工程进度向企业支付工程款。如果客户终止合同，已完成建造部分的厂房归客户所有。

【解析】 本例中，企业为客户建造厂房，该厂房位于客户的土地上，客户终止合同时，已建造的厂房归客户所有。这些均表明客户在该厂房建造的过程中就能够控制该在建的厂房。因此，企业提供的该建造服务属于在某一时段内履行的履约义务，企业应当在提供该服务的期间内确认收入。

（3）企业履约过程中所产出的商品具有不可替代用途，且该企业在整个合同期间内有权就累计至今已完成的履约部分收取款项。

一是商品具有不可替代用途。具有不可替代用途是指因合同限制或实际可行性限制，企业不能轻易地将商品用于其他用途。如建造只有客户能够使用的专项资产或按照客户的指标建造资产。

二是企业在整个合同期间内有权就累计至今已完成的履约部分收取款项。有权就累计至今已完成的履约部分收取款项，是指在由于客户或其他方原因终止合同的情况下，企业有权就累计至今已完成的履约部分收取能够补偿其已发生成本和合理利润的款项，并且该权利具有法律约束力。

【例 11－21】 甲咨询公司与客户签订一个提供咨询服务的合同，从而使甲公司为客户提供专业意见（专业报告），专业意见与客户事实情况有关。如果客户终止咨询合同，假定甲公司完全遵守合同义务，合同要求客户赔偿企业发生的成本，另加15%的毛利率，15%的毛利率接近企业类似合同取得的利润率。判断履约义务是时段内义务还是时点义务？

【解析】 本例中的履约义务属于时段内义务。首先看第 1 条件“客户在企业履约的同时即取得并消耗企业履约所带来的经济利益”是否满足，即确定客户是否同时取得及消耗企业履约所提供的利益。本例中，由于客户终止咨询合同，企业未能履行其义务，因为客户只有在收到了专业意见后才能取得企业履约，企业已完成的工作并不能给客户带来经济利益。由此可见，本例中该合同并没有满足第 1 条件“客户在企业履约的同时即取得并消耗企业履约所带来的经济利益”的标准，但是它满足第 3 条件“企业履约过程中所产出的商品具有不可替代用途，且该企业在整个合同期间内有权就累计至今已完成的履约部分收取款项”的标准，因此，企业有权就累计至今已完成的履约部分收取能够补偿其已发生成本和合理利润的款项，并且该权利具有法律约束力。而满足任意条件之一者，属于在某一时段内履行的履约义务。

三、合同成本

（一）合同履约成本

企业为履行合同可能会发生各种成本，企业应当对这些成本进行分析，属于存货、固定资产、无形资产等范围的，应当按照相关企业会计准则的规定进行会计处理；不属于其他企业会计准则规范范围且同时满足下列条件的，应当作为合同履约成本确认为一项资产：

（1）该成本与一份当前或预期取得的合同直接相关。

（2）该成本增加了企业未来用于履行（包括持续履行）履约义务的资源。

（3）该成本预期能够收回。

企业应当在下列支出发生时，将其计入当期损益：

(1) 管理费用，除非这些费用明确由客户承担。

(2) 非正常消耗的直接材料、直接人工和制造费用（或类似费用），这些支出为履行合同发生，但未反映在合同价格中。

(3) 与履约义务中已履行（包括已全部履行或部分履行）部分相关的支出。

(4) 无法在尚未履行的与已履行（或已部分履行）的履约义务之间区分的相关支出。

【例 11－22】 甲公司与乙公司签订合同，为乙公司信息中心提供管理服务，合同期限为 5 年。在向乙公司提供服务之前，甲公司设计并搭建了一个信息技术平台供其内部使用，该信息技术平台由相关的硬件和软件组成。甲公司需要提供设计方案，将该信息技术平台与乙公司现有的信息系统对接，并进行相关测试。该平台并不会转让给乙公司，但是，将用于向乙公司提供服务。甲公司为该平台的设计、购买硬件和软件以及信息中心的测试发生了成本。除此之外，甲公司专门指派两名员工，负责向乙公司提供服务。

【解析】 本例中，甲公司为履行合同发生的上述成本中，购买硬件和软件的成本应当分别按照固定资产和无形资产准则进行会计处理；设计服务成本和信息中心的测试成本不属于其他企业会计准则的规范范围，但是这些成本与履行该合同直接相关，并且增加了甲公司未来用于履行履约义务（即提供管理服务）的资源，如果甲公司预期该成本可通过未来提供服务收取的对价收回，则甲公司应当将这些成本确认为一项资产。甲公司向两名负责该项目的员工支付的工资费用，虽然与向乙公司提供服务有关，但是由于其并未增加企业未来用于履行履约义务的资源，因此，应当于发生时计入当期损益。

（二）合同取得成本

企业为取得合同发生的增量成本预期能够收回的，应当作为合同取得成本确认为一项资产。

增量成本，是指企业不取得合同就不会发生的成本，如销售佣金等。为简化实务操作，该资产摊销期限不超过一年的，可以在发生时计入当期损益。企业采用该简化处理方法的，应当对所有类似合同一致采用。

企业为取得合同发生的、除预期能够收回的增量成本之外的其他支出，例如，无论是否取得合同均会发生的差旅费、投标费、为准备投标资料发生的相关费用等，应当在发生时计入当期损益，除非这些支出明确由客户承担。

【例 11－23】 甲公司是一家咨询公司，其通过竞标赢得一个新客户，为取得与该客户的合同，甲公司聘请外部律师进行尽职调查支付相关费用为 15 000 元，为投标而发生的差旅费为 10 000 元，支付销售人员佣金 5 000 元。甲公司预期这些支出未来均能够收回。此外，甲公司根据其年度销售目标、整体盈利情况及个人业绩等，向销售部门经理支付年度奖金 10 000 元。

【解析】 本例中，甲公司因签订该客户合同而向销售人员支付的佣金属于为取得合同发生的增量成本，应当将其作为合同取得成本确认为一项资产。甲公司聘请外部律师进行尽职调查发生的支出、为投标发生的差旅费，无论是否取得合同都会发生，不属于增量成本，因此，应当于发生时直接计入当期损益。甲公司向销售部门经理支付的年度奖金也不是为取得合同发生的增量成本，这是因为该奖金发放与否以及发放金额还取决于其他因素（包括公司的盈利情况和个人业绩），并不能直接归属于可识别的合同。

企业因现有合同续约或发生合同变更需要支付的额外佣金，也属于为取得合同发生的增量成本。实务中，当涉及合同取得成本的安排比较复杂时，企业需要运用判断，对发生的合同取得成本进行恰当的会计处理，例如，合同续约或合同变更时需要支付额外的佣金、企业支付的佣金金额取决于客户未来的履约情况或者取决于累计取得的合同数量或金额等。

（三）摊销和减值

1. 摊销。对于确认为资产的合同履约成本和合同取得成本，企业应当采用与该资产相关的商品收入确认相同的基础（即在履约义务履行的时点或按照履约义务的履约进度）进行摊销，计入当期损益。

2. 减值。与合同成本有关的资产，其账面价值高于下列第一项减去第二项差额的，超出部分应当计提减值准备，并确认为资产减值损失。

（1）企业因转让与该资产相关的商品预期能够取得的剩余对价；

（2）为转让该相关商品估计将要发生的成本。

以前期间减值的因素之后发生变化，使得企业上述第一项减去第二项后的差额高于该资产账面价值的，应当转回原已计提的资产减值准备，并计入当期损益，但转回后的资产账面价值不应超过假定不计提减值准备情况下该资产在转回日的账面价值。

在确定与合同成本有关的资产的减值损失时，企业应当先对按照其他相关企业会计准则确认的、与合同有关的其他资产确定减值损失；然后，按照上一段的要求确定与合同成本有关的资 产的减值损失。企业测试相关资产组的减值情况时，应当将按照上述要求确定上述资产减值后的新账面价值计入相关资产组的账面价值。如图 11－2 所示。

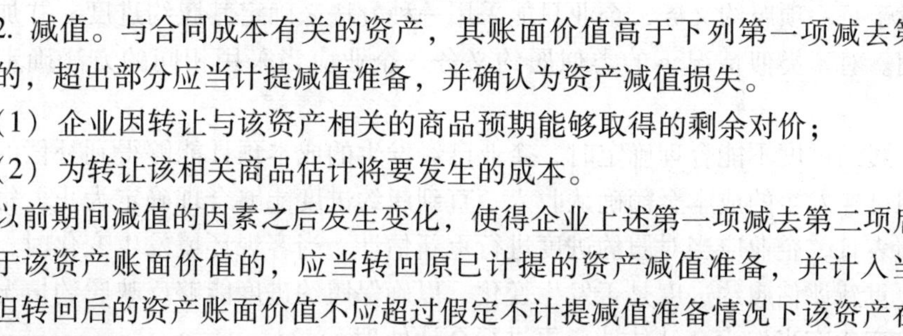

图 11－2　资产组的减值情况测试

四、关于一般交易的会计处理

（一）在某一时段内履行的履约义务的收入确认方法

对于在某一时段内履行的履约义务，企业应当在该段时间内按照履约进度确认收入，履约进度不能合理确定的除外。资产负债表日，企业应按照以下公式确定当日收入并结转当期成本：

$$\text{本期确认的收入}=\text{合同的交易价格总额}\times\text{本期末止履约义务的履约进度}-\text{以前期间已确认的收入}$$

$$\text{本期确认的成本}=\text{合同的预计总成本}\times\text{本期末止履约义务的履约进度}-\text{以前期间已确认的成本}$$

企业应当采用恰当的方法确定履约进度，以使其如实反映企业向客户转让商品的履约情况。企业应当考虑商品的性质，采用产出法或投入法确定恰当的履约进度，并且在确定履约进度时，应当扣除那些控制权尚未转移给客户的商品和服务。

对于每一项履约义务，企业只能采用一种方法来确定其履约进度，并加以一贯运用。对于类似情况下的类似履约义务，企业应当采用相同的方法确定履约进度。

当履约进度不能合理确定时，企业已经发生的成本预计能够得到补偿的，应当按照已经发生的成本金额确认收入，直到履约进度能够合理确定为止。每一资产负债表日，企业应当对履约进度进行重新估计。当客观环境发生变化时，企业也需要重新评估履约进度是否发生变化，以确保履约进度能够反映履约情况的变化，该变化应当作为会计估计变更进行会计处理。

1. 产出法。产出法主要是根据已转移给客户的商品对于客户的价值确定履约进度，主要包括按照实际测量的完工进度、评估已实现的结果、已达到的里程碑、时间进度、已完工或交付的产品等确定履约进度的方法。企业在评估是否采用产出法确定履约进度时，应当考虑所选择的产出指标是否能够如实地反映向客户转移商品的进度。

【例11－24】 2×19年9月1日，甲公司与客户签订合同，为该客户拥有的一条铁路更换100根铁轨，合同价格为10万元（不含税价）。甲公司于合同开始日预付5万元，其余价款于完工时全部支付。截至2×19年12月31日，甲公司共更换铁轨60根，剩余部分预计在2×20年3月31日之前完成。该合同仅包含一项履约义务，且该履约义务满足在某一时段内履行的条件。假定不考虑其他情况。

【解析】 本例中，甲公司提供的更换铁轨的服务属于在某一时段内履行的履约义务，甲公司按照已完成的工作量确定履约进度。因此，截至2×19年12月31日，该合同的履约进度为60%（60/100），甲公司应确认的收入为6万元（10

万元×60%）。

①2×19年9月1日，收到合同价款。

借：银行存款　　50 000

　　贷：合同负债　　50 000

②2×19年12月31日，确认收入。

应确认收入 $=100\,000\times\frac{60}{100}=60\,000$（元）

借：合同负债　　60 000

　　贷：主营业务收入　　60 000

③2×20年3月31日，项目完工，收到剩余价款并确认收入。

借：银行存款　　50 000

　　贷：合同负债　　50 000

应确认收入 $=100\,000-60\,000=40\,000$（元）

借：合同负债　　40 000

　　贷：主营业务收入　　40 000

产出法是根据能够代表向客户转移商品控制权的产出指标直接计算履约进度的，因此，通常能够客观地反映履约进度。但是，产出法下有关产出指标的信息有时可能无法直接观察获得，企业为获得这些信息需要花费很高的成本，这就可能需要采用投入法来确定履约进度。

2. 投入法。投入法主要是根据企业履行履约义务的投入确定履约进度，主要包括以投入的材料数量、花费的人工工时或机器工时、发生的成本和时间进度等投入指标确定履约进度。当企业从事的工作或发生的投入是在整个履约期间内平均发生时，按照直线法确认收入是合适的。

【例11-25】甲公司于2×20年12月1日接受一项设备安装任务，安装期为3个月，合同总收入600 000元，至年底已预收安装费440 000元，实际发生安装费用为280 000元（假定均为安装人员薪酬），估计还将发生安装费用120 000元。假定甲公司按实际发生的成本占估计总成本的比例确定安装的履约进度，不考虑增值税等其他因素。

【解析】甲公司的账务处理如下：

实际发生的成本占估计总成本的比例 $=280\,000/(280\,000+120\,000)\times100\%$
$=70\%$

2×20年12月31日确认的劳务收入 $=600\,000\times70\%-0=420\,000$（元）

①实际发生劳务成本时：

借：合同履约成本——设备安装　　280 000

　　贷：应付职工薪酬　　280 000

②预收劳务款时：

借：银行存款　　440 000

　　贷：合同负债——××公司　　440 000

③2×20年12月31日确认劳务收入并结转劳务成本：

借：合同负债——××公司　　420 000

　　贷：主营业务收入——设备安装　　420 000

借：主营业务成本——设备安装　　280 000

　　贷：合同履约成本——设备安装　　280 000

由于企业的投入与向客户转移商品的控制权之间未必存在直接的对应关系，因此，企业在采用投入法时，应当扣除那些虽然已经发生但是未导致向客户转移商品的投入。

实务中，企业通常按照累计实际发生的成本占预计总成本的比例（即成本法）确定履约进度，累计实际发生的成本包括企业向客户转移商品过程中所发生的直接成本和间接成本，如直接人工、直接材料、分包成本以及其他与合同相关的成本。企业在采用成本法确定履约进度时，可能需要对已发生的成本进行适当调整的情形有：一是已发生的成本并未反映企业履行其履约义务的进度；二是已发生的成本与企业履行其履约义务的进度不成比例。

对于施工中尚未安装、使用或耗用的商品（本段的商品不包括服务）或材料成本等，如果企业在合同开始日就能够预期将满足下列所有条件，那么企业在采用成本法时不应包括该商品的成本，而是应当按照其成本金额确认收入：一是该商品不构成单项履约义务；二是客户先取得该商品的控制权，之后才接受与之相关的服务；三是该商品的成本占预计总成本的比重较大；四是企业自第三方采购该商品，且未深入参与其设计和制造，对于包含该商品的履约义务而言企业是主要责任人。

【例11－26】 2×20年10月，甲公司与客户签订合同，为客户装修一栋办公楼并安装一部电梯，合同总金额为100万元。甲公司预计的合同总成本为80万元，其中包括电梯的采购成本30万元。2×20年12月，甲公司将电梯运达施工现场并经过客户验收，客户已取得对电梯的控制权，但是根据装修进度，预计到2×21年2月才会安装该电梯。截至2×20年12月，甲公司累计发生成本40万元，其中包括支付给电梯供应商的采购成本30万元以及因采购电梯发生的运输和人工等相关成本5万元。假定该装修服务（包括安装电梯）构成单项履约义务，并属于在某一时段内履行的履约义务，甲公司是主要责任人，但不参与电梯的设计和制造；甲公司采用成本法确定履约进度。上述金额均不含增值税。

【解析】 本例中，截至2×20年12月，甲公司发生成本40万元（包括电梯采购成本30万元以及因采购电梯发生的运输和人工等相关成本5万元），甲公司认为其已发生的成本和履约进度不成比例，因此需要对履约进度的计算作出调整，将电梯的采购成本排除在已发生成本和预计总成本之外。

在该合同中，该电梯不构成单项履约义务，其成本相对于预计总成本而言是重大的，甲公司是主要责任人，但是未参与该电梯的设计和制造，客户先取得了电梯的控制权，随后才接受与之相关的安装服务，因此，甲公司在客户取得该电梯控制权时，按照该电梯采购成本的金额确认转让电梯产生的收入。因此，

2×20 年 12 月：

履约进度 =（40 - 30）/（80 - 30）= 20%

应确认的收入 =（100 - 30）×20% + 30 = 44（万元）

应确认的成本 =（80 - 30）×20% + 30 = 40（万元）

（二）在某一时点履行的履约义务的收入确认方法

当一项履约义务不属于在某一时段内履行的履约义务时，应当属于在某一时点履行的履约义务。对于在某一时点履行的履约义务，企业应当在客户取得相关商品控制权时点确认收入。在判断客户是否已取得商品控制权时企业应当考虑下列迹象。

（1）企业就该商品享有现时收款权利，即客户就该商品负有现时付款义务。

（2）企业已将该商品的法定所有权转移给客户，即客户已拥有该商品的法定所有权。

（3）企业已将该商品实物转移给客户，即客户已实物占有该商品。

（4）企业已将该商品所有权上的主要风险和报酬转移给客户，即客户已取得该商品所有权上的主要风险和报酬。

（5）客户已接受该商品。

（6）其他表明客户已取得商品控制权的迹象。

需要强调的是，在上述判断客户是否已取得商品控制权的迹象中，并没有哪一个或哪几个迹象是决定性的，企业应当根据合同条款和交易实质进行分析，综合判断其是否将商品的控制权转移给客户以及何时转移的，从而确定收入确认的时点。此外，企业应当从客户的角度进行评估，而不应当仅考虑企业自身的看法。

当客户取得相关商品控制权时，企业应当按已收或预期有权收取的合同价款确认销售收入同时或在资产负债表日，按已销商品的账面价值结转销售成本。如果销售的商品已经发出，但客户尚未取得相关商品的控制权或者尚未满足收入确认的条件，则发出的商品应通过“发出商品”账户进行核算，企业不应确认销售收入。资产负债表日，“发出商品”账户的余额，应在资产负债表的“存货”项目中反映。

【例 11 - 27】 2×19 年 6 月 1 日，甲公司向乙公司销售商品一批，开具的增值税专用发票上注明售价为 400 000 元，增值税税额为 52 000 元；甲公司收到乙公司开出的不带息银行承兑汇票一张，票面金额为 452 000 元，期限为 2 个月。该批商品成本为 320 000 元，乙公司收到商品并验收入库。

【解析】 本例中甲公司已经收到乙公司开出的不带息银行承兑汇票，客户乙公司收到商品并验收入库，因此，销售商品为单项履约义务且属于在某一时点履行的履约义务。甲公司应编制如下会计分录：

借：应收票据	452 000	
贷：主营业务收入		400 000

应交税费——应交增值税（销项税额） 52 000

借：主营业务成本 320 000

贷：库存商品 320 000

【例11-28】 按〖例11-27〗中的资料，现假定甲公司向乙公司销售商品时，已知悉乙公司资金周转发生困难，近期内难以收回货款，但为了减少存货积压以及考虑到与乙公司长期的业务往来关系，仍将商品发运给乙公司并开出发票账单。乙公司于2×19年12月1日给甲公司开出、承兑一张面值452 000元、为期6个月的不带息商业汇票。2×20年6月1日，甲公司收回票款。

【解析】 本例与〖例11-27〗唯一不同的是，甲公司在向乙公司销售商品时已知悉乙公司资金周转发生困难这一重大不确定因素，即不能满足“企业因向客户转让商品而有权取得的对价很可能收回”的条件，因此，甲公司在发出商品时不能确认销售收入，而应待将来满足上列条件后再确认销售收入。甲公司的有关会计处理如下。

①2×19年6月1日，发出商品。

借：发出商品 320 000

贷：库存商品 320 000

借：应收账款——甲公司（应收销项税额） 52 000

贷：应交税费——应交增值税（销项税额） 52 000

②2×19年12月1日，收到乙公司开来的不带息商业汇票，甲公司判断已经满足“企业因向客户转让商品而有权取得的对价很可能收回”的条件，因而据以确认销售收入。

借：应收票据 452 000

贷：主营业务收入 400 000

应收账款——甲公司（应收销项税额） 52 000

借：主营业务成本 320 000

贷：发出商品 320 000

③2×20年6月1日，收回票款。

借：银行存款 452 000

贷：应收票据 452 000

五、销售折扣、折让与退回的会计处理

（一）销售折扣

销售折扣即商品销售折扣，是指企业在赊销和商业信用的情况下，为了推销商品和及早收回销售货款，而给予购货方的一种价格优惠。销售折扣分为商业折扣和现金折扣。

1. 商业折扣。商业折扣是指企业为促进商品销售而给予的价格扣除。商业

折扣在销售前即已发生，其不构成最终成交价格的一部分，因此，销售商品确认收入的金额应是扣除商业折扣后的金额。

2. 现金折扣。企业赊销的商品如果附有现金折扣的条件，则其对价为可变对价，企业应根据最可能收取的对价确认营业收入；资产负债表日，应重新估计可能收到的对价，按其差额调整营业收入。

【例 11－29】甲公司根据发生的附有现金折扣的赊销业务，编制会计分录如下：

①2×20 年 11 月 20 日，甲公司与乙公司签订合同，当日采用赊销方式销售甲产品 30 件，价款 30 000 元，增值税 3 900 元，该批产品成本 22 000 元；现金折扣（合同约定按照不含增值税的价款计算）的条件为"2/30，1/60，n/90"，甲公司估计乙公司能够在 12 月 20 日之前付款，取得现金折扣 600 元，因而甲公司确认营业收入 29 400 元；当日，甲公司开具了增值税专用发票，乙公司收到商品。

借：应收账款　33 300
　贷：主营业务收入　29 400
　　应交税费——应交增值税（销项税额）　3 900

同时结转成本：

借：主营业务成本　22 000
　贷：库存商品　22 000

②2×20 年 12 月 31 日，乙公司尚未支付货款；甲公司与乙公司沟通后，估计乙公司能够在 2×21 年 1 月 20 日前支付货款，只能取得 300 元现金折扣，甲公司调增营业收入 300 元。

借：应收账款　300
　贷：主营业务收入　300

③2×21 年 1 月 18 日，甲公司收到乙公司支付的全部货款 33 600 元。

借：银行存款　33 600
　贷：应收账款　33 600

（二）销售折让

销售折让，是指企业因售出商品的质量不合格等原因而给予客户的价格减让。销售折让可能发生在企业确认收入之前，也可能发生在企业确认收入之后。如果销售折让发生在企业确认收入之前，企业应直接从原定的销售价格中扣除给予客户的销售折让作为实际销售价格，并据以确认收入；如果销售折让发生在企业确认收入之后，企业应按实际给予客户的销售折让，冲减当期销售收入。销售折让属于资产负债表日后事项的，应当按照资产负债表日后事项的相关规定进行会计处理。

【例 11－30】2×20 年 12 月 20 日，甲公司向乙公司销售商品一批，开具的增值税专用发票上注明售价为 400 000 元，增值税税额为 52 000 元；该批商品成本为 320 000 元。

(1) 假定合同约定验货付款，甲公司于乙公司验货并付款后向其开具发票账单。2×20年12月22日，乙公司在验货时发现产品有质量问题，要求甲公司给予10%的价格折让，甲公司同意予以折让，乙公司按折让后的金额支付货款。

在验货付款销售方式下，甲公司在乙公司验货并付款之前，无法判断客户是否会接受该批商品，也无法判断因向客户转让商品而取得的对价是否很有可能收回，因此，在发出商品时不能确认收入；待乙公司验货付款后，甲公司按照折让后的价格向乙公司开具发票，并确认销售收入。甲公司应编制如下会计分录。

①2×20年12月20日，甲公司发出商品。

借：发出商品　　320 000

　　贷：库存商品　　320 000

②2×20年12月22日，乙公司按照折让后的价格付款。

实际销售价格 = 400 000 ×（1 – 10%）= 360 000（元）

增值税销项税额 = 400 000 ×（1 – 10%）×13% = 46 800（元）

借：银行存款　　406 800

　　贷：主营业务收入　　360 000

　　　　应交税费——应交增值税（销项税额）　　46 800

借：主营业务成本　　320 000

　　贷：发出商品　　320 000

(2) 假定合同约定付款提货，甲公司于乙公司验付款后向其开具发票账单。2×20年12月22日，乙公司在验货时发现产品有质量问题，要求甲公司给予10%的价格折让，甲公司同意予以折让，并退回多收货款。

①2×20年12月20日，甲公司开具发票，确认销售收入并结转相应成本。

借：银行存款　　452 000

　　贷：主营业务收入　　400 000

　　　　应交税费——应交增值税（销项税额）　　52 000

借：主营业务成本　　320 000

　　贷：库存商品　　320 000

②2×20年12月22日，甲公司退回多收货款并冲减当期销售收入。

借：主营业务收入　　40 000

　　应交税费——应交增值税（销项税额）　　5 200

　　贷：银行存款　　45 200

(3) 假定合同约定付款提货，甲公司于乙公司验付款后向其开具发票账单。2×21年1月2日，乙公司在验货时发现产品有质量问题，要求甲公司给予10%的价格折让，甲公司同意予以折让，并退回多收货款。甲公司按照净利润的10%提取法定盈余公积，所得税税率25%。

乙公司提出折让货款时已经是2×21年1月2日，属于资产负债表日后事项。甲公司应编制如下会计分录。

①2×20年12月20日，甲公司开具发票，确认销售收入并结转相应成本。

借：银行存款　452 000
　贷：主营业务收入　400 000
　　应交税费——应交增值税（销项税额）　52 000
借：主营业务成本　320 000
　贷：库存商品　320 000

②2×21年1月2日，甲公司退回多收货款。

销售价格折让=400 000×10%=40 000（元）

增值税额折让=40 000×13%=5 200（元）

销售折让影响所得税金额=40 000×25%=10 000（元）

销售折让影响净利润净额=40 000-10 000=30 000（元）

销售折让影响提取法定盈余公积金额=30 000×10%=3 000（元）

借：以前年度损益调整　40 000
　应交税费——应交增值税（销项税额）　5 200
　贷：银行存款　45 200
借：应交税费——应交所得税　10 000
　贷：以前年度损益调整　10 000
借：利润分配——未分配利润　30 000
　贷：以前年度损益调整　30 000
借：盈余公积——提取法定盈余公积　3 000
　贷：利润分配——未分配利润　3 000

（三）销售退回

销售退回是指企业售出的商品由于质量、规格等方面不符合销售合同规定条款的要求等原因而发生的退货。企业销售商品发生退货，表明企业履约义务的减少和客户商品控制权及其相关经济利益的丧失。已确认销售收入的售出商品发生销售退回的，除属于资产负债表日后事项的以外，企业在收到退回的商品时，应冲减当期销售收入，同时冲减增值税销项税额，借记“主营业务收入”“应交税费——应交增值税（销项税额）”等账户，贷记“银行存款”等账户。在收到退回商品验收入库时，按照商品成本，借记“库存商品”账户，贷记“主营业务成本”账户。如果该项销售退回已发生现金折扣，应同时调整相关财务费用的金额。

【例11-31】甲公司2×20年5月20日销售A商品一批，增值税专用发票上注明售价为350 000元，增值税税额为45 500元，该批商品成本为182 000元。A商品于2×20年5月20日发出，客户于5月27日付款。该项业务属于在某一时点履行的履约义务并确认销售收入。2×20年9月16日，该商品质量出现严重问题，客户将该批商品全部退回给甲公司。甲公司同意退货，于退货当日支付了退货款，并按规定向客户开具了增值税专用发票（红字）。假定不考虑其他因素，甲公司应编制如下会计分录。

①2×20 年 5 月 20 日确认收入时：

借：应收账款　　395 500

　贷：主营业务收入　　350 000

　　　应交税费——应交增值税（销项税额）　　45 500

借：主营业务成本　　182 000

　贷：库存商品　　182 000

②2×20 年 5 月 27 日收到货款时：

借：银行存款　　395 500

　贷：应收账款　　395 500

③2×20 年 9 月 16 日销售退回时：

借：主营业务收入　　350 000

　　应交税费——应交增值税（销项税额）　　45 500

　贷：银行存款　　395 500

借：库存商品　　182 000

　贷：主营业务成本　　182 000

六、关于特定交易的会计处理

（一）合同中存在的重大融资成分的销售

合同中存在重大融资成分的，企业在确定该重大融资成分的金额时，应使用将合同对价的名义金额折现为商品现销价格的折现率。该折现率一经确定，不得因后续市场利率或客户信用风险等情况的变化而变更。企业确定的交易价格与合同承诺的对价金额之间的差额，应当在合同期间内采用实际利率法摊销。

【例 11－32】 2×18 年 1 月 1 日，A 公司与 B 公司签订一项购货合同，B 公司向 A 公司销售其生产的一台大型设备。合同约定，B 公司采用分期收款方式销售商品。该设备合同价款共计 4 000 000 元，A 公司在 2×18 年至 2×22 年的 5 年内每年支付 800 000 元，每年的付款日期分别为当年 12 月 31 日。

2×18 年 1 月 1 日，商品已经发出，该大型设备的成本为 1 656 789 元。在现销方式下，该大型设备的销售价格为 3 032 632 元。假定 A 公司与 B 公司均为增值税一般纳税人，该设备适用的增值税税率为 13%。假定收到货款时开出增值税专用发票。

【解析】 根据资料，B 公司应当确认的销售商品收入金额为 3 032 632 元。根据公式：未来五年收款额的现值＝现销方式下应收款项金额，可以得出：

$$800\ 000 \times (P/A,\ r,\ 5) = 3\ 032\ 632$$

可在多次测试的基础上，用插值法计算出折现率 r＝10%，融资收益分配表如表 11－2 所示。

表 11-2　　融资收益分配表（实际利率法）　　单位：元

日期	分期应收款 ②	应分配融资收益 ③=期初⑤×10%	应收本金减少额 ④=②-③	应收本金余额期末 ⑤=期初⑤-④
2018-01-01				3032 632
2018-12-31	800 000	303 263	496 737	2535 895
2019-12-31	800 000	253 590	546 410	1989 485
2020-12-31	800 000	198 949	601 051	1388 434
2021-12-31	800 000	1 38 843	661 157	727 277
2022-12-31	800 000	72 723	727 277	0
合计	4 000 000	967 368	3032 632	——

B 公司相关会计处理如下。

①2×18 年 1 月 1 日销售实现时：

借：长期应收款　　4 520 000

　贷：主营业务收入　　3 032 632

　　未实现融资收益　　967 368

　　应交税费——待转销项税额　　520 000

借：主营业务成本　　1 656 789

　贷：库存商品　　1 656 789

②2×18 年 12 月 31 日：

确认的融资收益 =（4 000 000 - 967 368）×10% = 303 263. 20（元）

借：未实现融资收益　　303 263. 20

　贷：财务费用　　303 263. 20

借：银行存款（4 520 000/5）　　904 000

　应交税费——待转销项税额（800 000×13%）　　104 000

　贷：长期应收款　　904 000

　　应交税费——应交增值税（销项税额）　　104 000

③2×19 年 12 月 31 日：

确认的融资收益 =［（4 000 000 - 800 000）-（967 368 - 303 263. 20）］×10%
= 253 589. 52（元）

借：未实现融资收益　　253 589. 52

　贷：财务费用　　253 589. 52

借：银行存款　　904 000

　应交税费——待转销项税额　　104 000

　贷：长期应收款　　904000

　　应交税费——应交增值税（销项税额）　　104 000

以后期间的账务处理与 2×19 年 12 月 31 日的账务处理类似，此处略。

【例 11-33】 2×18 年 12 月 31 日，A 公司与 B 公司签订合同，向其销售一批产品。合同约定，该批产品将于 2 年之后交货。合同中包含两种可供选择的付款方式，即B公司可以在2年后交付产品时支付2 247.2万元，或者在合同签订时支付2 000万元。B公司选择在合同签订时支付货款。A公司的增量借款利率为6%。该批产品的控制权在交货时转移。A公司于2×18年12月31日收到B公司支付的货款。A公司和B公司均为增值税一般纳税人，A公司收到B公司支付的款项时纳税义务已经发生。A公司和B公司的增值税税率为13%。A公司的账务处理如下（单位：万元）。

①2×18年12月31日收到货款：

借：银行存款　　2 260

　贷：合同负债　　2 000

　　应交税费——应交增值税（销项税额）　　260

②2×19年12月31日确认融资成分的影响：

借：财务费用（2 000×6%）　　120

　贷：合同负债　　120

③2×20年12月31日交付产品，按照合同负债摊余成本乘以实际利率计算财务费用：

借：财务费用（2 120×6%）　　127.2

　贷：合同负债　　127.2

借：合同负债　　2 247.2

　贷：主营业务收入　　2 247.2

（二）附有销售退回条款的销售

企业将商品控制权转让给客户之后，可能会因为各种原因（例如，客户对所购商品的款式不满意等）允许客户依照有关合同、法律要求、声明或承诺、以往的习惯做法等选择退货，此销售为附有销售退回条款的销售。

企业应当在客户取得相关商品控制权时，按照因向客户转让商品而预期有权收取的对价金额（即不包含预期因销售退回将退还的金额）确认收入，按照预期因销售退回将退还的金额确认负债；同时，按照预期将退回商品转让时的账面价值，扣除收回该商品预计发生的成本（包括退回商品的价值减损）后的余额，确认一项资产，按照所转让商品转让时的账面价值，扣除上述资产成本的净额结转成本。每一资产负债表日，企业应当重新估计未来销售退回情况，并对上述资产和负债进行重新计量。如有变化，应当作为会计估计变更进行会计处理。

【例11-34】甲公司是一家健身器材销售公司，2×20年10月1日，甲公司向乙公司销售5 000件健身器材，单位销售价格为500元，单位成本为400元，开出的增值税专用发票上注明的销售价格为250万元，增值税为32.5万元。健身器材已经发出，但款项尚未收到。根据协议约定，乙公司应于2×20年12月1日之前支付货款，在2×21年3月31日之前有权退还健身器材。甲公司根据过去经验，估计该批健身器材的退货率约为20%。2×20年12月31日，甲公司对退货率进行了重新评估，认为只有10%的健身器材会被退回。甲公司为增值税的一般纳税人，健身器材发出时纳税义务已经发生，实际发生退回时取得税务机关开具的红字增值税专用发票。假定健身器材发出时控制权转移给乙公司，则甲公司的账务处理如下：

①2×20年10月1日，发出健身器材时：

借：应收账款　2 825 000
　贷：主营业务收入　2 000 000
　　预计负债——应付退货款　500 000
　　应交税费——应交增值税（销项税额）　325 000

借：主营业务成本　1 600 000
　应收退货成本　400 000
　贷：库存商品　2 000 000

②2×20年12月1日前收到货款：

借：银行存款　2 825 000
　贷：应收账款　2 825 000

③2×20年12月31日，甲公司对退货率进行重新估计：

借：预计负债——应付退货款　250 000
　贷：主营业务收入　250 000

借：主营业务成本　200 000
　贷：应收退货成本　200 000

④2×21年3月31日发生销售退回，假定实际退货量为400件，退货款项已经支付：

借：库存商品　160 000
　应交税费——应交增值税（销项税额）　26 000
　预计负债——应付退货款　250 000
　贷：应收退货成本　160 000
　　主营业务收入　50 000
　　银行存款　226 000

借：主营业务成本　40 000
　贷：应收退货成本　40 000

需要注意的是，客户以一项商品换取类型、质量、状况及价格均相同的另一项商品，不应被视为退货。此外，如果合同约定客户可以将质量有瑕疵的商品退回以换取正常的商品，企业应当按照附有质量保证条款的销售进行会计处理。对于具有类似特征的合同组合，企业也可以在确定退货率、坏账率、合同存续期间等方面运用组合法进行估计。

（三）附有质量保证条款的销售

对于附有质量保证条款的销售，企业应当评估该质量保证是否在向客户保证所销售商品符合既定标准之外提供了一项单独服务。企业提供额外服务的，应当作为单项履约义务进行会计处理，否则，质量保证责任应当按照《企业会计准则第13号——或有事项》的规定进行会计处理。

【例11-35】甲公司与客户签订合同，销售一部手机，该手机自售出起一年内如果发生质量问题，甲公司负责提供质量保证服务。此外，在此期间，由于客户使用不当（例如手机进水）等原因造成的产品故障，甲公司也免费提供维修服务。该维修服务不能单独购买。

【解析】本例中，甲公司针对产品的质量问题提供的质量保证服务是为了向客户保证所销售商品符合既定标准，因此，不构成单项履约义务；甲公司对由于客户使用不当而导致的产品故障提供的免费维修服务，属于在向客户保证所销售商品符合既定标准以外提供的单独服务，尽管没有单独销售，该服务与手机可明确区分，应该作为单项履约义务。因此，在该合同下，甲公司的履约义务有两项：销售手机和提供维修服务。甲公司解析应当按照其各自单独售价的相对比例，将交易价格分摊至这两项履约义务，并在各项履约义务履行时分别确认收入。

【例11-36】A公司为一家精密仪器生产和销售企业。A公司与B公司签订一项精密仪器的销售合同，合同约定A公司向B公司销售一批精密仪器，售价为780万元。A公司承诺该批仪器售出后1年内如出现非意外事件造成的故障或质量问题，A公司免费负责保修（含零部件的更换），同时A公司还向B公司提供一项延保服务，即在法定保修期1年之外，延长保修期3年。该批精密仪器和延保服务的单独标价分别为700万元和80万元。A公司根据以往经验估计在法定保修期（1年）内将发生的保修费用为20万元。该批精密仪器的成本为500万元。合同签订当日，A公司将该批仪器交付给B公司，同时B公司向A公司支付了780万元价款。假定不考虑相关税费及货币时间价值因素。

【解析】A公司的会计处理如下（金额单位：万元）：

借：银行存款	780	
贷：主营业务收入		700
合同负债		80
借：主营业务成本	500	
贷：库存商品		500
借：销售费用	20	
贷：预计负债		20

A公司确认的延保服务收费80万元应当在延保期间根据延保服务进度确认为收入。

（四）主要责任人和代理人

企业应当根据其在向客户转让商品前是否拥有对该商品的控制权来判断其从事交易时的身份是主要责任人还是代理人。企业在向客户转让商品前能够控制该商品的，该企业为主要责任人，应当按照已收或应收对价总额确认收入；否则，该企业为代理人，应当按照预期有权收取的佣金或手续费的金额确认收入，该金额应当按照已收或应收对价总额扣除应支付给其他相关方的价款后的净额，或者按照既定的佣金金额或比例等确定。

企业向客户转让商品前能够控制该商品的情形包括：（1）企业自第三方取得商品或其他资产控制权后，再转让给客户；（2）企业能够主导第三方代表本企业向客户提供服务；（3）企业自第三方取得商品控制权后，通过提供重大的服务将该商品与其他商品整合成某组合产出转让给客户。

在具体判断向客户转让商品前是否拥有对该商品的控制权时，企业不应仅局限于合同的法律形式，而应当综合考虑所有相关事实和情况，这些事实和情况包括：（1）企业承担向客户转让商品的主要责任；（2）企业在转让商品之前或之后承担了该商品的存货风险；（3）企业有权自主决定所交易商品的价格；（4）其他相关事实和情况。

（五）附有客户额外购买选择权的销售

企业在销售商品的同时，有时会向客户授予选择权，允许客户据此免费或者以折扣的价格购买额外商品，这种情况称为附有客户额外购买选择权的销售。企业向客户授予的额外购买选择权的形式包括销售激励（如免费维护服务）、客户奖励积分、未来购买商品的折扣券、合同续约选择权以及对软件和设备使用的培训等。

对于附有客户额外购买选择权的销售，企业应当评估该选择权是否向客户提供了一项重大权利。如果客户只有在订立一项合同的前提下才取得了额外购买选择权，并且客户行使该选择权购买额外商品时，能够享受超过该地区或该市场中其他同类客户所能够享有的折扣，则通常认为该选择权向客户提供了一项重大权利，应当将其原购买的商品单独区分，作为单项履约义务，企业应按照各单项履约义务的单独售价的相对比例，将交易价格分摊至各单项履约义务。其中，分摊至重大选择权的交易价格与未来的商品相关，企业应当在客户未来行使选择权取得相关商品的控制权时，或者在该选择权失效时确认为收入。在考虑授予客户的该项权利是否重大时，应根据其金额和性质综合判断。

当企业向客户提供了额外购买选择权，但是客户在行使该选择权购买商品的价格反映了该商品的单独售价时，即使客户只能通过与企业订立特定合同才能获得该选择权，该选择权也不应该被视为企业向客户提供了一项重大权利，企业无须分摊交易价格，只有在客户行使选择权购买了额外商品时才需要进行相应的会计处理。

【例 11 – 37】 2×19 年 1 月 1 日，甲公司开始推行一项奖励积分计划。根据该计划，客户在甲公司每消费 10 元可获得 1 个积分，每个积分从次月开始在购买时可以抵减 1 元。截至 2×19 年 1 月 31 日，客户共消费 100 000 元，可获得 10 000 个积分，根据历史经验，甲公司估计该积分的兑换率为 95%，上述金额均不包含增值税，且假定不考虑相关税费影响。

在本例中，甲公司认为其授予客户的积分为客户提供了一项重大权利，应当作为单项履约义务。客户购买商品的单独售价合计为100 000元，考虑积分的兑换率，甲公司估计积分的单独售价为9 500元（1×10 000×95%）。因此，甲公司按照商品和积分单独售价的相对比例对交易价格进行分摊。

商品分摊的交易价格＝［100 000/（100 000＋9 500）］×100 000＝91 324（元）

积分分摊的交易价格＝［9 500/（100 000＋9 500）］×100 000＝8 676（元）

甲公司应当在商品的控制权转移时确认收入91 324元，同时确认合同负债8 676元。

借：银行存款　　100 000
　贷：主营业务收入　　91 324
　　　合同负债　　8 676

截至2×19年12月31日，客户共兑换了4 500个积分，甲公司对该积分的兑换率进行了重新估计，仍然预计客户总共将会兑换9 500个积分。因此，甲公司以客户兑换的积分数占预期将兑换的积分总数的比例为基础确认收入。积分当年应当确认的收入为4 110元（4 500/9 500×8 676）；剩余未兑换的积分为4 566元（8 676－4 110），仍然作为合同负债。

借：合同负债　　4 110
　贷：主营业务收入　　4 110

截至2×20年12月31日，客户累计兑换了8 500个积分。甲公司对该积分的兑换率重新进行估计，预计客户总共将会兑换9 700个积分，积分当年应当确认的收入为3 493元［（8 500/9 700×8 676）－4 110］；剩余未兑换的积分为1 073元（8 676－4 110－3 493），仍然作为合同负债。

借：合同负债　　3 493
　贷：主营业务收入　　3 493

（六）涉及知识产权许可的销售业务处理

授予知识产权许可，是指企业授予客户对企业拥有的知识产权享有相应权利。常见的知识产权包括软件和技术、影视和音乐等的版权、特许经营权以及专利权、商标权和其他版权等。

企业向客户授予知识产权许可的，应当按照会计准则的规定评估该知识产权许可是否构成单项履约义务，构成单项履约义务的，应当进一步确定其是在某一时段内履行还是在某一时点履行。企业向客户授予的知识产权许可，同时满足下列三项条件的，应当作为在某一时段内履行的履约义务确认相关收入；否则，应当作为在某一时点履行的履约义务确认相关收入。

（1）根据合同要求或客户合理预期企业将开展活动对授予客户的知识产权产生重大影响。企业从事的活动存在下列情况之一的，将会对该项知识产权有重大影响：一是这些活动预期将显著改变该项知识产权的形式（如知识产权的设计、内容）或者功能（如执行某任务的能力）；二是客户从该项知识产权中获益的能力在很大程度上来源于或者取决于这些活动。

（2）许可证所授予客户的权利使其直接受到主体活动正面或负面的影响。

（3）企业在开展这些活动时并未向客户转让商品或服务。

企业向客户授予知识产权许可，并约定按客户实际销售或使用情况收取特许权使用费的，应当在下列两项孰晚的时点确认收入：一是客户后续销售或使用行为实际发生；二是企业履行相关履约义务。

【例 11－38】 甲公司为一家有名的快餐连锁企业，2×21 年 1 月 1 日，甲公司授权加盟店在指定的地点经营快餐店，该快餐店将使用甲公司的品牌，并有权在未来 5 年内销售甲公司的产品。甲公司将开展活动以维护其品牌形象，包括改进产品、市场营销等，甲公司将要开展的活动并不导致向加盟店转移商品或服务。甲公司一次性收取 5 年的固定品牌使用费 500 万元。

问题：甲公司应当何时确认收入？

【解析】 甲公司应当在 5 年内分期确认收入。理由如下：

① 甲公司将开展活动以维护其品牌形象，包括改进产品、市场营销等。

② 甲公司的品牌价值会受上述活动的影响。

③ 甲公司将要开展的活动并不导致向加盟店转移商品或服务。

【例 11－39】 甲企业是一家音乐唱片公司，其向客户授予针对一张 1975 年录制的某一著名管弦乐团所演奏的古典交响乐的唱片许可证。该客户是一家消费品公司，其拥有在 2 年内所有商业渠道（包括电视、广播和网络广告）使用该交响乐唱片的权利。甲企业因提供许可证而每月收取 10 万元的固定对价，共计 240 万元。该份合同未包括甲企业提供的其他商品或服务。该合同不可撤销。

思考：甲企业如何确认收入？

【答案】

① 企业只有一项履约义务是授予该许可。

② 企业没有任何合同义务或隐含义务改变已获许可的唱片，客户有权拥有的知识产权是不变的。从而，企业判定其转移许可的承诺的性质是向客户提供在授予许可的某一时点存在的企业知识产权的使用权。因此，授予许可的承诺是一项在某一时点履行的履约义务。

③ 企业的履约（在期初）和客户的按月付款之间的时间长度超过 2 年（不可撤销），企业应考虑以确定是否存在重大融资成分。

【例 11－40】 甲企业是一家知名运动队，就其名称和队徽向客户授予许可证。客户为一家服装设计公司，有权在 1 年内在包括 T 恤、帽子、杯子和毛巾的各个项目上使用该运动队的名称和队徽。因提供许可证，企业将收取固定对价 200 万元以及按使用队名和队徽的项目的售价 5% 收取特许权使用费。客户预期企业将继续参加比赛并保持队伍的竞争力。

思考：该企业如何确认收入？

【答案】

① 企业只有一项转让许可证的履约义务，因为与许可证相关的额外活动并不

会直接向客户转让商品或服务，这些活动是企业授予许可证的承诺的一部分，其实际上改变了客户享有相关权利的知识产权。

②企业转让许可证的承诺的性质是为客户提供获得于整个许可证有效期内存在的企业知识产权的权利，企业应作为一段时间内履行的履约义务。

原因有三点：一是客户合理预期企业将开展对授予客户的知识产权（队名和队徽）产生重大影响的活动（继续比赛保持竞争力）；二是许可证所授予客户的权利（队名和队徽的使用）使其直接受到企业活动正面或负面的影响；三是企业在开展这些活动（参加比赛）时并未向客户转让商品或服务。

③对于基于销售的特许使用费收入（5%），企业应当在下列两项孰晚的时点确认收入：一是客户后续销售或使用行为实际发生；二是企业履行相关履约义务，即企业应在客户使用队名或队徽的项目销售发生时确认收入。

【例 11－41】 2×19 年 1 月 1 日，集思公司向乙公司授予其使用集思公司专利权的许可，协议约定使用期限为 5 年，每年年末乙公司向集思公司支付专利权使用费 100 000 元。2×20 年，集思公司对该专利权应计提的摊销额为 60 000 元，每月计提金额为 5 000 元。假定不考虑税费等其他因素。

①2×20 年年末，集思公司确认 A 专利权使用费收入时：

借：银行存款	100 000	
贷：其他业务收入		100 000

②2×20 年，集思公司每月计提专利权摊销额时：

借：其他业务成本	5 000	
贷：累计摊销		5 000

（七）预收销售商品款项的销售业务处理

企业因销售商品向客户收取的预收款，赋予了客户一项在未来从企业取得该商品的权利，并使企业承担了向客户转让该商品的义务。因此，企业应当将预收的款项确认为合同负债，待未来履行了相关履约义务，即向客户转让相关商品时，再将该负债转为收入。

某些情况下，企业收取的预收款无须退回，但是，客户可能会存在放弃其全部或部分合同权利，例如，放弃储值卡的使用等。企业预期将有权获得与客户所放弃的合同权利相关的金额，应当按照客户行使合同权利的模式按比例将上述金额确认为收入；否则，企业只有在客户要求其履行剩余履约义务的可能性极低时，才能将相关负债余额转为收入。企业在确定其是否预期将有权获得与客户所放弃的合同权利相关的金额时，应当考虑将估计的可变对价收入交易价格的限制要求。

【例 11－42】 甲公司经营连锁面包店，2×20 年，甲公司向客户销售了 5 000 张储值卡，每张卡的面值为 200 元，总额为 100 万元。客户可在甲公司经营的任何一家门店使用该储值卡进行消费。根据历史经验，甲公司预期客户购买的储值卡中将有大约相当于储值卡面值金额 5%（即 50 000 元）的部分不会被消费。截至2×20年12月31日，客户使用该储值卡消费的金额为400 000元。假定甲公司为增值税一般纳税人，在客户使用该储值卡消费时发生增值税纳税义务。

在本例中，甲公司预期将有权获得与客户未行使的合同权利相关的金额为50 000元，该金额应当按照客户行使合同权利的模式按比例确认收入。因此，甲公司在2×20年销售的储值卡应当确认的收入金额为372 613元［（400 000 + 50 000×400 000/950 000）/（1+13%）］。甲公司的账务处理如下。

①销售储值卡时：

借：库存现金　　1 000 000

　　贷：合同负债　　884 956

　　　　应交税费——待转销项税额　　115 044

②根据储值卡的消费金额确认收入，同时将对应的待转销项税额确认为销项税额：

借：合同负债　　372 613

　　应交税费——待转销项税额　　46 017

　　贷：主营业务收入　　372 613

　　　　应交税费——应交增值税（销项税额）　　46 017

（八）委托代销安排和售后代管商品安排

1. 委托代销安排。这一安排是指委托方和受托方签订代销合同或协议，委托受托方向终端客户销售商品的过程。在这种安排下，企业应当评估受托方在企业向其转让商品时是否已获得对该商品的控制权，如果没有，企业不应在此时确认收入，通常应当在受托方售出商品时确认销售商品收入；受托方应当在销售商品后，按合同或协议约定的方法计算确定的手续费确认收入。表明一项安排是委托代销安排的迹象包括但不限于：一是在特定事件发生之前（例如，向最终客户出售产品或指定期间到期之前），企业拥有对商品的控制权；二是企业能够要求将委托代销的商品退回或者将其销售给其他方（如其他经销商）；三是尽管受托方可能被要求向企业支付一定金额的押金，但是，其并没有承担对这些商品无条件付款的义务。

【例11-43】A公司委托B公司销售商品100件，商品已经发出，每件成本为50元。合同约定B公司应按每件80元对外销售，A公司按合同售价的8%向B公司支付手续费。当年B公司对外实际销售80件，开出的增值税专用发票上注明的销售价款为6 400元，增值税税额为832元，款项已经收到。A公司收到B公司开具的代销清单时，向B公司开具一张相同金额的增值税专用发票。A公司和B公司均为增值税一般纳税人，销售商品适用的增值税税率均为13%。假定A公司发出商品时纳税义务尚未发生，手续费增值税税率为6%，不考虑其他因素。

根据上述资料，A公司的账务处理如下。

①发出商品时：

借：发出商品——B公司　　5 000

贷：库存商品　　5 000

②收到代销清单时：

借：应收账款——B 公司　　7 232

贷：主营业务收入　　6 400

应交税费——应交增值税（销项税额）　　832

借：主营业务成本　　4 000

贷：发出商品——B 公司　　4 000

借：销售费用——代销手续费　　512

应交税费——应交增值税（进项税额）　　30.72

贷：应收账款——B 公司　　542.72

③收到 B 公司支付的货款时：

借：银行存款　　6 689.28

贷：应收账款　　6 689.28

B 公司的账务处理如下：

①收到商品时：

借：受托代销商品——A 公司　　8 000

贷：受托代销商品款——A 公司　　8 000

②对外销售时：

借：银行存款　　7 232

贷：受托代销商品——A 公司　　6 400

应交税费——应交增值税（销项税额）　　832

③收到增值税专用发票时：

借：受托代销商品款　　6 400

应交税费——应交增值税（进项税额）　　832

贷：应付账款　　7 232

④支付货款并计算代销手续费时：

借：应付账款——A 公司　　7 232

贷：银行存款　　6 689.28

其他业务收入——代销手续费　　512

应交税费——应交增值税（销项税额）　　30.72

2. 售后代管商品安排。实务中，可能会因为缺乏足够的仓储空间或生产进度延迟而要求与销售方订立此类合同。在这种情况下，尽管企业仍然持有商品的实物，但是，当客户已经取得了对该商品的控制权时，即使客户决定暂时不行使实物占有的权利，其依然有能力主导该商品的使用并从中获得几乎全部的经济利益。因此，企业不再控制该商品，而只是向客户提供了代管服务。

在售后代管商品安排下，企业除了考虑客户是否取得商品控制权的迹象之外，还应当同时满足下列条件，才表明客户取得了该商品的控制权：一是该安排必须具有商业实质，例如该安排是应客户的要求而订立的；二是属于客户的商品必须能够单独识别，例如将属于客户的商品单独存放在指定地点；三是该商品可以随时交付给客户；四是企业不能自行使用该商品或将该商品提供给其他客户。越是通用的、可以和其他商品互相替换的商品，可能越难满足上述条件。

【例11-44】 2×19年1月1日，甲公司与乙公司签订合同，向其销售一台设备和专用零部件。该设备和零部件的制造期为2年。甲公司在完成设备和零部件的生产之后，能够证明其符合合同约定的规格。假定企业向客户转让设备和零部件为两个单项履约义务，且都属于在某一时点履行的履约义务。2×20年12月31日，乙公司支付了该设备和零部件的合同价款，并对其进行了验收。乙公司运走了设备，但是考虑到其自身的仓储能力有限，且其工厂紧邻甲公司的仓库，因此，要求将零部件存放于甲公司的仓库中，并且要求甲公司按照其指令随时安排发货。乙公司已拥有零部件的法定所有权，且这些零部件可明确识别为属于乙公司的物品。甲公司在其仓库内的单独区域内存放这些零部件，并且应乙公司的要求可随时发货，甲公司不能使用这些零部件，也不能将其提供给其他客户使用。

【解析】 本例中，2×20年12月31日，该设备的控制权转移给乙公司；对于零部件而言，甲公司已经收取合同价款，但是应乙公司的要求尚未发货，乙公司已拥有零部件的法定所有权并且对其进行了验收，虽然这些零部件实物尚由甲公司持有，但是其满足在“售后代管商品”安排下客户取得商品控制权的条件，这些零部件的控制权也已经转移给了乙公司。因此，甲公司应当确认销售设备和零部件的相关收入。除销售设备和零部件履约义务，甲公司需要将部分交易价格分摊至该项服务，并在提供该项服务的期间确认收入。

（九）售后回购销售业务处理

对于企业的售后回购业务，根据回购价格与原售价的关系，将其细分为租赁交易和融资交易；同时，对于企业负有应客户要求回购商品义务的，企业应当根据客户是否具有行使该要求权的重大经济动因这一经济实质，辨别是将其作为租赁或融资交易处理，还是将其作为附有销售退回条款的销售交易。

1. 企业应当作为租赁交易或融资交易进行相应的会计处理。企业因存在与客户的远期安排而负有回购义务或企业享有回购权利的，表明客户在销售时点并未取得相关商品控制权，企业应当作为租赁交易或融资交易进行相应的会计处理。

（1）回购价格低于原售价的，应当视为租赁交易，按照《企业会计准则第21号——租赁》的相关规定进行会计处理。

【例11-45】 甲公司向乙公司销售一台设备，销售价格为200万元，同时双方约定2年之后甲公司将以120万元的价格回购该设备。假定不考虑货币时间价值等其他因素影响。

【解析】 本例中，根据合同有关甲公司在2年后回购该设备的确定，乙公司并未取得该设备的控制权。不考虑货币时间价值等影响，该交易的实质是乙公司支付了80万元（200万元 - 120万元）的对价取得了该设备2年的使用权。因此，甲公司应当将该交易作为租赁交易进行会计处理。

（2）回购价格不低于原售价的，应当视为融资交易，在收到客户款项时确认金融负债，并将该款项和回购价格的差额在回购期间内确认为利息费用等。

【例11-46】 2×20年2月1日，甲公司向乙公司销售一批商品，开出的增值税专用发票上注明销售价款为1 000万元，增值税税额为130万元。该批商品的成本为600万元；商品尚未发出，款项已经收到。协议约定，甲公司应于6月30日将所售商品购回，回购价为1 050万元（不含增值税）。甲公司的账务处理如下。

①2×20年2月1日，销售商品时：

借：银行存款	11 300 000	
贷：其他应付款		10 000 000
应交税费——应交增值税（销项税额）		1 300 000

②回购价大于原售价的差额，应在回购期间按期计提利息费用，计入当期财务费用。由于回购期间为5个月，货币时间价值影响不大，故采用直线法计提利息费用，每月计提利息费用 = 50 ÷ 5 = 10（万元）。

借：财务费用	100 000	
贷：其他应付款		100 000

③6月30日回购商品时，收到的增值税专用发票上注明的商品价格为1 050万元，增值税税额为136.5万元。款项已经支付。

借：财务费用	100 000	
贷：其他应付款		100 000
借：其他应付款	10 500 000	
应交税费——应交增值税（进项税额）	1 365 000	
贷：银行存款		11 865 000

企业到期未行使回购权利的，应当在该回购权利到期时终止确认金融负债，同时确认收入。

2. 企业负有应客户要求回购商品义务的情况。企业负有应客户要求回购商品义务的，应当在合同开始日评估客户是否具有行使该要求权的重大经济动因。客户具有行使该要求权重大经济动因的（即客户行使该要求权的可能性很大），企业应当将售后回购作为租赁交易或融资交易，按照第一种情形的规定进行会计处理；否则，企业应当将其作为附有销售退回条款的销售交易，进行会计处理。

【例11-47】 甲公司向乙公司销售其生产的一台设备，销售价格为2 000万元，双方约定，乙公司在5年后有权要求甲公司以1 500万元的价格回购该设备。甲公司预计该设备在回购时的市场价值将远低于1 500万元。

【解析】本例中，假定不考虑时间价值的影响，甲公司的回购价格低于原售价，但远高于该设备在回购时的市场价值，甲公司判断乙公司有重大的经济动因行使其权利要求甲公司回购该设备。因此，甲公司应当将该交易作为租赁交易进行会计处理。

（十）客户支付的不可退还的初始费处理

1. 该初始费与向客户转让已承诺的构成单项履约义务的商品相关，企业应当在转让该商品时，按照分摊至该商品的交易价格确认收入。

2. 该初始费与向客户转让已承诺的不构成单项履约义务的商品相关，企业应当在包含该商品的单项履约义务履行时，按照分摊至该单项履约义务的交易价格确认收入。

3. 该初始费与向客户转让已承诺的商品不相关的，该初始费应当作为未来将转让商品的预收款，在未来转让该商品时确认为收入。

【例 11－48】 甲企业与客户订立一个关于 1 年交易处理服务的合同，企业合同具有适用所有客户的标准条款。合同要求客户支付预付费用 2 万元，以在企业的系统和流程中对客户进行注册，预付费用不可返还，客户可每年对合同进行续约且无须支付额外费用。企业对于预付费用如何进行会计处理？

【解析】 ①企业未向客户转让商品或服务，不形成一项履约义务；②续约选择权并未向客户提供在不订立合同的情况下无法获得的重大权利，也不形成一项履约义务；③预付费用是针对未来交易处理服务的预付款，企业确定交易价格包括不可返还的预付费用，应在交易处理服务提供过程中确认该服务的收入。

第二节　费用

一、费用的概述

（一）费用的含义

费用是指企业在日常活动中发生的、会导致所有者权益减少的、与向所有者分配利润无关的经济利益的总流出。

费用有广义和狭义之分。广义的费用泛指企业各种日常活动发生的所有耗费，狭义的费用仅指与本期营业收入相配比的那部分耗费。费用应按照权责发生制和配比原则确认，凡应属于本期发生的费用，不论其款项是否支付，均确认为本期费用；反之，不属于本期发生的费用，即使其款项已在本期支付，也不确认为本期费用。

尽管目前各国对费用的定义仍存在一定的差异，但一般认为费用具有以下特征。

（1）费用是企业在日常经济活动中发生的。

（2）费用最终会导致企业资源的减少。

（3）费用最终会导致所有者权益的减少。

（二）费用的分类

恰当地确认费用并将之与收入合理地配比，对正确计算损益有十分重要的影响。企业发生的各项费用根据其性质，可以按照多种标准进行分类，主要有以下几种。

1. 按照经济内容（或性质）分类。费用按经济内容（或性质）进行分类，一般由以下项目组成。

（1）外购材料，指企业为进行生产而耗用的从外购入的原材料及主要材料、半成品、辅助材料、包装物、修理用备件和低值易耗品等。

（2）外购燃料及动力，指企业为进行生产而耗用的从外部购入的各种燃料及动力，包括固体燃料、液体燃料和气体燃料以及热力、电力和蒸汽等。

（3）薪酬费用，指企业所有应计入生产费用的职工薪酬。

（4）折旧费，指企业所有或控制的固定资产按照使用情况计提的折旧费。

（5）利息支出，指企业计入期间费用等的负债利息净支出（即利息支出减利息收入后的余额）。

（6）税金，指计入企业成本费用的各种税金，如消费税、印花税、房产税、车船税和土地使用税等。

（7）其他费用，指不属于以上各要素的费用支出。

费用按照经济内容进行分类，可以反映企业在一定时期内发生了哪些费用，金额各是多少，以便于分析企业各个时期各种费用占整个费用的比重，进而分析企业各个时期各种要素费用支出的水平，有利于考核费用计划的执行情况。

2. 按照经济用途分类。费用按照经济用途进行分类，可以分为生产费用和期间费用。

（1）生产费用，是指企业在一定时期内生产产品所发生的、构成产品成本的费用。具体包括以下内容。

①直接材料，指企业在生产产品和提供劳务过程中所消耗的，直接用于产品生产，构成产品实体的原料及主要材料、外购半成品（外购件）、修理用备件（备品配件）、包装物、有助于产品形成的辅助材料以及其他直接材料。

②直接人工，指直接从事产品生产的生产工人的职工薪酬。

③其他直接费用，指企业发生的除直接材料费用和直接人工费用以外的，与生产产品或提供劳务有直接关系的费用。

④制造费用，指企业为生产产品和提供劳务而发生的各项间接费用，包括工资和福利费、折旧费、修理费、办公费、水电费、机物料消耗、劳动保护费、季

节性和修理期间的停工损失等。但不包括企业行政管理部门为组织和管理生产经营活动而发生的管理费用。这些费用应当按照一定的程序和方法分配计入有关产品的成本。

（2）期间费用，指企业当期发生的必须从当期收入得到补偿的费用。由于它仅与当期实现的收入相关，必须计入当期损益，所以称其为期间费用。具体包括以下内容。

①管理费用，是指企业行政管理部门为组织和管理生产经营活动而发生的各种费用。

②财务费用，是指企业为筹集生产经营所需资金而发生的筹资费用。

③销售费用，是指企业在销售商品过程中而发生的各项费用。

④研发费用，是指企业进行研究与开发过程中发生的费用化支出。

费用按经济用途进行分类，能够明确地反映出直接用于产品生产上的材料费用是多少、工人工资是多少、耗用于组织和管理生产经营活动上的各项支出是多少，从而有助于企业了解费用计划、定额、预算等的执行情况，从而控制成本费用支出，加强成本管理和成本分析。

二、费用的核算

（一）管理费用的内容及其核算

管理费用是指企业为组织和管理企业生产经营所发生的费用，其项目较多，主要包括以下六类。

（1）企业管理部门发生的直接管理费用及用于职工的费用，主要有公司经费（包括行政管理部门职工工资及福利费、物料消耗、低值易耗品摊销、办公费和差旅费等）、工会经费、职工教育经费等。

（2）用于企业直接管理之外的费用，主要包括董事会费（包括董事会成员津贴、会议费和差旅费等）、聘请中介机构费、咨询费（含顾问费）、诉讼费、矿产资源补偿费等。

（3）提供生产技术条件的费用，主要包括科研与开发费用、排污费、技术转让费、无形资产摊销等。

（4）业务招待费，是企业为业务经营的合理需要而支付的交际应酬费用。

（5）资产损失费及固定资产大修理费用，如存货盘亏等。

（6）其他费用。

企业发生的管理费用，在“管理费用”账户核算，并在“管理费用”账户中按费用项目设置多栏式明细账，进行明细核算。企业发生各项管理费用时，借记“管理费用”账户，贷记“库存现金”“银行存款”“原材料”“应付职工薪酬”“累计折旧”“研发支出”“应交税费”等账户；期末，“管理费用”账户的余额结转“本年利润”账户后无余额。

【例11-49】甲公司10月份发生以下管理费用：计提管理部门使用的固定资产折旧费10 000元；分配管理人员工资18 000元；提取职工福利费2 520元；以银行存款支付业务招待费8 000元。期末结转管理费用。

甲公司的账务处理如下。

①计提折旧费用：

借：管理费用——折旧费　10 000

　贷：累计折旧　10 000

②分配工资及计提福利费：

借：管理费用——工资及福利费　20 520

　贷：应付职工薪酬——工资　18 000

　　　　　　　　——福利费　2 520

③支付业务招待费：

借：管理费用——业务招待费　8 000

　贷：银行存款　8 000

④结转管理费用：

借：本年利润　38 520

　贷：管理费用　38 520

（二）销售费用的内容及其核算

销售费用是指企业在销售商品和材料、提供劳务的过程中发生的各种费用，以及为销售本企业商品而专设的销售机构的经营费用。主要包括以下四类。

（1）产品自销费用，指企业在销售产品过程中由销售方承担的包装费、运输费、装卸费、保险费等。

（2）产品促销费用，指企业为扩大产品销售量发生的展览费、广告费、经营租赁费等。

（3）销售机构的费用，指为销售本企业产品、商品而专设的销售机构（含销售网点、售后服务网点等）的职工薪酬、业务费、折旧费、固定资产修理费用等费用。

（4）委托代销费用，指企业委托其他单位代销商品时，按代销合同规定支付的委托代销手续费。

企业发生的销售费用，在“销售费用”账户核算，并在“销售费用”账户中按费用项目设置明细账，进行明细核算。企业发生销售费用时，借记“销售费用”账户，贷记“库存现金”“银行存款”“应付职工薪酬”等账户；期末，“销售费用”账户的余额结转“本年利润”账户后无余额。

【例11-50】甲公司10月份发生的销售费用包括：签发转账支票付讫广告费6 000元；现金支付由公司负担的销售产品的运输费900元；根据工资计算表，本月分配给专设销售机构的职工工资5 000元，提取的职工福利费700元。期末结转销售费用。

甲公司的账务处理如下。

①支付广告费：

借：销售费用——广告费　6 000

　　贷：银行存款　6 000

②支付运输费：

借：销售费用——运输费　900

　　贷：库存现金　900

③分配职工工资及提取福利费：

借：销售费用——工资及福利费　5 700

　　贷：应付职工薪酬——工资　5 000

　　　　　　　　　——福利费　700

④结转销售费用：

借：本年利润　12 600

　　贷：管理费用　12 600

（三）财务费用的内容及其核算

财务费用是指企业为筹集生产经营所需资金等而发生的筹资费用，包括利息支出（减利息收入）、汇兑损益以及相关的手续费、企业发生的现金折扣或收到的现金折扣等。

企业发生的财务费用，在“财务费用”账户核算，并在“财务费用”账户中按费用项目设置明细账，进行明细核算。企业发生财务费用时记借方，贷记“库存现金”“银行存款”“应付职工薪酬”等账户；期末，“财务费用”账户的余额结转“本年利润”账户后无余额。

【例11－51】 甲公司根据12月份发生的财务费用编制相关会计分录。

①实际支付短期借款利息400元（该企业利息费用数额不大，不采用预提利息费用的方法）。

借：财务费用——利息支出　400

　　贷：银行存款　400

②收到银行存款利息100元。

借：银行存款　100

　　贷：财务费用——利息收入　100

（四）研发费用的内容及其核算

研发费用是指企业进行研究与开发过程中发生的费用化支出。

企业于月末结转研发费用时，借记“研发费用”账户，贷记“研发支出——费用化支出”账户。

【例11－52】 甲公司12月份根据研发过程中发生的费用化支出1 000元，编制相关的会计分录。

借：研发费用　　　　　　　　　　　　　　　　　　　　1 000

　　贷：研发支出——费用化支出　　　　　　　　　　　　1 000

第三节　利润

一、利润及其构成

（一）利润的概念

利润是指企业在一定会计期间的经营成果。利润包括收入减去费用后的净额、直接计入当期利润的利得和损失等。其中，收入减去费用后的净额反映的是企业日常经济活动的业绩；直接计入当期利润的利得和损失反映的是企业非日常活动的业绩，是指应当计入当期损益、会导致所有者权益发生增减变动的、与所有者投入资本或者向所有者分配利润无关的利得或者损失。

（二）利润的构成

利润取决于收入和费用、直接计入当期利润的利得和损失金额的计量。利润分为营业利润、利润总额和净利润。

1. 营业利润。营业利润是企业经营过程中产生的业务成果。

营业利润 = 营业收入 - 营业成本 - 税金及附加 - 销售费用 - 管理费用 - 财务费用 - 研发费用 - 资产减值损失 - 信用减值损失 + 公允价值变动收益（ - 公允价值变动损失） + 投资收益（ - 投资损失） + 资产处置收益（ - 资产处置损失） + 其他收益

其中，营业收入包括主营业务收入和其他业务收入。营业成本包括主营业务成本和其他业务成本。税金及附加包括消费税、城市维护建设税、资源税、土地增值税和教育费附加等。资产减值损失是指企业计提各项资产减值准备所形成的损失。公允价值变动收益（或损失）是指企业交易性金融资产等公允价值变动形成的应计入当期损益的利得（或损失）。投资收益（或损失）是指企业以各种方式对外投资所取得的收益（或发生的损失）。

2. 利润总额。利润总额是指企业在一定期间的营业利润的基础上，加营业外收支净额后的所得税前利润总额。

利润总额 = 营业利润 + 营业外收入 - 营业外支出

其中，营业外收入（或支出）是指企业发生的与日常活动无直接关系的各项利得（或损失）。

3. 净利润。净利润是指企业一定期间的利润总额减去所得税费用后的净额。

净利润 = 利润总额 - 所得税费用

其中，所得税费用是指企业确认的应从当期利润总额中扣除的当期所得税费用和递延所得税费用。

二、利润形成的核算

（一）资产减值损失

资产减值损失是指企业存货、长期股权投资、固定资产、在建工程、工程物资、无形资产等发生减值确认的减值损失。

企业应根据确认的减值损失，借记“资产减值损失”账户，贷记“存货跌价准备”“长期股权投资减值准备”“固定资产减值准备”“在建工程减值准备”“工程物资减值准备”“无形资产减值准备”等账户。

企业计提存货跌价准备后，相关资产的价值又得以恢复的，应在原已计提的减值准备金额内，按恢复增加的金额，借记“存货跌价准备”账户，贷记“资产减值损失”账户。

企业计提的长期股权投资减值准备、固定资产减值准备、在建工程减值准备、工程物资减值准备、无形资产减值准备，按照我国会计准则的规定，不得转回。

【例 11 -53】 截至 2×20 年 12 月末，甲公司的固定资产账面价值为 200 000 元（与计税基础相同），可收回金额为 198 600 元，以前未发生减值。2×20 年 12 月末计提固定资产减值准备 1 400 元。

借：资产减值准备　　1 400

　　贷：固定资产减值准备　　1 400

（二）信用减值损失

信用减值损失是指金融资产中的应收款项、债权投资、其他债权投资等资产价值下跌发生的损失。

【例 11 -54】 截至 2×20 年 12 月末，甲公司计提坏账准备前应收账款余额为 100 000 元（与计税基础相同），按 1% 计提坏账准备。该公司以前未计提坏账准备，2×20 年 12 月末计提坏账准备 1 000 元。

借：信用减值损失　　1 000

　　贷：坏账准备　　1 000

（三）投资收益

投资收益是指企业从事各项对外投资活动取得的收益（各项投资业务取得的收入大于其成本的差额）；投资损失是指企业从事各项对外投资活动发生的损失（各项投资业务取得的收入小于其成本的差额）。投资收益大于投资损失的差额为投资净收益，反之则为投资净损失。

【例 11-55】甲公司 12 月份根据发生的投资业务，编制相关会计分录。

①用银行存款 8 000 元购入股票，初始确认为交易性金融资产。

借：交易性金融资产　　8 000
　　贷：银行存款　　8 000

②将前述购入的股票全部出售，收取价款 7 500 元，存入银行。

借：银行存款　　7 500
　　投资收益　　500
　　贷：交易性金融资产　　8 000

③结转当月国库券利息收入 1 500 元。

借：债权投资　　1 500
　　贷：投资收益　　1 500

甲公司 12 月份的投资净收益为 1 000 元（1 500 - 500）。

（四）公允价值变动损益

公允价值变动损益是指交易性金融资产和以公允价值计量的投资性房地产等因公允价值变动形成的损益。

有关资产的公允价值高于其账面价值时，应确认公允价值变动收益，借记有关资产账户，贷记“公允价值变动损益”账户，有关资产的公允价值低于其账面价值时，应确认公允价值变动损失，作相关的会计分录。

【例 11-56】截至 2×20 年 12 月末，甲公司的交易性金融资产的账面价值为 80 000 元，与计税基础相同，公允价值为 85 000 元，交易性金融资产公允价值高于其账面价值 5 000 元。

借：交易性金融资产——公允价值变动　　5 000
　　贷：公允价值变动损益　　5 000

（五）资产处置损益

资产处置损益主要是指处置固定资产、在建工程及无形资产等产生的损益。企业发生资产处置损益时，应借记有关账户，贷记“资产处置损益”账户；发生资产处置损失时，作相反的会计处理。

【例 11-57】甲公司 12 月份出售机器设备一台，原始价值为 14 000 元，累计折旧为 4 500 元，取得出售收入 12 000 元，增值税 1 560 元，编制会计分录如下。

①结转固定资产净值：

借：固定资产清理　　9 500
　　累计折旧　　4 500
　　贷：固定资产　　14 000

②取得出售收入：

借：银行存款　　13 560

贷：固定资产清理　　12 000

　　应交税费——应交增值税（销项税额）　　1 560

③结转固定资产出售净收益：

借：固定资产清理　　2 500

　贷：资产处置损益　　2 500

（六）营业外收入与营业外支出

营业外收入是指企业发生的与其日常活动无直接关系的各项利得。营业外收入并不是由企业经营资金耗费所产生的，往往不需要与有关费用进行配比。

营业外收入主要包括处置非流动资产利得、非货币性资产交换利得、债务重组利得、盘盈利得、捐赠利得等。

【提示1】企业接受的捐赠和债务豁免，按照会计准则的规定符合确认条件的，通常应当确认为当期收益。如果接受控股股东或控股股东的子公司直接或间接的捐赠，从经济实质上判断属于控股股东对企业的资本性投入的，应作为权益性交易，相关利得计入所有者权益（资本公积）。

【提示2】企业接受非控股股东（或非控股股东的子公司）直接或间接代为偿债、债务豁免或捐赠，按照企业会计准则规定符合确认条件的，通常应当确认为当期收益；但是，有确凿证据表明属于非控股股东对企业的资本性投入，应当作为权益性交易处理，相关利得计入所有者权益（资本公积）。企业发生破产重整，其非控股股东因经人民法院批准的破产重整计划让渡所持有的部分该企业股份，向企业的债权人进行偿债，企业应将有关利得计入当期损益。

【提示3】固定资产处置损益应记入“资产处置损益”账户，正常报废的损益记入“营业外收入”或“营业外支出”账户。

营业外收入应当按照实际发生的金额进行核算。例如，对于确定属于盘盈的固定资产，应当按照同类或类似资产的市场价格，减去按该项资产的新旧程度估计的价值损耗后的余额，在转销时作为营业外收入处理；企业应当通过“营业外收入”账户，核算营业外收入的取得和结转情况。企业发生的营业外收入，借记“库存现金”“银行存款”“应付账款”“待处理财产损溢”“固定资产清理”等账户，贷记“营业外收入”账户。期末，应将该账户余额转入“本年利润”账户，结转后该账户无余额。

营业外支出是指企业发生的与日常活动无直接关系的各项损失。营业外支出主要包括非流动资产处置损失、非货币性资产交换损失、债务重组损失、公益性捐赠支出、非常损失等。其中，非流动资产损失包括固定资产盘亏、处置固定资产净损失、出售无形资产损失等；非常损失，是指企业由于客观原因造成的损失，在扣除保险公司赔偿后应计入营业外支出的净损失，如自然灾害等造成的资产损失。

【提示】固定资产处置损益应记入“资产处置损益”账户，正常报废的损益记入“营业外收入”或“营业外支出”账户。

营业外支出应当按照实际发生的金额进行核算。例如，企业在财产清查盘点中，实际固定资产数量和价值低于固定资产账面数量和价值而发生的固定资产损失计入营业外支出；企业应通过“营业外支出”账户核算营业外支出的发生及结转情况。企业发生的营业外支出，借记“营业外支出”账户，贷记“库存现金”“银行存款”“待处理财产损溢”“固定资产清理”等科目。期末，应将该账户余额转入“本年利润”账户，结转后该账户无余额。

【例 11－58】 甲公司 12 月份用银行存款对外进行非公益性捐赠 10 000 元。

借：营业外支出	10 000	
贷：银行存款		10 000

需要注意的是，营业外收入和营业外支出应当分别核算。在具体核算时，不得以营业外支出直接冲减营业外收入，也不得以营业外收入冲减营业外支出，即企业在会计核算时，应当区别营业外收入和营业外支出进行核算。

（七）其他收益

其他收益主要是指企业收到的与日常活动相关的政府补助形成的收益。

（八）所得税费用

所得税费用是指应在会计税前利润中扣除的所得税，包括当期所得税费用和递延所得税费用，我国现行会计准则规定，所得税费用确认应采用资产负债表债务法。

1. 当期所得税费用。当期所得税费用是指按照当期应缴纳的所得税确认的费用。

应纳税所得额是指企业按所得税法规定的项目计算确定的收益，是计算缴纳所得税的依据。由于企业会计税前利润与应纳税所得额的计算口径、计算时间可能不一致，因而两者之间可能存在差异。

例如，企业购买国债取得的利息收入，在会计核算中作为投资收益计入了会计税前利润，而所得税法规定国债利息收入免征所得税，不计入应纳税所得额。企业应从会计税前利润中扣除上述差异，计算应纳税所得额。

再如，超过所得税法规定的业务招待费标准的支出等，在会计核算中作为费用抵减了会计税前利润，但是所得税法规定在税前扣除不能超过实际发生额的60%。因此，企业应在会计核算税前利润的基础上补加上述差异，计算应纳税所得额。

总之，企业在税前利润的基础上，将所得税法规定的收入、费用与企业计入会计税前利润的收入、费用之间的差异进行调整，确定应纳税所得额。

【例 11－59】 假设甲公司 12 月份的应纳税所得额及应交所得税计算如下（所得税税率为 25%）。

会计税前利润	42 600 元
减：国债利息收入	1 500 元

加：非公益性捐赠支出	1 000 元
加：资产减值损失	1 400 元
信用减值损失	1 000 元
减：公允价值变动收益	5 000 元
应纳税所得额	39 500 元

假定其他项目不需要进行纳税调整，则有：

应交所得税 =39 500 × 25% =9 875（元）

借：所得税费用——当期所得税费用　　9 875

　贷：应交税费——应交所得税　　9 875

2. 递延所得税费用。递延所得税费用是指由于暂时性差异的发生或者转回而确认的所得税费用。

（1）暂时性差异。暂时性差异是指资产或负债的账面价值与其计税基础之间的差额；未作为资产和负债确认的项目，按照所得税法规定可以确定其计税基础的，该计税基础与其账面价值之间的差额也属于暂时性差异。

资产的计税基础是指企业收回资产账面价值过程中，计算应纳税所得额时按照税法规定可以自应税经济利益中抵扣的金额。负债的计税基础是指负债的账面价值减去未来期间计算应纳税所得额时，按照税法规定可予以抵扣的金额。

按照暂时性差异对未来期间应纳税所得额的影响，可以分为可抵扣暂时性差异和应纳税暂时性差异。

①可抵扣暂时性差异。可抵扣暂时性差异是指在确定未来收回资产或清偿负债期间的应纳税所得额时，将导致产生可抵扣金额的暂时性差异。具体来说，资产的账面价值小于其计税基础或者负债的账面价值大于其计税基础，将产生可抵扣暂时性差异。产生的当期，应当确认相关的递延所得税资产。

【例 11 -60】甲公司 2 × 19 年 12 月 31 日购入一台固定资产，原值为 60 000 元，假定无预计净残值，税法规定采用直线法计提折旧，折旧年限为 5 年；该公司采用直线法计提折旧，折旧年限为 3 年。

【解析】2 × 19 年 12 月 31 日，该固定资产的账面价值为 60 000 元，计税基础也为 60 000 元，无差异。

2 × 20 年 12 月 31 日，按照税法规定应计提折旧 12 000 元，年末计税基础为 48 000 元；该公司实际计提折旧 20 000 元，年末账面价值为 40 000 元。年末账面价值与计税基础之间的差额为 8 000 元。由于该固定资产在未来期间可以按照 48 000 元在所得税前抵扣，比该固定资产的账面价值多了 8 000 元，因此，这 8 000 元差异属于可抵扣暂时性差异。

②应纳税暂时性差异。应纳税暂时性差异是指在确定未来收回资产或清偿负债期间的应纳税所得额时，将导致产生应纳税金额的暂时性差异。具体来说，是资产的账面价值大于计税基础或者负债的账面价值小于计税基础，将产生应纳税暂时性差异。该差异在产生的当期，应当确认相关的递延所得税负债。

【例 11 - 61】 C 公司 2×20 年 12 月 1 日购入股票，实际支付价款 10 000 元，确认为交易性金融资产，12 月 31 日，该股票的公允价值为 13 000 元，确认公允价值变动收益 3 000 元。

【解析】 2×20 年 12 月 31 日，该交易性金融资产的计税基础仍为 10 000 元，账面价值为 13 000 元，两者之间的差额为 3 000 元。由于在未来期间出售该股票时，只能按照 10 000 元在所得税前抵扣，因此，这 3 000 元差异属于应纳税暂时性差异。

（2）递延所得税资产与递延所得税负债。递延所得税资产是指按照可抵扣暂时性差异和适用税率计算确定的资产，其性质属于预付的税款，在未来期间抵扣应纳税款。期末递延所得税资产大于期初递延所得税资产的差异，应确认为递延所得税收益，冲减所得税费用，借记“递延所得税资产”账户，贷记“所得税费用”账户；反之，则应冲减递延所得税资产，并作为递延所得税费用处理，借记“所得税费用”账户，贷记“递延所得税资产”账户。

递延所得税负债是指按照应纳税暂时性差异和适用税率计算确定的负债，其性质属于应付的税款，在未来期间转为应纳税款。期末递延所得税负债大于期初递延所得税负债的差额，应确认为递延所得费用，借记“所得税费用”账户，贷记“递延所得税负债”账户；反之，则应冲减递延所得税负债，并作为递延所得收益处理，借记“递延所得税负债”账户，贷记“所得税费用”账户。

如果形成的暂时性差异不涉及损益项目，则确认的递延所得税资产或递延所得税负债应调整为其他综合收益，借记“递延所得税资产”账户，贷记“其他综合收益”账户；或借记“其他综合收益”账户，贷记“递延所得税负债”账户。

在资产负债表中，递延所得税资产和递延所得税负债应分别列示，不应相互抵销。

【例 11 - 62】 A 公司 2×20 年度利润表中的利润总额为 3 000 万元，该公司适用的所得税税率为 25%，递延所得税资产及递延所得税负债无期初余额。2×20 年 A 公司发生的有关交易或事项中，会计处理与税收处理存在差别的事项如下。

①2×20 年 1 月开始计提折旧的一项固定资产，成本为 1 500 万元，使用年限为 10 年，净残值为 0，会计处理按双倍余额递减法计提折旧，税收处理按直线法计提折旧。假定税法规定的使用年限及净残值与会计规定相同。

② 向关联企业捐赠现金 500 万元，假定按照税法规定，A 公司向关联方的捐赠不允许税前扣除。

③ 当前取得作为交易性金融资产核算的股票投资成本为 800 万元，2×20 年 12 月 31 日的公允价值为 1 200 万元。税法规定，以公允价值计量的金融资产持有期间市价变动不计入应纳税所得。

④ 违反环保法规定应支付罚款 250 万元。

⑤ 期末对持有的存货计提了 75 万元的存货跌价准备。

A 公司的账务处理如下。

2×20 年度当期应交所得税为：

应纳税所得额 =3 000 +150 +500 -400 +250 +75 =3 575（万元）

应交所得税 =3 575 ×25% =893.75（万元）

2×20 年度递延所得税为：

递延所得税资产 =225 ×25% =56.25（万元）

递延所得税负债 =400 ×25% =100（万元）

递延所得税 =100 -56.25 =43.75（万元）

利润表中应确认的所得税费用 =893.75 +43.75 =937.5（万元）

借：所得税费用　　9 375 000

　　递延所得税资产　　562 500

　贷：应交税费——应交所得税　　8 937 500

　　　递延所得税负债　　1 000 000

（九）收支结转

期末，企业应将各收入账户的余额和各费用支出账户的余额转入“本年利润”账户，通过“本年利润”账户的借贷方发生额相抵，结出本期净利润或净亏损以及到本期为止本年累计损益。企业期末结转利润（亏损）时，可以采用表结利润的方法或账结利润的方法。表结利润法，是指每月结账时，损益类各账户的余额不需要结转到“本年利润”账户内，只有到年度终了时，采用此方法将损益类各账户的全年累计余额转入“本年利润”账户。账结利润法，是指每月终结账时，将损益类各账户的余额转入“本年利润”账户中，通过“本年利润”账户结出本月份利润（亏损）。结转后“本年利润”账户的贷方余额为当期实现的净利润；借方余额为当期发生的净亏损。

一般会计期末进行损益结转的账务处理如下。

（1）结转收入。

借：主营业务收入

　　其他业务收入

　　营业外收入

　　投资收益

　　贷：本年利润

（2）结转成本费用支出。

借：本年利润

　　贷：主营业务成本

　　　　其他业务支出

　　　　营业外支出

　　　　管理费用

　　　　销售费用

财务费用
税金及附加
资产减值损失
所得税费用

三、利润分配的核算

（一）利润分配的内容和程序

企业本年度实现的净利润加上年初未分配利润（或减去年初未弥补亏损）后的余额，形成可供分配的利润。可供分配的利润一般按下列顺序分配。

（1）弥补以前年度亏损，按照企业所得税法的规定，纳税人发生年度亏损的，可以用下一纳税年度的所得弥补，下一纳税年度的所得不足弥补的，可以逐年弥补，但是延续弥补期限最长不超过 5 年。

（2）提取法定盈余公积，企业根据有关法律的规定，按照净利润的 10% 提取的盈余公积。法定盈余公积累计金额超过企业注册资本的 50% 以上时，可以不再提取。

（3）提取任意盈余公积，企业按照股东大会决议提取的任意盈余公积。

（4）分派现金股利，企业以现金方式分配利润，其直接后果是减少留存收益和现金。

（5）转作股本的普通股股利，将留存收益转作股本。

期末未分配利润（未弥补亏损），未分配利润可留待以后年度进行分配，如发生亏损，可以按规定由以后年度利润进行弥补。

（二）利润分配的账务处理

年度终了，应将本年收入和支出相抵后结出的本年实现的净利润转入“利润分配”账户，借记“本年利润”账户，贷记“利润分配——未分配利润”账户；如为净亏损作相反的会计分录。结转后“本年利润”账户应无余额。“利润分配”账户一般通过设置“未分配利润”“弥补以前年度亏损”“提取法定盈余公积”“提取任意盈余公积”“应付投资者利润”等明细账户进行明细核算。企业应将“利润分配”账户所属其他明细账户余额转入“未分配利润”明细账户。结转后，除“未分配利润”明细账户外，其他明细账户应无余额。

年终“未分配利润”明细账户余额若发生在借方，则表示结存的历年亏损数；若余额发生在贷方，则表示历年积存的未分配利润。

相关账务处理如下。

（1）年终本年利润总额转入“未分配利润”明细账户的账务处理。

①年终企业亏损时，会计处理为：

借：利润分配——未分配利润

贷：本年利润

②年终企业盈利，结转利润总额的会计处理为：

借：本年利润

　　贷：利润分配——未分配利润

（2）弥补以前年度亏损的账务处理。

①如果企业以前年度有未弥补亏损，无论是用税前会计利润弥补，还是用税后未分配利润弥补，均不需进行特别的会计处理。

②用盈余公积弥补亏损：

借：盈余公积

　　贷：利润分配——未分配利润

（3）提取盈余公积的账务处理。

借：利润分配——提取盈余公积

　　贷：盈余公积

（4）向投资者分配利润的账务处理。

借：利润分配——应付投资者利润

　　贷：应付利润

（5）转作股本的普通股股利。

借：利润分配——转作资本（或股本）的普通股股利

　　贷：股本（实收资本）

（6）其他明细账户余额转入"未分配利润"明细账户。

借：利润分配——未分配利润

　　贷：利润分配——弥补以前年度亏损

　　　　　　　　——提取盈余公积

　　　　　　　　——应付投资者利润

　　　　　　　　——转作资本（或股本）的普通股股利

四、年终决算

年终决算，根据年终更详细的业务信息或确信的会计估计进行的规范性或客观性调整，主要包括以下四个方面的内容。

（1）对收入、成本、费用等损益要素按照重要性原则实施进一步确认，针对其中的问题项目实施调整。

（2）根据会计政策，对资产项目的账面价值实施合理性调整。如计提准备以及折旧调整、摊销与计提内容完善等。

（3）在前两项基础上，根据相关法律法规对税金、补贴、超支费用等实施计算与统计，为所得税汇算、补贴与税金申报、增值税交纳（主要是留抵进项税合法性，与综合税赋的往年对比，以便减少税务风险等）提供依据。

（4）在上述基础上，实施年底结账，打印凭证与编制报告。

（5）针对目前经营情况以及客观环境的变化，对需要调整的会计政策实施建议，提交董事会审批。

思考题

1. 简述企业商品销售收入的确认条件。
2. 企业发生一般商品销售业务时应如何进行会计核算？
3. 企业代销商品收取手续费时如何进行会计处理？
4. 简述企业代销商品视同买断方式的会计核算。
5. 企业对所提供的劳务收入应按照哪些条件进行确认？
6. 企业发生的让渡资产使用权收入应如何进行会计核算？
7. 简述期间费用包括的内容及期间费用的会计核算。
8. 简述利润分配的内容及其程序。

练习题

1. 某企业2×19年12月18日销售A商品一批，销售价50 000元，增值税税率为13%，成本26 000元。合同规定现金折扣条件为“2/10，1/20，n/30”。买方于12月27日付款。假设计算现金折扣时不考虑增值税。

要求：

（1）编制销售过程和收款过程的会计分录。

（2）如果该批产品于2×20年5月10日被退回，编制销售退回的会计分录。

2. 甲公司2×20年3月1日与客户签订了一项工期为1年的劳务供应合同，预计合同总成本为80 000元。截至2×20年12月31日，实际发生成本64 000元（均以银行存款支付）；一次性收到客户支付的劳务款75 000元。甲公司按实际发生的成本占预计总成本的百分比确定劳务完成程度。

要求：

（1）计算2×20年12月31日的劳务完成程度。

（2）计算2×20年度应确认的劳务收入。

（3）分别编制发生劳务成本、收到客户支付的劳务条款、确认2×20年度劳务收入和劳务费用的会计分录。

3. A企业委托B企业销售甲商品100件，该商品成本60元/件。假定代销合同规定，B企业应按每件100元销售给顾客，A企业按售价的10%支付B企业手续费。B企业实际销售时，即向买方开一张增值税专用发票，发票上注明甲商品售价10 000元，增值税税额1 300元。A企业在收到B企业交来的代销清单时，向B企业开具一张相同金额的增值税专用发票。

要求：编制A企业和B企业的相关会计分录。

4. 甲公司2×20年度决算时，各损益账户余额如下表所示。

账户名称	借方余额	贷方余额
主营业务收入		
其他业务收入		
投资收益		
营业外收入		
主营业务成本	1 740 000	3 100 000
税金及附加	20 000	1 920 000
管理费用	17 000	240 000
销售费用	30 000	92 000
财务费用	80 000	
其他业务成本	1 220 000	
营业外支出	116 000	
所得税费用	552 000	

甲公司按10%计提法定盈余公积，按5%计提任意盈余公积，并分配普通股现金股利600 000元。

要求：

（1）结转各损益类账户余额。

（2）计算并结转本年净损益。

（3）进行利润分配的账务处理，并结转利润分配各明细账户。

5. 甲公司2×20年12月份发生如下经济业务。

（1）销售C产品45件，每件售价1 000元，增值税税率13%，每件单位成本为700元，款项已收存银行。

（2）采用商业汇票方式销售B产品50件，每件售价700元，增值税税率13%，每件单位成本400元。

（3）销售A产品100件，每件售价8 000元，增值税税率13%，每件单位成本5 000元，款项尚未收到。

（4）以前月份销售的A产品本月退回10件，每件售价8 000元，货款已通过银行退回。

（5）本月发生管理费用6 000元，销售费用5 000元，财务费用20 000元，均用银行存款支付。

（6）取得罚款净收入20 000元。

（7）本月固定资产盘亏净损失18 000元。

（8）本月出售无形资产一项，该项无形资产账面余额为100 000元，累计摊销20 000元，出售收入100 000元，增值税税率6%。

要求：

（1）根据上述经济业务的发生额，计算营业利润、利润总额、所得税费用、净利润等指标（所得税税率为25%）。

（2）若本年度1～11月共计实现利润总额为2 000 000元，应交所得税为500 000元，进行全年利润的分配，提取盈余公积15%，分配现金股利60%。

第十二章　财务报表

【学习要点及目标】

本章主要介绍财务报表的有关内容。通过对本章的学习，要求了解企业财务报表的内容及其编制；理解资产负债表、利润表、现金流量表、所有者权益变动表和附注的功能；掌握资产负债表、利润表、现金流量表和所有者权益变动表的编制方法；了解会计报表其他部分的功能及编制原理。

企业财务报表犹如一面“照妖镜”？

财务造假已经成为我国上市公司老生常谈的问题，2005年“中华珠宝第一股”达尔曼因会计造假而退市，2011年“国内绿化行业第一股”绿大地（股票代码：002200）因内部控制失败而遭处罚，2012年万福生科（股票代码：300268）被称为继绿大地之后，资本市场出现的又一家大玩财务造假游戏的上市公司。

2020年4月24日，中国证券监督管理委员会发布《证监会严厉打击上市公司财务造假》，称自2019年以来，严厉打击上市公司财务造假，已累计对22家上市公司财务造假行为立案调查，对18起典型案件作出行政处罚，向公安机关移送财务造假涉嫌犯罪案件6起。这些案件呈现以下特点：一是造假周期长，涉案金额大。经查，索菱股份（002766）2016年至2018年连续三年虚构海外业务、伪造回款单据，在利润表中虚增巨额利润。二是手段隐蔽、复杂。经查，藏格控股（000408）2017年7月至2018年串通上百家客户，利用大宗商品贸易的特殊性实施造假，虚构资产负债表。三是系统性造假突出。经查，龙力生物（002604）2015年至2017年上半年为虚增公司利润，定期通过删改财务核算账套实施利润表造假。四是主观恶性明显。经查，东方金钰（600086）2016年至2018年上半年以全资子公司为平台，虚构翡翠原石购销业务，通过利润表造假方式实现业绩目标。此外，上市公司财务报表造假往往伴生未按规定披露重大信息、大股东非法占用上市公司资金等严重损害投资者利益的其他违法犯罪行为，审计、评估等中介机构未能勤勉尽责执业，“看门人”作用缺失的问题依然突出。

请思考：

1. 我们该如何去看企业造假后的财务报表的具体情况呢？

2. 企业财务报表真的如一面“照妖镜”？能够照出企业的前世今生吗？

（资料来源：中国证券监督管理委员会网站，http：//www.csrc.gov.cn/newsite/zjhxwfb/xwdd/202004/t20200424_374370.html）

第一节　财务报表概述

一、财务报表的概念

财务报表是提供会计信息的一种重要手段。财务报表也称会计报表，是指企业对外提供的反映企业某一特定日期财务状况和某一会计期间经营成果、现金流量的结构性表述。财务报表至少应当包括下列组成部分：（1）资产负债表；（2）利润表；（3）现金流量表；（4）所有者权益变动表；（5）附注。财务报表的这些组成部分具有同等的重要程度。

二、财务报表的分类

财务报表可以按照不同的标准进行分类。

1. 按财务报表编报期间的不同，可以分为年度财务报表和中期财务报表。年度财务报表是指年度终了以后编制的，全面反映企业财务状况、经营成果及其分配、现金流量等方面的报表。中期财务报表是指短于一年的会计期间编制的会计报表，如半年报、季报、月报。

2. 按财务报表编报主体的不同，可以分为个别财务报表和合并财务报表。个别财务报表是由企业在自身会计核算基础上对账簿记录进行加工而编制的财务报表，它主要用于反映企业自身的财务状况、经营成果和现金流量情况。合并财务报表是以母公司和子公司组成的企业集团为会计主体，根据母公司和所属子公司的财务报表，由母公司编制的综合反映企业集团财务状况、经营成果及现金流量的财务报表。

企业的财务报表至少应当包括资产负债表、利润表、现金流量表、所有者权益（股东权益）变动表和附注。

三、会计报表列报的基本要求

财务报表项目应当以总额列报，资产和负债、收入和费用，直接计入当期利润的利得（营业外收入）和损失（营业外支出）项目等不能相互抵销，即不得以净额列报，但企业会计准则另有规定的除外。以下三种情况不属于抵销，可以以净额列示：

（1）一组类似交易形成的利得和损失以净额列示，但具有重要性的除外；

（2）资产或负债项目按扣除备抵项目后的净额列示；

（3）非日常活动的发生具有偶然性，并非企业主要的业务。

为了保证会计报表的质量，为会计报表使用者提供决策有用的会计信息，企业编制和对外提供财务报告应符合下列基本要求。

1. 内容完整，反映全面。编制会计报表时，企业应当按照企业会计准则或国家统一会计制度规定的会计报表的种类、格式和内容填报齐全，不得漏报或任意取舍。对于企业某些重要资料，如果主要会计报表的规定项目容纳不下，可在相关项目用括号注明，或利用附表、附注以及其他形式加以说明，做到内容完整，以全面反映企业的财务状况、经营成果和现金流量。

2. 数字真实，计算准确。企业应根据真实的交易或事项以及完整、准确的账簿记录等资料，并按照企业会计准则或国家统一会计制度规定的编制基础、编制依据、编制原则和方法编制会计报表，对会计报表中各项会计要素进行合理的确认和计量，不得随意改变会计要素的确认和计量标准，做到数字真实、计算准确。

3. 前后一致，相互衔接。编制会计报表时，在编制基础、编制依据、编制原则和编制方法上，应保持前后会计期间的一致性，不得随意变动，以保证各期会计报表的可比性。当情况发生变化而必须变更会计政策和会计方法时，应当及时变更并在会计报表中说明变更的原因和变更后的影响。另外，各种会计报表之间、会计报表各项目之间，凡有对应关系的数字，应当相互一致；会计报表中本期与上期的有关数字应当相互衔接。

4. 编制及时，手续齐备。企业应当依据法律、行政法规和国家统一会计制度有关会计报表提供期限的规定，及时编制并对外提供会计报表，使企业信息在失去决策作用之前就为会计信息的使用者所掌握。另外，企业编制完成会计报表后，应按规定办理报送手续。企业对外提供的会计报表应当依次编定页数，加具封面，装订成册，加盖公章。

四、财务报表的作用

会计工作的基本目的和任务是对企业内外部信息使用者提供预决策所需要的会计信息。通过设置科目、填制和审核会计凭证、开设并登记账簿等日常核算工作所得到的是零星的、分散的会计信息，参考价值甚微。因此，必须设计会计报表，对日常会计信息进一步进行整理、归纳和汇总，按照一定顺序对会计指标加以排列和组合，形成完整的会计报告体系。设计科学合理的会计报表，对于加强企业经营管理、满足与企业相关的各利害团体的需要、充分发挥会计在国民经济发展中的作用，都具有十分重要的意义。

1. 财务报表反映企业管理当局的受托经管责任。股份有限公司的“两权分离”使股东和企业管理当局之间出现委托和受托关系，股东把资金投入公司，委托管理人员进行经营管理。他们为了确保自身的利益，保证其投入资本的保值与增值，需要经常了解管理当局对受托经济资源的经营管理情况。通过公认会计原则或企业会计准则和其他一些法律规章的制约，财务报告能够较全面、系统、连续和综合地跟踪反映企业投入资源的渠道、性质、分布状态以及资源的运用效果，从而有助于评估企业的财务状况与经营绩效以及管理当局对受托资源的经营管理责任的履行情况。

2. 财务报表为企业管理者进行经营管理提供必要的信息资料。企业的经营管理者，需要经常考核、分析本企业的财务状况和经营情况，总结经验、查明问题存在的原因，改进经营管理工作、提高管理水平，预测经济前景、进行经营决策。因此，这些工作能否顺利、正确地进行，很大程度上依赖于会计人员提供会计信息的质量，而会计报表是提供会计信息的主要方式。

3. 财务报表为投资者进行合理的投资决策提供必要的信息资料。企业的投资者包括国家、法人、外商和社会公众等。投资者所关心的是投资的报酬和投资的风险，在投资前需要了解企业的资金状况和经济活动情况，以便作出正确的投资决策；投资后，需要了解企业的经营成果、资金使用状况以及现金支付能力等资料。会计报表是投资者了解以上信息的唯一渠道。

4. 财务报表为债权人进行信贷和信用决策提供必要的信息资料。在商品经济条件下，商业信贷和商业信用是商品经济发展的重要因素。由商业信贷所形成的债权人主要包括银行、非银行金融机构，他们需要反映企业能按时支付利息和偿还债务的资料。由商业信用所形成的债权人是商品经济条件下的一种债权人，也是企业最主要的、最普遍的债权人。他们通过供应材料、设备及劳务等交易成为企业的债权人。此外，还有因公司发行债券所形成的债权人（包括法人和社会公众）。他们同样需要反映企业偿债能力的资料。会计报表是债权人了解这些信息的主要渠道。

5. 为财政、工商、税务等行政管理部门提供对企业实施管理和监督的各种信息资料。财政、工商、税务等行政管理部门，履行国家监管企业的职能，负责检查企业的资金使用情况、成本计算情况、利润的形成和分配情况以及税金的计算和结缴情况，检查企业财经法纪的遵守情况。会计报表作为集中、概括反映企业经济活动情况及其结果的会计载体，是财政、工商、税务各部门对企业实施管理和监督的重要资料。

6. 为企业内部审计机构和外部审计部门检查、监督企业的生产经营活动，提供必要的信息资料。审计包括企业内部审计和外部审计。内部审计是指企业内部成立的审计机构对本单位的会计工作实施的审计，外部审计包括国家审计和社会审计。国家审计是指由国家财政、审计等部门依法对企业会计工作实施的审计。社会审计是指由会计师事务所和审计师事务所等社会中介机构对企业会计工作实施的审计。审计工作一般是从会计报表审计开始的，会计报表不仅能够为审计工作提供详尽、全面的数据资料，而且可以为进一步审计会计凭证和会计账簿指明方向。

第二节 资产负债表

一、资产负债表概述

1. 资产负债表的概念。资产负债表是反映企业在某一特定日期财务状况的报表，该表也称财务状况表。所谓财务状况，是指企业在某一特定日期资产、负债和所有者权益的构成及其相互关系。资产负债表是根据“资产 = 负债 + 所有者权益”的恒等关系，按照一定的分类标准和次序，把企业特定日期的资产、负债、所有者权益三项会计要素的所属项目予以适当排列编制而成的。资产及其构成表明投入企业经济资源的运用，负债与所有者权益及其构成表明投入企业经济资源的来源，它们反映的均是某一时点的经济资源存量，因此，资产负债表是为提供企业在某一特定日期的资产、负债、所有者权益及其相互关系，借以反映企业财务状况的一种资源存量的报表。它表明企业在某一特定日期所拥有或控制的经济资源、所承担的现有债务和所有者对净资产的要求权。从反映企业经营资金运动的角度看，它是一种反映企业经营资金运动静态表现的报表，所以也称为静态会计报表。

2. 资产负债表的作用。资产负债表是企业重要的会计报表之一，在财务报告体系中具有举足轻重的地位，它所提供的会计信息，对各种不同的使用者都具有十分重要的作用，这些作用主要表现在以下三个方面。

（1）通过资产负债表可以了解企业所拥有或控制的经济资源及其分布、企业资金的来源及其构成，有助于分析和评价企业的财务状况和资本结构。财务状况是指资产、负债和所有者权益的构成及其相互关系；资本结构是指在企业的权益总额中负债和所有者权益的相对比例。资产负债表列示了企业在某一特定日期的资产、负债和所有者权益，通过上述三项会计要素的构成及其相互关系的分析，就可以衡量和评价企业的财务状况是否良好，资本结构是否合理。

（2）通过资产负债表可以了解企业资产和负债的数量关系及其流动性，有助于分析和评价企业的偿债能力和财务弹性。偿债能力可分为短期偿债能力和长期偿债能力。短期偿债能力是指企业以能及时变现的资产清偿短期债务的能力，短期偿债能力主要取决于资产和负债的流动性，资产的流动性则反映资产转换为现金的能力，负债的流动性则反映债务迫近到期日的程度；长期偿债能力是指企业的全部资产清偿全部负债的能力，长期偿债能力主要取决于企业的资本结构和资产负债的比例关系。财务弹性是指企业在面临突发性现金需要时，能够在资金调度上采取有效行动作出迅速反应的能力。由于资产负债表中资产按其流动性排列，负债按其到期日长短排列，这种排列方式清楚地反映了不同类别资产的变现能力和不同负债的偿还先后，这样就为报表使用者分析和评价企业的短期偿债能力、长期偿债能力和财务弹性提供了重要的依据。

(3) 通过对资产负债表不同时期相同项目进行比较，可以了解企业不同时点的财务状况，预测企业未来财务状况的发展趋势。

将当期资产负债表与前期或者以前各期资产负债表进行比较，可以了解不同时点资产、负债和所有者权益的变化情况，从中分析变化规律，并预测企业未来财务状况的发展趋势。

二、资产负债表的内容和结构

资产负债表反映企业在某一特定日期所拥有或控制的经济资源、所承担的现有债务和所有者对净资产的要求权。在资产负债表中，企业拥有或控制的经济资源表现为资产，资产包括流动资产、长期投资、固定资产、无形资产和其他资产；企业所承担的现有债务表现为负债，负债包括流动负债和长期负债；企业所有者对净资产的要求权表现为所有者权益，所有者权益包括实收资本（或股本)、资本公积、其他综合收益、盈余公积和未分配利润。

资产负债表根据资产、负债和所有者权益之间的相互关系，按一定的分类标准和一定的顺序，把企业某一特定日期的资产、负债和所有者权益各项目进行适当排列，并对日常会计核算中形成的大量数据进行分类整理后编制而成的。

在我国，资产负债表采用账户式的报表结构，报表分为左右两方，左方列示资产各项目，反映全部资产的分布及存在形态；右方列示负债和所有者权益各项目，反映全部负债和所有者权益的内容及构成情况。资产和负债应当分别流动资产和非流动资产、流动负债和非流动负债列示。资产满足下列条件之一的，应当归类为流动资产：一是预计在一个正常营业周期中变现、出售或耗用；二是主要为交易目的而持有；三是预计在资产负债表日起一年内（含一年，下同）变现；四是在资产负债表日起一年内，交换其他资产或清偿负债的能力不受限制的现金或现金等价物。流动资产各项目按其流动性由大到小顺序排列，流动性大的排列在前，流动性小的排列在后。流动资产以外的资产应当归类为非流动资产，并应按其性质分类列示。负债满足下列条件之一的，应当归类为流动负债：一是预计在一个正常营业周期中清偿；二是主要为交易目的而持有；三是在资产负债表日起一年内到期应予以清偿；四是企业无权自主地将清偿推迟至资产负债表日后一年以上。流动负债各项目按其到期日的远近顺序排列，到期日近的排列在前，到期日远的排列在后。流动负债以外的负债应当归类为非流动负债，并应按其性质分类列示。所有者权益各项目按其永久性顺序排列，永久性大的排列在前，永久性小的排列在后。资产负债表左右双方平衡相等，即资产总计等于负债和所有者权益总计。

资产负债表一般应包括表头、表身和表尾三部分。表头主要包括资产负债表的名称、编制单位、编制日期和金额单位；表身是资产负债表的主体部分，包括资产、负债和所有者权益各项目的名称及其期末余额和年初余额；表尾主要包括附注资料等。

资产负债表的基本格式如表12-1所示。

表12-1 **资产负债表** 会企01表

编制单位： 年 月 日 单位：元

资产	期末余额	期初余额	负债和所有者权益（或股东权益）	期末余额	期初余额
流动资产：			流动负债：		
货币资金			短期借款		
交易性金融资产			交易性金融负债		
衍生金融资产			衍生金融负债		
应收票据			应付票据		
应收账款			应付账款		
应收款项融资			预收款项		
预付款项			合同负债		
其他应收款			应付职工薪酬		
存货			应交税费		
合同资产			其他应付款		
持有待售资产			持有待售负债		
一年内到期的非流动资产			一年内到期的非流动负债		
其他流动资产			其他流动负债		
流动资产合计			流动负债合计		
非流动资产：			非流动负债：		
债权投资			长期借款		
其他债权投资			应付债券		
长期应收款			其中：优先股		
长期股权投资			永续股		
其他权益工具投资			债租负债		
其他非流动金融资产			长期应付款		
投资性房地产			预计负债		
固定资产			递延收益		
在建工程			递延所得税负债		
生产性生物资产			其他非流动负债		
油气资产			非流动负债合计		
使用权资产			负债合计		
无形资产			所有者权益（或股东权益）：		
开发支出			实收资本（或股本）		
商誉			其他权益工具		
长期待摊费用			其中：优先股		
递延所得税资产			永续债		
其他非流动资产			资本公积		
非流动资产合计			减：库存股		

续表

资产	期末余额	期初余额	负债和所有者权益（或股东权益）	期末余额	期初余额
			其他综合收益		
			专项储备		
			盈余公积		
			未分配利润		
			所有者权益（或股东权益）合计		
资产总计			负债和所有者权益（或股东权益）总计		

三、资产负债表的编制

（一）资产负债表的编制依据

资产负债表的编制是一个以日常会计核算记录的数据为基础进行再确认的过程，即对日常会计核算记录的数据进行归类、整理和汇总，加工成报表项目的过程。由于企业的每一项资产、负债和所有者权益余额都是以各有关账户的余额来表示的，因此，作为总括反映企业资产、负债和所有者权益的资产负债表的项目，原则上都可以直接根据有关总账账户的期末余额填列。

（二）资产负债表的编制方法

资产负债表主体部分的各项目都列有“期末余额”和“年初余额”两个栏目。资产负债表设置“年初余额”栏的目的，主要是用于各项目期末数与年初数进行比较，以分析企业财务状况的变化趋势。从这一点看，我国的资产负债表实际上是一种比较资产负债表。现分别说明各栏目的填列方法。

1. 各项目“年初余额”的填列方法。“年初余额”栏内各项目数字，应根据上年末资产负债表“期末余额”栏内所列数字填列。如果本年度资产负债表规定的各个项目的名称和内容同上年度不相一致，应对上年年末资产负债表各项目的名称和数字按照本年度的规定进行调整，按照调整后的数字填入本表“年初余额”栏内。

2. 各项目“期末余额”的填列方法。“期末余额”是指某一会计期末的数字，即月末、季末、半年末或年末的数字。由于资产负债表是总括反映企业某一特定日期全部资产、负债和所有者权益情况的，而各个会计账户的期末余额则是分类反映企业某一特定日期的资产、负债和所有者权益情况的，资产负债表各项目的“期末余额”与各会计账户的“期末余额”在反映内容上存在着共性，因此，资产负债表各项目“期末余额”应根据各有关会计账户的期末余额填列。

下列分别就流动资产、非流动资产、流动负债、非流动负债和所有者权益五大类别，说明一般企业资产负债表主要项目“期末余额”栏的填列方法。

(1) 流动资产项目的填列方法

①“货币资金”项目。反映资产负债表日企业持有的货币资金余额。该项目应根据“库存现金”“银行存款”“其他货币资金”账户的余额之和填列。

②“交易性金融资产”项目。反映资产负债表日企业分类为以公允价值计量且其变动计入当期损益的金融资产，以及企业持有的指定为以公允价值计量且其变动计入当期损益的金融资产的期末账面价值。该项目应根据“交易性金融资产”科目的相关明细科目的期末余额分析填列。自资产负债表日起超过一年到期且预期持有超过一年的以公允价值计量且其变动计入当期损益的非流动金融资产的期末账面价值，在“其他非流动金融资产”项目反映。

③“应收票据”项目。反映资产负债表日以摊余成本计量的，企业因销售商品、提供服务等收到的商业汇票，包括银行承兑汇票和商业承兑汇票。该项目应根据“应收票据”科目的期末余额，减去“坏账准备”科目中相关坏账准备期末余额后的金额分析填列。

④“应收账款”项目。反映资产负债表日以摊余成本计量的，企业因销售商品、提供服务等经营活动应收取的款项。该项目应根据“应收账款”科目的期末余额，减去“坏账准备”科目中相关坏账准备期末余额后的金额分析填列。

⑤“应收款项融资”项目。反映资产负债表日以公允价值计量且其变动计入其他综合收益的应收票据和应收账款等。

⑥“预付款项”项目。反映企业按照合同规定预付的款项在资产负债表日的净额。该项目应根据“预付账款”“应付账款”总账科目所属的明细科目的借方余额之和，减去相应的“坏账准备”所属明细科目的贷方余额计算填列。

⑦“其他应收款”项目。反映资产负债表日企业持有的应收利息、应收股利和其他应收款净额。该项目应根据“应收利息”“应收股利”和“其他应收款”科目的期末余额合计数，减去“坏账准备”科目中相关坏账准备期末余额后的金额填列。其中的“应收利息”仅反映相关金融工具已到期可收取但于资产负债表日尚未收到的利息。基于实际利率法计提的金融工具的利息应包含在相应金融工具的账面余额中。

⑧“存货”项目。反映资产负债表日企业持有的存货净额。该项目主要应根据“材料采购”（或“在途物资”“商品采购”）“原材料”“委托加工物资”“包装物”“低值易耗品”“材料成本差异”（或“商品进销差价”）“生产成本”“自制半成品”“发出商品”“库存商品”“生产成本”“受托代销商品”等账户借贷方余额的差额及“合同履约成本”账户的明细账户中初始确认时摊销限额不超过一年或一个正常营业周期的期末余额合计，减去“受托代销商品款”、“存货跌价准备”科目的期末余额及“合同履约成本减值准备”科目中相应的期末余额后的金额填列，材料采用计划成本核算，以及库存商品采用计划成本核算或售价核算的企业，还应按加或减材料成本差异、商品进销差价后的金额填列。

⑨“合同资产”项目。反映企业按照《企业会计准则第 14 号——收入》(2017 年修订）的规定根据本企业履行履约义务与客户付款之间的关系应确认的合同资产在资产负债表日的余额中的流动部分。该项目应根据“合同资产”科目的相关明细科目期末余额分析填列，同一合同下的合同资产和合同负债应当以净额列示，其中净额为借方余额的，其根据流动性在“合同资产”“其他非流动资产”项目中填列，已计提减值准备的，还应以减去“合同资产减值准备”科目中相关的期末余额的金额填列；其中净额为贷方余额的，应当根据其流动性在“合同负债”或“其他非流动负债”项目中填列。

⑩“持有待售资产”项目。反映资产负债表日划分为持有待售类别的非流动资产及划分为持有待售类别的处置组中的流动资产和非流动资产的期末账面价值。该项目应根据“持有待售资产”科目的期末余额，减去“持有待售资产减值准备”科目的期末余额后的金额填列。

⑪“一年内到期的非流动资产”项目，反映资产负债表日企业持有的将于一年内到期的非流动资产的期末账面价值。对于按照相关会计准则采用折旧（或摊销、折耗）方法进行后续计量的固定资产、使用权资产、无形资产和长期待摊费用等非流动资产，折旧（或摊销、折耗）年限（或期限）只剩一年或不足一年的，或预计在一年内（含一年）进行折旧（或摊销、折耗）的部分，不得归类为流动资产，仍在各该非流动资产项目中填列，不转入“一年内到期的非流动资产”项目。

⑫“其他流动资产”科目。反映资产负债表日企业持有的除以上各个流动资产项目之外的其他流动资产净额。该项目包括的主要内容有以下四个方面。

一是企业购入的以摊余成本计量的一年内到期的债权投资的期末账面价值。该部分金额应当根据“债权投资”科目的相关明细期末余额，减去“债权投资减值准备”科目中相关减值准备的期末余额后的金额确定。

二是企业购入的以公允价值计量且其变动计入其他综合收益的一年内到期的债权投资的期末账面价值。该部分金额应当根据“其他债权投资”科目的项目明细科目的期末余额确定。

三是按照《企业会计准则第 14 号——收入》（2017 年修订）的相关规定确认为资产的合同取得成本的期末余额中的流动部分。该部分金额应根据“合同取得成本”科目的明细科目初始确认时摊销期限在一年或长于一年的一个正常营业周期之内的部分，减去“合同取得成本减值准备”科目中的相关的期末余额后的金额确定。

四是根据《企业会计准则第 14 号——收入》（2017 年修订）的相关规定确认为资产的应收退货成本的期末余额中的流动部分。该部分金额应当根据“应收退货成本”科目在一年或长于一年的一个正常营业周期之内出售的部分填列。

（2）非流动资产项目的填列方法。

①“债权投资”项目。反映资产负债表企业以摊余成本计量的长期债权投资的期末账面价值。该项目应根据“债权投资”科目的相关明细科目期末余额，

减去“债权投资减值准备”科目中的相关减值准备的期末余额后的金额分析填列。自资产负债表日起一年内到期的长期债权投资的期末账面价值，在“一年内到期的非流动资产”项目反映。企业购入的以摊余成本计量的一年内到期的债权投资的期末账面价值，在“其他流动资产”项目反映。

②“其他债权投资”项目。反映资产负债表日企业分类为以公允价值计量且其变动计入其他综合收益的长期债权投资的期末账面价值。该项目应根据“其他债权投资”科目的项目明细科目期末余额分析填列。自资产负债表日起一年内到期的长期债权投资的期末账面价值，在“一年内到期的非流动资产”项目反映。企业购入的以公允价值计量且其变动计入其他综合收益的一年内到期的债权投资的期末账面价值，在“其他流动资产”项目反映。

③“长期应收款”项目。反映资产负债表日企业持有的长期应收款净额。该项目应根据“长期应收款”科目的期末余额，减去相应的“未实现融资收益”科目和“坏账准备”科目所属相关明细科目期末余额后的金额填列。

④“长期股权投资”项目。反映资产负债表日企业持有的采用成本法和权益法核算的长期股权投资净额。该项目应根据“长期股权投资”科目的期末余额，减去“长期股权投资减值准备”科目贷方余额计算填列。

⑤“其他权益工具投资”项目。反映资产负债表日企业指定为以公允价值计量且其变动计入其他综合收益的非交易性权益工具投资的期末账面价值。该项目应根据“其他权益工具投资”科目的期末余额填列。

⑥“投资性房地产”项目。反映资产负债表日企业持有的投资性房地产的期末账面价值。该项目应根据“投资性房地产”科目的期末余额，减去“投资性房地产累计折旧”和“投资性房地产减值准备”科目的期末余额后的金额填列。若采用公允价值计量模式，则应根据“投资性房地产——成本”“投资性房地产——公允价值变动”科目期末余额填列。

⑦“固定资产”项目。反映资产负债表日企业固定资产的期末账面价值和企业尚未清理完毕的固定资产清理净损益。该项目应根据“固定资产”科目的期末余额，减去“累计折旧”和“固定资产减值准备”科目的期末余额后的金额，以及“固定资产清理”科目的期末余额填列。

⑧“在建工程”项目。反映资产负债表日企业尚未达到预定可使用状态的在建工程的期末账面价值和企业为在建工程准备的各种物资的期末账面价值。该项目应根据“在建工程”科目的期末余额，减去“在建工程减值准备”科目期末余额后的金额填列，以及“工程物资”科目的期末余额，减去“工程物资减值准备”科目的期末余额后的金额填列。

⑨“使用权资产”项目。反映资产负债表日承租人企业持有的使用权资产的期末账面价值。该项目应根据“使用权资产”科目的期末余额，减去“使用权资产累计折旧”和“使用权资产减值准备”科目的期末余额后的金额填列。

⑩“无形资产”项目。反映企业各项无形资产的期末可收回金额。本项目应根据“无形资产”科目的期末余额，减去“累计摊销”和“无形资产减值准

备”科目期末余额后的金额填列。

⑪“开发支出”项目。反映资产负债表日企业已经发生的研发支出的资本化支出的余额。该项目应根据“研发支出”科目所属“资本化支出”明细科目的期末余额填列。

⑫“长期待摊费用”项目。反映资产负债表日企业已经发生但应由本期和以后各期分担但分摊期限在一年以上的长期待摊费用的期末余额，且其摊销年限（期限）只剩下一年或不足一年的，或者预计在一年内（含一年）进行摊销的部分，仍在“长期待摊费用”项目中列示。该项目应根据“长期待摊费用”科目的期末余额分析填列。

⑬“递延所得税资产”项目。反映资产负债表日企业确认的可抵扣的暂时性差异产生的所得税资产的余额，该项目应根据“递延所得税资产”科目的期末余额分析填列。

⑭“其他非流动资产”项目。反映资产负债表日企业持有的除以上各个非流动资产项目之外的其他非流动资产净额。该项目包括的内容主要有以下两方面。

一是企业按照《企业会计准则第 14 号——收入》（2017 年修订）的相关规定根据本企业履行履约义务与客户付款之间的关系应确认的合同资产在资产负债表日的余额中的非流动部分。该部分金额应根据“合同资产”“合同负债”账户的相关明细科目期末余额分析确定，同一合同下的合同资产和合同负债应当以净额列示，其中净额为金额为借方余额的，其非流动性部分在“其他非流动资产”项目中填列，已计提减值准备的，还应以减去“合同资产减值准备”账户中相关的期末余额后的金额填列。

二是按照《企业会计准则第 14 号——收入》（2017 年修订）的相关规定确认为资产的应收退货成本的期末余额中的非流动部分。该部分金额应当根据“应收退货成本”账户的明细账户余额分析确定。

（3）流动负债项目的填列方法。

①“短期借款”项目。反映资产负债表日企业承担的向银行或其他金融机构等借入的期限在一年以内（含一年）的各种借款的期末账面价值。该项目应根据“短期借款”科目的期末余额填列。

②“交易性金融负债”项目。反映资产负债表日企业承担的交易性金融负债，以及企业持有的直接指定为以公允价值计量且其变动计入当期损益的金融负债的期末账面价值。该项目应根据“交易性金融负债”科目的相关明细科目期末余额填列。

③“应付票据”项目。反映资产负债表日以摊余成本计量的、企业因购买材料、商品和接受服务等开出、承兑的商业汇票，包括银行承兑汇票和商业承兑汇票。本项目应根据“应付票据”科目的期末余额填列。

④“应付账款”项目。反映企业资产负债表日以摊余成本计量的，企业购买原材料、商品和接受劳务供应等而应付给供应单位的款项。本项目应根据“应

付账款”和“预付账款”科目所属明细科目的期末贷方余额合计填列。

⑤“预收款项”项目。反映企业预收购买单位的账款。本项目应根据“预收账款”和“应收账款”科目所属明细科目的期末贷方余额合计填列。

⑥“合同负债”项目。反映企业按照《企业会计准则第14号——收入》的相关规定根据本企业履行履约义务与客户付款之间的关系应确认的合同负债。该项目应根据“合同负债”科目的相关明细科目期末余额分析填列，同一合同下的合同资产和合同负债应当以净额列示，其中净额为贷方余额的，应当根据其流动性在“合同负债”或“其他非流动负债”项目中填列。

⑦“应付职工薪酬”项目。反映企业将于资产负债表日后一年内支付的职工薪酬，包括短期薪酬、离职后福利中的设定提存计划负债、其他长期职工福利中的符合设定提存计划条件的负债、辞退福利中将于资产负债表日后12个月内支付的部分。本项目应根据“应付职工薪酬”科目的明细科目期末余额分析填列，以“-”号表示。

⑧“应交税费”项目。反映企业应交未交、多交或未抵扣的各种税金。本项目应根据“应交税费”科目的期末贷方余额填列。如“应交税费”科目期末为借方余额，以“-”号表示。

⑨“其他应付款”项目。反映资产负债表日企业承担的应付利息、应付股利以及其他应付款的余额。如果企业单独设立“应付利息”和“应付股利”科目，则该项目应根据“应付利息”“应付股利”和“其他应付款”科目的期末余额合计数填列。其中的“应付利息”仅反映相关金融工具已到期应支付但于资产负债表日尚未支付的利息。基于实际利率法计提的金融工具的利息应包含在相应金融工具的账面余额中。如果企业不单独设立“应付利息”和“应付股利”科目，则该项目应根据“其他应付款”科目的余额填列。

⑩“持有待售负债”项目。反映资产负债表日处置组中与划分为持有待售的类别的资产直接相关的负债的期末账面价值。该项目应根据“持有待售负债”科目的期末余额填列。

⑪“一年内到期的非流动负债”项目。反映资产负债表日企业持有的将于一年内到期的非流动负债的期末账面价值。该项目应根据“长期借款”“应付债券”“长期应付款”科目所属明细科目余额中将于一年内到期的数额之和计算填列。

（4）非流动负债项目的填列方法。

①“长期借款”项目。反映资产负债表日企业承担的向银行或其他金融机构等借入的期限在一年以上（不含一年）的各种借款的期末账面价值中的非流动负债部分。该项目应根据“长期借款”科目的相关明细科目的期末余额分别填列。

②“应付债券”项目。反映企业为筹集资金而发行债券的本金和利息在资产负债表日的账面价值中的非流动部分以及对于资产负债表日企业发行的金融工具，分类为金融负债的，应该在“应付债券”项目填列；对于优先股和永续

债，还应该在“应付债券”项目下的“优先股”项目和“永续债”项目分别填列。

③“租赁负债”项目。反映资产负债表日承租人企业尚未支付的租赁付款额的期末账面价值。该项目应根据“租赁负债”科目的期末余额填列。自资产负债表日起一年内到期应予以清偿的租赁负债的期末账面总价值在“一年内到期的非流动负债”的项目反映。

④“长期应付款”项目。反映资产负债表日企业承担的除长期借款和应付债券以外的其他各种长期应付款项的期末账面价值中的非流动部分。该项目应根据“长期应付款”“专项应付款”科目的期末余额减去相应的“未确认融资费用”科目期末余额后的金额填列。

⑤“预计负债”项目。反映资产负债表日企业承担的就对外提供担保、未决诉讼、产品质量保证、亏损性合同等事项确认的预计负债的余额。该项目应根据“预计负债”总账所属明细科目的期末余额中的非流动部分计算填列。

⑥“递延收益”项目。反映尚待确认的收入或收益。本项目核算包括企业根据政府补助准则确认应在以后期间计入当期损益的政府补助金额、售后租回形成融资租赁的售价与资产账面价值差额等其他递延性收入。本项目应根据“递延收益”科目的期末余额填列。本项目中摊销期限只剩一年或不足一年的，或预计在一年内（含一年）进行摊销的部分，不得归类为流动负债，仍在该项目中填列，不得转入“一年内到期的非流动负债”项目。

⑦“递延所得税负债”项目。反映资产负债表日企业确认的应纳税暂时性差异产生的所得税负债的余额。该项目应根据“递延所得税负债”科目的期末余额填列。

（5）所有者权益（或股东权益）项目的填列方法。

①“实收资本（或股本）”项目。反映企业各投资者实际投入的资本（或股本）总额。本项目应根据“实收资本（或股本）”账户的期末贷方余额填列。

②“其他权益工具”项目。反映资产负债表日企业发行在外的除普通股以外分类为权益工具的期末账面价值。对于资产负债表日企业发行的金融工具，分类为权益工具的，应在“其他权益工具”项目填列，对于优先股和永续债，还应在“其他权益工具”项目下的“优先股”项目和“永续债”项目分别填列。

③“资本公积”项目。反映企业收到投资者出资额超过其在注册资本或股本中所占份额的部分在资产负债表日的期末余额。本项目应根据“资本公积”科目的期末贷方余额填列。

④“库存股”项目。反映企业持有的尚未转让或注销的本公司的股份。本项目应根据“库存股”科目的期末余额填列。

⑤“其他综合收益”项目。反映企业根据相关会计准则规定未在当期损益中确认的各项利得和损失。本项目应根据“其他综合收益”科目的期末余额填列。

⑥“盈余公积”项目。反映企业从净利润中提取的盈余公积在资产负债表

日的余额。本项目应根据“盈余公积”科目的期末贷方余额填列。

⑦“未分配利润”项目。反映企业在资产负债表日累计尚未分配的利润或未弥补亏损的余额。本项目应根据“本年利润”科目和“利润分配”科目的余额计算填列，或者根据“利润分配——未分配利润”的余数填列。未弥补的亏损，在本项目内以“-”号表示。

⑧“专项储备”项目，反映高危行业企业按国家规定提取的安全生产费的期末账面价值。该项目应根据“专项储备”科目的期末余额填列。

四、资产负债表编制的实际运用

【例 12-1】（一）资料

1. 南方公司为股份有限公司，系增值税一般纳税人，增值税税率为 13%，所得税税率为 25%。其 2×20 年 1 月 1 日有关科目的余额如表 12-2 所示。

表 12-2　　科目余额表　　单位：元

科目名称	借方余额	科目名称	贷方余额
库存现金	3 100	短期借款	500 000
银行存款	1 908 000	应付票据	250 000
其他货币资金	168 000	应付账款	760 000
交易性金融资产	26 800	其他应付款	65 000
应收票据	80 000	应付职工薪酬	51 000
应收账款	400 000	应交税费	40 800
坏账准备	-8 000	应付利息	12 000
预付账款	65 000	长期借款	1 800 000
其他应收款	4 500	其中：1 年内到期的非流动负债	850 000
物资采购	120 000	递延所得税负债	8 000
原材料	91 200	股本	1 000 000
包装物	10 000	资本公积	3 428 800
低值易耗品	70 000	其他综合收益	4 500
库存商品	60 000	盈余公积	150 000
材料成本差异	3 500	利润分配（未分配利润）	90 000
存货跌价准备	-6 500		
长期股权投资	300 000		
长期股权投资减值准备	-4 500		
固定资产	3 099 000		
累计折旧	-600 000		
固定资产减值准备	-190 000		
在建工程	1 600 000		
无形资产	1 200 000		
累计摊销	-240 000		
合计	8 160 100	合计	8 160 100

2. 该公司 2×20 年发生的经济业务如下：

①购入原材料一批，材料价款 200 000 元，增值税税额 26 000 元，共计226 000 元，原已预付材料款 65 000 元，余款 161 000 元用银行存款支付，材料未到。

②收到原材料一批，实际成本 120 000 元，计划成本 115 000 元，材料已验收入库，货款已于上月支付。

③购入不需安装的设备一台，价款 90 000 元，支付的增值税 11 700 元，支付包装费（不考虑增值税）1100 元。价款、增值税及包装费等共计 102 800 元均以银行存款支付。设备已交付使用。

④购入工程物资一批，价款 130 000 元，增值税 16 900 元，均已用银行存款支付。

⑤收到银行通知，用银行存款支付到期的商业承兑汇票 150 000 元，偿还应付账款 85 000 元。

⑥销售产品一批，销售价款 400 000 元，应收取增值税 52 000 元，产品已发出，价款尚未收到。

⑦从银行借入 3 年期借款 500 000 元，借款已存入银行，该项借款用于购建固定资产。

⑧在建工程应付工资 410 000 元。

⑨一项工程完工，计算应负担的长期借款利息 160 000 元。该项借款本息未付。

⑩一项工程完工，交付生产使用，已办理竣工手续，固定资产价值 1 500 000 元。

⑪销售产品一批，价款 800 000 元，应收取增值税 104 000 元，货款银行已收妥。

⑫公司出售一台不需要设备，收到价款 452 000 元（其中增值税 52 000 元），设备原价 800 000 元，已提折旧 260 000 元，已提减值准备 100 000 元，设备已交付给购入单位。

⑬收到一项长期股权投资的现金股利 40 000 元，存入银行。该项投资按成本法核算，对方公司的所得税税率与本公司一致，均为 25%。

⑭归还短期借款本金 200 000 元，利息 10 000 元，共计 210 000 元。借款利息已预提。

⑮用银行汇票支付采购材料价款，公司收到开户银行转来银行汇票多余款收账通知，通知上所填多余款为 4 623 元，购入材料的价款及运费共 125 300 元，支付的增值税税额为 16 077 元。

⑯上一笔业务中，购买的材料已验收入库，该批材料的计划价格为 125 600 元。

⑰分配应支付的职工工资 627 000 元（不包括在建工程应负担的工资410 000 元）。其中，生产人员工资 570 000 元，车间管理人员工资 11 400 元，行政管理部门人员工资 45 600 元。

⑱用银行存款支付职工工资 1 037 000 元，其中包括支付给在建工程人员的工资 410 000 元。

⑲用银行存款支付研发部门的新技术开发支出 20 000 元，该项支出符合资

本化的条件。

⑳用银行存款支付产品展览费15 000元，广告费13 000元。

㉑基本生产领用原材料，计划成本300 000元；领用低值易耗品，计划成本60 000元，采用一次摊销法摊销。

㉒结转领用原材料与低值易耗品的成本差异，材料成本差异率为2%。

㉓销售产品一批，开出的增值税发票上注明价款300 000元，增值税39 000元，收到对方转来的商业汇票一张。

㉔公司采用前述商业承兑汇票向银行办理贴现，贴现息为24 000元，该票据的到期日为2×19年4月20日。同时将上年销售商品收到的一张面值为80 000元、已到期的无息银行承兑汇票，连同解讫通知书和进账单交银行办理转账，收到银行盖章退回的进账单一联，款项银行已收妥。

㉕提取应计入本期损益的借款利息共32 500元，其中，短期借款利息22 000元，长期借款利息10 500元。

㉖计提固定资产折旧120 000元，其中，应计入制造费用100 000元，应计入管理费用20 000元。

㉗摊销无形资产80 000元。

㉘用银行存款支付管理部门水电费12 000元，生产车间水电费75 000元。

㉙用银行存款支付开发阶段研发费用（不符合资本化支出）67 100元。

㉚本期产品销售应缴纳的城市维护建设税14 875元，教育费附加6 375元。

㉛用银行存款缴纳增值税212 500元，城市维护建设税14 875元，教育费附加6 375元。

㉜年末交易性金融资产的公允价值为28 800元，应确认公允价值变动收益2 000元。

㉝年末其他权益工具投资的公允价值为90 000元，较年初增加10 000元（该项其他权益工具投资于上年购入，取得成本为74 000元，上年末公允价值为80 000元）。

㉞计算并结转本期完工产品成本1 123 600元。没有期初在产品，本期生产的产品全部完工入库。

㉟结转本期产品销售成本900 000元。

㊱基本生产车间盘亏一台设备，原价280 000元，已提折旧225 000元，已提减值准备25 000元。

㊲偿还长期借款本金850 000元。

㊳收回应收账款360 000元，存入银行。

㊴发生坏账损失5 000元。

㊵应收账款余额的2%计提坏账准备。

㊶计提存货跌价准备11 190元。

㊷计提固定资产减值准备20 000元。

㊸第（36）笔的固定资产盘亏在年末结账前仍未批准处理，按规定将30 000

元损失转为营业外支出（附注中说明）。

㊹结转各收入、费用科目，确定利润总额203 620元。

㊺计算并结转应交所得税49 700元，所得税费用59 600元，增加递延所得税负债9 900元（均为假设数据）。

㊻用银行存款缴纳所得税48 500元。

㊼提取盈余公积21 567元；分配普通股现金股利81 145元。

㊽将利润分配各明细科目的余额转入“未分配利润”明细科目，结转本年利润。

㊾2×20年末将于1年内到期的非流动负债为400 000元。

本例中的账务处理除其他权益工具投资外，都不单独考虑递延所得税因素。

（二）根据以上资料编制会计分录和资产负债表

1. 编制会计分录。

①借：材料采购 200 000
　　应交税费——应交增值税（进项税额） 26 000
　　贷：预付账款 65 000
　　　　银行存款 161 000

②借：原材料 115 000
　　材料成本差异 5 000
　　贷：材料采购 120 000

③借：固定资产 911 00
　　应交税费——应交增值税（进项税额） 11 700
　　贷：银行存款 102 800

④借：工程物资 130 000
　　应交税费——应交增值税（进项税额） 16 900
　　贷：银行存款 146 900

⑤借：应付票据 150 000
　　应付账款 85 000
　　贷：银行存款 235 000

⑥借：应收账款 452 000
　　贷：主营业务收入 400 000
　　　　应交税费——应交增值税（销项税额） 52 000

⑦借：银行存款 500 000
　　贷：长期借款 500 000

⑧借：在建工程 410 000
　　贷：应付职工薪酬 410 000

⑨借：在建工程 160 000
　　贷：长期借款——应付利息 160 000

⑩借：固定资产 1 500 000
　　贷：在建工程 1 500 000

⑪借：银行存款	904 000	
贷：主营业务收入		800 000
应交税费——应交增值税（销项税额）		104 000
⑫借：固定资产清理	440 000	
累计折旧	260 000	
固定资产减值准备	100 000	
贷：固定资产		800 000
借：银行存款	452 000	
贷：固定资产清理		400 000
应交税费——应交增值税（销项税额）		52 000
借：资产处置损益——处理固定资产净损失	40 000	
贷：固定资产清理		40 000
⑬借：银行存款	40 000	
贷：投资收益		40 000
⑭借：短期借款	200 000	
应付利息	10 000	
贷：银行存款		210 000
⑮借：材料采购	125 300	
银行存款	4 623	
应交税费——应交增值税（进项税额）	16 077	
贷：其他货币资金		146 000
⑯借：原材料	125 600	
贷：材料采购		125 300
材料成本差异		300
⑰借：生产成本	570 000	
制造费用	11 400	
管理费用	45 600	
贷：应付职工薪酬		627 000
⑱借：应付职工薪酬	1 037 000	
贷：银行存款		1 037 000
⑲借：研发支出——资本化支出	20 000	
贷：银行存款		20 000
⑳借：销售费用——展览费	15 000	
——广告费	13 000	
贷：银行存款		28 000
㉑借：生产成本	300 000	
贷：原材料	300 000	
借：制造费用		60 000

贷：低值易耗品 60 000

㉒原材料应负担成本差异 =300 000×2% =6 000（元）

低值易耗品应负担成本差异 =60 000×2% =1 200（元）

借：生产成本 6 000

制造费用 1 200

贷：材料成本差异 7 200

㉓借：应收票据 339 000

贷：主营业务收入 300 000

应交税费——应交增值税（销项税额） 33 900

㉔借：银行存款 315 000

财务费用 24 000

贷：应收票据 339 000

借：银行存款 80 000

贷：应收票据 80 000

㉕借：财务费用 32 500

贷：应付利息 22 000

长期借款——应付利息 10 500

㉖借：制造费用——折旧费 100 000

管理费用——折旧费 20 000

贷：累计折旧 120 000

㉗借：管理费用——无形资产摊销 80 000

贷：累计摊销 80 000

㉘借：管理费用 12 000

制造费用——固定资产修理费 75 000

贷：银行存款 87 000

㉙借：研发支出——费用化支出 67 100

贷：银行存款 67 100

借：研发费用 67100

贷：研发支出——费用化支出 67 100

㉚借：税金及附加 21 250

贷：应交税费——应交城市维护建设税 14 875

——应交教育费附加 6 375

㉛借：应交税费——应交增值税（已交税金） 212 500

——应交城市维护建设税 14 875

——应交教育费附加 6 375

贷：银行存款 233 750

㉜借：交易性金融资产——公允价值变动 2 000

贷：公允价值变动损益 2 000

㉝借：其他权益工具投资——公允价值变动 10 000

贷：其他综合收益——公允价值变动 10 000

借：其他综合收益——递延所得税 2 500

贷：递延所得税负债 2 500

㉞借：生产成本 247 600

贷：制造费用 247 600

借：库存商品 1 123 600

贷：生产成本 1 123 600

㉟借：主营业务成本 900 000

贷：库存商品 900 000

㊱借：累计折旧 225 000

固定资产减值准备 25 000

待处理财产损溢——待处理固定资产损溢 30 000

贷：固定资产 280 000

㊲借：长期借款 850 000

贷：银行存款 850 000

㊳借：银行存款 360 000

贷：应收账款 360 000

㊴借：坏账准备 5 000

贷：应收账款 5 000

㊵应补提坏账准备 = (400 000 + 452 000 − 360 000 − 5 000) ×2% − 3 000

= 6 740（元）

借：信用减值损失——计提的坏账准备 6 740

贷：坏账准备 6 740

㊶借：资产减值损失——计提的存货跌价准备 11 190

贷：存货跌价准备 11 190

㊷借：资产减值损失——计提的固定资产减值准备 20 000

贷：固定资产减值准备 20 000

㊸借：营业外支出——固定资产盘亏 30 000

贷：待处理财产损溢——待处理固定资产损溢 30 000

㊹借：主营业务收入 1 500 000

投资收益 40 000

公允价值变动损益 2 000

贷：本年利润 1 542 000

借：本年利润 1 338 380

贷：营业成本 900 000

税金及附加　21 250
销售费用　28 000
管理费用　157 600
研发费用　67 100
财务费用　56 500
资产减值损失　31 190
信用减值损失　6 740
资产处置损益　40 000
营业外支出　30 000

㊺借：所得税费用　59 600
　贷：递延所得税负债　9 900
　　应交税费——应交所得税　49 700
借：本年利润　59 600
　贷：所得税费用　59 600

㊻借：应交税费——应交所得税　48 500
　贷：银行存款　48 500

㊼借：利润分配——提取盈余公积　21 567
　贷：盈余公积　21 567
借：利润分配——应付普通股股利　81 145
　贷：应付股利　81 145

㊽借：利润分配——未分配利润　102 712
　贷：利润分配——提取盈余公积　21 567
　　——应付普通股股利　81 145
借：本年利润　144 020
　贷：利润分配——未分配利润　144 020

2. 根据上述会计分录登记T形账户。

借　库存现金　贷

期初余额	3 100		
期末余额	3 100		

借　其他货币资金　贷

期初余额	168 000	⑮	146 000
期末余额	22 000		

借　交易性金融资产　贷

期初余额	26 800		
㉜	2 000		
期末余额	28 800		

借	材料采购		贷
期初余额	120 000		
①	200 000		
		②	120 000
⑮	125 300	⑮	125 300
期末余额	200 000		

借	材料成本差异		贷
期初余额	3 500		
		⑮	300
②	5 000	㉒	7 200
期末余额	1 000		

借	制造费用		贷
⑰	11 400	㉝	247 600
㉑	60 000		
㉒	1 200		
㉖	100 000		
㉘	75 000		

借	银行存款		贷
期初余额	1 908 000		
⑦	500 000	①	161 000
⑪	904 000	③	102 800
⑫	452 000	④	146 900
⑬	40 000	⑤	235 000
⑮	4 632	⑭	210 000
㉔	315 000	⑱	1 037 000
㉔	80 000	⑲	20 000
㊳	360 000	⑳	28 000
		㉘	87 000
		㉙	67 100
		㉛	233 750
		㊲	850 000
		㊻	48 500
期末余额	1 336 573		

借	原材料		贷
期初余额	91 200		
②	115 000	㉑	300 000
⑮	125 600		
期末余额	31 800		

借	生产成本		贷
期初余额	0		
⑰	570 000	㉝	1 123 600
㉑	300 000		
㉒	6 000		
㉞	247 600		

借	包装物		贷
期初余额	10 000		
期末余额	10 000		

借	低值易耗品		贷
期初余额	70 000		
		㉑	60 000
期末余额	10 000		

借	库存商品		贷
期初余额	60 000		
㉝	1 123 600	㉟	900 000
期末余额	283 600		

借	应收账款		贷
期初余额	400 000		
⑥	452 000	㊲	360 000
		㊳	5 000
期末余额	487 000		

借	其他应收款		贷
期初余额	4 500		
期末余额	4 500		

借	预付账款		贷
期初余额	65 000		
		①	65 000
期末余额	0		

借	固定资产		贷
期初余额	3 099 000		
③	91 100	⑫	800 000
⑩	1 500 000	㊱	280 000
期末余额	3610100		

借	固定资产减值准备		贷
		期初余额	190 000
⑫	100 000	㊷	20 000
㉟	25 000		
		期末余额	85 000

借	工程物资		贷
期初余额	0		
④	130 000		
期末余额	130 000		

借	无形资产		贷
期初余额	1 200 000		
期末余额	1 200 000		

借	累计摊销		贷
		期初余额	240 000
		㉗	80 000
		期末余额	320 000

借	存货跌价准备		贷
		期初余额	6 500
		㊵	11 190
		期末余额	17 690

借	坏账准备		贷
		期初余额	8 000
㊳	5 000	㊴	6 740
		期末余额	9 740

借	应收票据		贷
期初余额	80 000		
㉓	339 000	㉔	339 000
		㉔	80 000
期末余额	0		

借	累计折旧		贷
⑫	260 000	㉖	600 000
㉟	225 000		120 000
		期末余额	235 000

借　在建工程　贷

期初余额	1 600 000		
⑧	410 000		
⑨	160 000	⑩	1 500 000
期末余额	670 000		

借　固定资产清理　贷

⑫	440 000	⑫	400 000
		⑫	40 000

借　研发支出——资本化支出　贷

期初余额	0		
⑲	20 000		
期末余额	20 000		

借　待处理财产损溢　贷

㊱	30 000	㊸	30 000

借　长期股权投资　贷

期初余额	220 000		
期末余额	220 000		

借　应付账款　贷

		期初余额	760 000
⑤	85 000		
		期末余额	675 000

借　应付票据　贷

		期初余额	250 000
⑤	150 000		
		期末余额	100 000

借　应付职工薪酬　贷

		期初余额	51 000
⑱	1 037 000	⑧	410 000
		⑰	627 000
		期末余额	51 000

借　短期借款　贷

		期初余额	500 000
⑭	200 000		
		期末余额	300 000

借	递延所得税负债		贷
		期初余额	8 000
		㉝	2 500
		㊺	9 900
		期末余额	20 400

借	其他应付款		贷
		期初余额	65 000
		期末余额	65 000

借	资本公积		贷
		期初余额	3 428 800
		期末余额	3 428 800

借	主营业务收入		贷
		⑥	400 000
㊹	1 500 000	⑪	800 000
		㉓	300 000

借	投资收益		贷
㊹	40 000	⑬	40 000

借	长期股权投资减值准备		贷
		期初余额	4 500
		期末余额	4 500

借	其他权益工具投资		贷
期初余额	80 000		
㉝	10 000		
期末余额	90 000		

借	应交税费		贷
		期初余额	40 800
①	26 000	⑥	52 000
③	11 700	⑪	104 000
④	16 900	⑫	52 000
⑮	16 077	㉓	39 000
㉛	212 500	㉚	14 875
㉛	14 875	㉚	6 375
㉛	6 375	㊺	49 700
㊻	48 500		
		期末余额	5 823

借 应付利息 贷

		期初余额	12 000
⑭	10 000	㉕	22 000
		期末余额	24 000

借 长期借款 贷

		期初余额	1 800 000
㊲	850 000	⑦	500 000
		⑨	160 000
		㉕	10 500
		期末余额	1 620 500

借 应付股利 贷

		期初余额	0
		㊼	81 145
		期末余额	81 145

借 股本 贷

		期初余额	1 000 000
		期末余额	1 000 000

借 盈余公积 贷

		期初余额	150 000
		㊼	21 567
		期末余额	171 567

借 主营业务成本 贷

㉟	900 000	㊹	900 000

借 税金及附加 贷

㉚	21 250	㊹	21 250

借 公允价值变动损益 贷

㊹	2 000	㉜	2 000

借 销售费用 贷

⑳	28 000	㊹	28 000

借	财务费用		贷
㉔	24 000	㊹	56 500
㉕	32 500		

借	资产减值损失		贷
		㊹	31 190
㊶	11 190		
㊷	20 000		

借	所得税费用		贷
㊺	59 600	㊺	59 600

借	本年利润		贷
㊹	1 338 380	㊹	1 542 000
㊺	59 600		
㊽	144 020		

借	管理费用		贷
⑰	45 600	㊹	157 600
㉖	20 000		
㉗	80 000		
㉘	12 000		

借	营业外支出		贷
㊸	30 000	㊹	30 000

借	资产处置损益		贷
⑫	40 000	㊹	40 000

借	研发支出——费用化支出		贷
㉙	67 100	㉙	67 100

借	研发费用		贷
㉙	67 100	㊹	67 100

借	信用减值损失		贷
㊵	6 740	㊹	6 740

借	其他综合收益		贷
		期初余额	4 500
		㉝	7 500
		期末余额	12 000

借	利润分配		贷
		期初余额	90 000
㊼	21 567	㊽	21 567
㊼	81 145	㊽	81 145
㊼	102 712	㊽	144 020
		期末余额	131 308

南方公司2×19年12月31日有关科目的余额如表12－3所示。

表12－3 **科目余额表** 单位：元

科目名称	借方余额	科目名称	贷方余额
库有现金	3 100	短期借款	300 000
银行存款	1 336 573	应付票据	100 000
其他货币资金	22 000	应付账款	675 000
应收票据	0	应付职工薪酬	51 000
交易性金融资产	28 800	其他应付款	65 000
应收账款	487 000	应付股利	81 145
坏账准备	－9 740	应交税费	5 823
预付账款	0	应付利息	24 000
其他应收款	4 500	长期借款	1 620 500
物资采购	200 000	其中：1年内到期的非流动负债	400 000
原材料	31 800	递延所得税负债	20 400
包装物	10 000	股本	1 000 000
低值易耗品	10 000	资本公积	3 428 800
库存商品	283 600	其他综合收益	12 000
材料成本差异	1 000	盈余公积	171 567
存货跌价准备	－17 690	利润分配（未分配利润）	131 308
其他权益工具投资	90 000		
长期股权投资	220 000		
长期股权投资减值准备	－4 500		
固定资产	3 610 100		
累计折旧	－235 000		
固定资产减值准备	－85 000		

续表

科目名称	借方余额	科目名称	贷方余额
工程物资	130 000		
在建工程	670 000		
无形资产	1 200 000		
累计摊销	-320 000		
开发支出	20 000		
合　计	8 086 543	合　计	8 086 543

南方公司2×19年12月31日的资产负债表见表12-4。

表12-4 **资产负债表** 会企01表

编制单位：南方公司 2×19年12月31日 单位：元

资产	期末数	年初数	负债和所有者权益（或股东权益）	期末数	年初数
流动资产：			流动负债：		
货币资金	1 361 673	2 079 100	短期借款	300 000	500 000
交易性金融资产	28 800	26 800	交易性金融负债	0	0
衍生金融资产	0	0	衍生金融负债	0	0
应收票据	0	80 000	应付票据	100 000	250 000
应收账款	477 260	392 000	应付账款	675 000	760 000
应收款项融资	0	0	预收款项	0	0
预付款项	0	65 000	合同负债	0	0
其他应收款	4 500	4 500	应付职工薪酬	51 000	51 000
存货	518 710	348 200	应交税费	5 823	5 823
合同资产	0	0	其他应付款	170 145	77 000
持有待售资产	0	0	持有待售负债	0	0
一年内到期的非流动资产	0	0	一年内到期的非流动负债	0	0
其他流动资产	0	0	其他流动负债	0	0
流动资产合计	2 390 943	2 995 600	流动负债合计	1 701 968	2 528 800
非流动资产：			非流动负债：		
债权投资	0	0	长期借款	1 220 500	950 000
其他债权投资	0	0	应付债券	0	0
长期应收款	0	0	其中：优先股	0	0
长期股权投资	215 500	215 500	永续股	0	0
其他权益工具投资	90 000	90 000	债租负债	0	0
其他非流动金融资产	0	0	长期应付款	0	0
投资性房地产	0	0	预计负债	0	0
固定资产	3 290 100	2 309 000	递延收益	0	0

续表

资产	期末数	年初数	负债和所有者权益（或股东权益）	期末数	年初数
在建工程	800 000	1 600 000	递延所得税负债	20 400	8 000
生产性生物资产	0	0	其他非流动负债	0	0
油气资产	0	0	非流动负债合计	1 240 900	958 000
使用权资产	0	0	负债合计	2 942 868	3 486 800
无形资产	880 000	960 000	所有者权益（或股东权益）：		
开发支出	20 000	0	实收资本（或股本）	1 000 000	1 000 000
商誉	0	0	其他权益工具	0	0
长期待摊费用	0	0	其中：优先股	0	0
递延所得税资产	0	0	永续债	0	0
其他非流动资产	0	0	资本公积	3 428 800	3 486 800
非流动资产合计	5 295 600	5 164 599	减：库存股	0	0
			其他综合收益	12 000	4 500
			专项储备	0	0
			盈余公积	171 567	150 000
			未分配利润	131 308	90 000
			所有者权益（或股东权益）合计	4 743 675	4 673 300
资产总计	7 686 543	8 180 100	负债和所有者权益（或股东权益）总计	7 686 543	8 180 100

资产负债表部分项目金额计算如下：

①货币资金＝库存现金＋银行存款＋其他货币资金

＝3 100＋1 336 573＋22 000＝1 361 673（元）

②应收账款＝应收账款－坏账准备＝487 000－9 740＝477 260（元）

③存货＝材料采购＋原材料＋包装物＋低值易耗品＋库存商品＋材料成本差异－存货跌价准备

＝200 000＋31 800＋10 000＋10 000＋283 600＋1 000－17 690

＝518 710（元）

④长期股权投资项目＝长期股权投资－长期股权投资减值准备

＝220 000－4 500＝215 500（元）

⑤固定资产＝固定资产－累计折旧－固定资产减值准备

＝3 610 100－235 000－85 000＝3 290 100（元）

⑥在建工程＝在建工程＋工程物资＝670 000＋130 000＝800 000（元）

⑦无形资产＝无形资产－累计摊销＝1 200 000－320 000＝880 000（元）

⑧其他应付款＝应付股利＋应付利息＋其他应付款＝81 145＋24 000＋65 000

＝170 145（元）

第三节 利润表

一、利润表的概述

1. 利润表的概念。利润表是反映企业一定会计期间经营成果的报表。企业一定会计期间的经营成果一般表现为利润，但也可能表现为亏损，因此，利润表也称损益表。

利润表是根据“收入－费用＝利润”这一会计等式，按照各项收入、费用以及构成利润的各个项目分类分项编制而成的。它们反映的是企业一定期间经济利益的流入、流出及其最终结果的财务指标。从反映企业经营资金运动的角度看，它是一种反映企业经营资金运动动态表现的报表，所以也称为动态会计报表。

2. 利润表的作用。自20世纪30年代起，随着报表使用者对收益的重视，配比原则被广泛应用于财务会计，并按照“收入费用观”确定收益。于是，财务报表的中心便由资产负债表转向利润表，利润表成为财务报表体系的核心。在市场经济条件下，利润的多少，既是企业投资者及其利害关系人关注的焦点，更是企业生存与发展的关键。利润表所提供的会计信息，对会计报表使用者来说，具有以下五个方面的重要作用。

（1）为企业经营成果的分配提供重要依据。现代企业是不同利益集团的结合体，不同的利益集团之所以向企业提供经济资源参与企业的活动，目的就在于分享企业的经营成果。利润表直接反映了企业经营成果的形成及经营成果各组成部分的具体数额，在一定的经济政策、法律法规和企业分配制度下，利润额的多少决定了各相关利益集团的分享额，如国家的税收收入、股东的股利、经营者的年薪、员工和管理人员的奖金等，企业在进行利润分配时，无论是提取盈余公积，还是制定股利分配政策，都必须以利润表提供的数据作为重要依据。

（2）评价和考核企业的经营业绩。按照企业所有权与经营权分离的要求，所有者将有关经济资源交付给管理者进行管理，管理者则应履行受托经济责任，运用受托管理的经济资源获取尽可能多的经济利益。利润表中的各项数据，体现了企业在生产经营、融资、投资等活动中的管理效率及经济利益，是对企业经营业绩的综合反映。通过比较前后期利润表上各种收入、费用和利润的增减变动情况，比较各项收入、费用和利润的当期实际与当期预算的符合程度，并分析发生差异的原因，可以据以评价和考核各职能部门和管理人员的业绩。

（3）分析和评价企业的经营成果和获利能力。企业的经营成果是指企业在其拥有或控制的经济资源上取得的报酬，它直接体现为企业一定会计期间的利润总额；而获利能力则是指企业运用一定经济资源获取经营成果的能力，它一般通过相对指标进行反映，如资产利润率、净资产利润率、成本利润率、每股盈余等。通过当期利润表数据可以反映企业当期的经营成果，结合资产负债表数据可以反映企业当期的获利能力；通过比较和分析同一企业前后期利润表中的数据，比较和分析同一时期不同企业的利润表数据，可以评价企业某一时期经营成果的好坏和获利能力的高低，并可预测未来发展的趋势。

（4）分析和预测企业未来的现金流量。会计报表的使用者为了进行有关的经济决策，都十分关注企业未来现金流量的来源、金额、时间及其不确定性，而企业过去和现在的利润水平和获利能力，与未来的现金流量存在一定的关系。会计报表使用者根据企业提供的利润表，通过比较和分析同一企业不同时期、不同企业同一时期的利润数额和获利能力，了解企业利润增长（或减少）的规模和趋势，预测企业未来现金流量及其不确定性程度，进而作出合理的经济决策。

（5）有助于企业管理当局进行经营决策。利润表反映企业在一定会计期间各项收入、费用的发生情况，以及收入与费用配比的结果。企业管理当局通过分析利润表各项目的关系，可以了解企业各项收入、费用与利润之间的消长关系及变动趋势，发现企业在生产经营活动的各个环节中存在的问题，并针对问题分析原因，找出差距，采取改善措施，以作出正确的经营决策。

二、利润表的内容和结构

对收益即利润的概念，目前比较流行的收益计量方法有两种：一是根据资产负债表来确定公司的利润，也称资产负债表观或净资产法；二是根据收益表来确定公司的收益，也称收入费用观或交易法。资产负债表观是指通过对照前后资产负债表的所有者权益（净资产）来确定企业在一定期间所实现的收益；所有者权益增加为利润，减少为亏损（但在此期间由所有者追加投资和分红引起的净资产变动除外）。资产负债表观的理论基础是资本保全概念，即只有在原资本得到维持或成本已经弥补之后，才能确认损益。资本保全又分为货币资本保全和实物资本保全。货币资本保全者强调资本是一种货币现象，认为收益等于企业资产超过投入原始资本的货币金额；而实物资本保全者主张资本是一种实物现象，它所代表的是一种实际生产能力，企业资产超过原生产能力的部分即为收益。两者在价格变动对资产负债影响的处理方面不同，货币资本保全将影响计入收益，而实物资本保全则将影响计入所有者权益。

收入费用观是指通过设置收入、费用类账户，遵循配比原则计算当期利润，它以一定期间发生的交易或其他事项所产生的收入及费用之间的差额作为当期的利润。对于这个问题，在会计上也有两种观点：本期营业观和损益满计观。

本期营业观，是指本期利润表只列示由本期营业活动所产生的损益，即仅反映本期经常性的业务收支项目，以及由这些项目所产生的损益，至于非经营性项目（如本期发生的非常项目、前期项目以及由于会计政策和会计估计变更而产生的损益调整项目等），都不计入本期利润，所有这些项目应在净利润之后列示，或作为留存收益的调整项目。

损益满计观，是指本期利润表应包括本期确认的所有损益项目，即凡是在报告期影响所有者权益净增或净减的经济业务（股利和企业与股东之间的其他经济业务除外），都计入本期利润，因此，利润表既包括本期经常性的业务收支项目，也包括非经常性的项目。

国际会计准则主张采用损益满计观编制利润表，在《国际会计准则第8号——本期净损益、基本错误和会计政策的变更》中，要求企业在编制利润表时，将正常活动产生的损益和非常项目都列入利润表。在我国，目前利润表的编制实际上是综合了“本期营业观”和“损益满计观”，即在利润表的内容上，既能反映当期所确认的经营收益，又能反映非经常性项目的利得和损失。

1. 利润表的内容。利润表主要包括以下六个方面的内容。

（1）构成营业利润的各项要素，主要包括营业收入、营业成本、税金及附加、销售费用、管理费用、财务费用、资产减值损失、公允价值变动收益、投资收益。营业利润以营业收入为基础，减去营业成本、税金及附加、销售费用、管理费用、财务费用、资产减值损失，加减公允价值变动收益（或损失）、投资收益（或损失）后取得。

（2）构成利润总额的各项要素，主要包括营业利润、营业外收入、营业外支出。利润总额在营业利润的基础上，加上营业外收入，减去营业外支出后取得。

（3）构成净利润的各项要素，主要包括利润总额和本期计入损益的所得税费用。净利润在利润总额的基础上减去所得税费用后取得。

（4）其他综合收益，具体分为“以后会计期间不能重分类进损益的其他综合收益项目”和“以后会计期间在满足规定条件时将重分类进损益的其他综合收益项目”两类，并以扣除相关所得税影响后的净额列报。

（5）综合收益总额，净利润加上其他综合收益税后净额，即为综合收益总额。

（6）每股收益，主要包括基本每股收益和稀释每股收益。

2. 利润表的结构。为了把利润表的信息恰当地反映出来，便于报表使用者理解和使用，需要把列入利润表的各个项目按照一定的顺序进行排列，以形成相对稳定的结构。由于不同国家或地区对利润表的信息要求不完全相同，利润表的结构也不完全相同。目前，常用的是多步式利润表。

多步式利润表是将利润表的内容作多项分类，通过多个步骤完成利润的计算过程，以提供有关形成最终净利润的中间性信息。在多步式利润表中，通常分如下五步计算。

第一步，计算营业利润。以营业收入为基础，减去营业成本、税金及附加、销售费用、管理费用、财务费用、资产减值损失，加减公允价值变动收益（或损失）、投资收益（或损失），计算得出营业利润。

第二步，以营业利润为基础，加上营业外收入，减去营业外支出，计算得出利润总额。

第三步，以利润总额为基础，减去所得税费用，计算得出本期净利润。

第四步，以净利润为基础，加上其他综合收益，扣除所得税影响后的净额，计算出综合收益总额。

第五步，以净利润为基础，计算基本每股收益和稀释每股收益。

多步式利润表能提供比较详细的中间利润指标，便于对企业生产经营情况进行分析，有利于不同企业之间进行比较，以正确评价企业的经营业绩和获利能力，有利于预测企业今后的经营趋势和盈利能力。由于多步式利润表比单步式利润表能提供更为有用的信息，其结构更为科学，因此，各个国家或地区中使用较为普遍的是多步式利润表。目前，我国统一会计制度规定的企业利润表就是多步式利润表，利润表的基本格式如表 12－5 所示。

表 12－5　　**利润表**　　会企 02 表

编制单位：　　年度　　单位：元

项目	本期金额	上期金额
一、营业收入		
减：营业成本		
税金及附加		
销售费用		
管理费用		
研发费用		
财务费用		
其中：利息费用		
利息收入		
加：其他收益		
投资收益（损失以“－”号填列）		
其中：对联营企业和合营企业的投资收益		
以摊余成本计量的金融资产终止确认收益（损失以“－”号填列）		
净敞口套期收益（损失以“－”号填列）		
公允价值变动收益（损失以“－”号填列）		
信用减值损失（损失以“－”号填列）		
资产减值损失（损失以“－”号填列）		
资产处置收益（损失以“－”号填列）		
二、营业利润（亏损以“－”号填列）		
加：营业外收入		
减：营业外支出		
三、利润总额（亏损总额以“－”号填列）		
减：所得税费用		
四、净利润（净亏损以“－”号填列）		
（一）持续经营净利润（净亏损以“－”号填列）		
（二）终止经营净利润（净亏损以“－”号填列）		

续表

项目	本期金额	上期金额
五、其他综合收益的税后净额		
（一）以后不能重分类进损益的其他综合收益		
1. 重新计量设定受益计划变动额		
2. 权益法下不能转损益的其他综合收益		
3. 其他权益工具投资公允价值变动损益		
4. 企业自身信用风险公允价值变动		
……		
（二）将重分类进损益的其他综合收益		
1. 权益法下可转损益的其他综合收益		
2. 其他债权投资公允价值变动		
3. 金融资产重分类计入其他综合收益的金额		
4. 其他债权投资信用减值准备		
5. 现金流量套期储备		
6. 外币财务报表折算差额		
……		
六、综合收益总额		
七、每股收益		
（一）基本每股收益		
（二）稀释每股收益		

三、利润表的编制

（一）利润表的编制依据

由于利润表是动态报表，因而填列依据主要是各类损益类科目的本期发生额。各收入类项目应根据相应的收入类会计科目的贷方发生额填列，各费用类项目应根据相应的费用类会计科目的借方发生额填列。利润表中的收入项目和费用项目的金额应以总额列示，除相关会计准则规定允许抵扣的项目外，不能以相关项目相互抵扣后的金额列示。例如，企业销售商品、提供服务等实现的营业利润，应当分别列示实现的营业收入、结转的营业成本、税金及附加等，而不能用商品销售的营业收入直接抵减营业成本后的营业利润进行列报；营业外收入和营业外支出，应当分别以总额列报，不能以营业外收入扣减营业外支出后的净额列报。

（二）利润表的编制方法

按照我国企业利润表格式的要求，利润表中一般设有“本期金额”和“上期金额”两栏，现分别说明其填列方法。

1. 一是各栏目的内容及填列方法。利润表中“本期金额”栏反映各项目的本期实际发生数，在编制月度报表时，应根据有关损益类账户的本期发生额分析填列；在编制中期报表时，应将“本期金额”栏改为“上年同期金额”栏，填列上年同期累计实际发生数；在编制年度报表时，应将“本期金额”栏改为“上年金额”栏，填列上年全年累计实际发生数。如果上年度利润表项目的名称和内容与本年度利润表不相一致，应对上年度利润表项目的名称和数字按本年度的规定进行调整，填入本表的“上年金额”栏。

利润表中“上期金额”栏，反映各项目自年初起至报告期末止的累计实际发生数。

2. 各项目的内容及填列方法。

（1）“营业收入”项目。反映企业经营业务所取得收入的净额。本项目应根据“主营业务收入”科目和“其他业务收入”科目的发生额分析合计填列。

（2）“营业成本”项目。反映企业经营业务发生的实际成本。本项目应根据“主营业务成本”科目和“其他业务成本”科目的发生额分析合计填列。

（3）“税金及附加”项目。反映企业经营业务应负担的消费税、城市维护建设税、资源税、土地增值税和教育费附加等。本项目应根据“税金及附加”科目的发生额分析填列。

（4）“销售费用”项目。反映企业在销售商品过程中发生的各项费用。商品流通企业在购入商品等过程中发生的费用也在本项目反映。本项目应根据“销售费用”科目的发生额分析填列。

（5）“管理费用”项目。反映企业发生的管理费用。本项目应根据“管理费用”科目的发生额分析填列。

（6）“研发费用”项目。反映企业进行研究与开发过程中发生的费用化支出，以及计入管理费用的自行开发无形资产的摊销。如果企业单独设立“研发费用”科目，则该项目应根据“研发费用”科目的发生额分析填列；如果企业不单独设立“研发费用”科目，该项目应根据“管理费用”科目下的“研究费用”明细科目的发生额，以及“管理费用”科目下的“无形资产摊销”明细科目的发生额分析填列。

（7）“财务费用”项目。反映企业发生的财务费用。“财务费用”项目下的“利息费用”项目，反映企业为筹集生产经营所需资金等而发生的应予费用化的利息支出。该项目应根据“财务费用”科目的相关明细科目的发生额分析填列。该项目作为“财务费用”项目的其中项，以正数填列。“财务费用”项目下的“利息收入”项目，反映企业按照相关会计准则确认的应冲减财务费用的利息收入。该项目应根据“财务费用”科目的相关明细科目的发生额分析填列。该项目作为“财务费用”项目的其中项，以正数填列。

（8）“其他收益”项目。反映企业确认的计入其他收益的政府补助，以及其他与日常活动相关且计入其他收益的项目。该项目应根据“其他收益”科目的发生额分析填列。企业作为个人所得税的扣缴义务人，根据《中华人民共和国个人所得税法》收到的扣缴税款手续费，应作为其他与日常活动相关的收益在该项目中填列。

（9）“投资收益”项目。反映企业确认的投资收益或投资损失。该项目应根据“投资收益”科目的发生额分析填列；如为投资损失，以“－”号填列。其中，“以摊余成本计量的金融资产终止确认收益”项目，反映企业因转让等情形导致终止确认以摊余成本计量的金融资产而产生的利得或损失。

（10）“净敞口套期收益”项目。反映净敞口套期下被套期项目累计公允价值变动转入当期损益的金额或现金流量套期储备转入当期损益的金额。该项目应根据“净敞口套期损益”科目的发生额分析填列；如为套期损失，以“－”号填列。

（11）“公允价值变动损益”项目。反映企业应当计入当期损益的资产或负债公允价值变动收益。本项目应根据“公允价值变动收益”科目的发生额分析填列。如果为损失，则以“－”号填列。

（12）“资产减值损失”项目。反映企业各项资产发生的减值损失。本项目应根据“资产减值损失”科目的发生额分析填列。

（13）“信用减值损失”项目。反映企业按照《企业会计准则第22号——金融工具确认和计量》的要求计提的各项金融工具减值准备所确认的信用损失。该项目根据“信用减值损失”科目的发生额分析填列。

（14）“资产处置收益”项目。反映企业出售划分为持有待售的非流动资产（金融工具、长期股权投资和投资性房地产除外）或处置组时确认的处置利得或损失，以及处置未划分为持有待售的固定资产、在建工程、生产性生物资产及无形资产而产生的处置利得或损失。债务重组中因处置非流动资产产生的利得或损失和非货币性资产交换产生的利得或损失也包括在本项目内。该项目应根据在损益类科目新设置的“资产处置损益”科目的发生额分析填列；如为处置损失，以“－”号填列。

（15）“营业外收入”项目。反映企业发生的营业利润以外的收益，主要包括债务重组利得、与企业日常活动无关的政府补助、盘盈利得、捐赠利得（企业接受股东或股东的子公司直接或间接的捐赠，经济实质属于股东对企业的资本性投入的除外）等。该项目应根据“营业外收入”科目的发生额分析填列。“非流动资产毁损报废损失”通常包括因自然灾害发生毁损、已丧失使用功能等原因而报废清理产生的损失。企业在不同交易中形成的非流动资产毁损报废利得和损失不得相互抵销，应分别在“营业外收入”项目和“营业外支出”项目进行填列。

（16）“营业外支出”项目。反映企业发生的营业利润以外的支出，主要包括债务重组损失、公益性捐赠支出、非常损失、盘亏损失、非流动资产毁损报废损失等。该项目应根据“营业外支出”科目的发生额分析填列。

（17）“所得税费用”项目。反映企业按规定确认的所得税费用。本项目应根据“所得税费用”科目的发生额分析填列。

（18）“（一）持续经营净利润”和“（二）终止经营净利润”项目，分别反映净利润中与持续经营相关的净利润和与终止经营相关的净利润；如为净亏损，以“-”号填列。该两个项目应按照《企业会计准则第42号——持有待售的非流动资产、处置组和终止经营》的相关规定分别列报。

（19）“其他综合收益的税后净额”项目。

①“重新计量设定收益计划变动额”项目。反映企业重新计量设定受益计划净负债或净资产导致的变动，该项目应根据“其他综合收益”科目的相关明细科目的发生额分析填列。

②“权益法下不能转损益的其他综合收益”项目。反映企业按照权益法核算因被投资单位重新计量设定受益计划净资产或净负债变动、被投资企业其他权益工具投资公允价值变动、被投资企业自身信用风险公允价值变动等不能转损益的其他综合收益，投资企业按持股比例计算确认的该部分其他综合收益。该项目应根据“其他综合收益”科目的相关明细科目的发生额分析填列。

③“其他权益工具投资公允价值变动”项目。反映企业指定为以公允价值计量且其变动计入其他综合收益的交易性权益工具投资发生的公允价值变动。该项目应根据“其他综合收益”科目的相关明细科目的发生额分析填列。

④“企业自身信用风险公允价值变动”项目。反映企业指定为以公允价值计量且其变动计入当期损益的金融负债，由企业自身信用风险变动引起的公允价值变动而计入其他综合收益的金额。该项目应根据“其他综合收益”科目的相关明细科目的发生额分析填列。

⑤“权益法下可转损益的其他综合收益”项目。反映企业按照权益法核算因被投资企业确认可转损益的其他综合收益，投资企业按持股比例计算确认的该部分其他综合收益。该项目应根据“其他综合收益”科目的相关明细科目的发生额分析填列。

⑥“其他债权投资公允价值变动”项目。反映企业分类为以公允价值计量且其变动计入其他综合收益的债权投资发生的公允价值变动。企业将一项以公允价值计量且其变动计入其他综合收益的金融资产重分类为以摊余成本计量的金融资产，或重分类为以公允价值计量且其变动计入当期损益的金融资产时，之前计入其他综合收益的累计利得或损失从其他综合收益中转出的金额作为该项目的减项。该项目应根据“其他综合收益”科目下的相关明细科目的发生额分析填列。

⑦“金融资产重分类计入其他综合收益的金额”项目。反映企业将一项以摊余成本计量的金融资产重分类为以公允价值计量且其变动计入其他综合收益的金融资产时，计入其他综合收益的原账面价值与公允价值之间的差额。该项目应根据“其他综合收益”科目下的相关明细科目的发生额分析填列。

⑧“其他债权投资信用减值准备”项目。反映企业按照《企业会计准则第22号——金融工具确认和计量》规定分类为以公允价值计量且其变动计入其他综合收益的金融资产的损失准备。该项目应根据“其他综合收益”科目下的“信用减值准备”明细科目的发生额分析填列。

⑨“现金流量套期储备”项目。反映企业套期工具产生的利得或损失中属

于套期有效的部分。该项目应根据“其他综合收益”科目下的“套期储备”明细科目的发生额分析填列。

(20)“综合收益总额”项目。反映企业在当期确认（包括在损益中确认和在所有者权益中确认）的综合收益。本项目反映净利润和其他综合收益的税后净额的合计金额。

(21)“基本每股收益”项目。反映企业股东持有每一股份所能享有企业的利润或承担企业的亏损。企业应当按照归属于普通股股东的当期净利润，除以发行在外的普通股加权平均数计算基本每股收益。

(22)“稀释每股收益”项目。反映企业存在稀释性潜在普通股的情况下，以基本每股收益为基础，考虑稀释性潜在普通股影响的每股收益。

根据利润表的内容和结构特点，在编制利润表时，关键应解决两个问题：一是怎样将有关科目的借贷发生额转化为报表中相应的项目；二是怎样运用报表中各项目之间的数量关系正确计算有关项目的金额。

四、利润表编制的实际运用

【例 12－2】 根据前面南方公司 2×20 年的资料编制利润表，如表 12－6 所示。

表 12－6 **利润表（多步式）** 会企 02 表

编制单位：南方公司 2×20 年度 单位：元

项目	本期金额	上期金额
一、营业收入	1 500 000	1 200 000
减：营业成本	900 000	750 000
税金及附加	21 250	18 000
销售费用	28 000	25 000
管理费用	157 600	131 000
研发费用	67 100	60 000
财务费用	56 500	50 000
其中：利息费用		
利息收入		
加：其他收益		
投资收益（损失以“－”号填列）	40 000	50 000
其中：对联营企业和合营企业的投资收益		
以摊余成本计量的金融资产终止确认收益（损失以“－”号填列）		
净敞口套期收益（损失以“－”号填列）		
公允价值变动收益（损失以“－”号填列）	2 000	1 000
信用减值损失（损失以“－”号填列）	－6 740	－5 000
资产减值损失（损失以“－”号填列）	－31 190	－20 000

续表

项目	本期金额	上期金额
资产处置收益（损失以“-”号填列）	-40 000	
二、营业利润（亏损以“-”号填列）	233 620	192 000
加：营业外收入		30 000
减：营业外支出	30 000	65 000
三、利润总额（亏损总额以“-”号填列）	203 620	192 000
减：所得税费用	59 600	48 000
四、净利润（净亏损以“-”号填列）	144 020	109 000
（一）持续经营净利润（净亏损以“-”号填列）	144 020	109 000
（二）终止经营净利润（净亏损以“-”号填列）		
五、其他综合收益的税后净额	7 500	4 500
（一）以后不能重分类进损益的其他综合收益	7 500	4 500
1. 重新计量设定受益计划变动额		
2. 权益法下不能转损益的其他综合收益		
3. 其他权益工具投资公允价值变动损益	7 500	4 500
4. 企业自身信用风险公允价值变动		
……		
（二）将重分类进损益的其他综合收益		
1. 权益法下可转损益的其他综合收益		
2. 其他债权投资公允价值变动		
3. 金融资产重分类计入其他综合收益的金额		
4. 其他债权投资信用减值准备		
5. 现金流量套期储备		
6. 外币财务报表折算差额		
……		
六、综合收益总额	151 520	113 500
七、每股收益		
（一）基本每股收益	0.1438	0.1090
（二）稀释每股收益	0.1438	0.1090

第四节 现金流量表

一、现金流量表的概述

（一）现金流量表的概念

现金流量表是反映企业在一定会计期间现金和现金等价物流入和流出的报

表。现金流量表以现金和现金等价物（以下简称现金）的流入和流出，反映企业在一定会计期间内的经营活动、投资活动和筹资活动对现金流量产生的影响，并通过现金流量的变动情况，来揭示企业财务状况变动的原因及结果。从这个意义上讲，现金流量表实际上是以现金为基础编制的财务状况变动表。由于现金流量表反映的是企业一定会计期间现金流入和流出情况，而现金的流入和流出又是企业经营资金运动的一个组成部分，反映的是企业经营资金运动的一种动态表现，因此，现金流量表是一种动态会计报表。

（二）现金流量表的作用

现金流量表所提供的企业在一定会计期间现金流入和流出的信息，对会计报表使用者来说，具有下列四个方面的重要作用。

1. 有助于分析和评价企业整体财务状况及其变动的原因。企业所从事的经营、投资和筹资活动都影响着企业的财务状况，而这种影响又会通过现金流量的变化而表现出来。一般来说，现金流量表中各部分现金流量结构合理，现金流入和流出无重大异常波动，表明企业的财务状况基本良好。此外，现金流量表不仅反映了企业现金流入和流出情况，还披露了一些重要的不涉及现金收支的投资和筹资活动，这些活动虽然不影响企业的净现金流量，但对企业整体财务状况可能会产生重大影响。因此，将现金流量表提供的现金流量及其他信息与资产负债表提供的财务状况信息联系起来，可以了解和评价企业当前整体财务状况，并揭示导致财务状况变动的原因。

2. 有助于分析和预测企业未来产生现金流量的能力。投资人、债权人进行投资和信贷的主要目的是增加未来的现金流入，因此，他们需要财务报表提供相关的信息，以便作出正确的投资和信贷决策。通过现金流量表提供的企业过去的现金流量信息，可以揭示企业过去现金流入和流出情况及其形成的原因，分析企业经营、投资、筹资活动与现金流量之间的关系，评价企业过去生成现金流量的能力，从而预测企业未来现金流量的来源、数量、时间和不确定性，即预测企业未来产生现金流量的能力。

3. 有助于了解和评价企业的支付能力和偿债能力。判断一个企业是否具有支付能力和偿债能力，最关键的就是看其是否能产生净现金流入。企业只有能产生净现金流入，有足够的现金才有能力偿还债务、支付现金股利、发放工资、购买材料等。通过现金流量表提供的现金流量信息，可以对企业现有的支付能力和偿债能力，以及企业对外部资金的需求情况作出可靠的判断。

4. 有助于分析和揭示企业经营净收益与经营活动产生净现金流量之间差异的原因。从一个企业的全部经营期间而言，其经营活动形成的全部净利润应当等于企业的净现金流入。但是，对于一个持续经营的企业来说，为了定期计算损益，会计上必须将企业持续不断的经营活动划分为若干个会计期间，分期编制财务报告。在一定会计期间内，按权责发生制确认损益的时间与现金收付的时间可能不一致，从而导致一定会计期间的当期净利润与当期净现金流量之间出现差异。通过现金流量表可以分析差异产生的原因，揭示出现差异的规律性，以便于报表使用者更合理地预测未来的现金流量，判断净利润的质量与可靠程度。

二、现金流量表的内容和结构

现金流量表的目的是为会计报表使用者提供企业在一定会计期间有关现金流入和流出的信息。为了能充分、恰当地披露企业有关现金流量方面的信息，目前我国企业的现金流量表包括正表和补充资料两部分。

（一）正表

正表是现金流量表的主体，企业一定会计期间现金流量的信息主要是由正表提供的。正表采用报告式的结构，按照现金流量的性质，依次分类反映经营活动产生的现金流量、投资活动产生的现金流量和筹资活动产生的现金流量，最后汇总反映企业现金及现金等价物净增加额。在各类经济活动产生的现金流量下，还分别按项目反映其现金流入、现金流出总额和现金流量净额。但下列各项可以按照净额列报：（1）代客户收取或支付的现金；（2）周转快、金额大、期限短项目的现金流入和现金流出；（3）金融企业的有关项目，包括短期贷款发放与收回的贷款本金、活期存款的吸收与支付、同业存款和存放同业款项的存取、向其他金融企业拆借资金以及证券的买入与卖出等。在有外币现金流量及境外子公司的现金流量折算为人民币的企业，正表中还应单设“汇率变动对现金的影响额”项目，以反映所采用的现金流量发生日的汇率或平均汇率折算的人民币金额与“现金及现金等价物增加额”中外币现金净增加额按期末汇率折算的人民币金额之间的差额。

（二）补充资料

补充资料包括三个内容：（1）将净利润调节为经营活动的现金流量（即按间接法编制的经营活动的现金流量）；（2）不涉及当期现金收支的重大投资和筹资活动；（3）现金及现金等价物净增加额（即直接按现金及现金等价物的期末期初余额计算的净增加额）。

根据《企业会计准则第31号——现金流量表》的规定，补充资料还应该包括下列信息：（1）当期取得或处置子公司及其他营业单位的取得或处置价格、取得或处置价格中以现金支付的部分、取得或购买子公司及其他营业单位收到的现金以及取得或处置子公司及其他营业单位按照主要类别分类的非现金资产和负债；（2）企业持有但不能由母公司或集团内其他子公司使用的大额现金和现金等价物金额等。

现金流量表的基本格式如表12－7所示。

表 12-7　　　　现金流量表　　　　企业 03 表

编制单位：　　　　年度　　　　单位：元

项目	本期金额	上期金额
一、经营活动产生的现金流量		
销售商品、提供劳务收到的现金		
收到的税费返还		
收到其他与经营活动有关的现金		
经营活动现金流入小计		
购买商品、接受劳务支付的现金		
支付给职工以及为职工支付的现金		
支付的各项税费		
支付其他与经营活动有关的现金		
经营活动现金流出小计		
经营活动产生的现金流量净额		
二、投资活动产生的现金流量		
收回投资收到的现金		
取得投资收益收到的现金		
处置固定资产、无形资产和其他长期资产收回的现金净额		
处置子公司及其他营业单位收到的现金净额		
收到其他与投资活动有关的现金		
投资活动现金流入小计		
购建固定资产、无形资产和其他长期资产支付的现金		
投资支付的现金		
取得子公司及其他营业单位支付的现金净额		
支付其他与投资活动有关的现金		
投资活动现金流出小计		
投资活动产生的现金流量净额		
三、筹资活动产生的现金流量		
吸收投资收到的现金		
取得借款收到的现金		
收到其他与筹资活动有关的现金		
筹资活动现金流入小计		
偿还债务支付的现金		
分配股利、利润或偿付利息支付的现金		
支付其他与筹资活动有关的现金		
筹资活动现金流出小计		
筹资活动产生的现金流量净额		
四、汇率变动对现金及现金等价物的影响		
五、现金及现金等价物净增加额		
加：期初现金及现金等价物余额		
六、期末现金及现金等价物余额		

三、现金流量表的编制基础

1. 现金流量表的编制基础。在我国，现金流量表是以现金为计量基础编制的，这里的现金不只是通常所指的库存现金，还包括现金和现金等价物。现金流量表中的现金是指企业的库存现金、可以随时用于支付的存款以及现金等价物。其具体内容包括如下几部分。

(1) 库存现金。库存现金是指企业持有的、可随时用于支付的现金，它与会计核算中的“库存现金”科目所包括的内容一致。

(2) 银行存款。银行存款是指企业存在银行或非银行金融机构的、随时可以用于支付的存款，它与会计核算中的“银行存款”科目所包括的内容基本一致。如果企业存在银行或非银行金融机构的款项中有不能随时用于支付的存款，例如不能随时支取的定期存款，则这部分存款不能作为现金流量表中的现金，但提前通知银行或非银行金融机构便可支取的定期存款，则应包括在现金流量表中的现金范围内。

(3) 其他货币资金。其他货币资金是指企业存在银行或非银行金融机构有特定用途的、可以随时用于支付的款项，它与会计核算中的“其他货币资金”科目包括的内容基本一致，包括外埠存款、银行汇票存款、银行本票存款、信用证保证金存款、信用卡存款等。

(4) 现金等价物。现金等价物是指企业持有的期限短、流动性强、易于转换为已知金额现金、价值变动风险很小的投资。根据上述定义，在实务中，现金等价物通常是指企业购买的在三个月或更短时间内即可到期或即将要转换为现金的短期债券投资。一般来说，由于股票投资价值变动风险较大，无论其是否能随时变现，均不作为现金等价物。应当指出，不同企业因经营活动的特点不同，对现金等价物范围的确定也不同。例如经营活动主要是从事短期、流动性强的投资的证券公司，应将所有投资项目都视为投资，而不作为现金等价物；而非从事证券投资业务的企业，则可能将其购买的 3 个月内即可到期或即可转换为现金的短期债券投资作为现金等价物。所以，企业应当根据经营特点的具体情况，确定现金等价物的范围，并在会计报表附注中披露确定现金等价物的会计政策，并保持这种划分标准前后各期的一致。

2. 现金流量的分类。现金流量是指一定会计期间企业现金和现金等价物的流入与流出数量。反映现金流量的指标有现金流入量、现金流出量和现金净流量。现金流入量是指一定会计期间企业现金流入的数量；现金流出量是指一定会计期间现金流出的数量；现金净流量是指一定会计期间现金流入量减去现金流出量后的差额。现金流量是衡量企业经营状况是否良好，偿还债务和支付能力是否具备，产生未来现金流量能力是否较强的重要指标。

为了有助于报表使用者了解各种不同的经济活动对企业现金流量的影响程度，分析和揭示各种经济活动之间的相互关系，确认和计量现金流量的金额，需要按照一定标准对现金流量进行分类。按我国《企业会计准则第31号——现金流量表》的规定，将企业的经济业务按其性质划分为经营活动、投资活动和筹资活动三大类；再按照每一类经济活动对现金流量的影响，将现金流量划分为经营活动产生的现金流量、投资活动产生的现金流量和筹资活动产生的现金流量三类。

（1）经营活动产生的现金流量。经营活动是指企业投资活动和筹资活动以外的所有交易和事项，包括销售商品或提供劳务、购买商品与接受劳务、经营性租赁、支付工资、支付广告费用、交纳各项税款等。经营活动产生的现金流量是企业运用所拥有或控制的经济资源从事生产经营活动所形成的，而且主要是与企业营业利润有关的交易和事项所产生的现金流量。经营活动产生的现金流入，主要包括销售商品、提供劳务、收到租金、税费返还等所收取的现金；经营活动所产生的现金流出，主要包括购买商品、接受劳务、支付租金、支付工资、支付税款等所支付的现金。通过经营活动产生的现金流量，可以说明企业的经营活动对现金流入和流出的影响程度，判断企业在不动用外来筹集资金的情况下，经营活动产生的现金流量是否足以维持生产经营、偿还债务、支付股利和对外投资等。

各类企业由于行业特点不同，如工商企业与金融保险企业在经营活动的内容与特点上，就有较大的区别，它们在对经营活动的认定上存在一定差异。在编制现金流量表时，应根据企业的实际情况，对现金流量进行合理的归类。

（2）投资活动产生的现金流量。投资活动是指企业长期资产的购建和不包括在现金等价物范围内的投资及其处置活动。现金流量表中的“投资”既包括对外投资又包括长期资产的购建与处置。长期资产是指固定资产、在建工程、无形资产和其他资产等持有期限在一年或一个营业周期以上的资产。投资活动包括取得和收回投资、购建和处置固定资产、购买或转让无形资产等。投资活动产生的现金流入，主要包括收回投资、分得现金股利、处置长期资产等所收取的现金；投资活动产生的现金流出，主要包括取得投资和购建长期资产所支付的现金。应当指出，投资活动产生的现金流量中不包括作为现金等价物的短期债券投资，作为现金等价物的短期债券投资属于现金项目内部各项目之间的转移，不会影响现金流量净额的变动。通过投资活动产生的现金流量，可以分析企业通过投资活动产生现金流量的能力，判断投资活动对企业现金流量净额的影响程度。

（3）筹资活动产生的现金流量。筹资活动是指导致企业资本及债务规模和构成发生变化的活动。这里的资本是指企业的权益性资本，债务是指企业对外举借所借入的款项（不包括在结算过程中形成的应付账款、应付票据、应交税费等流动负债）。筹资活动包括发行股票或接收投入资本、分派现金股利、取得和偿还银行借款、发行和偿还公司债券等。筹资活动产生的现金流入，主要包括吸收权益性投资、发行债券、取得银行借款等所收到的现金；筹资活动产生的现金流出，主要包括偿还债务、发生筹资费用、分派现金股利、支付利息、减少注册资本等所支付的现金。通过筹资活动产生的现金流量，可以分析企业通过筹资活动获取现金的能力，判断筹资活动对企业现金流量净额的影响程度。

企业在进行现金流量的分类时，应根据自身经济业务的性质和项目的具体情况，处理好下列两类项目的归类问题：第一，对于现金流量表中未特别指明的现金流量，应按照现金流量表的分类方法和重要性原则，判断某项交易或事项所产生的现金流量应当归属的类别或项目，如用现金支付罚款支出、捐赠支出等应归于“支付的其他与经营活动有关的现金”项目。对于重要的现金流入或流出项目应当单独反映。第二，对于一些特殊的、不经常发生的项目，如自然灾害损失、保险赔款等，应根据其性质，分别归并到经营活动、投资活动或筹资活动的现金流量类别中单独反映。

值得注意的是：企业实际收到的政府补助，无论是与资产相关还是与收益相关，均在“收到其他与经营活动有关的现金”项目填列。

四、现金流量表的编制方法

1. 工作底稿法。工作底稿法是以工作底稿为手段（或“桥梁”），以利润表和资产负债表数据为基础，结合有关科目的记录，对现金流量表的每一项目进行分析并编制调整分录，最后根据调整的结果编制出现金流量表的一种方法。这种方法的编制程序如图 12 - 1 所示。

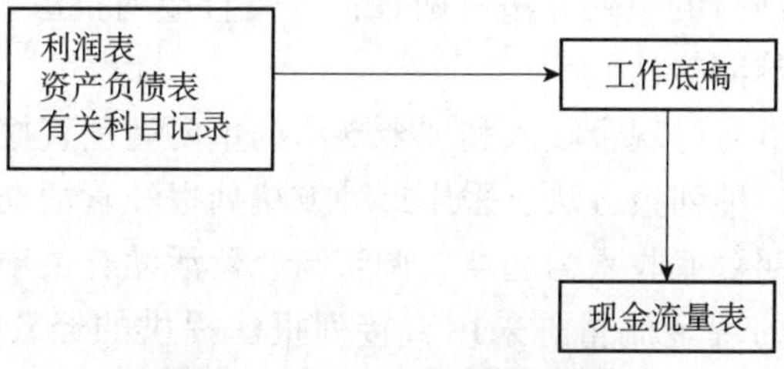

图 12 - 1　工作底稿法编制程序

采用工作底稿法编制现金流量表的具体步骤如下。

第一步，将资产负债表的期初余额和期末余额过入工作底稿的期初数栏和期末数栏。

第二步，对当期业务进行分析并编制调整分录。调整分录一般可分为三类：第一类涉及利润表中的收入、成本和费用项目以及资产负债表中的资产、负债和所有者权益项目，通过调整，将权责发生制下的收入、费用转换为现金基础；第二类涉及资产负债表和现金流量表中的投资、筹资项目，反映投资和筹资活动的现金流量；第三类涉及利润表和现金流量表中的投资和筹资项目，目的是将利润表中有关投资和筹资方面的收入和费用列入现金流量表投资、筹资现金流量中去。此外，还有一些调整分录并不涉及现金收支，只是为了核对资产负债表项目的期末数变动。

在调整分录中，有关现金和现金等价物的事项，并不直接借记或贷记现金，而是分别记入“经营活动产生的现金流量”“投资活动产生的现金流量”“筹资活动产生的现金流量”有关项目，借记表明现金流入，贷记表明现金流出。

第三步，将调整分录过入工作底稿中的相应部分。

第四步，核对调整分录，借贷合计应当相等，资产负债表项目期初余额加减调整分录中的借贷金额以后，应当等于期末余额。

第五步，根据工作底稿中的现金流量表项目部分编制正式的现金流量表。

整个工作底稿纵向分成三段：第一段是资产负债表项目；第二段是利润表项目；第三段是现金流量表项目。工作底稿横向分为五栏：在资产负债表部分，第一栏是项目栏，填列资产负债表各项目名称；第二栏是期初余额，用来填列资产负债表项目的期初数；第三栏是调整分录的借方金额；第四栏是调整分录的贷方金额；第五栏是期末余额，用来填列资产负债表项目的期末数。在利润表和现金流量表部分，第一栏也是项目栏，用来填列利润表和现金流量表项目名称；第二栏空置不填；第三、第四栏分别是调整分录的借方金额和贷方金额；第五栏是本期金额，利润表部分这一栏的数字应和本期利润表数字核对相符，现金流量表部分这一栏的数字可直接用来编制正式的现金流量表。

按照我国企业现金流量表的内容和格式要求，现分别说明报表各部分的编制方法。

（1）“经营活动产生的现金流量”各项目的内容和填列方法。“经营活动产生的现金流量”各项目的填列方法有两种：一是直接列报法（简称直接法）；二是间接列报法（简称间接法）。

直接列报法是指通过现金收入和现金支出的主要类别直接反映来自企业经营活动的现金流量的一种列报方法。采用这种方法列报经营活动的现金流量时，一般以利润表中的本期营业收入为起点，调整与经营活动有关项目的增减变动，然后计算出经营活动的现金流量。采用直接列报法提供的经营活动的现金流量信息，有助于投资者和债权人分析、评价和预测企业未来的现金流量。因此，国际会计准则主张企业采用直接列报法编制现金流量表。在我国，现金流量表的正表就是以直接列报法来列报经营活动的现金流量的。

间接列报法是指以本期净利润为起点，通过调整不涉及现金的收入、费用、营业外收支以及应收应付等项目的增减变动，调整不属于经营活动的现金收支项目，据此计算并列示经营活动的现金流量的一种方法。采用间接列报法提供的经营活动的现金流量信息，有助于分析当期净利润与经营活动的现金流量之间差异的原因，评价企业净利润的质量。但不便于分析、评价和预测企业未来的现金流量。在我国，现金流量表的补充资料中应按照间接列报法反映经营活动现金流量的情况，以对正表中按直接列报法反映的经营活动现金流量起相互核对和补充说明的作用。

采用直接法报告企业经营活动的现金流量时，经营活动产生的现金流量的各项目反映的金额，可从会计记录中直接获得，也可以在利润表营业收入、营业成本等数据的基础上，通过调整存货和经营性应收应付项目的变动，以及固定资产折旧、无形资产摊销等项目后获得。

下列分别说明现金流量表正表中"经营活动产生的现金流量"各项目的内容及填列方法。

①"销售商品、提供劳务收到的现金"项目，反映企业销售商品、提供劳务实际收到的现金（含销售收入和应向购买者收取的增值税款），包括本期销售商品、提供劳务收到的现金，以及前期销售商品、提供劳务本期收到的现金和本期预收账款收到的现金，扣除发生销货退回而支付的现金。企业销售材料和代购代销业务收到的现金，也包括在该项目内。该项目可以根据"库存现金""银行存款""应收账款""应收票据""预收款项""主营业务收入""其他业务收入"等科目的记录分析填列。如果根据账户记录分析计算该项目的金额，其计算公式为：

销售商品提供劳务收到的现金 = 当期销售商品提供劳务收到的现金收入
+ 当期收到前期的应收账款和应收票据
+ 当期预收的账款 - 当期销售退货而支付的现金
+ 当期收回前期核销的坏账损失

如果根据报表资料和有关账户记录，以营业收入为起点，调整计算该项目的金额，则计算公式为：

销售商品提供劳务收到的现金 = 当期销售收入 + （应收账款和应收票据的期初余额
- 应收账款和应收票据的期末余额）
+ （预收账款期末余额 - 预收账款期初余额）
+ 本期销售退货而支付的现金
- 当期收回前期核销的坏账损失
+ 当期实际核销坏账而减少的应收账款
- 本期以非现金资产清偿债务而减少的应收账款和应收票据

在应用上述公式时，应注意下列五点。

第一，当期销售收入包括当期主营业务收入和其他业务收入中销售商品或材料、提供劳务、代购代销业务的收入（含应向购买方收取的增值税）。当期销售收入并不一定等于本期实际的现金收入，所以应在当期销售收入的基础上进行调整。

第二，在销售实现尚未收到款项时，这部分尚未收到现金的销售收入记入"应收账款"和"应收票据"账户。其后，收回应收账款和应收票据时，再冲减"应收账款"和"应收票据"的账面金额。由此可见，本期销售而增加的应收账款和应收票据，表明销售收入增加但并没收到现金，如果本期应收账款和应收票据减少，通常表明本期收回了应收账款和应收票据，有现金流入，所以应加上应收账款和应收票据的期初余额减去期末余额的差额。

第三，本期核销坏账而减少了应收账款，通常减少应收账款表明收回现金，但核销坏账减少的应收账款却没有现金流入；同样道理，本期债务人以非现金资产清偿债务而减少了企业的应收账款和应收票据，这部分应收账款和应收票据的减少也没有现金流入。所以应在公式中减去“当期实际核销坏账而减少的应收账款和应收票据”和“本期以非现金资产清偿债务而减少的应收账款和应收票据”。

第四，本期增加的预收账款有现金流入，但没有实现销售收入，所以应在公式中加上本期预收账款期末余额减去期初余额的差额。

第五，本期收回前期核销的坏账损失有现金流入，但不形成销售收入，所以应在公式中加上该项现金流入。

②“收到的税费返还”项目。该项目反映企业收到返还的各种税费的现金流入，包括收到返还的增值税、消费税、所得税、教育费附加等。该项目可根据“库存现金”“银行存款”“税金及附加”“补贴收入”“应收补贴款”等科目的记录分析填列。

③“收到其他与经营活动有关的现金”项目。该项目反映企业除了上述各项目以外所收到的其他与经营活动有关的现金流入，一般包括罚款收入、流动资产损失中由个人赔偿的现金收入、现金清查中的长款收入等。如某项其他现金流入金额较大，应单列项目反映。该项目可以根据“库存现金”“银行存款”“营业外收入”等科目的记录分析填列。

④“购买商品、接受劳务支付的现金”项目。该项目反映企业购买商品、接受劳务实际支付的现金，包括本期购买材料、商品、接受劳务支付的现金（包括增值税进项税额），本期支付购买材料、商品、接受劳务的应付账款和应付票据，以及本期预付账款，扣除本期发生的购货退回而收到的现金。该项目可根据“库存现金”“银行存款”“应付账款”“应付票据”“预付账款”“主营业务成本”等科目的记录分析填列。如果根据账户记录分析计算该项目的金额，其计算公式为：

购买商品接受劳务支付的现金 = 当期购买商品接受劳务支付的现金
+ 当期支付前期的应付账款和应付票据
+ 当期预付的账款
- 当期因购货退回收到的现金

如果根据报表资料和有关账户记录，以营业成本为起点，调整计算该项目的金额，其计算公式为：

购买商品接受劳务支付的现金 = 当期销售成本 + （存货期末余额 - 存货期初余额）
+ （应付账款和应付票据的期初余额
- 应付账款和应付票据的期末余额）
+ （预付账款期末余额 - 预付账款期初余额）
- 当期因购货退回收到的现金
- 当期以非现金资产清偿债务而减少的应付账款和应付票据

在应用上述公式时，应注意以下六点。

第一，当期销售成本包括当期主营业务成本和其他业务支出中销售商品材料、提供劳务的成本（含增值税进项税额）。由于当前销售成本是按照权责发生制确认、计量和记录的，当期销售成本并不一定等于本期实际的现金流出，所以应在当期销售成本的基础上调整计算购买商品、接受劳务支付的现金。

第二，在不考虑赊销的情况下，期末存货比期初存货增加了，表明当期购入的存货除耗用外还留有余额，即除了当期销售成本中包含的存货发生现金支出外，还为增加存货发生了现金支出。所以，在填列该项目时，应加上存货期末余额减去期初余额的差额。

第三，本期结转的销售成本中尚未支付现金的部分，体现在增加的应付账款和应付票据中，而本期减少的应付账款和应付票据，通常表明有实际的现金流出，但并未形成本期的销售成本。因此，在填列该项目时，应加上应付账款和应付票据的期初余额减去期末余额的差额。

第四，本期预付的款项有实际的现金流出，但尚未形成本期销售成本。因此，在填列该项目时，应加上预付账款的期末余额减去期初余额的差额。

第五，本期因购货退回而收到现金，有实际的现金流入，但这部分未包括在本期的销售成本中。因此，在填列该项目时，应扣除本期因购货退回而收到的现金，作为对本期购货支付现金的冲抵。

第六，本期以非现金资产清偿债务而减少了应付账款和应付票据，但并没有实际的现金流出。因此，填列该项目时，应扣除本期以非现金资产清偿债务而减少的应付账款和应付票据。

⑤“支付给职工以及为职工支付的现金”项目。该项目反映企业实际支付给职工，以及为职工支付的现金。包括本期实际支付给职工的工资、奖金、各种津贴和补贴等，以及为职工支付的养老保险金、失业保险金、医疗保险金、住房公积金、商业保险金、其他福利费用等其他费用。该项目不包括支付给离退休人员的各项费用和支付给在建工程人员的工资以及为在建工程人员支付的其他费用，企业支付给离退休人员的各项费用（包括支付的统筹退休金以及未参加统筹的退休人员的各项费用），在“支付其他与经营活动有关的现金”项目反映；支付给在建工程人员的工资以及为在建工程人员支付的其他费用，在“购建固定资产、无形资产和其他长期资产支付的现金”项目反映。该项目可以根据“应付职工薪酬”“库存现金”“银行存款”等科目的记录分析填列。

⑥“支付的各项税费”项目。该项目反映企业当期实际按规定支付的各种税费，包括企业本期发生并支付的税费，以及本期支付以前各期发生的税费和本期预交的税费。如实际支付的增值税、所得税、资源税、土地增值税、房产税、车船税、土地使用税、印花税、教育费附加、矿产资源补偿费等，但不包括实际支付的耕地占用税，支付的耕地占用税在“购建固定资产、无形资产和其他长期资产支付的现金”项目反映。

⑦“支付其他与经营活动有关的现金”项目。该项目反映企业除上述各项目外所支付的其他与经营活动有关的现金，包括用现金支付的罚款支出、差旅

费、业务招待费、财产保险费、审计费、咨询费等，以及支付给离退休人员的各项费用。如某项其他现金流出金额较大，应单列项目反映。

(2)“投资活动产生的现金流量”各项目的内容和填写方法。现金流量表中的投资活动包括短期投资（现金等价物除外，以下同）和长期投资的取得与处置、固定资产的购建与处置、无形资产的购置与转让等。在表中单独反映投资活动产生的现金流量，有助于会计报表使用者了解企业为获得未来收益和现金流量而导致的对外投资或内部长期资产投资的程度，以及以前对外投资所带来的现金流入的信息，便于评价、预测企业投资活动获取现金流量的能力。投资活动现金流量各项目的内容和填列方法如下。

①“收回投资收到的现金”项目。该项目反映企业当期收回各种对外投资所收到的现金，以及收回除现金等价物以外的交易性金融资产、持有至到期投资、可供出售金融资产、长期股权投资、投资性房地产而收到的现金，不包括债权性投资收回的利息，以及收回的非现金资产。收回的长期债权投资的利息，在“取得投资收益收到的现金”项目反映。该项目可根据“交易性金融资产”“持有至到期投资”“可供出售金融资产”“长期股权投资、”“库存现金”“银行存款”等科目的记录分析填列。

②“取得投资收益收到的现金”项目。该项目反映企业因股权性投资和债权性投资而取得的现金股利、利息，以及从子公司、联营企业和合营企业分回利润而收到的现金，不包括股票股利。该项目可根据“库存现金”“银行存款”“投资收益”等科目的记录分析填列。

③“处置固定资产、无形资产和其他长期资产收回的现金净额”项目。该项目反映企业处置固定资产、无形资产和其他长期资产所收到的现金扣除为处置这些资产而支付的有关费用后的净额。该项目还包括因自然灾害或意外事故所造成的固定资产毁损而收到的现金保险赔偿收入。如处置固定资产、无形资产和其他长期资产所收到的现金净额为负数，则应作为投资活动的现金流出，在“支付其他与投资活动有关的现金”项目反映。本项目可根据“固定资产清理”“营业外收入”“库存现金”“银行存款”等科目的记录分析填列。

④“处置子公司及其他营业单位收到的现金净额”项目。该项目反映企业处置子公司及其他营业单位交易中，所收到的现金扣除所处置的子公司或其他营业单位在处置时所拥有的现金及其他与处置活动直接相关的现金支出之后的净额。该项目应根据“库存现金”“银行存款”等账户记录以及子公司或其他营业单位处置日资产负债表的有关资料分析计算填列。

⑤“收到其他与投资活动有关的现金”项目。该项目反映企业除了上述各项目以外，所收到的其他与投资活动有关的现金流入，如收到的在购买股票时支付的已宣告但尚未领取的现金股利，收到的在购买债券时支付的已到期但尚未领取的债券利息等。如某项其他现金流入金额较大，应单列项目反映。该项目可根据“应收股利”“应收利息”“银行存款”等科目的记录分析填列。

⑥“购建固定资产、无形资产和其他长期资产支付的现金”项目。该项目

反映企业本期购建固定资产、取得无形资产和其他长期资产所实际支付的现金，包括企业为购建固定资产所支付的机器设备的价款及增值税额、在建工程支付的现金、支付在建工程人员的工资以及为在建工程人员支付的其他费用，以及企业购入或自创取得无形资产实际支付的现金等，但不包括为购建固定资产而发生的借款利息资本化的部分，以及融资租入固定资产支付的租赁费，企业支付的借款利息和融资租赁费，在筹资活动产生的现金流量中单独反映。该项目可以根据“固定资产”“在建工程”“无形资产”“库存现金”“银行存款”等科目的记录分析填列。

⑦“投资支付的现金”项目。该项目反映企业进行权益性投资和债权性投资支付的现金，包括企业取得除现金等价物以外的对其他企业的权益工具、债券工具和合营中的权益所支付的现金以及支付的佣金、手续费等附加费用。

⑧“支付其他与投资活动有关的现金”项目。该项目反映企业除上述各项以所支付的其他与投资活动有关的现金，如企业购买股票时实际支付的价款中包含的已宣告但尚未领取的现金股利，购买债券时支付的价款中包含的已到期但尚未领取的债券利息等。如某项其他现金流出金额较大，应单列项目反映。

（3）“筹资活动产生的现金流量”各项目的内容和填列方法。现金流量表中的筹资活动包括权益性投资的吸收与减少、银行借款的借入与偿还、债券的发行与偿还等。在表中单独反映筹资活动产生的现金流量，有助于会计报表使用者了解企业筹资活动产生现金流量的规模与能力，预测投资者和债权人对企业未来现金流量的需求，以及企业为获得现金流入而付出的代价。筹资活动现金流量各项目的内容和填列方法如下。

①“吸收投资收到的现金”项目。该项目反映企业收到的投资者投入的现金，包括以发行股票、债券等方式筹集资金实际收到的款项净额（发行收入减去支付的佣金等发行费用后的净额），以及收到的投资者直接以现金方式投资投入企业的现金。企业以发行股票、债券等方式筹集资金而由企业直接支付的审计、咨询等费用，不从该项目内扣除，而在“支付其他与筹资活动有关的现金”项目反映。该项目可根据“实收资本（或股本）”“库存现金”“银行存款”等科目的记录分析填列。

②“取得借款收到的现金”项目。该项目反映企业举措各种短期、长期借款所收到的现金。该项目可以根据“短期借款”“长期借款”“库存现金”“银行存款”等科目的记录分析填列。

③“收到其他与筹资活动有关的现金”项目。该项目反映企业除上述各项目外所收到的其他与筹资活动相关的现金流入，如接受现金捐赠等。如某项其他现金流入金额较大，应单列项目反映。该项目可根据“资本公积”“库存现金”“银行存款”等科目的记录分析填列。

④“偿还债务支付的现金”项目。该项目反映企业偿还债务本金所支付的现金，包括偿还银行的借款本金、偿还到期的企业债券本金等，不包括企业支付的借款利息和债券利息，企业支付的借款利息和债券利息，在“分配股利、利润

或偿付利息支付的现金”项目反映。该项目可根据“短期借款”“长期借款”“应付债券”“库存现金”“银行存款”等科目的记录分析填列。

⑤“分配股利、利润或偿付利息支付的现金”项目。该项目反映企业实际支付的现金股利、支付给其他投资单位的利润以及支付的借款利息、债券利息等。该项目可根据“应付股利”“财务费用”“长期借款”“库存现金”“银行存款”等科目的记录分析填列。

⑥“支付其他与筹资活动有关的现金”项目。该项目反映企业除上述各项目外所支付的其他与筹资活动有关的现金，如现金捐赠支出、融资租入固定资产支付的租赁费等。如某项其他现金流出金额较大，应单列项目反映。该项目可根据“营业外支出”“长期应付款”“库存现金”“银行存款”等科目的记录分析填列。

（4）“汇率变动对现金及现金等价物的影响”项目的内容和填列方法。该项目反映企业外币现金流量及境外子公司的现金流量折算为人民币时，所采用的现金流量发生日的汇率或平均汇率折算的人民币金额与“现金及现金等价物净增加额”中的外币现金净增加额按期末汇率折算的人民币金额之间的差额。

在编制现金流量表时，可对当期发生的外币业务逐笔计算汇率变动对现金的影响，也可不必逐笔计算汇率变动对现金的影响，而采用简化的计算方法，即通过报表补充资料中的“现金及现金等价物净增加额”数额与正表中“经营活动产生的现金流量净额”“投资活动产生的现金流量净额”“筹资活动产生的现金流量净额”三项之和比较，其差额即为“汇率变动对现金及现金等价物的影响”项目的金额。

（5）“现金及现金等价物净增加额”项目的内容和填列方法。该项目反映企业当期所有现金流入与所有现金流出相抵后的现金流量净额，该项目应根据“经营活动产生的现金流量净额”“投资活动产生的现金流量净额”“筹资活动产生的现金流量净额”和“汇率变动对现金及现金等价物的影响”四项之和填列。

（6）“期末现金及现金等价物余额”项目的内容和填列方法。该项目反映现金及现金等价物的期末余额，该项目应根据“现金及现金等价物净增加额”和“期初现金及现金等价物余额”两项之和填列。

2. T形账户法。T形账户法是以T形账户为手段（或“桥梁”），以利润表和资产负债表为基础，结合有关科目的记录，对现金流量表的每一项目进行分析并编制调整分录，最后根据调整后的结果编制出现金流量表的一种方法。这种方法的编制程序如图12-2所示。

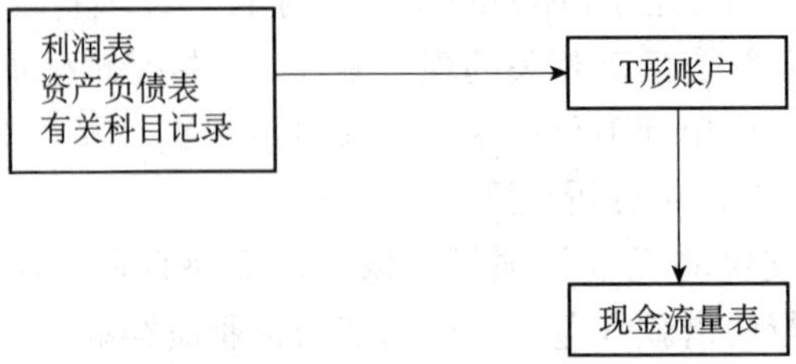

图12-2　T形账户法编制程序

采用T形账户法编制现金流量表的具体步骤如下。

第一步，为所有的非现金项目（包括资产负债表项目和利润表项目）分别开设T形账户，并将各自的期末期初变动数过入各T形账户。

第二步，开设“现金及现金等价物”T形总账户，账户的左右双方都分为经营活动、投资活动和筹资活动三个部分，左边记现金流入，右边记现金流出。与其他账户一样，过入期末期初变动数。

第三步，以利润表项目为基础，结合资产负债表分析每一个非现金项目的增减变动，并据此编制调整分录。

第四步，将调整分录过入各T形账户，并进行核对，该账户借贷相抵后的余额与原先过入的期末期初变动数应当一致。

第五步，根据“现金及现金等价物”T形总账户编制正式的现金流量表。

五、现金流量表编制的实际运用

【例12-3】根据〖例12-1〗和〖例12-2〗所提供的资料，在按直接法报告活动产生的现金流量的情况下，采用工作底稿法，可按以下步骤编制现金流量表。

第一步，将资产负债表各项目的期初数和期末数过入工作底稿的期初数栏和期末数栏；将利润表各项目的本期数过入工作底稿的本期数栏（如表12-8所示）。

第二步，对当期业务进行分析并编制调整分录。编制调整分录时，以利润表项目为基础，从“营业收入”开始，结合资产负债表项目逐一进行分析。本例调整分录如下。

①分析调整营业收入。分析本期所确认的营业收入，对应哪些非现金项目。本例中对应应收账款、应收票据两个非现金项目。

确定本期所确认的营业收入为1 500 000元，增值税销项税额为195 000元。

由于并非全部为现销，营业收入与销项税额还对应非现金项目。本例中对应应收账款、应收票据项目，因而需要分析这两个非现金项目的变动（增加或减少数）。本例中应收账款余额增加87 000元，应收票据余额减少80 000元。如果应收账款与应收票据的贷方发生额都对应有现金流入，则只需作如下分录（而实际情况不是这样，因而后面还需作进一步调整）。

借：经营活动现金流量——销售商品收到的现金	1 688 000	
应收账款	87 000	
贷：营业收入		1 500 000
应交税费——应交增值税（销项税额）		195 000
应收票据		80 000

②分析调整营业成本。分析营业成本与购买商品支付的现金之间的关系，购买商品支付的现金还应包括支付的增值税进项税额。因此，如果是一家商品流通企业，企业本期和以前各期所有商品购进都是现购，每期所有购进商品都于当期

对外销售，即无期初期末存货，则：

购买商品支付的现金=营业成本+进项税额

而商品的购进实际上不一定都是现购；购进的商品也不一定都在本期销售，并构成销售商品成本；如果不是商品流通企业，而是一家工业企业，则存货成本增加，进而商品销售成本的构成除了购进存货之外，还有存货的加工成本与分摊成本，如工资、折旧费、待摊费用摊销等。本笔分录只是作初步调整，即在营业成本的基础上，将应付票据的减少数、应付账款的减少数以及存货的增加数都暂且作为“购买商品支付的现金”。

借：主营业务成本　900 000
　　应交税费——应交增值税（进项税额）　42 077
　　应付票据　150 000
　　应付账款　85 000
　　存货　181 700
　　贷：经营活动现金流量——购买商品支付的现金　1 293 777
　　　　预付款项　65 000

③调整本年税金及附加。暂且将本期所确认的“税金及附加”作为“支付的各项税费”的现金流出，如有必要，后面将在此基础上作进一步调整，确定“支付的各项税费”的准确金额。

借：税金及附加　21 250
　　贷：经营活动现金流量——支付的各项税费　21 250

④计算销售费用付现。暂且将本期确认的销售费用都作为“支付的其他与经营活动有关的现金”，后面将在此基础上作进一步的调整。

借：销售费用　28 000
　　贷：经营活动现金流量——支付的其他与经营活动有关的现金　28 000

⑤调整本期确认的管理费用。暂且将本期确认的“管理费用”的发生额都作为“支付的其他与经营活动有关的现金”，后面将在此基础上进一步调整。

借：管理费用　157 600
　　研发费用　67 100
　　贷：经营活动现金流量——支付的其他与经营活动有关的现金　224 700

⑥分析调整财务费用。按照我国现行会计准则与会计制度，企业在一定时期所确认的财务费用与经营活动产生的现金流量无直接关系，但南方公司本年发生了24 000元应收票据贴现息，它导致应收票据减少，并无相应的现金流入，而在调整分录①的基础上进一步调整减少24 000元的“销售商品收到的现金”。

借：财务费用　56 500

贷：经营活动现金流量——销售商品收到的现金　　24 000

预提费用　　22 000

长期借款　　10 500

⑦分析调整资产减值损失。资产减值损失的确认，不涉及现金流量。

借：资产减值损失　　31 190

信用减值损失　　6 740

贷：应收账款（坏账准备）　　6 740

存货（跌价准备）　　11 190

固定资产（减值准备）　　20 000

⑧分析调整公允价值变动收益。公允价值变动收益的确认，不涉及现金流量。

借：交易性金融资产　　2 000

贷：公允价值变动收益　　2 000

⑨分析调整投资收益。在我国，“取得投资收益所收到的现金”属于投资活动产生的现金流量。

借：投资活动现金流量——取得投资收益所收到的现金　　40 000

贷：投资收益　　40 000

⑩分析调整资产处置损失与营业外支出。南方公司本年确认的营业外支出30 000元，涉及处置固定资产损失40 000元，固定资产盘亏30 000元。处置固定资产有400 000元现金流入。

借：资产处置收益　　40 000

营业外支出　　30 000

投资活动现金流量——处置固定资产收到的现金　　452 000

固定资产（累计折旧）　　485 000

固定资产（减值准备）　　125 000

贷：固定资产（原价）　　1 080 000

应交税费——应交增值税（销项税额）　　52 000

⑪分析调整所得税费用。所得税费用的确认，不直接涉及现金流量。

借：所得税费用　　59 600

贷：递延所得税负债　　9 900

应交税费　　49 700

⑫分析调整坏账准备。本年发生坏账5 000元，冲减了应收账款与坏账准备，也就是说，该项应收账款的减少，并没有相应的现金流入，因而需要调整减少分录①所确定的“销售商品所收到的现金”项目的金额。

借：应收账款（坏账准备）　　5 000

贷：经营活动现金流量——销售商品收到的现金　　5 000

⑬分析调整固定资产。分录⑩在分析调整营业外支出时，已涉及固定资产减少的调整，此处调整固定资产的增加额。

借：固定资产　　1 591 100
　　应交税费——应交增值税（进项税额）　　11 700
　　贷：投资活动现金流量——购建固定资产所支付的现金　　102 800
　　　　在建工程　　1 500 000

⑭分析调整本期计提的折旧。本期计提折旧 120 000 元，其中 100 000 元计入了产品成本，它导致存货增加 100 000 元，但并没有任何现金流出，而分录②假设将所有存货的增加都列入"购买商品支付的现金"，故而应在分录②的基础上再调整该项折旧费用，调整减少"购买商品支付的现金"；另外 20 000 元计入了管理费用，由于前述分录⑤假设本期确认的全部管理费用都对应有现金流出，属于"支付的其他与经营活动有关的现金"，因而这 20 000 元折旧费用来调整减少"支付的其他与经营活动有关的现金"。

借：经营活动现金流量——购买商品支付的现金　　100 000
　　　　　　　　　　——支付的其他与经营活动有关的现金
　　　　　　　　　　　　200 00
　　贷：固定资产（累计折旧）　　120 000

⑮分析调整在建工程和工程物资。分析"在建工程"的本期借方发生额与"工程物资"的本期增减变动额，确定与此相关的"购建固定资产支付的现金"。

借：在建工程　　700 000
　　应交税费——应交增值税（进项税额）　　16 900
　　贷：投资活动现金流量——购建固定资产所支付的现金　　556 900
　　　　（应付工资 410 000 元记入"购建固定资产所支付的现金"）
　　　　长期借款——应付利息　　160 000

⑯分析调整无形资产。分析"无形资产"项目的变动。首先看本期有无购买和出售无形资产的业务，是否伴随有相应的现金流出与流入，如果有的话，则属于"投资活动现金流量——购建固定资产、无形资产和其他长期资产所支付的现金"或"投资活动现金流量——处置固定资产、无形资产和其他长期资产所收到的现金净额"，本例中南方公司本期无购建或处置无形资产的经济业务。其次要分析本期无形资产的推销 80 000 元，它增加了本期管理费用 80 000 元，但无相应的现金流出，而上述调整分录⑤假设本期确认的所有管理费用都对应有现金流出，并记作"支付的其他与经营活动有关的现金"，因而需要对分录⑤的初步调整作如下进一步的调整。

借：经营活动现金流量——支付的其他与经营活动有关的现金
　　　　　　　　　　　　80 000
　　贷：无形资产（累计推销）　　80 000

⑰分析调整开发支出。

借：开发支出　　20 000
　　贷：投资活动现金流量——支付其他与投资活动有关现金　　20 000

⑱分析调整其他权益工具。其他权益工具投资公允价值的变动不涉及现金

流量。

借：其他权益工具投资 10 000

贷：其他综合收益 7 500

递延所得税负债 2 500

⑲分析调整短期借款。看“短期借款”项目有无增减变动，是否有相应的现金流入或流出。南方公司本期“短期借款”有200 000元的借方发生额，系该公司以现金偿还短期借款本金。

借：短期借款 200 000

贷：筹资活动现金流量——偿还债务所支付的现金 200 000

⑳分析调整应付职工薪酬。本期“应付职工薪酬”科目借方发生额为1 037 000元，其中支付给在建工程人员的工资410 000元，属于“投资活动现金流量——购建固定资产、无形资产和长期资产所支付的现金”，调整分录⑯已作调整，其余627 000元属于“支付给职工及为职工支付的现金”。

本期“应付职工薪酬”科目的贷方发生额1 037 000元中，有410 000元属于应分配给在建工程的工资；余下的627 000元中，有581 400元计入产品成本，它增加了存货，但与“购买商品支付的现金”无关，因而应在分录②的基础上调整减少“购买商品支付的现金”581 400元。计入管理费用的45 000元，则应在分录⑤的基础上减少“支付的其他与经营活动有关的现金”。

借：应付职工薪酬 627 000

贷：经营活动现金流量——支付给职工及为职工支付的现金

627 000

借：经营活动现金流量——购买商品支付的现金 581 400

——支付的其他与经营活动有关的现金

45 600

贷：应付职工薪酬 627 000

㉑分析调整应交税费。（该项目的调整较复杂，与前面有关项目的联系紧密，且不止与一个项目相关，其调整可以有不同的顺序或表现形式）。

由于增值税的销项税额已于分录①调整，进项税额已通过分录②调整，本期确认的“税金及附加”已通过分录③调整，而且本期确认的“税金及附加”与实际缴纳数一致，因而此处只需分析调整确定该公司实际上缴税务机关的增值税与所得税。本期实际缴纳增值税212 500元，缴纳所得税48 500元。

借：应交税费 261 000

贷：经营活动现金流量——支付的各项税费（增值税） 212 500

——支付的各项税费（所得税） 48 500

㉒分析调整应付利息。本期“应付利息”科目有借方发生额10 000元，系偿付利息支付的现金。贷方发生额22 000元，系预提的短期借款利息，已由分录⑥调整。

借：其他应付款（应付利息） 10 000

贷：筹资活动现金流量——分配股利、利润或偿还利息支付的现金 10 000

㉓分析调整1年内到期的非流动负债。

借：1年内到期的非流动负债 850 000

贷：筹资活动现金流量——偿还债务所支付的现金 850 000

借：长期借款 400 000

贷：1年内到期的非流动负债 400 000

㉔分析调整长期借款。

借：筹资活动现金流量——借款所收到的现金 500 000

贷：长期借款 500 000

㉕结转净利润。

借：净利润 144 020

贷：未分配利润 144 020

㉖提取盈余公积及分配股利。

借：未分配利润 102 712

贷：盈余公积 21 567

应付股利 81 145

㉗最后调整现金及现金等价物净额变化额。

借：现金及现金等价物净额增加值 717 427

贷：货币资金 717 427

㉘结转损益。

借：营业收入 1 500 000

公允价值变动收益 2 000

投资收益 40 000

贷：营业成本 900 000

税金及附加 21 250

销售费用 28 000

管理费用 157 600

研发费用 67 100

财务费用 56 500

资产减值损失 31 190

信用减值损失 6 740

资产处置收益 40 000

营业外支出 30 000

所得税费用 59 600

净利润 144 020

第㉘笔分录用于核对平衡，可以不在工作底稿上登记 。

第三步，编制现金流量表，如表12-8和表12-9所示。

表 12-8 现金流量表工作底稿 单位：元

项目	期初数	调整分录		期末数
		借方	贷方	
一、资产负债表项目				
借方项目：				
货币资金	2 079 100		㉗ 717 427	1 361 673
交易性金融资产	26 800	⑧ 2 000		28 800
应收票据	80 000		① 80 000	0
应收账款	392 000	① 87 000		
		㉒ 5 000	⑦ 6 740	477 260
预付款项	65 000		② 65 000	0
其他应收款	4 500			4 500
存货	348 200	② 181 700	⑦ 11190	518 710
其他权益工具投资	80 000	⑱ 10 000		90 000
长期股权投资	215 500			215 500
固定资产	2 309 000	⑩ 485 000	⑦ 20 000	
		⑩ 125 000	⑩ 1 080 000	
		⑬ 1 591 100	⑭ 120 000	3 290 100
在建工程	1 600 000	⑮700 000	⑬ 1 500 000	800 000
无形资产	960 000		⑯ 80 000	880 000
开发支出	0	⑰ 20 000		20 000
借方项目合计	8 160 100			7 685 543
贷方项目：				
短期借款	500 000	⑲ 200 000		300 000
应付票据	250 000	② 150 000		100 000
应付账款	760 000	② 85 000		675 000
其他应付款	77 000	㉒ 10 000	⑥ 22 000 ㉖ 81 145	170 145
应付职工薪酬	51 000	⑳ 627 000	⑳627 000	51 000
应交税费	40 800	② 42 077 ⑬ 11 700 ⑮ 16 900 ㉑ 261 000	① 195 000 ⑩ 52 000 ⑪ 49 700	5 823
1 年内到期的非流动负债	850 000	㉓ 850 000	㉓ 400 000	400 000
长期借款	950 000	㉓ 400 000	⑥ 10 500	
			⑮ 160 000	
			㉔ 500 000	1 220 500
递延所得税负债	8 000		⑪ 9 900 ⑱ 2 500	20 400
实收资本（股本）	1 000 000			1 000 000
资本公积	3 428 800			3 428 800
其他综合收益	4 500		⑱ 7 500	12 000

续表

项目	期初数	调整分录		期末数
		借方	贷方	
盈余公积	150 000		㉖ 21 567	171 567
未分配利润	90 000	㉖ 102 712	㉕ 144 020	131 308
贷方项目合计	8 160 100			7 686 543
				本期数
二、利润表项目				
营业收入			① 1 500 000	1 500 000
营业成本		② 900 000		900 000
税金及附加		③ 21 250		21 250
销售费用		④ 28 000		28 000
管理费用		⑤ 157 600		157 600
研发费用		⑥ 67 100		67 100
财务费用		⑥ 56 500		56 500
资产减值损失		⑦ 311 190		31 190
信用减值损失		⑦ 6 740		6 740
公允价值变动收益		⑧ 2 000		2 000
投资收益		⑨ 40 000		40 000
资产处置收益		⑩ 40 000		40 000
营业外支出		⑩ 30000		20 000
所得税费用		⑪ 59 600		59 600
净利润		㉕ 144 020		144 020
三、现金流量表项目				
（一）经营活动产生的现金流量				
销售商品、提供劳务收到的现金		① 1 688 000	⑥ 24 000	
			⑫ 5 000	1 659 000
收到的税费返还				
收到的其他与经营活动有关的现金				
现金流入小计				1 659 000
购买商品、接受劳务支付的现金		⑭ 100 000	② 1 293 777	
		⑳ 581 400		612 377
支付给职工及为职工支付的现金			⑳ 627 000	627 000
支付的各种税费			③ 21 250	
			㉑ 212 500	
			㉑ 48 500	282 250
支付的其他与经营活动有关的现金		⑭ 20 000	④ 28 000	
		⑯ 80 000	⑤ 224 700	
		⑳ 45 600		107 100
现金流出小计				1 628 727
经营活动产生现金流量净额				30 273
（二）投资活动产生的现金流量				

续表

项目	期初数	调整分录		期末数
		借方	贷方	
收回投资所收到的现金				
取得投资收益所收到的现金		⑨ 40 000		40 000
处置固定资产收到的现金净额		⑩ 452 000		452 000
现金流入小计				492 000
购建固定资产所支付的现金			⑬ 102 800	
			⑮ 556 900	659 700
支付其他与投资活动有关的现金			⑰ 20 000	20 000
现金流出小计				679 700
投资活动产生的现金流量净额				-187 700
（三）筹资活动产生的现金流量				
借款所收到的现金		㉔ 500 000		500 000
现金流入小计				500 000
偿还债务所支付的现金			⑲ 200 000	
			㉓ 850 000	1 050 000
分配股利、利润和偿还利息所支付的现金			㉒ 10 000	10 000
现金流出小计				1 060 000
筹资活动产生现金流量净额				-560 000
（四）现金及现金等价物净增加额		㉗ 717 427		-717 427
调整分录借贷合计		11 729 616	11 729 616	—

表 12-9　　　　**现金流量表**　　　　会企 03 表

编制单位：南方公司　　　　2×20 年度　　　　单位：元

项目	本期金额	上期金额
一、经营活动产生的现金流量		
销售商品、提供劳务收到的现金	1 659 000	
收到的税费返还	—	
收到其他与经营活动有关的现金	—	
经营活动现金流入小计	1 659 000	
购买商品、接受劳务支付的现金	612 377	
支付给职工以及为职工支付的现金	627 000	
支付的各项税费	282 250	
支付其他与经营活动有关的现金	107 100	
经营活动现金流出小计	1 628 727	
经营活动产生的现金流量净额	30 273	
二、投资活动产生的现金流量		
收回投资收到的现金	—	
取得投资收益收到的现金	40 000	
处置固定资产、无形资产和其他长期资产收回的现金净额	452 000	

续表

项目	本期金额	上期金额
处置子公司及其他营业单位收到的现金净额		
收到其他与投资活动有关的现金	—	
投资活动现金流入小计	492 000	
购建固定资产、无形资产和其他长期资产支付的现金	659 700	
投资支付的现金	—	
取得子公司及其他营业单位支付的现金净额		
支付其他与投资活动有关的现金	20 000	
投资活动现金流出小计	679 700	
投资活动产生的现金流量净额	-187 700	
三、筹资活动产生的现金流量		
吸收投资收到的现金	—	
取得借款收到的现金	500 000	
收到其他与筹资活动有关的现金	—	
筹资活动现金流入小计	500 000	
偿还债务支付的现金	1 050 000	
分配股利、利润或偿付利息支付的现金	10 000	
支付其他与筹资活动有关的现金	—	
筹资活动现金流出小计	1 060 000	
筹资活动产生的现金流量净额	-560 000	
四、汇率变动对现金及现金等价物的影响	—	
五、现金及现金等价物净增加额	-717 427	
加：期初现金及现金等价物余额		
六、期末现金及现金等价物余额	-717 427	

企业在采用直接法列报经营活动产生的现金流量的情况下，还应当采用间接法在报表附注中披露将净利润调节为经营活动现金流量的信息，如表 12-10 所示。

表 12-10　　将净利润调节为经营现金流量　　单位：元

项目	金额
1. 将净利润调节为经营活动现金流量	
净利润	144 020
加：计提的资产减值准备和信用减值损失	37 930
固定资产折旧	120 000
无形资产摊销	80 000
处置固定资产/无形资产和其他长期资产的损失（收益以“-”填示）	70 000
固定资产报废损失（收益以“-”填示）	—
公允价值变动损失（收益以“-”填示）	-2 000
财务费用	56 500

续表

项目	金额
投资损失（收益以“-”填示）	-40 000
递延所得税资产减少（增加以“-”填示）	——
递延所得税负债增加（减少以“-”填示）	9 900
存货的减少（增加以“-”填示）	-181 700
经营性应收项目的减少（增加以“-”填示）	29 000
经营性应付项目的增加（减少以“-”填示）	-293 377
其他	——
经营活动产生的现金流量净额	30 273
2. 不涉及现金收支的投资和筹资债务转为资本	
1 年内到期的可转换公司债券	——
融资租入固定资产	——
3. 现金及现金等价物净增加情况	
现金的期末余额	1 361 673
减：现金的期初余额	2 079 100
加：现金等价物的期末余额	——
减：现金等价物的期初余额	——
现金及现金等价物净增加额	-717 427

本例中，南方公司本期经营性应收项目的变动情况如下：

应收账款增加

（未扣减坏账准备但加回注销的坏账 5 000 元，87 000 + 5 000）

+92 000 元

应收票据减少

（扣除贴现息 24 000 元，80 000 - 24 000） -56 000 元

预付账款减少 -65 000 元

合计减少 -29 000 元

经营性应付项目的变动情况如下：

应付账款减少 -85 000 元

应付票据减少 -150 000 元

应交税费减少

（不包括与固定资产、工程物资相关的应交增值税净增加额）

-58 377 元

合计减少 -293 377 元

在编制现金流量表时，要区分经营活动、投资活动与筹资活动的现金流量，因而在分析调整有关资产负债表与利润表项目时，要区分经营性应收、应付项目与非经营性应收、应付项目。而有一部分应收、应付项目具有混合性质，即可能既反映经营性应收、应付项目的内容，也反映非经营性应收、应付项目的内容。

（1）“应收票据”可能包括赊销固定资产、无形资产等长期资产而应收的款项。

(2)“应付票据”可能包括赊购固定资产、无形资产、工程物资等应付的款项。

(3)“应付职工薪酬”可能包括应付在建工程人员的工资。本例中北方公司即有这种情况。

(4)“应交税费——应交增值税(进项税额)”可能包括与购买固定资产、工程物资相关的进项税额,本例中南方公司即有这种情况。

第五节 所有者权益变动表

一、所有者权益变动表概述

1. 所有者权益变动表的概念。所有者权益变动表是反映构成所有者权益的各组成部分当期的增减变动情况的报表。

2. 所有者权益变动表的作用。所有者权益变动表应当全面反映一定时期所有者权益变动的情况,不仅包括所有者权益总量的增减变动,还包括所有者权益增减变动的重要结构性信息,特别是要反映直接计入所有者权益的利得和损失,让报表使用者准确理解所有者权益增减变动的根源。所有者权益变动表在一定程度上体现了企业综合收益。综合收益,是指企业在某一期间与所有者之外的其他方面进行交易或发生其他事项所引起的净资产变动。综合收益的构成包括两部分:净利润和直接计入所有者权益的利得和损失。其中,前者是企业已实现并已确认的收益,后者是企业未实现但根据会计准则的规定已确认的收益。用公式表示如下:

综合收益 = 净利润 + 直接计入所有者权益的利得和损失

其中:净利润 = 收入 - 费用 + 直接计入当期损益的利得和损失

在所有者权益变动表中,净利润和直接计入所有者权益的利得和损失不单列项目反映,以综合收益总额反映,体现了企业综合收益的构成。

二、所有者权益变动表的结构和内容

所有者权益变动表由表首和正表两部分组成。其中,表首说明报表名称、编制单位、编制日期、报表编号、货币名称、计量单位等;正表是所有者权益变动的主体,反映企业所有者权益的增减变动及年初、年末余额情况。

三、所有者权益变动表的编制

(一)所有者权益变动表的编制依据

所有者权益变动表各项目应当根据所有者权益类科目和损益类有关科目发生

额分析填列。

（二）所有者权益变动表的编制方法

根据《企业会计准则第30号——财务报表列报》的规定，企业需要提供比较所有者权益变动表，因此，所有者权益变动表各项目应分为“本年金额”和“上年金额”两大栏。

1. “上年金额”的填列方法。“上年金额”栏各项目，应当根据上年本表的“本年金额”栏填列。如果上年度所有者权益变动表规定的各个项目的名称和内容同本年度不一致，应对上年度所有者权益各项目的名称和数字按本年度的规定进行调整，填入本表“上年金额”栏内。

2. “本年金额”的填列方法。所有者权益变动表“本年金额”栏内各项数字一般应根据“实收资本（或股本）”“资本公积”“盈余公积”“利润分配”“库存股”“以前年度损益调整”等科目的发生额分析填列。

企业的净利润及其分配情况作为所有者权益变动的组成部分，不需要单独设置利润分配表列示。所有者权益变动表“本年金额”栏各项目反映内容及填列方法如下。

（1）“上年年末金额”项目。反映企业上年资产负债表中实收资本（或股本）、资本公积、其他综合收益、盈余公积、未分配利润的年末余额。

（2）“会计政策变更”和“前期差错更正”项目。分别反映企业采用追溯调整法处理的会计政策变更的累积影响金额和采用追溯重述法处理的会计差错更正的累积影响金额。

为了体现会计政策变更和前期差错更正的影响，企业应当在上期期末所有者权益余额的基础上进行调整得出本期期初所有者权益，根据“盈余公积”“利润分配”“以前年度损益调整”等科目的发生额分析填列。

（3）“本年增减变动金额”项目。分别反映如下内容：

①“综合收益总额”项目，反映净利润和其他综合收益扣除所得税影响后的净额相加后的合计金额。

②“所有者投入和减少资本”项目，反映企业当年所有者投入的资本和减少的资本。

③“所有者投入普通股”项目，反映企业接受投资者投入形成的实收资本（或股本）和资本溢价或股本溢价。

④“其他权益工具持有者投入的资本”项目，反映企业发行的除普通股以外分类为权益工具的金融工具的持有者投入的资本的金额，该项目应根据金融工具分类科目的相关明细科目的发生额分析填列。

⑤“股份支付计入所有者权益的金额”项目，反映企业处于等待期中的权益结算的股份支付当年计入资本公积的金额。

⑥“利润分配”下各项目，反映当年对所有者（或股东）分配的利润（或股利）金额和按照规定提取的盈余公积金额，并对应列在“未分配利润”和

"盈余公积"栏。其中："提取盈余公积"项目——反映企业按照规定提取的盈余公积；"对所有者（或股东）的分配"项目——反映对所有者（或股东）分配的利润（或股利）金额。

⑦"所有者权益内部结转"下各项目，反映不影响当年所有者权益总额的所有者权益各组成部分之间当年的增减变动，包括资本公积转增资本（或股本）、盈余公积转增资本（或股本）、盈余公积弥补亏损等的金额。为了全面反映所有者权益各组成部分的增减变动情况，所有者权益内部结转也是所有者权益变动表的重要组成部分。其中："资本公积转增资本（或股本）"项目——反映企业以资本公积转增资本或股本的金额；"盈余公积转增资本（或股本）"项目——反映企业以盈余公积转增资本或股本的金额；"盈余公积弥补亏损"项目——反映企业以盈余公积弥补亏损的金额。

⑧"其他综合收益结转留存收益"项目，主要反映：企业指定为以公允价值计量且其变动计入其他综合收益的非交易性权益工具投资终止确认时，之前计入其他综合收益的累计利得或损失从其他综合收益中转入留存收益的金额；企业指定为以公允价值计量且其变动计入当期损益的金额负债终止确认时，之前由企业自身信风险变动引起而计入其他综合收益的累计利得或损失从其他综合收益中转入留存收益的金额等。该项目应根据"其他综合收益"科目的相关明细科目的发生额分析填列。

⑨"本年年末金额"项目，是在所有者权益本年年初余额的基础上，加上（或减去）本年增减变动金额计算得出的。本项目的金额应当与所有者权益各科目的本年年末余额相等。

四、所有者权益变动表编制的实际运用

【例 12－4】 根据前面〖例 12－1〗〖例 12－2〗〖例 12－3〗的资料编制南方公司 2×20 年度的所有者权益变动表，如表 12－11 所示。

有关项目说明。

1. "其他权益工具持有者投入资本"项目，反映企业发行的除普通股以外分类为权益工具的金融工具的持有者投入资本的金额。该项目应根据金融工具类科目的相关明细科目的发生额分析填列。

2. "其他综合收益结转留存收益"项目，主要反映：(1) 企业指定为以公允价值计量且其变动计入其他综合收益的非交易性权益工具投资终止确认时，之前计入其他综合收益的累计利得或损失从其他综合收益中转入留存收益的金额；(2) 企业指定为以公允价值计量且其变动计入当期损益的金融负债终止确认时，之前由企业自身信用风险变动引起而计入其他综合收益的累计利得或损失从其他综合收益中转入留存收益的金额等。该项目应根据"其他综合收益"科目的相关明细科目的发生额分析填列。

表 12-11

所有者权益变动表

编制单位：　　　　____年度　　　　会企 04 表

单位：元

项目	本年金额											上年金额										
	实收资本（股本）	其他权益工具			资本公积	减：库存股	其他综合收益	盈余公积	未分配利润	专项储备	所有者权益合计	实收资本（股本）	其他权益工具			资本公积	减：库存股	其他综合收益	盈余公积	未分配利润	专项储备	所有者权益合计
		优先股	永续债	其他									优先股	永续债	其他							
一、上年末余额												4 200 000				233 300			150 000	90 000		4 673 300
加：会计政策变更																						
前期差错更正																						
其他																						
二、本年年初余额	4 200 000				233 300			150 000	90 000		4 673 300											
三、本年增减变动金额（减少以“-”号填列）								21 555	41 000		62 555											
（一）综合收益总额									143 700		143 700											
（二）所有者投入和减少资本																						
1. 所有者投入的普通股																						
2. 其他权益工具持有者投入资本																						
3. 股份支付计入所有者权益份额																						
4. 其他																						
（三）利润分配									-102 700		-102 700											
1. 提取盈余公积								21 555	-21 555		0											
2. 对所有者（或股东）的分配									-81 145		-81 145											
3. 其他																						

续表

项目	本年金额												上年金额											
	实收资本（股本）	其他权益工具			资本公积	减：库存股	其他综合收益	盈余公积	未分配利润	专项储备	所有者权益合计	实收资本（股本）	其他权益工具			资本公积	减：库存股	其他综合收益	盈余公积	未分配利润	专项储备	所有者权益合计
		优先股	永续债	其他									优先股	永续债	其他							
（四）所有者权益内部结转																						
1. 资本公积转增资本（股本）																						
2. 盈余公积转增资本（股本）																						
3. 盈余公积弥补亏损																						
4. 设定受益计划变动额结转留存收益																						
5. 其他综合收益结转留存收益																						
6. 其他																						
四、本年年末余额	4 200 000				233 300			171 555	131 000		4 735 855	4 200 000				233 300			150 000	90 000		4 673 300

第六节　财务报表附注

一、财务报表附注的作用

1. 财务报表附注的概念。财务报表附注是为了便于报表使用者理解财务报表的内容而对财务报表的编制基础、编制原则和方法及主要项目等所作的解释，以及未能在财务报表中列示的项目进行的说明。它是对财务报表的补充说明，是财务报表的重要组成部分。《企业会计准则第30号——财务报表列报》对附注的披露要求是对企业附注披露的最低要求，应当适用于所有类型的企业，企业还应当按照各项具体会计准则的规定在附注中披露相关信息。

2. 财务报表附注的作用。

（1）解释财务报表的编制基础、编制原则和方法。财务报表中的数字受报表编制基础、编制依据、编制原则和方法的影响。例如，建立在持续经营假设基础之上的报表与建立在清算基础上的报表必然采用不同的计价基础，建立在持续经营基础上的报表要从会计信息决策有用性出发、基于报表项目的管理意图并按谨慎性的要求选择计量基础，而建立在清算基础之上的报表编制则以清算价格为编制基础。再如，对于一种经济业务（如收入确认、固定资产折旧、发出存货的计价等），可能存在不同的会计处理方法，而不同的会计处理方法将导致不同的会计处理结果。为提高表内指标透明度，便于报表使用者对不同企业报表进行数据比较、便于财务分析师进行行业比较以及基于不同分析目的对报表数据的调整，报表附注应解释报表项目的编制原则以及会计处理方法。

（2）对表内的有关项目作细致的解释。每一报表项目提供了某一方面的指标，具有综合性。为了使报表使用者了解某一指标的具体情况，企业必须通过附注的方式对其进行深入的说明。例如，资产负债表中虽然提供了企业的“货币资金”指标，但为了披露更详细的货币资金信息，需要在报表附注中详细列明货币资金中库存现金、银行存款、其他货币资金的金额以及外币货币资金折合成记账本位币所采用的汇率等资料，为报表使用者提供了解货币资金构成以及面临的汇率风险所需的会计信息。再如，对于资产负债表中的“固定资产”项目，报表附注应按类别（房屋及建筑物、机器设备、运输工具、办公设备等）详细披露固定资产的原值、累计折旧、固定资产减值准备等信息，使读者对企业的固定资产分布、价值构成、生产经营能力有更准确的判断。

（3）对未能在报表中确认的项目进行说明。表内项目的确认具有严格的标准，但未能在表内披露的事项如果对客观判断目前的财务状况有重大影响或者对未来财务状况具有潜在的重大影响，需要在表外披露。例如，报告期内发生的关联交易、资产负债表日后的非调整事项等。

二、财务报表附注的主要内容

附注应当按照如下顺序至少披露下列内容。

1. 企业的基本情况。主要包括企业注册地、组织形式、业务性质及从事的主要经营活动、财务报表的批准报出者和批准报出日等。

2. 财务报表的编制基础。说明报表编制是以持续经营和权责发生制为编制基础，还是采用其他编制基础。

3. 遵循企业会计准则的声明。企业应声明编制的财务报表符合企业会计准则的要求，真实、完整地反映了企业的财务状况、经营成果和现金流量等有关信息，以此明确企业编制财务报表所依据的制度基础。如果企业编制的财务报表只是部分地遵循了企业会计准则，附注中不得作出这种表述。

4. 重要会计政策和会计估计。主要包括报表项目依据的重要会计政策和会计估计说明。

5. 会计政策和会计估计变更以及差错更正的说明。企业应当根据《企业会计准则第28号——会计政策、会计估计变更和差错更正》及其应用指南的规定，披露会计政策和会计估计变更以及差错更正的有关情况。

6. 报表重要项目的说明。主要包括重要项目的内容构成、明细项目金额以及当期增减变动情况。

7. 其他需要说明的重要事项。重要的表外事项通常包括或有事项、资产负债表日后事项、关联方关系及其与关联方发生的交易等。

8. 有助于财务报表使用者评价企业管理资本的目标、政策及程序的信息。

第十三章　合并财务报表

【学习要点及目标】

本章主要介绍企业合并会计和合并财务报表的有关内容。通过对本章的学习，要求了解企业合并会计和合并财务报表的内容及其编制；理解合并财务报表的合并范围的确认与三种合并理论；重点掌握同一控制和非同一控制下企业合并调整与抵销的会计处理。

从合并财务报表看乐视“迷局”

乐视，成立于2004年，创始人贾跃亭。乐视致力于打造基于视频产业、内容产业和智能终端的“平台+内容+终端+应用”完整生态系统，被业界称为“乐视模式”。2010年8月在中国创业板上市，是行业内全球首家IPO上市公司，中国A股最早上市的视频公司，其最高峰时市值达到了1 526亿元，股价涨幅达535%之多。然而，从2016年起，乐视突然陷入泥潭，资金链断裂、债务风波等问题不断涌现，2017年10月14日，乐视网巨亏16亿元，7年盈利几乎亏完，贾跃亭财富缩水400亿元，2020年5月14日收到深圳证券交易所下发的《关于乐视网信息技术（北京）股份有限公司股票终止上市的决定》，根据《深圳证券交易所股票上市规则》（2018年11月修订）的相关规定，公司股票于2020年6月5日起进入退市整理期交易。那到底是什么导致了乐视的大厦不稳？是否能从合并财务报表看出其“迷局”？

从乐视网2011～2015年年度报告中的合并财务报表利润来看，乐视网从2013年起合并财务报表利润总额开始低于母公司的利润总额，且两者之间差额呈逐渐递增的趋势，特别是2013～2014年差额增速达581%，面对此情况，乐视网是否通过转移母公司的亏损来美化财务报表？

从年报中可知，与2014年的合并范围相比，2015年乐视网合并财务报表的范围包括13家子公司，其增加了霍尔果斯乐嗨文化传媒有限公司和乐想控股有限公司，且未将乐视体育文化产业发展（北京）有限公司纳入合并报表范围。乐视在2015年合并财务报表的合并范围变更中说明，是为了降低对乐视网造成的经营风险，减少对上市公司经营业绩可能造成的不利影响，因而于2015年3月对乐视体育的持股比例进行调整。但由此可见，乐视网的确存在通过剥离不盈利的子公司来美化上市公司业绩的行为。可以说，短期内乐视可以通过不断新设公司，剥离不盈利的子公司，来达到美化公司业绩的目标。

请思考：从长期来看，这样的做法能给乐视网带来实际收益吗？有利于企业的长久发展吗？请说明理由。

（资料来源：乐视360；深圳证券交易所；乐视网信息技术（北京）股份有限公司2011～2018年年度报告；张倩杨．乐视财报“迷局”——基于合并报表及关联方交易角度分析[J]．今日财富，2018（8）：153－154）

第一节 企业合并概述

一、企业合并的界定

（一）企业合并的概念

企业合并是将两个或两个以上单独的企业（主体）合并形成一个报告主体的交易或事项。从会计角度，交易是否构成企业合并，进而是否能够按照《企业会计准则第20号——企业合并》进行会计处理，主要应关注两个方面。

一是取得对另一个或多个企业（或业务）的控制权。从企业合并的定义看，是否形成企业合并，除了要看取得的资产或资产、负债组合是否构成业务之外，还要看有关交易或事项发生前后，是否引起报告主体的变化。报告主体的变化产生于控制权的变化。在交易事项发生以后，投资方拥有对被投资方的权力，通过参与被投资方的相关活动享有可变回报，且有能力运用对被投资方的权力影响其回报金额的，投资方对被投资方具有控制，形成母子公司关系，则涉及控制权的转移，该交易或事项发生以后，子公司需要纳入到母公司合并财务报表的范围中。从合并财务报告角度形成报告主体的变化；交易事项发生以后，一方能够控制另一方的全部净资产，被合并的企业在合并后失去其法人资格，也涉及控制权及报告主体的变化，形成企业合并。

二是所合并的企业必须构成业务。业务是指企业内部某些生产经营活动或资产负债的组合，该组合具有投入、加工处理过程和产出能力，能够独立计算其成本费用或所产生的收入。

区分业务的购买及构成企业合并的交易与不构成企业合并的资产或资产负债组合的购买，关键在于其会计处理存在实质上的差异。

1. 企业取得了不形成业务的一组资产或资产、负债的组合时，应识别并确认所取得的单独可辨认资产（包括符合《企业会计准则第6号——无形资产》中无形资产定义和确认标准的资产）及承担的负债，并将购买成本基于购买日所取得各项可辨认资产、负债的相对公允价值，在各单独可辨认资产和负债间进行分配，不按照《企业会计准则第20号——企业合并》进行处理。分配的结果是取得的有关资产、负债的初始入账价值有可能不同于购买时点的公允价值（但若资产的初始确认金额高于其公允价值，需考虑是否存在资产减值），资产或资产、负债打包购买中多付或少付的部分均需要分解到取得的资产、负债项目中，从而不会产生商誉或购买利得。

在被购买资产构成业务，需要作为企业合并处理时，购买日（合并日）的确定，合并中取得资产、负债的计量，合并差额的处理等均需要按照企业合并准则的有关规定进行处理，例如在构成非同一控制下企业合并的情况下，合并中自被购买方取得的各项可辨认资产、负债应当按照其在购买日的公允价值计量，合并成本与取得的可辨认净资产公允价值份额的差额应当确认为单独的一项资产——商誉，或是在企业成本小于合并中取得可辨认净资产公允价值份额的情况下（廉价购买），将该差额确认计入当期损益。

2. 交易费用在购买资产交易中通常作为转让对价的一部分，并根据适用的准则资本化为所购买的资产成本的一部分；而在企业合并中，交易费用应被费用化。

3. 企业会计准则禁止对在以下交易所记录的资产和负债初始确认时产生的暂时性差异确认递延所得税：非业务合并，且既不影响会计利润也不影响应纳税所得额或可抵扣亏损。相应的，资产购买中因账面价值与税务基础不同形成的暂时性差异不应确认递延所得税资产或负债；而业务合并中购买的资产和承担的债务因账面价值与税务基础不同形成的暂时性差异应确认递延所得税影响。

（二）不形成企业合并的交易或事项

一个企业取得了对另一个或多个企业的控制权，而被购买方（或被合并方）并不构成业务。企业取得不形成业务的一组资产或资产、负债的组合时，应将购买成本按购买日所取得各项可辨认资产、负债的相对公允价值为基础进行分配，不按照企业合并准则进行处理，按照权益性交易原则不得确认商誉或当期损益。

（三）不包括在企业合并准则规范范围内的交易或事项

1. 购买子公司的少数股权，考虑到该交易或事项发生前后，不涉及控制权的转移，报告主体未发生变化，不属于企业合并。

2. 两方或多方形成合营企业。

二、企业合并的类型

企业合并可以从不同的角度进行分类。

（一）按合并双方前、后最终控制方是否变化进行分类

按合并双方前、后最终控制方是否同属于同一方或相同多方最终控制，合并企业分为同一控制下企业合并与非同一控制下的企业合并两类。

1. 同一控制下的企业合并。同一控制下的企业合并，是指参与合并的企业在合并前后均受同一方或相同的多方最终控制，且该控制并非暂时性的。

同一控制下的企业合并，在合并日取得对其他参与合并企业控制权的一方为合并方，参与合并的其他企业为被合并方。合并日，是指合并方实际取得对被合并方控制权的日期。

判断某一企业合并是否属于同一控制下的企业合并，应当把握以下要点。

(1) 能够对参与合并各方在合并前后均实施最终控制的一方通常指企业集团的母公司。

(2) 能够对参与合并的企业在合并前后均实施最终控制的相同多方，是指根据合同或协议的约定，拥有最终决定参与合并企业的财务和经营政策，并从中获取利益的投资者群体。

(3) 实施控制的时间性要求，是指参与合并各方在合并前后较长时间内为最终控制方所控制。具体是指在企业合并之前（即合并日之前），参与合并各方在最终控制方的控制时间一般在1年以上（含1年），企业合并后所形成的报告主体在最终控制方的控制时间也应达到1年以上（含1年）。

(4) 企业之间的合并是否属于同一控制下的企业合并，应综合构成企业合并交易的各方面情况，按照实质重于形式的原则进行判断。通常情况下，同一控制下的企业合并是指发生在同一企业集团内部企业之间的合并。同受国家控制的企业之间发生的合并，不应仅仅因为参与合并各方在合并前后均受国家控制而将其作为同一控制下的企业合并。

2. 非同一控制下的企业合并。非同一控制下的企业合并，是指参与合并各方在合并前后不受同一方或相同多方最终控制的合并交易，即除判断属于同一控制下企业合并的情况以外其他的企业合并。

非同一控制下的企业合并，在购买日取得对其他参与合并企业控制权的一方为购买方，参与合并的其他企业为被购买方。购买日，是指购买方实际取得对被购买方控制权的日期。

（二）按合并后主体的法律形式不同进行分类

按合并后主体的法律形式不同，企业合并分为吸收合并、新设合并和控股合并三类。

无论是同一控制下的企业合并还是非同一控制下的企业合并，从合并后主体的法律形式来看，都可能产生两种结果：一种结果是合并不形成母子公司关系，即吸收合并和新设合并；另一种结果是合并形成母子公司关系，即通常所说的控股合并。

1. 吸收合并。合并方（或购买方）通过企业合并取得被合并方（或被购买方）的全部净资产，合并后注销被合并方（或被购买方）的法人资格，被合并方（或被购买方）原持有的资产、负债，在合并后成为合并方（或购买方）的资产、负债。

吸收合并中，因被合并方（或被购买方）在合并发生以后被注销，从合并方（或购买方）的角度需要解决的问题是，其在合并日（或购买日）取得的被合并方有关资产、负债入账价值的确定，以及为了进行企业合并支付的对价与所取得的被合并方资产、负债的入账价值之间差额的处理。

企业合并继后期间，合并方应当将合并中取得的资产、负债作为本企业的资产、负债核算。

2. 新设合并。参与合并的各方在合并后法人资格均被注销，重新注册成立一家新的企业，由新注册成立的企业持有参与合并各企业的资产、负债在新的基础上经营，为新设合并。新设合并中，各参与合并企业投入到新设企业的资产、负债价值以及相关构成新设企业的资本的，一般应按照有关法律法规及各参与合并方的合同、协议执行。

3. 控股合并。合并方（或购买方）在企业合并中取得对被合并方（或被购买方）的控制权，被合并方（或被购买方）在合并后仍保持其独立的法人资格并继续经营，合并方（或购买方）确认企业合并形成的对被合并方（或被购买方）的投资。

该类企业合并中，因合并方通过企业合并交易或事项取得了对被合并方的控制权，被合并方成为其子公司。在企业合并发生后，被合并方应当纳入合并方合并财务报表的编制范围。从合并财务报表角度，形成报告主体的变化。

（三）根据合并前企业间的市场关系不同进行分类

1. 水平合并，也称横向合并。合并企业的双方或多方原来属于同一个行业，生产同类产品。

2. 垂直合并，也称纵向合并。合并企业的双方或多方之间有原料生产、供应和加工及销售的关系，分处于生产和流通过程的不同阶段。垂直合并是大企业全面控制原料、生产、销售的各个环节，建立垂直结合控制体系的基本手段。

3. 混合合并。同时发生水平合并和垂直合并，或者合并双方或多方是属于没有关联关系产业的企业。后一种合并，常常发生在某个行业的企业试图进入利润率较高的另一个行业时，常与企业的多角化战略相联系。

（四）根据合并动机的不同进行分类

1. 善意合并，也称友好合并。善意合并是指被合并公司同意合并公司提出的合并条件并承诺给予协助，故双方高层通过协商来决定合并的具体安排，如合并方式（以现金、股票、债券或其混合等）、合并价位、人事安排、资产处置等。由于合并当事双方均有合并意图，而且对彼此之间情况较为熟悉，故此类合并成功率较高。这种方式的合并是以协议为基础的，故又称为“协议合并”。

2. 恶意合并，也称敌意合并或强迫接管合并。恶意合并是指合并企业在被合并企业管理层对其合并意图尚不知晓或持反对态度的情况下，对被合并企业强行进行合并的行为。

三、企业合并的会计处理

（一）同一控制下企业合并的会计处理

1. 确认与计量的基本要求。同一控制下企业合并应用的是权益结合法。权益结合法，也称股权结合法、权益联营法，企业合并会计处理的处理方法之一。与购买法基于不同的假设，即视企业合并为参与合并的双方，通过股权的交换形成的所有者权益的联合，而非资产的交易。换言之，它是由两个或两个以上经营主体对一个联合后的企业或集团公司开展经营活动的资产贡献，即经济资源的联合。

在权益结合法中，原所有者权益继续存在，以前会计基础保持不变。参与合并的各企业的资产和负债继续按其原来的账面价值记录，合并后企业的利润包括合并日之前本年度已实现的利润；以前年度累积的留存利润也应予以合并。

2. 一次投资实现企业合并的会计处理。合并方在企业合并中取得的资产和负债，应当按照合并日在被合并方的账面价值计量。合并方取得的净资产账面价值与支付的合并对价账面价值（或发行股份面值总额）的差额，应当调整资本公积（资本溢价或股本溢价）；资本公积（资本溢价或股本溢价）不足冲减的，调整留存收益。

（1）吸收合并和新设合并。取得资产和负债的入账价值，按被合并方的原账面价值确认。合并方相关资产和负债所采用的会计政策和被合并方不同的，应当对取得的资产和负债进行调整，按调整后的账面价值进行确认。合并方确认取得的净资产账面价值与所放弃净资产账面价值的差额，以及发行权益性证券方式确认的净资产账面价值与发行股份面值之间的差额，调整资本公积和留存收益。

【例 13－1】P、S 公司同属一集团内部，2×20 年 6 月 30 日，P 公司向 S 公司的股东定向增发 1 000 万股普通股（每股面值为 1 元，市价为 10.85 元）对 S 公司进行吸收合并，并于当日取得 S 公司净资产。当日，P 公司、S 公司资产和负债情况如表 13－1 所示。

表 13－1　　资产负债简表　　单位：万元

项目	P 公司	S 公司	
	账面价值	账面价值	
资产：			
货币资金	4 312. 50	450	450
存货	6 200	255	450
应收账款	3 000	2 000	2 000
长期股权投资	5 000	2 150	3 800
固定资产			
固定资产原价	10 000	4 000	5 500

续表

项目	P公司	S公司	
	账面价值	账面价值	
减：累计折旧	3 000	1 000	0
固定资产净值	7 000	3 000	
无形资产	4 500	500	1 500
商誉	0	0	0
资产总计	30 012.50	8 355	13 700
负债和所有者权益：			
短期借款	2 500	2 250	2 250
应付账款	3 750	300	300
其他负债	375	300	300
负债合计	6 625	2 850	2 850
实收资本（股本）	7 500	2 500	
资本公积	5 000	1 500	
盈余公积	5 000	500	
未分配利润	5 887.50	1 005	
所有者权益合计	23 387.50	5 505	10 850
负债和所有者权益总计	30 012.50	8 355	450

本例中假定P公司和S公司为同一集团内两家全资子公司，合并前其共同的母公司为A公司。该项合并中参与合并的企业在合并前及合并后均为A公司最终控制，为同一控制下的企业合并。自6月30日开始，P公司能够对S公司净资产实施控制，该日即为合并日。

因合并后S公司失去其法人资格，P公司应确认合并中取得的S公司的各项资产和负债，假定P公司与S公司在合并前采用的会计政策相同。P公司对该项合并应进行的会计处理为：

借：货币资金　4 500 000
　　库存商品（存货）　2 550 000
　　应收账款　20 000 000
　　长期股权投资　21 500 000
　　固定资产　30 000 000
　　无形资产　5 000 000
　　贷：短期借款　22 500 000
　　　　应付账款　3 000 000
　　　　其他应付款（其他负债）　3 000 000
　　　　股本　10 000 000
　　　　资本公积　45 050 000

（2）控股合并。合并方以支付现金、发行权益性证券、转让非现金资产或承担债务方式支付对价的，应在合并日按取得被合并方账面净资产份额作为长期股权投资的成本，按发行股份面值总额作为股本（实收资本）等，确认的长期股权投资成本与所发行股份的面值金额的差额，调整资本公积和留存收益。

【例 13-2】甲公司 2×20 年 1 月 1 日以 28 600 万元的价格取得 A 公司 80% 的股权，A 公司净资产的公允价值为 35 000 万元。甲公司在购买 A 公司过程中发生审计、评估和法律服务等相关费用 120 万元。上述价款均以银行存款支付。甲公司与 A 公司均为同一控制下的企业，且均为非金融企业。A 公司采用的会计政策与甲公司一致。A 公司股东权益总额为 32 000 万元，其中股本为 20 000 万元，资本公积为 8 000 万元，盈余公积为 1 200 万元，未分配利润为 2 800 万元。

依题意，甲公司对 A 公司长期股权投资的初始投资成本为 25 600 万元 (32 000×0.8)。购买该股权过程中发生的审计、估值等相关费用直接计入当期损益，即计入当期管理费用。甲公司个别报表上作如下账务处理：

借：长期股权投资——A 公司	25 600	
管理费用	120	
资本公积	3 000	
贷：银行存款（28 600+120）		28 720

（二）非同一控制下企业合并的会计处理

1. 确认与计量的基本要求。非同一控制下企业合并处理的基本原则是购买法。即将企业合并视为购买企业以一定的价款购进被购买企业的机器设备、存货，同时承担该企业的所有负债的行为，从而按合并时的公允价值计量被购买企业的净资产，将投资成本（购买价格）超过净资产公允价值份额的差额确认为商誉的会计方法。

在非同一控制企业控股合并中，企业合并成本包括购买方为进行企业合并支付的现金或非现金资产、发行或承担的债务、发行的权益性证券等在购买日的公允价值。购买方在购买日对作为企业合并对价付出的资产、发生或承担的负债公允价值与账面价值的差额计入当期损益（或留存收益）。

2. 一次投资实现企业合并的会计处理。在购买日，购买方的合并成本大于确认的各项可辨认资产、负债公允价值净额的差额。其处理为将其确认为一项资产，设置"商誉"账户进行核算；购买方的合并成本小于确认的各项可辨认资产、负债的公允价值净额的差额。其处理为先重新评估合并成本、取得的净资产，如果还存在负商誉，将其计入损益营业外收入。

企业应于每个会计期末，对商誉进行减值测试，对商誉测试的减值部分，计提减值准备，有关减值准备在提取后，不能转回。

（1）吸收合并和新设合并。购买方在购买日取得被购买方的各项资产，如果其所带来的未来经济利益预计能够流入企业且公允价值能够可靠计量，应按其公允价值确认为资产；取得被购买方的各项负债，如果履行有关的义务预期会导致经济利益流出企业，且公允价值能够可靠计量，应按其公允价值确认为负债。

【例13-3】 承〖例13-1〗P公司向S公司（P公司和S公司没有关联关系）的股东定向增发1 000万股普通股（每股面值为1元，市价为10.85元）对S公司进行合并，并于当日取得S公司净资产。自6月30日开始，该日即为合并日。假定P公司与S公司在合并前采用的会计政策相同。

借：货币资金　　4 500 000
　　存货　　4 500 000
　　应收账款　　20 000 000
　　长期股权投资　　38 000 000
　　固定资产　　55 000 000
　　无形资产　　15 000 000
　　贷：短期借款　　22 500 000
　　　　应付账款　　3 000 000
　　　　其他负债　　3 000 000
　　　　股本　　10 000 000
　　　　资本公积　　98 500 000

（2）控股合并。购买方按确定的企业合并成本作为对被购买方的长期股权投资成本。

【例13-4】 甲公司2×20年1月1日以定向增发公司普通股票的方式，购买取得A公司70%的股权。甲公司当日资产负债表和A公司当日资产负债表及估值确认的资产负债数据如表13-2所示。甲公司定向增发普通股股票10 000万股（每股面值为1元），甲公司普通股股票面值每股为1元，市场价格每股为2.95元。甲公司和A公司均为非金融企业，甲公司并购A公司属于非同一控制下的企业合并，假定不考虑所得税、甲公司增发该普通股股票所发生的审计以及发行等相关的费用。

甲公司将购买取得A公司70%的股权作为长期股权投资入账，其账务处理如下：

借：长期股权投资——A公司　　29 500
　　贷：股本　　10 000
　　　　资本公积　　19 500

表13-2　　**资产负债表**　　**会企01表**

编制单位：甲公司　　2×20年1月1日　　单位：万元

资产	甲公司	A公司		负债和所有者权益（或股东权益）	甲公司	A公司	
		账面价值	公允价值			账面价值	公允价值
流动资产：				流动负债：			
货币资金	9 000	4 200	4 200	短期借款	12 000	5 000	5 000
交易性金融资产	4 000	1 800	1 800	交易性金融负债	3 800		
衍生金融资产	0			衍生金融负债			

续表

资产	甲公司	A公司		负债和所有者权益（或股东权益）	甲公司	A公司	
		账面价值	公允价值			账面价值	公允价值
应收票据	105 00	6 920	6 820	应付票据		7 200	7 200
应收账款	0			应付账款	28 000		
应收款项融资	10 500	6 920	6 820	预收款项	3 000	1 300	1 300
预付款项	2 000	880	880	合同负债	0		
其他应收款	4 200			应付职工薪酬	6 000	1 600	1 600
存货	31 000	20 000	21 100	应交税费	2 000	1 200	1 200
合同资产	0			其他应付款	4 000	4 000	4 000
持有待售资产	0			持有待售负债	0		
一年内到期的非流动资产	0			一年内到期的非流动负债	0		
其他流动资产	1 300	1 200	1 200	其他流动负债	1 200	700	700
流动资产合计	62 000	35 000	3 600	流动负债合计	60 000	21 000	21 000
非流动资产：				非流动负债：			
债权投资	6 000			长期借款	4 000	3 000	3 000
其他债权投资	11 000			应付债券	20 000	2 000	2 000
长期应收款	0			其中：优先股	0		
长期股权投资	32 000			永续股	0		
其他权益工具投资	0			债租负债	0		
其他非流动金融资产	0			长期应付款	2 000		
投资性房地产	0			预计负债	0		
固定资产	21 000	18 000	21 000	递延收益	0		
在建工程	20 000	3 400	3 400	递延所得税负债	0		
生产性生物资产	0			其他非流动负债	0		
油气资产	0			非流动负债合计	26 000	5 000	5 000
使用权资产				负债合计	86 000	26 000	26 000
无形资产	4 000	1 600	1 600	所有者权益（或股东权益）：			
开发支出	0			实收资本（或股本）	40 000	20 000	
商誉	0			其他权益工具			
长期待摊费用	0			其中：优先股	0		
递延所得税资产	0			永续债	0		
其他非流动资产	0			资本公积	10 000	8 000	
非流动资产合计	94 000	2 300	26 000	减：库存股			
				其他综合收益	0		
				专项储备	0		
				盈余公积	11 000	1 200	
				未分配利润	9 000	2 800	

续表

资产	甲公司	A公司		负债和所有者权益（或股东权益）	甲公司	A公司	
		账面价值	公允价值			账面价值	公允价值
				所有者权益（或股东权益）合计	70 000	32 000	36 000
资产总计	1 56 000	58 000	62 000	负债和所有者权益（或股东权益）总计	156 000	58 000	62 000

第二节　合并财务报表概述

一、合并财务报表概念

合并财务报表，是指反映母公司和其全部子公司形成的企业集团整体财务状况、经营成果和现金流量的财务报表。

与个别财务报表相比，合并财务报表又具有下列特点：一是反映的对象是由母公司和其全部子公司组成的会计主体；二是编制者是母公司，但所对应的会计主体是由母公司及其控制的所有子公司所构成的企业集团；三是合并财务报表是站在合并财务报表主体的立场上，以纳入合并范围的企业个别财务报表为基础，根据其他有关资料，抵销母公司与子公司、子公司相互之间发生的内部交易，考虑了特殊交易事项对合并财务报表的影响后编制的，旨在反映合并财务报表主体作为一个整体的财务状况、经营成果和现金流量。

二、合并财务报表的作用

合并财务报表的作用主要有两个方面：一是合并财务报表能够向财务报告的使用者提供反映企业集团整体财务状况、经营成果和现金流量的会计信息，有助于财务报告的使用者作出经济决策；二是合并财务报表有利于避免一些母公司利用控制关系粉饰财务报表的情况的发生。

三、合并财务报表的合并理论

合并财务报表是以企业集团为会计主体编制的财务报表，编制合并财务报表首先就涉及如何界定企业集团范围问题，确定哪些被投资企业需要纳入其投资企业的合并范围，确定编制合并财务报表时所采用的合并方法。企业集团的界定、合并范围的确定及合并方法的选择，直接关系到合并财务报表提供怎么样的信息、为谁提供信息等一系列问题，对合并财务报表的编制具有重要的意义。这些问题的解决，在很大程度上取决于编制合并财务报表所采用的合并理论。依据不同的合并理论，其确定的合并范围和选择的合并方法也各不相同。编制合并财务报表的合并理论，到目前为止主要有母公司理论、主体理论以及所有权理论等。

母公司理论是一种站在母公司股东的角度，来看待母公司与其子公司之间的控股合并关系的合并理论。这种理论强调母公司股东的利益，它不将子公司当作独立的法人看待，而是将其视为母公司的附属机构。依据这一理论编制的合并报表不仅要反映母公司股东在母公司本身的利益，而且要反映它们在母公司所属子公司的净资产的利益。当母公司并不拥有子公司 100% 的股权时，要将少数股东视为集团外的利益群体，将这部分股东所持有的权利（少数股东权益）视为整个集团的负债。依据母公司理论编制合并报表，实际上是在母公司个别财务报表的基础上扩大编制范围，母公司对子公司投资采用权益法时，合并资产负债表实际上是在母公司个别资产负债表的基础上，用所有子公司的资产、负债来代替母公司个别资产负债表上的“长期股权投资”项目，合并主体的所有者权益只反映母公司的所有者权益，而不包括子公司的所有者权益，合并利润表实际上是在母公司个别利润表的基础上，用子公司的各收入、费用项目代替母公司个别利润表上的“投资收益——对子公司投资收益”项目。合并净利润表中不包括子公司少数股东所持有的子公司净利润的份额，少数公司将其视为企业集团的一项费用。

实体理论是一种站在由母公司及其子公司组成的统一实体的角度，来看待母子公司间的控股合并关系的合并理论。它强调单一管理机构对一个经济实体的控制，合并报表提供不同法律实体组成的企业集团作为统一的合并主体进行经营的信息。母子公司的资产、负债、收入与费用，也就是合并主体的资产、负债、收入与费用。少数股东权益与控股权益一样属于合并主体的所有者权益，合并利润表中的合并净利润中，包括子公司少数股东所持有的子公司净利润的份额。

所有权理论也称业主理论，它是一种着眼于母公司在子公司所持有的所有权的合并理论。编制合并报表时，对于子公司的资产与负债，只按母公司所持有股权的份额计入合并资产负债表，对于子公司的收入、费用与利润也只按母公司持有股权的份额计入合并利润表。

四、合并范围的确定

（一）合并范围的确定原则

合并财务报表的合并范围是指纳入合并财务报表编报的子公司的范围。正确界定合并范围是编制合并财务报表的重要前提。

《企业会计准则第 33 号——合并财务报表》规定，合并财务报表的合并范围应当以“控制”为基础予以确定。该准则同时还规定，母公司应当将其全部子公司纳入合并财务报表的合并范围（母公司是投资性主体时可能有例外）。这就意味着要理解好控制的含义和判断标准以及母公司和子公司的概念。

(二) 母公司与子公司

母公司是指控制一个或一个以上主体（含企业、被投资单位中可分割的部分，以及企业所控制的结构化主体等，下同）的主体。子公司是指被母公司控制的主体。

企业集团是由母公司和其全部子公司构成的。例如，P公司能够控制S公司，P公司和S公司构成了企业集团。再如，P公司能够同时控制S1公司、S2公司、S3公司和S4公司，P公司和S1公司、S2公司、S3公司、S4公司构成了企业集团。

(三) 控制的判断

控制，是指投资方拥有对被投资方的权力，通过参与被投资方的相关活动而享有可变回报，并且有能力运用对被投资方的权力影响其回报金额。

1. 控制的三要素。

(1) 主导被投资方的权力。权力一般来源于表决权，表决权的有无是判断控制有无的关键。

表决权是对被投资方经营计划、投资方案、年度财务预算方案和决策方案、利润分配方案和弥补亏损方案、内部管理机构的设置、聘任或解聘公司经理及确定其报酬、公司的基本管理制度等事项进行表决而持有的权利，表决权比例通常与其出资比例或持股比例是一致的，但是公司章程另有规定的除外。

(2) 参与被投资方的相关活动而享有可变回报。相关活动，是指对被投资方的回报产生重大影响的活动；可变回报，是指投资方来自被投资方取得的回报，可能会随着被投资方业绩的变化而变动。可变回报的形式主要包括：①股利、被投资方经济利益的其他分配（例如，被投资方发行的债务工具产生的利息）、投资方对被投资方的投资的价值变动。②因向被投资方的资产或负债提供服务而得到的报酬、因提供信用支持或流动性支持收取的费用或承担的损失、被投资方清算时在其剩余净资产中所享有的权益、税务利益、因参与被投资方而获得的未来流动性。③其他利益持有方无法得到的回报。

(3) 利用对被投资方的权力影响其回报金额的能力。只有当投资方不仅拥有对被投资方的权力、通过参与被投资方的相关活动而享有可变回报，并且有能力运用对被投资方的权力来影响其回报的金额时，投资方才控制被投资方。

投资方只有同时具备上述三个要素时，才能控制被投资方。

在实际工作中，投资方在判断其能否控制被投资方时，应综合考虑所有相关事实和情况，以判断是否同时满足控制的这两个要素。相关事实和情况主要包括：被投资方的设立目的和设计；被投资方的相关活动以及如何对相关活动作出决策；投资方享有的权利是否使其目前有能力主导被投资方的相关活动；投资方是否通过参与被投资方的相关活动而享有可变回报；投资方是否有能力运用对被投资方的权力影响其回报金额；投资方与其他方的关系。

对被投资方的设立目的和设计的分析，贯穿于判断控制的始终，也是分析上述其他事实和情况的基础。如果事实和情况表明上述控制要素中的一个或多个发生变化，投资方应当重新判断其还能否控制被投资方。

2. 投资方对被投资方拥有“权力”的一般标志。权力的一般来源是表决权。投资方对被投资方的权力可能来源于各种权利，比如表决权、委派或罢免有能力主导被投资方相关活动的该被投资方关键管理人员或其他主体的权利、决定被投资方进行某项交易或否决某项交易的权利、由管理合同授予的决策权利。这些权利单独或者结合在一起，可能赋予对被投资方的权力。

除非有确凿证据表明其不能主导被投资方的相关活动，下列情况表明投资方对被投资方拥有权力。

（1）投资方持有被投资方半数以上的表决权。

（2）投资方持有被投资方半数以下的表决权，但通过与其他表决权持有人之前的协议能够控制半数以上表决权。

当被投资方的相关活动由持有半数以上表决权的投资方表决决定，或者主导相关活动的权力机构的多数成员由持有半数以上表决权的投资方指派，而且权力机构的决策由多数成员主导时，持有半数以上表决权的投资方拥有对被投资方的权力。

（3）投资方持有被投资方半数或以下的表决权，但综合考虑下列事实和情况后，判断投资方持有的表决权足以使其目前有能力主导被投资方相关活动的，视为投资方对被投资方拥有权力。

持有半数或半数以下表决权的投资方（或者虽持有半数以上表决权，但仅凭自身表决权比例仍不足以主导被投资方相关活动的投资方），应综合考虑下列事实和情况，以判断其持有的表决权与相关事实和情况相结合是否可以赋予投资方对于被投资方的权力。

①考虑投资方持有的表决权相对于其他投资方持有的表决权份额的大小，以及其他投资方持有表决权的分散程度；

②考虑与其他表决权持有人的协议；

③考虑其他合同安排产生的权利；

④被投资方以往的表决权行使情况等其他相关事实和情况。

3. 判断投资方对被投资方是否拥有主导权利的其他情形。

（1）需要根据单方面主导被投资方相关活动的证据来判断是否拥有对被投资方的权力的情形。

某些情况下，投资方可能难以判断其享有的权利是否足以使其拥有对被投资方的权力。在这种情况下，投资方应当考虑其具有实际能力以单方面主导被投资方相关活动的证据，从而判断其是否拥有对被投资方的权力。投资方应考虑的因素包括但不限于下列事项。

①投资方能否任命或批准被投资方的关键管理人员。

②投资方能否出于其自身利益决定或否决被投资方的重大交易。

③投资方能否掌控被投资方董事会等类似权力机构成员的任命程序，或者从其他表决权持有人手中获得代理权。

④投资方与被投资方的关键管理人员或董事会等类似权力机构中的多数成员是否存在关联方关系。

（2）两个或两个以上投资方能够分别单方面主导被投资方的不同相关活动时，能够主导对被投资方回报产生最重大影响活动的一方拥有对被投资方的权力。

（3）投资方持有被投资方多数表决权，但却未拥有对被投资单位的权力的情形。

①在被投资方相关活动被政府、法院、管理人、接管人、清算人或监管人等其他方主导时，投资方无法凭借其拥有的表决权主导被投资方的相关活动；

②投资方拥有的表决权并不是实质性权利。例如，由于无法获得必要的信息或法律法规方面的障碍，投资方虽持有半数以上表决权但无法行使，则该投资方不拥有对被投资方的权力。

（四）控制的其他问题

1. 潜在表决权。潜在表决权是获得被投资方表决权的权利，例如可转换工具、认股权证、远期股权购买合同或期权所产生的权利。在进行控制分析时，投资方不仅需要考虑直接表决权，还需要考虑其持有的潜在表决权以及其他方持有的潜在表决权的影响，进行综合考量，以确定其对被投资方是否拥有权力。

2. 实质性权利和保护性权利。在判断投资方是否拥有对被投资方的权力时，应区分投资方及其他方享有的权利是实质性权利还是保护性权利，仅实质性权利才应当被加以考虑。

实质性权利，是指持有人在对相关活动进行决策时，有实际能力行使的可执行权利。通常情况下，实质性权利应当是当前可执行的权利，但某些情况下，目前不可行使的权利也可能是实质性权利，如某些潜在表决权。

保护性权利，旨在保护持有这些权利的当事方的权益，而不赋予当事方对这些权利所涉及的主体的权力。例如：贷款方限制借款方进行会对借款方信用风险产生不利影响从而损害贷款方利益的活动的权利；少数股东批准超过正常经营范围的资本性支出或发行权益工具、债务工具的权利；贷款方在借款方发生违约行为时扣押其资产的权利。

仅持有保护性权利的投资方不能对被投资方实施控制，也不能阻止其他方对被投资方实施控制。

3. 委托人与代理人问题。权力的持有人应为主要责任人。权力是能够“主导”被投资方相关活动的现时能力，可见，权力是为自己行使的（行使人为主要责任人），而不是代其他地方行使的（行使人为代理人）。

4. 权力来自表决权以外的其他权利——来自合同安排。在某些情况下，某些主体的投资方对其的权力并非源自表决权（例如，表决权可能仅与日常行政活动工作有关），被投资方的相关活动由一项或多项合同安排决定，例如证券化产品、资产支持融资工具、部分投资基金等结构化主体。

结构化主体，是指在确定其控制方时没有将表决权或类似权利作为决定因素而设计的主体。通常情况下，结构化主体在合同约定的范围内开展业务活动，表决权或类似权利仅与行政性管理事务相关。

（五）母公司是投资性主体时的相关规定

母公司应当将其全部子公司（包括母公司所控制的被投资单位可分割部分、结构化主体）纳入合并范围。但是如果母公司是投资性主体，则只应将那些为投资性主体的投资活动提供相关服务的子公司纳入合并范围，其他子公司不应予以合并，母公司对其他子公司的投资应当按照公允价值计量且其变动计入当期损益。

1. 投资性主体的定义。当母公司同时满足以下条件时，该母公司属于投资性主体。

（1）该公司以向投资方提供投资管理服务为目的，从一个或多个投资者获取资金。这是投资性主体与其他主体的显著区别。

（2）该公司的唯一经营目的，是通过资本增值、投资收益或两者兼有而让投资者获得回报。

（3）该公司按照公允价值对几乎所有投资的业绩进行计量和评价。

2. 投资性主体的四个特征。

（1）拥有一个以上投资；

（2）拥有一个以上投资者；

（3）投资者不是该主体的关联方；

（4）该主体的所有者权益以股权或类似权益存在。

3. 因投资性主体转换引起的合并范围的变化。

（1）当母公司由非投资性主体转变为投资性主体时，除仅将为其投资活动提供相关服务的子公司纳入合并财务报表范围编制合并财务报表外，企业自转变日起对其他子公司不应予以合并，其会计处理参照部分处置子公司股权但不丧失控制权的处理原则。

（2）当母公司由投资性主体转变为非投资性主体时，应将原未纳入合并财务报表范围的子公司于转变日纳入合并财务报表范围，将转变日视为购买日，原未纳入合并财务报表范围的子公司于转变日的公允价值视为购买的交易对价，按照非同一控制下企业合并的会计处理方法进行会计处理。

（六）纳入合并范围的特殊情况——对被投资方可分割部分的控制

投资方通常应当对是否控制被投资方整体进行判断。但在少数情况下，如果有确凿证据表明同时满足下列条件并且符合相关法律法规规定的，投资方应当将被投资方的一部分视为被投资方可分割的部分，进而判断是否控制该部分（可分割部分）。

（1）该部分的资产是偿付该部分负债或该部分其他利益方的唯一来源，不能用于偿还该部分以外的被投资方的其他负债（资产有专门用途）；

（2）除与该部分相关的各方外，其他方不享有与该部分资产相关的权利，也不享有与该部分资产剩余现金流量相关的权利。

（七）控制的持续评估

控制的评估是持续的，当环境或情况发生变化时，投资方需要评估控制的两个基本要素中的一个或多个是否发生了变化。如果有任何事实或情况表明控制的两项基本要素中的一个或多个发生了变化，投资方应重新评估对被投资方是否具有控制。

五、合并财务报表的编制原则

合并财务报表的编制除应遵循个别财务报表编制的一般原则和要求外，如真实可靠、内容完整等，还应当遵循以下原则和要求。

1. 以个别财务报表为基础编制。合并财务报表并不是直接根据母公司和子公司账簿编制，而是利用母公司和子公司编制的反映各自财务状况和经营成果的财务报表提供的数据，通过合并财务报表的特有方法进行编制。以纳入合并范围的个别财务报表为基础，可以说是客观性原则在合并财务报表编制时的具体体现。

2. 一体性原则。合并财务报表反映的是企业集团的财务状况和经营成果，反映的是由多个法人企业组成的一个会计主体的财务情况，在编制合并财务报表时应当将母公司和所有子公司作为整体来看待，视为一个会计主体，母公司和子公司发生的经营活动都应当从企业集团这一整体的角度进行考虑。因此，在编制合并财务报表时，对于母公司与子公司、子公司相互之间发生的经济业务，应当视同同一会计主体内部业务处理，视同同一会计主体之下的不同核算单位的内部业务。

3. 重要性原则。与个别财务报表相比，合并财务报表涉及多个法人主体，涉及的经营活动的范围很广，母公司与子公司经营活动往往跨越不同行业界限，有时母公司与子公司经营活动相差甚大，这样，合并财务报表要综合反映这样的会计主体的财务情况，必然要涉及重要性的判断问题。特别是在拥有众多子公司的情况下，更是如此。在编制合并财务报表时，必须强调重要性原则的运用。例如，一些项目在企业集团中的某一企业具有重要性，但是对于整个企业集团则不一定具有重要性，在这种情况下根据重要性的要求对财务报表项目进行取舍，则具有重要的意义。此外，母公司与子公司、子公司相互之间发生的经济业务，对整个企业集团财务状况和经营成果影响不大时，为简化合并手续也应根据重要性原则进行取舍，可以不编制抵销分录而直接编制合并财务报表。

六、合并财务报表编制的前期准备事项

合并财务报表的编制涉及多个子公司，有的合并财务报表的合并范围甚至包括数百个子公司，为了使编制的合并财务报表准确、全面反映企业集团的真实情况，必须做好一系列的前提准备事项，这些前提准备事项主要有如下四项。

（一）统一母公司、子公司的会计政策

会计政策是指企业进行会计核算和编制财务报表时所采用的会计原则、会计程序和会计处理方法，是编制财务报表的基础，同一母公司和子公司的会计政策是保障母子公司财务报表各项目反映内容一致的基础。为此，在编制财务报表前，应当尽可能统一母公司和子公司的会计政策，统一要求子公司所采用的会计政策与母公司保持一致。对一些境外子公司，由于所在国或地区法律、会计准则等方面的原因，确实无法使其采用的会计政策与母公司所采用的会计政策保持一致，则应当要求其按照母公司所采用的会计政策，重新编制财务报表，也可以由母公司根据自身所采用的会计政策对境外子公司报送的财务报表进行调整，以重编或调整编制的境外子公司财务报表，作为编制合并财务报表的基础。

（二）统一母公司、子公司的资产负债表日及会计期间

财务报表总是反映一定日期的财务状况和一定期间经营成果，母公司和子公司的个别财务报表只有在反映财务状况的日期和反映经营成果的会计期间一致的情况下才能进行合并。为了编制合并财务报表，必须统一企业集团内所有的子公司的资产负债表日和会计期间，使子公司的资产负债表日和会计期间与母公司的资产负债表日和会计期间保持一致，以便于子公司提供相同资产负债表日和会计期间的财务报表。

对于境外子公司，由于当地法律限制确实不能与母公司财务报表决算日和会计期间一致的，母公司应当按照自身的资产负债表日和会计期间对子公司的财务报表进行调整，以调整后的子公司财务报表为基础编制合并财务报表，也可以要求子公司按照母公司的资产负债表日和会计期间另行编制报送其个别财务报表。

（三）对子公司以外币表示的财务报表进行折算

对母公司和子公司的财务报表进行合并，其前提必须是母公司个别财务报表所采用的货币计量单位一致。在我国允许外币业务比较多的企业采用某一外币作为记账本位币，境外企业一般也是采用其所在国或地区的货币作为其记账本位币。在将这些企业的财务报表纳入合并时，则必须将其折算为母公司所采用的记账本位币表示的财务报表。我国外币财务报表基本上采用的是现行汇率法。

（四）收集编制合并财务报表的相关资料

合并财务报表以母公司和其子公司的财务报表以及其他有关资料为依据，由母公司合并有关项目的数额编制。为编制合并财务报表，母公司应当要求子公司及时提供下列资料：（1）子公司相应期间的财务报表；（2）与母公司及与其他子公司之间发生的内部购销交易、债权债务、投资及其产生的现金流量和未实现内部销售损益的期初、期末余额及变动情况等资料；（3）子公司所有者权益变动和利润分配的有关资料；（4）编制合并财务报表所需的其他资料。

七、合并财务报表的编制程序

合并财务报表的编制是一项极为复杂的工作，不仅涉及本企业会计业务和财务报表，而且还涉及纳入合并范围的子公司的会计业务和财务报表。为使合并财务报表的编制工作有条不紊，必须按照一定的程序有步骤地进行。合并财务报表编制程序大致如下。

1. 编制合并工作底稿。合并工作底稿为合并财务报表的编制提供基础。在合并工作底稿中，对母公司和纳入合并范围的子公司的个别财务报表各项目的数额进行汇总和抵销处理，最终计算得出合并财务报表各项目的合并数。合并工作底稿的基本格式如表 13－3 所示。

表 13－3　　合并工作底稿　　单位：元

项目	母公司	子公司1	……	合计数	调整分录		抵销分录		少数股东权益	合并数
					借方	贷方	借方	贷方		
（利润表项目）										
营业收入										
……										
净利润										
（所有者权益变动表项目）										
未分配利润－年初										
……										
未分配利润－年末										
……										
（资产负债表项目）										
货币资金										
……										
短期借款										
……										
实收资本										
……										

续表

项目	母公司	子公司1	……	合计数	调整分录		抵销分录		少数股东权益	合并数
					借方	贷方	借方	贷方		
未分配利润										
少数股东权益										
（现金流量表项目）										
一、经营活动产生的现金流量										
……										
六、期末现金及现金等价物余额										

2. 将母公司和纳入合并范围的子公司的个别资产负债表、利润表及所有者权益变动表各项目的数据过入合并工作底稿，并在合并工作底稿中对母公司和子公司个别财务报表各项目的数据进行加总，计算得出个别资产负债表、个别利润表及个别所有者权益变动表各项目合计数额。

3. 编制调整分录与抵销分录，将母公司与子公司、子公司相互之间发生的经济业务对个别财务报表有关项目的影响进行调整抵销处理。编制调整分录与抵销分录，进行调整抵销处理是合并财务报表编制的关键和主要内容，其目的在于将因会计政策及计量基础的差异而对个别财务报表的影响进行调整，以及将个别财务报表各项目的加总数据中重复的因素等予以抵销。

【特别提示】在合并工作底稿中编制的调整分录和抵销分录，借记或贷记的均为财务报表项目（即资产负债表项目、利润表项目、现金流量表项目和所有者权益变动表项目），而不是具体的会计科目。例如，涉及调整或抵销固定资产折旧、固定资产减值准备等均通过资产负债表中的“固定资产”项目，而不是“累计折旧”“固定资产减值准备”等科目来进行调整和抵销。

4. 计算合并财务报表各项目的合并数额。即在母公司和纳入合并范围的子公司个别财务报表各项目加总数额的基础上，分别计算财务报表中的资产类项目、负债类项目、所有者权益类项目、收入类项目和费用类项目的合并数，其计算方法如下。

（1）资产类项目（加借减贷）。其合并数根据该项目加总的数额，加上该项目调整分录与抵销分录的借方发生额，减去该项目调整分录与抵销分录的贷方发生额计算确定。

（2）负债类项目和所有者权益类项目（加贷减借）。其合并数根据该项目加总的数额，减去该项目调整分录与抵销分录的借方发生额，加上该项目调整分录与抵销分录的贷方发生额计算确定。

（3）有关收益类项目和有关利润分配的项目（加贷减借）。其合并数根据该项目加总的数额，减去该项目调整分录与抵销分录的借方发生额，加上该项目调整分录与抵销分录的贷方发生额计算确定。

(4) 有关成本费用类项目（加借减贷）。其合并数根据该项目加总的数额，加上该项目调整分录与抵销分录的借方发生额，减去该项目调整分录与抵销分录的贷方发生额计算确定。

5. 填列合并财务报表（按合并数填列）。即根据合并工作底稿中计算出的资产、负债、所有权权益、收入、成本费用类各项目的合并数，填列正式的合并财务报表。

八、编制合并财务报表需要调整抵销的项目

（一）编制合并资产负债表需要调整抵销的项目

合并资产负债表是以母公司和纳入合并范围的子公司的个别资产负债表为基础编制的。个别资产负债表则是以单个企业为会计主体进行会计核算的结果，它从母公司本身或从子公司本身的角度对自身的财务状况进行反映。对于企业集团内部发生的经济业务，从发生内部经济业务的企业来看，发生经济业务的两方都在其个别资产负债表中进行了反映。例如，集团内部母公司与子公司之间发生的赊购赊销业务，对于赊销企业来说，一方面，确认营业收入、结转营业成本、计算营业利润，并在其个别资产负债表中反映为应收账款；而对于赊购企业来说，在内部购入的存货未实现对外销售的情况下，则在其个别资产负债表中反映为存货和应付账款。在这种情况下，资产、负债和所有者权益类各项目的加总数额中，必然包括重复计算的因素。作为反映企业集团整体财务状况的合并资产负债表，必须将这些重复计算的因素予以扣除，对这些重复的因素进行抵销处理。这些需要扣除的重要因素，就是合并财务报表编制时需要进行抵销处理的项目。

编制合并资产负债表时需要进行抵销处理的主要有如下项目：(1) 母公司对子公司股权投资项目与子公司所有者权益（或股东权益）项目；(2) 母公司与子公司、子公司相互之间未结算的内部债权债务项目；(3) 存货项目，即内部购进存货价值中包含的未实现内部销售损益；(4) 固定资产项目（包括固定资产原价和累计折旧项目）。即内部购进固定资产价值中包含的未实现内部销售损益；(5) 无形资产项目，即内部购进无形资产价值包含的未实现内部销售损益。

（二）编制合并利润表和合并所有者权益变动表需要调整抵销的项目

合并利润表和合并所有者权益变动表是以母公司和纳入合并范围的子公司的个别利润表和个别所有者权益变动表为基础编制的。利润表和所有者权益变动表作为以单个企业为会计主体进行会计核算的结果，它从母公司本身或从子公司反映一定会计期间经营成果的形成及其分配情况。在其个别利润表及个别所有者权益变动表为基础计算的收益和费用等项目的加总数额中，也必然包含重复计算的因素。在编制合并利润表和合并所有者权益变动表时，也需要将这些重复的因素

予以扣除。

编制合并利润表和合并所有者权益变动表时需要进行抵销处理的主要有如下项目：(1) 内部销售收入和内部销售成本项目；(2) 内部投资收益项目，包括内部利息收入与利息支出项目，内部股权投资收益项目；(3) 资产减值损失项目，即与内部交易相关的内部应收账款、存货、固定资产、无形资产等项目的资产减值损失；(4) 纳入合并范围的子公司利润分配项目。

(三) 编制合并现金流量表需要调整抵销的项目

合并现金流量表是综合反映母公司及其子公司组成的企业集团，在一定会计期间现金流入数量、现金流出数量以及其增减变动情况的财务报表。合并现金流量表以母公司和子公司的现金流量表为基础，在抵销母公司与子公司、子公司相互之间发生内部交易对合并现金流量表的影响后，由母公司编制。

在以母公司和子公司个别现金流量表为基础编制合并现金流量表时，需要进行抵销的内容主要有：(1) 母公司与子公司、子公司相互之间当期以现金投资或收购股权增加的投资所产生的现金流量；(2) 母公司与子公司、子公司相互之间当期取得投资收益收到的现金与分配股利、利润或偿付利息支付的现金；(3) 母公司与子公司、子公司相互之间以现金结算债权与债务所产生的现金流量；(4) 母公司与子公司、子公司相互之间当期销售商品所产生的现金流量；(5) 母公司与子公司、子公司相互之间处置固定资产、无形资产和其他长期资产收回的现金净额与购建固定资产、无形资产和其他长期资产支付的现金；(6) 母公司与子公司、子公司相互之间当期发生的其他内部交易所产生的现金流量。

九、合并财务报表的格式

合并财务报表格式通常在个别财务报表的基础上增加下列项目。

(一) 合并资产负债表

1. 在“无形资产”项目之下增加了“商誉”项目，用于反映非同一控制下企业合并中取得的商誉，即在控股合并下母公司对子公司的长期股权投资（合并成本）大于其在购买日子公司可辨认净资产公允价值份额的差额。

2. 在所有者权益项目下增加了“归属于母公司所有者权益合计”项目，用于反映企业集团的所有者权益中归属于母公司所有者权益的部分，包括实收资本（股本）、其他权益工具、资本公积、库存股、其他综合收益、盈余公积、未分配利润等项目的金额。

3. 在所有者权益项目下，增加了“少数股东权益”项目，用于反映非全资子公司的所有者权益中不属于母公司的份额。

（二）合并利润表

1. 在“净利润”项目下增加“归属于母公司所有者的净利润”和“少数股东损益”两个项目，分别反映净利润中由母公司所有者享有的份额和非全资子公司当期实现的净利润中归属于少数股东的份额。同一控制下企业合并增加子公司的，当期合并利润表中还应在“净利润”项目下增加。其中，“被合并方在合并前实现的净利润”项目，用于反映同一控制下企业合并中取得的被合并方在合并日前实现的净利润。

2. 在“综合收益总额”项目下，增加“归属于母公司所有者的综合收益总额”和“归属于少数股东的综合收益总额”两个项目，分别反映综合收益总额中由母公司所有者享有的份额和非全资子公司当期综合收益总额中归属于少数股东的份额。

（三）合并现金流量表

与个别现金流量表一样，合并现金流量表中的现金流量也分为经营活动现金流量、投资活动现金流量和筹资活动现金流量三类。

（四）合并所有者权益变动表

应增加“少数股东权益”栏目，反映少数股东权益变动的情况。另外，参照合并资产负债表中“资本公积”“其他权益工具”“其他综合收益”等项目的列示，合并所有者权益变动表中应单列上述各栏目。

第三节　合并报表的编制

在一般情况下，企业取得子公司的途径主要有两条：一是对外进行直接投资组建新的被投资企业使其成为子公司，这里包括单独投资组建全资子公司、与其他企业合资组建非全资子公司等情况；二是通过企业合并，对现有的企业的股权进行并购，使其成为子公司，这里包括购买同一控制下的企业的股权使其成为直接子公司和购买非同一控制下的企业的股权使其成为间接子公司两种情况。

一、同一控制下企业合并的合并财务报表编制

（一）同一控制下企业合并日的合并财务报表编制

1. 合并日合并财务报表工作底稿中的相关抵销处理。

根据现行企业会计准则，同一控制下控股合并中，母公司在合并日可以编制合并日的合并资产负债表、合并利润表、合并现金流量表等合并财务报表；但在

新设合并、吸收合并下，无须编制合并财务报表。

(1) 同一控制下控股合并中，母公司在将购买取得的子公司股权登记入账后，在编制合并日合并资产负债表时，只需将对子公司长期股权投资与子公司所有者权益中母公司所拥有的份额相抵销。抵销分录如下：

借：股本
　　资本公积
　　盈余公积
　　未分配利润
　　贷：长期股权投资
　　　　少数股东权益

(2) 但在新设合并、吸收合并两种情况下，因无须编制合并报表，故不需进行相关抵销的账务处理，只需在合并日对企业合并事项或交易进行确认与计量。

2. 举例

【例13-5】 甲公司2×20年1月1日以28 600万元的价格取得A公司80%的股权，A公司净资产的公允价值为35 000万元。甲公司在购买A公司过程中发生审计、评估和法律服务等相关费用120万元。上述价款均以银行存款支付。甲公司与A公司均为同一控制下的企业，且均为非金融企业。A公司采用的会计政策与甲公司一致。A公司2×20年1月1日的资产负债表情况见表13-4中A公司的数据。

由于A公司与甲公司均为同一控制下的企业，按同一控制下企业合并的规定进行处理。A公司股东权益总额为32 000万元，其中，股本为20 000万元，资本公积为8 000万元，盈余公积为1 200万元，未分配利润为2 800万元。合并后，甲公司在A公司股东权益中所拥有的份额为25 600万元，甲公司对A公司长期股权投资的初始投资成本为25 600万元。至于购买该股权过程中发生的审计、估值等相关费用，则直接计入当期损益，即计入当期管理费用。但是在本例，对于甲公司为购买A公司所发生的审计等费用实际上已支付给会计师事务所等中介机构，不属于甲公司与A公司所构成的企业集团内部交易，不涉及抵销处理的问题。

由于合并财务报表的主体是母公司（甲公司）和子公司（A公司）组成的企业集团，该集团的所有者是甲公司投资者，因此，在合并日，应抵销母公司长期股权投资与子公司所有者权益。编制抵销分录为：

借：股本	20 000	
资本公积	8 000	
盈余公积	1 200	
未分配利润	2 800	
贷：长期股权投资		25 600
少数股东权益		6 400

根据上述抵销分录，甲公司需编制合作工作底稿，如表13－4所示。

表13－4　　合并工作底稿　　单位：万元

项目	甲公司	A公司	合计数	抵销分录		少数股东权益	合并数
				借方	贷方		
流动资产：							
货币资金	9 000	4 200	13 200				13 200
交易性金额资产	4 000	1 800	5 800				5 800
衍生金融资产							
应收票据及应收账款	10 500	6 920	17 420				17 420
预付款项	2 000	880	2 880				2 880
其他应收款	4 200	0	4 200				4 200
存货	31 000	20 000	51 000				51 000
合同资产							
持有待售资产							
一年内到期的非流动资产							
其他流动资产	1 300	1 200	2 500				2 500
流动资产合计	62 000	35 000	97 000				97 000
非流动资产：							
债权投资	11 400	0	11 400				11 400
其他债权投资	10 000	0	10 000				10 000
长期应收款							
长期股权投资	25 600	0	25 600		25 600		0
其他权益工具投资							
其他非流动金融资产							
投资性房地产							
固定资产	21 000	18 000	39 000				39 000
在建工程	20 000	3 400	23 400				23 400
生产性生物资产							
油气资产							
无形资产	4 000	1 600	5 600				5 600
开发支出							
商誉	2 000	0	2 000				2 000
长期待摊费用							
递延所得税资产							
其他非流动资产	0	0	0				0
非流动资产合计	94 000	23 000	117 000		25 600		91 400
资产总计	156 000	58 000	214 000		25 600		188 400
流动负债：							
短期借款	12 000	5 000	17 000				17 000
交易性金融负债	3 800	0	3 800				3 800
衍生金融负债							

续表

项目	甲公司	A公司	合计数	抵销分录		少数股东权益	合并数
				借方	贷方		
应付票据及应付账款	28 000	7 200	35 200				35 200
预收款项	3 000	1 300	4 300				4 300
合同负债							
应付职工薪酬	6 000	1 600	7 600				7 600
应交税费	2 000	1 200	3 200				3 200
其他应付款	4 000	4 000	8 000				8 000
持有待售负债							
一年内到期的非流动负债							
其他流动负债	1 200	700	1 900				1 900
流动负债合计	60 000	21 000	81 000				81 000
非流动负债：							
长期借款	4 000	3 000	7 000				7 000
应付债券	20 000	2 000	22 000				22 000
其中：优先股							
永续债							
租赁负债							
长期应付款	2 000	0	2 000				2 000
预计负债							
递延收益							
递延所得税负债							
其他非流动负债	0	0	0				0
非流动负债合计	26 000	5 000	31 000				31 000
负债合计	86 000	26 000	112 000				112 000
股东权益：							
股本	40 000	20 000	70 000	20 000			40 000
其他权益工具							
其中：优先股							
永续债							
资本公积	10 000	8 000	18 000	11 200			6 800
减：库存股							
其他综合收益							
专项储备							
盈余公积	11 000	1 200	12 200	1 200			11 000
未分配利润	9 000	2 800	11 800	2 800			9 000
股东权益合计	70 000	32 000	102 000	32 000			70 000
少数股东权益						6 400	6 400
负债和股东权益总计	156 000	58 000	214 000	32 000		6 400	188 400

按合并工作底稿中的合并数，填列合并财务报表，即合并日的资产负债表。

(二) 合并日后合并财务报表的编制

编制合并日后合并财务报表时，首先，将母公司对子公司长期股权投资由成本法核算的结果调整为权益法核算的结果，使母公司对子公司的长期股权投资项目反映其在子公司所有者权益中所拥有权益的变动情况；其次，将母公司对于子公司的长期股权投资项目与子公司所有者权益项目等内部交易相关的项目进行抵销处理，将内部交易对合并财务报表的影响予以抵销；最后，在编制合并日合并工作底稿的基础上，编制合并资产负债表。

1. 长期股权投资成本法核算的结果调整为权益法核算的结果。

(1) 调整子公司盈利。

按照子公司当年实现的净利润中归属于母公司享有的份额，逐年调整增加对子公司长期股权投资的金额，并调整增加当年投资收益。

借：长期股权投资

　　贷：投资收益

(2) 调整子公司亏损。

借：投资收益

　　贷：长期股权投资

(3) 调整子公司宣告分派现金股利。

借：投资收益

　　贷：长期股权投资

(4) 调整子公司其他综合收益变动（假定子公司其他综合收益增加）。

借：长期股权投资

　　贷：其他综合收益——本年

(若减少作相反分录)

(5) 调整子公司除净损益、其他综合收益以及利润分配以外的所有者权益的变动（假定所有者权益增加）。

借：长期股权投资

　　贷：资本公积——本年

(若减少作相反分录)

在合并工作底稿中，对长期股权投资的金额进行调整后，长期股权投资的金额正好反映母公司在子公司所有者权益中所拥有的份额。要编制合并财务报表，在此基础上还必须按编制合并财务报表的要求进行合并抵销处理，将母公司与子公司之间的内部交易对合并财务报表的影响予以抵销（内部交易的抵销处理在后面进行分节详述）。

2. 合并抵销处理及抵销分录编制。

(1) 母公司长期股权投资与子公司所有者权益的抵销。

在合并财务报表中，子公司少数股东分担的当期亏损超过了少数股东在该子公司期初所有者权益中所享有的份额的（即发生超额亏损），其余额仍应当冲减少数股东权益，即少数股东权益可以出现负数。其抵销分录如下：

借：股本（实收资本）
　　资本公积
　　其他综合收益
　　盈余公积
　　未分配利润
　　贷：长期股权投资（母公司）
　　　　少数股东权益（子公司所有者权益×少数股东持股比例）

（2）母公司对子公司、子公司相互之间持有对方长期股权投资的投资收益的抵销。

必须将对子公司的投资收益与子公司当年利润分配相抵销，使合并财务报表反映母公司股东权益变动的情况。从单一企业来讲，当年实现的净利润加上年初未分配利润是企业利润分配的来源，企业对其进行分配，提取盈余公积、向股东分配股利以及留待以后年度的未分配利润（未分配利润可以理解为将这部分利润分配到下一会计年度），则是利润分配的去向。而子公司当年实现的净利润，可以分为两部分：一部分属于母公司所有，即母公司的投资收益；另一部分则属于少数股东所有，即少数股东本期收益。为了使合并财务报表反映母公司股东权益的变动情况及财务状况，必须将母公司投资收益、少数股东收益和期初未分配利润与子公司当年利润分配以及未分配利润的金额相抵销，其抵销分录如下：

借：投资收益
　　少数股东损益
　　年初未分配利润
　　贷：提取盈余公积
　　　　对所有者（或股东）的分配
　　　　年末未分配利润

同时，被合并方在企业合并前实现的留存收益中归属于合并方的部分，应自资本公积转入留存收益。

3. 举例。

【例13-6】 承〖例13-5〗，甲公司于2×20年1月1日，以28 600万元的价格取得A公司80%的股权，使其成为子公司。甲公司和A公司2×20年度个别财务报表如表13-5、表13-6和表13-7所示。

表13-5　　　　**资产负债表**　　　　**会企01表**

编制单位：　　　　2×20年12月31日　　　　单位：万元

资产	甲公司	A公司	负债和所有者权益（或股东权益）	甲公司	A公司
流动资产：			流动负债：		
货币资金	5 700	6 500	短期借款	10 000	4 800
交易性金融资产	3 000	5 000	交易性金融负债	4 000	2 400
衍生金融资产			衍生金融负债		

续表

资产	甲公司	A公司	负债和所有者权益（或股东权益）	甲公司	A公司
应收票据			应付票据		
应收账款	15 700	8 700	应付账款	31 000	8 800
应收款项融资			预收款项	4 000	3 900
预付款项	1 500	2 500	合同负债		
其他应收款	5 300	1 300	应付职工薪酬	5 000	1 600
存货	37 000	18 000	应交税费	2 700	1 400
合同资产			其他应付款	5 300	5 200
持有待售资产			持有待售负债		
一年内到期的非流动资产			一年内到期的非流动负债		
其他流动资产	1 800	1 000	其他流动负债	2 000	900
流动资产合计	70 000	43 000	流动负债合计	64 000	29 000
非流动资产：			非流动负债：		
债权投资	8 000	0	长期借款	4 000	5 000
其他债权投资	13 000	4 000	应付债券	20 000	7 000
长期应收款			其中：优先股		
长期股权投资	4 000	0	永续债		
其他权益工具投资			债租负债		
其他非流动金融资产			长期应付款	6 000	0
投资性房地产			预计负债		
固定资产	28 000	26 000	递延收益		
在建工程	13 000	4 200	递延所得税负债		
生产性生物资产			其他非流动负债	0	0
油气资产			非流动负债合计	30 000	12 000
使用权资产			负债合计	94 000	41 000
无形资产	6 000	1 800	所有者权益（或股东权益）：		
开发支出			实收资本（或股本）	50 000	20 000
商誉			其他权益工具		
长期待摊费用			其中：优先股		
递延所得税资产			永续债		
其他非流动资产			资本公积	10 000	8 000
非流动资产合计	11 000	36 000	减：库存股		
			其他综合收益		
			专项储备		
			盈余公积	18 000	3 200
			未分配利润	18 000	6 800
			所有者权益（或股东权益）合计	86 000	38 000
资产总计	180 000	79 000	负债和所有者权益（或股东权益）总计	180 000	79 000

表 13-6　　利润表　　会企 02 表

编制单位：　　2×20 年度　　单位：万元

项　目	甲公司	A 公司
一、营业收入	150 000	94 800
减：营业成本	96 000	73 000
税金及附加	1 800	1 000
销售费用	5 200	3 400
管理费用	6 000	3 900
研发费用		
财务费用	1 200	800
其中：利息费用		
利息收入		
加：其他收益		
投资收益（损失以“-”号填列）	9 800	200
其中：对联营企业和合营企业的投资收益		
以摊余成本计量的金融资产终止确认收益（损失以“-”号填列）		
净敞口套期收益（损失以“-”号填列）		
公允价值变动收益（损失以“-”号填列）	0	0
信用减值损失（损失以“-”号填列）		
资产减值损失（损失以“-”号填列）	600	300
资产处置收益（损失以“-”号填列）		
二、营业利润（亏损以“-”号填列）	49 000	12 600
加：营业外收入	1 600	2 400
减：营业外支出	2 600	1 000
三、利润总额（亏损总额以“-”号填列）	48 000	14 000
减：所得税费用	12 000	3 500
四、净利润（净亏损以“-”号填列）	36 000	10 500
（一）持续经营净利润（净亏损以“-”号填列）	36 000	10 500
（二）终止经营净利润（净亏损以“-”号填列）		
五、其他综合收益的税后净额		
（一）以后不能重分类进损益的其他综合收益		
1. 重新计量设定受益计划变动额		
2. 权益法下不能转损益的其他综合收益		
3. 其他权益工具投资公允价值变动损益		
4. 企业自身信用风险公允价值变动		
……		
（二）将重分类进损益的其他综合收益		
1. 权益法下可转损益的其他综合收益		
2. 其他债权投资公允价值变动		
3. 金融资产重分类计入其他综合收益的金额		
4. 其他债权投资信用减值准备		
5. 现金流量套期储备		
6. 外币财务报表折算差额		
……		
六、综合收益总额	36 000	10 500
七、每股收益		
（一）基本每股收益		
（二）稀释每股收益		

表 13－7　　　　　　　　　　**所有者权益变动表**　　　　　　　　　　会企 04 表

编制单位：　　　　　　　　　　2×20 年度　　　　　　　　　　单位：元

项目	甲公司											A 公司										
	实收资本（股本）	其他权益工具			资本公积	减：库存股	其他综合收益	盈余公积	未分配利润	专项储备	所有者权益合计	实收资本（股本）	其他权益工具			资本公积	减：库存股	其他综合收益	盈余公积	未分配利润	专项储备	所有者权益合计
		优先股	永续债	其他									优先股	永续债	其他							
一、上年末余额	40 000				10 000			11 000	9 000		70 000	20 000				8 000			1 200	2 800		32 000
加：会计政策变更																						
前期差错更正																						
其他																						
二、本年年初余额	40 000				10 000			11 000	9 000		70 000	20 000				8 000			1 200	2 800		32 000
三、本年增减变动金额（减少以"－"号填列）																						
（一）综合收益总额									36 000		36 000									10 500		10 500
（二）所有者投入和减少资本																						
1. 所有者投入的普通股	10 000				19 500						29 500											
2. 其他权益工具持有者投入资本																						
3. 股份支付计入所有者权益份额																						
4. 其他																						
（三）利润分配																						
1. 提取盈余公积								7 000	7 000										2 000	2 000		
2. 对所有者（或股东）的分配									20 000		20 000									4 500		4 500
3. 其他																						

续表

项目	甲公司											A公司										
	实收资本（股本）	其他权益工具			资本公积	减：库存股	其他综合收益	盈余公积	未分配利润	专项储备	所有者权益合计	实收资本（股本）	其他权益工具			资本公积	减：库存股	其他综合收益	盈余公积	未分配利润	专项储备	所有者权益合计
		优先股	永续债	其他									优先股	永续债	其他							
（四）所有者权益内部结转																						
1. 资本公积转增资本（股本）																						
2. 盈余公积转增资本（股本）																						
3. 盈余公积弥补亏损																						
4. 设定受益计划变动额结转留存收益																						
5. 其他综合收益结转留存收益																						
6. 其他																						
四、本年年末余额	50 000				29 500			18 000	18 000		115 500	20 000				8 000			3 200	6 800		38 000

A公司2×20年1月1日股权权益总额为32 000万元，其中，股本为20 000万元，资本公积为8 000万元，盈余公积为1 200万元，未分配利润为2 800万元；2×20年12月31日，股东权益总额为38 000万元，其中，股本为20 000万元，资本公积为8 000万元，盈余公积为3 200万元，未分配利润为6 800万元。

A公司当年实现净利润10 500万元，经公司董事会提议并经股东会批准，2×20年提取盈余公积2 000万元，向股东宣告分派现金股利4 500万元。甲公司对A公司长期股权投资取得时的账面价值为29 400万元，2×20年12月31日仍为25 600万元，甲公司当年确认投资收益3 600万元。

将成本法核算的结果调整为权益法核算的结果，相关的调整分录①和②如下：

调整子公司盈利：

借：长期股权投资——A公司　　8 400①

　　贷：投资收益　　8 400①

调整子公司宣告分派现金股利：

借：投资收益　　3 600②

　　贷：长期股权投资——A公司　　3 600②

经过上述调整分录后，甲公司对A公司长期股权投资的账面价值为30 400万元（25 600+8 400－3 600）。甲公司对A公司长期股权投资的账面价值30 400万元正好与母公司在A公司所有者权益中拥有的份额相等。

接下来，进行合并抵销处理。在合并工作底稿中，按照上述权益法核算的要求，对长期股权投资后的金额进行调整后，长期股权投资金额正好反映母公司在子公司所有权权益中所有的份额。要编制合并财务报表，在此基础上还必须按编制合并财务报表的要求进行抵销处理，将母公司于子公司之间的内部交易对合并财务报表的影响予以抵销。

首先，必须将母公司对子公司长期股权与子公司所有者权益中所拥有的份额予以抵销，根据母公司在子公司所有者权益中拥有份额的多少不同，可以将子公司分为全资子公司和非全资子公司。对于全资子公司，进行抵销处理时需要将对子公司长期股权投资的金额与子公司所有者权益相抵销；而对非全资子公司，则将长期股权与子公司所有者权益中母公司所拥有的金额进行抵销，不属于母公司的份额，即属于子公司少数股东的权益，应将其转为少数股东权益。

【例13－7】 承〖例13－6〗本例经过调整后甲公司对A公司长期股权投资的金额为30 400万元；A公司股东权益总额为38 000万元，甲公司拥有80%的股权，即在子公司股东权益中拥有30 400万元，其余20%则属于少数股东权益。

长期股权投资与子公司所有者权益抵销时，其抵销分录③如下：

借：股本　　20 000③

　　资本公积　　8 000③

　　盈余公积　　3 200③

　　未分配利润　　6 800③

贷：长期股权投资　　　　30 400③

少数股东权益　　　　7 600③

其次，还必须将对子公司的投资收益与子公司当年利润分配相抵，使合并财务报表反映母公司股权权益变动的情况。从单一企业来讲，当年实现的净利润加上年初未分配利润是企业利润分配的来源，企业对其进行分配，提取盈余公积、向股东分配股利以及留待以后年度的未分配利润（未分配利润可以理解为将这部分利润分配到下一会计年度）等，则是利润分配的去向。而子公司当年实现的净利润，可以分为两部分：一部分属于母公司所有，即母公司的投资收益；另一部分则属于少数股东所有，即少数股东本期收益。为了使合并财务报表反映母公司股权权益的变动情况及财务状况，必须将母公司投资收益、少数股东收益和期初未分配利润与子公司当年利润分配以及未分配利润的金额相抵。

甲公司的抵销分录④如下：

借：投资收益　　　　8 400④

少数股东损益　　　　2 100④

年初未分配利润　　　　2 800④

贷：提取盈余公积　　　　2 000④

向股东分配利润　　　　4 500④

年末未分配利润　　　　6 800④

同时，被合并方在企业合并前实现的留存收益中归属于合并方的部分，自资本公积转入留存收益。

另外，在本例，A 公司本年宣告分派现金股利 4 500 万元，股利款项尚未支付，A 公司已将其计列应付股利 4 500 万元。甲公司根据 A 公司宣告分派现金股利的公告，按照其所享有的金额，已确认应收股利，并在其资产负债表中计列应收股利 3 600 万元。这属于母公司与子公司之间的债权债务，在编制合并财务报表时必须将其予以抵销，其抵销分录⑤如下：

借：应付股利　　　　3 600⑤

贷：应收股利　　　　3 600⑤

根据上述调整分录①、②和抵销分录③、④、⑤，编制合并工作底稿如表 13－8 所示。

表 13－8　　　　合并工作底稿　　　　单位：万元

项目	母公司	子公司	合计数	调整分录		抵销分录		少数股东权益	合并数
				借方	贷方	借方	贷方		
流动资产：									
货币资金	5 700	6 500	12 200						12 200
交易性金融资产	3 000	5 000	8 000						8 000
衍生金融资产									
应收票据									
应收账款	15 700	8 700	24 400						24 000

续表

项目	母公司	子公司	合计数	调整分录		抵销分录		少数股东权益	合并数
				借方	贷方	借方	贷方		
应收款项融资									
预付款项	1 500	2 500	4 000						4 000
其他应收款	5 300	1 300	6 600				3 600⑤		3 000
存货	37 000	18 000	55 000						55 000
合同资产									
持有待售资产									
一年内到期的非流动资产									
其他流动资产	1 800	1 000	2 800						2 800
流动资产合计	70 000	43 000	113 000				3 600		109 400
非流动资产：									
债权投资	8 000	0	8 000						8 000
其他债权投资	13 000	4 000	17 000						17 000
长期应收款									
长期股权投资	40 000	0	40 000	8 400①	3 600②		30 400③		14 400
其他权益工具投资									
其他非流动金融资产									
投资性房地产									
固定资产	28 000	26 000	54 000						54 000
在建工程	13 000	4 200	17 200						17 200
生产性生物资产									
油气资产									
无形资产	6 000	1 800	7 800						7 800
开发支出									
商誉	2 000	0	2 000						2 000
长期待摊费用									
递延所得税资产									
其他非流动资产	0	0	0						0
非流动资产合计	110 000	36 000	146 000	8 400	3 600		30 400		120 400
资产总计	180 000	79 000	259 000	8 400	3 600		34 000		229 800
流动负债：									
短期借款	10 000	4 800	14 800						14 800
交易性金融负债	4 000	2 400	6 400						6 400
衍生金融负债									
应付票据									
应付账款	31 000	8 800	39 800						39 800
预收款项	4 000	3 900	7 900						7 900
应付职工薪酬	5 000	1 600	6 600						6 600
应交税费	2 700	1 400	4 100						4 100

续表

项目	母公司	子公司	合计数	调整分录		抵销分录		少数股东权益	合并数
				借方	贷方	借方	贷方		
其他应付款	5 300	5 200	10 500			3 600⑤			6 900
合同负债									
持有待售负债									
一年内到期的非流动负债									
其他流动负债	2 000	900	2 900						2 900
流动负债合计	64 000	29 000	93 000			3 600			89 400
非流动负债：									
长期借款	4 000	5 000	9 000						9 000
应付债券	20 000	7 000	27 000						27 000
其中：优先股									
永续债									
长期应付款	6 000	0	6 000						6 000
预计负债									
递延收益									
递延所得税负债									
其他非流动负债	0	0	0						0
非流动负债合计	30 000	12 000	42 000						42 000
负债合计	94 000	4 100	13 500			3 600			131 400
股东权益：									
股本	40 000	20 000	60 000			20 000③			40 000
其他权益工具									
其中：优先股									
永续债									
资本公积	10 000	8 000	18 000			8 000③			10 000
减：库存股									
其他综合收益									
盈余公积	18 000	3 200	21 200			3 200③			18 000
未分配利润	18 000	6 800	24 800	3 600	8 400	18 000	13 300	2 100④	
股东权益合计	86 000	38 000	124 000	3 600	8 400	49 200	13 300	2 100	90 800
少数股东权益								7 600③	7 600
负债和股东权益总计	180 000	79 000	259 000	3 600	8 400	52 800	13 300	5 500	229 800
利润表									
一、营业收入	150 000	94 800	244 800						244 800
减：营业成本	9 600	73 000	169 000						169 000
税金及附加	1 800	1 000	2 800						2 800
销售费用	5 200	3 400	8 600						8 600
管理费用	6 000	3 900	9 900						9 900
研发费用									

续表

项目	母公司	子公司	合计数	调整分录		抵销分录		少数股东权益	合并数
				借方	贷方	借方	贷方		
财务费用	1 200	800	2 000						2 000
资产减值损失	600	300	900						900
信用减值损失									
加：其他收益									
投资收益（损失以“-”号填列）	9 800	200	10 000	3 600②	8 400①	8 400④			6 400
其中：对营业企业和合营企业的投资收益（损失以“-”号填列）									
净敞口套期收益（损失以“-”号填列）									
公允价值变动收益（损失以“-”号填列）	0	0	0						0
资产处置收益（损失以“-”号填列）									
二、营业利润	49 000	12 600	61 600	3 600	8 400	8 400			58 000
加：营业外收入	1 600	2 400	4 000						4 000
减：营业外支出	2 600	1 000	3 600						3 600
三、利润总额	48 000	14 000	62 000	3 600	8 400	8 400			58 400
减：所得税费用	12 000	3 500	15 500						15 500
四、净利润	36 000	10 500	46 500	3 600	8 400	8 400			42 900
（一）按经营持续性分类									
1. 持续经营净利润（净亏损失以“-”号填列）									42 900
2. 终止经营净利润（净亏损以“-”号填列）									
（二）按所有权归属分类									
1. 归属于母公司股东的净利润（净亏损以“-”号填列）									40 800

续表

项目	母公司	子公司	合计数	调整分录		抵销分录		少数股东权益	合并数
				借方	贷方	借方	贷方		
2. 少数股东损益（净亏损以“-”号填列）								2 100④	2 100
五、其他综合收益的税后净额									
六、综合收益总额	36 000	10 500	46 500	3 600	8 400	8 400			42 900
属于母公司股东的综合收益总额									40 800
归属于少数股东的综合收益总额								2 100④	2 100
七、年初未分配利润	9 000	2 800	11 800			2 800④			9 000
八、本年增减变动金额									
其中：利润分配									
1. 提取盈余公积	7 000	2 000	9 000				2 000④		7 000
2. 对股东的分配	20 000	4 500	24 500				4 500④		20 000
九、年末未分配利润	18 000	6 800	24 800	3 600	8 400	6 800③ 18 000	6 800④ 13 300	2 100④	22 800*

注：*22 800 = 24 800 +（8 400 - 3 600）+（13 300 - 18 000）- 2 100。

根据上述合并工作底稿，可以编制甲公司 2×20 年度合并资产负债表、合并利润表和合并股东权益变动表，如表 13-9、表 13-10 和表 13-11 所示。

表 13-9　　　　合并资产负债表　　　　会企 01 表

编制单位：甲公司　　　　2×20 年 12 月 31 日　　　　单位：万元

资产	期末余额	年初余额	负债和所有者权益（或股东权益）	期末余额	上年年末余额
流动资产：			流动负债：		
货币资金	12 200		短期借款	14 800	
交易性金融资产	8 000		交易性金融负债	6 400	
衍生金融资产			衍生金融负债		
应收票据			应付票据		
应收账款	24 400		应付账款	39 800	
应收款项融资			预收款项	7 900	
预付款项	4 000		合同负债		
其他应收款	3 000		应付职工薪酬	6 600	
存货	55 000		应交税费	4 100	
合同资产			其他应付款	69 000	
持有待售资产			持有待售负债		
一年内到期的非流动资产			一年内到期的非流动负债		
其他流动资产	2 800		其他流动负债	2 900	

续表

资产	期末余额	年初余额	负债和所有者权益（或股东权益）	期末余额	上年年末余额
流动资产合计	109 400		流动负债合计	89 400	
非流动资产：			非流动负债：		
债权投资	8 000		长期借款	9 000	
其他债权投资	17 000		应付债券	27 000	
长期应收款			其中：优先股		
长期股权投资	14 400		永续债		
其他权益工具投资			债租负债		
其他非流动金融资产			长期应付款	6 000	
投资性房地产			预计负债		
固定资产	54 000		递延收益		
在建工程	17 200		递延所得税负债		
生产性生物资产			其他非流动负债		
油气资产			非流动负债合计	42 000	
使用权资产			负债合计	131 400	
无形资产	7 800		所有者权益（或股东权益）：		
开发支出			实收资本（或股本）	40 000	
商誉			其他权益工具		
长期待摊费用			其中：优先股		
递延所得税资产			永续债		
其他非流动资产			资本公积	10 000	
非流动资产合计			减：库存股		
			其他综合收益		
			专项储备		
			盈余公积	18 000	
			未分配利润	22 800	
			归属于母公司所有者权益（或股东权益）合计	90 800	
			少数股东权益	7 600	
资产总计	229 800		负债和所有者权益（或股东权益）总计	229 800	

表 13-10 **合并利润表** **会企 02 表**

编制单位：甲公司 2×20 年度 单位：万元

项目	本期金额	上期金额
一、营业收入	244 800	
减：营业成本	169 000	
税金及附加	2 800	
销售费用	8 600	
管理费用	9 900	
研发费用		
财务费用	2 000	
其中：利息费用		

续表

项　目	本期金额	上期金额
利息收入		
加：其他收益		
投资收益（损失以“－”号填列）	6 400	
其中：对联营企业和合营企业的投资收益		
以摊余成本计量的金融资产终止确认收益（损失以“－”号填列）		
净敞口套期收益（损失以“－”号填列）		
公允价值变动收益（损失以“－”号填列）		
信用减值损失（损失以“－”号填列）		
资产减值损失（损失以“－”号填列）	900	
资产处置收益（损失以“－”号填列）		
二、营业利润（亏损以“－”号填列）	58 000	
加：营业外收入	4 000	
减：营业外支出	3 600	
三、利润总额（亏损总额以“－”号填列）	58 400	
减：所得税费用	15 500	
四、净利润（净亏损以“－”号填列）	42 900	
（一）按经营持续性分类		
1. 持续经营净利润（净亏损以“－”号填列）	42 900	
2. 终止经营净利润（净亏损以“－”号填列）		
（二）按所有权归属分类		
1. 归属于母公司股东的净利润（净亏损以“－”号填列）	40 800	
2. 少数股东损益（净亏损以“－”号填列）	2 100	
五、其他综合收益的税后净额		
（一）以后不能重分类进损益的其他综合收益		
1. 重新计量设定受益计划变动额		
2. 权益法下不能转损益的其他综合收益		
3. 其他权益工具投资公允价值变动损益		
4. 企业自身信用风险公允价值变动		
……		
（二）将重分类进损益的其他综合收益		
1. 权益法下可转损益的其他综合收益		
2. 其他债权投资公允价值变动		
3. 金融资产重分类计入其他综合收益的金额		
4. 其他债权投资信用减值准备		
5. 现金流量套期储备		
6. 外币财务报表折算差额		
……		
六、综合收益总额	42 900	
（一）归属于母公司股东的综合收益总额	40 800	
（二）归属于少数股东的综合收益总额	2 100	
七、每股收益		
（一）基本每股收益		
（二）稀释每股收益		

表 13 - 11　　　　合并所有者权益变动表　　　　**会企 04 表**

编制单位：甲公司　　　　2×20 年度　　　　单位：万元

项目	本年金额												
	归属于母公司股东权益											少数股东权益	所有者权益合计
	实收资本（股本）	其他权益工具			资本公积	减：库存股	其他综合收益	盈余公积	未分配利润	专项储备	小计		
		优先股	永续债	其他									
一、上年末余额	40 000				10 000			11 000	9 000				70 000
加：会计政策变更													
前期差错更正													
其他												6 400	6 400
二、本年年初余额	40 000				10 000			11 000	9 000			6 400	76 400
三、本年增减变动金额（减少以“-”号填列）									40 800			2 100	42 900
（一）综合收益总额									40 800			2 100	42 900
（二）所有者投入和减少资本													
1. 所有者投入的普通股													
2. 其他权益工具持有者投入资本													
3. 股份支付计入所有者权益份额													
4. 其他													
（三）利润分配								7 000	27 000			900	20 900
1. 提取盈余公积								7 000	7 000				
2. 对股东的分配									20 000			900	20 900

项目	上年金额												
	归属于母公司股东权益											少数股东权益	所有者权益合计
	股本	其他权益工具			资本公积	减：库存股	其他综合收益	盈余公积	未分配利润	专项储备	小计		
		优先股	永续债	其他									
一、上年末余额													
加：会计政策变更													
前期差错更正													
其他													
二、本年年初余额													
三、本年增减变动金额（减少以“-”号填列）													
（一）综合收益总额													
（二）所有者投入和减少资本													
1. 所有者投入的普通股													
2. 其他权益工具持有者投入资本													
3. 股份支付计入所有者权益份额													
4. 其他													
（三）利润分配													
1. 提取盈余公积													
2. 对股东的分配													

续表

项目	本年金额													上年金额												
	归属于母公司股东权益											少数股东权益	所有者权益合计	归属于母公司股东权益											少数股东权益	所有者权益合计
	实收资本（股本）	其他权益工具			资本公积	减：库存股	其他综合收益	盈余公积	未分配利润	专项储备	小计			股本	其他权益工具			资本公积	减：库存股	其他综合收益	盈余公积	未分配利润	专项储备	小计		
		优先股	永续债	其他											优先股	永续债	其他									
3. 其他																										
（四）所有者权益内部结转																										
1. 资本公积转增股本																										
2. 盈余公积转增股本																										
3. 盈余公积弥补亏损																										
4. 设定受益计划变动额结转留存收益																										
5. 其他综合收益结转留存收益																										
6. 其他																										
四、本年年末余额	40 000				10 000			18 000	22 800			7 600	98 400													

上述值得注意的是，子公司发行累积优先股等其他权益工具的，无论当期是否宣告发放其股利，在计算列报母公司合并利润表中的“归属于母公司股东的净利润”时，应扣除当期归属于除母公司之外的其他权益工具持有者的可累计分配股利，扣除金额应在“少数股东损益”项目中列示；子公司发行不可累积优先股等权益工具的，在计算列报母公司合并利润表中的“归属于母公司股东的净利润”时，应扣除当期宣告发放的归属于除母公司之外的其他权益工具持有者的不可累积分配股利，扣除金额应在“少数股东损益”项目中列示。

二、非同一控制下企业合并的合并财务报表编制

（一）非同一控制下企业合并购买日的合并财务报表编制

根据现行企业会计准则，非同一控制下控股合并中，母公司在购买日可以编制购买日的合并资产负债表、合并利润表、合并现金流量表等合并财务报表。但在新设合并、吸收合并下，无须编制合并财务报表。

根据现行会计准则，非同一控制下取得子公司，母公司编制购买日的合并资产负债表时，因企业合并取得的子公司各项可辨认资产、负债及或有负债应当以公允价值在合并财务报表中列示。母公司合并成本大于取得的子公司可辨认净资产公允价值份额的差额，作为合并商誉在合并资产负债表中列示。

1. 按公允价值对非同一控制下取得子公司的财务报表进行调整。在非同一控制下取得子公司的情况下，母公司为进行企业合并要对子公司的资产负债进行估值，然而子公司作为持续经营的主体，一般情况下不该将估值而产生的资产、负债公允价值的变动登记入账。其对外提供的财务报表仍然是以各项资产和负债原来的账面价值为基础编制的，其提供的购买日财务报表一般也是以各项资产和负债原账面价值为基础编制的。为此母公司要编制购买日的合并财务报表，则必须按照购买日子公司资产、负债的公允价值对其财务报表项目进行调整。这一调整是通过在合并工作底稿中编制调整分录进行的，实际上相当于将各项资产、负债的公允价值变动模拟入账，然后以购买日子公司各项资产、负债的公允价值为基础编制购买日的合并财务报表。

【例13－8】甲公司2×20年1月1日以定向增发公司普通股票的方式，购买取得A公司70%的股权。甲公司当日资产负债表和A公司当日资产负债表及估值确认的资产负债表数据如表13－12所示。甲公司定向增发普通股股票10 000万股（每股面值为1元），甲公司普通股股票面值为每股1元，市场价格为每股2.95元。甲公司和A公司均为非金融企业，甲公司并购A公司属于非同一控制下的企业合并，假定不考虑所得税、甲公司增发该普通股股票所发生的审计以及发行等相关的费用。

甲公司将购买取得A公司70%的股权作为长期股权投资入账，其账务处理如分录①：

借：长期股权投资——A公司　　　　　　　　29 500[①]

　　贷：股本　　　　　　　　　　　　　　　10 000[①]

　　　　资本公积　　　　　　　　　　　　　19 500[①]

表 13－12　　　　　　　　　　**资产负债表**　　　　　　　　　　**会企 01 表**

编制单位：甲公司　　　　　　　　2×20 年 1 月 1 日　　　　　　　　单位：万元

资产	甲公司	A公司		负债和所有者权益（或股东权益）	甲公司	A公司	
		账面价值	公允价值			账面价值	公允价值
流动资产：				流动负债：			
货币资金	9 000	4 200	4 200	短期借款	12 000	5 000	5 000
交易性金融资产	4 000	1 800	1 800	交易性金融负债	3 800		
衍生金融资产	0			衍生金融负债			
应收票据				应付票据		7 200	7 200
应收账款	105 00	6 920	6 820	应付账款	28 000		
应收款项融资				预收款项	3 000	1 300	1 300
预付款项	2 000	880	880	合同负债	0		
其他应收款	4 200			应付职工薪酬	6 000	1 600	1 600
存货	31 000	20 000	21 100	应交税费	2 000	1 200	1 200
合同资产	0			其他应付款	4 000	4 000	4 000
持有待售资产	0			持有待售负债	0		
一年内到期的非流动资产	0			一年内到期的非流动负债	0		
其他流动资产	1 300	1 200	1 200	其他流动负债	1 200	700	700
流动资产合计	62 000	35 000	3 600	流动负债合计	60 000	21 000	21 000
非流动资产：				非流动负债：			
债权投资	6 000			长期借款	4 000	3 000	3 000
其他债权投资	11 000			应付债券	20 000	2 000	2 000
长期应收款	0			其中：优先股	0		
长期股权投资	32 000			永续债	0		
其他权益工具投资	0			债租负债	0		
其他非流动金融资产	0			长期应付款	2 000		
投资性房地产	0			预计负债	0		
固定资产	21 000	18 000	21 000	递延收益	0		
在建工程	20 000	3 400	3 400	递延所得税负债	0		
生产性生物资产	0			其他非流动负债	0		
油气资产	0			非流动负债合计	26 000	5 000	5 000
使用权资产				负债合计	86 000	26 000	26 000
无形资产	4 000	1 600	1 600	所有者权益（或股东权益）：			
开发支出	0			实收资本（或股本）	40 000	20 000	

续表

资产	甲公司	A公司		负债和所有者权益（或股东权益）	甲公司	A公司	
		账面价值	公允价值			账面价值	公允价值
商誉	0			其他权益工具			
长期待摊费用	0			其中：优先股	0		
递延所得税资产	0			永续债	0		
其他非流动资产	0			资本公积	10 000	8 000	
非流动资产合计	94 000	2 300	26 000	减：库存股			
				其他综合收益	0		
				专项储备	0		
				盈余公积	11 000	1 200	
				未分配利润	9 000	2 800	
				所有者权益（或股东权益）合计	70 000	32 000	36 000
资产总计	1 56 000	58 000	62 000	负债和所有者权益（或股东权益）总计	156 000	58 000	62 000

编制购买日的合并资产负债表时，将A公司资产和负债的公允价值与其账面价值的差额分别调增或调减相关资产和负债项目的金额。在合并工作底稿中调整分录②如下：

借：存货　　1 100②

　　固定资产　　3 000②

　　贷：应收账款　　100②

　　　　资本公积　　4 000②

上述调整实际上等于将资产、负债的公允价值变动模拟入账，通过这一调整，调整后的子公司资产负债表实际上是以公允价值反映资产和负债的。在此基础上，再与母公司的个别财务报表合并，则是将子公司的资产和负债以公允价值反映于合并资产负债表中。

2. 母公司长期股权投资与子公司所有者权益抵销处理。在编制购买日的合并资产负债表时，需要将母公司对子公司长期股权投资与子公司所有者权益中所拥有的份额予以抵销。母公司对非同一控制下取得的子公司长期股权投资，按子公司资产、负债的公允价值确定其在子公司所有者权益中所拥有的份额，合并成本超过这一金额的差额则作为合并商誉处理。经过上述按公允价值对子公司财务报表调整处理后，在编制合并财务报表时，则可以将长期股权投资与子公司所有者权益所拥有的份额相抵销。在非全资子公司的情况下，不属于母公司所拥有的份额在抵销处理时则结转为少数股东权益。在抵销处理时，应当注意的是，母公司在子公司所有者权益中所拥有的份额是以资产和负债的公允价值为基础计算的，也是按公允价值进行抵销，少数股东权益也是按以资产和负债的公允价值为基础计算调整后的金额确定的。抵销分录为：

借：股本（实收资本）

资本公积

其他综合收益

盈余公积

未分配利润

商誉（借方差额）

贷：长期股权投资

但在新设合并、吸收合并两种情况下，因无须编制合并报表，故不需进行相关抵销的账务处理，只需在购买日对企业合并事项或交易进行确认与计量。

【例13－9】 承〖例13－8〗可知，基于资产和负债的公允价值对A公司财务报表调整后，有关计算如下：

A公司调整后的资本公积＝8 000＋4 000＝12 000（万元）

A公司调整后的股东权益总额＝32 000＋4 000＝36 000（万元）

合并商誉＝29 500－36 000×70%＝4 300（万元）

少数股东权益＝36 000×30%＝10 800（万元）

因此，甲公司（母公司）将长期股权投资与其在A公司（子公司）所有者权益中拥有的份额抵销时，其抵销分录③为：

借：股本　20 000③

资本公积（8 000＋4 000）　12 000③

盈余公积　1 200③

未分配利润　2 800③

商誉　4 300③

贷：长期股权投资——A公司　29 500③

少数股东权益　10 800③

3. 编制合并工作底稿并编制合并财务报表。在按公允价值对子公司财务报表项目进行调整，并编制合并抵销分录时，将母公司对子公司长期股权投资于子公司所有者权益中母公司所持有的份额进行抵销处理后，就可以编制购买日合并工作底稿。

根据上述调整分录和抵销分录，甲公司编制购买日合并工作底稿如表13－13所示。

表13－13　合并工作底稿　单位：万元

项目	母公司	子公司	合计数	调整分录		抵销分录		少数股东权益	合并数
				借方	贷方	借方	贷方		
流动资产：									
货币资金	9 000	4 200	13 200						13 200
交易性金融资产	4 000	1 800	5 800						5 800
衍生金融资产									
应收票据及应收账款	10 500	6 920	17 420		100②				17 320
预付款项	2 000	880	2 880						2 880

续表

项目	母公司	子公司	合计数	调整分录		抵销分录		少数股东权益	合并数
				借方	贷方	借方	贷方		
其他应收款	4 200	0	4 200						4 200
存货	31 000	20 000	51 000	1 100②					52 100
合同资产									
持有待售资产									
一年内到期的非流动资产									
其他流动资产	1 300	1 200	2 500						2 500
流动资产合计	62 000	35 000	97 000	1 100	100				98 000
非流动资产：									
债权投资	6 000	0	6 000						6 000
其他债权投资	11 000	0	11 000						11 000
长期应收款									
长期股权投资	32 000	0	32 000	29 500①			29 500③		32 000
其他权益工具投资									
其他非流动金融资产									
投资性房地产									
固定资产	30 000	20 000	50 000	3 000②					53 000
减：累计折旧	9 000	2 000	11 000						11 000
固定资产净值	21 000	18 000	39 000	3 000					42 000
在建工程	20 000	3 400	23 400						23 400
生产性生物资产									
油气资产									
无形资产	4 000	1 600	5 600						5 600
开发支出									
商誉	0		0			4 300③			4 300
长期待摊费用									
递延所得税资产									
其他非流动资产	0	0	0						0
非流动资产合计	94 000	23 000	117 000	32 500		4 300	29 500		124 300
资产总计	156 000	58 000	214 000	33 600	100	4 300	29 500		222 300
流动负债：									
短期借款	12 000	5 000	17 000						17 000
交易性金融负债	3 800	0	3 800						3 800
衍生金融负债									
应付票据及应付账款	28 000	7 200	35 200						35 200
预收款项	3 000	1 300	4 300						4 300
应付职工薪酬	6 000	1 600	7 600						7 600
应交税费	2 000	1 200	3 200						3 200
其他应付款	4 000	4 000	8 000						8 000

续表

项目	母公司	子公司	合计数	调整分录		抵销分录		少数股东权益	合并数
				借方	贷方	借方	贷方		
合同负债									
持有待售负债									
一年内到期的非流动负债									
其他流动负债	1 200	700	1 900						1 900
流动负债合计	60 000	21 000	81 000						81 000
非流动负债：									
长期借款	4 000	3 000	7 000						7 000
应付债券	20 000	2 000	22 000						22 000
其中：优先股									
永续债									
长期应付款	2 000		2 000						2 000
预计负债									
递延收益									
递延所得税负债									
其他非流动负债	0	0	0						0
非流动负债合计	26 000	5 000	31 000						31 000
负债合计	86 000	26 000	112 000						112 000
股东权益：									
股本	40 000	20 000	60 000		10 000①	20 000③			50 000
其他权益工具									
其中：优先股									
永续债									
资本公积	10 000	8 000	18 000		19 500① 4 000②	12 000③			29 500
减：库存股									
其他综合收益									
盈余公积	11 000	1 200	12 200			1 200③			11 000
未分配利润	9 000	2 800	11 800			2 800③			9 000
股东权益合计	70 000	32 000	102 000		33 500	36 000			99 500
少数股东权益								10 800③	10 800
负债和股东权益总计	156 000	58 000	214 000		33 500	36 000		10 800	222 300*

注：*222 300 = 214 000 + 33 500 - 36 000 + 10 800。

根据上述合并工作底稿计算得出的合并数，填列合并财务报表，即购买日的合并资产负债表，如表 13 - 14 所示。在此处，合并利润表、合并股权变动表均省略。

表 13－14

合并资产负债表

会企 01 表

编制单位：甲公司　　2×19 年 1 月 1 日　　单位：万元

资产	期末余额	年初余额	负债和所有者权益（或股东权益）	期末余额	年初余额
流动资产：			流动负债：		
货币资金	13 200		短期借款	17 000	
交易性金融资产	5 800		交易性金融负债	3 800	
衍生金融资产			衍生金融负债		
应收票据			应付票据		
应收账款	17 320		应付账款	35 200	
应收款项融资			预收款项	4 300	
预付款项	2 880		合同负债	100	
其他应收款	4 200		应付职工薪酬	7 600	
存货	52 100		应交税费	3 200	
合同资产			其他应付款	8 000	
持有待售资产			持有待售负债		
一年内到期的非流动资产			一年内到期的非流动负债		
其他流动资产	2 500		其他流动负债	1 900	
流动资产合计	98 000		流动负债合计	81 000	
非流动资产：			非流动负债：		
债权投资	6 000		长期借款	7 000	
其他债权投资	11 000		应付债券	22 000	
长期股权投资	32 000		其中：优先股		
其他权益工具投资			永续债		
长期应收款			租赁负债		
其他非流动金融资产			长期应付款	2 000	
投资性房地产			预计负债		
固定资产	53 000		递延收益		
在建工程	23 400		递延所得税负债		
生产性生物资产			其他非流动负债		
油气资产			非流动负债合计	31 000	
使用权资产			负债合计	112 000	
无形资产	5 600		所有者权益（或股东权益）：		
开发支出			实收资本（或股本）	50 000	
商誉	4 300		其他权益工具		
长期待摊费用			其中：优先股		
递延所得税资产			永续债		
其他非流动资产			资本公积	29 500	
非流动资产合计	124 300		减：库存股		
			其他综合收益		

续表

资产	期末余额	年初余额	负债和所有者权益（或股东权益）	期末余额	年初余额
			盈余公积	11 000	
			未分配利润	9 000	
			归属于母公司所有者权益合计	7 270.5	
			少数股东权益	10 800	
			所有者权益（或股东权益）合计	99 500	
资产合计	222 300		负债和所有者权益（或股东权益）合计	222 300	

（二）非同一控制下企业合并购买日后的合并财务报表编制

母公司在非同一控制下取得子公司后，在未来持有该子公司的情况下，每一会计期末都需要将其纳入合并范围，编制合并财务报表。

在对非同一控制下取得的子公司编制合并财务报表时，首先，应当以购买日确定的各项可辨认资产、负债及或有负债的公允价值为基础对子公司的财务报表进行调整。

其次，将母公司对子公司的长期股权投资采用成本法核算的结果，调整为权益法核算的结果，对公司的财务报表进行相应的调整。

再次，通过编制合并抵销分录，将母公司对子公司长期股权投资与子公司所有者权益等内部交易对合并财务报表的影响予以抵销。

最后，在编制合并工作底稿的基础上，计算合并财务报表各项目的合并数，编制合并财务报表。

【例 13 -10】 承〖例 13 -8〗，甲公司 2×20 年 1 月 1 日以定向增发普通股票的方式，购买持有 A 公司 70% 的股权。甲公司对 A 公司长期股权投资的金额为 29 500 万元，甲公司购买日编制的合并资产负债表中确认合并商誉 4 300 万元。甲公司和 A 公司 2×20 年 12 月 31 日的个别资产负债表、利润表和股东权益变动表如表 13 -15、表 13 -16 和表 13 -17 所示。

表 13 -15 资产负债表 **会企 01 表**

编制单位： 2×20 年 12 月 31 日 单位：万元

资产	甲公司	A 公司	负债和所有者权益（或股东权益）	甲公司	A 公司
流动资产：			流动负债：		
货币资金	5 700	6 500	短期借款	10 000	4 800
交易性金融资产	3 000	5 000	交易性金融负债	4 000	2 400
衍生金融资产			衍生金融负债		

续表

资产	甲公司	A公司	负债和所有者权益（或股东权益）	甲公司	A公司
应收票据			应付票据		
应收账款	15 700	8 700	应付账款	31 000	8 800
应收款项融资			预收款项	4 000	3 900
预付款项	1 500	2 500	合同负债		
其他应收款	5 300	1 300	应付职工薪酬	5 000	1 600
存货	37 000	18 000	应交税费	2 700	1 400
合同资产			其他应付款	5 300	5 200
持有待售资产			持有待售负债		
一年内到期的非流动资产			一年内到期的非流动负债		
其他流动资产	1 800	1 000	其他流动负债	2 000	900
流动资产合计	70 000	43 000	流动负债合计	64 000	29 000
非流动资产：			非流动负债：		
债权投资	9 000	0	长期借款	4 000	5 000
其他债权投资	14 000	4 000	应付债券	20 000	7 000
长期应收款			其中：优先股		
长期股权投资	69500	0	永续债		
其他权益工具投资			债租负债		
其他非流动金融资产			长期应付款	6 000	0
投资性房地产			预计负债		
固定资产	28 000	26 000	递延收益		
在建工程	13 000	4 200	递延所得税负债		
生产性生物资产			其他非流动负债	0	0
油气资产			非流动负债合计	30 000	12 000
使用权资产			负债合计	94 000	41 000
无形资产	6 000	1 800	所有者权益（或股东权益）：		
开发支出			实收资本（或股本）	50 000	20 000
商誉			其他权益工具		
长期待摊费用			其中：优先股		
递延所得税资产			永续债		
其他非流动资产			资本公积	29 500	8 000
非流动资产合计	139 500	36 000	减：库存股		
			其他综合收益		
			专项储备		
			盈余公积	18 000	3 200
			未分配利润	18 000	6 800
			所有者权益（或股东权益）合计	115 500	38 000
资产总计	209 500	79 000	负债和所有者权益（或股东权益）总计	209 500	79 000

表 13-16　　利润表　　会企 02 表

编制单位：　　2×20 年度　　单位：万元

项　目	甲公司	A 公司
一、营业收入	150 000	94 800
减：营业成本	96 000	73 000
税金及附加	1 800	1 000
销售费用	5 200	3 400
管理费用	6 000	3 900
研发费用		
财务费用	1 200	800
其中：利息费用		
利息收入		
加：其他收益		
投资收益（损失以“-”号填列）	9 800	200
其中：对联营企业和合营企业的投资收益		
以摊余成本计量的金融资产终止确认收益（损失以“-”号填列）		
净敞口套期收益（损失以“-”号列示）		
公允价值变动收益（损失以“-”号填列）	0	0
信用减值损失（损失以“-”号填列）		
资产减值损失（损失以“-”号填列）	600	300
资产处置收益（损失以“-”号填列）		
二、营业利润（亏损以“-”号填列）	49 000	12 600
加：营业外收入	1 600	2 400
减：营业外支出	2 600	1 000
三、利润总额（亏损总额以“-”号填列）	48 000	14 000
减：所得税费用	12 000	3 500
四、净利润（净亏损以“-”号填列）	36 000	10 500
（一）持续经营净利润（净亏损以“-”号填列）	36 000	10 500
（二）终止经营净利润（净亏损以“-”号填列）		
五、其他综合收益的税后净额		
（一）以后不能重分类进损益的其他综合收益		
1. 重新计量设定受益计划变动额		
2. 权益法下不能转损益的其他综合收益		
3. 其他权益工具投资公允价值变动损益		
4. 企业自身信用风险公允价值变动		
……		
（二）将重分类进损益的其他综合收益		
1. 权益法下可转损益的其他综合收益		
2. 其他债权投资公允价值变动		
3. 金融资产重分类计入其他综合收益的金额		
4. 其他债权投资信用减值准备		
5. 现金流量套期储备		
6. 外币财务报表折算差额		
……		
六、综合收益总额	36 000	10 500
七、每股收益：		
（一）基本每股收益		
（二）稀释每股收益		

表 13－17

所有者权益变动表

2×20 年度

会企 04 表

编制单位：

单位：万元

项目	甲公司											A 公司										
	实收资本（股本）	其他权益工具			资本公积	减：库存股	其他综合收益	盈余公积	未分配利润	专项储备	所有者权益合计	实收资本（股本）	其他权益工具			资本公积	减：库存股	其他综合收益	盈余公积	未分配利润	专项储备	所有者权益合计
		优先股	永续债	其他									优先股	永续债	其他							
一、上年末余额	40 000				10 000			11 000	9 000		70 000	20 000				8 000			1 200	2 800		32 000
加：会计政策变更																						
前期差错更正																						
其他																						
二、本年年初余额	40 000				10 000			11 000	9 000		70 000	20 000				8 000			1 200	2 800		32 000
三、本年增减变动金额（减少以"－"号填列）																						
（一）综合收益总额									36 000		36 000									10 500		10 500
（二）所有者投入和减少资本																						
1. 所有者投入的普通股	10 000				19 500						29 500											
2. 其他权益工具持有者投入资本																						
3. 股份支付计入所有者权益份额																						
4. 其他																						
（三）利润分配																						
1. 提取盈余公积								7 000	7 000										2 000	2 000		
2. 对所有者（或股东）的分配									20 000		20 000									4 500		4 500
3. 其他																						

续表

项目	甲公司											A公司										
	实收资本（股本）	其他权益工具			资本公积	减：库存股	其他综合收益	盈余公积	未分配利润	专项储备	所有者权益合计	实收资本（股本）	其他权益工具			资本公积	减：库存股	其他综合收益	盈余公积	未分配利润	专项储备	所有者权益合计
		优先股	永续债	其他									优先股	永续债	其他							
（四）所有者权益内部结转																						
1. 资本公积转增资本（股本）																						
2. 盈余公积转增资本（股本）																						
3. 盈余公积弥补亏损																						
4. 设定受益计划变动额结转留存收益																						
5. 其他综合收益结转留存收益																						
6. 其他																						
四、本年年末余额	50 000				29 500			18 000	18 000		115 500	20 000				8 000			3 200	6 800		38 000

A公司在购买日股东权益总额为32 000万元，其中股本为20 000万元、资本公积为8 000万元、盈余公积为1 200万元、未分配利润为2 800万元。A公司购买日应收账款账面价值为3 920万元、公允价值为3 820万元；存货账面价值为20 000万元、公允价值为21 100万元；固定资产账面价值为18 000万元、公允价值为21 000万元。

A公司2×20年12月31日股东权益总额为38 000万元，其中股本为20 000万元、资本公积为8 000万元、盈余公积为3 200万元、未分配利润为6 800万元。A公司2×20年全年实现净利润10 500万元，A公司当年提取盈余公积2 000万元，向股东分配现金股利4 500万元。

截至2×20年12月31日，应收账款按购买日确认的金额收回，确认的坏账已核销；购买日存货公允价值增值部分，当年已全部实现对外销售；购买日固定资产原价公允价值增加系公司用办公楼增值。该办公楼采用的折旧方法为年限平均法，该办公楼剩余折旧年限为20年，假定该办公楼评估增值在未来20年内平均摊销。

①甲公司2×20年年末编制合并财务报表时相关项目计算如下：

A公司调整后本年净利润=10 500+100（购买日应收账款公允价值减值的实现而调减资产减值损失）-1 100（购买日存货公允价值增值的实现而调增营业成本）-150（固定资产公允价值增值计算的折旧而调增管理费用）=9 350（万元）

A公司调整后本年年末未分配利润=2 800（年初）+9 350-2 000（提取盈余公积）-4 500（分派股利）=5 650（万元）

权益法下甲公司对A公司投资的投资收益=9 350×70%=6 545（万元）

权益法下甲公司对A公司长期股权投资本年年末余额=29 500+6 545-4 500（分派股利）×70%=32 895（万元）

少数股东损益=9 350×30%=2 805（万元）

少数股东权益的年末余额=10 800+2 805-4 500×30%=12 255（万元）

②甲公司2×20年编制合并财务报表时，应当在合并工作底稿（表13-18）中进行如下调整抵销处理。

a. 按公允价值对A公司财务报表项目进行调整。根据购买日A公司资产和负债的公允价值与账面价值之间的差额，调整A公司相关公允价值变动的资产和负债项目及资本公积项目。在合并工作底稿中，其调整分录①如下：

借：存货	1 100①	
固定资产	3 000①	
贷：应收账款		100①
资本公积		4 000①

同时，因购买日A公司资产和负债的公允价值与原账面价值之间的差额对A公司本年净利润的影响，调整A公司的相关项目。之所以进行这一调整，是由于子公司个别财务报表上按其资产、负债的原账面价值为基础编制的，其当期计算的净利润也是以其资产、负债的原账面价值为基础计算的结果，而公允价值与原

账面价值存在差额的资产或负债，在经营过程中因使用、销售或偿付而实现其公允价值，其实现的公允价值对子公司当期净利润的影响需要在净利润计算中予以反映。在合并工作底稿中，其调整分录②如下：

借：营业成本　　1 100②

　　贷：存货　　1 100②

借：管理费用　　150②

　　贷：固定资产　　150②

借：应收账款　　100②

　　贷：信用减值损失　　100②

b. 按照权益法对甲公司财务报表项目进行调整。一方面，因为购买日A公司资产和负债的公允价值与原账面价值之间的差额对A公司本年净利润的影响和甲公司对A公司长期股权投资权益法核算的影响，需要甲公司对A公司长期股权投资及相关项目进行调整；另一方面，甲公司对A公司的长期股权投资采用成本法核算，需要对成本法核算的结果按权益法核算的要求，对长期股权投资及相关项目进行调整。在合并工作底稿中，其调整分录③如下：

借：长期股权投资——A公司　　6 545③

　　贷：投资收益　　6 545③

借：投资收益　　3 150③

　　贷：长期股权投资　　3 150③

c. 长期股权投资与所有者权益的抵销。将甲公司对A公司的长期股权投资与其在A公司股东权益中拥有的份额予以抵销。在合并工作底稿中，其抵销分录④如下：

借：股本　　20 000④

　　资本公积（8 000 +4 000）　　12 000④

　　盈余公积　　3 200④

　　未分配利润　　5 650④

　　商誉　　4 300④

　　贷：长期股权投资　　32 895④

　　　　少数股东权益　　12 255④

d. 投资收益与子公司利润分配等项目的抵销。将甲公司对A公司投资收益与A公司本年利润分配有关项目的金额予以抵销。在合并工作底稿中，其抵销分录⑤如下：

借：投资收益　　6 545⑤

　　少数股东损益　　2 805⑤

　　未分配利润——年初　　2 800⑤

　　贷：提取盈余公积　　2 000⑤

　　　　向股东分配利润　　4 500⑤

　　　　年末未分配利润　　5 650⑤

e. 应收股利与应付股利的抵销。本例中，A公司本年宣告分配现金股利4 500万元，股利款项尚未支付，A公司已将其计列应付股利4 500万元。甲公司根据A公司宣告分派现金股利的公告，按照其所享有的金额，已确认应收股利，并在其资产负债表中计列应收股利3 150万元。这属于母公司与子公司之间的债权债务，在编制合并财务报表时必须将其予以抵销，其抵销分录⑥如下：

借：其他应付款——应付股利　　　　3 150⑥

　　贷：其他应收款——应收股利　　　　3 150⑥

合并工作底稿如表13－18所示。

表13－18　　　　**合并工作底稿**　　　　单位：万元

项目	母公司	子公司	合计数	调整分录		抵销分录		少数股东权益	合并数
				借方	贷方	借方	贷方		
流动资金：									
货币资金	5 700	6 500	12 200						12 200
交易性金额资产	3 000	5 000	8 000						8 000
衍生金融资产									
应收票据及应收账款	15 700	8 700	24 400	100②	100①				24 400
预付款项	1 500	2 500	4 000						4 000
其他应收款	5 300	1 300	6 600				3 150⑥		3 000
存货	37 000	18 000	55 000	1 100①	1 100②				55 000
合同资产									
持有待售资产									
一年内到期的非流动资产									
其他流动资产	1 800	1 000	2 800						2 800
流动资产合计	70 000	43 000	113 000	1 200	1 200			3 150	109 850
非流动资产：									
债权投资	9 000	0	9 000						9 000
其他债权投资	14 000	4 000	18 000						18 000
长期应收款									14 400
长期股权投资（其中：A公司）	69500 29 500	0	69 500	6 545③	3 150③		32 895④		4 000
其他权益工具投资									
其他非流动金融资产									
投资性房地产									
固定资产	28 000	26 000	54 000	3 000①	150②				56 850
在建工程	13 000	4 200	17 200						17 200
生产性生物资产									
油气资产									
无形资产	6 000	1 800	7 800						7 800
开发支出									

续表

项目	母公司	子公司	合计数	调整分录		抵销分录		少数股东权益	合并数
				借方	贷方	借方	贷方		
商誉						4 300④			4 300
长期待摊费用									
递延所得税资产									
其他非流动资产									0
非流动资产合计	139 500	36 000	175 500	9 545	3 300	4 300	32 895		153 150
资产总计	209 500	79 000	288 500	10 745	4 500	4 300	36 045		263 000
流动负债:									
短期借款	10 000	4 800	14 800						14 800
交易性金融负债	4 000	2 400	6 400						6 400
衍生金融负债									
应付票据及应付账款	31 000	8 800	39 800						39 800
预收款项	4 000	3 900	7 900						7 900
应付职工薪酬	5 000	1 600	6 600						6 600
应交税费	2 700	1 400	4 100						4 100
其他应付款	5 300	5 200	10 500			3 150⑥			7 350
合同负债									
持有待售负债									
一年内到期的非流动负债									
其他流动负债	2 000	900	2 900						2 900
流动负债合计	64 000	29 000	93 000			3 150			89 850
非流动负债:									
长期借款	4 000	5 000	9 000						9 000
应付债券	20 000	7 000	27 000						270 000
其中:优先股									
永续债									
长期应付款	6 000	0	6 000						6 000
预计负债									
递延收益									
递延所得税负债									
其他非流动负债	0	0	0						0
非流动负债合计	30 000	12 000	42 000						42 000
负债合计	94 000	4 100	13 500			3 150			131 850
股东权益:									
股本	50 000	20 000	70 000			20 000④			50 000
其他权益工具									
其中:优先股									
永续债									
资本公积	29 500	8 000	37 500		4 000①	12 000④			29 500

续表

项目	母公司	子公司	合计数	调整分录		抵销分录		少数股东权益	合并数
				借方	贷方	借方	贷方		
减：库存股									
其他综合收益									
盈余公积	18 000	3 200	21 200			3 200④			18 000
未分配利润	18 000	6 800	24 800	4 400	6 645	14 995	12 150	2 805	21 395
股东权益合计	115 500	38 000	153 500	4 400	10 645	50 195	12 150	2 805	118 895
少数股东权益								12 255④	12 255
负债和股东权益总计	209 500	79 000	288 000	4 400	10 645	53 345	12 150	9 450	263 000
利润表									
一、营业收入	150 000	94 800	244 800						244 800
减：营业成本	9 600	73 000	169 000	1 100②					170 100
税金及附加	1 800	1 000	2 800						2 800
销售费用	5 200	3 400	8 600						8 600
管理费用	6 000	3 900	9 900	150②					10 050
研发费用									
财务费用	1 200	800	2 000						2 000
资产减值损失	600	300	900		100②				800
信用减值损失									
加：其他收益	0	0	0						0
投资收益（损失以“－”号填列）	9 800	200	10 000	3 150③	6 545③	6 545⑤			68 400
其中：对营业企业和合营企业的投资收益（损失以“－”号填列）									
净敞口套期收益（损失以“－”号填列）									
公允价值变动收益（损失以“－”号填列）	0	0	0						0
资产处置收益（损失以“－”号填列）									
二、营业利润	49 000	12 600	61 600	4 400	6 645	6 545			57 300
加：营业外收入	1 600	2 400	4 000						4 000
减：营业外支出	2 600	1 000	3 600						3 600
三、利润总额	48 000	14 000	62 000	4 400	6 645	6 545			57 700
减：所得税费用	12 000	3 500	15 500						15 500

续表

项目	母公司	子公司	合计数	调整分录		抵销分录		少数股东权益	合并数
				借方	贷方	借方	贷方		
四、净利润	36 000	10 500	46 500	4 400	6 645	6 545			42 200
（一）按经营持续性分类									
1. 持续经营净利润（净亏损失以“-”号填列）									
2. 终止经营净利润（净亏损以“-”号填列）									
（二）按所有权归属分类									
1. 归属于母公司股东的净利润（净亏损以“-”号填列）									39 395
2. 少数股东损益（净亏损以“-”号填列）								2 805⑤	2 805
五、其他综合收益的税后净额									
六、综合收益总额	36 000	10 500	46 500	4 400	6 645	6 545			42 200
属于母公司股东的综合收益总额									39 395
归属于少数股东的综合收益总额								2 805⑤	2 805
七、年初未分配利润	9 000	2 800	11 800			2 800⑤			9 000
八、本年增减变动金额									
其中：利润分配									
1. 提取盈余公积	7 000	2 000	9 000				2 000⑤		7 000
2. 对股东的分配	20 000	4 500	24 500				4 500④		20 000
九、年末未分配利润	18 000	6 800	24 800	4 400	6 645	5 650④ 14 995	5 650⑤ 12 150	2 805	21 395*

注：*21 395 = 24 800 + （6 645 - 4 400） + （12 150 - 14 995） - 2 805。

甲公司在编制上述合并工作底稿，计算各项目合并数后，根据合并数编制合并资产负债表、合并利润表以及合并股东权益变动表（此处略，基于不重复）。

第四节 内部商品交易的合并处理

一、内部商品销售的抵销处理

内部销售收入是指企业集团内部母公司与子公司、子公司相互之间（以下称成员企业）发生的购销活动所产生的销售收入。内部销售成本是指企业集团内部母公司与子公司、子公司相互之间发生的内部销售商品的销售成本。

（一）购买企业内部购进的商品当期全部实现销售时的抵销处理

在这种情况下，对于销售企业来说，销售给其他成员企业商品与销售给集团外部企业商品的会计处理相同，即在本期确认销售收入、结转销售成本、计算损益，并在其个别利润表中反映；对于购买企业来说，一方面要确认销售收入，另一方面要结转销售内部购进商品的成本，并在其个别利润表中分别作为营业收入和营业成本反映，并确认损益。这也就是说，对于同一购销业务，在销售企业和购买企业的个别利润表都作了反映。但从企业集团整体来看，这一购销业务只是实现了一次销售，其销售收入只是购买企业销售该产品的销售收入，其销售成本只是销售企业销售该商品的成本。销售企业销售该商品的收入属于内部销售收入，相应的购买企业销售该商品的销售成本则属于内部销售成本。因此在编制合并财务报表时，就必须将重复反映的内部销售收入与内部销售成本予以抵销，进行抵销处理时应借记“营业收入”等项目，贷记“营业成本”等项目。

【例13－11】A公司拥有甲公司70%的股份，系甲公司的母公司。A公司本期个别利润表的营业收入中有3 000万元，系向甲公司销售产品取得的销售收入。该产品销售成本为2 100万元，甲公司在本期将该商品全部售出，其销售收入为3 750万元，销售成本为3 000万元，并分别在其个别利润表中列示。

对此，编制合并财务报表，将内部销售收入和内部销售成本予以抵销时，应编制如下抵销分录：

借：营业收入　　3 000

　贷：营业成本　　3 000

（二）购买企业内部购进的商品当期未实现销售时的抵销处理

在内部购进的商品未实现对外销售的情况下，从销售企业来说，同样是按照一般的销售业务确认销售收入、结转销售成本、计算销售利润，并在其利润表中列示。这一业务从整个企业集团来看，实际上只是商品存放地点发生变动，并没有真正实现企业集团对外销售，不应确认销售收入、结转销售成本以及计算损益。因此对于该内部购销业务，在编制合并财务报表时，应当将销售企业由此确认的内部销售收入和内部销售成本予以抵销。对于这一经济业务，从购买企业来说，则以支付的购买价款作为存货成本入账，并在其个别资产负债表中作为资产列示。这样，购买企业的个别资产负债表中存货的价值中就包含有销售企业实现的销售毛利。销售企业由于内部购销业务实现的销售毛利，属于未实现的内部损益。

存货价值中包含的未实现内部销售损益是由于企业集团内部商品购销活动所引起的。在内部购销中，销售企业将集团内部销售作为收入确认并计算销售利润。而购买企业则是以支付购货的价款作为成本入账。在本期内未实现对外销售而形成期末存货时，其存货价值中也相应地包含两部分内容：一部分为真正的存货成本（即销售企业销售该商品的成本）；另一部分为销售企业的销售毛利（即其销售收入减去销售成本的差额）。对于期末存货价值中包括的这一部分销售毛利，从企业集团整体来看，并不是真正实现的利润。因为从整个企业整体来看，集团内部企业之间的商品购销活动实际上相当于一个企业内部物资调拨活动，既不会实现利润也不会增加商品的价值。正是从这一意义上来说，将期末存货价值中包括的这部分销售企业作为利润确认的部分，称之为未实现内部销售损益。如果合并财务报表将母公司与子公司财务报表中的存货简单相加，则虚增存货成本。因此，在编制合并资产负债表时，应当将存货价值中包含的未实现内部销售损益予以抵销。

【例 13－12】 甲公司是A公司的母公司。甲公司本期个别利润表的营业收入中有2 000万元，系向A公司销售商品实现的收入，其商品成本为1 400万元，销售毛利率为30%。A公司本期从甲公司购入的商品在本期均未实现销售。期末存货中包含有2 000万元从甲公司购进的商品，该存货中包含的未实现内部销售损益为600万元。

编制合并利润表时，将内部销售收入、内部销售成本及存货价值中包含的未实现内部销售损益抵销时，其抵销分录如下：

借：营业收入　　2 000

　　贷：营业成本　　1 400

　　　　存货　　600

（三）购买企业内部购进的商品当期部分实现销售时的抵销处理

在内部购进的商品部分实现对外销售部分形成期末存货的情况下，可以将内部购买的商品分解为两部分来理解：一部分为当期购进并全部实现对外销售；另一部分为当期购进但未实现对外销售而形成期末存货。在进行合并财务报表编制时，则需进行相应的抵销处理，按照内部销售收入的数额，借记“营业收入”项目，贷记“营业成本”项目；按照期末存货价值中包含的未实现内部销售损益的数额，借记“营业成本”项目，贷记“存货”项目。

【例 13－13】 甲公司本期个别利润表的营业收入中有5 000万元，系向A公司销售产品取得的销售收入，该产品销售成本为3 500万元，销售毛利率为30%。A公司在本期将该批内部购进商品的60%实现销售，其销售收入为3 750万元，销售成本为3 000万元，销售毛利率为20%，并列示于其个别利润表中；该批商品的另外40%则形成A公司期末存货，即期末存货为2 000万元，列示于A公司的个别资产负债表之中。

此时，在编制合并财务报表时，其抵销处理如下：

借：营业收入　　5 000

　　贷：营业成本（3 000＋3 500×40%）　　4 400

　　　　存货（1 500×40%）　　600

（四）购买企业内部购进的商品作为固定资产使用时的抵销处理

在集团内成员企业将自身的产品销售给其他成员企业作为固定资产使用的情况下，对于销售企业来说是作为普通商品销售并进行会计处理的，即在销售时确认收入、结转成本和计算损益，并以此在个别财务报表中列示；对于购买企业来说，则以购买价格（在此不考虑安装及运输费用）作为固定资产原值记账，该固定资产入账价值中既包含销售企业生产该产品的成本，也包含销售企业由于该产品销售所实现的销售利润。购买企业虽然以支付给销售企业的购买价格作为固定资产原价入账，但从整个企业集团来说，只能以销售企业生产该产品的成本作为固定资产原价在合并财务报表中反映。因此，编制合并利润表时应将销售企业由于该固定资产交易所实现的销售收入、结转的销售成本予以抵销，并将内部交易形成的固定资产原价中包含的未实现内部销售损益予以抵销。

【例 13－14】 母公司个别利润表的营业收入中有500万元，系子公司销售其生产的设备所取得的收入，该设备生产成本为400万元。子公司个别资产负债表固定资产原价中包含有该设备的原价，该设备系12月购入并投入使用，本期未计提折旧，该固定资产原价中包含100万元未实现内部销售损益。对此，在编制合并财务报表时，需要将母公司相应的销售收入和销售成本予以抵销，并将该固定资产原价中包含的未实现销售损益予以抵销。其抵销分录如下：

借：营业收入	500	
贷：营业成本		400
固定资产		100

二、连续编制合并财务报表时内部销售商品的合并处理

在连续编制合并财务报表的情况下，首先必须先将上期抵销的存货价值中包含的未实现内部销售损益对本期期初未分配利润的影响予以抵销，调整本期期初未分配利润的数额；然后再对本期内部购进存货进行合并处理。其具体合并处理程序和方法如下。

1. 将上期抵销的存货价值中包含的未实现内部销售损益对本期期初未分配利润的影响进行抵销。即按照上期内部购进存货价值中包含的未实现内部销售损益的数额，借记“期初未分配利润”项目，贷记“营业成本”项目。这一抵销分录，可以理解为上期内部购进的存货中包含的未实现内部销售损益在本期视同为实现利润，将上期未实现内部销售损益转为本期实现利润，冲减当期的合并销售成本。

2. 对于本期发生内部购销活动的，将内部销售收入及内部销售成本予以抵销。即按照销售企业内部销售收入的数额，借记“营业收入”项目，贷记“营业成本”“存货”项目。

3. 将期末内部购进存货价值中包含的未实现内部销售损益予以抵销。对于期末内部购买形成的存货（包括上期结转形成的本期存货），应按照购买企业期末内部购入存货价值中包含的未实现内部销售损益的数额，借记“期初未分配利润”“营业成本”项目，贷记“存货”项目。

【例 13－15】 本期甲公司个别财务报表中向 A 公司销售商品取得销售收入 6 000万元，销售成本为 4 200 万元。甲公司本期销售毛利率与上期相同，为 30%。A 公司个别财务报表中从甲公司购进的商品本期实现对外销售收入为 5 625万元，销售成本为 4 500 万元，销售毛利率为 20%；期末内部购进形成的存货为 3 500 万元（期初存货 2 000 万元＋本期购进存货 6 000 万元－本期销售成本 4 500 万元），存货价值中包含的未实现内部销售损益为 1 050 万元。

此时，编制合并财务报表时应进行如下合并处理。

①调整期初未分配利润的数额：

借：年初未分配利润　　600
　　贷：营业成本　　600

②抵销本期内部销售收入：

借：营业收入　　6 000
　　贷：营业成本　　6 000

③抵销期末存货中包含的未实现内部销售损益：

借：营业成本（3500×30%）　　1 050
　　贷：存货　　1 050

三、内部交易商品计提的存货跌价准备抵销

纳入合并财务报表编制范围的子公司之间或者其与母公司之间的内部商品交易上的未实现利润经过上述抵销处理之后，还有一个问题需要解决，如何将内部购进的存货计提的跌价准备进行抵销。

（一）初次编制合并财务报表时存货跌价准备的合并处理

企业集团有关成员企业发生内部存货交易后，内部交易的买方期末按存货的可变现净值低于该存货成本（内部交易卖方的价格）的差额计提存货跌价准备、确认存货跌价损失。而在合并报表中，该存货期末跌价准备和本期应确认的跌价损失应该是以该存货仍保留在内部交易的卖方为假设条件，按照该存货的可变现净值低于其内部交易卖方的账面价值的差额计提跌价准备、确认跌价损失。为了达到这一目标，就有必要对内部交易存货已计提的跌价准备进行调整，按照本期多确认的存货跌价损失，借记“存货跌价准备”项目，贷记“资产减值损失”项目。

第一种情况：内部交易存货的可变现净值小于内部交易卖方卖出的存货成本。

【例 13－16】 假定某母公司将 1 000 万元的存货按 1 400 万元的价格销售给子公司，子公司当年并未将该批存货销售出企业集团。报告期末，子公司的该批存货可变现净值为 900 万元，子公司计提 500 万元的存货跌价准备。

从合并报表来看，该批存货的报告价值应为 900 万元，因计提存货跌价准备而确认资产减值损失金额应为 100 万元。所以期末母公司在编制合并财务报表时，编制的与该项内部交易有关的抵销分录如下。

①抵销内部销售收入：

借：营业收入	14 000 000	
贷：营业成本		14 000 000

②抵销内部销售成本结转的存货跌价准备：

借：营业成本	4 000 000	
贷：存货		4 000 000

③抵销子公司多计提的存货跌价准备：

借：存货跌价准备	4 000 000	
贷：资产减值损失		4 000 000

第二种情况：内部交易存货的可变现净值等于内部交易卖方卖出的存货成本。

【例 13－17】 如果〖例 13－16〗中子公司期末该批存货的可变现净值为 1 000 万元。子公司计提 400 万元的存货跌价准备。

从合并报表来看，该批存货的报告价值应为 1 000 万元，不必确认资产减值损失。所以期末母公司在编制合并财务报表时，编制的与该项内部交易有关的抵销分录与〖例 13－16〗相同

第三种情况：内部交易存货的可变现净值高于内部交易卖方卖出的存货成本，低于卖方卖出存货价格。

【例 13－18】 如果〖例 13－16〗中子公司期末该批存货的可变现净值为 1 100 万元。子公司计提 300 万元的存货跌价准备。

从合并报表来看，该批存货的报告价值应为 1 000 万元，不必确认资产减值损失。所以期末母公司在编制合并财务报表时，编制的与该项内部交易有关的抵销分录①②与〖例 13－16〗相同，分录③为：

借：存货跌价准备	3 000 000	
贷：资产减值损失		3 000 000

第四种情况：内部交易存货的可变现净值高于内部交易卖方卖出的存货成本，等于或高于卖方卖出的存货价格。

【例 13－19】 如果〖例 13－16〗中子公司期末该批存货的可变现净值为 2 500 万元，子公司没有计提存货跌价准备。

从合并报表来看，该批存货的报告价值应为 1 000 万元，不必确认资产减值损失。所以期末母公司在编制合并财务报表时，编制的与该项内部交易有关的抵销分录①②与〖例 13－16〗相同，不需要编制分录③。

（二）连续编制合并财务报表时内部交易商品计提存货跌价准备的抵销

在连续编制合并财务报表进行合并处理时，首先将上期资产减值损失中抵销的存货跌价准备对本期期初未分配利润的影响予以抵销，即按上期资产减值损失项目中抵销的存货跌价准备的数额，借记“存货”或“营业成本”项目，贷记“期初未分配利润”项目；其次，抵销因上期销售存货结转的存货跌价准备，借记“期初未分配利润”项目，贷记“存货”项目；最后，抵销本期内部商品交易，对本期内部购进存货在个别财务报表中补提或者冲销的存货跌价准备也予以抵销，借记“存货”项目，贷记“资产减值损失”项目。

【例13-20】 甲公司上期向A公司销售商品2 000万元，其销售成本为1 400万元，A公司购进的该商品当期未实现对外销售全部形成期末存货。A公司期末对存货进行检查时，发现该存货已经部分陈旧，其可变现净值降至1 840万元，A公司期末对该公司计提存货跌价准备160万元。在编制上期合并财务报表时，已将该存货跌价准备予以抵销。甲公司本期向A公司销售商品3 000万元，甲公司销售该商品的销售成本为2 100万元。A公司本期对外销售内部购进商品实现的销售收入为4 000万元，销售成本为3 200万元，其中上期从甲公司购进商品本期全部售出，销售收入为2 500万元，销售成本为2 000万元；本期从甲公司购进商品销售40%，销售收入为1 500万元，销售成本为1 200万元。另外60%形成期末存货，其取得成本为1 800万元，期末其可变现净值为1 620万元，A公司本期期末对该内部形成的存货计提存货跌价准备180万元。

①抵销上期资产减值损失中抵销的存货跌价准备对本期期初未分配利润的影响：

借：营业成本　　160

　　贷：期初未分配利润　　160

②抵销因上期销售存货结转的存货跌价准备：

借：期初未分配利润　　600

　　贷：营业成本　　600

③抵销本期内部商品交易：

借：营业收入　　3 000

　　贷：营业成本　　3 000

④抵销内部销售成本结转的存货跌价准备：

借：营业成本　　540

　　贷：存货跌价准备　　540

⑤抵销子公司多计提的存货跌价准备：

借：存货跌价准备　　180

　　贷：资产减值损失　　180

（三）递延所得税的调整

内部交易存货未实现利润的抵销，调低了该存货在合并资产负债表中的报告价值，从合并报表的角度来看，该存货的账面价值低于其计税基础，由此产生的可抵扣暂时性差异对未来的纳税影响应在合并报表中予以确认；而内部交易存货已计提存货跌价准备已确认所得税影响，也应随着相关跌价准备的抵销而抵销。按已抵销的内部存货交易未实现利润减去已抵销该资产跌价准备的差额计算的所得税额，借记"递延所得税资产"，借或贷记"所得税费用"，贷记"未分配利润（期初）"。

内部交易存货已提跌价准备，以确认所得税影响也应随着相关跌价准备的抵销而抵销。

【例 13-21】 2×19 年 9 月，母公司将成本为 2 000 万元的存货按 2 400 万元的价格出售给子公司，子公司将购入存货也作为存货核算。2×20 年末，子公司未将该存货售出给企业集团。子公司于 2×20 年将该存货中的 30% 另加 10% 的毛利售出企业集团；年末剩余存货的可变现净值为 1 500 万元。所得税税率为 25%。

母公司报告期末编制合并财务报表工作底稿时，应编制的调整和抵销分录如下。

2×19 年：

①抵销期末存货价值中包含的未实现内部交易利润：

借：营业收入　　24 000 000

　　贷：营业成本　　20 000 000

　　　　存货　　4 000 000

②调整内部交易存货相关的递延所得税：

借：递延所得税资产　　1 000 000

　　贷：所得税费用　　1 000 000

2×20 年：

①抵销 2×19 年内部存货交易未实现利润对期初未分配利润的影响：

借：期初未分配利润　　4 000 000

　　贷：存货　　4 000 000

②抵销期末存货价值中包含的未实现内部交易利润：

借：营业成本　　2 800 000

　　贷：存货　　2 800 000

③抵销内部交易存货本期已提跌价准备：

借：存货跌价准备　　1 800 000

　　贷：资产减值损失　　1 800 000

④调整内部交易存货相关的递延所得税：

借：递延所得税资产 ［（2 800 000 - 1 800 000） ×25%］ 250 000

所得税费用（1 000 000 - 250 000）	750 000
贷：期初未分配利润	1 000 000

第五节　内部债权债务的合并处理

一、内部债权与债务的抵销概述

母公司与子公司、子公司相互之间的债权和债务项目，是指母公司与子公司、子公司相互之间因销售商品、提供劳务以及发生结算业务等原因产生的应收票据及应收账款、应付票据及应付账款、预付款项与合同负债、其他应收款（含应收利息、应收股利）与其他应付款（含应付利息、应付股利）、债权投资（其他债权投资）与应付债券等项目，发生在母公司与子公司、子公司相互之间的这些项目，企业集团内部企业的一方在其个别资产负债表中反映为资产，而另一方则在其个别资产负债表中反映为负债，但是从企业集团整体角度来看，它只是内部资金运动，既不能增减企业集团资产，也不能增加负债。因此，为了消除个别资产负债表直接加总中的重复计算因素，在编制合并财务报表时应当将内部债权债务项目予以抵销。

需要进行抵销处理的内部债权债务项目主要包括：（1）应收账款与应付账款；（2）应收票据与应付票据；（3）预付款项与预收账款；（4）长期债券投资与应付债券；（5）其他应收款与其他应付款；（6）应收股利与应付股利。

二、内部应收应付款项及其坏账准备的合并处理

（一）初次编制合并财务报表时应收应付款项的抵销处理

企业对于包括应收账款、应收票据、预付账款以及其他应收款在内的所有应收款项，应当根据其预计可收回金额变动情况，确认信用减值损失，计提坏账准备。母公司的应收账款、应收票据等也包括应收子公司账款、应收子公司票据等。在子公司的应收款项计提坏账准备的情况下，在编制合并财务报表时，随着内部应收款项的抵销，与此对应的内部应收款项计提的坏账准备予以抵销。将内部应收款项抵销时，按内部应付款项的金额，借记“应付票据”“应付账款”等项目，贷记“应收票据”“应收账款”等项目；将内部应收款项计提的坏账准备抵销时，按各内部应收款项计提的坏账准备期末金额，借记“应收票据”“应付账款”项目，贷记“信用减值损失”项目。

（二）连续编制合并财务报表时内部应收应付款项及其坏账准备的合并处理

从合并财务报表来讲，内部应收款项计提坏账准备的抵销是与抵销当期信用

减值损失相对应的，上期抵销的坏账准备的金额，即上期信用减值损失抵减的金额，最终将影响到本期合并所有者权益变动表中的期初未分配利润金额的增加。由于利润表和所有者权益变动表是反映企业一定会计期间经营成果及其分配情况的财务报表，其上期期末未分配利润就是本期所有者权益变动表期初未分配利润（假定不存在会计政策变更和前期差错更正的情况）。本期编制合并财务报表是以本期母公司和子公司当期的个别财务报表为基础编制的，随着上期编制合并财务报表时内部应收款项计提坏账准备的抵销，以此个别财务报表为基础加总得出的期初未分配利润与上一会计期间合并所有者权益变动表中的未分配利润金额之间则将产生差额。为此，编制合并财务报表时，必须将上期因内部应收款项计提坏账准备抵销而抵销的信用减值损失对本期期初未分配利润的影响予以抵销，调整本期期初未分配利润的金额。

在连续编制合并财务报表进行抵销处理时，应按下列程序进行抵销。

首先，应将上期信用减值损失中抵销的内部应收款项计提的坏账准备对本期期初未分配利润的影响予以抵销，即按上期信用减值损失项目中抵销的内部应收账款计提的坏账准备金额，借记“应收账款——坏账准备”“应收票据——坏账准备”项目，贷记“年初未分配利润”项目。

其次，将本期内部应收款项予以抵销，即按内部应收款项的金额，借记“应付票据”“应付账款”等项目，贷记“应收票据”“应收账款”等项目。

最后，对于本期个别财务报表中内部应收款项相对应的坏账准备增减变动的金额也应予以抵销，即按照本期个别资产负债表中期末内部应收款项相对应的坏账准备的增加额，借记“应收账款——坏账准备”“应收票据——坏账准备”项目，贷记“信用减值损失”项目。或者按照本期个别资产负债表中期末内部应收款项相对应的坏账准备的减少额，借记“信用减值损失”项目，贷记“应收账款——坏账准备”“应收票据——坏账准备”项目。

第一种情况：内部应收账款本期余额与上期余额相等时的抵销处理。

【例13-22】假定P公司是S公司的母公司，假设P公司2×20年个别资产负债表中对S公司内部应收票据余额为2 850 000元、内部应收账款余额为1 900 000元，与2×19年相同仍为4 750 000元（注意：报表项目金额是减完坏账准备后的余额），坏账准备余额仍为250 000元，2×20年内部款项相对应的坏账准备余额未发生增减变化。S公司个别资产负债表中应付票据2 850 000元、应付账款1 900 000元，系2×19年向P公司购进商品存货发生的应付购货款。

P公司在合并工作底稿中应进行如下抵销处理。

①将上期（2×19年）内部应收款项计提的坏账准备抵销。在这种情况下，P公司个别财务报表附注中坏账准备余额实际上是上期结转而来的余额，因此，只需要将上期内部应收款项计提的坏账准备予以抵销，同时调整本期期初未分配利润的金额。其抵销分录如下：

借：应收账款——坏账准备	150 000
应收票据——坏账准备	100 000

贷：年初未分配利润　　250 000

②将内部应收款项与应付款项相互抵销。其抵销分录如下：

借：应付票据　　2 850 000

应付账款　　1 900 000

贷：应收票据　　2 850 000

应收账款　　1 900 000

第二种情况：内部应收款项本期余额大于上期余额时的抵销处理。

【例13-23】假定P公司是S公司的母公司，假设P公司2×20年个别资产负债表中对S公司内部应收账款余额为6 270 000元，坏账准备余额为330 000元，本期对S公司内部应收账款净增加1 600 000元，本期内部应收账款相对应的坏账准备增加80 000元。S公司个别资产负债表中应付账款6 600 000元，系2×19年和2×20年向P公司购进商品存货发生的应付购货款。

P公司在合并工作底稿中应进行如下抵销处理。

①将上期（2×19年）内部应收账款计提的坏账准备抵销，调整期初未分配利润的金额。其抵销分录如下：

借：应收账款——坏账准备　　250 000

贷：年初未分配利润　　250 000

②将内部应收账款与应付账款相互抵销。其抵销分录如下：

借：应付账款　　6 600 000

贷：应收账款　　6 600 000

③将本期（2×20年）对S公司内部应收账款相对应的坏账准备增加的80 000元予以抵销，其抵销分录如下：

借：应收账款——坏账准备　　80 000

贷：信用减值损失　　80 000

第三种情况：内部应收款项本期余额小于上期余额时的抵销处理。

【例13-24】假定P公司是S公司的母公司，假设P公司2×20年个别资产负债表中对S公司中内部应收票据余额为3 040 000元，坏账准备余额为160 000元。内部应收票据比上期（2×19年）净减少1 800 000元，本期内部应收票据相对应的坏账准备余额减少90 000元。S公司个别资产负债表中应付票据3 200 000元，系2×19年向P公司购进商品存货发生的应付购货款的余额。

P公司在合并工作底稿中应进行如下抵销处理。

①将上期（2×19年）内部应收款项计提的坏账准备抵销，调整期初未分配利润的金额。其抵销分录如下：

借：应收票据——坏账准备　　250 000

贷：年初未分配利润　　250 000

②将内部应收款项与应付款项相互抵销。其抵销分录如下：

借：应付票据　　3 200 000

贷：应收票据　　3 200 000

③将本期（2×20年）因内部应收款项相对应的坏账准备减少的90 000元予以抵销。其抵销分录如下：

借：信用减值损失　　90 000

　贷：应收票据——坏账准备　　90 000

在第三期编制合并财务报表的情况下，首先，必须将第二期内部应收款项期末余额相应的坏账准备予以抵销，以调整期初未分配利润的金额；然后，将内部应收款项与应付款项等内部债权债务相抵销；最后，计算确定本期内部应收账款相对应的坏账准备增减变动的金额，并将其增减变动的金额予以抵销。其抵销分录与第二期编制的抵销分录相同。

第六节　内部固定资产交易的合并处理

一、内部固定资产交易的抵销概述

内部固定资产交易，是指企业集团内部发生交易的一方与固定资产有关的购赊业务。对于企业集团内部固定资产交易，根据销售企业销售的是产品还是固定资产，可以将其划分为两种类型：第一种类型是企业集团内部企业将自身生产的产品销售给企业集团内部的其他企业作为固定资产使用；第二种类型是企业集团内部企业将自身的固定资产出售给企业集团内的其他企业作为固定资产使用。此外，还有另一类型的内部固定资产交易，即企业集团内部企业将自身使用的固定资产出售给企业集团内的其他企业作为普通商品销售。这种类型的固定资产交易，在企业集团内部发生的情况极少，一般情况下发生的数量也不大。

严格来说，内部固定资产交易属于内部商品交易，由于一般内部固定资产的使用寿命较长，其在编制合并财务报表时的抵销处理往往要跨越几个会计年度，对于内部交易形成的固定资产，不仅在该内部固定资产交易发生的当期需要进行抵销处理，而且在以后使用该固定资产的期间也需要进行抵销处理。固定资产在使用过程中是通过折旧方式将其价值转移到产品价值之中，由于固定资产按原价计提折旧，在固定资产原价中包含未实现内部销售损益的情况下，每期计提的折旧费中也必然包含着未实现内部销售损益的金额。由此也需要对该内部交易形成的固定资产每期计提的折旧费进行相应的抵销处理。同样，如果购买企业对该项固定资产计提了固定资产减值准备，由于固定资产减值准备是以原价为基础进行计算确定的，在固定资产原价中包含未实现内部销售损益的情况下，对该项固定资产计提的减值准备中也必然包含着未实现内部销售损益的金额，因此也需要对该内部交易形成的固定资产计提的减值准备进行相应的抵销处理。

二、内部交易形成的固定资产在购入当期的抵销处理

（一）企业集团内部产品销售给其他企业作为固定资产的交易的抵销处理

将与内部交易形成的固定资产相关的销售收入、销售成本以及原价中包含的未实现内部销售损益予以抵销。即按销售企业由于该固定资产交易所实现的销售收入，借记“营业收入”项目，按照其销售成本，贷记“营业成本”项目。按该固定资产的销售收入与销售成本之间的差额（即原价中包含的未实现销售损益的金额），贷记“固定资产——原价”项目。

若内部固定资产交易且当期期末计提了折旧，则需将内部交易形成的固定资产当期多计提的折旧费和累计折旧予以抵销。从单个企业来说，对计提折旧进行会计处理时，一方面增加当期的费用或计入相关资产的成本；另一方面形成累计折旧。因此，对内部交易形成的固定资产当期多计提的折旧费抵销时，应按当期多计提折旧的折旧额，借记“固定资产——累计折旧”项目，贷记“管理费用”等项目。为便于理解，本节有关内部交易形成的固定资产多计提的折旧费的抵销，均假定该固定资产为购买企业的管理用固定资产，通过“管理费用”项目进行抵销。若内部固定资产交易且当期期末未计提折旧，则不需进行折旧抵销的会计处理。

【例13－25】 假定S公司是P公司的全资子公司，S公司以30 000 000元的价格将其生产的产品销售给P公司，其销售成本为27 000 000元，因该内部固定资产交易实现的销售利润为3 000 000元。P公司购买该产品作为管理用固定资产使用，按30 000 000元入账，对该固定资产按15年的使用寿命采用年限平均法计提折旧，预计净残值为0。该固定资产交易时间为2×19年1月1日，本章为简化抵销处理，假定P公司该内部交易形成的固定资产2×19年按12个月计提折旧。

2×19年（第1年）编制合并财务报表时，应当编制如下抵销分录进行处理：

借：营业收入	30 000 000	
贷：固定资产——原价		3 000 000
营业成本		27 000 000
借：固定资产——累计折旧	200 000	
贷：管理费用		200 000

若该内部固定资产交易时间为2×19年12月31日，2×19年末（第1年末）编制合并财务报表时，应当编制如下抵销分录进行处理：

借：营业收入	30 000 000	
贷：固定资产——原价		3 000 000

营业成本　　27 000 000

（二）集团内部固定资产变卖交易的抵销处理

在合并工作底稿中编制抵销分录时，若内部交易的固定资产未发生变卖或报废，则应当按照该内部交易固定资产的转让价格与其原账面价值之间的差额，借记“资产处置收益”项目，贷记“固定资产——原价”项目。如果该内部交易的固定资产转让价格低于其原账面价值，则按其差额，借记“固定资产——原价”项目，贷记“资产处置损益”项目。若内部交易的固定资产已丧失使用功能或因自然灾害发生毁损等原因而报废清理，则将上述分录中的“资产处置损益”替换为“营业外收入”项目。

【例13－26】A公司和B公司为甲公司控制下的两个子公司，A公司将其净值为1 200万元的某厂房，以1 500万元的价格变卖给B公司作为固定资产使用。在该内部固定资产交易中，A公司因交易实现资产处置收益300万元。编制合并财务报表时，甲公司必须将因该固定资产交易实现的资产处置收益与固定资产原值中包含的未实现内部销售损益的数额予以抵销。其抵销分录如下：

借：资产处置收益　　300

　　贷：固定资产——原价　　300

三、内部交易固定资产取得后至处置前期间的合并处理

（1）将内部交易形成的固定资产原价中包含的未实现内部销售损益抵销，并调整期初为分配利润的金额。即按照原价中包含的未实现内部销售损益的金额，借记“未分配利润——年初”项目，贷记“固定资产——原价”项目。

（2）将以前会计期间内部交易形成的固定资产多计提的累计折旧抵销，并调整期初未分配利润的金额，即按以前会计期间抵销该内部交易形成的固定资产多计提的累计折旧额，借记“固定资产——累计折旧”项目，贷记“未分配利润——年初”项目。

（3）将本期由于该内部交易形成的固定资产多计提的折旧费予以抵销，并调整本期的累计折旧额，即按本期该内部交易形成的固定资产多计提的折旧额，借记“固定资产——累计折旧”项目，贷记“管理费用”等项目。

【例13－27】沿用〖例13－26〗，2×20年（第2年）编制合并财务报表时，应当编制如下抵销分录进行处理：

借：年初未分配利润　　3 000 000

　　贷：固定资产——原价　　3 000 000

借：固定资产——累计折旧　　200 000

　　贷：年初未分配利润　　200 000

借：固定资产——累计折旧　　200 000

贷：管理费用 200 000

2×21 年（第 3 年）编制合并财务报表时，应当编制如下抵销分录进行处理：

借：年初未分配利润 3 000 000
　　贷：固定资产——原价 3 000 000
借：固定资产——累计折旧 400 000
　　贷：年初未分配利润 400 000
借：固定资产——累计折旧 200 000
　　贷：管理费用 200 000

第 n 年（3 < n < 15），由于该内部交易形成的固定资产多计提的累计折旧额为 200 000 ×（n − 1），编制合并财务报表时，应当编制如下抵销分录进行处理：

借：年初未分配利润 3 000 000
　　贷：固定资产——原价 3 000 000
借：固定资产——累计折旧 200 000 ×（n − 1）
　　贷：年初未分配利润 200 000 ×（n − 1）
借：固定资产——累计折旧 200 000
　　贷：管理费用 200 000

第 15 年，由于固定资产使用期满提足折旧后不再计提折旧，在使用期满尚未报废清理期间各年的抵销分录中，不存在抵销按包含在固定资产原价中的年初未实现利润当年多提折旧问题，所以，只需编制如下抵销分录。

①抵销固定资产原价中包含的未实现利润及其对期初未分配利润的影响数：

借：期初未分配利润 3 000 000
　　贷：固定资产——原价 3 000 000

②抵销以前年度累计按未实现利润计提的折旧：

借：固定资产——累计折旧 3 000 000
　　贷：期初未实现利润 3 000 000

③上述分录可合并为：

借：固定资产——累计折旧 3 000 000
　　贷：固定资产——原价 3 000 000

四、内部交易形成的固定资产在清理期间的抵销处理

固定资产清理时可能出现三种情况：第一，期满清理；第二，超期清理；第三，提前清理。编制合并财务报表时，应当根据具体情况进行抵销处理。

（一）内部交易形成的固定资产使用寿命届满进行清理时的抵销处理

在这种情况下，购买企业内部交易形成的固定资产实体已不复存在，包含未

实现内部销售损益在内的该内部交易形成的固定资产的价值已全部转移到用其加工的产品价值或各损益中，因此不存在未实现内部销售损益的抵销问题。从整个企业集团来说，随着该内部交易形成的固定资产的使用寿命届满，其包含的未实现内部销售损益也转化为已实现利润。但是，由于销售企业因该内部交易所实现的利润，作为期初未分配利润的一部分结转到购买企业对该内部交易形成的固定资产进行清理的会计期间为止。为此，必须调整期初未分配利润。同时，在固定资产进行清理的会计期间，如果仍计提了折旧，本期计提的折旧费中仍然包含多计提的折旧额，因此需要将多计提的折旧额予以抵销。

【例 13－28】沿用〖例 13－25〗，假设 P 公司在 2×33 年（第 15 年）该固定资产使用期满时对其报废清理，该固定资产报废清理时实现固定资产清理净收益 500 000 元，在其当期个别利润表中以营业外收入项目列示。此时编制合并财务报表，将本期多计提的折旧额抵销并调整期初未分配利润时，应当编制如下抵销分录进行处理：

借：未分配利润——年初	3 000 000	
贷：营业外收入		3 000 000
借：营业外收入	2 800 000	
贷：未分配利润——年初		2 800 000
借：营业外收入	200 000	
贷：管理费用		200 000

以上三笔抵销分录，可以合并为以下抵销分录：

借：未分配利润——年初	200 000	
贷：管理费用		200 000

（二）内部交易形成的固定资产超期使用进行清理时的抵销处理

在这种情况下，在内部交易形成的固定资产清理前的会计期间，该固定资产仍然按包含未实现内部销售损益的原价及计提的累计折旧，在购买企业的个别资产负债表中列示；销售企业因该内部交易所实现的利润，作为期初未分配利润的一部分结转到购买企业对该内部交易形成的固定资产进行清理的会计期间为止。因此，需要将该固定资产原价中包含的未实现内部销售损益予以抵销，并调整期初未分配利润。同时，由于在该固定资产使用寿命届满的会计期间仍然需要计提折旧，本期计提的折旧费中仍然包含多计提的折旧额，因此需要将多计提的折旧额予以抵销，并调整已计提的累计折旧。

【例 13－29】沿用〖例 13－25〗，假设 P 公司该内部交易形成的固定资产在 2×33 年（第 15 年）后仍继续使用，即未对其进行报废清理，则 2×33 年（第 15 年）编制合并财务报表时，应当编制如下抵销分录进行处理：

借：未分配利润——年初	3 000 000	
贷：固定资产——原价		3 000 000
借：固定资产——累计折旧	2 800 000	

贷：未分配利润——年初　　2 800 000
借：固定资产——累计折旧　　200 000
贷：管理费用　　200 000

在内部交易形成的固定资产超期使用未进行清理前，由于该固定资产仍处于使用之中，并在购买企业资产负债表（假定存在预计净残值）中列示，因此，必须将该固定资产原价中包含的未实现内部销售损益予以抵销；同时，由于该固定资产的累计折旧仍然是按包含未实现内部销售损益的原价计提的，因此也必须将其多计提的累计折旧予以抵销。但是由于固定资产超期使用不计提折旧，所以不存在抵销本期多计提折旧额的问题。

【例 13－30】 沿用〖例 13－25〗，假设 P 公司该内部交易形成的固定资产在 2×34 年（第 16 年）仍继续使用。此时编制合并财务报表时，应当编制如下抵销分录进行处理：

借：未分配利润——年初　　3 000 000
贷：固定资产——原价　　3 000 000
借：固定资产——累计折旧　　3 000 000
贷：未分配利润——年初　　3 000 000

【解析】相当于没有任何抵销处理，即最终通过折旧的形式，将原价中包含的未实现内部销售损益全部予以对外实现。

（三）内部交易形成的固定资产使用寿命未满提前进行清理时的抵销处理

在这种情况下，购买企业内部交易形成的固定资产实体已不复存在，因此不存在固定资产原价中包含的未实现内部销售损益的抵销问题。但是由于固定资产提前报废，固定资产原价中包含的未实现内部销售损益随着清理而成为实现的损益。对于销售企业来说，该内部交易所实现的利润，作为期初未分配利润的一部分结转到购买企业对该内部交易形成的固定资产进行清理的会计期间为止。为此，必须调整期初未分配利润，同时，在固定资产使用寿命未满进行清理的会计期间仍需计提折旧，本期计提的折旧费中仍然包含多计提的折旧额，因此需要将多计提的折旧额予以抵销。

【例 13－31】 沿用〖例 13－25〗，假设 P 公司于 2×32 年末（第 14 年）对该项固定资产进行清理报废，该固定资产清理净收入为 200 000 元。此时，编制合并财务报表时，应编制如下抵销分录进行处理：

借：未分配利润——年初　　3 000 000
贷：营业外收入　　3 000 000
借：营业外收入　　2 600 000
贷：未分配利润——年初　　2 600 000
借：营业外收入　　200 000
贷：管理费用　　200 000

（四）购买企业将内部购进商品作为固定资产、无形资产等资产使用时的抵销处理

在购买企业将其内部购进的商品作为固定资产、工程物资、在建工程、无形资产等资产使用时，则形成其固定资产、工程物资、在建工程、无形资产等资产。

在企业集团内母公司与子公司、子公司相互之间将自身的产品销售给其他企业作为固定资产（作为无形资产等的处理原则类似）使用的情况下，从整个企业集团来说，只能以销售企业生产该产品的成本作为固定资产原价在合并财务报表中反映。因此，编制合并利润表时，应将销售企业由于该内部交易产生的销售收入和销售成本予以抵销，并将内部交易形成的固定资产原价中包含的未实现内部销售损益予以抵销。在对销售商品形成的固定资产或无形资产所包含的未实现内部销售损益进行抵销的同时，也应当对固定资产的折旧额或无形资产的摊销额与未实现内部销售损益相关的部分进行抵销。应编制的抵销分录为：按内部销售收入的金额，借记"营业收入"项目，按固定资产原价中包含的未实现内部销售损益的金额，贷记"固定资产——原价"项目，按其差额，贷记"营业成本"项目；同时，对于本期计提的折旧额或摊销额中包含的未实现内部销售损益的金额，借记"固定资产——累计折旧"项目，贷记"管理费用"等项目。

（五）递延所得税的调整

与前面所述的内部存货交易一样，内部交易固定资产未实现利润（或亏损）的抵销调低（或调高）了该固定资产在合并资产负债表中的报告价值。从合并报表的角度来看，该固定资产的账面价值与计税基础不相等，由此产生的可抵扣（或应纳税）暂时性差异对未来的纳税影响应在合并报表中确认；随着内部交易的固定资产计提的减值准备的抵销，与其相关的所得税影响也予以抵销。

与前面所述的内部存货交易相关的递延所得税的调整不同的是，内部交易的固定资产不仅在交易当年，而且以后各使用期间，都有可能涉及递延所得税的调整。由于固定资产存在折旧的计提，会对递延所得税的调整产生影响。

【例 13－32】 2×19 年 6 月末，某企业集团的母公司将一台成本为 60 000 元的产品以 80 000 元的价格出售给子公司，后者将其作为管理用固定资产，预计使用年限 10 年，采用直线法计提折旧（假定不考虑预计净残值）。假定所得税税率为 25%，为了便于对比分析，假定母公司的应交所得税在 2×20 年尚未缴纳。

母公司 2×19 年与 2×20 年合并财务报表工作底稿中有关调整与抵销分录如下：

①2×19 年：

a. 抵销期末固定资产价值中包含的未实现内部交易利润：

借：营业收入	80 000	
贷：营业成本		80 000

b. 抵销当年多计提的折旧：

借：固定资产——累计折旧　　1 000

　　贷：管理费用　　1 000

c. 调整内部交易固定资产相关的递延所得税：

借：递延所得税资产［（80 000－4 000）－（60 000－3 000）］×25%　　4 750

　　贷：所得税费用　　4 750

②2×20 年：

a. 抵销上年内部固定资产交易未实现利润对期初未分配利润的影响：

借：年初未分配利润　　20 000

　　贷：固定资产——原价　　20 000

b. 抵销累计多计提的折旧：

借：固定资产——累计折旧　　3 000

　　贷：管理费用　　2 000

　　　　年初未分配利润　　1 000

c. 调整内部交易固定资产相关的递延所得税：

借：递延所得税资产［（80 000－12 000）－（60 000－9 000）］×25%　　4 250

　　所得税费用　　500

　　贷：期初未分配利润　　4 750

第七节　合并现金流量表的编制

一、合并现金流量表概述

合并现金流量表是综合反映母公司及其所有子公司组成的企业集团在一定会计期间现金和现金等价物流入和流出的报表。在本节所提及的现金，均指包含现金和现金等价物。

现金流量表要求按照收付实现制反映企业经济业务所引起的现金流入和流出，其有关经营活动产生的现金流量的编制方法有直接法和间接法两种。《企业会计准则第 31 号——现金流量表》明确规定，企业应当采用直接法列示经营活动产生的现金流量。在采用直接法的情况下，以合并利润表有关项目的数据为基础，调整得出本期的现金流入和现金流出；分别经营活动产生的现金流量、投资活动产生的现金流量、筹资活动产生的现金流量三大类，反映企业集团在一定会计期间的现金流量情况。

合并现金流量表的编制原理、编制方法和编制程序与合并资产负债表、合并利润表的编制原理、编制方法和编制程序相同。即首先编制合并工作底稿，将母公司和所有子公司的个别现金流量表各项目的数据全部过入同一合并工作底稿中；其次根据当期母公司与子公司以及子公司相互之间发生的影响其现金流量增减变动的内部交易，编制相应的抵销分录，通过抵销分录将个别现金流量表中重复反映的现金流入量和现金流出量予以抵销；最后，在此基础上计算出合并现金流量表的各项目的合并金额，并填制合并现金流量表。

合并现金流量表补充资料，既可以以母公司和所有子公司的个别现金流量表为基础，在抵销母公司与子公司、子公司相互之间发生的内部交易对合并现金流量表的影响后进行编制，也可以直接根据合并资产负债表和合并利润表进行编制。

二、编制合并现金流量表时应进行抵销处理的项目

现金流量表作为以单个企业为会计主体进行会计核算的结果，分别从母公司本身和子公司本身反映其在一定会计期间的现金流入和现金流出。在以其个别现金流量表为基础计算的现金流入和现金流出项目的加总金额中，必然包含有重复计算的因素，因此，编制合并现金流量表中，也需要将这些重复的因素予以剔除。

编制合并现金流量表时需要进行抵销处理的项目主要有：（1）母公司与子公司、子公司相互之间当期以现金投资或收购股权增加的投资所产生的现金流量；（2）母公司与子公司、子公司相互之间当期取得投资收益收到的现金与分配股利、利润或偿付利息支付的现金；（3）母公司与子公司、子公司相互之间以现金结算债权与债务所产生的现金流量；（4）母公司与子公司、子公司相互之间当期销售商品所产生的现金流量；（5）母公司与子公司、子公司相互之间处置固定资产、无形资产和其他长期资产收回的现金净额与购建固定资产、无形资产和其他长期资产支付的现金等。下面分五种情况分别进行阐述。

（一）企业集团内部当期以现金投资或收购股权增加的投资所产生的现金流量的抵销处理

母公司直接以现金对子公司进行的长期股权投资或以现金从子公司的其他所有者（即企业集团的其他公司）处收购股权，表现为母公司现金流出，在母公司个别现金流量表作为投资活动现金流出列示。子公司接受这一投资（或处置投资）时，表现为现金流入，在其个别现金流量表中反映为筹资活动的现金流入（或投资活动的现金流入）。从企业集团整体来看，母公司以现金对子公司进行的长期股权投资实际上相当于母公司将资本拨付下属核算单位，并不引起整个企业集团的现金流量的增减变动。因此，编制合并现金流量表时，应当在母公司与子公司现金流量表数据简单相加的基础上，将母公司当期以现金对子公司长期股权投资所产生的现金流量予以抵销。

（二）企业集团内部当期取得投资收益收到的现金与分配股利、利润或偿付利息支付的现金抵销处理

母公司对子公司进行的长期股权投资和债权投资，在持有期间收到子公司分

派的现金股利（利润）或债券利息，表现为现金流入，在母公司个别现金流量表中作为取得投资收益收到的现金列示。子公司向母公司分派现金股利（利润）或支付债券利息，表现为现金流出，在其个别现金流量表中反映为分配股利、利润或偿付利息支付的现金。从整个企业集团来看，这种投资收益的现金收支，并不引起整个企业集团的现金流量的增减变动。因此，编制合并现金流量表时，应当在母公司与子公司现金流量表数据简单相加的基础上，将母公司当期取得投资收益收到的现金与子公司分配股利、利润或偿付利息支付的现金予以抵销。

（三）企业集团内部以现金结算债权与债务所产生的现金流量的抵销处理

母公司与子公司、子公司相互之间以现金结算应收款项或应付款项等债权与债务，表现为现金流入或现金流出，在母公司个别现金流量表中作为收到其他与经营活动有关的现金或支付其他与经营活动有关的现金列示，在子公司个别现金流量表中作为支付其他与经营活动有关的现金或收到其他与经营活动有关的现金列示。从整个企业集团来看，这种现金结算债权与债务，并不引起整个企业集团的现金流量的增减变动。因此，编制合并现金流量表时，应当在母公司与子公司现金流量表数据简单相加的基础上，将母公司当期以现金结算债权与债务所产生的现金流量予以抵销。

（四）企业集团内部当期销售商品所产生的现金流量的抵销处理

母公司向子公司当期销售商品（或子公司向母公司销售商品、或子公司相互之间销售商品，下同）所收到的现金，表现为现金流入，在母公司个别现金流量表中作为销售商品、提供劳务收到的现金列示。子公司向母公司支付购货款，表现为现金流出，在其个别现金流量表中反映为购买商品、接受劳务支付的现金。从整个企业集团来看，这种内部商品购赊现金收支，并不引起整个企业集团的现金流量的增减变动，因此，编制合并现金流量表时，应当在母公司与子公司现金流量表数据简单相加的基础上，将母公司与子公司、子公司相互之间当期销售商品所产生的现金流量予以抵销。

（五）企业集团内部处置固定资产等收回的现金净额与购建固定资产等支付的现金的抵销处理

母公司向子公司处置固定资产等长期资产，表现为现金流入，在母公司个别现金流量表中作为处置固定资产、无形资产和其他长期资产收回的现金净额列示。子公司表现为现金流出，在其个别现金流量表中反映为购建固定资产、无形资产和其他长期资产支付的现金。从整个企业集团来看，这种固定资产处置与购置的现金收支，并不会引起整个企业集团的现金流量的增减变动。因此，编制合并现金流量表时，应当在母公司与子公司现金流量表数据简单相加的基础上，将母公司与子公司、子公司相互之间处置固定资产、无形资产和其他长期资产收回的现金净额与购建固定资产、无形资产和其他长期资产支付的现金相互抵销。

三、合并现金流量表中有关少数股东权益项目的反映

合并现金流量表的编制与个别现金流量表相比，一个特殊的问题是在子公司为非全资子公司的情况下，涉及子公司与其少数股东之间的现金流入和现金流出的处理问题。

对于子公司与少数股东之间发生的现金流入和现金流出，从整个企业集团来看，也影响到其整体的现金流入和现金流出数量的增减变动，必须在合并现金流量表中予以反映。子公司与少数股东之间发生的影响现金流入和现金流出的经济业务包括：少数股东对子公司增加权益性投资、少数股东依法从子公司中抽回权益性投资、子公司向其少数股东支付现金股利或利润等。为了便于企业集团合并财务报表使用者了解掌握企业集团现金流量的情况，有必要将与子公司少数股东之间的现金流入和现金流出情况单独予以反映。

1. 少数股东对子公司增加权益性投资。在合并现金流量表中应当在“筹资活动产生的现金流量”之下的“吸收投资收到的现金”项目下设置“其中：子公司吸收少数股东投资收到的现金”项目反映。

2. 少数股东依法从子公司中抽回权益性投资。在合并现金流量表中应当在“筹资活动产生的现金流量”之下的“支付其他与筹资活动有关的现金”项目反映。

3. 子公司向其少数股东支付现金股利或利润等。在合并现金流量表中应当在“筹资活动产生的现金流量”之下的“分配股利、利润或偿付利息支付的现金”项目下单设“其中：子公司支付给少数股东的股利、利润”项目反映。

需要说明的是，在企业合并当期，母公司购买子公司及其他营业单位支付对价中以现金支付的部分与子公司及其他营业单位在购买日持有的现金和现金等价物应当相互抵销，区别两种情况分别处理。

第一种情况：子公司及其他营业单位在购买日持有的现金和现金等价物小于母公司支付对价中以现金支付的部分。按减去子公司及其他营业单位在购买日持有的现金和现金等价物后的净额在“取得子公司及其他营业单位支付的现金净额”项目反映，应编制的抵销分录为：借记“取得子公司及其他营业单位支付的现金净额”项目，贷记“年初现金及现金等价物余额”项目。

第二种情况：子公司及其他营业单位在购买日持有的现金和现金等价物大于母公司支付对价中以现金支付的部分。按减去子公司及其他营业单位在购买日持有的现金和现金等价物后的净额在“收到其他与投资活动有关的现金”项目反映，应编制的抵销分录为：借记“取得子公司及其他营业单位支付的现金净额”项目和“收到其他与投资活动有关的现金”项目，贷记“年初现金及现金等价物余额”项目。

四、合并现金流量表的格式

合并现金流量表的格式是在一般企业和金融企业财务报表格式对现金流量列报要求的基础上形成的。

五、合并现金流量表的编制

为了便于理解和掌握合并现金流量表的编制方法，了解合并现金流量表编制的过程，可以参见本章后续合并财务报表综合举例。

第八节　合并所有者权益变动表的编制

合并所有者权益变动表是反映构成企业集团所有者权益的各组成部分当期的增减变动情况的财务报表。合并所有权权益变动表应当以母公司和子公司的所有者权益变动表为基础，在抵销母公司与子公司、子公司相互之间发生的内部交易对合并所有者权益变动表的影响后，由母公司合并编制。合并所有者权益变动表也可以根据合并资产负债表和合并利润表进行编制。

一、编制合并所有者权益变动表时应进行抵销的项目

所有者权益变动表作为以单个企业为会计主体进行会计核算的结果，分别从母公司本身和子公司本身反映其在一定会计期间所有者权益构成及其变动情况。在以其个别所有者权益变动表为基础计算的各所有者权益构成项目的加总金额中，也必然包含重复计算的因素。因此，编制合并所有者权益变动表时，也需要将这些重复的因素予以剔除。

编制合并所有者权益变动表时需要进行抵销处理的项目主要有：（1）母公司对子公司的长期股权投资与母公司在子公司所有者权益中所享有的份额相互抵销；（2）母公司对子公司、子公司相互之间持有对方长期股权投资的投资收益应当抵销。

需要说明的是：（1）从合并财务报表前后一致的理念、原则出发，将母公司及其全部子公司构成的企业集团作为一个会计主体，反映企业集团外部交易的情况，企业集团内部母子公司之间的投资收益和利润分配与其他内部交易一样相互抵销。同时，应当关注合并所有者权益变动表“未分配利润”的年末余额，将其中子公司当年提取的盈余公积归属于母公司的金额进行单项附注披露。（2）子公司在“专项储备”项目中反映的按照国家相关规定提取的安全生产费等，与留存收益不同，在长期股权投资与子公司所有者权益相互抵销后，应

当按归属于母公司所有者的份额予以恢复，借记“未分配利润”项目，贷记“专项储备”项目。

二、合并所有者权益变动表的格式

所有者权益变动表的格式在一般企业和金融企业所有者权益变动表格式基础上，在子公司存在少数股东的情况下，增加了“少数股东权益”栏目，用于反映少数股东权益变动的情况。

三、合并所有者权益变动表的编制

为了便于理解和掌握合并所有者权益变动表的编制方法，了解合并所有者权益变动表编制的过程，可以参见本章后续合并财务报表综合举例。

第九节 合并财务报表附注

一、合并财务报表附注概述

附注是合并财务报表不可或缺的组成部分，是对在合并资产负债表、合并利润表、合并现金流量表和合并所有者权益变动表等报表中列示项目的文字描述或明细资料，以及对未能在这些报表中列示项目的说明等。

财务报表中的数字是经过分类与汇总后的结果，是对企业发生的经济业务的高度简化和浓缩的数字，如果没有形成这些数字所使用的会计政策、理解这些数字所必需的披露，财务报表就不可能充分发挥效用。因此，附注与合并资产负债表、合并利润表、合并现金流量表、合并所有者权益变动表等报表具有同等的重要性，是合并财务报表的重要组成部分。报表使用者了解企业的财务状况、经营成果和现金流量，应当全面阅读附注。

附注披露应满足以下基本要求。

（1）附注披露的信息应是定量、定性信息的结合，从而能从量和质两个角度对企业经济事项完整地进行反映，满足信息使用者的决策需求。

（2）附注应当按照一定的结构进行系统合理的排列和分类，有顺序地披露信息。

（3）附注相关信息应当与合并资产负债表、合并利润表、合并现金流量表和合并所有者权益变动表等报表中列示的项目相互参照，以从整体上更好地理解财务报表。

二、附注披露的内容

企业（母公司）应当按照规定披露合并财务报表附注信息，主要包括下列内容。

1. 企业集团的基本情况。

（1）企业注册地、组织形式和总部地址。

（2）企业的业务性质和主要经营活动，如企业所处的行业、所提供的主要产品或服务、客户的性质、销售策略、监管环境的性质等。

（3）母公司以及集团最终母公司的名称。

（4）财务报告的批准报出者和财务报告批准报出日。

2. 财务报表的编制基础。

3. 遵循企业会计准则的声明。如果企业编制的财务报表只是部分地遵循了企业会计准则，附注中不得作出这种表述。

4. 重要会计政策和会计估计。根据财务报表列报准则的规定，企业应当披露采用的重要会计政策和会计估计，不重要的会计政策和会计估计可以不披露。

（1）重要会计政策的说明。需要特别指出的是，说明会计政策时还需要披露下列两项内容：一是财务报表项目的计量基础，会计计量属性包括历史成本、重置成本、可变现净值和公允价值，这直接显著地影响报表使用者的分析，这项披露要求便于使用者了解企业合并财务报表中的项目是按何种计量基础予以计量的，如存货是按成本还是按照可变现净值计量等。二是会计政策的确定依据，主要是指企业在运用会计政策过程中所作的对报表中确认的项目金额最具影响的判断。

（2）重要会计估计的说明。财务报表列报准则强调了对会计估计不确定因素的披露要求，企业应当披露会计估计中所采用的关键假设和不确定因素的确定依据，这些关键假设和不确定因素在下一会计期间内很可能导致对资产、负债账面价值进行重大调整。

企业在披露金融工具公允价值相关信息时，应当分别披露确定金额工具公允价值计量的方法是否发生改变以及改变的原因、各个层次公允价值的金额、公允价值所属层次间的重大变动、第三层次公允价值期初金额和本期变动金额等相关信息。在第三层次公允价值计量中，如果估值技术中使用的一个或多个输入值发生合理、可能的变动将导致公允价值金额发生显著变化，应披露这一事实及其影响。

5. 会计政策和会计估计变更以及差错更正的说明。企业应当按照会计政策、会计估计变更和差错更正准则及其应用指南的规定，披露会计政策和会计估计变更以及差错更正的有关情况。

6. 报表重要项目的说明。企业应当以文字和数字描述相结合、尽可能以列表形式披露报表重要项目的构成或当期增减变动情况，并且报表重要项目的明细金额合计，应当与报表项目金额相衔接，在披露顺序上，一般应当按照合并资产负债表、合并利润表、合并现金流量表、合并所有者权益变动表的顺序及其项目列示的顺序，分别以交易性金融资产、应收款项、存货、合同资产、持有待售资产、债权投资、其他债权投资、长期股权投资、其他权益工具投资、其他非流动金融资产、投资性房地产、固定资产、无形资产、交易性金融负债、应付职工薪酬、应交税费、短期借款、长期借款、应付债券、长期应付款、营业收入、公允价值变动收益、投资收益、减值损失、营业外收入、营业外支出、所得税、政府补助、非货币性资产交换、股份支付、债务重组、借款费用、外币折算、企业合并等项目按照相关会计准则的规定进行披露。

7. 或有事项。企业应当披露下列信息。

（1）预计负债。

①预计负债的种类、形成原因以及经济利益流出不确定性的说明。

②各类预计负债的期初、期末余额和本期变动情况。

③与预计负债有关的预期补偿金额和本期已确认的预期补偿金额。

（2）或有负债（不包括极小可能导致经济利益流出企业的或有负债）。

①或有负债的种类及其形成原因，包括未决诉讼、未决仲裁、对外提供担保等形成的或有负债。

②经济利益流出不确定性的说明。

③或有负债预计产生的财务影响，以及获得补偿的可能性；无法预计的，应当说明原因。

（3）企业通常不应当披露或有资产，但或有资产很可能会给企业带来经济利益的，应当披露其形成的原因、预计产生的财务影响等。

（4）在涉及未决诉讼、未决仲裁的情况下，按相关规定披露全部或部分信息预期对企业造成重大不利影响的，企业无须披露这些信息，但应当披露该未决诉讼、未决仲裁的性质以及没有披露这些信息的事实和原因。

8. 资产负债表日后事项。企业应当披露下列信息。

（1）每项重要的资产负债表日后非调整事项的性质、内容，及其对财务状况和经营成果的影响。无法作出估计的，应当说明原因。

（2）资产负债表日后，企业利润分配方案中拟分配的以及经审议批准宣告发放的股利或利润。

9. 关联方关系及其交易。

10. 有助于财务报表使用者评价企业管理资本的目标、政策及程序的信息。

11. 终止经营的收入、费用、利润总额、所得税费用（收益）和净利润；终止经营的资产或处置组确认的减值损失及其转回金；终止经营的处置损益总额、所得税费用（收益）和处置净损益；终止经营的经营活动、投资活动和筹资活动现金流量净额；归属于母公司所有者的持续经营损益和终止经营损益。

12. 在资产负债表日后、财务报告批准报出日前提议或宣布发放的股利总额和每股股利金额（或向投资者分配的利润总额）。

13. 母公司和子公司信息。

（1）子公司有关的信息。

（2）母公司拥有被投资单位表决权不足半数但能对被投资单位形成控制的原因。

（3）母公司直接或通过其他子公司间接拥有被投资单位半数以上的表决权但未能对其形成控制的原因。

（4）子公司所采用的会计政策与母公司不一致的，母公司编制合并财务报表的处理方法。

（5）子公司与母公司会计期间不一致的，母公司编制合并财务报表的处理方法。

（6）本期不再纳入合并范围的原子公司，说明原子公司的名称、注册地、业务性质、母公司的持股比例和表决权比例，本期不再成为子公司的原因。

原子公司在处置日和上一会计期间资产负债表日资产、负债和所有者权益的金额以及本期期初至处置日的收入、费用和利润的金额。

（7）子公司向母公司转移资金的能力受到严格限制的情况。

（8）对纳入合并范围的结构化主体的财务支持或其他支持、向结构化主体提供支持的意图等。

（9）子公司少数股东持有的权益对企业集团具有重要性的，子公司少数股东的表决权比例、当期归属于子公司少数股东的损益以及向少数股东支付的股利、子公司在当期期末累计的少数股东权益余额、子公司主要财务信息等。

（10）使用企业集团资产和清偿企业集团债务存在重大限制的，该限制的内容、子公司少数股东享有的相应保护性权利的性质和造成的限制程度、该限制涉及的资产和负债在合并财务报表中的金额等。

（11）在子公司所有者权益份额发生变化且该变化未导致企业丧失对子公司控制权的，该变化对本企业所有者权益的影响；丧失对子公司控制权的，由于丧失控制权而产生的利得或损失以及相应的列报项目、剩余股权在丧失控制权日按照公允价值重新计量而产生的利得或损失。

（12）企业是投资性主体且存在未纳入合并财务报表范围的子公司，并对该子公司权益按照公允价值计量且其变动计入当期损益的，该事实以及未纳入合并财务报表范围的子公司的名称、主要经营地及注册地、企业对子公司的表决权比例等。

第十节　合并财务报表综合举例

为了便于理解和掌握合并财务报表的编制方法，了解合并财务报表的编制过程，本内容综合举例说明合并资产负债表、合并利润表、合并现金流量表和合并所有者权益变动表及合并工作底稿的编制方法与过程。

【例13-33】2×20年1月1日，P公司用银行存款30 000 000元（3 000万元）购得S公司80%的股份，取得对S公司的控制权（假定P公司与S公司的企业合并属于非同一控制下的企业合并，初始取得成本等于计税基础）。P公司在2×20年1月1日建立的备查簿（见表13-19）中记录了购买日（2×20年1月1日）S公司可辨认资产、负债及或有负债的公允价值信息。

2×20年1月1日（投资当时），S公司股东权益总额为35 000 000元（账面价值），其中：股本为20 000 000元；资本公积为15 000 000元；盈余公积为0；未分配利润为0。

P公司和S公司2×20年12月31日（投资当期期末）个别资产负债表分别见表13-20和表13-21，2×20年利润表、现金流量表和所有者权益变动表分别见表13-22、表13-23和表13-24。

假定S公司的会计政策和会计期间与P公司一致；P公司和S公司适用的所得税税率均为25%；除S公司其他债权投资存在暂时性差异外，P公司的资产和负债、S公司的其他资产和负债均不存在暂时性差异，在合并财务报表层面出现暂时性差异均符合递延所得税资产或递延所得税负债的确认条件。

P公司在编制由P公司和S公司组成的企业集团2×20年合并财务报表时，存在以下内部交易或事项需在合并工作底稿中进行抵销或调整处理。

（1）P公司2×20年利润表的营业收入中35 000 000元系向S公司销售产品实现的销售收入，该产品销售成本为30 000 000元。S公司在本期将该产品全部售出，其销售收入为50 000 000元，销售成本为35 000 000元，反映在S公司2×20年的利润表中。

对此，编制合并财务报表将内部销售收入和销售成本予以抵销时，应在合并工作底稿（见表13-25）中编制如下抵销分录：

①借：营业收入　　35 000 000
　　贷：营业成本　　35 000 000

（2）S公司2×20年确认的应向P公司支付的债券利息费用为200 000元（假设该债券的票面利率与实际利率相差较小，发生的债券利息费用不符合资本化条件）。

在编制合并财务报表时，应将内部债券投资收益与应付债券利息费用相互抵销。在合并工作底稿中其抵销分录为：

②借：投资收益　　200 000
　　贷：财务费用　　200 000

（3）S公司2×20年利润表的营业收入中有10 000 000元系向P公司销售商品实现的销售收入，对应的销售成本为8 000 000元。P公司购进的该商品2×20年未对外销售，全部形成期末存货。

在编制合并财务报表时，在合并工作底稿中应进行如下抵销处理：

③借：营业收入　　10 000 000
　　贷：营业成本　　10 000 000
④借：营业成本　　2 000 000
　　贷：存货　　2 000 000
借：少数股东权益　　300 000
　贷：少数股东损益　　300 000

该交易为逆流交易，还需要按照少数股东在未实现的内部交易损益中所占份额（金额），并考虑所得税的影响，抵销少数股东权益。

少数股东权益 = 2 000 000 × 20% × (1 - 25%) = 300 000（元）

同时，确认该存货可抵扣暂时性差异的递延所得税影响 = 2 000 000 × 25% = 500 000（元）。

资产：账面价值 < 计税基础，产生可抵扣暂时性差异，确认递延所得税资产：

⑤借：递延所得税资产　　500 000
　　贷：所得税费用　　500 000

（4）S公司2×20年以3 000 000元价格将其生产的产品销售给P公司，销售成本为2 700 000元，因该内部固定资产交易实现的销售利润为300 000元。P公司购买该产品作为管理用固定资产使用，按3 000 000元入账。假设P公司对该固定资产按3年的使用寿命采用年限平均法计提折旧，预计净残值为0。

该固定资产交易时间为2×20年1月1日，本章为简化抵销处理，假定P公司该内部交易形成的固定资产2×20年按12个月计提折旧。

在合并工作底稿中有关抵销处理如下：

⑥借：营业收入　　3 000 000
　　贷：营业成本　　2 700 000
　　　　固定资产——原价　　300 000
借：少数股东权益　　45 000
　贷：少数股东损益　　45 000

该交易为逆流交易，还需要按照少数股东在未实现的内部交易损益中所占份额（金额），并考虑所得税的影响，抵销少数股东权益。

少数股东权益 = 300 000 × 20% × (1 - 25%) = 45 000（元）

抵销该固定资产当期多计提的折旧额（固定资产折旧年限为3年）。

⑦借：固定资产——累计折旧（30万元 ÷ 3年）　　100 000
　　贷：管理费用　　100 000

通过上述抵销分录，在合并工作底稿中固定资产累计折旧额减少100 000元，管理费用减少100 000元，在合并财务报表中该固定资产的累计折旧额为900 000元，该固定资产当期计提的折旧费为900 000元。

借：少数股东损益　　15 000

贷：少数股东权益［100 000×20%×（1－25%）］　　15 000

同时，确认该固定资产可抵扣暂时性差异的递延所得税影响＝（300 000－100 000）×25%＝50 000（元），其中，100 000元为当年已在P公司所得税前扣除的金额。

资产：账面价值＜计税基础，产生可抵扣暂时性差异，确认递延所得税资产。

⑧借：递延所得税资产　　50 000

贷：所得税费用　　50 000

（5）P公司将其账面价值为1 300 000元的某项固定资产以1 200 000元的价格出售给S公司作为管理用固定资产使用。P公司因该内部固定资产交易发生处置损失100 000元。假设S公司以1 200 000元作为该项固定资产的成本入账，S公司对该固定资产按5年的使用寿命采用年限平均法计提折旧，预计净残值为0。该固定资产交易时间为2×20年7月1日，本章为简化抵销处理，假定S公司该内部交易形成的固定资产2×20年按6个月计提折旧。

在合并工作底稿中有关抵销处理如下：

抵销该固定资产的处置损失与固定资产原价中包含的未实现内部销售损益。

⑨借：固定资产——原价　　100 000

贷：资产处置收益　　100 000

抵销该固定资产当期少计提的折旧额（该固定资产折旧年限为5年）。

⑩借：管理费用（10万元÷5年÷2）　　10 000

贷：固定资产——累计折旧　　10 000

通过上述抵销分录，在合并工作底稿中固定资产累计折旧额增加了10 000元，管理费用增加了10 000元，在合并财务报表中该固定资产的累计折旧为130 000元，该固定资产当期计提的折旧费为130 000元。

同时，确认该固定资产的应纳税暂时性差异的递延所得税影响＝(100 000－10 000)×25%＝22 500（元），其中，10 000元为当年已在S公司所得税前扣除的金额。

资产：账面价值＞计税基础，产生应纳税暂时性差异，确认递延所得税负债。

⑪借：所得税费用　　22 500

贷：递延所得税负债　　22 500

（6）S公司2×20年实现净利润10 000 000元（调整前），为了便于说明合并所有者权益变动表的编制，本章假定S公司2×20年即进行了利润分配。计提法定盈余公积1 000 000元，分派现金股利6 000 000元，其中：向P公司分派现金股利4 800 000元，向其他股东分派现金股利1 200 000元，未分配利润为3 000 000元。S公司因持有的其他债权投资的公允价值变动计入当期其他综合收益的金额为750 000元。2×20年12月31日，S公司股东权益总额为39 750 000元（调整前），其中：股本为20 000 000元；资本公积为

15 000 000 元；其他综合收益为 750 000 元；盈余公积为 1 000 000 元；未分配利润为 3 000 000 元。

2×20 年 12 月 31 日，P 公司个别资产负债表中对 S 公司长期股权投资金额为 30 000 000 元（等于初始投资成本），拥有 S 公司 80% 的股份（假定未发生减值）。P 公司在个别资产负债表中采用成本法核算该项长期股权投资。

首先，根据《企业会计准则第 33 号——合并财务报表》的规定，在合并工作底稿中对 S 公司的长期股权投资由成本法调整为权益法。

其次，根据《企业会计准则第 2 号——长期股权投资》的规定，投资企业在采用权益法确认应享有被投资单位净损益的份额时，应当以取得投资时被投资单位各项可辨认资产、负债等的公允价值为基础，对被投资单位的净利润进行调整后确认。

在本例中，P 公司在编制 2×20 年合并财务报表时，应当首先根据 P 公司备查簿中记录的 S 公司可辨认资产、负债在购买日（2×20 年 1 月 1 日）的公允价值的资料（见表 13－19），调整 S 公司的净利润。

按照 P 公司备查簿中的记录，在购买日，S 公司可辨认资产、负债及或有负债的公允价值与账面价值存在差异的仅有一项，即甲办公楼，公允价值高于账面价值的差额为 1 000 000 元（7 000 000－6 000 000），按年限平均法每年应补提的折旧额为 50 000 元（1 000 000÷20）。假定甲办公楼用于 S 公司的总部管理。在合并工作底稿中应作的调整分录如下：

⑫借：固定资产　　1 000 000

　　贷：资本公积　　750 000

递延所得税负债　　250 000

借：管理费用（1 000 000÷20 年）　　50 000

　　贷：固定资产——累计折旧　　50 000

借：递延所得税负债（50 000×25%）　　12 500

　　贷：所得税费用　　12 500

据此，以 S 公司 2×20 年 1 月 1 日各项可辨认资产、负债等的公允价值为基础，考虑递延所得税后，重新确定的 2×20 年净利润＝10 000 000（给定）－50 000（评估增值补提的折旧）＋12 500（转回的递延所得税负债）＝9 962 500 元（调整后的净利润）。

有关调整分录如下：⑬－⑮成本法调整权益法。

⑬确认 P 公司在 2×20 年 S 公司实现净利润 9 962 500 元（调整后）中所享有的份额 7 970 000 元（9 962 500×80%）。

借：长期股权投资——S 公司（9 962 500×80%）　　7 970 000

　　贷：投资收益——S 公司　　7 970 000

⑭确认 P 公司收到 S 公司 2×20 年分派的现金股利，同时抵销原按成本法确认的投资收益 4 800 000 元。

借：投资收益——S 公司　　4 800 000

贷：长期股权投资——S 公司　　4 800 000

⑮确认 P 公司在 2×20 年 S 公司其他综合收益中所享有的份额 600 000 元（750 000×80%）。

借：长期股权投资——S 公司（750 000×80%）　　600 000

贷：其他综合收益——S 公司　　600 000

调整后的长期股权投资 =30 000 000（投资成本）+7 970 000（投资损益）-4 800 000（分配股利）+600 000（其他综合收益）=33 770 000（元）。

借：长期股权投资——S 公司　　3 770 000

贷：投资收益——S 公司　　3 170 000

其他综合收益——S 公司　　600 000

S 公司经调整后的 2×20 年 12 月 31 日股东权益总额为 40 462 500 元，具体调整如下：股东权益账面余额 39 750 000 元 - 调整前未分配利润 3 000 000 元 +（调整后净利润 9 962 500 元 - 分配的现金股利 6 000 000 元 - 按调整前计提的盈余公积 1 000 000元）+甲办公楼购买日公允价值高于账面价值的差额扣除所得税的影响后的金额 750 000 元 =36 750 000 + 2 962 500 + 750 000 =40 462 500（元）。

S 公司股东权益中 20% 的部分，即 8 092 500 元（股东权益调整后余额 40 462 500×20%）属于少数股东权益，在抵销处理时应作为少数股东权益处理。在合并工作底稿中抵销分录如下：

⑯借：股本　　20 000 000

资本公积　　15 750 000

其他综合收益　　750 000

盈余公积　　1 000 000

未分配利润——年末　　2 962 500

商誉　　1 400 000

贷：长期股权投资　　33 770 000

少数股东权益　　8 092 500

需要说明的是：一是商誉金额应根据《企业会计准则第 20 号——企业合并》的规定确定，本例中商誉 = 投资成本及合并成本 30 000 000 - 购买日可辨认净资产的公允价值份额 35 750 000（账面所有者权益 35 000 000 + 评估增值 750 000）×80% =1 400 000（元）。

其中：750 000 元［1 000 000×（1 -25%）］为评估增值的固定资产扣除所得税影响后的金额。二是“资本公积” =给定金额 15 000 000 + 甲办公楼购买日公允价值高于账面价值的差额扣除所得税的影响后的金额 750 000 =15 750 000（元）

（7）P 公司 2×20 年个别资产负债表中应收票据及应收账款 4 750 000 元（假定不含增值税，下同）为 2×20 年向 S 公司销售商品发生的应收销货款的账面价值。P 公司对该笔应收款项计提的坏账准备为 250 000 元。S 公司 2×20 年个别资产负债表应付票据及应付账款中5 000 000元（假定不含增值税，下同）系2×20年向P公司购进商品存货发生的应付购货款。

在编制合并财务报表中，应将内部应收账款与应付账款相互抵销，同时还应将内部应收账款计提的坏账准备予以抵销并确认递延所得税的影响，在合并工作底稿中其抵销分录为：

⑰借：应付票据及应付账款　5 000 000
　　贷：应收票据及应收账款　5 000 000

⑱借：应收票据及应收账款——坏账准备　250 000
　　贷：信用减值损失　250 000

⑲借：所得税费用（250 000×25%）　62 500
　　贷：递延所得税资产　62 500

（8）P公司2×20年个别资产负债表中合同负债1 000 000元（假定不含增值税，下同）为S公司预付账款；应收票据及应收账款中4 000 000元（假定不含增值税，下同）为S公司2×20年向P公司购买商品35 000 000元时开具的票面金额为4 000 000元的商业承兑汇票；S公司应付债券2 000 000元为P公司所持有（P公司划归为债权投资）。对此，在编制合并资产负债表时，在合并工作底稿中应编制如下抵销分录。

将内部合同负债与内部预付账款抵销时，应编制如下抵销分录：

⑳借：合同负债　1 000 000
　　贷：预付款项　1 000 000

将内部应收票据与内部应付票据抵销时，应编制如下抵销分录：

㉑借：应付票据及应付账款　4 000 000
　　贷：应收票据及应收账款　4 000 000

将债权投资与应付债券抵销时，应编制如下抵销分录：

㉒借：应付债券　2 000 000
　　贷：债权投资　2 000 000

（9）P公司和S公司2×20年度所有者权益变动表如表13－24所示，P公司拥有S公司80%的股份。在合并工作底稿中P公司按权益法调整的S公司本期投资收益为7 970 000元（9 962 500×80%），S公司本期少数股东权益为1 992 500元（9 962 500×20%）。S公司年初未分配利润0，S公司本期计提的盈余公积1 000 000元，分派现金股利6 000 000元，未分配利润2 962 500元（9 962 500元－分派的现金股利6 000 000元－按调整前计提的盈余公积1 000 000元）。为此，对S公司2×20年利润分配进行抵销处理时，在合并工作底稿中应编制如下抵销分录：

㉓借：投资收益（调整后净利润9 962 500×80%）　7 970 000
　　少数股东损益（调整后净利润9 962 500×20%）　1 992 500
　　未分配利润——年初　0
　　贷：提取盈余公积　1 000 000

对所有者（或股东）的分配 6 000 000

未分配利润——年末 2 962 500

（10）2×20 年，P 公司收到 S 公司向其支付的债券利息费用 200 000 元和 S 公司分派的 2×20 年现金股利 4 800 000 元。在编制合并财务报表时，应在合并工作底稿中编制如下抵销分录：

㉔借：分配股利、利润或偿付利息支付的现金（200 000 +4 800 000）

5 000 000

贷：取得投资收益收到的现金 5 000 000

（11）P 公司 2×20 年向 S 公司销售商品的价款 35 000 000 元中实际收到 S 公司支付的银行存款 26 000 000 元，同时 S 公司还向 P 公司开具了票面金额为 4 000 000 元的商业承兑汇票。S 公司 2×20 年向 P 公司销售商品 10 000 000 元的价款全部收到。在编制合并财务报表时，应在合并工作底稿中编制如下抵销分录：

㉕借：购买商品、接受劳务支付的现金（26 000 000 +10 000 000）

36 000 000

贷：销售商品、提供劳务收到的现金 36 000 000

（12）S 公司 2×20 年 1 月 1 日向 P 公司销售商品 3 000 000 元的价款全部收到。在编制合并财务报表时，应在合并工作底稿中编制如下抵销分录：

㉖借：购建固定资产、无形资产和其他长期资产支付的现金

3 000 000

贷：销售商品、提供劳务收到的现金 3 000 000

（13）P 公司向 S 公司出售固定资产的价款 1 200 000 元全部收到。在编制合并财务报表时，应在合并工作底稿中编制如下抵销分录：

㉗借：购建固定资产、无形资产和其他长期资产支付的现金

1 200 000

贷：处置固定资产、无形资产和其他长期资产收回的现金净额

1 200 000

（14）P 公司在购买日（2×20 年 1 月 1 日）支付银行存款 30 000 000 元购得 S 公司 80% 的股份从而取得对 S 公司的控制权，使 S 公司成为其子公司。在该日，S 公司实际持有货币资金 3 000 000 元。在编制合并现金流量表时，应在合并工作底稿中编制如下抵销分录：

㉘借：取得子公司及其他营业单位支付的现金净额 3 000 000

贷：年初现金及现金等价物余额 3 000 000

根据以上资料，通过合并工作底稿编制 P 公司与 S 公司组成的企业集团 2×20 年的合并资产负债表、合并利润表、合并现金流量表和合并所有者权益变动表，分别参见表 13－19～表 13－29，限于篇幅，其合并财务报表附注略。

表 13 - 19　　P公司备查簿——S公司

2×20年1月1日　　单位：万元

项目	购买日账面价值	购买日公允价值	公允价值与账面价值的差额	合并财务报表调整	备注
流动资产：	3 900	3 900	0		
非流动资产：	2 000	2 100	100		
其中：固定资产——甲办公楼	600	700	100		该办公楼的剩余折旧年限为20年，采用年限平均法计提折旧
资产合计	5 900	6 000	100		
流动负债：	1 500	1 500	0		
非流动负债：	900	900	0	25	
其中：递延所得税负债				25	
负债合计	2 400	2 400	0	25	
股东权益：					
股本	2 000	2 000	0		
资本公积	1 500	1 600		75	甲办公楼公允价值与账面价值的差额扣除所得税的影响后的金额
盈余公积	0	0	0		
未分配利润	0	0	0		
股东权益合计	3 500	3 600		75	
负债和股东权益合计	5 900	6 000	100		

表 13 - 20　　资产负债表（简表）　　会企 01 表

编制单位：P公司　　2×20年12月31日　　单位：万元

资产	期末数	年初数	负债和所有者权益（或股东权益）	期末数	年初数
流动资产：			流动负债：		
货币资金	1 000	3 000	应付票据及应付账款	4 000	3 000
应收票据及应收账款	3 200	2 300	合同负债	200	300
其中：应收S公司票据	400		其中：预收S公司账款	100	
应收S公司账款	475		应付职工薪酬	1 000	2 100
预付款项	770		应交税费	800	1 000
存货	1 000	3 800	流动负债合计	6 000	6 400

续表

资产	期末数	年初数	负债和所有者权益（或股东权益）	期末数	年初数
其中：向S公司购入存货	1 000		非流动负债：		
流动资产合计	5 970	9 100	长期借款	2 000	2 000
非流动资产：			应付债券	6 00	6 00
债权投资	200	200	非流动负债合计	2 600	2 600
其中：持有S公司债券	200	200	负债合计	8 600	9 000
其他债权投资					
长期股权投资	4 700	4 700	所有者权益（或股东权益）：		
其中：对S公司投资	3 000		股本	4 000	4 000
固定资产	4 100	3 300	资本公积	800	800
其中：向S公司购入固定资产	200		其他综合收益		
无形资产	623.75	700	盈余公积	1 034.5	732
递延所得税资产	6.25		未分配利润	1 165.5	468
非流动资产合计	9 630	5 900	所有者权益合计	7 000	6 000
资产合计	15 600	15 000	负债和所有者权益（或股东权益）总计	15 600	15 000

表 13-21　　资产负债表（简表）　　**会企01表**

编制单位：S公司　　2×20年12月31日　　单位：万元

资产	期末数	年初数	负债和所有者权益（或股东权益）	期末数	年初数
流动资产：			流动负债		
货币资金	500	300	应付票据及应付账款	900	900
应收票据及应收账款	1 060	700	其中：应付票据——P公司	400	
预付款项	400		应付账款——P公司	500	
其中：预付P公司账款	100		合同负债		50
存货	1 100	2 900	应付职工薪酬	100	350
流动资产合计	3 060	3 900	应交税费	60	200
非流动资产：			流动负债合计	1 060	1 500

续表

资产	期末数	年初数	负债和所有者权益（和股东权益）	期末数	年初数
债权投资			非流动负债：		
其他债权投资	800	700	长期借款	700	700
长期股权投资			应付债券	200	200
固定资产	2 100	1 300	其中：应付债券——P公司	200	200
其中：向P公司购入固定资产	108		递延所得税负债	25	
无形资产			非流动负债合计	925	900
			负债合计	1 985	2 400
非流动资产合计	2 900	2 000	所有者权益（或股东权益）：		
			股本	2 000	2 000
			资本公积	1 500	1 500
			其他综合收益	75	0
			盈余公积	100	0
			未分配利润	300	0
			所有者权益合计	3 975	3 500
资产合计	5 960	5 900	负债和所有者权益（或股东权益）合计	5 960	5 900

表 13－22　　利润表（简表）　　会企 02 表

编制单位：P公司　　2×20 年　　单位：万元

项　　目	P公司	S公司
一、营业收入	8 700	6 140
减：营业成本	4 425	4 570
税金及附加	300	125
销售费用	15	10
管理费用	100	62
研发费用		
财务费用	300	40
其中：利息费用	300	40
利息收入		
加：其他收益		
投资收益	500	
公允价值变动收益（损失以“－”号填列）		
信用减值损失（损失以“－”号填列）	25	

续表

项　　目	P公司	S公司
资产减值损失（损失以"－"号填列）		
资产处置收益（损失以"－"号填列）	−10	
二、营业利润（亏损以"－"号填列）	4 035	
加：营业外收入		
减：营业外支出		
三、利润总额（亏损总额以"－"号填列）	4 025	1 333
减：所得税费用	1 000	333
四、净利润（净亏损以"－"号填列）	3 025	1 000
（一）持续经营净利润（净亏损以"－"号填列）		
（二）终止经营净利润（净亏损以"－"号填列）		
五、其他综合收益的税后净额		75
（一）以后不能重分类进损益的其他综合收益		0
1. 重新计量设定受益计划变动额		
2. 权益法下不能转损益的其他综合收益		
3. 其他权益工具投资公允价值变动损益		
4. 企业自身信用风险公允价值变动		
（二）将重分类进损益的其他综合收益		75
1. 权益法下可转损益的其他综合收益		
2. 其他债权投资公允价值变动		
3. 金融资产重分类计入其他综合收益的金额		
4. 其他债权投资信用减值准备		
5. 现金流量套期储备		
6. 外币财务报表折算差额		
7. 其他		
六、综合收益总额	3 025	1 075
七、每股收益		
（一）基本每股收益		
（二）稀释每股收益		

表 13－23　　**现金流量表（简表）**　　**会企 03 表**

编制单位：P公司　　2×20年　　单位：万元

项　　目	P公司	S公司
一、经营活动产生的现金流量		
销售商品、提供劳务收到的现金	7 795	5 990
收到的税费返还		
收到其他与经营活动有关的现金		

续表

项　　目	P公司	S公司
经营活动现金流入小计	7 795	5 990
购买商品、接受劳务支付的现金	1 420	3 270
支付给职工以及为职工支付的现金	1 100	250
支付的各项税费	1 820	758
支付其他与经营活动有关的现金	45	22
经营活动现金流出小计	4 385	4 300
经营活动产生的现金流量净额	3 410	1 690
二、投资活动产生的现金流量		
收回投资收到的现金		
取得投资收益收到的现金	500	
处置固定资产、无形资产和其他长期资产收回的现金净额	120	
处置子公司及其他营业单位收到的现金净额		
收到其他与投资活动有关的现金		
投资活动现金流入小计	620	
购建固定资产、无形资产和其他长期资产支付的现金	930	800
投资支付的现金		
取得子公司及其他营业成本支付的现金净额	3 000	
支付其他与投资活动有关的现金		
投资活动现金流出小计	3 930	800
投资活动产生的现金流量净额	-3 310	-800
三、筹资活动产生的现金流量		
吸收投资收到的现金		
取得借款收到的现金		
收到其他与筹资活动有关的现金		
筹资活动现金流入小计		
偿还债务支付的现金		
分配股利、利润或偿付利息支付的现金	2 100	690
支付其他与筹资活动有关的现金		
筹资活动现金流出小计	2 100	690
筹资活动产生的现金流量净额	-2 100	-690
四、汇率变动对现金及现金等价物的影响		
五、现金及现金等价物净增加额	-2 000	200
加：期初现金及现金等价物余额	3 000	300
六、期末现金及现金等价物余额	1 000	500

表 13-24　　所有者权益变动表（简表）　　会企 04 表

编制单位：P 公司　　2×20 年　　单位：万元

项目	P公司						S公司					
	股本	资本公积	其他综合收益	盈余公积	未分配利润	股东权益合计	股本	资本公积	其他综合收益	盈余公积	未分配利润	股东权益合计
一、上年末余额	4 000	800	0	732	468	2 000	2 000	1 500	0	0	0	3 500
加：会计政策变更												
前期差错更正												
二、本年初余额	4 000	800	0	732	468	6 000	2 000	1 500	0	0	0	3 500
三、本年增减变动金额（减少以“-”号填列）												
（一）综合收益总额					3 025	3 025			75		1 000	1 075
（二）所有者投入和减少资本												
（三）利润分配				302.5	-2 327.5	-2 025				100	-700	-600
1. 提取盈余公积				302.5	-302.5	0				100	-100	0
2. 对所有者的分配					-2 025	-2 025					-600	-600
（四）所有者权益内部结转												
四、本年末余额	4 000	800	0	1 034.5	1 165.5	7 000	2 000	1 500	75	100	300	3 975

表 13－25

合并工作底稿（简表）

2×20 年

编制单位：P 公司　　　　单位：万元

项目	P 公司			S 公司			合计金额	抵销分录		少数股东权益	合并金额
	报表金额	借方	贷方	报表金额	借方	贷方		借方	贷方		
（利润表项目）											
营业收入	8 700			6 140			14 840	① 3 500 ③ 1 000 ⑥ 300			10 040
营业成本	4 425			4 570			8 995	④ 200	① 3 500 ③ 1 000 ⑥ 270		4 425
税金及附加	300			125			425				425
销售费用	15			10			25				25
管理费用	100			62			167	⑩ 1	⑦ 10		158
财务费用	300			40			340		② 20		320
信用减值损失	25						25		⑱ 25		0
投资收益	500	⑭ 480	⑬ 797				817	② 20 ㉓ 797			0
资产处置收益	－10						－10		⑨ 10		0
营业利润	4 035	480	797	1 333			5 680	5 818	4 825		4 687
利润总额	4 025	480	797	1 333			5 670	5 818	4 835		4 687
所得税费用	1 000			333			1 333	⑪ 2.25 ⑲ 6.25	⑤ 50 ⑧ 5 ⑫ 1.25		1 285.25
净利润	3 025	480	797	1 000			4 337	5 826.5	4 891.25		3 401.75

续表

项目	P公司			S公司			合计金额	抵销分录		少数股东权益	合并金额
	报表金额	借方	贷方	报表金额	借方	贷方		借方	贷方		
少数股东权益								⑦ 1.5	④ 30 ⑥ 4.5	㉓ 199.25	166.25
归属于母公司所有者的净利润											3 235.5
其他综合收益后的税后净额				75			75			15	60
综合收益总额	3 025	480	797	1 075			4 412	5 826.5	4 891.25		3 476.75
归属于母公司所有者的综合收益总额											3 295.5
归属于少数股东的综合收益总额											181.25
（所有者权益变动表项目）											
未分配利润——年初	468			0			468	㉓ 0			468
归属于母公司所有者的净利润											3 235.5
利润分配	2 327.5			700			3 027.5		㉓ 100 ㉓ 600		2 327.5
未分配利润——年末	1 165.5	480	797	300			1 777.5	⑯ 296.25 6 122.75	㉓ 296.25 5 887.5	166.25	1 376
归属于少数股东的未分配利润——年初										0	
少数股东损益										166.25	

续表

项目	P公司			S公司			合计金额	抵销分录		少数股东权益	合并金额
	报表金额	借方	贷方	报表金额	借方	贷方		借方	贷方		
对少数股东的利润分配										120	
归属于少数股东的未分配利润——年末										79.25	
资本公积——年末	800			1 500		⑫ 75	2 375	⑯ 1 575			800
其他综合收益				75			75			15	60
盈余公积——年初	732			0			732	⑯ 0			732
提取盈余公积	302.5			100			402.5		㉓ 100		302.5
盈余公积——年末	1 034.5			100			1 134.5	0	100		1 034.5
（资产负债表项目）											
流动资产：											
货币资金	1 000			500			1 500				1 500
应收票据及应收账款	3 200			1 060			4 260	⑱ 25	⑰ 500 ㉑ 400		3 385
其中：应收S公司票据	400						400		㉑ 400		0
应收S公司账款	475						475	⑱ 25	⑰ 500		0
预付款项	770			400			1 170		⑳ 100		1070
其中：预付P公司账款				100			100		⑳ 100		0
存货	1 000			1 100			2 100		④ 200		1 900
其中：向S公司购入存货	1 000						1 000		④ 200		800

续表

项目	P公司			S公司			合计金额	抵销分录		少数股东权益	合并金额
	报表金额	借方	贷方	报表金额	借方	贷方		借方	贷方		
流动资产合计	5 970			3 060			9 030	25	1200		7 855
非流动资产：											
债权投资	200						200		㉒ 200		0
其中：持有S公司债券	200						200		㉒ 200		0
其他债权投资				800			800				800
长期股权投资	4 700	⑬ 797 ⑮ 60	⑭ 480				5 077		⑯ 3 377		1 700
其中：对S公司投资	3 000	⑬ 797 ⑮ 60	⑭ 480				3 377		⑯ 3 377		0
固定资产	4 100			2 100	⑫ 100	⑫ 5	6 295	⑦ 10 ⑨ 10	⑥ 30 ⑩ 1		6 284
其中：S公司——甲办公楼				570	100	⑫ 5	665				665
向S公司购入固定资产	200						200	⑦ 10	⑥ 30		180
向P公司购入固定资产				108			108	⑨ 10	⑩ 1		117
无形资产	623.75						623.75				623.75
商誉								⑯ 140			140
递延所得税资产	6.25						6.25	⑤ 50 ⑧ 5	⑲ 6.25		55
非流动资产合计	9 630	857	480	2 900	100	5	13 002	215	3 614.25		9 602.75
资产总计	15 600	857	480	5 960	100	5	22 032	240	4 814.25		17 457.75
流动负债：											

续表

项目	P公司			S公司			合计金额	抵销分录		少数股东权益	合并金额
	报表金额	借方	贷方	报表金额	借方	贷方		借方	贷方		
应付票据及应付账款	4 000			900			4 900	⑰ 500 ㉑ 400			4 000
其中：应付票据——P公司				400			400	㉑ 400			0
应付账款——P公司				500			500	⑰ 500			0
合同负债	200						200	⑳ 100			100
其中：预收S公司账款	100						100	⑳ 100			0
应付职工薪酬	1 000			100			1 100				1 100
应交税费	800			60			860				860
流动负债合计	6 000			1 060			7 060	1 000			6 060
非流动负债：											
长期借款	2 000			700			2 700				
应付债券	600			200			800	㉒ 200			
其中：应付债券——P公司				200			200	㉒ 200			
递延所得税负债				25		⑫ 25	50	⑫ 1. 25	⑪ 2. 25		
非流动负债合计	2 600			925		⑫ 25	3 550	201. 25	2. 25		
负债合计	8 600			1 985		⑫ 25	610	1 201. 25	2. 25		
所有者权益：											
股本	4 000			2 000			6 000	⑯ 2 000			

续表

项目	P公司			S公司			合计金额	抵销分录		少数股东权益	合并金额
	报表金额	借方	贷方	报表金额	借方	贷方		借方	贷方		
资本公积	800			1 500		⑫ 25	2 375	⑯ 1 575			
其他综合收益			⑮ 60	75			135	⑯ 75			
盈余公积	1 034. 5			100			1 134. 5	⑯ 100			
未分配利润	1 165. 5	⑭ 480	⑬ 797	300	⑫ 5		1 777. 5	① 3 500 ② 20 ③ 1 000 ④ 200 ⑥ 300 ⑩ 1 ⑪ 2. 25 ⑯ 296. 25 ⑲ 6. 25 ㉓ 797 ㉓ 0 6 122. 75	① 3 500 ② 20 ③ 1 000 ⑤ 50 ⑥ 270 ⑦ 10 ⑧ 5 ⑨ 10 ⑫ 1. 25 ⑱ 25 ㉓ 100 ㉓ 296. 25 5 887. 5	166. 25	1376
少数股东权益								④ 30 ⑥ 4. 5	⑦ 1. 5	⑯ 809. 25	776. 25
所有者权益合计	7 000	480	857	3 975	5	75	11 422	9 907. 25	5 8889	643	8 046. 75
负债和所有者权益总计	15 600	480	857	5 960	5	100	22 032	11 108. 5	5 891. 25	643	17 457. 75
（现金流量表项目）											
一、经营活动产生的现金流量											
销售商品、提供劳务收到的现金	7 795			5 990			13 785		㉕ 3 600 ㉖ 300		9 885

续表

项目	P公司			S公司			合计金额	抵销分录		少数股东权益	合并金额
	报表金额	借方	贷方	报表金额	借方	贷方		借方	贷方		
经营活动现金流入小计	7 795			5 990			13 785		3 900		9 885
购买商品、接受劳务支付的现金	1 420			3 270			4 690	㉕ 3 600			1 090
支付给职工以及为职工支付的现金	1 100			250			1 350				135
支付的各项税费	1 820			758			2 578				2 578
支付其他与经营活动有关的现金	45			22			67				67
经营活动现金流出小计	4 385			4 300			8 685	3 600			5 085
经营活动产生的现金流量净额	3 410			1 690			5 100	3 600	3 900		4 800
二、投资活动产生的现金流量：											
取得投资收益收到的现金	500						500		㉔ 500		0
处置固定资产、无形资产和其他长期资产收回的现金净额	120						120		㉗ 120		0
投资活动现金流入小计	620						620				0
购建固定资产、无形资产和其他长期资产支付的现金	930			800			1 730	㉖ 300 ㉗ 120			1 310

续表

项目	P公司			S公司			合计金额	抵销分录		少数股东权益	合并金额
	报表金额	借方	贷方	报表金额	借方	贷方		借方	贷方		
取得子公司及其他营业成本支付的现金净额	3 000						3 000	㉘ 300			2 700
投资活动现金流出小计	3 930			800			4 730	720			4 010
投资活动产生的现金流量净额	−3 310			−800			−4 110	720	620		−4 010
三、筹资活动产生的现金流量：											
分配股利、利润或偿付利息支付的现金	2 100			690			2 790	㉔ 500			2 290
其中：子公司支付给少数股东的股利、利润				120			120				120
筹资活动现金流出小计	2 100			690			2 790	500			2 290
筹资活动产生的现金流量净额	−2 100			690			−2 790	500			−2 290
五、现金及现金等价物净增加额	−2 000			200			−1 800	4 820	4 520		−1 500
年初现金及现金等价物余额	3 000			300			3 300		㉘ 300		3 000
年末现金及现金等价物余额	1 000			500			1 500	4 820	4 820		1 500

表 13-26　　合并资产负债表　　会企 01 表

编制单位：P 公司　　2×20 年 12 月 31 日　　单位：万元

资产	期末余额	年初余额	负债和所有者权益（或股东权益）	期末余额	年初余额
流动资产：			流动负债：		
货币资金	1 500		短期借款		
交易性金融资产			交易性金融负债		
衍生金融资产			衍生金融负债		
应收票据及应收账款	3 385		应付票据及应付账款	4 000	
预付款项	1 070		预收款项		
存货	1 900		合同负债	100	
合同资产			应付职工薪酬	1 100	
持有待售资产			应交税费	860	
一年内到期的非流动资产			其他应付款		
其他流动资产			持有待售负债		
流动资产合计	7 855		一年内到期的非流动负债		
非流动资产：			其他流动负债		
债权投资			流动负债合计	6 060	
其他债权投资	800		非流动负债：		
长期股权投资	1 700		长期借款	2 700	
其他权益工具投资			应付债券	600	
长期应收款			其中：优先股		
其他非流动金融资产			永续债		
投资性房地产			长期应付款		
固定资产	6 284		预计负债		
在建工程			递延收益		
生产性生物资产			递延所得税负债	51	
油汽资产			其他非流动负债		
无形资产	623.75		非流动负债合计	3 351	
开发支出			负债合计	9 411	
商誉	140		所有者权益（或股东权益）：		
长期待摊费用			实收资本（或股本）	4 000	
递延所得税资产	55		其他权益工具		

续表

资产	期末余额	年初余额	负债和所有者权益（或股东权益）	期末余额	年初余额
其他非流动资产			其中：优先股		
非流动资产合计	9 602.75		永续债		
			资本公积	800	
			减：库存股		
			其他综合收益	60	
			盈余公积	1 034.5	
			未分配利润	1 376	
			归属于母公司所有者权益合计	7 270.5	
			少数股东权益	776.25	
			所有者权益（或股东权益）合计	8 046.75	
资产合计	17 457.75		负债和所有者权益（或股东权益）合计	17 457.75	

表 13－27　合并利润表（简表）　会企 02 表

编制单位：P 公司　2×20 年度　单位：万元

项　　目	本年金额	上年金额
一、营业收入	10 040	
减：营业成本	4 425	
税金及附加	425	
销售费用	25	
管理费用	158	
研发费用		
财务费用	320	
其中：利息费用	320	
利息收入		
加：其他收益		
投资收益		
公允价值变动收益（损失以“－”号填列）		
信用减值损失（损失以“－”号填列）		
资产减值损失（损失以“－”号填列）		

续表

项　目	本年金额	上年金额
资产处置收益（损失以“－”号填列）		
二、营业利润（亏损以“－”号填列）	4 687	
加：营业外收入		
减：营业外支出		
三、利润总额（亏损总额以“－”号填列）	4 687	
减：所得税费用	1 285. 25	
四、净利润（净亏损以“－”号填列）	3 401. 75	
（一）按经营持续性分类		
1. 持续经营净利润（净亏损以“－”号填列）	3 401. 75	
2. 终止经营净利润（净亏损以“－”号填列）		
（二）按所有权归属分类		
1. 归属于母公司股东的净利润（净亏损以“－”号填列）	166. 25	
2. 少数股东损益（净亏损以“－”号填列）	3 235. 5	
五、其他综合收益的税后净额	75	
（一）以后不能重分类进损益的其他综合收益		
1. 重新计量设定受益计划变动额		
2. 权益法下不能转损益的其他综合收益		
3. 其他权益工具投资公允价值变动损益		
4. 企业自身信用风险公允价值变动		
（二）将重分类进损益的其他综合收益	75	
1. 权益法下可转损益的其他综合收益		
2. 其他债权投资公允价值变动	75	
3. 金融资产重分类计入其他综合收益的金额		
4. 其他债权投资信用减值准备		
5. 现金流量套期储备		
6. 外币财务报表折算差额		
7. 其他		
六、综合收益总额	3 476. 75	
归属于母公司所有者的综合收益总额	3 295. 5	
归属于少数股东的综合收益总额	181. 25	
七、每股收益		
（一）基本每股收益		
（二）稀释每股收益		

表 13-28　　合并现金流量表（简表）　　会企 03 表

编制单位：P 公司　　2×20 年度　　单位：万元

项　　目	本年金额	上年金额
一、经营活动产生的现金流量		
销售商品、提供劳务收到的现金	9 885	
收到的税费返还		
收到其他与经营活动有关的现金		
经营活动现金流入小计	9 885	
购买商品、接受劳务支付的现金	1 090	
支付给职工以及为职工支付的现金	1 350	
支付的各项税费	2 578	
支付其他与经营活动有关的现金	67	
经营活动现金流出小计	5 085	
经营活动产生的现金流量净额		
二、投资活动产生的现金流量		
收回投资收到的现金		
取得投资收益收到的现金	0	
处置固定资产、无形资产和其他长期资产收回的现金净额	0	
处置子公司及其他营业单位收到的现金净额		
收到其他与投资活动有关的现金		
投资活动现金流入小计	0	
购建固定资产、无形资产和其他长期资产支付的现金	1 310	
投资支付的现金		
取得子公司及其他营业成本支付的现金净额	2 700	
支付其他与投资活动有关的现金		
投资活动现金流出小计	4 010	
投资活动产生的现金流量净额	-4 010	
三、筹资活动产生的现金流量		
吸收投资收到的现金		
其中：子公司吸收少数股东投资收到的现金		
取得借款收到的现金		
收到债券收到的现金		
收到其他与筹资活动有关的现金		
筹资活动现金流入小计		
偿还债务支付的现金		
分配股利、利润或偿付利息支付的现金	2 290	
其中：子公司支付给少数股东的股利、利润	120	
支付其他与筹资活动有关的现金		
筹资活动现金流出小计	2 290	
筹资活动产生的现金流量净额	-2 290	
四、汇率变动对现金及现金等价物的影响		
五、现金及现金等价物净增加额	-1 500	
加：期初现金及现金等价物余额	3 000	
六、期末现金及现金等价物余额	1 500	

表 13－29　　**合并所有者权益变动表（简表）**　　**会企 04 表**

编制单位：P 公司　　2×20 年　　单位：万元

项目	本年金额								上年金额							
	归属于母公司所有者权益						少数股东权益	所有者权益合计	归属于母公司所有者权益						少数股东权益	股东权益合计
	股本	资本公积	减：库存股	其他综合收益	盈余公积	未分配利润			股本	资本公积	减：库存股	其他综合收益	盈余公积	未分配利润		
一、上年年末余额	4 000	800			732	468		6 000								
加：会计政策变更							715	715								
前期差错更正																
二、本年初余额	4 000	800	0		732	468	715	6 715								
三、本年增减变动金额（减少以“－”号填列）																
（一）综合收益总额				60		3 295.5	181.25	3 476.75								
（二）所有者投入和减少资本																
1. 所有者投入的普通股																
2. 其他权益工具持有者投入资本																
3. 股份支付计入所有者权益的金额																
4. 其他																
（三）利润分配					302.5	－2 327.5	－120	－2 145								
1. 提取盈余公积					302.5	－302.5		0								
2. 对所有者的分配						－2 025	－120	－2 145								

续表

项目	本年金额								上年金额							
	归属于母公司所有者权益						少数股东权益	所有者权益合计	归属于母公司所有者权益						少数股东权益	股东权益合计
	股本	资本公积	减：库存股	其他综合收益	盈余公积	未分配利润			股本	资本公积	减：库存股	其他综合收益	盈余公积	未分配利润		
3. 其他																
（四）所有者权益内部结转																
1. 资本公积转增资本（或股本）																
2. 盈余公积转增资本（或股本）																
3. 盈余公积弥补亏损																
4. 设定收益计划变动额结转留存收益																
5. 其他综合收益结转留存收益																
6. 其他																
四、本年末余额	4 000	800		60	1 034. 5	1 376	776. 25	8 046. 75	4 000	800			732	468		6 000

思考题

1. 财务报告的内涵是什么？财务报告由哪些内容构成？
2. 会计报表的设计意义和设计原则是什么？
3. 会计报表有哪些分类标准？各分为哪几类？
4. 编报会计报表有哪些要求？
5. 什么是资产负债表？它有什么作用？
6. 资产负债表包括哪些内容？采用什么样的报表结构？
7. 资产负债表的编制依据是什么？如何编制资产负债表？
8. 什么是利润表？它有什么作用？
9. 利润表包括哪些内容？采用什么样的报表结构？
10. 利润表的编制依据是什么？如何编制利润表？
11. 什么是现金流量表？它有什么作用？
12. 什么是现金流量？现金流量分为哪几大类？
13. 我国现金流量表的编制基础是什么？具体包括哪些内容？
14. 什么是经营活动现金流量列报的直接法和间接法？
15. 如何采用工作底稿法编制现金流量表？

附　表

附表 1　　复利终值系数表 $FV_{i,n}$

n	1%	2%	3%	4%	5%	6%	7%	8%	9%
1	1.010 0	1.020 0	1.030 0	1.040 0	1.050 0	1.060 0	1.070 0	1.080 0	1.090 0
2	1.020 1	1.040 4	1.060 9	1.081 6	1.102 5	1.123 6	1.144 9	1.166 4	1.188 1
3	1.030 3	1.061 2	1.092 7	1.124 9	1.157 6	1.191 0	1.225 0	1.259 7	1.295 0
4	1.040 6	1.082 4	1.125 5	1.169 9	1.215 5	1.262 5	1.310 8	1.360 5	1.411 6
5	1.051 0	1.104 1	1.159 3	1.216 7	1.276 3	1.338 2	1.402 6	1.469 3	1.538 6
6	1.061 5	1.126 2	1.194 1	1.265 3	1.340 1	1.418 5	1.500 7	1.586 9	1.677 1
7	1.072 1	1.148 7	1.229 9	1.315 9	1.407 1	1.503 6	1.605 8	1.713 8	1.828 0
8	1.082 9	1.171 7	1.266 8	1.368 6	1.477 5	1.593 8	1.718 2	1.850 9	1.992 6
9	1.093 7	1.195 1	1.304 8	1.423 3	1.551 3	1.689 5	1.838 5	1.999 0	2.171 9
10	1.104 6	1.219 0	1.343 9	1.480 2	1.628 9	1.790 8	1.967 2	2.158 9	2.367 4
11	1.115 7	1.243 4	1.384 2	1.539 5	1.710 3	1.898 3	2.104 9	2.331 6	2.580 4
12	1.126 8	1.268 2	1.425 8	1.601 0	1.795 9	2.012 2	2.252 2	2.518 2	2.812 7
13	1.138 1	1.293 6	1.468 5	1.665 1	1.885 6	2.132 9	2.409 8	2.719 6	3.065 8
14	1.149 5	1.319 5	1.512 6	1.731 7	1.979 9	2.260 9	2.578 5	2.937 2	3.341 7
15	1.161 0	1.345 9	1.558 0	1.800 9	2.078 9	2.396 6	2.759 0	3.172 2	3.642 5
16	1.172 6	1.372 8	1.604 7	1.873 0	2.182 9	2.540 4	2.952 2	3.425 9	3.970 3
17	1.184 3	1.400 2	1.652 8	1.947 9	2.292 0	2.692 8	3.158 8	3.700 0	4.327 6
18	1.196 1	1.428 2	1.702 4	2.025 8	2.406 6	2.854 3	3.379 9	3.996 0	4.717 1
19	1.208 1	1.456 8	1.753 5	2.106 8	2.527 0	3.025 6	3.616 5	4.315 7	5.141 7
20	1.220 2	1.485 9	1.806 1	2.191 1	2.653 3	3.207 1	3.869 7	4.661 0	5.604 4
21	1.232 4	1.515 7	1.860 3	2.278 8	2.786 0	3.399 6	4.140 6	5.033 8	6.108 8
22	1.244 7	1.546 0	1.916 1	2.369 9	2.925 3	3.603 5	4.430 4	5.436 5	6.658 6
23	1.257 2	1.576 9	1.973 6	2.464 7	3.071 5	3.819 7	4.740 5	5.871 5	7.257 9
24	1.269 7	1.608 4	2.032 8	2.563 3	3.225 1	4.048 9	5.072 4	6.341 2	7.911 1
25	1.282 4	1.640 6	2.093 8	2.665 8	3.386 4	4.291 9	5.427 4	6.848 5	8.623 1
30	1.347 8	1.811 4	2.427 3	3.243 4	4.321 9	5.743 5	7.612 3	10.062 7	13.267 7
40	1.488 9	2.208 0	3.262 0	4.801 0	7.040 0	10.286	14.974	21.725	31.409
50	1.644 6	2.691 6	4.383 9	7.106 7	11.467	18.420	29.457	46.902	74.358
60	1.816 7	3.281 0	5.891 6	10.520	18.679	32.988	57.946	101.26	176.03

续表

n	10%	12%	14%	15%	16%	18%	20%	24%	28%	32%	36%
1	1.100 0	1.120 0	1.140 0	1.150 0	1.160 0	1.180 0	1.200 0	1.240 0	1.280 0	1.320 0	1.360 0
2	1.210 0	1.254 4	1.299 6	1.322 5	1.345 6	1.392 4	1.440 0	1.537 6	1.638 4	1.742 4	1.849 6
3	1.331 0	1.404 9	1.481 5	1.520 9	1.560 9	1.643 0	1.728 0	1.906 6	2.097 2	2.300 0	2.515 5
4	1.464 1	1.573 5	1.689 0	1.749 0	1.810 6	1.938 8	2.073 6	2.364 2	2.684 4	3.036 0	3.421 0
5	1.610 5	1.762 3	1.925 4	2.011 4	2.100 3	2.287 8	2.488 3	2.931 6	3.436 0	4.007 5	4.652 6
6	1.771 6	1.973 8	2.195 0	2.313 1	2.436 4	2.699 6	2.986 0	3.635 2	4.398 0	5.289 9	6.327 5
7	1.948 7	2.210 7	2.502 3	2.660 0	2.826 2	3.185 5	3.583 2	4.507 7	5.629 5	6.982 6	8.605 4
8	2.143 6	2.476 0	2.852 6	3.059 0	3.278 4	3.758 9	4.299 8	5.589 5	7.205 8	9.217 0	11.703
9	2.357 9	2.773 1	3.251 9	3.517 9	3.803 0	4.435 5	5.159 8	6.931 0	9.223 4	12.166	15.917
10	2.593 7	3.105 8	3.707 2	4.045 6	4.411 4	5.233 8	6.191 7	8.594 4	11.806	16.060	21.647
11	2.853 1	3.478 5	4.226 2	4.652 4	5.117 3	6.175 9	7.430 1	10.657	15.112	21.199	29.439
12	3.138 4	3.896 0	4.817 9	5.350 3	5.936 0	7.287 6	8.916 1	13.215	19.342	27.983	40.037
13	3.452 3	4.363 5	5.492 4	6.152 8	6.885 8	8.599 4	10.699	16.386	24.759	36.937	54.451
14	3.797 5	4.887 1	6.261 3	7.075 7	7.987 5	10.147	12.839	20.319	31.691	48.757	74.053
15	4.177 2	5.473 6	7.137 9	8.137 1	9.265 5	11.974	15.407	25.196	40.565	64.359	100.71
16	4.595 0	6.130 4	8.137 2	9.357 6	10.748	14.129	18.488	31.243	51.923	84.954	136.969
17	5.054 5	6.866 0	9.276 5	10.761	12.468	16.672	22.186	38.741	66.461	112.139	186.278
18	5.559 9	7.690 0	10.575	12.375	14.463	19.673	26.623	48.039	85.071	148.024	253.338
19	6.115 9	8.612 8	12.056	14.232	16.777	23.214	31.948	59.568	108.890	195.391	344.540
20	6.727 5	9.646 3	13.743	16.367	19.461	27.393	38.338	73.864	139.380	257.916	468.574
21	7.400 2	10.804	15.668	18.822	22.574	32.324	46.005	91.592	178.41	340.45	637.26
22	8.140 3	12.100	17.861	21.645	26.185	38.142	55.206	113.57	228.36	449.39	866.67
23	8.954 3	13.552	20.362	24.891	30.376	45.008	66.247	140.83	292.30	593.20	1 178.7
24	9.849 7	15.179	23.212	28.625	35.236	53.109	79.497	174.63	374.14	783.02	1 603.0
25	10.835	17.000	26.462	32.919	40.874	62.669	95.396	216.54	478.90	1 033.6	2 180.1
30	17.449	29.960	50.950	66.212	85.850	143.37	237.38	634.82	1 645.5	4 142.1	10 143
40	45.259	93.051	188.88	267.86	378.72	750.38	1 469.8	5 455.9	19 427	66 521	*
50	117.39	289.00	700.23	1 083.7	1 670.7	3 927.4	9 100.4	43 890	*	*	*
60	304.48	897.60	2 595.9	4 384.0	7 370.2	20 555	56 348	*	*	*	*

附表 2 **复利现值系数表 $PV_{i,n}$**

n	1%	2%	3%	4%	5%	6%	7%	8%	9%
1	0.990 1	0.980 4	0.970 9	0.961 5	0.952 4	0.943 4	0.934 6	0.925 9	0.917 4
2	0.980 3	0.961 2	0.942 6	0.924 6	0.907 0	0.890 0	0.873 4	0.857 3	0.841 7
3	0.970 6	0.942 3	0.915 1	0.889 0	0.863 8	0.839 6	0.816 3	0.793 8	0.772 2
4	0.961 0	0.923 8	0.888 5	0.854 8	0.822 7	0.792 1	0.762 9	0.735 0	0.708 4
5	0.951 5	0.905 7	0.862 6	0.821 9	0.783 5	0.747 3	0.713 0	0.680 6	0.649 9
6	0.942 0	0.888 0	0.837 5	0.790 3	0.746 2	0.705 0	0.666 3	0.630 2	0.596 3
7	0.932 7	0.870 6	0.813 1	0.759 9	0.710 7	0.665 1	0.622 7	0.583 5	0.547 0
8	0.923 5	0.853 5	0.789 4	0.730 7	0.676 8	0.627 4	0.582 0	0.540 3	0.501 9
9	0.914 3	0.836 8	0.766 4	0.702 6	0.644 6	0.591 9	0.543 9	0.500 2	0.460 4
10	0.905 3	0.820 3	0.744 1	0.675 6	0.613 9	0.558 4	0.508 3	0.463 2	0.422 4
11	0.896 3	0.804 3	0.722 4	0.649 6	0.584 7	0.526 8	0.475 1	0.428 9	0.387 5
12	0.887 4	0.788 5	0.701 4	0.624 6	0.556 8	0.497 0	0.444 0	0.397 1	0.355 5
13	0.878 7	0.773 0	0.681 0	0.600 6	0.530 3	0.468 8	0.415 0	0.367 7	0.326 2
14	0.870 0	0.757 9	0.661 1	0.577 5	0.505 1	0.442 3	0.387 8	0.340 5	0.299 2
15	0.861 3	0.743 0	0.641 9	0.555 3	0.481 0	0.417 3	0.362 4	0.315 2	0.274 5
16	0.852 8	0.728 4	0.623 2	0.533 9	0.458 1	0.393 6	0.338 7	0.291 9	0.251 9
17	0.844 4	0.714 2	0.605 0	0.513 4	0.436 3	0.371 4	0.316 6	0.270 3	0.231 1
18	0.836 0	0.700 2	0.587 4	0.493 6	0.415 5	0.350 3	0.295 9	0.250 2	0.212 0
19	0.827 7	0.686 4	0.570 3	0.474 6	0.395 7	0.330 5	0.276 5	0.231 7	0.194 5
20	0.819 5	0.673 0	0.553 7	0.456 4	0.376 9	0.311 8	0.258 4	0.214 5	0.178 4
21	0.811 4	0.659 8	0.537 5	0.438 8	0.358 9	0.294 2	0.241 5	0.198 7	0.163 7
22	0.803 4	0.646 8	0.521 9	0.422 0	0.341 8	0.277 5	0.225 7	0.183 9	0.150 2
23	0.795 4	0.634 2	0.506 7	0.405 7	0.325 6	0.261 8	0.210 9	0.170 3	0.137 8
24	0.787 6	0.621 7	0.491 9	0.390 1	0.310 1	0.247 0	0.197 1	0.157 7	0.126 4
25	0.779 8	0.609 5	0.477 6	0.375 1	0.295 3	0.233 0	0.184 2	0.146 0	0.116 0
30	0.741 9	0.552 1	0.412 0	0.308 3	0.231 4	0.174 1	0.131 4	0.099 4	0.075 4
40	0.671 7	0.452 9	0.306 6	0.208 3	0.142 0	0.097 2	0.066 8	0.046 0	0.031 8
50	0.608 0	0.371 5	0.228 1	0.140 7	0.087 2	0.054 3	0.339	0.021 3	0.013 4
60	0.550 4	0.304 8	0.169 7	0.095 1	0.053 5	0.303 0	0.173	0.009 9	0.005 7

续表

n	10%	12%	14%	15%	16%	18%	20%	24%	28%	32%	36%
1	0.909 1	0.892 9	0.877 2	0.869 6	0.862 1	0.847 5	0.833 3	0.806 5	0.781 3	0.075 6	0.735 3
2	0.826 4	0.797 2	0.769 5	0.756 1	0.743 2	0.718 2	0.694 4	0.650 4	0.610 4	0.573 9	0.540 7
3	0.751 3	0.711 8	0.675 0	0.657 5	0.640 7	0.608 6	0.578 7	0.524 5	0.476 8	0.434 8	0.397 5
4	0.683 0	0.635 5	0.592 1	0.571 8	0.552 3	0.515 8	0.482 3	0.423 0	0.372 5	0.329 4	0.292 3
5	0.620 9	0.567 4	0.519 4	0.497 2	0.476 1	0.437 1	0.401 9	0.341 1	0.291 0	0.249 5	0.214 9
6	0.564 5	0.506 6	0.455 6	0.432 3	0.410 4	0.370 4	0.334 9	0.275 1	0.227 4	0.189 0	0.158 0
7	0.513 2	0.452 3	0.399 6	0.375 9	0.353 8	0.313 9	0.279 1	0.221 8	0.177 6	0.143 2	0.116 2
8	0.466 5	0.403 9	0.350 6	0.326 9	0.305 0	0.266 0	0.232 6	0.178 9	0.138 8	0.108 5	0.085 4
9	0.424 1	0.360 6	0.307 5	0.284 3	0.263 0	0.225 5	0.193 8	0.144 3	0.108 4	0.082 2	0.062 8
10	0.385 5	0.322 0	0.269 7	0.247 2	0.226 7	0.191 1	0.161 5	0.116 4	0.084 7	0.062 3	0.046 2
11	0.350 5	0.287 5	0.236 6	0.214 9	0.195 4	0.161 9	0.134 6	0.093 8	0.066 2	0.047 2	0.034 0
12	0.318 6	0.256 7	0.207 6	0.186 9	0.168 5	0.137 2	0.112 2	0.075 7	0.051 7	0.035 7	0.025 0
13	0.289 7	0.229 2	0.182 1	0.162 5	0.145 2	0.116 3	0.093 5	0.061 0	0.040 4	0.027 1	0.018 4
14	0.263 3	0.204 6	0.159 7	0.141 3	0.125 2	0.098 5	0.077 9	0.049 2	0.031 6	0.020 5	0.013 5
15	0.239 4	0.182 7	0.140 1	0.122 9	0.107 9	0.083 5	0.064 9	0.039 7	0.024 7	0.015 5	0.009 9
16	0.217 6	0.163 1	0.122 9	0.106 9	0.093 0	0.070 8	0.054 1	0.032 0	0.019 3	0.011 8	0.007 3
17	0.197 8	0.145 6	0.107 8	0.092 9	0.080 2	0.060 0	0.045 1	0.025 8	0.015 0	0.008 9	0.005 4
18	0.179 9	0.130 0	0.094 6	0.080 8	0.069 1	0.050 8	0.037 6	0.020 8	0.011 8	0.006 8	0.003 9
19	0.163 5	0.116 1	0.082 9	0.070 3	0.059 6	0.043 1	0.031 3	0.016 8	0.009 2	0.005 1	0.002 9
20	0.148 6	0.103 7	0.072 8	0.061 1	0.051 4	0.036 5	0.026 1	0.013 5	0.007 2	0.003 9	0.002 1
21	0.135 1	0.092 6	0.063 8	0.053 1	0.044 3	0.030 9	0.021 7	0.010 9	0.005 6	0.002 9	0.001 6
22	0.122 8	0.082 6	0.056 0	0.046 2	0.038 2	0.026 2	0.018 1	0.008 8	0.004 4	0.001 2	0.001 2
23	0.111 7	0.073 8	0.049 1	0.040 2	0.032 9	0.022 2	0.015 1	0.007 1	0.003 4	0.001 7	0.000 8
24	0.101 5	0.065 9	0.043 1	0.034 9	0.028 4	0.018 8	0.012 6	0.005 7	0.002 7	0.001 3	0.000 6
25	0.092 3	0.058 8	0.037 8	0.030 4	0.024 5	0.016 0	0.010 5	0.004 6	0.002 1	0.001 0	0.000 5
30	0.057 3	0.033 4	0.019 6	0.015 1	0.011 6	0.007 0	0.004 2	0.001 6	0.000 6	0.000 2	0.000 1
40	0.022 1	0.010 7	0.005 3	0.003 7	0.002 6	0.001 3	0.000 7	0.000 2	0.000 1	*	*
50	0.008 5	0.003 5	0.001 4	0.000 9	0.000 6	0.000 3	0.000 1	*	*	*	*
60	0.003 3	0.001 1	0.000 4	0.000 2	0.000 1	*	*	*	*	*	*

附表 3 **年金终值系数表 $FVA_{i,n}$**

n	1%	2%	3%	4%	5%	6%	7%	8%	9%
1	1.000 0	1.000 0	1.000 0	1.000 0	1.000 0	1.000 0	1.000 0	1.000 0	1.000 0
2	2.010 0	2.020 0	2.030 0	2.030 0	2.050 0	2.060 0	2.070 0	2.080 0	2.090 0
3	3.030 1	3.060 4	3.090 9	3.090 9	3.152 5	3.183 6	3.214 9	3.246 4	3.278 1
4	4.060 4	4.121 6	4.183 6	4.183 6	4.310 1	4.374 6	4.439 9	4.506 1	4.573 1
5	5.101 0	5.204 0	5.309 1	5.309 1	5.525 6	5.637 1	5.750 7	5.866 6	5.984 7
6	6.152 0	6.308 1	6.468 4	6.468 4	6.801 9	6.975 3	7.153 3	7.335 9	7.523 3
7	7.213 5	7.434 3	7.662 5	7.662 5	8.142 0	8.393 8	8.654 0	8.922 8	9.200 4
8	8.285 7	8.583 0	8.892 3	8.892 3	9.549 1	9.897 5	10.256	10.637	11.028
9	9.368 5	9.754 6	10.159	10.159	11.027	11.491	11.978	12.488	13.021
10	10.462	10.950	11.464	11.464	12.578	13.181	13.816	14.487	15.193
11	11.567	12.169	12.808	12.808	14.207	14.972	15.784	16.645	17.560
12	12.683	13.412	14.192	14.192	15.917	16.870	17.888	18.977	20.141
13	13.809	14.680	15.618	15.618	17.713	18.882	20.141	21.495	22.953
14	14.947	15.974	17.086	17.086	19.599	21.015	22.550	24.215	26.019
15	16.097	17.293	18.599	18.599	21.579	23.276	25.129	27.152	29.361
16	17.258	18.639	20.157	20.157	23.657	25.673	27.888	30.324	33.003
17	18.430	20.012	21.762	21.762	25.840	28.213	30.840	33.750	36.974
18	19.615	21.412	23.414	23.414	28.132	30.906	33.999	37.450	41.301
19	20.811	22.841	25.117	25.117	30.539	33.760	37.379	41.446	46.018
20	22.019	24.297	26.870 4	26.870 4	33.066	36.786	40.995	45.762	51.160
21	23.239	25.783	28.676	28.676	35.719	39.993	44.865	50.423	56.765
22	24.472	27.299	30.537	30.537	38.505	43.392	49.006	55.457	62.873
23	25.716	28.845	32.453	32.453	41.430	46.996	53.436	60.893	69.532
24	26.973	30.422	34.426	34.426	44.502	50.816	58.177	66.765	76.790
25	28.243	32.030	36.459	36.459	47.727	54.865	63.249	73.106	84.701
30	34.784 9	40.568 1	47.575	47.575	66.439	79.058	94.461	113.28	136.31
40	48.886 4	60.402	75.401	75.401	120.80	154.76	199.64	259.06	337.88
50	64.463 2	84.579	112.80	112.80	209.35	290.34	406.53	537.77	815.08
60	81.669 7	114.05	163.05	163.05	353.58	533.13	813.52	1 253.2	1 944.8

续表

n	10%	12%	14%	15%	16%	18%	20%	24%	28%	32%	36%
1	1.000 0	1.000 0	1.000 0	1.000 0	1.000 0	1.000 0	1.000 0	1.000 0	1.000 0	1.000 0	1.000 0
2	2.100 0	2.120 0	2.140 0	2.150 0	2.160 0	2.180 0	2.200 0	2.240 0	2.280 0	2.320 0	2.360 0
3	3.310 0	3.374 4	3.439 6	3.472 5	3.505 6	3.572 4	3.640 0	3.777 6	3.918 4	4.062 4	4.209 6
4	4.641 0	4.779 3	4.921 1	4.993 4	5.066 5	5.215 4	5.368 0	5.684 2	6.015 6	6.362 4	6.725 1
5	6.105 1	6.352 8	6.610 1	6.742 4	6.877 1	7.154 2	7.441 6	8.048 4	8.699 9	9.398 3	10.146 0
6	7.715 6	8.115 2	8.535 5	8.753 7	8.977 5	9.442 0	9.929 9	10.980	12.136	13.406	14.799
7	9.487 2	10.089	10.731	11.067	11.414	12.142	12.916	14.615	16.534	18.696	21.126
8	11.436	12.300	13.233	13.727	14.240	15.327	16.499	19.123	22.163	25.678	29.732
9	13.580	14.776	16.085	16.786	17.519	19.086	20.799	24.713	29.369	34.895	41.435
10	15.937	17.549	19.337	20.304	21.322	23.521	25.959	31.643	38.593	47.062	57.352
11	18.531	20.655	23.045	24.349	25.733	28.755	32.150	40.238	50.399	63.122	78.998
12	21.384	24.133	27.271	29.002	30.850	34.931	39.581	50.895	65.510	84.320	108.44
13	24.523	28.029	32.089	34.352	36.786	42.219	48.497	64.110	84.853	112.30	148.47
14	27.975	32.393	37.581	40.505	43.672	50.818	59.196	80.496	109.61	149.24	202.93
15	31.773	37.280	43.842	47.580	51.660	60.965	72.035	100.82	141.30	198.00	276.98
16	35.950	42.753	50.980	55.718	60.925	72.939	87.442	126.011	181.87	266.36	377.69
17	40.545	48.884	59.118	65.075	71.673	87.068	105.93	157.253	233.79	347.31	514.66
18	45.599	55.750	68.394	75.836	84.141	103.740	128.12	195.994	300.25	459.45	700.94
19	51.159	63.440	78.969	88.212	98.603	123.414	154.74	244.033	385.32	607.47	954.28
20	57.275	72.052	91.025	102.44	115.38	146.63	186.69	303.60	494.21	802.86	1 298.8
21	64.002	81.699	104.77	118.81	134.84	174.02	225.02	377.45	633.59	1 060.8	1 767.4
22	71.403	92.503	120.44	137.63	157.41	206.34	271.03	469.06	811.00	1 401.2	2 404.7
23	79.543	104.60	138.30	159.28	183.60	244.49	326.24	582.63	1040.4	1 850.6	3 271.3
24	88.497	118.16	158.66	184.17	213.98	289.49	392.48	723.46	1332.7	2 443.8	4 450.0
25	98.347	133.33	181.87	212.79	249.21	342.60	471.98	898.09	1 706.8	3 226.8	6 053.0
30	164.49	241.33	356.79	434.75	530.31	790.95	1 181.9	2 640.9	5 873.2	12 941	28 172.3
40	442.59	767.09	1 342.0	1 779.1	2 360.8	4 163.2	7 343.9	22 729	69 377	*	*
50	1 163.9	2 400.0	4 994.5	7 217.7	10 436	21 813	45 497	*	*	*	*
60	3 034.8	7 471.6	18 535	29 220	46 058	*	*	*	*	*	*

附表 4 年金现值系数表 $PVA_{i,n}$

n	1%	2%	3%	4%	5%	6%	7%	8%	9%
1	0.990 1	0.980 4	0.970 9	0.961 5	0.952 4	0.943 4	0.934 6	0.925 9	0.917 4
2	1.970 4	1.941 6	1.913 5	1.886 1	1.859 4	1.833 4	1.808 0	1.738 8	1.759 1
3	2.941 0	2.883 9	2.828 6	2.775 1	2.723 2	2.673 0	2.624 3	2.577 1	2.531 3
4	3.902 0	3.807 7	3.717 1	3.629 9	3.546 0	3.465 1	3.387 2	3.312 1	3.239 7
5	4.853 4	4.713 5	4.579 7	4.451 8	4.329 5	4.212 4	4.100 2	3.992 7	3.889 7
6	5.795 5	5.601 4	5.417 2	5.242 1	5.075 7	4.917 3	4.766 5	4.622 9	4.485 9
7	6.728 2	6.472 0	6.230 3	6.002 1	5.786 4	5.582 4	5.389 3	5.206 4	5.033 0
8	7.651 7	7.325 5	7.019 7	6.732 7	6.463 2	6.209 8	5.971 3	5.746 6	5.534 8
9	8.566 0	8.162 2	7.786 1	7.435 3	7.107 8	6.801 7	6.515 2	6.246 9	5.995 2
10	9.471 3	8.982 6	8.530 2	8.110 9	7.721 7	7.360 1	7.023 6	6.710 1	6.417 7
11	10.367 6	9.786 8	9.252 6	8.760 5	8.306 4	7.886 9	7.498 7	7.139 0	6.805 2
12	11.255 1	10.575 3	9.954 0	9.385 1	8.863 3	8.383 8	7.942 7	7.536 1	7.160 7
13	12.133 7	11.348 4	10.635 0	9.985 6	9.393 6	8.852 7	8.357 7	7.903 8	7.486 9
14	13.003 7	12.106 2	11.296 1	10.563 1	9.898 6	9.295 0	8.745 5	8.244 2	7.786 2
15	13.865 1	12.849 3	11.937 9	11.118 4	10.379 7	9.712 2	9.107 9	8.559 5	8.060 7
16	14.717 9	13.577 7	12.561 1	11.652 3	10.837 8	10.105 9	9.446 6	8.851 4	8.312 6
17	15.562 3	14.291 9	13.166 1	12.165 7	11.274 1	10.477 3	9.763 2	9.121 6	8.543 6
18	16.398 3	14.992 0	13.753 5	12.659 3	11.689 6	10.827 6	10.059 1	9.371 9	8.755 6
19	17.226 0	15.678 5	14.323 8	13.133 9	12.085 3	11.158 1	10.335 6	9.603 6	8.950 1
20	18.045 6	16.351 4	14.877 5	13.590 3	12.462 2	11.469 9	10.594 0	9.818 1	9.128 5
21	18.857 0	17.011 2	15.415 0	14.029 2	12.821 2	11.764 1	10.835 5	10.016 8	9.292 2
22	19.660 4	17.658 0	15.936 9	14.451 1	13.163 0	12.041 6	11.061 2	10.200 7	9.442 4
23	20.455 8	18.292 2	16.443 6	14.856 8	13.488 6	12.303 4	11.272 2	10.371 1	9.580 2
24	21.243 4	18.913 9	16.935 5	15.247 0	13.798 6	12.550 4	11.469 3	10.528 8	9.706 6
25	22.023 2	19.523 5	17.413 1	15.622 1	14.093 9	12.783 4	11.653 6	10.674 8	9.822 6
30	25.807 7	22.396 5	19.600 4	17.292 0	15.372 5	13.764 8	12.409 0	11.257 8	10.273 7
40	32.834 7	27.355 5	23.114 8	19.792 8	17.159 1	15.046 3	13.331 7	11.924 6	10.757 4
50	39.196 1	31.423 6	25.729 8	21.482 2	18.255 9	15.761 9	13.800 7	12.233 5	10.961 7
60	44.955 0	44.955 0	27.675 6	27.675 6	18.929 3	16.161 4	14.039 2	12.376 6	11.048 0

续表

n	10%	12%	14%	15%	16%	18%	20%	24%	28%	32%	36%
1	0.909 1	0.892 9	0.877 2	0.869 6	0.862 1	0.847 5	0.833 3	0.806 5	0.781 3	0.757 6	0.735 3
2	1.753 3	1.690 1	1.646 7	1.625 7	1.605 2	1.565 6	1.527 8	1.456 8	1.391 6	1.331 5	1.276 0
3	2.486 9	2.401 8	2.321 6	2.283 2	2.245 9	2.174 3	2.106 5	1.981 3	1.868 4	1.766 3	1.673 5
4	3.169 9	3.037 3	2.913 7	2.855 0	2.798 2	2.690 1	2.588 7	2.404 3	2.241 0	2.095 7	1.965 8
5	3.790 8	3.604 8	3.433 1	3.352 2	3.274 3	3.127 2	2.990 6	2.745 4	2.532 0	2.345 2	2.180 7
6	4.355 3	4.111 4	3.888 7	3.784 5	3.684 7	3.497 6	3.325 5	3.020 5	2.759 4	2.534 2	2.338 8
7	4.868 4	4.563 8	4.288 3	4.160 4	4.038 6	3.811 5	3.604 6	3.242 3	2.937 0	2.677 5	2.455 0
8	5.334 9	4.967 6	4.638 9	4.487 3	4.343 6	4.077 6	3.837 2	3.421 2	3.075 8	2.786 0	2.540 4
9	5.759 0	5.328 2	4.946 4	4.771 6	4.606 5	4.303 0	4.031 0	3.565 5	3.184 2	2.868 1	2.603 3
10	6.144 6	5.650 2	5.216 1	5.018 8	4.833 2	4.494 1	4.192 5	3.681 9	3.268 9	2.930 4	2.649 5
11	6.495 1	5.937 7	5.452 7	5.233 7	5.028 6	4.656 0	4.327 1	3.775 7	3.335 1	2.977 6	2.683 4
12	6.813 7	6.194 4	5.660 3	5.420 6	5.197 1	4.793 2	4.439 2	3.851 4	3.386 8	3.013 3	2.708 4
13	7.103 4	6.423 5	5.842 4	5.583 1	5.342 3	4.909 5	4.532 7	3.912 4	3.427 2	3.040 4	2.726 8
14	7.366 7	6.628 2	6.002 1	5.724 5	5.467 5	5.008 1	4.610 6	3.961 6	3.458 7	3.060 9	2.740 3
15	7.606 1	6.810 9	6.142 2	5.847 4	5.575 5	5.091 6	4.675 5	4.001 3	3.483 4	3.076 4	2.750 2
16	7.823 7	6.974 0	6.265 1	5.954 2	5.668 5	5.162 4	4.729 6	4.033 3	3.502 6	3.088 2	2.757 5
17	8.021 6	7.119 6	6.372 9	6.047 2	5.748 7	5.222 3	4.774 6	4.059 1	3.517 7	3.097 1	2.762 9
18	8.201 4	7.249 7	6.467 4	6.128 0	5.817 8	5.273 2	4.812 2	4.079 9	3.529 4	3.103 9	2.766 8
19	8.364 9	7.365 8	6.550 4	6.198 2	5.877 5	5.316 2	4.843 5	4.096 7	3.538 6	3.109 0	2.769 7
20	8.513 6	7.469 4	6.623 1	6.259 3	5.928 8	5.352 7	4.869 6	4.110 3	3.545 8	3.112 9	2.771 8
21	8.648 7	7.562 0	6.687 0	6.312 5	5.973 1	5.383 7	4.891 3	4.121 2	3.551 4	3.115 8	2.773 4
22	8.771 5	7.644 6	6.742 9	6.358 7	6.011 3	5.409 9	4.909 4	4.130 0	3.555 8	3.118 0	2.774 6
23	8.883 2	7.718 4	6.792 1	6.398 8	6.044 2	5.432 1	4.924 5	4.137 1	3.559 2	3.119 7	2.775 4
24	8.984 7	7.784 3	6.835 1	6.433 8	6.072 6	5.450 9	4.937 1	4.142 8	3.561 9	3.121 0	2.776 0
25	9.077 0	7.843 1	6.872 9	6.464 1	6.097 1	5.466 9	4.947 6	4.147 4	3.564 0	3.122 0	2.776 5
30	9.426 9	8.055 2	7.002 7	6.566 0	6.177 2	5.516 8	4.978 9	4.160 1	3.569 3	3.124 2	2.777 5
40	9.779 1	8.243 8	7.105 0	6.641 8	6.233 5	5.548 2	4.996 6	4.165 9	3.571 2	3.125 0	2.777 8
50	9.914 8	8.304 5	7.132 7	6.660 5	6.246 3	5.554 1	4.999 5	4.166 6	3.571 4	3.125 0	2.777 8
60	9.967 2	8.324 0	7.140 1	6.665 1	6.249 2	5.555 3	4.999 9	4.166 7	3.571 4	3.125 0	2.777 8

参考文献

［1］财政部．企业会计准则［M］．北京：经济科学出版社，2020.

［2］财政部．企业会计准则——应用指南［M］．上海：立信会计出版社，2021.

［3］程运木．企业财务会计［M］．北京：中国财政经济出版社，2018.

［4］戴德明，林钢，赵西卜．财务会计学（第12版）［M］．中国人民大学出版社，2019.

［5］盖地，赵书和．财务会计［M］．北京：经济科学出版社，2018.

［6］葛家澍，林志军．现代西方会计理论［M］．厦门：厦门大学出版社，2019.

［7］会计准则编审委员会．企业会计准则案例讲解［M］．上海：立信会计出版社，2021.

［8］刘永泽，陈立军．中级财务会计［M］．大连：东北财经大学出版社，2018.

［9］路国平，黄中生．中级财务会计［M］．北京：高等教育出版社，2018.

［10］企业会计准则编审委员会．企业会计准则详解与实务（2021年版）［M］．人民邮政出版社，2021.

［11］王君彩．中级财务会计［M］．北京：经济科学出版社，2019.

［12］赵建勇．中级财务会计［M］．北京：中国人民大学出版社，2020.

［13］中国注册会计师协会．会计［M］．北京：中国财政经济出版社，2020.

［14］周晓苏．中级财务会计学［M］．北京：科学出版社，2018.

敬告读者

为了帮助广大师生和其他学习者更好地使用、理解和巩固教材的内容，本教材配课件和习题答案，读者可关注公众号“会计与财税”浏览课件和习题答案。

如有任何疑问，请与我们联系。

QQ：16678727

邮箱：esp_bj@163. com

教师服务 QQ 群：391238470

经济科学出版社

2021 年 3 月

会计与财税　　教师服务 QQ 群　　读者交流 QQ 群　　经科在线学堂